法哲学講義

酒匂一郎 著

成文堂

はしがき

　教科書を書くことは、大学教員の務めの一つだ。かつて筆者はそう言われたことがあり、また教科書執筆を促されることもあった。本書により、遅ればせながら、その務めをようやく果たせることになった。

　筆者はこれまで大学の法学部と法科大学院で法哲学の講義を担当してきた。本書はその講義の内容をまとめたものである。とはいえ、本書には講義で触れることのできなかった内容も含まれており、他方、講義で取り上げた内容で本書では割愛せざるをえなかったものもある。また、本書の論述の順序は講義でのそれとは異なる点も少なくない。さらに、本書は三つの部からなっているが、法学部の講義では主に第1部と第2部を、法科大学院の講義では主に第1部と第3部を講述して、その他の部分はそれぞれごく概略的に取り上げるにとどめてきた。いずれも主要には講義の時間数に制約のあることがその理由である。これらの点について、これまで筆者の講義を受講された学生の皆さんにはご海容をお願いしたい。

　本書が三つの部からなっているのは、序論でも触れているとおり、法哲学が取り扱うものと一般にみなされている問題群が大きく三つに分けられるからである。それらの三つの問題群において少なくとも筆者が重要だと考えるテーマはほぼ取り上げたつもりである。それでも、取り上げたテーマについての論述には精粗があり、筆者の見解を明確に示せなかった点や踏み込みが足りない点も少なくない。読者のご指摘やご批判を仰ぎたい。

　また、できるだけ最新のテーマも盛り込むように努めたが、本書で取り上げたテーマの多くはおおよそ20世紀のものであり、今日の世界的な時代の状況からすればすでに古びているといえるかもしれない。21世紀も5分の1が過ぎようとする今日、ゲノム編集やAIなどの新しい科学技術の発展に伴う問題、経済のグローバル化と世界的な貧困や格差や環境の問題、新たなナショナリズムの勃興に伴う世界秩序の不透明化の問題など、法哲学的にも重要なさまざまな課題が現れている。とはいえ、本書で取り上げたテーマに立ち返って考えてみることが、これらの課題に法哲学的に取り組むための助走にでもなれば、本書にもそれなりの意義はあるかもしれない。

冒頭の言葉は筆者の恩師三島淑臣先生の言葉であるが、「務め」を恩師の生前に果たせなかったのは残念である。恩師の学恩に深く感謝したい。その他、お名前を挙げることは控えるが、これまで貴重なご教示を賜った多くの先達や友人の方々にもお礼を申し上げたい。最後に、定年が間近になった筆者の教科書の出版を快くお引き受けくださった成文堂と、編集面で一方ならぬお世話になった篠崎雄彦氏に、この場を借りて謝意を表したい。

　2019 年 5 月　　　　　　　　　　　　　　　伊都にて

　　　　　　　　　　　　　　　　　　　　　　　酒　匂　一　郎

目　次

はしがき

序　章　法哲学の概要 …………………………………………………… 1
第1節　法哲学の位置と名称 ………………………………………… 1
第2節　法哲学の対象 ………………………………………………… 5
第3節　法哲学の方法 ………………………………………………… 12
　　1　究極性、全体性、価値関係性（13）
　　2　哲学における言語論的または解釈学的転回（15）

第1部　法の概念

第1章　法と法哲学の諸相 ……………………………………………… 21
第1節　事実の側面と現実主義 ……………………………………… 21
　　1　主権者命令説（22）
　　2　スカンジナビア・リアリズム法学（23）
　　3　アメリカン・リアリズム法学（25）
　　4　リアリズムに対するハートの批判（26）
第2節　規範の側面と実証主義 ……………………………………… 28
　　1　ケルゼンの「純粋法学」（28）
　　2　ハートの分析的法理学（32）
　　3　実証主義の問題点（35）
第3節　価値の側面と理想主義 ……………………………………… 36
　　1　古典的自然法論（37）
　　2　近代自然法論（38）
　　3　現代の理想主義──G. ラートブルフ（41）
　　4　現代の理想主義──R. ドゥオーキン（44）
　　5　理想主義の特徴と問題（46）

6　妥当性とその根拠 (48)

第2章　法規範・法体系・法実践 …………………………… 49
第1節　法規範 …………………………………………………… 49
　　1　個別規範と一般規範 (50)
　　2　権限付与的ルールと権利 (55)
第2節　法体系 …………………………………………………… 61
　　1　ピラミッド型の法体系観 (61)
　　2　水平型の法体系観 (63)
　　3　国内法と国際法 (66)
第3節　法実践 …………………………………………………… 69
　　1　ルールを用いる行為と言語行為論 (70)
　　2　法の主張と普遍的語用論 (72)
　　3　法の対話的構造 (74)

第3章　法概念をめぐる諸問題 …………………………………… 77
第1節　現実主義をめぐる問題 ………………………………… 77
　　1　物理的事実と制度的事実 (77)
　　2　アメリカン・リアリズム法学の背景とその後 (79)
　　3　実効性と承認 (81)
第2節　実証主義をめぐる問題 ………………………………… 84
　　1　規範の記述と第三の視点 (85)
　　2　「根本規範」をめぐる問題 (87)
　　3　法と道徳の衝突 (90)
第3節　実証主義と理想主義をめぐる問題(1) ………………… 91
　　1　ナチスをめぐるラートブルフの実証主義批判 (91)
　　2　ハート・フラー論争 (94)
　　3　悪法をめぐるハート定式 (97)
第4節　実証主義と理想主義をめぐる問題(2) ………………… 100
　　1　最後のハート–ドゥオーキン論争 (101)
　　2　最近の実証主義内部の論争 (103)

第4章 法・道徳・強制 …………………………………………………… 108

第1節 法と道徳 ………………………………………………………… 109
1 道徳の多様性（109）
2 法と道徳の規範論的な区別（111）
3 法と道徳の体系論的な区別（115）
4 法の最小限の道徳性（119）

第2節 法と強制 ………………………………………………………… 121
1 法における強制の位置（121）
2 法的強制の特質（124）
3 強制の制限と正当化（126）

第3節 法による道徳の強制 …………………………………………… 128
1 他者危害原理（128）
2 パターナリズム（130）
3 リーガル・モラリズム（132）

第5章 法と社会 ………………………………………………………… 135

第1節 法と社会 ………………………………………………………… 135
1 社会の構造と機能（136）
2 法の社会的機能（141）
3 近代以降の法の社会的機能の変遷（144）

第2節 法と経済 ………………………………………………………… 148
1 経済と法（148）
2 マルクス主義（151）
3 法と経済学（154）

第3節 法と政治 ………………………………………………………… 159
1 政治と法（159）
2 マルクス主義と批判的法学（162）
3 法と国家および政治をめぐるケルゼンとシュミット（165）

第 2 部　法と正義

第 6 章　法の価値または目的 ……………………………………… 171
第 1 節　法の様々な価値や目的 ………………………………… 172
1　思想史からみた法の様々な価値や目的（172）
2　法の価値や目的のおおまかな整理（175）
3　内在的価値と外在的目的（178）
第 2 節　正　義 …………………………………………………… 180
1　正義の主張と正義の判断（181）
2　正義判断の対象（184）
3　正義判断の基準（187）
4　形式的正義と実質的正義、正義の概念と構想（191）
第 3 節　価値判断の問題 ………………………………………… 193
1　規範倫理学とメタ倫理学（193）
2　価値相対主義の諸相（195）
3　価値についての対話の可能性（198）
4　規範的相対主義と公共的解釈的対話（202）

第 7 章　功利と公正 ………………………………………………… 205
第 1 節　功利主義 ………………………………………………… 206
1　倫理学説としての功利主義（207）
2　政策原理としての功利主義（211）
3　功利主義の特徴と問題点（214）
第 2 節　ロールズの正義論 ……………………………………… 217
1　原理論（217）
2　制度論（226）
3　『正義論』以後のロールズの見解（232）
第 3 節　公正と功利 ……………………………………………… 233
1　方法に関する問題（233）
2　自由の優先性に関する問題（235）
3　格差原理に関する問題（237）

第 8 章　自由と平等 ……………………………………………… 241

第 1 節　自由尊重主義 ………………………………………… 241
　1　自由の概念（242）
　2　R.ノージックの自由尊重主義（243）
　3　市場と政府（252）

第 2 節　平等尊重主義 ………………………………………… 256
　1　平等の概念（257）
　2　ドゥオーキンの資源平等論（258）
　3　A.センの潜在能力の平等（264）

第 3 節　自由と平等 …………………………………………… 269
　1　自由と平等の概念をめぐる問題（270）
　2　正当化の問題（272）
　3　正義概念の理解に関する問題（274）
　4　最小限保障の制度的構想（275）

第 9 章　文化と正義 ……………………………………………… 278

第 1 節　共同体論 ……………………………………………… 279
　1　自己と共同体（280）
　2　倫理的善と正義（282）
　3　ロールズの応答（283）

第 2 節　フェミニズム ………………………………………… 286
　1　フェミニズムの基本的主張（287）
　2　フェミニズムと現代正義論（290）
　3　その後の状況（293）

第 3 節　多文化主義 …………………………………………… 294
　1　先住民の集合的権利（295）
　2　移民のエスニック文化権（297）
　3　文化的地域社会の独立と自治（299）

第 4 節　文化的差異と普遍的正義 …………………………… 301

第10章 政治と正義 ……………………………………………… 303

第1節 国内政治と正義 …………………………………………… 303
1 公共事の内容（304）
2 公共事の議論と決定（308）
3 政治と正義（313）

第2節 世界社会と正義 …………………………………………… 321
1 国際法の思想史（322）
2 国際正義または世界正義（326）
3 国際立憲主義（333）

第3部 法的思考

第11章 法的思考概説 …………………………………………… 341

第1節 規範的思考としての法的思考 …………………………… 341
1 法的三段論法（342）
2 法的三段論法と論理（343）
3 法の決定と論理規則（344）

第2節 解釈的思考としての法的思考 …………………………… 347
1 法の解釈適用の例（347）
2 法規範の特定と法源（352）
3 事実の認定（353）
4 法規範の解釈適用（356）

第3節 対話的思考としての法的思考 …………………………… 356
1 議論における正当化の図式（357）
2 法的議論と正当化（359）
3 法的議論による正当化の意義（361）

第12章 法的思考をめぐる論争 ………………………………… 363

第1節 ドイツの議論 ……………………………………………… 363
1 サヴィニーの法解釈理論（364）
2 概念法学とその批判（366）
3 評価法学、ヘルメノイティクその他（370）

第 2 節　英米の議論……………………………………………………………371
　　1　形式主義とリアリズム（372）
　　2　ハートとドゥオーキンの論争（374）
　　3　テクスト主義とプラグマティズム（377）
第 3 節　日本の議論……………………………………………………………380
　　1　価値判断をめぐる論争（380）
　　2　利益衡量論をめぐる論争（382）
　　3　法的議論をめぐる論争（386）

第 13 章　基礎的法解釈……………………………………………………390
第 1 節　文理解釈と論理解釈…………………………………………………391
　　1　文理解釈（391）
　　2　論理解釈（394）
第 2 節　体系的解釈と歴史的解釈……………………………………………398
　　1　体系的解釈（398）
　　2　歴史的解釈（401）
第 3 節　目的論的解釈…………………………………………………………405
　　1　法律や法規の目的の考慮（406）
　　2　目的論的解釈による限定と拡張（409）
　　3　反目的性による論証（411）

第 14 章　発展的法解釈……………………………………………………413
第 1 節　不特定概念を含む規範………………………………………………413
　　1　規範的概念（414）
　　2　裁量概念（415）
　　3　一般条項（416）
第 2 節　規範衝突………………………………………………………………419
　　1　規範衝突の類型（419）
　　2　衝突処理原則による解決（421）
　　3　規範衝突のハードケース（423）
第 3 節　規範の欠缺……………………………………………………………425
　　1　類推による補充（426）

x 目次

  2 一般条項や一般原則による補充 (434)

第15章 訂正的法解釈 ……………………………………… 438
 第1節 訂正的法解釈の基本問題 ……………………………… 438
  1 訂正的法解釈の許容性 (438)
  2 訂正的法解釈の特徴 (441)
 第2節 反制定法的解釈 …………………………………………… 443
  1 昭和37年判決と昭和39年判決 (444)
  2 昭和43年判決 (447)
  3 その後の経過 (449)
 第3節 違憲審査 …………………………………………………… 450
  1 違憲審査の歴史と現状 (450)
  2 違憲審査の基準と方法 (452)
  3 わが国の憲法訴訟における審査の方法と基準 (458)
  4 違憲審査の効果、司法権の限界 (468)

事項索引 ………………………………………………………………… 471
人名索引 ………………………………………………………………… 479

序　章　法哲学の概要

「法哲学」というのはどんな学問だろうか。その名称からすれば、法に関する学問であろうとか、哲学と自称するのだから哲学的な学問であろうとかいったことが予想できる。この予想はもちろん誤っていないが、より具体的に「法哲学」が何をどのように学問するのかは一般に知られているとはいえない。本章ではまずこの点について説明することにしよう。ここでは法哲学の学問的位置および「法哲学」という名称とその由来、法哲学が扱う対象または問題とその特徴、そして法哲学がそれらの対象または問題を扱う方法に分けて説明する。

第 1 節　法哲学の位置と名称

(1) 法哲学は法学の分野に属するが、憲法、民法、刑法、商法、民事訴訟法、刑事訴訟法、国際法などのいわゆる実定法に関する学問とは区別される。それは法社会学、法制史学、外国法、比較法などとともに、わが国では「**基礎法学**」と呼ばれる法学の分野に属する[1]。実定法学が現行の実定法（制定法や判例など）についての学問的な解釈や法政策的視点からの批判や提言を行うのに対して、基礎法学は現行の実定法からは距離をおいて、法一般についての理論的な研究や、古今東西の法制度についての歴史的な研究、諸外国の実定法やその歴史についての個別的なまたは比較的な研究を行う。基礎法学はこのような研究を通して実定法学に寄与するとともに、法についての一般的な知見や理解を促進することを目的とする。

　法哲学は基礎法学の中でも、法制史のような具体的な法制度の歴史的研究や外国法・比較法のような諸国の実定法についての実定法学に近い方法による研究に対して、法社会学などとともにより理論的な研究を行うという特徴をもつ。その意味でこれらは「法理論」とか「理論法学」と総称されることもある。もちろ

---

[1] この他、アメリカのロー・スクールの科目にある「法と経済学」や「法と文学」なども、わが国の基礎法学に属するとみることができる。

ん、理論的研究の方法も多様である。法社会学や法人類学や「法と経済学」などが、それぞれ社会学、人類学、経済学などの基本的に経験科学的な手法を用いて研究するのに対して、法哲学はその名のとおり哲学的な手法を用いて多様な法現象を研究する。とはいえ、哲学的な手法といってもその理解は多様であり、また哲学的な手法を用いることによってその対象にもある特徴が生じる。これらについては後述する。その前に、「法哲学」という名称について少し説明を加えておこう。

(2) 本書で取り扱う学問領域は一般に「法哲学」と呼ばれる[2]。とはいえ、他にも「法理学」や「法理論」といった名称が用いられることもあり、また「法の一般理論」や「一般法学」といった名称が用いられることもある。今日では名称にとくにこだわる必要はないといえるが、それでもこれらの名称には一応の由来があり、それに応じてその狙いにも微妙な違いがある。

(a)「**法哲学**」という名称をわが国で最初に用いたのは東京大学の尾高朝雄(1899-1956) だとされる[3]。その前には、京都大学から同志社大学に移った恒藤恭(1888-1967) などによって「法律哲学」という名称が用いられていたが、尾高以後、今日では「法哲学」という名称が一般的となっている[4]。

ヨーロッパで「法哲学」に該当する名称が現れたのは 18 世紀の末から 19 世紀の初めにかけてのころである。たとえば、1797 年にドイツの法学者 G. フーゴー (1764-1844) は『実定法の哲学としての自然法の教科書』という本を書いている。より有名なのは、ドイツの哲学者 G.W.F. ヘーゲル (1770-1831) の 1821 年の『法の哲学の綱要、または自然法と国家学の要綱』である。「法哲学」という名称はこの頃のドイツから始まったといってよい。

どちらにも「**自然法**」という言葉が見られるように、「法哲学」は実定法の基

---

2 英語では Philosophy of Law, Legal Philosophy、ドイツ語では Philosophie des Rechts, Rechtsphilosophie、フランス語では Philosopie du Droit である。法哲学に関する日本の学会の名称は「日本法哲学会」である。また、法哲学に関する国際学会の名称は、ドイツ語で Internationale Vereinigung für Rechts- und Sozialphilosophie であり、IVR と略される。英語では、International Association for Philosophy of Law and Social Philosophy である。
3 尾高朝雄『法哲学』(日本評論社、1935 年)。
4 恒藤恭『批判的法律哲学の研究』(内外書店、1921 年)。この点について矢崎光圀『法哲学』(筑摩書房、1975 年) 174-175 頁参照。尾高が「法律哲学」という名称を避けたのは、「法律」というと帝国議会の制定した法に限定されて理解されかねないことを恐れたためだとされる。

礎としての自然法に関する学問として始まったことがわかる[5]。フーゴーが実定法の哲学の歴史を古代ギリシャのプラトンから書き始めているように、自然法に関する学問の歴史は古い。そして、自然法に関する学問は広い意味での倫理学や政治学などを含めた実践的哲学の一部と捉えられてきた。

他方、フーゴーが**「実定法の哲学」**と題しているように、当時はすでに実定法の体系が次第に独立のものと捉えられるようになり、倫理学や政治学の対象から分離されるようになってきていた。ヘーゲルも近代の抽象的な自然法が実定化されることの重要性を指摘している[6]。「自然法」という名称と同じ意味を指すものとしてではあれ、「法哲学」という名称が現れてきたのは、このような事情を反映しているものと考えられる。法哲学は「実定法の哲学」として独立しようとしていたのだということができるだろう。

その後、法哲学はおおよそ実定法の哲学として捉えられるようになってきており、英語圏でも「法哲学」という名称は一般的になっている。なお、「法哲学」と自然法との微妙な関係は、20世紀前半のドイツの法哲学者G.ラートブルフ（1878-1949）の『法哲学』（1932年）と彼の戦後の議論において、再び注目されるようになる。これについては、後の章で立ち入ることにする。

(b)「法哲学」という名称と並んで、わが国では**「法理学」**という名称も用いられてきた。「法理学」という名称を最初に用いたのは東京帝国大学で教鞭をとった穂積重遠（1883-1951）だとされる[7]。穂積が「法（律）哲学」という語を避けたのは、「哲学」というと形而上学だと誤解されかねないと考えたからだとされる[8]。戦前から戦後にかけては「法理学」という名称を用いた例は少なくな

---

[5] わが国で最初に自然法の講義を行ったのは、フランスから政府の法律顧問として招聘されたG.E.ボアソナード（1825-1910）であり、その教科書が井上操訳の『性法講義』（1881年）である。「性法」は自然法（droit naturel）の訳語である。

[6] ヘーゲル（藤野渉・赤沢正敏訳）『法の哲学』（『世界の名著44 ヘーゲル』所収、中央公論社、1978年）180頁、437-438頁参照。

[7] 穂積重遠『法理學大綱』（岩波書店、1917年）。ただし、関直彦による『オースチン氏法理學』（錦森閣、1888年）の例もある。なお、尾高朝雄にも『法理学講義』（1943年）と題する教科書がある。

[8] 矢崎光圀『法哲学』168-169頁参照。なお、日本語の「法理学」は「法理の学」とも「法の理学」とも解することができる。前者の場合、「法の基本原理に関する学」と解されるが、「法理」は実定法上の基本原則（たとえば、憲法改正の法理とか禁反言の法理とか解雇権濫用の法理など）を指すものとして用いられることがあり、誤解のもとになりうる。後者の場合の「理学」は、今日では物理学や化学や数学や生物学などの理科系の学問を指すが、もともとは中国の宋代・明代の「理に関する学」であり、おおよそ「哲学」を意味するとみることができる。

く[9]、今日でもこの名称を用いた教科書もある[10]。

「法理学」という言葉に対応するヨーロッパ語は必ずしも明らかではないが、英語の jurisprudence に求められることが多い[11]。英語の jurisprudence はラテン語で「法の賢慮（＝法学）」を意味する jurisprudentia に由来するが、今日の「法理学」に該当するような意味での用法の始まりは、一般に 19 世紀の法理学者 J. オースティン（1790-1859）の『法理学の領域の確定』（1832 年）に求められている。オースティンの法理学は「法」という言葉の用法を厳密に分析して、法学の対象を実定法に限定すべきことを説くもので、その手法から「分析的法理学」（analytical jurisprudence）と呼ばれる。

しかし、jurisprudence はもちろん分析的なものにかぎらず、歴史的、社会学的、そして規範的という形容詞で特徴づけられるものもあり[12]、さらに自然法論を指すこともある。その意味では、jurisprudence は法についての一般的な理論的研究を広く指し、その範囲は法哲学とかなり重なるといえる。また、日本語の「法理学」も今日では広い意味では一般に「法哲学」とほとんど変わらないとみなされている[13]。

(c)　「法哲学」や「法理学」の他に、「**法理論**」（Rechtstheorie, legal theory）という名称が用いられることもある[14]。ドイツでは、哲学の方法よりも新しい科学的

9　たとえば、中島重『法理學概論』（更生閣、1925 年）、小野清一郎『法理学と「文化」の概念：同時に現代ドイツ法理学の批評的研究』（有斐閣、1928 年）、牧野英一『法理学』（有斐閣、1949-1952 年）、小林直樹『法理学』（岩波書店、1960 年）など。

10　最近では、たとえば、田中成明『法理学講義』（有斐閣、1994 年）や同『現代法理学』（有斐閣、2011 年）、青井秀夫『法理学概説』（有斐閣、2007 年）などがある。

11　穂積陳重がイギリスに留学していた経緯などが指摘されている。たとえば、矢崎光圀『法哲学』169-170 頁を参照。そのほか、田中成明『現代法理学』10 頁、青井秀夫『法理学概説』5 頁など参照。なお、田中はラテン語の jurisprudentia との結び付きを強調している。

12　19 世紀のイギリスの法学者 H. メインの jurisprudence は「歴史的」と特徴づけられ、20 世紀初めのアメリカの法学者 R. パウンドは「社会学的」な jurisprudence の必要を説いた。また、「規範的」法理学は道徳哲学や政治哲学とも重なる部分をもち、その代表的な理論家として『正義論』で有名な J. ロールズが挙げられることがある。

13　ただ、「法哲学」ではなく「法理学」という名称を選択する法哲学者は、両者をほぼ同じとみなしながらも、その違いに言及している。たとえば、田中成明『法理学講義』13 頁は、「法理学」という名称を選択する理由として、法理学は「一般哲学の何らかの方法論のたんなる応用領域ではな」いこと、「一般哲学の方法にも学びつつも、必要に応じて社会・人文諸科学、さらに自然科学の方法・視点をも取り込んで」多様な方法・視点から研究することを挙げている。他方、青井秀夫『法理学概説』は、広義の「法理学」と広義の「法哲学」はほぼ同じだとしつつも、「法哲学固有の問題領域」である「法の対外的関係」（法と道徳、経済、政治などとの関係）は除いて、法規範や法体系の分析と法解釈また法思考の方法を主に取り上げている。

な方法を駆使して研究するという意味で、「法哲学」に代えて「法理論」という名称をとくに用いるケースも現れたが、法理論から哲学的方法を排除することはできないことが再認されて、現在ではこの違いがとくに強調されることはない。英語の legal theory は jurisprudence とほぼ同義に用いられることが多いが、必ずしも同一ではないとする見解もある。

　以上の他に、ドイツでは法規範や権利や法人格など実定法の基礎的な概念を一般的に研究する学問を「一般法学」（Allgemeine Rechtslehre）と呼ぶことがあった[15]。これにほぼ対応する英語やフランス語の言葉として「法の一般理論」（general theory of law, théorie générale du droit）がある[16]。

第2節　法哲学の対象

　以上のように、「法哲学」「法理学」「法理論」といった名称にはそれぞれ由来があるが、今日ではその区別にとくにこだわる必要はない。20世紀のイギリスの代表的な法哲学者 H. L. A. ハート（1907-1992）によれば、そのような「伝統的区別をより精巧なものにしていっても得られるものはほとんどない」。それよりも重要だとハートが言うのは、特定の法体系についての経験的な研究や解釈学的な研究がどれほど高度な段階に達しても、「なお解決されるべきものとして残される一定の問題群があり、それを法哲学に属するものとして区別する」ことである[17]。つまり、法哲学が扱う対象としての問題群を区別するほうがより重要だと

14　わが国の法哲学関係の専門雑誌として『法の理論』（成文堂、1981年から）がある。当初、この題名は科学主義的な傾向をもつ「法理論」との違いを意識したものであったが、その後、法理論と法哲学は同じ意味で用いられているとされている（『法の理論28』の編集者一同の巻頭言参照）。「法理論」という名称を用いたわが国の法哲学の教科書としては、たとえば、田中成明『現代法理論』（有斐閣ブックス、1984年）がある。その他、「法理論」という名称をもつ著書として、竹下賢編『実践地平の法理論』（昭和堂、1984年）、深田三徳『現代法理論論争』（ミネルヴァ書房、2004年）などがある。

15　これに対応して「一般国家学」（Allgemeine Staatslehre）という名称がある。G. イェリネク（芦部信喜他訳）『一般国家学』（学陽書房、1974年）、H. ケルゼン（清宮四郎訳）『一般国家学』（岩波書店、1936年、1971年改版）など。

16　英語では英訳されたケルゼン（尾吹善人訳）『法と国家の一般理論』（General Theory of Law and State, 1945：木鐸社、1991年）、フランス語ではベルギーの法哲学者 J. ダバン（水波朗訳）『法の一般理論』（La Théorie Générale du Droit, 1969：創文社、1976年）などがある。

17　H.L.A. ハート（深田三徳・古川彩二訳）「法哲学の諸問題」（矢崎光圀他訳『法学・哲学論集』所収、みすず書房、1990年）103-104頁。

いうわけである。

(1) そのような法哲学に属する問題群を、ハートは、法の「定義と分析の問題、法的推論の問題、そして法の批判の問題」の三つに分けている。この三つの問題群をどう呼ぶかについては法哲学者によっても違いがあるが、法哲学の扱う問題群をこのように三つに分けることについてはおおよそ意見の一致がある。たとえば、20世紀のフランスの法哲学者 M. ヴィレイ（1914-1988）も法哲学の対象を同様に三つに分け、(1) 法の定義（法存在論）、(2) 法の諸源泉（方法論）、(3) 法内容を支配する諸原理（法価値論）を挙げている[18]。ヴィレイの挙げる三つの問題群はハートの挙げるそれと順序の点でもほぼ同じである。

ただ、三つの問題群についてのハートとヴィレイの呼び方については少し説明が必要である。まず、ハートとヴィレイが法の定義の問題と呼んでいるのは「法とは何か」をめぐる問題であり、今日では「**法の概念**」をめぐる問題として捉えられることが多い。あるいはより広く「法の一般理論」に属する問題ということができる。次に、ハートが「法的推論の問題」と呼び、ヴィレイが「法の諸源泉（方法論）」と呼んでいるもの[19]は、法の解釈適用の方法に関する問題群であり、これを扱う分野は一般に「法学方法論」とか「法解釈方法論」と呼ばれるが、最近では「**法的思考**」や「**法的推論**」をめぐる問題として扱われることが少なくない。最後に、ハートが「法の批判の問題」と呼び、ヴィレイが「法内容を支配する諸原理（法価値論）」と呼んでいるものは、**法が体現しまた追求すべきとされる**（また法批判の基準とみなされる）**目的や価値をめぐる問題群**である。そのうちでもとくに正義の価値が重要であり、今日ではいわゆる「**現代正義論**」と呼ばれる分野が大きく取り上げられている。

(a) 法哲学の主な教科書の章立ては必ずしも三つに明確に分けられているわけではなく、その内容や取扱い方にもかなりの違いがみられる。しかし、それらもおおよそこの三つの問題群に分類することができる。この点を、少し古くなったが、1970年代に現れたわが国の主な法哲学者の教科書に即してみてみよう。

まず、東京大学の碧海純一（1924-2013）の『新版・法哲学概論』（弘文堂、1973

18　M. Villey, La formation de la pensée juridique moderne, 1975, 5-7.
19　ヴィレーが「法の諸源泉」と呼んでいるのは、制定法や慣習法や判例法といったいわゆる「法源」のことであり、これらの法源の成立やその解釈と適用についての説明を含んでいる。

年）の章立ては、第一章「序論」、第二章「法の概念」、第三章「法の社会的機能」、第四章「記号の意味と解釈」、第五章「法の適用と解釈」、第六章「法解釈学の性格と任務」、第七章「法の経験科学」、第八章「正義の問題」となっている。このうち、第一章「序論」を除けば、第二章「法の概念」と第三章「法の社会的機能」は全体として「法の概念」をめぐる問題を扱っているものとみることができる。第四章「記号の意味と解釈」、第五章「法の適用と解釈」、第六章「法解釈学の性格と任務」は全体として「法的思考」の問題を扱っている。最後の第八章「正義の問題」は文字通り法の目的とくに正義の問題を扱っている。第七章「法の経験科学」は法社会学や法史学などの学問的な特徴と位置づけに関するもので、法哲学とは何かを説明した第一章「序論」と一つにまとめて理解することができるだろう。碧海の法哲学は、いわゆる分析哲学の手法を用いて法の概念や記号を用いる法的思考を明晰に分析する点、正義の問題も**分析哲学**のメタ倫理学の観点から価値相対主義的に扱っている点などに特徴がある。

次に、大阪大学の矢崎光圀（1923-2004）の『法哲学』（筑摩書房、1975年）は、第一章「主題としての法哲学」に次いで、第二章「法学方法論——解釈と基礎」と第三章「法学方法論——基本的諸概念」では法哲学と法律学一般の特徴と方法について説明し、第四章「法哲学と法理学（外国）」と第五章「法哲学と法理学（日本）」では法哲学と法理学の名称と由来について論じている。この第四章と第五章の扱いは特徴的であるが、ここまではおおよそ法哲学という学問についての説明である。そして、第六章「法の説明Ⅰ」は法規範や法的ルールや法の定義など法の概念に関する問題を、第七章「法の説明Ⅱ——法の運用と構成に関連して」は法的推論や法の解釈適用に関する問題を扱っている。第八章「法と道徳」は法の概念をめぐる問題の一部としての法と道徳の区別と関連を扱っているものとみることができ、最後の第九章「法価値論」は法の目的や価値をめぐる問題を扱っている。矢崎の法哲学はハートのそれに依拠するところが大きい。また、矢崎も法価値論ではメタ倫理学を中心に論じており、法の目的や価値、とくに正義について立ち入った議論を与えてはいない。

最後に、京都大学の加藤新平（1912-1999）の『法哲学概論』（有斐閣、1976年）の章立ては、序論の後、第一章「『法哲学』の名称・成立」、第二章「法哲学の学問的性格」、第三章「自然法と実定法」、第四章「法の概念」、第五章「法の目的」となっている。はじめの二章は法哲学という学問の説明であり、第三章と第四章

は全体として法の概念の検討としてまとめることができる。第五章は法の理念や正義の概念などを扱っている点、またそこでは価値相対主義も論じられているが、いわゆる**新カント学派**の価値相対主義を乗り越えようとする苦心がみられる点に特徴がある。なお、加藤のこの教科書では法の解釈適用をめぐる問題が扱われていない。加藤自身、この問題のほか、法と道徳、法の妥当根拠、法と人間などの章を書く予定であったが果たせなかったと述べている。また、碧海と矢崎の法哲学が英米系だとすれば、加藤の法哲学はドイツ系だといえる。

(**b**) 次に、最近の代表的な法哲学または法理学の教科書についても、同様の観点から概観してみよう。

まず、京都大学の田中成明の『法理学講義』(有斐閣、1994年)、あるいはその改定版ともいえる『現代法理学』(有斐閣、2011年)の編立ては、後者によれば次のようである[20]。同書は、「法理学の学問的性質と役割」を説明する序論を除けば、第1編「法動態へのアプローチ」、第2編「法システムの基本的特質」、第3編「法の基本的な概念と制度」、第4編「法の目的と正義論」、第5編「法的思考と法律学」の5つの編に分けられており、それぞれが3章または4章を含んでいる。第1編から第3編を法の一般理論に関する部分とすれば、上記の法哲学の三つの問題群に分けられていることが分かる。田中の教科書は、**法の三類型モデル**や**法化論**など現代日本の法制度や法動態に関する独自の知見を展開していること、J. ロールズを出発点とする現代正義論も立ち入って扱っていること、従来の法的思考だけでなく**対話的合理性**を導きの糸とする法的正当化の基本構造の解明を展開していることなどを含め、法理学の諸問題を包括的かつ体系的に扱っており、法学生や法哲学者だけでなく、実定法学者や法実務家にとっても有用な体系書だといえる。

次に、早稲田大学の笹倉秀夫の『法哲学講義』(東京大学出版会、2002年)は、緒論の後、第1編「法の特質」、第2編「法の目的」、第3編「法と国家」、第4編「法の技法」の4編から構成されている。第3編が特徴的であるが、その他は上記の三つの問題群に対応している。本書の特徴は、「法の特質」を法と政治の関係から始め、「法と国家」の問題に1編を当てて扱うなど、**法と政治の関係**にとくに注目していること、また、「法の目的」では正義の諸問題を説明した後、

---

[20] 『法理学講義』では、第1編「法の基本構造」、第2編「法の目的と正義」、第3編「法的思考と裁判」と分けられており、三つの問題群との対応はより明らかである。

とくに人権について4章を当て、環境の問題も扱っているが、いわゆる現代正義論という問題群の捉え方はしていないこと、法の解釈についても独自の体系的な取扱いを与えていることなどにみられる。その他、第3編で「戦争責任論」、「日本における〈前近代・近代・超近代〉」、「象徴天皇制の法哲学」など、日本における重要な政治思想的問題について独自の見解を論じているのも、特徴的である。

さらに、東北大学の青井秀夫の『法理学概説』（有斐閣、2007年）は、序論を除けば、第1部「法と法なき空間」、第2部「法理論と方法論の主要傾向」、第3部「制定法の法命題」、第4部「具体的ケースへの制定法の適用」、第5部「制定法の解釈」、第6部「裁判官の発展的法形成」の6部立てとなっている。独特の構成と言えるが、上記の三つの問題群に関連させると、第3部までがおおよそ法の概念に関する問題群を扱い、第4部以降は法思考に関する問題群を扱うものといえる。法の目的や価値に関しては、そうした法の理念が立法によって法内容となるという事態が検討されているが、ひとつの問題群としてまとまった仕方で論じられているわけではない。「法なき空間」という概念は、法の適用範囲を実定法（制定法、慣習法、裁判官法）の及ぶ範囲に限定するという意味を持ち、著者の基本的な姿勢を表している。本書の特徴は、なによりも**法解釈方法論**を中心とするドイツ法理論についての著者の長年の研究の成果であり、ドイツの法解釈方法論に関する詳細な知見に満ちているという点にある。

(c) 最後に、ごく最近の世代の教科書等についても簡単に触れておこう。それらに共通して特徴的なのは、いわゆる現代正義論が大きな問題枠組として捉えられるようになっているという点である。

現代日本の法哲学界をリードする井上達夫（東京大学）の『法という企て』（東京大学出版会、2003年）は、第1部「法理念論――法とはいかなる企てか」、第2部「法存在論――法はいかにして存在しうるのか」、第3部「法動態論（1）――立憲主義の葛藤」、第4部「法動態論（2）――法価値の現代的展開」からなる。第3部は第6章「司法的人権保障の現代的課題」を含み、憲法の解釈適用の問題を、また、第4部は現代正義論における法価値論の展開を扱っているから、教科書という体裁はとっていないものの、法哲学の基本的な三つの問題群をすべて含んでおり、教科書として理解することができる。井上は他の多くの著書で現代正義論の諸問題を批判的に検討し、独自の**リベラリズムの正義論**を展開している。

亀本洋（京都大学、その後、明治大学）の『法哲学』（成文堂、2011年）は、第1章「法哲学の精神」、第2章「法的思考」、第3章「法律関係」、第4章「自然権と国家」、第5章「政府の役割」、第6章「市場と競争」、第7章「市場と法」、第8章「正義の概念」、第9章「分配の正義」、第10章「リベラリズムと法」というユニークな章立てとなっている。第2章では制限超過利息の元本充当に関する二つの最高裁判例を詳細に分析している点、第6章と第7章でとくに市場と法をめぐる**「法と経済学」**的問題に取り組んでいる点なども、ユニークだといえる。

森村進（一橋大学）の『法哲学講義』（筑摩書房、2015年）は、法哲学とは何かを説明する序論のほか、第1章「法概念論は何を問題にしているのか」、第2章「法実証主義とは何か」、第3章「ケルゼンの『純粋法学』」、第4章「H.L.A.ハート――開かれた問題群」、第5章「ドゥオーキンの解釈的法理論」、第6章「正義論」、第7章「メタ倫理学」からなる。第1章から第5章までは法の概念に関する問題群、第6章と第7章は法の目的や価値に関する問題群を扱うものといえる。法解釈や法的思考についてはとくにまとめて論じられてはいないが、第5章はそれに関連するといえる。森村はいわゆる「**自由尊重主義（リバタリアニズム）**」の立場から現代正義論を精力的に論じている。

その他、複数の著者による共著の教科書として、平野仁彦・亀本洋・服部高宏［著］『法哲学』（有斐閣アルマ、2002年）、瀧川裕英・宇佐美誠・大屋雄裕『法哲学』（有斐閣、2014年）を挙げておこう。前者はやや古くなったが、いずれも京都大学出身の法哲学者の共著であり、三つの問題群をバランスよく取り上げており、初学者向けの入門書として最適と思われる。後者は気鋭の若手法哲学者の共著になるもので、第1部「正義論」および第2部「法概念論」の2部立てで、とくに現代正義論を手厚く扱っているのが特徴である。

(2) 以上で概観してきた教科書はいずれも法哲学の「概論」を扱っているものである。広い意味で法哲学が扱う対象には、上記の三つの問題群を扱う概論の他に、法に関する哲学または思想の歴史を扱う「**法思想史**」や、法の各分野の基本的な問題を扱う「**法哲学各論**」とも呼びうるものがある。大学の科目としては、「法思想史」は、概論を扱う「法哲学」や「法理学」とは別の科目とされていることも少なくなく、『法思想史』と題する教科書もある。他方、一つの科目の中で法思想史と法哲学概論を講ずることもある。「法哲学各論」が別個の科目とし

て講じられることはほとんどなく、そのような内容の教科書も後述の例を除けばほとんどない。

　他方、法哲学概論と法思想史や法哲学各論を 1 冊の中で扱っている教科書はかつてはいくつかあった。まず、法哲学概論と法思想史を 1 冊で扱っている教科書として、尾高朝雄の『改訂 法哲学概論』（学生社、1953 年）がある。この教科書は、緒論の他、法思想史を扱う第一編「法哲学の傾向」と法哲学概論を扱う第二編「法哲学の問題」からなっている。第一編は、第一章「法哲学の成立」（古代から中世にかけての法思想）、第二章「法の形而上学」（近代自然法論からドイツ観念論の法思想）、第三章「経験主義の法哲学」（19 世紀ドイツの法思想）、第四章「批判主義の法哲学」（20 世紀初めのドイツの法思想）、第五章「法における理念と現実の結合」（20 世紀中葉までの法思想）を扱っている[21]。

　法哲学概論と法哲学各論を扱った教科書としては、ラートブルフ（田中耕太郎訳）『法哲学』（東京大学出版会、1961 年：原著は 1932 年）がある[22]。訳書は第一篇「総論」と第二篇「各論」に分けられている。この区分は原著にはなく、訳者の工夫によるものであるが、全体を見通す上では適切であるといえる。その第二篇は、「私法と公法」、「人格」、「所有権」、「契約」、「婚姻」、「相続法」、「刑法」、「死刑」、「恩赦」、「訴訟」、「法治国家」、「教会法」、「国際法」、「戦争」と題する 14 の章からなっている[23]。民法から刑法、憲法、わが国ではなじみのない教会法、そして国際法まで、当時のドイツの法分野の基本問題を哲学的に扱っているのである。

　法思想史のまとまった教科書（単著のもの）はかつてはいろいろあった[24]が、

21　ちなみに、法哲学概論にあたる第二編は、第一章「法の本質」、第二章「法の効力」、第三章「法の理念」、第四章「法の理念の実現」、第五章「法学の方法」からなっており、法哲学の三つの問題群が扱われていることがわかる。
22　このように概論的問題と各論的問題を扱うという構成は、カントの『人倫の形而上学・法論』やヘーゲルの『法の哲学の綱要』にもみられる。
23　なお、第一篇には、「現実と価値」、「法の価値考察としての法哲学」、「法哲学の諸傾向」、「法の概念」、「法と道徳」、「法と習俗」、「法の目的」、「法哲学的政党論」、「法理念の相互矛盾」、「法の効力」、「法の歴史哲学」、「法の宗教哲学」、「法律人の心理学」、「法の美学」、「法律学の論理」と題する 15 の章からなっている。最初の三章は法哲学という学問の説明、次の三章は法概念論、次の三章は法目的論ないし法理念論、「法の効力」と題する章は概念論と理念論からの帰結を述べる章、最後の「法律学の論理」は法学方法論である。これらは三つの問題群に対応させることができる。「法の歴史哲学」から「法の美学」までの 4 章は法を他の学問方法からみるもので、独特だといえるだろう。
24　たとえば、恒藤武二『法思想史』（筑摩書房、1977 年）、三島淑臣『法思想史』（青林書院 1980

最近ではほとんど出ていない。笹倉秀夫『法思想史講義〈上・下〉』(東京大学出版会、2007年)が唯一の例外である[25]。他方、法哲学各論と呼びうる問題を扱った最近の教科書として、井上達夫編『現代法哲学講義』(信山社、2009年)、瀧川裕英編『問いかける法哲学』(法律文化社、2016年)がある。現代のさまざまな法的問題を法哲学的に考察検討することも法哲学の役割であり、そのような問題についての法哲学者による著書も少なくない。また、日本法哲学会は毎年学術大会の統一テーマとしてそのような個別の問題を取り上げており、その議論の内容は学会誌『法哲学年報』(有斐閣)に掲載されている。

第3節　法哲学の方法

　以上みてきたように、法哲学は基本的に三つの問題群を対象とする。法の概念をめぐる問題群(法規範や権利の概念や法体系の構造、そして法そのもの、法の妥当または効力、法と道徳やその他の社会的実践との関係など)、法の目的や価値をめぐる問題群(とくに正義の価値が重要だが、それにかぎられない)、そして法の方法をめぐる問題群(法の適用解釈の方法とそこでの法的思考の特徴など)である。法哲学がこれらの問題群を対象とするのは、哲学的な考察方法をもって様々な法現象を考察するからである。
　実定法学や法実務も、法規範や権利や法の効力といった概念を用い、実定法において追求されている正義やその他の目的や価値を考慮し、法規範の解釈やその方法を提示する。しかし、実定法学がこれらの概念や価値や方法を用いたり検討したりするのは、基本的に様々な具体的な法的問題について考察し判断するなかでのことである。これに対して、法哲学はこれらの基本的な概念や価値や方法を、実定法や実務からは一歩距離をとって、より一般的により原理的に考察する。アリストテレスは、動物学や天文学などの自然学の他に、これらの自然学が用いている基本的な諸概念(たとえば「存在」や「運動」など)を、自然学(フィジクス)から一歩はなれて一般的かつ原理的に考察する学問を講義したが、これは

年、新版1993年)など。
25　最近の共著による手ごろな教科書としては、田中成明・竹下賢・深田三徳・亀本洋・平野仁彦『法思想史』(有斐閣Sシリーズ、1988年、第2版1997年)、森村進編『法思想史の水脈』(法律文化社、2016年)などがある。

後に「**形而上学**」(メタ・フィジクス) と呼ばれるようになった。実定法学や法実務に対する法哲学の関係は、この自然学に対する形而上学の関係に類似する。この意味で、法哲学は「**メタ・実定法学**」と理解することができる。そして、哲学的な考察方法というのもこの意味での「メタ」的な考察方法のことだとさしあたりいうことができる。

本節では、この哲学的な考察方法の特徴とそれが法哲学においてどのような意味をもつかについて概観しておこう。しかし、その説明の仕方は様々でありうる。「哲学者の数だけ哲学がある」とよく言われるが、それはそれぞれの哲学者の主たる考察対象の多様性だけでなく、哲学的な考察方法の多様性をも意味している。以下の説明は専門の哲学者ではない一人の法哲学者の観点からの説明にとどまることを注記しておく。

1 究極性、全体性、価値関係性

まず、加藤新平が『法哲学概論』で与えている説明を参考にして、哲学的な考察方法の特徴について一般的にみておこう。加藤の説明は現在ではやや古くなっているといえるかもしれないが、それでも哲学的考察方法のある基本的な特徴を捉えていると思われるからである。

加藤は哲学的な考察方法を特徴づけるものとして、究極性、全体性、そして世界観的または人生観的関心の三つを挙げている[26]。それをここでの観点から敷衍すると、まず、**究極性**というのは、我々がものを考えたり何かをなそうとしたりするときに多くは暗黙のうちに前提しているものごとをどこまでも反省的に問い、「どうしても否定できない確実さをもつと思われる究極の原理的な命題や要請」にまで遡ろうとする思考の傾向をいう。プラトンの「善のイデア」やアリストテレスの「不動の動者」、近代ではデカルトの「思惟する我」やヒュームの「知覚」などは、この究極の原理や前提の例だといえる。

第二に、**全体性**というのは、何らかの部分の認識や理解にとどまらず、認識や理解の範囲を拡大していって、最終的には存在の全体の認識や理解に至ろうとする思考の傾向のことである。究極性が垂直に向かう思考の傾向だとすれば、全体性は水平に向かう思考の傾向だといえる。もちろん、目指される全体はあらゆる

---

[26] 加藤新平『法哲学概論』49-55 頁。

個別の「知識の最大限の集積というような百科事典的な全体」ではなく、諸部分の知識を何らかの一般的な概念に次第に総括していってそれらを相互に連関づける体系としての全体である。アリストテレス、トマス・アクィナス、ヘーゲルといった代表的な体系的哲学者の思考を導いているのがこの全体性だといってよいだろう。

　最後に、**世界観的または人生観的な関心**というのは、加藤によれば、究極性や全体性といった思考の傾向の背景にあって思考を駆動している「関心」である。その関心には、真理を求めるという理論的な関心だけでなく、善や福や美の実現へ向けた実践的関心も含まれる。したがって、哲学的考察方法のこの特徴は、価値によってあるいは価値へと導かれる思考の傾向、思考の価値関係性と呼ぶこともできるだろう。なお、理論的な関心だけに導かれているようにみえる哲学もその営為そのものは実践的な関心に基づいているだろうし、主に実践的関心に導かれている哲学も真なる認識や理解に基づくのでなければ不合理なものとなるだろうから、多かれ少なかれこの二つの関心を含んでいるといえる。

　これらの哲学的考察方法の特徴は法哲学ではどのように現れるだろうか。ここではその一部だけ触れておくと、まず究極性はたとえば法の効力または妥当の根拠への問いに関わる。たとえば、裁判所の判決が妥当するのはどのような根拠によるのかという問いを導くのはこの特徴である。また、全体性の特徴は、個々の法規範の考察から出発して法制度や法体系の考察へと向かい、さらに法と他の社会的実践との関係を考察するという点にみられる。そして、法はその法規範や法実践においてそれ自体として価値に関わっているから、法哲学の考察方法も何らかの仕方で（評価的態度を否定する場合でも）価値関係性の特徴をもつことになる。

　ところで、哲学的考察方法の特徴としてこれらの点を挙げることについては異論がありうる。究極の前提に遡るとか全体の認識または理解に至るとか客観的な価値判断を求めるといったことがはたして可能なのかという疑念がありうるからである。究極の前提と考えたものが暗黙のうちに何らかの前提に依拠しているかもしれないし、人間の認識や理解はどこまでも有限であって無限の無知の領域が残っているとも考えられるし、価値判断は主観的なもので相対的でしかありえないという見解もあるからである。もし究極の前提に遡ったり全体の認識または理解に至ったり客観的な価値判断を下したりすることが結局は不可能であるとすれば、そのような特徴をもつ哲学的考察方法は無益な営みということになりそうで

ある。しかしそれでも、当然と思っている前提を反省的に吟味したり、部分的な認識や理解をより広い視点から考察してみたり、可能な限り普遍的な価値判断の可能性を追求したりするといった作業がまったく無意味になるわけではない。そのかぎりでは、哲学的考察方法のこれらの特徴は反省的または批判的な思考にとっての一つの要請として、重要な意味をもつといえるだろう。

2 哲学における言語論的または解釈学的転回

　次に、上記とは別の角度からの哲学的考察方法の特徴について触れておこう。20世紀になると哲学のそれまでの伝統に対してある新しい動き、「**言語論的転回**」と呼ばれる動きが現れたからである[27]。どの時代の哲学においても、存在をめぐる問題群、認識をめぐる問題群、そして言語をめぐる問題群は重要なテーマとして扱われてきているが、古代から中世までの古典的な哲学が主に存在をめぐる問題群（存在とは何か、存在の原因は何か、世界にはどのようなものが存在するのかなど）を、近代の哲学が主に認識をめぐる問題群（認識の出発点はどこにあるのか、我々は何を知ることができるのか、認識の仕組はどうなっているのかなど）を取り扱ったとすれば、現代の哲学はとくに言語をめぐる問題に注目しているという点に特徴があるといえる。この転回の理由は、簡単に言えば、存在するものについて語るとき、我々はすでに言語をもって語り、ものごとを認識するとき、我々はすでに言語の枠組をもって認識していると考えられる点にある。存在論も認識論も言語の観点から捉え直されることになる。

　しかし、言語に着目する哲学の傾向も多様である。一つには、G. フレーゲの意味の概念の分析とそれに基づく新しい論理学（現代の述語論理学）の構想から始まり、B. ラッセルや初期の L. ヴィトゲンシュタインによる数学や論理学の哲学の展開を経て、いわゆる「ウィーン学団」の論理実証主義へといたる初期分析哲学の系譜がある。初期分析哲学は論理学や数学などの形式言語と自然科学の理論的言語を対象として扱ったが、言語分析の方法はやがて自然言語（日常言語）をも対象とするようになった。後期ヴィトゲンシュタインのいわゆる「**言語ゲーム**」論や J.L. オースティンの「**言語行為**」論などがその代表である。さらに、論理実証主義の考え方はアメリカでプラグマティズムと結びつきながら、W. クワ

27　R. Rorty (ed.), The Linguistic Turn, 1967.

イン、D. デイヴィッドソン、R. ローティといった現代のアメリカ分析哲学として展開してきている。

　他方で、キリスト教の聖書解釈学の方法を精神科学一般の方法として拡張したW. ディルタイから、M. ハイデガーの存在の解釈学を経て、解釈学の方法を哲学一般の方法として展開したH.G. ガダマーの哲学的解釈学やP. リクールの批判的解釈学などへといたる系譜がある。**解釈学（ヘルメノイティク）**を哲学の言語論的転回に含めるのは一般的とはいえないかもしれないが、典型的には言語的表現物であるテクストの解釈に関する議論を展開するものとして、言語に注目する哲学の動向の一つと考えることができる。さらに、フランスでは、E. フッサールの現象学や実存主義やポスト構造主義などと結びついて、M. フーコーやJ. デリダなどが展開したいわゆるポスト・モダンの哲学にも解釈学の影響が窺える。また、現代アメリカの分析哲学でも、デイヴィッドソンの「根元的解釈」の理論やローティの哲学の解釈学的転回の議論など、ヨーロッパの解釈学とは異なるものの、広く「解釈学」と呼びうる議論がみられる。

　言語に着目する現代哲学の議論の論点は多岐にわたっており、その特徴を簡潔に述べることは難しいが、法哲学にとってのその意義は、項目だけ挙げると、次のような点にみることができるだろう。第一に、法的実践が言語と密接に結びついた実践である以上、法とは何かを考える上でも、これらの言語哲学の議論、とくに日常言語に関する分析や解釈に関する議論は重要な意義をもっている。第二に、法的実践の重要な部分が法律や契約の文言の解釈適用をなすことであることを考えると、哲学的解釈学の議論も参照されうることになる。もっとも、哲学的解釈学が法解釈学を逆に参照して議論を展開しているという側面もあり[28]、この点では両学問の間には相互作用もみられる。第三に、初期分析哲学は道徳や法における規範的あるいは評価的な言語使用の真偽可能性を否定したし、また解釈学的な言語哲学には言語体系とそれに体現された伝統的な信念の体系の独自性または相対性を主張する見解もあることから、道徳や法における規範的あるいは評価的な言語使用の相対性という問題が現れてくる。この問題は現代正義論にとって

28　H.G. ガダマー（轡田収・巻田悦郎訳）『真理と方法 II』（法政大学出版局、2008年）504-529頁参照。哲学的ヘルメノイティクの法学への影響は、とくにドイツにおいて「法学的ヘルメノイティク」という考え方が展開した点にみられる。そのほか、法の概念を解釈的なものと捉えるR. ドゥオーキンも彼の主著（小林公訳）『法の帝国』（1995年、未来社）においてガダマーに言及している。

も重要な議論の対象となっている。

　しかし、法と言語との関わりを法哲学的に考察しようとするときにいずれにせよ注目すべきことは、法的実践が、価値を体現する規範を制定したり解釈して適用したりする中で、主張や反論をなし、それについて「**理由を与えまた求める**」(W. セラーズ) 実践として営まれるということである。法は強制的にあるいは権威として貫徹されるという側面ももつが、他方でこのような対話的関係において可能な限り適切な理由に基づく合理的な解決を求める実践という側面をもつことも無視することはできない。それどころか、このような**対話的合理性**を求める実践であるという点に、たんなる力や権威の行使にとどまらない、法の本質的な特徴があるといえるだろう[29]。この特徴を理解する上でも、言語に注目する現代哲学の議論は無視しえないのである。

29　法における対話的合理性の意義については、田中成明『現代法理学』40頁その他を参照。田中は法を「議論・交渉フォーラム」を通じた対話的合理性の制度化の営みとみなしている。

第 1 部

法の概念

第 1 章　法と法哲学の諸相

　法とは何か。この問いは古くから問われてきた。しかし、なぜこの問いはこのように執拗に問われるだろうか。それは、まずこの問いにはさまざまな答えがありうるからである。法は国家の命令である、法は社会のルールである、法は正義を目指す営みである、などなど。そして、法は社会生活をさまざまに規律するものであるから、その答え方によって社会生活は重要な影響を受けるからである。ここでは「法とは何か」という問いに対する基本的な答え方にどんなものがあるかを概観する。それは大きく三つ、現実主義、実証主義、理想主義に分けることができる。それらの違いは、法のどのような側面を、どのような視点から見るかの違いに基づいている。

第 1 節　事実の側面と現実主義

　現代社会の多くの法は、立法者によって制定され、人々によって遵守され（または違反され）、裁判所や行政庁によって適用される。これらの出来事は、自然界の出来事と同じように、経験的な事実としての側面をもっており、そのようなものとして観察することができる。それらは、たとえば、音声を発したり、起立したり、直進したり、停止したり、文書を読み上げたり、それを手渡したりするといった行動や、それらの行動に伴う心理的な状態や、それらが発生する頻度といった事実からなっている。法をこのような経験的な事実の側面にのみ注目して捉える立場を**法現実主義**（リアリズム）と呼ぶことができる。現実主義は実証主義の一種とみることもでき、それには理由がないわけではないが、後でみる実証主義とは法の見方が異なる[1]。この意味での現実主義にもいくつかの立場がある。

---

[1] 「実証主義」（positivism）という言葉は 19 世紀フランスの思想家 A. コントに由来する。A. コント（霧生和夫訳）「実証精神論」（『世界の名著 コント スペンサー』所収、中央公論社、1980 年）参照。実証主義の特徴は、世界の物事をもっぱら経験的な（物理的および心理的な）事実として捉え、その説明から形而上学的なもの、つまり非経験的なものを排除するという点にある。法現実主義と法実証主義はどちらも法を実定法に限定して、自然法を否定するという点では共通

1 主権者命令説

　まず、立法の局面に着目する現実主義として、いわゆる**主権者命令説**がある。主権者命令説の代表的な主張者は 18-19 世紀イギリスの哲学者 J. ベンサム(1748-1832)である。ベンサムは功利主義の提唱者として有名だが、法理論的には、自然権論やコモン・ロー法学を批判して、主権者の制定する実定法のみを法とみなした。彼によれば、法は国家の主権者がその権力に服従する被治者たちの行為について考案しまたは採用した意思を宣言する記号の集合である。そして、この宣言が貫徹されるかどうかは、その宣言が手段となって惹き起こすであろう出来事に対する期待と、その宣言が被治者たちの行為の動機として作用することについての予測に依存する[2]。

　ベンサムは立法の目的としていわゆる「最大多数の最大幸福」を掲げる功利主義者だから、ベンサムの立場を純粋な現実主義と呼ぶのは必ずしも適切ではない（ベンサムの功利主義については別に取り上げる）。しかし、この法の定義では、主権者の意思の宣言つまり命令が被治者たちの行為の動機として作用して、それによって意図された結果が生じることが、法の存立の基礎とされている。つまり、法の存立は、主権者の命令が原因となり、それに服従する被治者たちの行為が結果として生じるという因果的なプロセスとして捉えられている。また、ベンサムは『道徳と立法の諸原理序説』では、政府の役割を「刑罰の恐怖」によって被治者たちの有害な行為を抑止することにあると述べている[3]。そのかぎりでは、法は主権者の権力を背景とした命令であり、人々がそれに服従するのは刑罰の恐怖という動機によるということになる。いずれにせよ、法は基本的に意思、刑罰、恐怖、動機、予測といった物理的および心理的な事実によって説明されているのである。

　同様の見解をベンサムの弟子 J. オースティンも述べている。先に触れたように、オースティンは「法」という言葉で呼ばれているものを詳細に分析して、厳密な意味で法と呼ぶことができ法学の対象となるのは実定法だけであるとする[4]。彼にとっても、実定法は独立の政治共同体の主権者がその被治者たちの行

　　しているが、以下でみるように、現実主義は権利や義務なども経験的な事実に還元して捉えるのに対し、後でみる法実証主義はそれらを経験的な事実とは区別するという点で、両者は異なる。
2　J. Bentham (H. L. A. Hart ed.), Of Laws in General, 1970, 1.
3　J. ベンサム（山下重一訳）『道徳と立法の諸原理序説』（『世界の名著 ベンサム J.S. ミル』所収、中央公論社、1979 年）145-146 頁。

為規則として制定する命令である[5]。しかも、命令が制裁に支えられており、人々がそれに従わざるをえないとき、人々はその命令に拘束され、それに従うよう義務づけられていると、オースティンはいう[6]。つまり、義務は制裁を避けるために従わざるをえないということと同義だとされている。

さらに、オースティンによれば、主権者が主権者であり、またありつづけるのは、被治者たちがその主権者に習慣的に服従していることに依存する。そして、ほとんどの政治共同体において人民が主権者に習慣的に服従するのは、全面的にまたは部分的に、抵抗によって被ることとなる蓋然的な害悪を恐怖するからである[7]。したがって、オースティンにとっても、法は被治者たちによって**制裁の恐怖から習慣的に服従される主権者の命令**なのである。

ほとんどの人民が主権者に習慣的に服従するのは制裁の恐怖によるとオースティンが述べているのは、おそらく当時の経験的な観察によるものだろう。彼も人民が啓蒙される可能性をまったく否定していたわけではない[8]。また、彼もベンサムの弟子として功利主義者であった。ベンサムは後の『憲法論』において功利原理（最大多数の最大幸福原理）に適合する政治体制は民主政だと述べている。その意味では、ベンサムやオースティンにとって、人々が法に従う理由は制裁への恐怖という動機だけだということにはならないだろう。とはいえ、上記のような彼らの法の定義そのものは明らかに現実主義的な特徴をもっている。

2　スカンジナビア・リアリズム法学

次に、法が一般に服従または遵守されるという局面にとくに注目する現実主義として、20世紀前半の**スカンジナビア・リアリズム法学**が挙げられる。その代表的な理論家の一人 K. オリヴェクローナ（1897-1980）は、主権者によって制定されたわけではない慣習法などを挙げて、主権者命令説を退ける。法は命令であるとしても、誰が命令するかということとは独立に機能する「独立命令」である[9]。しかし、彼はたとえば「盗んではならない」といった規範を「他人の心や

4　J. Austin（D. Campbell, P. Thomas eds.）, The Province of Jurisprudence determined, 1998, 95.
5　J. Austin, The Province of Jurisprudence determined, 232.
6　J. Austin, The Province of Jusirprudence determined, 11-12.
7　J. Austin, The Province of Jurisprudence determined, 205.
8　J. Austin, The Province of Jurisprudence determined, 205-206.
9　K. オリィヴェクローナ（碧海純一・太田知行・佐藤節子訳）『事実としての法』（勁草書房、

行為に影響を与えるための示唆」[10] として、つまり心理的な働きかけとして理解する。そして、それが効力をもつのはやはりその働きかけに反したときに生じるであろう反作用に対する恐れという心理的な作用によるとする[11]。彼によれば、法の拘束力とか義務や権利といったものはそれ自体としては存在しない[12]。存在するのは命令や反作用などの事実とそれに関する観念や感情であり、結局は物理的および心理的な事実だけなのである。

　もう一人の代表的な理論家の一人 A. ロス（1899-1979）も法の効力の概念を経験的な事実によって説明する。彼は、国家の法体系は国家の権力機構を設立して機能させるための諸ルールであるとするが、そうした法の効力というのは、外的に観察可能な**ある行動パターンへの規則的な一致**があり、この行動パターンが社会的な拘束力をもつ規範であるという**行動者の心理的な経験**がそこに伴っているということである[13]。デンマークで活動したドイツ人の法社会学者 Th. ガイガー（1891-1952）は、このような行動の規則性としての拘束力の観念を次のように形式的に表現している。つまり、拘束力があるというのは、「状況 S があるとき行動 G が生じるか、さもなければ反作用 R が生じるという蓋然性である」[14] と。

　彼らにとっては、通常用いられている法の効力、権利、義務といったものは存在しないか、または余計なものである。ロスは契約について次のように述べている。「A は B と土地の売買について契約を締結した、この売買契約が存在する、この売買契約により A は代金支払い義務を負う」といった言明において、「この売買契約が存在する」は省くことができるから、そのような存在を想定することは余計である[15] と。「代金支払い義務を負う」が心理的な事実として理解されていることはいうまでもない。このようなスカンジナビア・リアリズム法学の議論

1969 年）37 頁。
10　K. オリィヴェクローナ『事実としての法』39 頁。
11　K. オリィヴェクローナ『事実としての法』140-147 頁。制裁の恐怖は明示的には感じられないとしても、我々の行為に支配的な影響を及ぼしているという。
12　たとえば、K. オリィヴェクローナ『事実としての法』68-69 頁参照。彼によれば、我々は法の命令的表現とある行為の観念の結合が客観的に存在するかのようにみなし、そこから「自然界の実在とは別の実在、つまり『べし』によって表される実在という幻想」をもつにいたるのであって、法の拘束力という観念はこの幻想に基づくのだという。拘束力というものが幻想なのだから、法的義務も権利も存在しえないというのである。
13　A. Ross, On Law and Justice, 1958. ただし、彼がそう言うのはとくに裁判官の行動と経験についてである。
14　Th. Geiger, Vorstudien zu eine Soziologie des Rechts, 1964. 49.
15　A. Ross, Tu-Tu, Harvard Law Review Vol.70, No.5, 1957.

は、ある意味で権利や義務に対する「物神崇拝」(fetishism)をイデオロギーとして批判する側面を持っているのだが、法的概念をすべて外的に観察可能な物理的または心理的な事実に還元するという点で、現実主義の典型とみることができる。

3　アメリカン・リアリズム法学

　最後に、法が「適用される」局面に注目する現実主義として、やはり20世紀前半の**アメリカン・リアリズム法学**がある。その思想的な源流は20世紀初頭の連邦最高裁判所判事として有名なO.W.ホームズ(1841-1935)である。彼はハーバード大学ロー・スクールでのある講演のなかで、法を学ぶためには、公権力に出会うことを避けたいと思う理由を善人よりも多くもっている「悪人」の観点から法をみるべきだと説いている[16]。そうした「悪人」は法のルールやそこからの推論にはまったく関心がない。彼の関心の対象は裁判所が自分の事件について実際にどのような判決を下すだろうかということ、その「**予測**」である。そして、ホームズは言う、「これこそ私が法という言葉で言おうとしているものだ」[17]と。

　ホームズは多面性をもった思想家でもある(ホームズについては別のところでも触れる)ので、彼を端的に現実主義と呼ぶのは適切ではない。しかし、彼の思想に影響を受けた法理論家たちはそれを現実主義と呼びうる方向へと展開した。アメリカン・リアリズムの代表的法学者の一人K.N.ルウェリン(1893-1962)は、「紙の上のルール」(コモン・ローの判例や制定法のルール)が予想させる判決と裁判所の実際の判決が食い違うことを強調して、「現実のルール」(裁判所の実際の判決を左右しているもの)に注目すべきだと主張した[18]。実際の判決を左右しているのは、裁判に関与する人々(当事者、利害関係者、裁判官、陪審員その他の公職者など)のさまざまな利害や行動の交錯である。とくに、裁判官については、その思想や思想類型、同僚裁判官や他の公職者との交流関係といった事実が挙げられる。ルウェリンにとっても、法はこうした事実からなる「現実のルール」に基づく「予測」なのである[19]。

16　O. W. Holmes Jr., The Path of the Law, Harvard Law Review Vol.10 No.8, 459-460, 1897.
17　O. W. Holmes Jr., The Path of the Law, 461. 裁判所の判決についての予測は弁護士にとっても必要であるといえるが、裁判官にとっては自分の下す判決についての予測が法だということにはならないだろう。
18　K. N. Llewellyn, A realistic jurisprudence (1930) in: do., Jurisprudence, 1962, 22.

ルウェリンのように法律のルールが裁判を規定していないという立場を「**ルール懐疑主義**」と呼んだのは、控訴裁判所裁判官であった J. フランク（1889-1957）である。フランクはルール懐疑主義を超えて、さらに「**事実懐疑主義**」を唱えた[20]。彼が注目したのは事実審裁判所における事実認定の問題である。事実認定は必ずしも客観的に行われているわけではなく、証人や陪審員、そして裁判官自身のさまざまな先入見（たとえば人種的偏見など）によって左右されている面が少なくない。こうした先入見によって事実認定が歪められているとすれば、刑法などの法律に正義のルールが規定されているとしても、判決は正義を実現することにはならない。すべての先入見を排除することは不可能だが、その影響を可能な限り除くためにはこの事実を自覚しておくことが必要である、これがフランクの言おうとしたことであった[21]。

アメリカン・リアリズム法学のこうした主張は裁判の現実についての重要な指摘であり、ドイツの自由法運動（これについては別に取り上げる）などと並んで、戦後日本の法学者たちにも大きな影響を与えた。しかし、ルール懐疑主義の主張が過度に強調されると、裁判官に対する法律の拘束という側面が軽視されることにもなりうる。同じように法の現実に着目する「社会学的法学」を唱えたハーバード大学の法学者 R. パウンド（1870-1964）は後に、ルウェリンのルール懐疑主義は法を裁判官の「恣意」に委ねてしまう危険があると指摘している[22]。とはいえ、アメリカン・リアリズム法学の基本的な主張は後の「批判的法学」などに受け継がれるなど、その後も大きな影響力をもった。

4　リアリズムに対するハートの批判

さて、こうした現実主義の見解が法の経験的事実の側面を捉えていることは否定できない。そして、法の経験的事実の側面についての考察や研究、たとえば法社会学や法人類学が法の制定や運用にとって有益な示唆を与えうることも否定できない。たとえば、法律とは異なる慣習法が一定の地域で通用していることや、犯罪に対する重罰化が予想とは異なる結果をもたらしていることなどを指摘する

19　K. N. Llewellyn, A realistic Jurisprudence, 22.
20　J. フランク（棚瀬孝雄・棚瀬一代訳）『法と現代精神』（弘文堂、1974 年）5-6 頁。
21　J. フランク『法と現代精神』179 頁参照。法的思考が裁判官のパーソナリティに関する事実的なものによって動機づけられていることについての調査や内省が必要だというのである。
22　R. Pound, Contemporary Juristic Theory, 1940, 17.

ことができる。とはいえ、法をこうした経験的事実の側面に還元して捉えるのでは、法の重要な側面が無視または軽視されることになることは明らかだろう。こうした見解の問題点については、イギリスの法哲学者 H.L.A. ハートが的確に指摘している。その要点は、これらの現実主義の見解は、法を自然科学者が自然的な事象を観察するのと同様の視点（外的視点）に立って観察することに基づいており、これでは法のルールを自分たちの行為の指針や判断の基準として用いている人々の視点（内的視点）からみた側面（内的側面）は適切に捉えられないということである[23]。ハートはこうした点から現実主義の見解を次のように批判している。

　まず、主権者命令説についてハートは彼の『法の概念』の初めの数章を割いて検討している[24]。ハートはベンサムやオースティンの法理論を継承しつつ批判することから始めているのである。主権者命令説の問題点としては、主権者によって命令されたとはいえない慣習法もあること、今日では法は主権者にも適用されること、そして習慣的に服従されているとはいえない主権者（たとえば、すでに退位した君主や即位したばかりの国王）の命令がなぜ法とみなされるのかを説明できないことが挙げられる。とくに最後の点について、ハートは、誰をその命令が法となる主権者とするかについてのルールが主権者の命令に先だって存在しているのでなければならないはずだと指摘する。

　ハートのいう外的視点からのみ法をみるという問題点がとくに当てはまるのは、スカンジナビア・リアリズム法学である。ハートは、「責務」や「義務」といった言葉を含む表現は「自分や他人の行動を内的視点からみる者にとってのみ必要な表現」なのだと述べている[25]。内的視点からみるとき、これらの言葉はたんに物理的および心理的な事実に還元されえない社会的に有用な実践的意味をもっているというわけである。なお、「私は責務を負う」といった言明が、物理的または心理的な事実とは異なる意味で、一種の「事実」についての言明だという見解については第3章で触れる。

　次に、アメリカン・リアリズム法学のルール懐疑主義については、ルール懐疑主義も裁判官に権限を付与するルールを前提しなければならないこと、一般の

---

[23] H.L.A. ハート（長谷部恭男訳）『法の概念』（ちくま学芸文庫、2014年）152-155頁。
[24] とくに第4章「主権者と臣民」を参照。
[25] H.L.A. ハート『法の概念』142-155頁参照。

人々がルールを行為の指針として用いているように裁判官もルールをその判決の指針として用いているといえること、そしてルールは裁判官の判決に一定の枠を与えており、裁判官はそのようなルールによって判決を理由づけなければならないことが指摘される[26]。ハートは、ルールが文字通りに適用されると考える「形式主義」も批判するのだが、ルールの果たす重要な役割をルール懐疑主義は看過していると批判するのである。

第2節　規範の側面と実証主義

　一般に法というと、民法、刑法、憲法といった法典やそれに含まれる条項が思い浮かべられる。それらは言葉で表現されており、人々はその意味を理解する、つまり、それらが自分たちに何らかの行為を命令したり許可したりしていることを理解する。そして、人々はそれを自分の行為の指針としたり、自分や他人の行為を正当化したり非難したりするための基準として用いる。このように人々は法を規範として理解し、用いている。現実主義が軽視したのは法のこのような規範としての側面である。

　しかし、それらの法規範は、多くの場合、制定されたり、慣習的に遵守されたり、あるいは行政庁や裁判所によって適用されたりするといった社会的な事実によって成立する。法の規範としての側面を捉えながら、しかも法をこうした社会的な事実によって成立しているものに、つまり実定法に原則として限定して、自然法を少なくとも法とは認めない（その意味で、法を道徳と分離する）立場を、**法実証主義**（ポジティヴィズム）と呼ぶことができる。この立場の代表的な法哲学者はオーストリア出身のH. ケルゼン（1881-1973）と、先に触れたH.L.A. ハートである。彼らの法実証主義的な法哲学は今日まで非常に大きな影響を及ぼしている。

1　ケルゼンの「純粋法学」

　ケルゼンは、19世紀末から20世紀初頭にかけての哲学流派であった新カント学派[27]にならって、**存在**（「ある」、Sein）**と当為**（「べし」、Sollen）、または**事実と**

---

[26] H.L.A. ハート『法の概念』第7章。
[27] 新カント学派は、カント以後のドイツ哲学が非合理主義に傾いていったことを批判して、カントの認識理論に立った厳密な学問として哲学を再興しようとした。とくに認識理論や科学理論を

規範を峻別すべきだと主張する[28]。何かが「ある」ということから、そのものが「あるべし」ということは導けないし、その逆も同様だからである。ある人が他の人に何かをなすよう命令したとすると、その人がそれを命令したということはその人の意思の作用という経験的事実である。これに対し、他の人はそれを「その行為をなすべし」という当為の意味として理解する。命令する人もそのように意味として理解されることを想定している。だから、ケルゼンによれば、当為は「ある人の他の人の行為に向けた意思作用の意味」なのである[29]。

とはいえ、たとえば銀行強盗が「金を渡せ」(「渡すべし」) と言っても、それは規範という意味をもたない。これに対して、税務署員が「税金を納入せよ」(「納入すべし」) と言う場合は、それは規範という意味をもつ。この違いは何によるのだろうか。ケルゼンによれば、税務署員の命令は租税法の法規範に基づいているのに、銀行強盗の命令はそうした根拠をもたないからである。したがって、ケルゼンによれば、ある命令が規範であるのは、それが上位の規範によって根拠づけられている (これをケルゼンは「授権されている」という) ときだけである[30]。

したがって、事実と区別される規範は、上位の規範によって根拠づけられている「ある人の他の人の行為に向けた意思作用の意味」だということになる。法はそのような意味での規範からなる。他方、ケルゼンはまたこのような法と法学とを区別する。法規範は意思作用の意味であるのに対し、法学はそのような法規範を認識し記述する (このような法規範の「記述」という言い方に関する問題は第3章で取り上げる)。ケルゼンはこのように効力をもつ指令としての法規範 (Rechtsnorm) とそれを認識して記述する命題とを区別して、後者を「法命題」(Rechtssatz) と呼んでいる[31]。

展開したマールブルク学派と、歴史学や文化学に力を注いだ西南ドイツ学派に区別される。どちらも、存在と当為、事実と規範、事実と価値などを峻別する「方法二元論」に立っていた。新カント学派はドイツだけでなく世界的に影響力をもったが、認識理論や学問論に偏したその哲学は、第一次世界大戦後には急速に支持を失った。それでもその方法二元論は哲学的な思考の一つの原則として、今日でも意味をもっている。なお、「ある」と「あるべし」の区別は、18世紀のイギリスの哲学者D.ヒュームも指摘していたものである。D.ヒューム (大槻春彦訳)『人性論 (四)』(岩波文庫、1948年) 33-34頁。

28 H.ケルゼン (長尾龍一訳)『純粋法学』(岩波書店、2014年) 7-8頁。なお、本書は原書が1961年に出版された『純粋法学』の第2版である。第1版は1934年に出版されており、訳書として横田喜三郎訳『純粋法学』(岩波書店、1925年) がある。以下で『純粋法学』として引用するときは、第2版を用いる。

29 H.ケルゼン『純粋法学』6頁。

30 H.ケルゼン『純粋法学』9-11頁。

しかし、ケルゼンは「法規範」としての法律の条項だけでなく、裁判所の判決や行政庁の処分も法規範として捉える。前者は「一般規範」、後者は「個別規範」と呼ばれる[32]（ケルゼンはこうした規範の特徴と構造を詳細に分析しているが、それは第2章で取り上げる）。そして、裁判所の判決や行政庁の処分などの個別規範が法規範であるのは、それが一般規範である上位の法律によって根拠づけられているときであり、法律の規範が法規範であるのは、それがさらに上位の憲法によって根拠づけられているときである。ケルゼンによれば、法体系はこのような憲法を頂点とする規範の根拠づけの段階構造をなすものとして捉えられる[33]（この段階構造については第2章でより詳しく説明する）。

ケルゼンは、このようにある規範が上位の規範によって根拠づけられていることを、その規範の「**妥当性**」または「**効力**」（Geltung）と呼ぶ。これに対して、たとえばある法律が制定されて一般に遵守されているといった社会的事実は「**実効性**」（Wirksamkeit）と呼ばれて、妥当性から明確に区別される[34]。現実主義が法の「効力」とみなしたのはこの実効性のことである。妥当性と実効性のこの区別は当為と存在の区別に対応する。

では、憲法が法規範であるのは何によるのか。ケルゼンによれば、規範は規範によってしか根拠づけられないから、規範としての憲法を根拠づける規範がなければならないことになる。ケルゼンはそのような規範を「**根本規範**」（Grundnorm）と呼んだ[35]。根本規範は、一定の実効性をもつ憲法とそれを頂点におく法体系を、妥当する法規範の体系として根拠づける規範である（しかし、後で触れるように、根本規範は憲法の妥当を実際に根拠づけているわけではない）。したがって、根本規範は、憲法や他の法律などとは異なって、何か実質的な内容をもつわけではなく、その内容は「制定されおおかた実効的な憲法と、この憲法に従って制定されおおかた実効的な法律等に従え」というものである[36]。

また、憲法や法律や判決は、制定されるとか言い渡されるといった社会的事実

31　H. ケルゼン『純粋法学』73頁。ただし、"Rechtssatz" というドイツ語そのものは法規範（法規）という意味ももつ。
32　H. ケルゼン『純粋法学』224-225頁参照。
33　H. ケルゼン『純粋法学』214頁以下。
34　H. ケルゼン『純粋法学』11-12頁。
35　H. ケルゼン『純粋法学』10頁、191-194頁。
36　H. ケルゼン『純粋法学』205頁参照。

に基づいており、その意味で実定法である。ところが、根本規範は制定されたものでも言い渡されたものでもなく、したがって実定法ではない。さらに、根本規範は実定法の妥当性の最終根拠と考えられなければならず、それ自体の妥当性はもはや問うことはできない。ケルゼンによれば、根本規範はある法体系が事実とは区別される法規範の体系として理解されるために仮定されなければならない前提なのである[37]。ただし、先の引用にみられるように、根本規範は憲法がおおかた実効的であることを条件とする。根本規範はおおかた実効的な憲法が存在するとき、その憲法に基づく法体系を妥当する法規範の体系として理解するための前提なのであって、憲法が法律の妥当を根拠づけるというのと同じ意味で憲法の妥当を根拠づけるわけではない。

　ところで、ケルゼンは彼の法学を「**純粋法学**」と呼んだ。それが「純粋」だというのは、一方では、これまでみてきたように、法を規範と捉えて事実的なものから切り離すことを意味するとともに、他方では、「**ある法**」を認識することに徹して、「**あるべき法**」による評価や政策の提示を排除することを意味する[38]。つまり、「ある法」が何らかの道徳的な価値や規範に適合しているかどうかは問わない。法は規範である以上、後でみるように価値に関わっているが、法を認識するという観点からみると、法は根本規範を頂点におく根拠づけの秩序をなしていれば、どのような内容のものでもありうる。ケルゼンによれば、逆に、法が特定の道徳的価値を含んでいなければならないとするのは、その道徳的価値を法的に強制することのできる絶対的なものと主張する、また逆に特定の道徳的価値による法秩序を無批判に正当化するイデオロギーにすぎない[39]。ケルゼンの「純粋法学」はこのような学問的認識から区別されるイデオロギーに対する批判も意図しているのである。

　このことはケルゼンの徹底した価値相対主義に基づいている。とはいえ、ケルゼンは価値相対主義に適合する政治体制は民主主義だと考えていた。民主主義は

37　H. ケルゼン『純粋法学』194-198頁参照。
38　H. ケルゼン『純粋法学』2頁。「この法学が、自らを法の『純粋』法学だと性格づける理由は、それがもっぱら法に向けられた認識を確保しようとするもので、厳密に法と定義された対象に属さない一切のものを定義から排除しようとするからである」。
39　H. ケルゼン『純粋法学』66-69頁。「法はその本性上道徳的であり、道徳的社会秩序のみが法でありうる」という主張は、「ある法共同体で支配的な法学がこのテーゼを適用すると、結果として、この法共同体を成立させている国家秩序の無批判的な正当化に帰着する」(69頁)。

どのような政治的立場も絶対化することなく、むしろどのような政治的立場にも多数を獲得するチャンスを保障する政治体制だからである[40]。そして、このように理解された民主主義は、平和、自由、寛容、正義といった価値に基づいている。ケルゼン自身はこのような価値を信奉していた[41]が、それらを実現していない社会の秩序も法だと考えたのである。ケルゼンはユダヤ系のオーストリア人であったため、ナチス体制のもとにとどまることはできず、アメリカに亡命し、終生をカリフォルニアで過ごした[42]。

2 ハートの分析的法理学

ハートは、ケルゼンの存在と当為の区別におおよそ対応する仕方で、ルールをみる「**外的視点**」と「**内的視点**」、またはルールの「**外的側面**」と「**内的側面**」を区別した。外的視点はルールを自ら受け入れることなく、それに従ったり違反したりする行動をたんに観察する人々の視点であり、内的視点はルールを行為の指針として受け入れて、請求や容認や批判や処罰などの根拠として用いている人々の視点である[43]。内的視点から見られたルールの側面が内的側面である。先にみたように、現実主義の外的視点は内的視点からみた法のこの側面を捉えられないのだとハートは考えた。

もっとも、法哲学者としてのハートの視点は内的視点そのものではない。その視点は、法のルールを行為の指針として用いている人々の内的視点からみられた側面を、理論家として記述する視点である。ハートは自分の法理論を、「ある法」を正当化したり批判したりするのではなく、法を用いるときの考え方（法的思考）の一般的な枠組を明確に説明するとともに、法や道徳、責務や権利といった言葉がどのような意味をもって用いられているかを分析するものであり、その意味で「**分析的法理学**」と呼ばれうると述べている。また、それらの言葉の意味がさま

---

40 H. ケルゼン（西島芳二訳）『デモクラシーの本質と価値』(1929)（岩波文庫、1948年）130-133頁参照。

41 H. ケルゼン（宮崎繁樹訳）『正義とは何か』(1952)（木鐸社、1975年）49頁参照。「私の天職は学問であり、それゆえ、学問は私の生活の中でもっとも重要なものであるから、学問を保護し、また学問によって真理と誠実を栄えさせることができるものが、正義なのである。それは『自由』という正義であり、『平和』という正義であり、『民主主義』という正義であり、『寛容』という正義である」。

42 ケルゼンの自伝として、長尾龍一訳『ハンス・ケルゼン自伝』（慈学社、2007年）がある。

43 H.L.A. ハート『法の概念』152頁。

ざまな社会状況や社会関係に依存していることに着目するものであり、その意味で「記述的社会学」ともみなしうるとしている[44]。

すでに触れたように、ハートは法を基本的にルールの体系とみる。ハートによれば、ルールには二つの種類がある。一つは人々に何らかの行為を命令したり禁止したりするルール、つまり義務を賦課するルール（一次的ルール）であり、もう一つは人々に何らかの行為をなす私的なまたは公的な権限を付与するルール（二次的ルール）である[45]。**義務賦課的な一次的ルール**だけからなる社会を考えると、そこでは何がその社会のルールであるかが不明確であったり、ルールを変更することが困難であったり、ルールに対する違反をどう取り扱うかが決まっていなかったりする。こうした不便を解決するために、何がその社会のルールであるかを認定するルール（認定のルール）、ルールを変更するためのルール、ルール違反に対して裁決を下すルールなどの、公的な**権限を付与する二次的ルール**が加えられると、私たちのよく知っている法が成立する。ハートによれば、法はこの二種類のルールからなる体系である[46]。なお、ハートもこれらのルールの間には、ケルゼンと同様に、段階構造があると考えている[47]。

これらの公的な権限を付与する二次的ルールのうちでも、**認定のルール**（rule of recognition）は他のすべてのルールをその社会の法的ルールとして認定するためのルールであるから、その法体系の「究極のルール」である[48]。たとえば、「議会が制定したものが法である」といったルールが例として挙げられる。ハートによれば、こうした認定のルールは公職者たちによって慣習的に受け入れられてお

---

44 H.L.A. ハート『法の概念』11-12 頁。したがって、理論家としてのハートの視点はいわば第三の視点であり、法をみる視点は外的、内的の二つに限られるわけではない。なお、ハートの弟子である J. ラズや N. マコーミックはまた別の第三の視点を指摘している。これについては第 3 章で触れる。

45 H.L.A. ハート『法の概念』155-166 頁。

46 H.L.A. ハート『法の概念』159 頁。ハートはこの移行を「法以前の社会から法的社会への一歩」だと述べている。なお、一次的ルールだけからなる社会の不便さを二次的ルールの設定によって補完することによって法的社会が成立するというこの議論は、J. ロックの自然状態から政府状態への移行の議論によく似ている。なお、公的および私的な権限を付与するルールによって設定される権利については第 2 章で検討する。

47 H.L.A. ハート『法の概念』177-178 頁参照。そこでは、ある州の議会が制定した条例の妥当性は、厚生大臣が定めた省令が付与する権限の行使として、そこで定められた手続きに従って制定されたことによるのであり、その厚生大臣の省令の妥当性は、省令の制定を授権する国会制定法に照らして判定され、さらにその国会制定法の妥当性は、国会が制定したものは法であるというルール（認定のルール）に照らして判定されるという例が挙げられている。

48 H.L.A. ハート『法の概念』175 頁。

り、その意味でそれは実定的なルール、社会的な事実として認識できるルールである[49]。

したがって、ハートの認定のルールは、ちょうどケルゼンの憲法規範と同じように、実定法の最上位に位置して、その法体系の他の実定的なルールの妥当性（validity）を根拠づけるそれ自体実定的なルールである。しかし、ケルゼンと異なって、ハートは認定のルールについてさらにその妥当性の根拠を問うことは意味がないという。その社会の実定法についてそれが「妥当する」とか「妥当しない」とか言うことは、認定のルールを出発点としてはじめて可能となるのであるから、認定のルールについてそれを「妥当する／しない」と言うことはできない[50]。ある物が「何メートルか」といったことを言うための出発点となっている「パリのメートル原器」について、それを「何メートルか」と問うことが意味をなさないのと同様だという[51]。ハートにとって、認定のルールはとくに公職者たちによって慣習的に受け入れられていれば、それで認定のルールとしての機能を果たすものとして妥当しているといえるのであり、それによってそこには法秩序が存在すると言うことができる。この議論については第3章で検討する。

さて、ハートも自分の法理論を「記述的な」ものとみなして、法に対する道徳的評価をそこに交えなかった。彼は法実証主義の共通の特徴を、ケルゼンと同様に、法と道徳とを分離する点に見出した[52]。法と道徳との間に必然的な結び付きは存在せず、法は認定のルールによって認定されるのであれば、どのような内容のものも法でありうる。もっとも、ハートにとっても、そのような法に対する道徳的な批判はもちろん可能である。ちょうど、実定法だけを法とみなしたベンサムが彼の功利原理に基づいて法や制度の急進的な改革を主張したのと同様である。

---

49 H.L.A.ハート『法の概念』178-179頁。
50 H.L.A.ハート『法の概念』180頁。
51 H.L.A.ハート『法の概念』180頁。この例は、L.ヴィトゲンシュタイン（藤本隆志訳）『哲学探究』（大修館書店、1976年）56-57頁に出てくるものによっている。「ひとは、ある一つのものについては、それが1メートルであるとも、1メートルでないとも主張することができないのだが、それはパリにあるメートル原器である。しかし、だからといって、我々はもちろんこれに何か奇妙な特性を付け加えたのではなく、単にメートル尺を使って測定するというゲームの中でそれが果たす独特の役割を特徴づけたにすぎない。」ケルゼンは彼の根本規範をカントに言及しつつ特徴づけたが、ハートは彼の認定のルールを分析哲学者ヴィトゲンシュタインにならって特徴づけているといえる。これは両者の哲学的な背景の違いを示している。
52 H.L.A.ハート『法の概念』291頁。法実証主義の主張は「法が道徳の要請を再述したり満たしたりすることは——しばしば実際に見られはするが——いかなる意味でも必然的真理ではない」というものだとされる。なお、法実証主義の特徴づけについては、同書521-522頁の注も参照。

のみならず、ハートは「**最小限の自然法の内容**」といったものを認めている[53]。この場合の自然法は、後でみるアリストテレスやトマスらの古典的な自然法論のいう自然法ではなく、人々の道理に適った共存にのみ関わるホッブズやヒュームのそれである。ハートによれば、法はそのような人々の共存のためのルールであって、「自殺クラブ」のルールではない。だから、法体系がそうした最小限の自然法の内容を含まないならば、「人々はそれに従う理由をもたない」だろうと、ハートは述べている[54]。とはいえ、ハートによれば、そうした自然法の内容に反する法も存在する以上、法理論はそれらをも「法」と認めて研究の対象にしなければならない。それだけではなく、自然法に反するものは法ではないとする立場は、法に対する人々の道徳的批判の感覚をむしろ鈍らせるだろうとハートは主張するのである[55]。

3 実証主義の問題点

以上のように、ケルゼンもハートも私たちがよく知っている法と法体系のあり方、とくに権限と手続の体系としての法のあり方をかなり説得的に説明しているといえるだろう。二人の法理論の間には第3章でみるようないくつかの重要な違いがあるのだが、実定法秩序の構造をよく似た仕方で描き出している点では同様である。他方で、ケルゼンもハートも法を制定や慣習や決定などの社会的な事実に基づくもの、つまり実定法に限定している（もっとも、第3章でみるように、ハートは後にこの点を修正しているが）。そして、それらの実定法の妥当性は憲法や認定のルール（ケルゼンの場合はさらに「根本規範」）に始まる授権や認定の連関によって確定される。彼らにとっては、それらの妥当性はそれらがその内容の面で道徳的な価値に適合しているかどうかによらない。このように**法と道徳を区別または分離する**ことが、法実証主義の核心的なテーゼなのである。

---

[53] H.L.A.ハート『法の概念』302-308頁。ハートが挙げているのは、人間の傷つきやすさを保護するための殺人や傷害等の暴力の制限、人間のおおまかな平等性に基づく相互の自制と妥協の秩序、人間の限られた利他性に基づく相互の自制の秩序、資源の希少性に対処するための最小限の私有財産制度とそれを尊重するルール、人間の理解力や意思の強さの限定性に対応する探知と制裁を行う組織などである。
[54] H.L.A.ハート『法の概念』302頁。
[55] H.L.A.ハート『法の概念』326頁。

しかし、たとえばナチスのように、社会の中の特定人種の人々の国籍や財産を剥奪したり、そうした人々を強制収容所に収容して大量に殺害したり、障害者をその意思に反して「安楽死」させたりするのに、「法律」や「命令」が用いられる場合に、それらの「法律」や「命令」を法とみなすことができるかどうかは大きな問題となる。また、法が制定や慣習や決定などの社会的な事実に基づいて成立しているものだけにかぎられるのかどうか、たとえば裁判においてそのような事実によらない道徳的な価値を内容とする規範が考慮されないのかどうかも問われうるだろう。これらの問いは、今日の多くの法秩序で、判決には理由をつけなければならないこと、多審制をとっていること、最高裁も判例を変更することがあることなどの理由を問うことでもある。

第3節　価値の側面と理想主義

　法が規範であり当為を意味するとすれば、それは何らかの目的や価値を目指している。規範がある行為や状態を「あるべし」と規定しているとすれば、それらの行為や状態は「**あるべきもの**」、その意味で目的や価値を意味するからである。そうした目的や価値は多層的である。たとえば、殺人を処罰する法規範は、殺人犯に「刑罰を科するべし」とするのであり、ここでは刑罰を科することが目的または価値とされていることになる。刑罰を科することはそれ自体としては害悪を加えることだから、これが目的や価値だというのは奇妙にみえるかもしれない。しかし、刑罰を科することはたとえば犯罪という害悪に対する「応報」としてであって、これはある意味での正義（匡正的正義）の実現を意味する。あるいはまた、殺人を処罰すると規定することによって殺人を抑止するという目的がそこにはあると考えられる。そして、殺人を抑止することは人の生命を保護することを目的とする。つまり、人の生命がここでは保護されるべき価値または利益（法益）なのである。

　このように法をその目的や価値の側面に即してみると、その背後に「正義が実現されるべし」とか「人の生命は侵してはならない」といった規範のあることが浮き彫りになる。これらの規範は実定法の背後にあるとともに、実定法からは一応独立していると考えられる。実定法はこれらの規範に反することがありうるからである。こうした規範に着目して、実定法はこれらの規範に適合すべきであ

る、あるいは実定法はこれらの規範が表現する目的や価値の実現を目指さなければならない、さらには、これらの規範に著しく反する実定法は法としての資格や妥当性をもたないとする見解がありうる。そのような立場を広く「**理想主義**」（イデアリズム）と呼ぶことができる。こうした立場は古くから「自然法論」と呼ばれてきた。自然法論も古典的自然法論と近代自然法論に大きく分けることができる。しかし、今日では特定の自然法論を自称しない理想主義の立場もある。

1　古典的自然法論

　古典的自然法論の典型は、アリストテレスの存在論や正義論、また古代ローマの法思想を基礎におく中世の神学者トマス・アクィナスの自然法論である。アリストテレスは、人間を含む自然の事物の存在を、「それは何からできているか」という問いへの答えになる原理（「質料」）と「それは何であるか」という問いへの答えになる原理（「形相」）との結合として捉えた。そして、自然の事物はその形相（自然的な本質＝本性）の実現（目的・テロス）へ向けて運動する傾向があるとみなした[56]。トマスはさらにそうした本性の実現はそれらの事物にとって自然的な当為＝規範だと考えた。その実現はたんに傾向によるのではなく、それらの創造者である神の命令によると考えられたからである。したがって、トマスにとって、すべての自然的な事物について神の法（永久法）が存在し、人間にとってはこの永久法の一部として**自然法**（lex naturalis）が存在するのであった[57]。

　トマスは人間をアリストテレスにならって「理性的な動物」と捉えるととも

---

[56] アリストテレスは自然の事物の存在と運動の原因を4つに分けている。存在の原因は形相因と質料因であり、運動の原因は始動因と目的因である（出隆訳『形而上学（上）』岩波文庫、31頁）。事物の運動は機械的な始動因による面もあるが、アリストテレスがとくに強調したのは、事物がその形相を目的として実現しようとする面である。事物の存在はその素材である質料の面をもつために、事物はその形相を完全に実現しているわけではなく、その形相が完全に実現された状態（完全現実態）を目指すというわけである。したがって、古典的存在論では、存在の概念そのもののなかに、その事物が実現すべき目的（その意味での価値）が含まれているのである。アリストテレスも機械的にのみ理解されうる運動（たとえば「月食」）もあることを認めていたが、この目的論的な自然観では奇妙な説明も出てきうることから（火は天空まで上昇し、土は地球の中心まで下降する傾向をもつなど）、目的論的自然観は近代初期に批判の対象となった。

[57] トマス・アクィナス（稲垣良典訳）『神学大全』第2-1部第93問第4-6項（創文社、1977年）55-65頁。なお、トマスは準則（lex）としての自然法（lex naturalis）だけでなく、正義（justitia）の徳に関する第2-2部第57-79問において、個別の正しさとしての自然法（jus natulare）も論じている。そこでは、アリストテレスの正義論を受け継ぐとともに、殺人、窃盗と強盗、所有と使用、詐欺、利息、名誉毀損、裁判、証人など、具体的な問題が扱われている。

に、キリスト教的に神による「被造物」と捉えた。そのような人間は、すべての存在するものと同様に自己を保存しようとする傾向、すべての動物と同様に両性が結合して家族を営もうとする傾向、そして人間の特性として社会生活を営もうとする傾向、さらに理性的な本性に即して真理を認識しようとする傾向があるとみなされる。しかし、これらの傾向はそのままで規範なのではなく、そのよりよい実現が理性によって「善」と認識され追及されるべきものと捉えられてはじめて、それは人間にとっての規範（自然法の規範）となる[58]。だから、たとえば聖職者が妻帯しないことは、神に仕え神の真理を認識するという高次の規範によって根拠づけられるのであって、自然の傾向には反するが、自然法に反するわけではない。トマスによれば、実定法はこうした自然法を具体化したり補充したりするのでなければならず[59]、何らかの点で自然法に反するときは、それは「法の歪曲」（corruptio legis）あるいは「法としては壊れたもの」であって、もはや「法」ではないのである[60]。

2　近代自然法論

近代自然法論の出発点に位置するホッブズは、アリストテレスからスコラ哲学に受け継がれた存在概念における「形相＝目的」という観念を退けた[61]。ガリレイなどによる新しい自然科学にとってそのような観念は有害無益と考えられたからである。ホッブズにとっては、人間の自然も欲求や嫌悪といった経験的に観察されるものから出発して捉えられる。そのように捉えられた人間の**自然状態**は、

---

[58] トマス・アクィナス『神学大全』（第 2-1 部第 94 問第 2 項）70-74 頁。したがって、自然法論は自然＝存在から法＝当為を直接に導くという方法論的な誤りを犯しているというよくある批判は、必ずしも当たっているとはいえない。古典的自然法論における「存在」概念は今日の「事実」としての存在の概念とは異なるのである。

[59] トマス・アクィナス『神学大全』（第 2-1 部第 95 問第 2 項）93-96 頁。具体化はたとえば「何人に対しても悪をなしてはならない」から「殺してはならない」が導出されるという例、補充はたとえば「罪ある者は罰せられるべきである」が「しかじかの刑罰をもって罰せられるべきである」として規定される例で示されている。前者は自然法からも効力を得るが、後者は実定法からのみ効力を得るとされる。

[60] トマス・アクィナス『神学大全』（第 2-1 部第 95 問第 2 項）94 頁。たとえば「壊れたコップ」はもはや「コップ」ではないのと同様である。ただし、このことが法的に深刻な問題となるのは実定法の時代になってからであり、トマスの時代にはむしろ君主と臣民の政治的な対立の問題であったといえるだろう。

[61] Th. ホッブズ（水田洋訳）『リヴァイアサン（一）』（岩波文庫、1954 年）47 頁、163 頁参照。たとえば、ガリレイの慣性の法則に依拠して、運動のテロスあるいは「至高善」といった観念を退けている。

第3節　価値の側面と理想主義　39

財の稀少性と能力の同等性から、互いに財を求めて衝突する「戦争状態」とみなされる。この法のない状態では各人はすべてのものに対する**自然の権利**を有する[62]。しかし、戦争状態の悲惨から逃れるために、人間の理性（それは形相を捉えるものではなく、自己保存に必要な手段方法を教示するものにすぎない）はそのための手段方法を教える。それがホッブズの自然法である。

その内容は、平和の望みがあるなら平和を求めよ、平和を得るためには絶対的な自然の権利を放棄して、相互に認めあうことのできる権利に限定し、そのことをお互いに約束せよ、その約束は破ってはならないといったもの[63]、要するに「他人からして欲しくないことは、他人に対してもしてはならない」というもの（消極的黄金律）である[64]。しかし、この理性の教えとしての自然法は権力によって支えられなければ実効的ではない。そこで、人々はこれを実現するために社会契約を結んで国家を創設し、主権者を設定して自然法を実定法として制定させる。こうして、ホッブズにおいては、本来の意味での法は実定法であるが、その背後には自然法があると考えられたのである[65]。たしかに、ホッブズの理論では、主権者はその権威と権力によって自然法に反する法律をも制定することができ、その権威と権力は絶対的である。しかし、「真理ではなく権威が法を創る」(auctoritas, non veritas, facit legem) というホッブズの言葉だけを強調する見方は適切とはいえないだろう[66]。

62　Th. ホッブズ『リヴァイアサン』199-207 頁。
63　Th. ホッブズ『リヴァイアサン』208-238 頁。これら三つの自然法を含め、ホッブズは計 19 の自然法を挙げている（238-246 頁）。そのうち、第 4 から第 10 までは、報恩、従順、寛大、報復の制限、傲慢や自慢や尊大の禁止などの道徳的な徳目であり、第 11 から第 19 までは、公平、共有物の平等な使用、くじ、長子と先占、仲介や仲裁、いわゆる自然的正義（誰も自分の事件または自己の利益に関わる事件の裁判官であってはならない）、公平な証人の必要など、とくに法に関わる要請である。
64　Th. ホッブズ『リヴァイアサン』246 頁。ホッブズは第二の自然法について述べた個所では、「あなたが他人からして欲しいと思うことを他人に対してもなせ」という積極的黄金律にも触れているが、自然法の要約としては消極的黄金律だけを挙げている。
65　ホッブズは、自然法は「内面の法廷」(forum internum) でのみ、つまり良心においてのみ拘束するにすぎず、「権利をもって他人を支配する者の言葉」という本来の意味での法ではないという（249-250 頁）。その意味では、ホッブズは近代以降の実証主義の先駆者でもある。
66　この言葉はラテン語版の『リヴァイアサン』に出てくる。C. シュミットはこれを引用して、ホッブズの法理論を「決断主義」の典型とみていたが、ホッブズ（田中浩・重森臣広・新井明訳）『哲学者と法学徒の対話』（岩波文庫、2002 年）12-13 頁などをみると、ここでいう「真理」が主に意味していたのはコモン・ロー裁判官たちのいう（人為的な）理性による「真理」であったと考えられる。これを批判して、ホッブズは自然的な理性による自然法の真理を提示しようとしたのである。

その他の近代自然法論も多くは自然状態から出発して社会状態にいたるというホッブズのこの考え方に従っている。ロックは、自然状態を人々が自然法（それは理性の法とされる）に基づきかつ自然法によって制限される固有の権利とそれを執行する権利を平等にもって共存している状態とみなした[67]が、何が自然法かが不確定であったり、自然法違反を公的に処理したりする上位の権威がないために、人々は**固有の権利**をより確実に保護するために政府を設けるのだと考えた[68]。その他、ドイツのS.プーフェンドルフなどの自然法論もホッブズの考え方を採用している。プーフェンドルフは、自己保存だけでなく自己完成や人間の社交性といった原理から出発して[69]、自然法規範の体系を構築した。プーフェンドルフや彼の後を継ぐCh.ヴォルフらの自然法論は「**合理的自然法論**」と呼ばれる。

近代自然法論のなかでも特異なのはI.カントの法思想である。多くの近代自然法論が人間の経験的な自然から出発したのに対し、カントは法の基本原理を自由に求め、しかも自由を人間の行為が一切の経験的な原因によって規定されないことにあると考えた。カントによれば、それは実践理性の教えとしての**定言命法**（「あなたの格律［行為の方針］が同時に普遍的な法則であることを欲しうるような、そのような格律に従って行為せよ」）に即して行為することによって可能となる[70]。この定言命法の観念を行為の動機とするならば、そこには経験的な原因は作用しないと考えるからである。自由はこのように自ら普遍的法則を立ててそれに従うという「**自律**」のうちにある。そのように自由でありうる人間をカントは「人格」と呼んだ。

もっとも、道徳と異なり、法は普遍的な法則を動機とすることまでは要求しない。法は行為が普遍的な法則に一致することを求めるだけである[71]。しかし、普遍的な法則に従うことは人々の互いの自由を可能にする。法はそのような人々の

---

[67] J.ロック（加藤節訳）『統治二論』（岩波文庫、2010年）296-311頁、324-353頁。

[68] J.ロック『統治二論』316-318頁、392-396頁。先に触れたように、この経緯に関する議論はハートの法以前の社会から法的社会への移行の議論を先取りするものといえる。

[69] S.プーフェンドルフ（前田俊文訳）『自然法にもとづく人間と市民の義務』（京都大学出版会、2016年）51-58頁、69-84頁参照。

[70] I.カント（篠田英雄訳）『道徳形而上学原論』（岩波文庫、1960年）85頁。なお、カント（波多野精一・宮本和吉・篠田英雄訳）『実践理性批判』（岩波文庫、1979年）72頁では、定言命法は「あなたの意志の格律がいつでも同時に普遍的立法の原理として妥当するように行為せよ」と定式化されている。

[71] I.カント（加藤新平・三島淑臣訳）『人倫の形而上学・法論』（『世界の名著 カント』所収、中央公論社、1972年）335頁。

自由の条件である[72]。カントはそのような条件を各人に認められる権利（物権、対人権、物権的対人権など）として構成する[73]。カントもこれらの権利が現実に保障されるためには国家による実定化が必要だとする。この点はホッブズの考え方を受け継いでいるが、国家の必要も、ホッブズにおけるように条件つきのものではなく、純粋な実践理性の絶対的な要求だとカントは考えた[74]。定言命法の具体的な定式には、「あなたと他者のうちにある人格をつねに同時に目的そのものとして取り扱い、けっしてたんに手段としてのみ扱ってはならない」というものと、「すべての人が目的として取り扱われる王国を求めよ」というものが含まれている[75]。カントにとって国家の成立はこの実践理性の要求に基づくのである。カントの自然法論は理性のみに基づくから、とくに**理性法論**とも呼ばれる。

3　現代の理想主義──G. ラートブルフ

19世紀になると、細かな経緯は省くが、とくに大陸ヨーロッパでは、近代自然法論の基本的な原理を基にして実定法が制定されるようになる。そうなると、もはや自然法の観念は不要とみなされるようになる。19世紀の中頃にドイツの法学者 B. ヴィントシャイト（1817-1892）は「自然法の夢は見尽くされた」と述べている[76]。さらに、ドイツの法哲学者 K. ベルクボーム（1849-1927）は、自然法が実定法となっているならば自然法は無用であり、自然法が実定法に反するならば違法であって、法としての効力をもたないとさえ、主張している[77]。しかし、ドイツでは先に触れたようなナチスの「法律」や「命令」が法とみなされることになった。これに対して、戦後に「法律は法律だとする法実証主義は、ドイツの国民と法曹をナチスに対して無防備にした」[78]と主張したのが、G. ラートブルフ

72　I. カント『人倫の形而上学・法論』354頁参照。「法とは、ある人の意思が他人の意思と自由の普遍的法則に従って調和させられうるための諸条件の総体である」。

73　「対人権」は債権に、「物権的対人権」は夫と妻、親と子などの家族構成員の身分上の権利にあたる。

74　I. カント『人倫の形而上学・法論』448-449頁参照。なお、カントは社会契約説を受け継いでいるが、ルソーと同様に、契約は歴史的事実ではなく、国家の正当性を判定するための原理だと考えている。

75　I. カント『道徳形而上学原論』103頁、112-113頁。

76　B. Windscheid, Recht und Rechtswissenschaft, 1854, 9.

77　K. Bergbohm, Jurisprudenz und Rechtsphilosophie, 1892, 478f.

78　G. Radbruch, Gesetzliches Unrecht und übergesetzliches Recht, 1946 (Gustav Radbruch Gesamtausgabe Bd.3, 1990), 83. この主張は「ラートブルフ・テーゼ」と呼ばれる。

である。ラートブルフは特定の自然法論に立つのではないが、典型的な「理想主義」の立場に立っているとみることができる。

ラートブルフは戦前から「法は正義の理念に奉仕する現実である」と述べていた[79]。科学の営みが科学であるのは、それが真理を追及しているかぎりにおいてであり、芸術の営みが芸術であるのは、それが美を追及しているかぎりにおいてであり、道徳的な行為が道徳的であるのはそれが善を追及しているかぎりにおいてであるのと同様に、法の実践とその産物が法であるのはそれが正義を追及しているかぎりにおいてであると、ラートブルフは言う[80]。もちろん、それらはそれぞれの追及する価値を完全に実現することはできず、その追及におおよそ成功したり失敗したりしているにとどまる。それでもそれらがそうしたものであるのは、それぞれの価値を追及しているかぎりにおいてだというのである。ラートブルフは、正義の理念を基本的に「等しいものは等しく、等しくないものは等しくないように取り扱え」という平等原則として捉え、そのもとにアリストテレスの匡正的正義と分配的正義を含めている[81]。

しかし、ラートブルフは**法の理念**として**正義**だけでなく、**合目的性**と**法的安定性**を挙げている。正義の理念は形式的なものに止まるから、法に内容を与えるものが必要となる。それが合目的性である[82]。合目的性は立法が個人価値、集団価値、文化価値などを実現することによって達成される。しかし、それらの価値は様々に衝突することがあるから、それを決定するために法は実定化されなければならない。そして、実定法は同じケースには同じように安定して適用されることを必要とする。これが法的安定性の要請である[83]（それは平等原則の要請、形式的な正義の要請でもある）。ところが、とくに正義の要請と法的安定性の要請は衝突することがありうる。つまり実定法をそのまま適用することが正義そのものの要請に反することがありうる。ラートブルフは戦前には、そのような場合には個人の良心による決定以外に解決法はないとしつつ、裁判官は何よりも法的安定性に奉仕すべきだとしていた[84]。裁判官は法律に忠実であるべきであって、自分の個人

79　G. ラートブルフ（田中耕太郎訳）『法哲学』（東京大学出版会、1961 年）147-148 頁。
80　「法は正義への企てである」という井上達夫『法という企て』（東京大学出版会、2003 年）の立場は、このラートブルフの立場に近いといえるだろう。
81　G. ラートブルフ『法哲学』106-107 頁、147 頁。
82　G. ラートブルフ『法哲学』177-178 頁。
83　G. ラートブルフ『法哲学』207-208 頁。

的な正義感に依拠すべきではないというのであった。

　ところが、ナチスの「法律」や「命令」は、ラートブルフからみると、人種によらない平等な取扱いの要請をはじめから無視し軽蔑するもの、つまり正義の追及を意識的に否認するものであった。したがって、そのような「法律」や「命令」は法としての性格をもたないとしたのである。彼によれば、通常は法律を安定的に適用することが正義に優先するが、「法律の正義との衝突が耐えられない程度に達して、『不正な法』と認められるときは別」であり、さらに「法律の制定に際して正義が意識的にまったく追及されていないときは、それは総じて法としての性格をもたない、なぜなら実定法も正義に奉仕すべく規定されている秩序及び準則として以外の仕方では定義されえないからである」[85]。この定式は今日では「ラートブルフ定式」と呼ばれ、その前半は「受忍不能定式」、後半は「拒絶定式」と呼ばれている[86]。

　ラートブルフのこの見解は、戦後の連合国によるナチス裁判において自然法が根拠とされたことなどと相まって、「自然法の復興」を告げるものとみなされた。とはいえ、ラートブルフは特定の自然法論に立っていたわけではない。彼は**人間の尊厳や人権とその平等**としての正義を確信していたが、実定法が追及すべきこれらの価値理念を自然法と呼ぶとしても、それは「歴史的に内容の変化する自然法」と理解すべきだとみていた[87]。したがって、ラートブルフの立場は正義を理念とする「理想主義」と呼ぶのが適切だと思われる。しかし、ラートブルフの「定式」に表れている考え方は、やはり自然法論だとして、ハートのような実

84　G. ラートブルフ『法哲学』223-225 頁。ラートブルフも戦前には価値相対主義に立っていた。彼は法の三つの理念、そして合目的性の三つの目的は、いずれも同価値だとしていたのである。しかし、彼の相対主義は、これらの理念や価値はいずれも法の成立を支えているのであって、そのいずれかがまったく否定されることを避ける趣旨であったと考えられる。また、正義の追求は法であるかどうかの基準であり、法的安定性は法の効力の基準とされていた。法でないものについて、その法としての効力を論じることは無意味なのである。

85　G. Radbruch, Gesetzliches Unrecht und übergesetzliches Recht, 89.

86　この定式（とくに受忍不能定式）は、戦後の西ドイツにおけるナチス裁判において、ナチスの法律や命令の法的性格や法的効力を否定するために用いられている。また、ベルリンの壁が崩壊した後に、かつての東ドイツの国境警備兵が東ベルリンから西ベルリンへ逃亡しようとした市民を射殺した事件（「壁の射手」事件）の裁判においても、当時の東ドイツの国境警備体制の法的効力を否定するために用いられた。

87　G. Radbruch, Neue Probleme in der Rechtswissenschaft, 1952 (Gustav Radbruch Gesamtausgabe Bd.4), 234. 人間の尊厳や人権とその平等は歴史的に具体化される仕方で実定化されるということだと解される。このようなラートブルフの自然法理解は R. シュタムラーの「正法」の思想に基づいている。

44　第 1 章　法と法哲学の諸相

証主義者から批判されることになる。この議論については第 3 章で検討する。

4　現代の理想主義——R. ドゥオーキン

　理想主義の立場に立っているとみられる現代の重要な法哲学者として、もう一人、アメリカの R. ドゥオーキン（1931-2013）が挙げられる。ラートブルフの理想主義がナチスというドラスティックな体験に関連して浮き彫りにされるとすれば、ドゥオーキンの理想主義は日々の法的実践のうちに位置づけられる。

　初期のドゥオーキンはハートの司法裁量論を批判して法と道徳との結び付きを示そうとした。ハートは法を認定のルールによって認定されるルールの体系とみなし、適用すべきルールが欠けているときは、裁判官は裁量によって新たなルールを形成して判断するのだと述べていた[88]。しかし、ドゥオーキンによれば、裁判官はそうした困難なケース（ハードケース）では、ルールとは性格の異なる「**原理**」（principle）をも考慮して正しい答えを見出そうとしている[89]。ルールは要件と効果が比較的はっきりしており、それらが衝突するときはいずれかが失効するものとされなければならない。他方、原理は要件や効果が必ずしも明確ではなく（たとえば、一般条項や人権規定を考えるとよい）、それらが衝突するときはどちらかが失効するというのではなく、ケース毎にその「重さ」（ウェイト）を比較衡量することによってどちらが優位するかが決定される[90]。

　ドゥオーキンはこうした原理が考慮されているいくつかの実際のケースを挙げる。たとえば、被相続人を殺害した相続人は相続することができるかどうかが争われた 19 世紀末のケース[91]である。当時はこの問題に答えるルールはなかったため、裁判所は「誰も自分の違法な行為によって利得してはならない」といった原理を援用して、被相続人を殺害した孫の相続権を否定する判決を下している。また、一般に、コモン・ロー裁判官がルールを変更するときも何らかの原理規範に依拠せざるをえない。なぜなら、その場合、ルールを変更する理由を挙げなけ

---

[88]　H.L.A. ハート『法の概念』218-219 参照。
[89]　R. ドゥオーキン（木下毅・小林公・野坂泰司訳）『権利論』（木鐸社、1986 年）第 1 章、とくに 27-38 頁。
[90]　R. ドゥオーキン『権利論』14-26 頁。
[91]　Riggs v. Palmer, 115 N.Y. 506（1889）. ほかに、自動車の欠陥に対する製造業者の責任を「修理」に限定する契約書の条項が争われた事案（Henningsen v. Bloomfield Motors, Inc., 32 N.J. 358, 161 A.2d 69（N.J 1960））などが挙げられている。

ればならないが、そうした理由を与えるものは既存のルールの中には必ずしも存在しないからである[92]。ドゥオーキンによれば、こうした原理は必ずしも認定のルールによって認定されるものではなく、しかも道徳的な性格をもつ規範である。裁判官はこうした原理規範をも考慮して当事者が求める正しい答えを見出そうとしており、また見出すべきであるから、認定のルールでは法とはみなされない原理という道徳的な規範も法の重要な部分と考えるべきだと、彼は主張したのである[93]。このように法的問題については唯一の正しい答えがあるという主張は「**正答テーゼ**」(right answer thesis) と呼ばれている。これは少なくとも法的実践が目指すべき目標とみることもできるが、唯一の正答があるとする点については批判も少なくなく、ドゥオーキンも後にはその主張を緩和している。

ドゥオーキンは後の主著『法の帝国』で彼の法理論を体系的に提示しているが、法を解釈の問題として捉える基本的な考え方は変わっていない。彼はまず、認定のルールのような基準によって何が法であるかが認定されるとする法実証主義だけでなく、法をそのまま正義と同一視して不正な法命題は真ではありえないとする自然法論も、さらに裁判官が宣言したものが法であるとするアメリカン・リアリズムも、何が法であるかは「法」という言葉の意味を知ることによって決定できるとする誤りに陥っているとして、これらを退ける[94]。「何が法であるか」はそのつど解釈を必要とする問題だからだというのである[95]。

そこで彼は以上の三つの立場をそのように法を解釈する立場として読み替えて、法実証主義を慣例主義（コンヴェンショナリズム）として、リアリズムをプラグマティズムとして捉え直している。それによれば、慣例主義は解釈の対象を過去の立法や判例に限定して、それらとの適合性を問うが、解釈の政治道徳的な正当性を問題にしないのに対し[96]、プラグマティズムは過去の決定を軽視して、結

---

92 R. ドゥオーキン『権利論』36 頁参照。
93 R. ドゥオーキン『権利論』38-46 頁。
94 R. ドゥオーキン（小林公訳）『法の帝国』（木鐸社、1995 年）56-64 頁。
95 したがって、ドゥオーキンは自然法論も法実証主義も退けて、司法局面に主に着目する新たな道を指し示しているといえる。なお、同じように、自然法論も法実証主義も退けて、哲学的解釈学（ヘルメノイティク）に依拠して法を解釈的に捉えようとする現代の法哲学者として、ラートブルフの晩年の弟子であるドイツの A. カウフマン（1923-2001）が挙げられる（主著として、上田健二訳『法哲学』（ミネルヴァ書房、2006 年）がある）。この二人の法哲学には大きな違いもあるが、年齢も近く、上に述べた点で共通の方向を示していたといえる。
96 ドゥオーキンはハートの実証主義も解釈的な理論とみれば「慣例主義」とみることができると考えている。認定のルールによって認定されたルールとその解釈だけで個別の具体的な事案を解

果の望ましさだけで判断する[97]。これらに対して、ドゥオーキンは自分の立場を「インテグリティとしての法」と呼ぶ[98]（これは自然法論を解釈的立場に読み替えたものとみることができる）。それは、新しいケースについて判断するとき、裁判官は過去の法律や判例と整合的に適合するとともに、それを政治的道徳的にもっともよく正当化する解釈を見出すべきであるとするものである。

　ドゥオーキンは初期から「ヘラクレス」（ハーキュリーズ）という架空の理想的な裁判官を登場させて、彼の考える解釈のあり方を例示している。『法の帝国』でも、アメリカのコモン・ロー、制定法、そして憲法の諸事案について、ヘラクレス判事なら見出したであろうと考えられる解釈を提示している。また、ドゥオーキンは法を一つの法秩序において立法や判例の歴史的な積み重ねによって形成されていく統一的な解釈的実践と捉えている（彼はそれを「連作小説」のたとえで説明している）。それは政治道徳的な正当性をどこまでも追求していく過程とみなされている。

　その究極をドゥオーキンは、立法手続きの公正さや司法手続きの適正さからも純化されて、正義だけに基づく判断の正当性と考え、それを「純粋なインテグリティ」と呼んでいる。では、ドゥオーキンにとって解釈を正当なものとする「正しさ」は何を基準とするのか。彼はそれを人々の**平等な配慮と尊重を受ける権利**」に求めている[99]。彼の平等論については別に検討するが、ドゥオーキンはこの基本的な権利に基づいて人々は訴訟においても正しい答えを求める権利があるというのである。

5　理想主義の特徴と問題

　以上のような理想主義の立場が法をみる視点は、外的な視点ではもちろんな

　　決するものとみるからである。これに対して、ハートは晩年に反論している。これについては第3章で取り上げる。
[97]　ドゥオーキンのいうプラグマティズムの代表とみなされるのは、アメリカの「法と経済学」の法学者でかつ控訴裁判所裁判官でもあるR.ポズナーである。ドゥオーキンはポズナーとも論争を展開している。ポズナーによれば、望ましい結果は経済的な「富の最大化」を実現するものである（馬場考一・国武輝久監訳『正義の経済学』（木鐸社、1991年）参照）。これに対して、ドゥオーキンは、裁判官は政治道徳的な正しさを追求すべきだとするのである。
[98]　「インテグリティ」（integrity）は欠けたところがない完全性の状態をいうが、慣例主義やプラグマティズムと異なり、適合性と正当性のいずれをも考慮するという趣旨である。なお、邦訳では「純一性」と訳されている。
[99]　R.ドゥオーキン（小林公訳）『権利論II』（木鐸社、2001年）65-67頁。

く、ハートのように法の内的側面を分析的にまたは社会学的に記述する視点でもなく、法に実践的に関与する内的視点だということができる[100]。とはいえ、それは個々の法をすべて内的に受容するのではもちろんない。法は、「自然的」とか「普遍的」とかと言いうるような何らかの目的や価値を、とくに正義を追及する実践とその産物であり、そのようなものとみなすべきだという立場なのである[101]。このような観点からみて、法に内在する価値であるとともに追及されるべきだと考えられる法の目的を、一般的に法の**「正当性」**（Richtigkeit, justness）と呼ぶことができるだろう。この立場からみると、法の妥当性（効力）は、実効性に還元されないのはもちろん、権限ある（有権的な）機関の決定によるというケルゼンやハートのいう妥当性（狭義の妥当性、あるいは合法性）にも還元されず、法律や判決の内容上の正当性を含むのでなければならないことになる。

　自然法論も含めた理想主義の立場についても、いくつかの問題点が指摘されうる。まず、自然法論が自然法とするものについても異なる見解があり、統一的な自然法というものを考えることは困難だということである。また、自然法の規範はきわめて一般的なものにとどまっており、それを裁判の基準として用いるときは、その具体化に際して裁判官の恣意が入りやすい、とくに刑事事件の場合には罪刑法定主義に反することになるという指摘もある。さらに、理想主義は内的視点にのみ立って、外的視点や距離をおいた内的視点（後述）とそこからみえる法の側面を軽視しがちだという批判もありうる。とくにドゥオーキンは法を裁判官の視点からのみ見ており、一面的だという指摘もある[102]。

　とはいえ、理想主義は現実主義や実証主義の議論を否定する必要はないし、それらが指摘する法の側面を無視する必要もない。理想主義は現実主義や実証主義の視点からは必ずしも捉えられていない法の側面に着目するものと理解することができる。つまり、現実主義が法の事実としての側面を捉え、実証主義が法の規範としての側面を捉えるとすれば、理想主義は法の価値理念としての側面を捉える。法を全体として理解しようとするならば、いずれにせよ、これらの側面を総

---

[100] たとえば、ドゥオーキンは明示的に「実践に参加する人々の内的な観点」を採っていると述べている（『法の帝国』34 頁）。
[101] その意味では、このような立場も、法哲学あるいは法理論としては、法のある内的側面を学問的に記述するものだということができる。ハートの記述的視点と異なるのは、法の内的側面についての理解の違いによるものなのである。
[102] 森村進『法哲学講義』（筑摩書房、2015 年）214、230 頁など参照。

合的に捉える必要があるだろう。

6　妥当性とその根拠

以上見てきたように、妥当性については三つの概念があり、それぞれについてその根拠が挙げられる。本章の最後に、これについて簡単に触れておこう。より詳細な議論はこれ以降の該当の個所で説明する。

まず、実効性としての妥当性の根拠としては、実力と承認が挙げられる。法が実効的であるというのは、法が事実として一般に遵守され適用されているということであり、実力説は法が実効的であるのは、それが実力的強制によって支えられているからだというものである。法と強制の関係については第4章で説明する。承認説は法が実効的であるのは、その社会の人々が法を承認しているからだというものである。承認説については第3章で説明する。実効性を法の妥当性とみなすならば、強制や承認が法の妥当性の根拠だとされることになる。しかし、すでに述べてきたように、法の妥当性を実効性に還元するのは適切ではない。

次に、狭義の妥当性（合法性）の根拠は、ケルゼンやハートにおいてみられたように、上位規範による授権に求められる。換言すれば、実定的であることが法の妥当性の根拠とされる。しかし、実定法の最上位の規範の妥当性が問題となることについては、すでに触れた。この問題については第3章でより詳しく検討する。また、一般に法の妥当性というとき、中心となるのはこの狭義の妥当性であるが、先に触れたように実効性や正当性も考慮する必要がある。

最後に、正当性としての妥当性の根拠は、法が追求すべき価値や目的に求められる。この見方によれば、法が妥当するのは、それが何らかの価値や目的を実現している、あるいは実現しようとしていることに基づく。法が追求すべきだとされる価値や目的は多様であるが、法の法としての妥当性にとって核心的な価値または目的は正義だとみるのが一般的である。法の妥当性にとっての正義の意義については、第2章、第3章、第4章でもさらに説明する。そして、正義とは何かという問題については、第2部全体で取り扱う。さらに、第3部で取り扱う法的思考にとっても、正義の追求は重要な意味をもつことになる。

第2章　法規範・法体系・法実践

　前章では法と法哲学の諸相を概観した。そして、法は事実、規範、価値の側面をもつことを確認したが、それでも法の概念にとって核心をなすのはやはり規範である。事実としての側面は法規範に関わる社会的実践という事実であり、価値としての側面は法規範において追及されている価値である。しかし、法規範そのものにも多様な側面や種類があり、それを見ておくことは法の理解にとってもちろん無意味ではない。また、法はそうした法規範の体系として捉えられる。ケルゼンの段階構造論は今日の法体系の重要な側面を捉えているが、法体系の姿はそれにとどまらない複雑さをもっている。さらに、ケルゼンはその段階構造論を「法の動学」(Rechtsdynamik) と呼んだ[1]が、法の動態は法規範に関わる実践として捉えられる。この法実践の特徴と構造をさらに立ち入って捉えることが必要である。

第1節　法規範

　法規範にもさまざまな種類のものがある。まず、法規範を述べる言語的な形式が多様である。何らかの行為を命令したり禁止したりする形式をもつものもあるし、何らかの行為を許可したり、何らかの権限を付与する（授権する）形式のものもある。ある言葉を定義したり、期間を設定したりするものもある。また、講学上、法規範はさまざまに分類されている。たとえば、実体規範（実体法）と手続規範（手続法）、行為規範と裁決規範と組織規範などの分類がある。法哲学的には、たとえばケルゼンの個別規範と一般規範、ハートの義務賦課的ルールと権限付与的ルール、ドゥオーキンのルールと原理などの区別がある。これらを完全に

---

[1] ケルゼンは「法の動学」の前に「法の静学」(Rechtsstatik) を論じている。そこでは、法的義務、権利、行為能力、権利能力と代理、法律関係、法主体と人格など、基本的な法概念が扱われている。特徴的なのは、権利は義務の反射に他ならないとする権利の反射説（これについては本文でも後述する）、法人の義務と権利はその構成員の義務と権利の集合的な効果を擬人的に表現したものに他ならないとする法人擬制説である。法人擬制説は彼の国家論にとっても重要である。

体系的に整理するのは困難であるが、ここでは法哲学的に重要と思われる法規範の特徴について概観する。

1　個別規範と一般規範

　前章で触れたように、ケルゼンは、法律の条項だけでなく、裁判所の判決や行政庁の処分をも規範と捉え、前者のような規範を**一般規範**、後者のような規範を**個別規範**と呼んでいる。ケルゼンの議論を手がかりとして、個別規範と一般規範の特徴をみておこう。

　(a) 個別規範は特定の個人や集団に対して何らかの行為を命令または禁止し、あるいは許可または授権する。裁判所の判決の主文は、たとえば「AはBに100万円支払え」とか「AはBの通行を妨害してはならない」という。また、行政庁の処分は「Cの申請する建物の建設を許可する」とか「Dの出願する発明について特許権を付与する」といった形式をとる。もちろん、裁判所も許可や授権をなし、行政庁も命令や禁止をなす[2]。

　ケルゼンによれば、当為は「ある者の他の者の行為に向けた意思作用の意味」であり、規範は客観的な当為、つまり上位の規範によって根拠づけられている当為であった。裁判所の判決の命令や禁止は、直接その名宛人の行為に向けられたものである限りで、ケルゼンのこの客観的な意味での当為として理解しやすい。これに対して、許可や授権はその名宛人の特定の行為に向けられているのではない。ケルゼンによれば、許可や授権は、許可または授権された者がその許可や授権に基づいて行うことを他者は妨害してはならないことを意味する。この意味で、それらは客観的な意味での当為とみなされるのである。このような「ある者の他の者の行為に向けた個別の意思作用の客観的意味」としての個別規範をまとめて「指図」と呼ぶことにしよう[3]。

　しかし、裁判所の判決も行政庁の処分も単なる意思作用という意味での指図ではない。それらは、法律の一般規範を大前提とし、認定された事実を小前提とし、判決や処分を結論として導く、いわゆる**法的三段論法**という推論の結論でも

---

[2]　裁判所は特定の当事者の権利義務を確認することもある。当事者はこの確認に基づいて相手方に一定の作為や不作為を要求し、それが争われれば裁判所の判断を求めることにもなる。なお、私人間の契約も当事者間に権利と義務を設定し、当事者は相互に一定の作為や不作為を要求し、争いが生じれば裁判で争うこともになる。

[3]　これらの規範の間の論理的関係については第11章で触れる。

ある。したがって、その結論としての判決や処分はこの意味で一つの「**判断**」、法的判断なのである。しかも、すでにみたように、大前提である規範はその背後に価値判断を伴っている。裁判官の判決や行政庁の処分はこの価値判断を具体的に現実化するものである。判決や処分はその意味で「**評価**」(価値判断)でもある。

このような判断とみるとき、個別規範は「しなければならない」とか「してはならない」というだけでなく、「すべきである」とか「すべきでない」という当為命題(または義務論的命題)の形式をとる。そして、こうした命題は、大前提である規範の解釈や小前提である事実の認定を基にして、論理的に「真」または「偽」でありうる(「真理値」をもちうる)。単なる意思作用としての命令や禁止に対しては合理的な批判をなすことはできないが、判決や処分について批判をなすことができるのはこのためである。

しかしまた、これらの判断は、それを真または偽でありうるとみなすとしても、制度的、時間的なさまざまな制約のために、複数の可能な判断からの裁判官や行政官の選択によるものであることが少なくない。このようにみると、裁判官の判決や行政庁の処分はこの意味で「**決定**」という側面をもつ。複数の可能性の中から選択して確定したという意味で「決定」なのである[4]。もっとも、その選択も決定者のまったく任意の裁量によるのではなく、何らかの理由に基づいていると考えられる。その意味で、それは「真」とはいえないとしても、「相当である」や「妥当である」(reasonable)といった性格をもちうる。

個別規範に即してみた以上の法規範の特徴は、立法者が制定する法律についてもいえる。法律の一般規範も、立法者の意思作用の意味として「指図」(ただし、一般的な「指図」)であり、また憲法や他の法律もいわゆる立法事実を考慮した「判断」(とくに価値判断)の結果であり、さらに立法は判決よりも選択の範囲が広いことから、より強く「決定」という性格をもつ。

一般規範と個別規範のどちらに焦点をあわせて法を理解するかという違いは法哲学的な立場の違いに大きく影響する。古代ローマ法では「法」という言葉には"lex"と"ius"という二つがあった。これをとくに対比させると、"lex"は一般規

---

4 個別規範を産出する行為またはその産物に着目して、裁判所の判決や行政庁の処分を「決定」と呼ぶことがある。法体系を構成する「個々の規範や個々の決定」という場合がそれである。なお、訴訟法上は、「決定」は裁判所が口頭弁論を経ることなくなしうる裁判をいう。また、憲法81条の法令審査の対象としての「処分」には裁判所の判決も含まれる。

範（準則、法律）を意味するのに対し、"ius"は個別規範としての「個々の正しいこと」を意味するとみることができる[5]。ハートが法を主として「ルール」と捉えているのに対し、ドゥオーキンが判決における「正しい答え」を重視しているのも、この重点のおき方に由来するといえる[6]。

　(b) 次に、一般規範の内的構造に着目する。それを詳細に検討したのはケルゼンである。ケルゼンは存在と当為を峻別したが、その区別は自然科学的な法則の構造と一般規範の構造の区別としても捉えられている。自然科学的な法則は「AならばBである（だろう）」という形式で表されるのに対し、一般的法規範は「AならばBであるべし」という形式で表される。自然科学的法則は原因に結果を因果律によって結び付けるのに対し、一般的法規範は要件に効果を「**帰責**」（Zurechnung）という形式で結び付ける[7]。因果的な結合は必然性または蓋然性を意味するのに対し、帰責による結合は反事実的な必然性を意味する。自然科学的法則はAが生じてもBが生じないという事象が観察されれば法則としての意味を基本的に失うだろう。これに対して、一般的法規範はAにBが結びつけられないことが事実としてあっても、規範としての効力を失うわけではない。

　一般的法規範のこのような「AならばBあるべし」という形式は法律学では一般に「**要件－効果図式**」と呼ばれる。一定の法律要件に一定の法律効果を結合する形式というわけである。ドイツの社会学者N.ルーマン（1927-1998）はこれを「条件プログラム」と呼んだ[8]。これは一定の過去の出来事を条件としてそれに効果を結びつける過去志向の基準である。ルーマンはこの「条件プログラム」に「目的プログラム」を対比させている。これは一定の目的を達成するために一定の行為を要求する未来志向の基準である。したがって、目的プログラムの形式は政策などにおいて用いられる。今日では、とくに環境法や技術法などにおいて、目的プログラムの形式をもった法律も多く制定されるようになっている。しかし、法にとっての基本的な形式は条件プログラムであって、すべてが目的プロ

---

[5] もっとも、iusはたとえばius civile（市民法）やius gentium（万民法）などのように、包括的に「法」を指す言葉としても用いられる。また、権利という意味でも用いられる。

[6] 「個別的な正しいこと」に着目する法哲学者としては、他に前章で触れたA.カウフマンやフランスのM.ヴィレイなどがいた。このような観点からは、判決は「個別的な正しいこと」を「発見する」ものと捉えられる。ドイツ語で判決を「法発見」（Rechtsfindung）と呼ぶのも、このような観点からだといえる。

[7] H.ケルゼン『純粋法学』78-83頁。なお、訳者の長尾龍一は「帰報」と訳している。

[8] N.ルーマン（村上淳一・六本佳平訳）『法社会学』（岩波書店、1977年）100頁。

グラムに置き換えられるならば、法の特性は失われるだろう。

ケルゼンは要件に効果を「帰責」原理によって結びつける法規範を「**自立的な規範**」と呼んだ[9]。これに対して、それ自体においては効果を規定しない法規範もある。定義や期間を規定する法規範や、「表現の自由はこれを侵してはならない」といった憲法規範や、「権利の濫用はこれを許さない」といった民法の一般条項などである。ケルゼンはこれらを「**非自立的な規範**」と呼ぶ。非自立的な規範は自立的規範の要件の一部を別に規定するものにすぎない。彼によれば法規範は実際には要件に効果を結びつける裁判官に向けられている。つまり、法規範は基本的に「裁決規範」である。ケルゼンは法規範を一般の人々を名宛人とする「行為規範」とはみなさないのである。もっとも裁決規範としての法規範は裁判官にとっては行為規範とみなしうる。

ケルゼンにとってこのことは法規範を道徳規範から区別する要点でもある。「殺してはならない」とか「盗んではならない」といった規範は、それ自体は道徳規範にすぎない。法規範はこの意味での行為規範ではない。人を殺した者に一定の刑罰を効果として帰属させる規範なのである。しかし、こうした道徳規範が法規範の前提となっていることは否定できない。それを無視しては法規範の意味は理解されないであろう。のみならず、定義を規定する規範などもそれ自体で独立の重要な意味をもちうる。たとえば、国旗や国歌を規定する法律は強制するものではないとしても、国民にとって何らかの効果をもちうる。また、権利や義務を確認する訴訟も、最終的には損害賠償や強制執行に結び付きうるとしても、当事者の権利義務関係を明らかにするという点で、独立の訴訟形態として意味をもつ。したがって、自立的規範だけを法規範とみるのは一面的だといわざるをえないだろう。

また、ケルゼンは要件に結びつけられる効果を「**制裁（サンクション）**」と呼び、それを基本的に「強制作用」と捉えた。したがって、ケルゼンにとって法秩序は基本的に「強制秩序」であり、法規範は基本的に「強制規範」である[10]。強制の典型は刑罰や損害賠償である。しかし、損害賠償は敗訴した被告にとっては

9　H. ケルゼン『純粋法学』53-56頁。
10　H. ケルゼン『純粋法学』33-34頁。ただし、法規範は強制規範であるといっても、ケルゼンにとっては物理的な強制作用が実行されることが強制規範の眼目なのではない。強制が社会的に組織されており、強制の発動条件も、強制の内容も、強制の執行方法も、法規範自体によって規定されているという点にその眼目があるとみられているといってよいだろう。

強制的なサンクションを意味するとしても、勝訴した原告にとってはポジティブな効果である。また、今日の目的プログラムを用いる法律などにおいては、たとえば一定の目的に適う措置をとることを要件として補助金を与えるといった効果を結び付ける場合もある。したがって、法規範をもっぱら強制規範として捉えるのも一面的であろう。

(c) 法規範を強制規範としてのみ捉えるのは一面的だとしても、主な法規範が何らかの強行性をもつことは否定できない。こうした強行的な法規範の特徴を、イギリスの法哲学者 J. ラズ（1939-）は法規範が「**権威**」(authority) をもつこととして説明している[11]。ラズも、ハートと同様に、法規範を人々にとっての行為の指針または理由と捉える。人々が何らかの行為をしようとするとき、そこには一般に何らかの理由がある。たとえば、車を運転していて交差点にさしかかったとしよう。その交差点に信号も一時停止線もなく、近くに他の車や歩行者も見当たらないときは、運転者はそれらの状況を考慮して、おそらくスピードを落さずに車を進行させるだろう。この場合、運転者は行為の理由を自分で判断していることになる。しかし、信号があって黄色になっているときは、近くに他の車や歩行者がなくても、車を停止させなければならない。信号が黄色であるときに車を停止させることは法によって定められている。その場合は、信号も停止線もない場合とは異なって、車を進行させるかどうかを様々な理由を考慮して自分で判断することは排除されている。

行為の決定にあたって行為者が自分で考慮する様々な理由を、ラズは「一次的理由」と呼ぶ。しかし、そうした理由を考慮することが繁雑であったり困難であったりする場合、それを考慮しないで行為を決定することがある。たとえば、コインをトスしてその結果で決めるとか、信頼している他人の意見を聞いてそれに従うとか、あるいは一定の状況では一定の行為をすることに予め決めておくとかである。こうした決め方も行為の理由となる。ラズはこうした理由を「二次的理由」と呼んでいる。そして、二次的理由が一次的理由の考慮を排除する仕方で保護されているとき、その二次的理由を「権威」と呼ぶのである[12]。

ラズによれば、法はそのような権威である。信号が黄色であることは車を停止

---

[11] J. Raz, The Authority of Law, 2nd ed. 2009, 3-27. また、J. ラズ（深田三徳編）『権威としての法』（勁草書房、1994年）157頁参照。

[12] J. Raz, The Authority of Law, 3-27. その決定が「権威」となる者は「権威（者）」である。

させる理由であり、かつ運転者が自分で状況を考慮して場合によってはそのまま直進することを排除している。ラズのこの説明は法規範の強行性をうまく説明しているようにみえる。ラズがこの議論を展開した動機の一つはハート的な実証主義を擁護することである。法は道徳的なものも含めた一次的な行為の理由ではなく、一次的な行為の理由の考慮を排除する二次的な理由であり、したがって法と道徳は区別されるというわけである。しかし、同時にラズは「法は正統な権威をもつことを主張しており、そして法がこの主張をしていることは法にとって本質的である」と述べている[13]。この点については後で立ち入るが、権威の「**正統性**」(legitimacy)は権威が一次的な理由の衡量に基づいていることを意味している[14]。法は権威であるとしても、その前に権威によって衡量された一次的理由が消滅しているわけではないし、場合によっては何らかの一次的理由によって覆されうるのである[15]。

2　権限付与的ルールと権利

ケルゼンは一般規範を基本的に自立的な強制規範と捉えていた。これに対し、ハートはルール（すなわち一般規範）を**義務賦課的ルール**と**権限付与的ルール**とに区別した。ケルゼンも規範一般の類型としては、命令、禁止、許可、そして授権の4つを挙げていたが、ケルゼンからみれば、これらは一般規範としてはいずれも非自立的な規範に該当する。しかし、権限付与的ルール、あるいは許可や授権が法規範としても重要な意味をもつことは否定できない。これらは権利を発生させる一般規範と理解することができる。権利とはどのようなものかが、ここでの問題である。

(a)　権利とは何かについて、ドイツでは19世紀中ごろ以来、活発な議論が展開されてきた。最初に登場したのは権利の「**意思説**」と呼ばれる見解である。F.C.v. サヴィニー (1779-1861) は、権利を各人が「自分の意思によって、かつ

13　J. Raz, The Authority of Law, 28-33. J. ラズ『権威としての法』150頁参照。
14　J. ラズ『権威としての法』149頁。「権威の正統性の主張が正当化される (justified) のは、権威が依存する理由[一次的理由]に従うほうが、名宛人が依存する理由に従うよりも、良い傾向がある場合だけである」。権威は一次的理由を衡量しているのである。
15　J. ラズ『権威としての法』145頁。そこでは、権威の決定者の例として「仲裁者」が挙げられており、仲裁者の言葉は権威であるとしても、「異議の申し立てを受けつけるものであり、一定の状況では不服従が正当化されうるもの」であるとされている。

我々の同意をもって」一定の生活領域を「支配する力」と規定した[16]。また、彼の弟子である B. ヴィントシャイトは権利を「法秩序によって付与された意欲の権能、力あるいは支配」と規定している[17]。このように権利を意思と捉える見解は、当時のローマ法学（パンデクテン法学）に基づくものだが、権利を「外的物件を私のものとする意思」とするカントの権利論[18]に由来しているともいわれる。意思説は法的主体を自由で合理的な存在とみなす思想に基づいていたと考えられる。

これに対して、自らもサヴィニーの弟子であった R.v. イェーリング（1818-1892）は、当初の立場を変更して、権利の「**利益説**」を唱えた。彼によれば、意思能力をもたない者も権利をもちうることからすれば、権利を意思によって規定するのは不適切である。そこで、彼は権利を「法的に保護された利益」だとした[19]。イェーリングが見解を翻したのは、彼が功利主義を学んだことにもよる。また、イェーリングは彼自身も携わっていた当時のローマ法学を「概念法学」と批判して[20]、法をその目的からみる「目的法学」の樹立を目指した[21]。

利益説は幼児などの意思能力をもたない者の権利を説明するうえで有意義であるが、権利は主張され行使されるという意思的側面をもつことも否定できない。意思能力をもたない者の権利も代理人によって主張され行使されるのである。そこで、次に、意思と利益の双方を権利の本質とみなす「**折衷説**」が現れた。たとえば、ドイツの公法学者 G. イェリネック（1851-1911）は権利を「人間の意思力の承認により保護された善益ないし利益」と規定し[22]、この人間の意思力は法秩序によって承認され保護されることを要するとした。

イェリネックの見解は、たんに「折衷説」というより、権利の主体と客体との間の双方向的な関係に着目するものとみることができる[23]。主体は客体に対して

16　F. C. v. Savigny, System des heutigen Römischen Rechts, Bd.1, 1840, 63. なお、邦訳としては小橋一郎訳『現代ローマ法体系』（成文堂、1993年）がある。
17　B. Windscheid, Lehrbuch des Pandectenrechts, 1862, 86.
18　I. カント『人倫の形而上学・法論』370頁。
19　R. v. Jhering, Geist des römischen Rechts, Dritter Teil, 2.Aufl., 1871, 328. とはいえ、もちろんイェーリングも、権利は行使されることを必要とすることを否定するわけではない。有名な村上淳一訳『権利のための闘争』（岩波文、1982年）は、権利の上に眠る者を戒めて、権利の獲得と保持が闘争を必要とすることを主張したものである。
20　R. v. Jhering, Scherz und Ernst in der Jurisprudenz, 1884, 337.
21　R. v. Jhering, Der Zweck im Recht, 1877.
22　G. Jellinek, System der subjektiven öffentlichen Rechte, 1892, 42.

意思力を行使し、他方で客体から利益を享受するのである。このような権利における主体と客体の関係を権利の「実体的関係」と呼ぶことができるだろう。このようにみると、権利におけるもう一つの関係が浮かび上がってくる。権利の客体をめぐる人と人との関係、権利の「社会的関係」である。このことは上記の各見解においても示唆されている。サヴィニーは「我々の同意をもって」といい、ヴィントシャイトは「法秩序によって付与された」といい、イェーリングは「法的に保護された」ということによって、権利を構成する意思や利益を社会的側面から限定しているのである。したがって、権利は主体の客体に対する実体的関係と客体をめぐる人々の社会的関係において捉えられる必要がある[24]。

　(b) こうした社会的関係に着目すると直ちに明らかになるのは、**権利には義務が一般に対応する**ことである。このような関係に着目して権利を明確に分類して体系化したのが、アメリカの法哲学者 W. ホーフェルド（1879-1918）である。彼は一方の側の権利と他方の側の義務との関係を次のように都合四つに整理する[25]。法的権利のうちもっとも典型的なものは他者に一定の作為又は不作為を要求する「請求権」（claim）であり、これには他者の（狭義の）「義務」（duty）が対応する。次に、他者からいかなる作為または不作為も要求されないという権利があり、これをホーフェルドは「自由」（liberty）と呼ぶ。これに対して他者には「無権利（無請求権）」が対応する。さらに、権利には他者の法的地位を変更する「権限」（power）という種類もあり、これには他者のそれを受忍する「責務」（liability）が対応する。しかしさらに、他者から自分の法的地位を任意に変更されないという「免除」（immunity）の権利があり、これには他者の「無権限」が対応する。

23　イェリネックは、イェーリングにならって、権利において意思は手段であり、その目的は利益であるとするとともに、意思の側面を権利の形式的な要素、利益の側面をその実質的な要素として説明している。

24　川島武宜『新版 所有権法の理論』(1987年、岩波書店) 10頁は、この事態を所有権について、「所有権は人の物との関係の側面において現れる人間と人間との関係である」と表現している。

25　W. Hohfeld, Fundamental Legal Conceptions, 1919, 36. なお、義務の法的対応を「権利」（right）としているが、ここでは権利一般と区別して、「請求権」とした。また、義務の法的反対である権利をホーフェルドは「特権」（privilege）と呼んでいるが、ここでは「自由」とした。これらについて簡単に解説すると、次のような例が考えられる。人は隣人の家の庭を眺める「自由」をもつが、隣人に対して眺めさせるよう請求する権利はもたない。また、隣人は眺められることを防止するために塀を設ける「権限」をもち、それに対して人はそれを受忍する「責務」を負うわけである。

また、ホーフェルドによれば、これらの権利にはそれぞれその反対がある。それも上記の分類のうちに含まれている。つまり、「請求権」の反対は「無権利」であり、「自由」の反対は「義務」であり、「権限」の反対は「無権限」であり、「免除」の反対は「責務」である。これを図示すれば、下図のようになる。

		権利（請求権）	自由（特権）	権限	免除
法的対応	{	義務	無権利	責務	無権限

		権利（請求権）	自由（特権）	権限	免除
法的反対	{	無権利	義務	無権限	責務

このように法的権利には一般に義務が対応するとすれば、一方は他方に還元されるとみることができるかもしれない。そうした観点から、ケルゼンは法規範によって義務が規定されていれば、権利の概念は余分だと考えた。権利は義務の「**反射**」にすぎないというわけである[26]。法規範を要件に効果としての制裁（負のサンクション）を結合するものとみなしたケルゼンにとっては、法的に問題になるのは、権利侵害というより、義務違反だと考えられたのであろう（もっとも、義務違反を裁判で訴えることによって、反射的な権利は能動的なものになるとされるが）。

とはいえ、権利には対応する義務に解消しえない側面がある。たしかに、刑法を主要に考えれば、殺人の規定に対応してたとえば「殺されない権利」といったものをあえて語る必要はないようにみえる。しかし、民法の債権はたんに債務者の義務に解消しえない面がある。ハートによれば、債権者は債務者に債務を履行させることもできれば、履行させるのではなく損害賠償を請求することもできるし、さらには債務を免除することもできる。債権者はこれらの可能性のうちから選択することができるのである。こうして、ハートは、ベンサムの利益説を退けて、意思説に似た権利の「**選択説**」または「**支配権能説**」を唱えた[27]。ハートの

26　H.ケルゼン『純粋法学』126頁。
27　H.L.A.ハート（小林公・森村進編訳）『権利・功利・自由』（木鐸社、1987年）123-124頁。こうした支配の権能は、民法上の権利だけでなく、福祉給付請求権についてもいえるという。な

支配権能としての権利はホーフェルドの権限とほぼ同じだといえる。履行や損害賠償を請求する権利はこの権限の一部ということになるだろう。

　他方で、ハートは、選択説を補完するものとして、権利の利益説に似た見解も論じている。とくにいわゆる人権は人間のもっとも基本的な利益を保護しようとするものだと考えられるからである。しかも、ハートによれば、それは公的権限によって任意にその法的地位を変更されない権利という側面、つまりホーフェルドのいう「**免除**」の側面をもつ[28]。このようなハートの議論をみても、ホーフェルドの分類は有用だといえるだろう[29]。

　(**c**) 権利の中でも**人権**は今日では特別の重要性をもっており、とくに国際法において様々に議論されている。ここでは、権利としての人権の本性、その根拠づけ、そしてとくに今日問題とされている種類の人権をめぐる議論について簡単にみておこう。

　人権についても先に権利について述べた二つの側面を考えることができる。まず、人権は一般に「人が人であるという特性のみに基づいて保有する権利」だとみなされる[30]が、これは人権の実体的関係の側面に注目した捉え方だといえる。それは人の「人である自分」との関係に、つまり、人が「人である自分」を保持し、また「人である自分」を享受するという関係に着目するものだからである。しかし、「人であるという特性」をどのように捉えるかについては様々な見解がある。理性的動物、神の被造物、必要と欲求をもつ個人、自律的な人格、社会的または共同体的な存在などなど。つまり、人であるという特性をどこに見出すかは人々の人としての自己理解に基づく。

　「人が人である」というのはもちろんトートロジーである。人権の観念が意味

　　お、動物の権利に関しては、動物の虐待を禁じる法律による義務があるからといって、動物の権利を語れるわけではないとしている。
[28]　H.L.A. ハート『権利・功利・自由』131-133 頁。
[29]　ホーフェルドは権利と義務を都合 8 つに分類するが、いずれも「権能」として説明できるとする議論について、佐藤遼『法律関係論における権能』（成文堂、2018 年）参照。たとえば、債務者も、債務を履行して債権者の権利を消滅させることも、履行せずに債権者に訴えさせることもできるから、債務者の義務も権能という性格をもつとみなしうる。ただ、仮にすべてを「権能」として説明できるとしても、その内部での区別とその意義を無視することはできないだろう。
[30]　たとえば、芦部信喜（高橋和之補訂）『憲法 第五版』（岩波書店、2011 年）80 頁、長谷部恭男『憲法 第 5 版』（新世社、2011 年）91 頁など参照。最近の英語文献でも同様である。Cf. R. Cruft, S. M. Liao, and M. Renzo, The Philosophical Foundations of Human Rights: An Overview, do. (eds.), Philosophical Foundations of Human Rights, 2015, 4.

をもつのは、人が「人である」ことを他者によって剥奪されたり制限されたりすることがあり、尊重され保護されることを必要とするからである。したがって第二に、人権は「人であること」をめぐる人々の社会的関係という側面をもち、それゆえまた、「人であるという特性」についての人々の社会的な理解と承認を表現するのである。このような社会的な理解と承認をめぐってはさらに議論や論争がある。人権に属するものの範囲やそれらが衝突するときはその優先順位が議論や論争の対象となるのである。とはいえ、人権の観念が一般化しているかぎり、そこにはすくなくとも人権についての最小限の共通の理解があると考えられる。

人権はこれら二つの側面をもつが、実体的側面をとくに重視すれば人権を**自然権**とみなす見解が、社会的側面をとくに重視すれば人権も他の権利と同様に**制度的な権利**であるとする見解が現れる[31]。人権の様々な根拠づけもおおよそこの二つの見解に基づく二つのタイプに区別できる。前者の場合、人権の根拠づけは何らかの直観や哲学的・道徳的・宗教的な教説に依拠することになり、後者の場合は制定や規約などの社会的な出来事に求められる[32]。しかし、たとえば契約による債権などとは異なって、人権の場合はその実体的側面が任意の取扱いを許さない性質をもっていることからすれば、人権をたんに制度的権利として捉えて、その根拠を制定や規約だけに求めることは適切ではないし、他方、人権も社会的な承認と保護を必要とするかぎり、何らかの独自の主張をそのまま人権とすることはできない。ただ、人権の場合、その実体的側面の格別な重要性に着目して、独自の主張であっても社会はそれに真摯に対応することが求められるだろう[33]。

---

[31] 前注に挙げたクラフトらの概観では、とくに現代の国際的場面での人権に関する議論に注目して、「自然主義的構想」（naturalistic conception）と「政治的構想」（political conception）が対比されている（4-7）。このうち「政治的構想」はとくに J. ロールズの『諸人民の法』に表現されているような見解（これについては第 10 章で触れる）に帰せられているが、もっと一般的に、人権を社会的あるいは政治的制度によるものとみなす見解と捉えるほうがよいだろう。

[32] こうした人権または基本的な権利の根拠づけの問題は現代正義論の主要なテーマでもある。たとえば、自由尊重主義者 R. ノージックは所有権を自然権的な権利とみなすが、それは「自己所有」という直観に基づいているといえる。他方、『正義論』における J. ロールズは基本的な自由や権利の根拠づけを「原初状態」という理想的な状況での人々の合意によって説明している。もっとも、前者においても基本権利の社会的関係の側面が、また後者においてもその実体的関係の側面が考慮されているのであって、どちらか一方の側面だけで根拠づけられているとはいえない。

[33] クラフトらは、人権の自然主義的構想における根拠づけを「道具的正当化」、政治的構想における根拠づけを「実践基底的正当化」と呼んでいる。前者を「道具的」と呼ぶのは、自然主義的構想では人権はその実体的関係における基本的目標の実現のための道具とみなされうるからである。実践基底的正当化の例としては、第 15 章で取り上げる J. ロールズの『諸人民の法』における説明が挙げられている。また、この両者とも異なる「非道具的正当化」（人権には固有の意義

今日の国際人権法では人権は三つの種類に、つまり、市民的政治的権利、社会的経済的権利、そして集団的文化的権利（開発への権利や平和への権利などを含む）に大きく分類されている。立憲民主主義諸国では前二者は憲法および制定法によって保障されているが、その保護の態様や程度は多様であり、今でも憲法学における活発な議論の対象となっている。今日の国際社会においてとくに問題となっているのは、なお権威主義的な諸国における市民的政治的権利の保障、経済的な開発途上国における社会的経済的権利や集団的文化的権利の保障への要求などである。いずれも具体的には国際法や国政政治の問題であるが、原理的には国際正義または世界正義の問題であり、今日の正義論においても活発な議論の対象となっている。

第2節　法体系

ある社会の法はさまざまな法規範の集合であり、それらは何らかの体系をなしている。しかし、体系にもいくつかのタイプがある。典型的なのは、ピラミッド型の垂直の段階構造をなすものである。また、中央と周辺が水平に広がった構造をもつものもありうる。さらに、百科事典のようにアルファベット順やあいうえお順に編成したものや、ハイパーテキストのように複雑にリンクされたものも考えられるだろう。ここでは前二者の体系のタイプに基づく法体系の捉え方を見ておこう。

1　ピラミッド型の法体系観

ピラミッド型の段階構造として法体系を捉える典型は、すでに触れたケルゼンの**段階構造論**である。それによれば、法体系は憲法を頂点とし、その下に法律や慣習などの一般規範の層があり、さらにその下に判決や処分などの個別規範の層

と価値があるとするもの）の例として、アメリカの哲学者 A. ジーワースのそれが挙げられている。ジーワースによれば（A. Gewirth, Human Rights, 1982, 47）、すべての合理的な行為者はその行為が可能となるための基本的な前提条件について権利をもつと主張しなければならないが、矛盾におちいらないためには、同時にその主張は他のすべての人々によってもなされうることを必然的に認めなければならない。ジーワースのこの正当化の前半は人権の実体的側面を、後半は社会的側面を述べているものと解することができる。なお、ジーワースは社会的側面も行為者自身の一人称の観点からみているようであるが、この側面は相互的な主張と承認の関係にあると考えるべきであろう。

がある[34]。私人の契約は個別規範に属するが、裁判で解釈適用されるという点からみれば、判決とは区別される。また、すでに触れたように、ケルゼンは憲法の上に根本規範を想定しているが、これは実定法の規範ではない。さらに、判決や処分の下に執行作用があるが、これは規範ではなく事実的な行為である。

　ケルゼンはこのような段階構造をさらに動態的に捉える。それぞれの実定法規範の層は上位規範を適用して下位規範を創造する機関の活動の結果として捉えられる[35]。立法機関は憲法を適用して法律を制定し、行政機関や司法機関は法律を適用して処分や判決を下す。しかし、憲法制定権者は、上位規範を適用することなく（根本規範は実定法規範ではないから）、もっぱら憲法を創造する。また、執行機関は、下位規範を創造することなく、もっぱら判決や処分を適用する。

　ところで、これもすでに触れたように、ケルゼンにとってある規範が妥当するのは上位規範によって根拠づけられている（授権されている）ときであった。この根拠づけはより精確に理解される必要がある。ケルゼンはこれらの機関は上位規範を適用して下位規範を創造するというのだが、この「適用」という言葉はやや曖昧だからである。ケルゼンによれば、立法機関が制定した法律が上位規範である憲法の内容に適合しているかどうかは、その法律の法としての妥当性を左右しない。同じように、司法機関が下した判決が上位規範である法律の内容に適合しているかどうかは、その判決の法としての妥当性には関わらない。法律や判決が法として妥当するのは、立法機関や司法機関が立法や司法の権限を上位規範によって付与されていること（および法定された手続に従っていること）に基づく。つまり妥当性の問題としてみれば、これらの機関が上位規範を適用するといっても、それは基本的にはそれらの機関が上位規範によって付与されている権限を行使するということなのである[36]。

　これは実定法体系の現実の作動をたしかに的確に捉えている。ある法律が内容上憲法規範に反していても、立法機関が自らその法律を廃棄するか、違憲審査権をもつ裁判所があってこの裁判所が違憲判決を下すかするのでなければ、それは法律として妥当する[37]。ある判決が内容の点で法律や憲法に反していても、多審制による上級裁判所があってこの裁判所がその判決を違法または違憲として覆す

34　H. ケルゼン『純粋法学』214-268 頁。
35　H. ケルゼン『純粋法学』225-228 頁。
36　ハートが同じような授権の連関を説いていたことは、前章で触れた。

のでなければ、それは判決として妥当する[38]。もちろん、ケルゼンも上位規範の内容はこれらの立法や判決にとって一定の「枠」として機能することを否定しているわけではない[39]。それでも、妥当性の問題としては、それらの機関が権限を有しているかどうか、つまり有権的であるかどうかが決定的なのである[40]。この場合、法制定や法適用の内容上の合憲性や合法性と**有権性**とが衝突しうるが、ケルゼンにおいては、有権性のほうが優位する。そして、これはたしかに現実の法体系の作動である。とはいえ、有権性にのみ着目するのでは、法律や判決の違憲性や違法性が問題となる局面、そしてそうした局面において法的思考はどのようになされうるか（またなされるべきか）という問題が軽視されることになりうるのである。

2 水平型の法体系観

以上のような垂直型の法体系理解に対して、水平型の法体系（法秩序）理解もある。そうした理解の多くは立法ではなく司法を体系の中心におき、立法はむしろ周辺に位置づけられる。また、多くの場合、公法よりも私法が中心におかれる。こうした法理解はローマ私法や英米のコモン・ロー（刑法も含む）を念頭におくと理解しやすい。

オーストリア出身のイギリスの経済学者で法哲学的な著書も遺しているF.v.ハイエク（1899-1992）の見解はその典型例とみることができる。ハイエクは法を二つの種類に、つまり人々の自由な活動から正義に適ったルールとして自生的に生成する法（ノモス）と組織のルールとして計画的に制定される法（テシス）とに分け、**ノモス**としての法を法秩序の中心に位置するものとみなす[41]。ハイエクによれば、人間の知的能力には重大な限界があるから、社会を全体として設計してそ

---

[37] H. ケルゼン『純粋法学』256-260 頁。
[38] H. ケルゼン『純粋法学』260-266 頁。
[39] H. ケルゼン『純粋法学』339-340 頁。
[40] 井上達夫『法という企て』（東京大学出版会、2003 年）84 頁以下は、このように法の妥当性をもっぱら有権性に依拠させるとき、裁判所の判決はその内容の点で上位規範に適合しているかどうかはまったく問題にならないことになるから、ケルゼンの見解は結局ルール懐疑主義に帰着すると指摘している。
[41] F.v. ハイエク（矢島欽次・水吉俊彦訳）『法と立法と自由 I』（『ハイエク全集 8』、春秋社、1987 年）123-124, 162 頁。「ノモス」と「テシス」の対は、二つの秩序観、つまり「コスモス」と「タクシス」（軍隊組織のように作られた秩序）の対に対応している（同書 48-72 頁）。

の秩序を構成しようとする（設計主義）のはこの限界を無視する無謀な試みである[42]。むしろ、D.ヒュームや A.スミスのように、秩序は人々がその知的能力の限界の範囲内で相互に自由に活動することによって自生的に生成するとみるべきである。ハイエクのこの思想は、社会主義的計画経済を批判して、自由主義的市場経済を擁護する彼の経済学的見解とパラレルな関係にある。ノモスとしての法は慣習法や裁判所によって形成される英米のコモン・ローに対応する。

ハイエクは政府という組織の必要から**テシス**としての法が生まれたことを否定するわけではない。テシスとしての法は基本的に公法である。そして、政府の活動を権力分立によりコントロールするために憲法が制定されるようになったが、憲法と他の法との関係に関して言えば、ハイエクによれば、憲法は他のあらゆる法の源泉などではなく、自生的に生成して存在する「法の維持を保障するための上部構造」[43]に他ならない。ハイエクもここでは「上部構造」という言葉を用いているが、憲法を含む公法と私法（刑法を含む）とは基本的には別の法であって、その意味では並列の関係にあるとみられているといってよいだろう。なお、ハイエクは、市場の外部で行われる最小限の福祉政策などを否定しないが、穏健な自由尊重主義者として、社会立法の増加による私法と公法の融合化と公法の優位への傾向に対しては批判的であった[44]。

今日の法体系の内部構造を、段階構造（ヒエラルヒー）としてではなく、基本的に中心‐周辺構造として捉えるものとして、N.ルーマンの**法システム論**がある。ルーマンの「システム」（体系）の概念はかなり独自のものであるが、ここでは立ち入らない。ルーマンによれば、高度に機能分化した社会では、法システムに特有の機能は「決定しえないことを決定する」（そして合法／違法という法的評価を与える）という点にある[45]。この言い方はパラドクシカルだ（ルーマンは実際「パラドクス」だという）が、具体的には、たとえば紛争の解決方法について当事者では決定できないとき、法律の可能な複数の解釈について他では決定できないとき、さらにハードケースのように既存の基準によっては決定できないときなど

42　ハイエク『法と立法と自由 I』20-23 頁。
43　ハイエク『法と立法と自由 I』171 頁。ハイエクは、ケルゼンを合理的設計主義者の一人に数えている（同書 97 頁）ほか、いくつかの個所でケルゼンの実証主義を批判している。
44　ハイエク『法と立法と自由 I』179-182 頁参照。
45　N.ルーマン（馬場靖雄・上村隆広・江口厚仁訳）『社会の法 2』（法政大学出版会、2003 年）431 頁。

に、他では決定できないからこそ裁判所が決定するということである。裁判所はそのような場合でも決定しなければならないということ（こうして先のパラドクスを抜けること）、ここに今日の法システムが他のシステムと異なって存在している意味がある。

したがって、ルーマンによれば、法システムの中心は裁判所であって、立法はその周辺に、契約締結などの私的行為とともに、法規範を生み出すものとして位置する[46]。立法が周辺に位置するのは、立法機関の制定した法律も複数の解釈を許し、具体的な適用のためには裁判所による決定を必要とするからである。しかし、もちろん立法が軽視されるわけではない。立法のプロセスは基本的には政治システムに属するとみられるが、それは法システムにとって法律の変更を意味するから、周辺とはいえきわめて重要である。法システムが決定しえないことを決定するという特有の機能をもって自立的であるのは、他面で立法を行う政治システムに依存しているからである。しかし、司法と立法は上下関係にあるのではなく、相互に区別されるとともに依存しあうという水平的な関係において捉えられているのである[47]。

司法を中心に法を捉えるという点では、ドゥオーキンの法理論もその例だといえる。ドゥオーキンは、コモン・ローの解釈では政策よりも原理を重視し、制定法の解釈では立法者意思の強い拘束性を否定する。すでに触れたように、これら先行の法規範は現在の裁判官によって適合性および正当性の観点から解釈されなければならない。したがって、立法と司法との関係について、立法が司法の上位にあるという見方はとられていない。ドゥオーキンのこの司法中心主義的な見解については批判もあったが、晩年には司法と民主的な立法とをより広い政治的道徳の領域の二つの部分とみなすようになっている[48]。とはいえ、そのことは司法と立法が段階構造的に捉えられるようになったことを意味しない。どちらも一つの政治道徳的な領域の解釈の営みとして位置づけられるのである。

以上のような、どちらかといえば司法を中心とするいわば水平型の法体系論と比較してみると、垂直型の段階構造論の特徴がもう一度浮き彫りになる。段階構

---

[46] N. ルーマン『社会の法2』445-448頁。
[47] N. ルーマン『社会の法2』428、445頁など参照。
[48] R. Dworkin, Justice for Hedgehogs, 2011, 400-415. ドゥオーキンは、これまで主に法（司法の局面）について論じてきたとして、本書ではそれを政治（立法の局面）とともに、平等な配慮と尊重という政治的権利に関する政治的道徳の一部門として位置づけようとしている。

造論は権限の内容と配置についての一定の理解に基づいている。立法権は一般規範を制定し、司法権はそれを適用して個別規範を生み出すという理解である。この理解は今日の多くの制定法中心の法体系に基本的に適合する。その意味では、水平型の法体系論は司法の作用により立ち入って注目することによって、この垂直型の法体系の理解を相対化するものと理解できるだろう。

3 国内法と国際法

最後に、法体系論の一つのテーマとして、国際法の体系、そして国内法と国際法の関係に触れておこう。そもそも**国際法は法といえるのか**ということがまず問題となる。ハートによれば、国際法は法ではないとする見解はおおよそ三つの論拠に基づいている。すなわち、国際法は国内法のような統一的で組織的な強制手段をもたないこと、主権国家は国際法に拘束されず、その拘束は自己拘束にすぎないこと、国際法はむしろ道徳に属するということである[49]。しかし、ハート自身もこれらを退けているように、今日では国際法を法ではないとする見解は一般的とはいえない。まず、これに関するケルゼンとハートの議論を簡単にみておこう。

まず、国際法は強制手段をもたないという点について、ケルゼンとハートはともにこれを退ける。ケルゼンは、法規範を要件にサンクションを効果として結び付ける強制規範とみるが、国際関係においても、ある国家が他国の領土を侵害するなどの不法とみなされる行為をなした場合には、それに報復措置や戦争が効果として慣習的に結びつけられることから、国際法規範も法規範としての性格を有するとする[50]。それはなお原初的なものにとどまるが、中世ゲルマンの慣習法が法と認められうるのと同じ意味において、国際関係についても法の存在を語ることができるという。ハートも、強制は法の第二次的な特性であるから、国際法に組織的な強制が存在しないことは本質的ではないし、国際法違反に対して他の諸国からの何らかの圧力があることを考えると、まったく強制的側面がないわけではないとして、国際法の法としての性格を認めている[51]。

次に第二点目について、ハートは国際法が拘束的でありうるのはたんに自己拘

---

49 H.L.A.ハート『法の概念』333 頁参照。
50 H. ケルゼン『純粋法学』308-311 頁。
51 H.L.A.ハート『法の概念』336、339 頁

束によるのではなく、条約などの合意は拘束するというルールが受容されているからだとする[52]。ケルゼンも一種の慣習法としての拘束性を国際法に認めている[53]。ケルゼンは実効性と妥当性を峻別するが、おおかたの実効性を条件として、次にみるように、国際法秩序の根本規範によって妥当性が根拠づけられると考えることになる。

　第三の点について、ハートは、国際法のルールは内容的にはほとんど道徳的なものではなく、先例や条約や慣習を適用し、またそれらに従うことなど、法律家の技術の対象となるようなものであるし、国際法のルールに従うべき道徳的責務があるわけではないし、またそうした責務の意識があったとしても、それが国際法の成立の条件だというわけではないから、国際法のルールは道徳のルールとは異なると論じる[54]。法と道徳を峻別するケルゼンが国際法と道徳を区別することも明らかであろう。とはいえ、このハートやケルゼンの法－道徳分離論が決定的であるかどうかは別の問題である。

　さて、次の問題は、**国際法は段階構造をもつか**ということである。ケルゼンは国際法にもゆるやかな段階構造があるとする。一般的な国際法（「合意は拘束する」といった規範を含む国際慣習法）があり、その下で締結される複数国間の条約があり、さらに国際裁判所の判決などによる個別の国際法規範がある[55]。しかも、ケルゼンは国際法秩序にも根本規範があるという。統一的な国際法上の憲法は存在せず、一般的な国際法は多くは慣習によって創造されるから、この根本規範は「各国（すなわち各国政府）は、その相互関係において、国家間慣習に適合するよう行動すべきである」というものだとされる[56]。

　これに対して、ハートは現状（彼の『法の概念』1961年の時点）では国際法には段階構造は存在しないと主張する。国際法は体系的統一性をもたないルールのセットであり、その中に「合意は守られるべし」というルールも含まれるにすぎない。そこには体系的統一性を生み出す認定のルールに当たるものは存在していないし、ましてやケルゼンの「根本規範」を想定する必要もない[57]。国際法上の

52　H.L.A. ハート『法の概念』347頁。
53　H. ケルゼン『純粋法学』311-312頁。
54　H.L.A. ハート『法の概念』351, 353-356頁。
55　H. ケルゼン『純粋法学』311-312頁。
56　H. ケルゼン『純粋法学』208-209頁。
57　H.L.A. ハート『法の概念』359頁。

諸ルールは、認定のルールによらなくても、認定のルールと同様に、事実上、受容され、適用されていることによってルールとして存在しているのだというわけである。

　今日の観点からみると、国際法の現状はゆるやかな段階構造をもつとみることもできるだろう。まず、国際連合憲章や国連関連諸機関に関する条約や国際人権規約などの、ほとんどの国家がその遵守の程度には差異があるとしても加盟している一般的な国際法がある。そのもとに複数国家間の個別的な国際条約があり、多くの場合、それらは一般的国際法の下にあることを明示的に規定している。たとえば、二国間の条約である日米安全保障条約は、その前文で「国際連合憲章の目的及び原則に対する信念」に言及し、第1条において「締約国は、国際連合憲章の定めるところに従い、それぞれが関係することのある国際紛争を平和的手段によって国際の平和及び安全並びに正義を危うくしないように解決し」云々と国連憲章との関係について規定している。これは国連憲章を上位規範とみなすものと解することができるだろう[58]。また、国際司法裁判所が一般的及び個別的な国際法規範を適用していることからすれば、後者は前者の判決に対して上位規範に当たるとみることができるだろう。国内法秩序の段階構造のようにリジッドとはいえないにしても、国際法秩序はかなりな程度に存在しているといえるだろう。

　次に、**国内法と国際法の関係**に関する問題がある。ケルゼンは国際法秩序の存在を認めるから、彼にとっては国際法秩序と国内法秩序の優位関係が問題となる。国際社会を各主権国家のホッブズ的な自然状態とみれば、国内法秩序が優位するといえそうである。また、現状では、条約などの国際法が加盟国において拘束力をもつためには加盟国が批准・承認することが条件となることも、国内法優位を支持するようにみえる。しかし、ケルゼンによれば、国際法優位説も規範論理的には可能である。一定の実効性を前提として国際法が一定の妥当性を有するとすれば、個別の国家が国際法に違反したとしても、国際法の妥当性は否定されるわけではないからである[59]。これは、国内においてある行為が法律に違反したとしても、その法律の妥当性が否定されるわけではないというのと同様だというわけである。とはいえ、この国際法優位説も規範論理的にそういえるというだけ

---

[58] 欧州マーストリヒト条約も安全保障に関する条項において、国連憲章の原則に従うことを宣言している。
[59] H. ケルゼン『純粋法学』317-319頁。

であって、ケルゼンも国内法優位説と国際法優位説の違いは視点の違いにすぎず、いわば天動説と地動説の関係に立つとみている[60][61]。

最後に、**統一的な世界法は可能か**という問題に簡単に触れておこう。カントは世界共和国（したがってまたその法）を自由の実現を目指す法の究極の理念だと考えたが、他方で世界共和国を求めることは現実には強大な世界帝国にいたる可能性がある、あるいは広大すぎて再び内部で戦争状態となる等として、国家間の緩やかな連盟を代替案として提案していた[62]。現代正義論の代表的な論者であったJ.ロールズも『諸人民の法』においてカントと同様の見解をとっている[63]。たしかにその恐れは今日でも否定できないかもしれない。のみならず、仮に世界共和国と世界法が成立したとしても、その内部に部分的な政治共同体は残るだろうと考えられる。世界政府が世界のすべての地域の公共的問題を統治しうるとは思われないからである。とはいえ、今日の世界社会は統一的な解決を必要とするような諸問題（平和、人権保護、難民や飢餓の救済、貿易秩序、地球環境問題など）を抱えている。これらについて統一的に立法し、執行し、裁判する組織（執行は各国に委ねられうる）を構想することは、可能かどうかの問題というよりは、むしろ不可避な課題となっているというべきだろう。

第3節　法実践

ここまで法規範と法体系についてみてきた。そこにも現れていたように、法現象は法規範をめぐる様々な行為者の様々な行為からなる実践でもある。ハートの

60　H.ケルゼン『純粋法学』332頁。
61　なお、国内法と国際法の関係について日本の通説では、条約は憲法の下に位置づけられ、法律と同格または法律に優位するものとみなされている。もっとも、国際法学的には、武力行使を禁じる国連憲章第2条に規定する原則は「強行法規」（ius cogens）とみなされており、その限りでは各国憲法に優位するとみることもできる。国際人権規約の一部（とくに人身の自由に関する規定）なども、その実効性の保証を別とすれば、「強行法規」とみなされている。
62　I.カント（宇都宮芳明訳）『永遠平和のために』（岩波文庫、1985年）38頁参照。1796年の本書では、諸民族が一つの民族（国家）に合一するというのは矛盾があるとされている。「理論と実践」と呼ばれる論文（1793年）では、専制体制に陥る危険が指摘され、『人倫の形而上学・法論』（1797年）では、世界国家は広大すぎて内部で戦争状態が発生するとしている。なお、『永遠平和のために』のこの国際連合の提案は、第一次世界大戦の後、W.ウィルソンが提唱した国際連盟のアイディアのもとになったものである
63　J.ロールズ（中山竜一訳）『万民の法』（岩波書店、2006年）48頁。本書の議論については、正義論の個所で取り上げる。

言い方を借りれば、人々は法規範を自分たちの行為の指針として用い、また自分の行為や主張の法的な根拠づけや他人の行為や主張に対する法的な反論や批判に援用している。さらに、国民は主権者として憲法を制定し、また議会議員を選挙し、立法者は一般規範としての法律を制定し、行政庁は法律を適用して処分を下したり政策を遂行したりし、検察官は警察が取り調べた被疑者を起訴し（または起訴せず）、弁護士は依頼人や被告人を代理または弁護し、裁判官は契約や法律を解釈適用して判決を下している。ここでは、これらの法実践が対話的構造と呼びうるような特徴をもつことをみておこう。

1　ルールを用いる行為と言語行為論

　先にみたように、ケルゼンは規範をある人の「他者の行為に向けた意思作用の意味」と規定した。この意思作用に典型的に該当するのは命令だが、意思作用を広く考えると、たとえば契約の申込や承諾、立法や処分や判決なども包含することができるだろう。こうした意思作用は一般に言語を用いた行為において表明され、それはその行為の名宛人である他者に向けられている。そして、その言語的に表明された意思作用の意味は名宛人によって理解され、受容されるであろうことが想定されているだろう。ケルゼンのいう規範の実践的な基礎には、こうした言語を用いる行為とその名宛人との関係があると考えることができる。

　ケルゼン自身はこうした言語を用いる行為には注目していなかったのだが、ハートはオックスフォード大学の同僚であった哲学者J.L.オースティン（1911-1960）の「**言語行為論**」（ただし、その初期のバージョン）を知っていたと考えられる[64]。オースティンの最初のバージョンの言語行為論によれば、言語行為には事実確認型と行為遂行型という二種類のものがある。事実確認型は自然現象や社会的事実などを認識して記述するものであり、行為遂行型はある言葉を発することによって同時に何かの行為を遂行するものである[65]。たとえば、ある特定の人が進水式でシャンパンのビンを新しく造られた客船の舳先にぶつけながら「この船をエリザベス二世号と名づける」と言うとすれば、それは同時にその船に命名する行為でもある。同じように、裁判官が「被告人をこれこれの刑に処する」と言

---

[64] ハートは『法の概念』のいくつかの注で、J.L.オースティンの論文を引用している。それは、J.L.オースティンの言語行為論そのものに関するものではないが、「我々が言葉を使って話している現実」という言葉を用いる行為に着目するものである（『法の概念』42頁参照）。

うとすれば、それは判決を言い渡すという行為でもある。ハートは、人々がルールを自分たちの行為の指針として用いること（たとえば契約の申込をしたり、それを承諾したりすること）を、このような遂行型の言語行為として理解していたと考えられる。

　オースティンは後には言語行為をたんに二つの種類に分けるだけでなく、あらゆる言語行為を三つの種類の行為からなるものと考えた。言葉をたんに言葉として発話する行為（発話行為）、発話することにおいてなされている行為（発話内行為）、発話を手段として何らかの結果を惹き起こす行為（発話媒介行為）である[66]。そして、それぞれの行為についてそれぞれの意味があるとする。発話行為の意味はその言葉の通常の意味である。発話内行為の意味はその言葉を用いる行為が一般的にもっている意味（オースティンは「力（force）」と呼ぶが、「趣旨」と訳すこともできるだろう）である。先の「命名する」といった意味がそれである。注意しなければならないのは、先の「事実確認」（陳述）もこの発話内行為の意味の一つだということである[67]。たとえば、窓の外をみながら「雨が降り出した」と言えば、それは同時に発話内行為として事実を確認している（陳述している）ことになる。これに対して、発話媒介行為の意味はその発話者が特定の状況においてその言葉を用いることによって意図している（あるいは、意図していなくても他者がそのように受け止める）意味（オースティンは「効果」と呼ぶ）である。たとえば、窓の外をみながら「雨が降り出した」と言うことが、今から外出しようとしている人に「傘をもっていきなさい」ということを意図している場合（あるいは、その人がそのように受け止める場合）などである[68]。

　オースティンの言語行為論は、言語学における「語用論」（pragmatics）とほぼ対応する。語用論も、たんに言葉の辞書的な意味だけでなく、言葉を用いる行為

65　J.L. オースティン（坂本百大訳）『言語と行為』（大修館書店、1978年）7頁、12頁。
66　J.L. オースティン『言語と行為』164頁、170-171頁、175頁。
67　J.L. オースティン『言語と行為』223頁。
68　発話内行為と発話媒介行為の違いを用いてたとえば「詐欺」の特徴を説明することができる。詐欺を働こうとしている者は相手に対してこの二重の行為を行っているのである。たとえば、言葉の上では「出資してください」と出資を呼びかけながら、実際は「詐取しよう」としているのである。他にも、たとえば、不法行為に対して損害賠償を請求することが、賠償金を得ることよりも、加害者に非を認めて反省させたいといった意図をもっていることもありうる。さらに、「自分は無知だ」と言いつつソフィストの浅薄を暴いたソクラテスの「イロニー」もその例といえるだろう。

においてその言葉がもつ意味を研究する。オースティンの言語行為論は言語行為のより一般的な構造を哲学的に明らかにしようとするものである。哲学的な言語行為論はその後、アメリカの哲学者 J.R. サール（1932-）などによってさらに展開されている[69]。

2 法の主張と普遍的語用論

さて、先に触れたように、ラズは「法は正統な権威であることを主張する」と述べた。「法が主張する」というのは擬人法的だが、この「主張」は立法者や裁判官の主張と解すればよい。たとえば立法者がその制定する法について、また裁判官がその下す判決について、「これは正統な権威をもつ」、つまり「この法律は人々にとっての権威的な行為の理由である」、または「この判決は当事者にとっての権威的な行為の理由である」と主張すると解することができる。そして、立法や判決を言語行為とみるならば、これらの主張は発話内行為の意味とみることができる。

さらに、これらの主張はその名宛人においてその意味が理解され、その上で受容されることを要求していると考えられる。そうでなければ、その法律や判決は人々にとっての行為の理由とはなりえないだろう。ドイツ語の文献ではこうした主張に当たる言葉として「**妥当要求**」（Geltungsanspruch）という言葉が用いられる。法律や判決が人々にとって「妥当することを要求する」という意味である。このような主張または妥当要求に対して、人々はそれを理解して受容することもあれば、理解したとしても受容しないことがありうる。法律に反する行為をしたり、損害賠償命令に従わなかったりして、刑罰や強制執行を受けることもあるだろう。いずれにしても、主張または妥当要求と受容または不受容という構造がそこにはあるといえる。この構造を法の「**対話的構造**」と呼ぶことにする。

このような法の対話的構造はより一般的な対話的構造の一例とみることができる。このより一般的な対話的構造の特徴をドイツの社会哲学者 J. ハーバーマス（1929-）の普遍的（または形式的）語用論を手がかりとして考えてみよう。ハーバーマスは先のオースティンの言語行為論をさらに一般的に捉え直して、「コミュニケーション的行為」論として提示した。コミュニケーション的行為は、簡

---

[69] J.R. サール（坂本百大・土屋俊訳）『言語行為』（勁草書房、1986年）など。

単にいえば、人々が互いの行為の調整のために相互理解を求めて行う言語行為である[70]。ハーバーマスによれば、コミュニケーション的行為はその発話内行為として、少なくとも黙示的に（あるいはその発話の深層構造において）、基本的に四つの妥当要求を提起している。真理性、正当性、誠実性、理解可能性の妥当要求である[71]。これに対して相手は異議を申し立てることができ、発話者は理由を挙げてこれに応答する義務を負う[72]。

　たとえば、私が大学の教員として講義をしているとしよう。そのとき、私はその講義の内容が何らかの事実に関するものであれば、それが真実だという妥当要求（真理性の妥当要求）を掲げている。また、私が教員として講義しているのは、たとえば私がその大学の教員として雇われていることや、講義に関する学則やカリキュラムなどによって根拠づけられているという妥当要求（正当性の妥当要求）を提起している。さらに、私は自分の講義の内容がかりに誤りであるとしても、自分の考えているとおりに講義しているという妥当要求（誠実性の妥当要求）や、私の話していることはたとえば日本語の語彙や文法に従っており、学生たちはそれを理解できるはずだという妥当要求（理解可能性の妥当要求）を掲げている。もしこれらの妥当要求が満たされていないと学生たちがみなすならば、学生たちは私に対して異議を申し立てることができる。私がその異議に理由がないと考えるならば、そのように考える理由を学生たちに提示しなければならない。

　さて、四つの妥当要求のうち、法にとってとくに重要なのは**正当性の妥当要求**である（事実認定においては真理性の妥当要求も重要である）。正当性の妥当要求は何らかの規範を根拠とすることによって満たされる。上の講義の例では、教員としての権限やカリキュラム上の管轄や手続に関する規範が挙げられる。講義はその内容について正当性の妥当要求を掲げているわけではないが、法的な言語行為の場合にはその内容についても正当性の妥当要求が掲げられる。たとえば、訴訟での当事者の主張、裁判官の判決は、たんに権限や手続に関する正当性の妥当要求

70　J. ハーバーマス（河上倫逸・M. フーブリヒト・平井俊彦訳）『コミュニケイション的行為の理論・上』（未来社、1985 年）133 頁、143-145 頁参照。
71　J. ハーバーマス『コミュニケイション的行為の理論』149-151 頁。ただし、誠実性の妥当要求は理由を挙げることでは満たされず、言行の一致によって示すしかないから、そこでは他の三つの妥当要求だけが触れられている。
72　このようなコミュニケーション的行為の対話的構造から、ハーバーマスは「討議倫理」という倫理学の構想を展開している。清水多吉・朝倉輝一訳『討議倫理』（法政大学出版会、2005 年）参照。

だけでなく、その内容が何らかの規範に適合していることについても、つまりその内容についても正当性の妥当要求を掲げている。この意味で、法的な言語行為の正当性の妥当要求は二重になっているといえるだろう。次に、この点についてもう少し具体的にみておこう。

3 法の対話的構造

このように法を対話的構造において捉え、立法者や裁判官はその制定する法律や言い渡す判決について主張または妥当要求をしているとみるならば、人々は立法者や裁判官に対してその主張または妥当要求の根拠または理由を問うことができるはずである。そして、立法や判決の主張または妥当要求はそうした根拠または理由を問われればそれを挙げる用意があるはずだ（なければならない）と考えられる。問題はこの根拠または理由としてどのようなものが挙げられうるかである。

裁判官の下す判決について検討してみよう。裁判官はその判決において何を根拠として挙げると考えられるだろうか。まず、裁判官は判決を下す権限をもつことを根拠として挙げるだろう。そのような権限をもっていないならば、それは判決にはなりえないからである。しかし、さらにその権限の根拠が問われうる。したがって、裁判官はその権限の根拠として、司法権に関する憲法の規定や各審級の裁判権について定める裁判組織に関する法律（裁判所法）や管轄に関する法律（民事訴訟法や法適用通則法）などを挙げるだろう。これらの根拠を「**有権性**」と呼ぶことができる。すでに、みたように、ケルゼンの段階構造論はこの授権の連関に関するものであった。

次に、裁判の手続や判決の内容が上位の規範に適合しているかどうかが問われうる。したがって、裁判官はその判決において、裁判の手続が民事または刑事の手続に関する法律に、またその内容が適用すべき法律や他の法律の実体的規定に（債務不履行などの場合は契約の規定にも）適合していることを根拠として挙げることになる。これらの根拠を判決の「**合法性**」と呼ぶことができる（手続的合法性と実体的合法性といってもよいだろう）。しかし、この場合にも、それらの法律の規定そのものの根拠が問われうる。その根拠にも二種類ある。一つは、それらの法律が憲法によって権限を付与された立法府により、かつ憲法の規定する立法手続に従って制定されたという根拠である。もう一つは、それらの法律の内容が憲法

の規定の要請に適合しているという根拠である。これらの二種類の根拠は「**合憲性**」と呼ばれている（これも手続的合憲性と実体的合憲性といえるだろう）。

　有権性も広い意味での合法性や合憲性に含まれるが、これらを区別したほうがよいのは、すでに触れたように、有権性の瑕疵の場合と比べて、合法性や合憲性の場合はそれに疑いがあるとしても、それが直ちに判決の妥当を失わせるわけではないからである。ケルゼンやハートが判決の妥当性の根拠を有権性に限定するのはこの意味においてであるといえる。下級審の判決に合法性や合憲性に疑いがあっても、上級審においてその違法性や違憲性が認定されないかぎり、判決として妥当するからである。

　それでも、裁判官は判決において合法性や合憲性を、黙示的にではあれ、根拠として挙げるのでなければならない。そして、合法性や合憲性は解釈の問題として争われうる。したがって、裁判官はその解釈の適切性（相当性）を根拠として挙げるのでなければならない。また、適用すべき手続規範や実体規範が見出せない場合もあり、この場合には類推その他の方法によらなければならないが、その適切さも主張するのでなければならない。さらに、事件の事実の認定も争われうるから、裁判官はその事実認定が適切であることも根拠として挙げなければならない。また、同じような事例については同じように判決しているということも根拠として挙げられうるだろう。

　このように見ると、判決の根拠づけはたんに有権性によるだけでは不十分であり、また権威としての法律や憲法への適合性としてのたんなる合法性や合憲性でも不十分だと考えられる。裁判官の判決はラズのいう様々な一次的理由あるいは実質的な理由の考慮に基づいており、それらを総体として根拠とせざるをえないのである。このような実質的な根拠に基づくことをまとめて「**正当性**」と呼ぶことにしよう。そうすると、判決の根拠には、網羅的とはいえないが、少なくとも、有権性、合法性ないし合憲性（それぞれ手続的と実体的とがある）、そして正当性という三つのものがあり、裁判官はその判決において少なくともこの三つの根拠に対応する妥当要求または主張をしていると考えなければならないだろう。

　さらにいえば、有権性も合法性または合憲性も広い意味での「正当性」にまとめることができる[73]。そして、これを最終的にまとめていえば、判決はこの広い

73　こうした見解は、ドイツの法哲学者 R. アレクシー（Begriff und Geltung des Rechts, 1992）や、アメリカの法哲学者 P. ソーパー（Law's Normative Claim, in（R. P. George ed.）The Auton-

意味での正当性、言い換えれば「正義」の妥当要求または主張をしているのでなければならないといえる[74]。もちろん、これらの妥当要求または主張は完全に実現されることはないだろう。有権性と権威としての合法性だけが満たされているという場合もありうる[75]。しかし、それだけでは不十分だということを、**判決の対話的構造**は明示化するのである。

　このような対話構造は立法についても、さらにまた憲法制定についてもみることができる。憲法制定については第3章で立ち入るが、立法については省略することとする。

---

omy of Law, 1996) らにもみられる。
[74]　これは、「法は正義の価値に奉仕する現実である」というラートブルフの見解を普遍的語用論的に言い換えたものとみることができる。
[75]　ケルゼンやハートやラズなどの法実証主義者の見解はこの点に着目しているものといえる。

第3章　法概念をめぐる諸問題

　これまでのところで、法と法哲学の諸相、法規範・法体系・法実践についてみてきた。しかし、第1章で触れた三つの立場をめぐって先延ばしにしてきたいくつかの根本的な問題があった。現実主義をめぐっては、規範的なもの（契約、権利、効力など）の存在論的な身分の問題や、現実主義的な裁判批判の問題や、実効性の根拠に関する問題があった。実証主義内部の論争では、第三の視点に関する問題や根本規範をめぐる問題があった。そして、実証主義と理想主義をめぐる論争では、ナチスなどにおける「悪法問題」によって提起される法の概念と妥当性をめぐる問題や、実証主義の実践的帰結に関する問題があった。ここでは、これらの問題により立ち入った検討を加えておこう。

第1節　現実主義をめぐる問題

　現実主義のうちJ.オースティンやベンサムの主権者命令説に対するハートの批判は十分に適切なものであったといえる[1]。もっぱら実力による制裁とそれへの恐怖による慣習的服従に支えられた主権者の命令としての法という単純な見解は、今日ではもはや受け入れられないだろう。もっとも、民主的な主権者の立法権は絶対的なものであるのか、それとも法の支配に服するのかといった問題や、なお現実には主権者命令説が当てはまるような体制が存在しうるという問題はある。しかし、ここではこれらの問題には立ち入らない。

1　物理的事実と制度的事実

　法哲学的により重要なのはスカンジナビア・リアリズムの見解、つまり実在するのは物理的な事実や心理的な事実だけであり、契約や権利や責務や効力といったものは実在しないという見解が提起する問題である。これに対し、「契約が存

---

[1] ベンサムやオースティンが功利主義者であり、功利主義の観点から既存の法体制を批判し、急進的な改革を主張していたことはすでに触れた。

在する」とか「効力がある」といった言い方における「存在」は、たしかに物理的または心理的な事実の存在とは異なるが、それでもそれをある意味で事実的な存在だとする見解がある。**制度的事実**という考え方である。

たとえば、前章で触れたアメリカの言語行為論の哲学者 J.R. サールは「ある」から「べし」が導けるという議論を展開した[2]。いま、ジョーンズがスミスに対して「スミスさん、私はあなたに 100 万円支払うと約束します」と言ったとする。この「言った」ということは一つの事実である。ところが、この事実から、スミスとジョーンズの属している実践的世界においては、「ジョーンズはスミスに 100 万円支払うべし」という当為が導かれうるというのである。これは要するに、「約束する」と言うこととその効果とを結びつけるルール（「構成的ルール」と呼ばれる）を含む社会的制度が存在するところでは、その内部で「約束する」という言葉を用いた行為をなすことは、その制度の一つの実例を実現することであり、したがって「約束は守るべし」ということがその効果として導かれるということである。「『約束する』と言った」という事実はたんなる事実ではなく、こうした効果を伴う「制度的事実」なのである。

このように見ると、法の世界はこのような諸制度とその実例としての制度的事実からなっていることが明らかになる。たとえば、売買契約に関する制度を前提とすると、「売買契約を締結した」や「売買契約が存在する」という言明から「買主は代金を支払う義務がある」といった言明が導かれうるのは当然のことだといえる。スコットランドの法哲学者 N. マコーミック（1941-2009）やオーストリアの法哲学者 O. ヴァインベルガー（1919-2009）らは、こうした制度と制度的事実に着目する法哲学を展開している[3]。それによれば、たとえば契約制度は、ある権利義務関係を創設し、変更し、消滅させる諸ルールからなっている。個々の契約はこの制度のルールに基づいて制度の実例を実現する諸々の制度的事実からなるのである。

スカンジナビア・リアリズム的な見解は、こうした制度的事実をあたかも物理的な事実と同じ意味で客観的な実在とみなすのは「錯誤」だと指摘するものといえる。A. ロスが契約といったものの存在を否定した論文の題名が示すように、この批判は、人々は契約や権利や義務を何か呪術的な実体とみなしていると想定

2　J.R. サール『言語行為』第 8 章（「事実」から「当為」を導く議論について）。
3　N. MacCormick and O.Weinberger, An Institutional Theory of Law, 1985.

しているのである[4]。たとえば、権利が債券や証券といった形態で売買されると、権利を物件と同じような実体的なものとみなしているかのようである。もちろんそうした「錯誤」を犯しているならば、権利や契約を「物象化」するものと批判できるだろう[5]。しかし、一般に人々が実際にそうした錯誤を犯しているといえるかどうかについては異論がありうる。逆に、こうした制度的事実をも物理的または心理的な事実に還元して、それらが実践的世界において果たす役割を無視するのは還元主義の誤りだといえる。還元主義を貫徹しようとするならば、経験的な物件もたとえばクォークや「超弦」のレベルにまで還元しなければならないだろう。しかし、そこまで還元するともはや実践的世界の意味はまったく霧消してしまうだろう。

2 アメリカン・リアリズム法学の背景とその後

アメリカン・リアリズム法学のルール懐疑主義や事実懐疑主義の指摘は今日でも重要な意味をもっている。ルール懐疑主義に対するハートの批判はそれ自体としては的確だといえるが、現実の裁判が裁判官の党派性や思想的立場などによって影響されることもあることは否定できない。合衆国連邦裁判所の裁判官の任命にあたって、裁判官候補の思想的立場などについての議会での論争含みの審査が行われることはこのことを物語っている。また、事実懐疑主義の指摘が刑事裁判における事実認定の問題点を明らかにしていることも否定できない。ここでは、アメリカン・リアリズム法学の哲学的な側面を含む前史と後史に簡単に触れておこう。

アメリカン・リアリズム法学の源流は、すでに触れたように連邦最高裁判事であった O.W. ホームズである。ホームズは若い頃に C.S. パース (1839-1914) や W. ジェイムズ (1842-1910) らと「形而上学クラブ」という哲学研究のクラブを作り、哲学的な議論を行っていた[6]。そこでパースが提唱したのが、信念の意義

---

4 A. Ross, Tu-Tu, Harvard Law Review, Vol. 70, No. 5, 1957, 812. "Tu-Tu" というのは、南太平洋の島嶼に住む部族の信仰する呪術的な実体であり、タブーを犯した者に憑りつき、共同体に災害をもたらすものと考えられていた。
5 こうした物象化に対する尖鋭な批判はマルクスの『資本論』にみられる。マルクスは、商品交換が一般化した社会において、もともと生産物を交換する人と人との関係によるもの（交換価値）を商品という物の属性であるかのようにみなすことを、「物神崇拝」(Fetischismus) と批判した（『資本論』第 1 部第 1 編第 1 章第 4 節）。

はその信念に基づいて行為した結果（副次的効果も含めて）によって判定されるべきだという「**プラグマティズム**」の思想である。ホームズにとって、それは法の意義もその結果から判定する視点が必要だということを意味した[7]。

　また、法をその結果についてみる見方を、ホームズはハーバード大学ロー・スクールでの講演において、法を学ぶには、ルールやその解釈にはまったく関心をもたず、自分にどのような判決が下されるかという結果だけに関心をもつ「悪人」の観点から法を見ることが重要だと述べていることは、すでに触れた。弁護士のクライアントとなりうるそのような人物にとっては、法とは裁判所がどのような判決を下すかの「予測」なのだというのであった。しかし、裁判官自身にとっての法は、いうまでもなく、判決の予測とは別のものである。プラグマティズム的には、裁判官はケースをめぐる具体的な事情を考慮するとともに、自己の下す判決がもたらす結果を考慮して判断することになるだろう。

　さらに、信念の意義はそれ自体において判定されるのではなく、「思想の自由市場」において支持されるかどうかに依存すると、ホームズは考えた。有名なロックナー判決におけるホームズの反対意見はこの考え方に基づいている。パン焼き職人の労働時間を1日10時間に制限するニューヨーク州の法律を契約の自由に反し違憲だとした多数意見に対して、ホームズは、多数意見は特定の経済思想に基づいているが、裁判所は思想について決定する役割をもつわけではなく、それについてはむしろ州議会の決定に委ねるべきだと批判した[8]。もっとも、ホームズは議会の決定には理性的な判断が現れているとも指摘しているのであって、たんに立法者の制定したものであるがゆえにそれを尊重すべきだとしたわけではない。

　いずれにせよ、経験と結果の詳細な考慮を重視するホームズの「プラグマティズム法学」は、ニューディール期の著明な裁判官たちに受け継がれた。そこか

6　L. メナンド（野口良平・那須耕介・石井素子訳）『メタフィジカル・クラブ』（みすず書房、2011年）参照。

7　メナンドによれば、ホームズ自身のプラグマティズムへの信念は彼の南北戦争従軍の経験に裏打ちされていた。若いホームズはホイットニーの理想主義的哲学を信奉し、南北戦争が始まると奴隷解放の理想のために北軍に志願して従軍した。しかし、戦争そのものは南軍側からの激しい反撃もあって凄惨を極めるものであった。ホームズは、そこから、南軍の兵士たちも硬い信念をもっていること、理想主義に基づく行動の意義もその結果を考慮しなければならないことを学んだと考えられるのである。『メタフィジカル・クラブ』第2章参照。

8　O. W. Holmes, Dissenting Opinions of Mr. Justice Holmes, 1981（original 1921), 3-5.

ら、ルールや論理よりも経験と結果を重視するR.パウンドの「社会学的法学」やリアリズム法学が生まれたのである。こうして出現したプラグマティズム法学やリアリズム法学の考え方は今日でもアメリカではかなり影響力をもっている。**「法と経済学」**（law and economics）はプラグマティズム法学の後裔である[9]。また、今では運動としては消滅した**「批判的法学」**（critical legal studies）はリアリズム法学の後裔だといえる。前者は法を経済的に、後者は法を政治的にみるものであり、法の規範またはルールとしての自立性を相対化する、あるいは否定しさえすることになる。これらについては、第5章で触れることにする。

3　実効性と承認

法の妥当性を実効性としてのみ捉えるのが適切でないことはすでに触れた。しかし、まったく実効性のない法が規範的な妥当性をもつということはできない。ケルゼンがいうように、実効性は法の規範的な妥当性の条件であり、法とその妥当性にとって重要な意味をもつ。ケルゼンによれば、法が実効的であるということは法規範が事実として一般に遵守され適用されているということである。このような実効性の根拠については、すでに触れたように、実力説と承認説がある。ここでは実力説について簡単に触れた後、とくに承認説について検討する。

実力説の典型はJ.オースティンにみられる。すでに触れたように、オースティンによれば、法は主権者の強制力に支えられた命令であり、人々はこの強制の発動可能性を恐れてそれに習慣的に服従している。しかし、ハートによれば、法の実効性の説明としてもこの描像は単純すぎる。第一次的ルールと第二次的ルールからなる体系という彼のより複雑な描像によれば、法秩序が実効的に存在しているといえるためには、少なくとも次の二つの条件が満たされていなければならない[10]。第一に、一般の市民については、たしかに彼らが一般に第一次的ルールに少なくとも「服従」していることが必要だが、それだけでは足りない。第二に、公務員たちがその適用する第二次的ルールを公務員としての彼らの行為の統一的な指針として共同で「受容」しているのでなければならない。

「服従」と対比されたこの「受容」という言葉には、是認あるいは承認という

9　ホームズは、先に触れたハーバード大学での講演で、学生たちに「すべての法律家は経済学を理解することが必要だ」と述べている（The Path of the Law, 474）。

10　H.L.A. ハート『法の概念』182-193頁。

意味が含まれているとみることができる。しかし、ハートは、「受容」を公務員にのみ求め、一般の市民には求めていない。ハートは法秩序の実効性の最小限の条件を述べているのだと解される。彼自身、そのような社会は「羊の群れ」のようだが、そこに法秩序は存在しないという理由はないと述べている[11]。とはいえ、次章で触れるように、ハートも人々が法に従う動機をもっぱら強制だと考えているわけではない。一般の市民について法の受容または承認という側面をみることをまったく否定するわけではないといえるだろう。

　承認説の代表的な主張者とみなされるのは、19世紀から20世紀初めにかけてのドイツの法学者、E.R. ビーアリング（1841-1919）である。ビーアリングは、法学的意味での法、つまり実定法を「一定の共同体の人々がその共同生活の規範および規則として相互に承認するものの総体」であると定義する[12]。しかし、彼によれば、すべての法規範について人々の直接的な承認が必要だというわけではない。「憲法に適合的に成立した法律に見出されるすべての法規範は、その憲法に対する真の法承認があるかぎり、間接的に承認されたものとして現れる」[13]。つまり、憲法については直接の「真の」法承認が必要だが、それがあればその憲法の下のすべての法規範については間接的な承認があるとみなすことができるというわけである。この意味で彼の承認説は「間接的承認説」と呼ばれる。

　しかし、ビーアリングは、直接的な承認もつねに意識的な承認であるわけではなく、多くは無意識の承認であるという。また、「真の」法承認といっても、自由意思に基づくものである必要はなく、国民の一部から実力によって勝ち取られた承認であっても、それが「共同生活の規範および規則に対する尊重」を示すものであれば、真の法承認とみなしうると述べている[14]。したがって、憲法に対する直接の真の法承認も、あきらかに意識的な、自由意思に基づくものである必要はないことになる。

　たしかに、法の妥当性の根拠を意識状態としての承認に求めることはできない。「人々が寝ている間にも、法は妥当する」（G. フッサール）からである。法承認とみなしうるのは、ハートの言い方を借りれば、法規範を自他の行為の指針と

11　H.L.A. ハート『法の概念』192-193頁。
12　E. R. Bierling, Juristische Prinzipienlehre, 1894, 19
13　E. R. Bierling, Juristische Prinzipienlehre, 46.
14　E. R. Bierling, Juristische Prinzipienlehre, 45-46.

して用いているという事実から推定することによってであろう。物件を所有する、契約を締結する、債権を行使する、債務を履行する、投票に出かけるなどの行為をなすことにおいて、人々はそれらに関する法規範を承認しているとみなされうるのである。そして、そのようにみなすとすれば、法承認がつねに「自由意思」に基づく是認を伴っているとは限らないということも明らかである。人々は指針として用いている法規範をまったく自発的に是認しているとは限らないからである。政府とその法律を否認するアナーキストも、たとえば政府転覆の機会が来るまでは、その社会の法秩序のもとで穏便に生活することができるのである。

このようにみると、法の妥当性の根拠について事実としての承認を語ることに意味はないようにみえる。ビーアリングも間接的承認が「観念的な」ものとみえることを否定しない。しかし、承認について語ることが無意味だというわけではない。それは、ビーアリングが承認の理由について触れていることに関わる。自由意思によるのでなくても、「共同生活の規範および規則への尊重」があれば、そこに真の法承認があるとみなされる。承認は規範や規則が「共同生活のため」であることに基づくのである。人々による法規範の遵守や適用の行為があるというだけでなく、それらの法規範が承認に値する目的に基づいているとみなされうること、ここに承認について語る意味があると考えられる。

法承認を法の目的あるいは理念とより明確に結びつけたのは、K. エンギッシュ（1899-1990）である。彼の見解では、法の規範的妥当性を語ることができるときは、その社会の大部分の人々のたんなる権力への服従以上の承認が存在しており、この承認が示しているのは、「規範定立機関が何らかの法理念を目指しているという洞察」である[15]。逆に言えば、「ある機関が規範定立機関として承認されるのは、その機関が何らかの法理念をその規範定立において実現すると申し出るからである」[16]。エンギッシュにおいても、規範定立機関（とくに立法機関）が何らかの**法理念**の実現を目指しているとみなされ、大多数の人々の遵守行為があれば、それに対する承認は推定されるのである。

エンギッシュが承認の対象を規範そのものではなく規範定立機関だとするのは、機関の定立する規範がその法理念を十全に実現しているとはかぎらないからであろう。それでも規範定立機関が法理念の実現を目指していると認められれ

15　K. Engisch, Auf der Suche nach der Gerechtigkeit, 1971, 75.
16　K. Engisch, Auf der Suche nach der Gerechtigkeit, 76.

ば、その機関への承認があり、それを介して不完全な規範も承認されているとみなしうるというわけである。しかし、エンギッシュは法理念の内容については、正当性、正義、倫理、公共の福祉、人間の尊厳、自由、平等、秩序等を例として挙げるのみで、特定することなく相対主義の立場を貫いている。

いずれにせよ、以上のような議論の展開をみると、ラートブルフが示唆したように[17]、承認を実効性としての妥当性の根拠とみなす見解は、法の目的や理念を法の妥当性の少なくとも一つの要素ないし契機と捉える見解、つまり法の妥当性に正当性の要素を含める見解に近づくことになる。法学的な意味での規範的妥当性が、規範の当為性のゆえに「当為とされたもの」としての目的や価値への着目を促すように、実効性としての妥当性の概念も目的や価値の考慮へと導くのである。

第2節　実証主義をめぐる問題

実証主義者の間でも論争がある。ハートはケルゼンの根本規範論に対するすでに触れた批判の他に、ケルゼンの規範の「記述」という議論や法義務と道徳義務との衝突を否定する議論について批判を展開した[18]。また、ハートに対するドゥオーキンの批判以来、実証主義者の間では、ドゥオーキンのいうような原理規範を法に含めるかどうかという論争や、実証主義は記述的な理論にとどまるのか、それとも実証主義を規範的に擁護する議論はあるのかといった論争が繰り広げられている。これについては第4節で扱うことにして、本節ではケンゼンに対するハートの批判を検討する。

17　G.ラートブルフ『法哲学』221頁参照。
18　H.L.A.ハート（矢崎光圀・松浦好治代表訳『法学・哲学論集』（みすず書房、1990年）第5部「14　ケルゼン訪問」。その他にも、ハートはケルゼンの違法行為の定義や、法の統一性に関する議論を批判している。どちらの批判もケルゼンが規範の論理のみに注目して、規範の背景にある事実などを無視している点に向けられている。違法行為の定義では、ケルゼンは要件に強制作用が結びつけられる点にのみ着目して、たとえば犯罪行為に対する強制作用が社会的な非難に基づくことをみないから、刑罰の付科と税金の賦課を区別しえないということが問題とされる。法の統一性に関する議論（同書「15　ケルゼンの法の統一に関する学説」）では、すでに見たようにケルゼンは国内法と国際法の統一性（一元論）を主張するが、それらを同一の法体系の内にあるとするための現実の認定のルール（したがってまた現実の認定）はそこには存在しないとハートは指摘する。これらの指摘は適切であるけれども、法を純粋に規範として捉えるケルゼンの法理論の核心を揺るがすものとはいえないだろう。

1 規範の記述と第三の視点

　すでに触れたように、ケルゼンは法と法学とを区別しなければならないという。法は立法者や裁判官の意思作用の意味であり、人々に一定の行為を指図する。これに対して、法学は法規範を認識し、それを「法命題」として記述する。たとえば、法規範が「人を殺した者はこれこれの刑に処する」というものであれば、法学はこの規範を「人を殺した者はこれこれの刑に処せられる」と記述する。

　これに対して、ハートはまず「**規範を記述する**」というケルゼンの言い方は理解するのが困難だと指摘する[19]。ハートが依拠していた当時の分析哲学では、「記述する」ということは事実について、あるいは言葉の分析的な説明についてのみ言いうるのであって、指図である規範などについては言いえないと考えられていたからである。したがって、ハートは、ケルゼンが「規範を記述する」ということで言おうとしているのは、規範に言及してその意味を説明することであるはずだと考えた。たとえば「日本の刑法199条の『人を殺した者はこれこれの刑に処する』という規範は『人を殺した者はこれこれの刑に処せられる』ということを意味する」と。しかし、ケルゼンはこの解釈を退けたため、後になってハートはケルゼンが言おうとしていることを次のように理解した。規範を記述するということは、立法者と同じようにあることを当為として指図しているのでもなければ、規範に言及してそれを説明しているのでもない。それは、ちょうど通訳が話者の言葉を翻訳して聞き手に伝達するように、当為を自らは意思することなく反復しているのであり、ケルゼンは言語のある独特の種類の使用について指摘したのだと[20]。

　ケルゼンの「規範を記述する」という言葉の使用を「規範を記述する」法学者の視点の問題として考えると、その視点は後に N. マコーミックや J. ラズの指摘した**第三の視点**と同じものであることが分かる[21]。その第三の視点というのは、ラズによれば、ケルゼンの法学者や、クライアントから相談を受けて関連の法規範の妥当について説明する弁護士の視点である。こうした法学者や弁護士はその

---

[19] H.L.A. ハート『法学・哲学論集』326-237 頁。
[20] H.L.A. ハート『法学・哲学論集』333-334 頁。
[21] N. MacCormick, Legal Reasoning and Legal Theory, 1978, 275-292; J. Raz, The Authority of Law, 1979, 153-158

規範を自らの行為の指針として用いているわけではないし、それを自ら受け入れているとは限らないから、ハートのいう内的視点に立っているわけではない[22]。しかしまた、現実主義的に外的な視点に立っているのでもない。ハートの言葉を用いていえば、認定のルールに基づいてあるルールをその社会のルールとして「認定する」視点である。したがって、それは、規範の妥当を理解する内的な視点ではあるが、それを自らの行為の指針として用いる「意思的に内的な視点」ではなく、「**認知的に内的な視点**」（マコーミック）、あるいは「コミットした法的視点」ではなく、「**距離をおいた法的視点**」（ラズ）とでも呼ぶほかないのである。

　ラズやマコーミックによれば、この第三の視点は実証主義にとって重要な視点である。実証主義の基本的な関心は法を、意思したり評価したりすることなく、しかも現実主義とは異なってたんに観察した事実をではなく、有権的に妥当している規範を「記述する」ことにあるからである。とはいえ、実証主義的法理論家の視点は上記の法学者や弁護士の視点そのものでもない。法学者や弁護士は「距離をおいて」いるとはいえ、その法的社会の成員であって、その法に少なくともある意味で関与しているからである。実証主義的法理論家は、現実主義的な観察者の観察とは異なるけれども、この第三の視点からみた法の内的側面を、さらにもう一つ別の理論家の視点から観察して、記述するのである[23]。

　ハート自身も、法の内的側面（法を自ら受け入れて用いる人々の視点からみえる法の側面）をその外部から観察して記述する法理論家の視点、その意味での第三の視点の可能性を認めていた。しかし、ハートのこのもう一つの第三の視点は、マコーミックやラズのいう第三の視点とも、また彼らのいう実証主義的法理論家の視点とも異なる。ハートのいう法理論家の視点は、「意思的に内的な視点」からみた法の内的側面を記述する視点であるはずだったからである。これに対し、ラズやマコーミックのいう実証主義的法理論家が法の概念について語るときの視点は、「認知的に内的な視点」からみえる法の側面を記述しようとする視点であ

22　しかし、注意しなければならないのは、ハートのいう内的視点も、ハートはそこに「受容」の要素を含めているけれども実際には規範を個人的に是認することを必要としないということである。人は個人的に是認していないルールを自他の行為の指針として用いることはありうる。これは、法の妥当根拠に関する承認説に関わる問題である。先に触れたように、承認説においても法の妥当根拠を人々の直接的な承認に求めることは問題を生じることになる。
23　N.ルーマン（土方透監訳）『システム理論入門』174頁以下は、こうした視点からの観察の区別を、「ファースト・オーダー」（一階）や「セカンド・オーダー」（二階）といった言葉で説明している。

る。にもかかわらず、ハート自身の法理論の視点も実際はこの実証主義的な視点なのである。なぜなら、『法の概念』のハートにおいても、法は認定のルールによって「認知的に」認定されるものと捉えられていたからである。

ハートのいう内的側面は、認定されたルールを行為の指針として用いる人々の視点からみられた側面である。しかし、内的側面はそれに限られない。ドゥオーキンのいう原理をも考慮して「正しい解決」を見出そうとする法律家や、ラートブルフのいう耐えがたく正義に反する法律の妥当性を争う法律家や市民の視点から見られる側面がありうる。それは**法の効力や解釈を争う内的視点**と呼ぶことができる。そして、こうした視点からみられた側面をも含めて理論的に記述する視点がさらにもう一つありうるのである。この理論的視点は同時に法的実践に関与する視点でもあるが。

2　「根本規範」をめぐる問題

すでにみたように、ケルゼンは実定法体系の最上位に位置する憲法の妥当性をさらに問い、その根拠として「根本規範」を想定しなければならないと主張した。憲法も法規範であるとすれば、それを客観的に妥当する法規範とみなすためには、上位の規範によってその妥当性が根拠づけられていると考えなければならないというわけである。この根本規範を、ケルゼンは『純粋法学』第二版では、「憲法を制定する事実［等の意味を］…客観的に妥当する法規範として解釈するための…超越論的‐論理的条件」と規定した。これは難しい言い方だが、カントが、たとえば原因と結果のカテゴリーなどを、それ自体は経験からえられた観念ではないが、経験的な認識が可能となるための「超越論的条件」と規定したことにならった言い方である。根本規範は、それ自体は実定法規範ではないが、妥当する実定法規範の認識が可能となるための条件だというのである。

これに対して、ハートはケルゼンの憲法に相当する「認定のルール」についてはさらにその妥当性を問うことはできないし、問う必要もないと主張した。認定のルールは、それを出発点としてはじめてあるルールがその法体系のルールとして妥当するかどうかが語られうるのだから、この出発点について妥当するかどうかを問うことはできない[24]。認定のルールはその社会の人々（とくに立法者や裁判

---

[24] 最上位の規範の妥当性を問うことはできないという議論は、妥当性をめぐる一種の自己言及のパラドクスとして理解できる。たとえば、認定のルールがルールの妥当性を認定する事態を次の

官などの公務員）によって慣習的に受け入れられているならば、それで十分に認定のルールとしての機能を果たしているとみなしうるのであって、さらにその妥当性を問う必要はない。ハートはこのようにケルゼンの根本規範論を批判したのだった。

　しかし、ハートのいうように、憲法の妥当性を問うことはできないし、また必要でもないのだろうか。これに対して考えられるケルゼンからの反論の一つ（ケルゼン自身が反論しているわけではない）は次のようなものである。ハートの議論によれば、認定のルールは人々に受容されているという社会的事実に基づくから、認定のルールを頂点とする法体系の諸ルールの妥当性は結局のところ事実から導かれることになる。つまり、その議論は実効性から妥当性を、事実から規範を、そして存在から当為を導くという誤りに帰着すると。

　この議論に対しては次のような再反論があるかもしれない。「その社会においてその認定のルールが人々によって受容されており、その機能を果たしている（その意味で存在している）」という言明は、法理論家的な外的視点からなされているのに対し、「その認定のルールによりこのルールは妥当する」という言明は、コミットしているかいなかにかかわらず、内的視点からなされている。この二つの言明の間には視点の移動はあるとしても、論理的な飛躍があるわけではないし、この二つの言明において、実効性と妥当性、事実と規範等が混同されているわけでもない[25]。

　この再反論は当たっているといえるかもしれない。とはいえ、**憲法の妥当性を問うことはできるし、必要だ**というケルゼン的な見解を退けるものとはいえない。憲法の妥当性を問うこの問いは、コミットしているかいなかにかかわらず、内的視点からのものといえるからである。とはいえ、ケルゼンの議論が、理論家の視点からみたたんに規範論理的なものにとどまるとすれば、憲法の妥当性およ

ように定式化してみよう。「ルールRが妥当するのは、そのルールRが認定のルールSに基づくときだけである」。ここで、認定のルールの妥当性を問いそれに答えようとすることは、認定のルールをこの定式に当てはめることを意味する。すると、次のようになる。「ルールSが妥当するのは、そのルールSがSに基づくときだけである」。この自己言及のパラドクスを回避する一つの方法は、「妥当性」という言葉の意味を変えることである。たとえば、認定のルールによって根拠づけられるルールの妥当性は「有権性」または「合法性」を意味し、認定のルールの妥当性は「正当性」または「正統性」を意味すると解するのである。しかし、ケルゼンもハートもこうした解決の可能性については触れていない。

[25] このような再反論については、森村進『法哲学講義』（筑摩書房、2015年）109頁参照。

第 2 節　実証主義をめぐる問題　89

びその根拠を問い、根本規範を想定することが実践的にどれほど重要かは疑ってみることができる。ケルゼンの議論は、そのようなものとみるかぎり、おおかた実効的な憲法とそれを頂点とするおおかた実効的な法体系が存在するならば、規範論理的にみると（つまり、規範は規範によってしか根拠づけられないとすると）、そこでは根本規範が妥当する法規範の認識の前提として想定されているはずだということにすぎないからである。

　しかし、内的視点から憲法の妥当性を問う実践的に重要な意味をもつ議論は実際にありうる[26]。日本は 1945 年 8 月 13 日にポツダム宣言を受諾して、同 15 日に壊滅的な敗北とともに終戦を迎えた。そして、連合国占領下において、1946 年 11 月 3 日に明治憲法を改正する日本国憲法を制定し、翌年 5 月 3 日に公布した。この憲法改正の審議過程において、当時貴族院議員であった宮澤俊義は、改正草案を提案した政府に対し、「ポツダム宣言の受諾ということは、国民主権主義の承認を意味するとおもうがどうだろうか」という質問をした[27]。宮澤のいわゆる「八月革命説」に基づく質問である。ところで、この質問の時点ではまだ明治憲法は改正されていないから、憲法の文言上は天皇がなお主権者である。しかし、宮澤の見解によれば、ポツダム宣言の受諾は主権の移転を伴っている。つまり、宮澤の質問はその時点において天皇を主権者とする明治憲法の妥当性を問うものであったと解することができるだろう（宮澤の真意がそうであったかどうかは別であるが）。

　ケルゼンは憲法の妥当性についての問いをその社会の歴史的に最初の憲法に遡って説明する。それを前章でみた法的実践の対話的構造に引き寄せて考えてみると、最初の憲法が制定されるとき、憲法制定者はその憲法についてその名宛人

---

[26] ドイツの例では次のようなものがある。基本法 117 条 1 項は、男女の同権を規定する「3 条 2 項に反する法はそれが基本法の同規定に適合するにいたるまでは効力を有する」とし、但書で「但し 1953 年 5 月 31 日を越えないものとする」と規定していた。ところが、当時の民法は、戦前から改正されないまま、妻の財産は夫が管理するものとしていた。つまり、民法の同規定は基本法 3 条 2 項に反していたのである。しかし、但書が規定する期日までに民法の同規定は改正されなかった。裁判所は民法の同規定を違憲無効としなければならないが、これは憲法の三権分立原則と衝突することになる。そこで、117 条 1 項但書の効力が争われたのである。ドイツ連邦共和国憲法裁判所は、これを「憲法違反の憲法規範」の問題として捉えて、そのような規範の可能性を限定的に認めるとともに、憲法裁判所がそれを判断することができると判示した（BVerfGE 3, 255 [232f.]）。判決は結局 117 条 1 項但書を違憲とはしなかったが、ここでは憲法の特定の規定の効力または妥当性が問われたのである。

[27] 宮澤俊義『国民主権と天皇制』（勁草書房、1957 年）86 頁。

たちに対して妥当要求を提起する。それを名宛人たち（全員または実効性を生み出すに足る多数の人々）が受容することによって、憲法についての妥当要求は満たされ、憲法は成立する。ケルゼンが問題にした憲法の妥当性を問うということは、**この憲法について提起されている妥当要求を問う**ということを意味しうる。そして、その妥当要求がおおかた受容されているということは、ハートの認定のルールのように社会的な事実として理解されるだろう[28]。

このようにみると、より一般的には、憲法の妥当性はある意味で日々問われていると考えることができる。立法や判決においてのみならず、人々が法的な要求をしたり、それを拒否したりするとき、憲法の妥当性が潜在的に問われているのであり、そこへ遡って明示的に問わないことは憲法の妥当要求を黙示的に受容していることを意味するだろう。

3　法と道徳の衝突

ケルゼンに対するハートの批判として最後に簡単に触れておきたいのは、**法的義務と道徳的義務との衝突**の可能性に関する問題である。ケルゼンはそれらが衝突することはありえないと主張する。ケルゼンによれば、法規範の体系と道徳規範の体系はまったく別個の根本規範を頂く別個の規範体系である。道徳の根本規範の例として、ケルゼンは「神の命令に従え」というものを挙げている[29]。さて、ケルゼンによれば、法的には「戦場では敵を殺さなければならない」というのが義務であるとすれば、道徳的には「いかなる場合でも人を殺してはならない」というのが義務である。しかし、これらは衝突するわけではない。法律家は法体系のなかで妥当する法的な義務を述べるだけであり、道徳家は道徳体系のなかで妥当する道徳的な義務を述べるだけである。それらは別個の規範体系に属するから、衝突することはありえないというわけである[30]。

これに対して、ハートは、純粋に法律家でも純粋に道徳家でもない一人の人のうちではこれらの義務は衝突しうる、少なくともそのような衝突を認める人はいると論じた[31]。おそらく多くの人は「自分もその一人だ」というだろう。ここで

28　こうした議論はハーバーマスにみられる。『コミュニケイション的行為の理論（上）』136-137頁参照。
29　H. ケルゼン『純粋法学』189-190頁。
30　H. ケルゼン（尾吹善人訳）『法と国家の一般理論』（木鐸社、1991年）544-547頁参照。
31　H.L.A. ハート『法学・哲学論集』345頁。

も視点が問題となっているとみることができる。ここで問題になっているのは、法体系内部での視点、道徳体系内部での視点、そしてそのいずれでもない、あるいはそのいずれでもある第三の視点である。いずれにせよ、ハートによれば、法的義務と道徳的義務が衝突しうるのは、それらが少なくともある共通のカテゴリーに属するからである。つまり、どちらも人々にとっての「**行為の理由**」だということである[32]。法的義務の要求と道徳的義務の要求の両者に直面する人々は、二つの相反する「行為の理由」を与えられているわけである。

ケルゼンからすれば、戦場で敵を殺すことは法的な処罰の対象にはならないが、道徳的には良心の呵責という罰を受けるだろうということにすぎないかもしれない。実際の処理はたぶんそのようなことになるだろう。とはいえ、そのような行為状況においては、多くの人々にとって「殺すべし」と「殺すべからず」は衝突しうるのだといわざるをえないだろう。ともかく、ここではハートが法的義務と道徳的義務の衝突を認めていることを確認しておくだけでよい。

第3節　実証主義と理想主義をめぐる問題(1)

法実証主義と理想主義をめぐっては膨大な議論がある。とくに、法実証主義と自然法論との間の論争は法哲学の中心問題であった。もちろん、自然法論の内部でも、たとえば古典的自然法論と近代自然法論との間には論争がありうる。しかし、ここではこの問題には立ち入らず、特定の自然法論に立つわけではない理想主義と実証主義との間の第二次世界大戦後の論争を検討する。その論争は大きく二つに分けられる。一つは、戦後のナチス裁判とラートブルフの実証主義批判をめぐるものであり、もう一つは、ハートの実証主義に対するドゥオーキンの批判をめぐるものである。本節ではまず前者を検討する。

1　ナチスをめぐるラートブルフの実証主義批判

すでに触れたように、ナチス政権が崩壊して戦争が終わった後、ラートブルフはナチスの「法律」や「命令」を法と認めることはできないとするとともに、「法律は法律だ」とする法実証主義はナチスに対してドイツの国民と法曹を「無

---

[32] H.L.A.ハート『法学・哲学論集』346頁。

防備」にしたという見解を主張した。この見解は今日では「ラートブルフ・テーゼ」と呼ばれている（前に触れた「ラートブルフ定式」ともちろん関連するが、それとは異なることに注意）。立法権により立法手続を踏んで制定された法律はそれがどれほど正義に反しているとしても「法」であるとする実証主義が支配的であったために、ナチスの犯罪的な「法律」に対してもドイツの国民と法曹は抵抗できなくされたのだという趣旨である。このような事態を二度と生じさせないためには**「法律を超える法」**を心に銘記しなければならないと、ラートブルフは主張した。

　ところが、その後の歴史的研究により、ナチス時代の裁判実務は、ナチスの人種政策を実行し、独裁と戦争の体制を維持するために、むしろ妥当している法律をも歪めて、法律に反する数多くの裁判を行っていたことが明らかにされた[33]。たとえば、ヴァイマル時代からの労働法は不当な解雇を禁止していたのに、ナチスの労働政策に従って法律に反して従業員を解雇したという事件で、それを合法とする判決があった。また、ナチスはユダヤ人とアーリア人の婚姻を禁止する法律を定めたのだが、それ以前からユダヤ人女性と婚姻関係にあった夫がその妻に対する婚姻無効確認請求訴訟を起こしたところ、裁判所はその法律を遡及適用して、夫の請求を認めたという判決もあった[34]。さらに、有名な事例の一つとして、ある商人がトイレにヒトラーを批判するビラを残したとしてある裁判所職員が当局に密告したため、その商人は内乱の罪で死刑に処せられたという事件もあった[35]。また、ナチス時代の民族裁判所は5千件を超える死刑判決を法律に反して下していたことも知られている。

　このようなナチス時代の裁判実務の実態をみると、ナチスの裁判官たちは**法律への忠実**を説く実証主義に立っていたのではなく、むしろナチスの「血と土の自然法」によって法律（ヴァイマル期から当時も妥当していたと考えられる法律も、ナチス自身が定めた法律も含む）に反する裁判を行っていたのだということになる。のみならず、ヴァイマル期には実証主義がたしかに支配的な見解であったけれども、実証主義を唱える法学者たちはむしろ後にナチスによって厳しく批判されて

---

[33] たとえば、H. ロットロイトナー（編）（ナチス法理論研究会訳）『法、法哲学とナチズム』（みすず書房、1987年）参照。

[34] 以上の二例については、B. Rüthers, Die unbegrenzte Auslegung, 1963, 149-152, 155-162 を参照。

[35] これについては、G. Radbruch, Gesetzliches Unrecht und übergesetzliches Recht, Gustav Radbruch Gesamtausgabe, 3, 87 を参照。

いたということも事実としてあった。そこで、ラートブルフ・テーゼは誤りであり、また「法律を超える法」という考え方こそ法律への忠実を失わせることになるのではないかという指摘がなされるようになった。

しかし、ラートブルフの議論をよくみると、彼のいう「法律は法律だとする実証主義」はたんに法律への忠実を説く理論ではなく、法律の妥当性の根拠を結局は時の権力に求める見解を意味していたことが分かる。というのは、ラートブルフは、ナチス時代の裁判実務では、法律を安定的に適用することによって実現される「法的安定性」もまったく蔑ろにされていたとも主張しているからである[36]。法律の妥当性の根拠が究極的に時の権力に求められるならば、その権力の要求によって法律への忠実はいつでも破棄されうることになる。したがって、戦後のラートブルフは、人間の尊厳とその平等を核心におく正義の要請と、法律の安定的な適用を求める法的安定性の要請（ラートブルフによれば、法的安定性も法の理念の一部をなすのであった）とをともに回復しなければならないと考えていたのである。

なお、ラートブルフは戦前には法実証主義者であったのに、ナチスの経験を経て、戦後には法実証主義を批判する自然法論者に転向したのだという見方がある[37]。たしかに、彼が戦前には裁判官は正義よりも法的安定性に奉仕すべきだと論じていたことは、すでに触れた。しかし、このことは彼が法実証主義者であったことを意味するわけではない。ラートブルフは、第一次世界大戦後にもドイツの戦時中の国際法違反は支配的であった法実証主義にも責任があると批判している[38]。何よりも、すでに触れたように、彼は第二次世界大戦以前から法を正義の理念を実現しようとする実践とその産物だと捉えていた。裁判官が奉仕すべき法的安定性はその適用すべき法律が少なくとも正義を追及しているものであることを前提とする。彼の戦後の主張はこの基本的な考え方を強調したものに他ならないのである。他方、彼は戦前から特定の自然法を説く見解を批判していた。また、「超法律的法」という観念が実定法による法的安定性を揺るがしかねないことを、戦後も警告して、法律の法としての性格や効力が否定されなければならな

---

36 G. Radbruch, Gesetzliches Unrecht und übergesetzliches Recht, Gustav Radbruch Gesamtausgabe 3, 93.
37 たとえば、ハートもそのようにみていた。H.L.A.ハート『法学・哲学論集』80頁。
38 G. Radbruch, Das Recht in sozialen Volksstaat, 1919, Gustav Radbruch Gesamtausgabe 13, 63-64.

いのは、ナチスにおけるようなきわめて例外的な場合に限られると述べている[39]。このような意味で、ラートブルフの立場は、彼の弟子である A. カウフマン（1923-2001）が特徴づけたように、「**自然法論と法実証主義の彼方**」を目指すものだったといえるだろう[40]。

2　ハート・フラー論争

　ナチス体制崩壊後、ドイツでは連合国支配のもとでナチス体制下での犯罪的な行為に対する裁判が展開された。連合国合同によるニュルンベルク国際軍事裁判、連合各国のドイツ占領地域における裁判、そして管轄の委任によりドイツの裁判所で実施された裁判である。連合国の管理委員会はこれらの裁判の基準となる法律（管理委員会法）を定めたが、その第 10 号（1945 年 12 月 20 日）は罪とすべき行為を規定している。すなわち、平和に対する罪（国際法に違反して他国を侵略し又は攻撃戦争を計画し開始した罪）、戦争犯罪（捕虜や占領地域の住民に対する殺害や虐待など戦時国際法に反する犯罪）、そして人道に対する罪（戦時体制下でなされた殺人、殲滅、奴隷化、拉致、自由剥奪、迫害、強姦などの罪）である[41]。このうちとくに問題となったのは人道に対する罪の事例である。それらに該当する行為にはナチス体制下では合法であったと主張されたものもあるからである。

　ところで、1957 年にハートはアメリカを訪問して、ハーバード大学で講演を行い、その中で戦後のナチス裁判とラートブルフの立場を批判した。ハートにとって、それらの裁判とラートブルフの立場は、ナチス体制下において合法であった行為を自然法によって裁くものと考えられたからである。ハートが挙げている事例は次のようなものであった[42]。戦争中、ある兵士が休暇で一時帰宅した際に、妻との会話のなかでヒトラーとナチスを批判したところ、妻（ハートは触れていないが、別の男性と関係ができていた）は夫を当局に密告したため、夫は軍事

39　G. Radbruch, Gesetz und Recht, 1946, Gustav Radbruch Gesamtausgabe 13, 99.
40　A. カウフマン（上田健二訳）『法哲学』（ミネルヴァ書房、2006 年）52-55 頁。
41　これら三つの犯罪類型は今日の「国際刑事裁判所規程」に採り入れられている。なお、これら三つの犯罪類型は管理委員会法第 10 号第 2 条の、a 項、b 項、c 項に規定されている。これは極東軍事裁判における「国際軍事裁判所条例（憲章）」においても同様である。いわゆる「A 級戦犯」といった言い方はこれに由来するものである。
42　H.L.A. ハート『法学・哲学論集』、83-84 頁。ハートのこの事件と判決についての情報は必ずしも正確なものではなかった。この点については、矢崎光圀『法実証主義』（日本評論社、1963 年）105-109 頁参照。

第3節　実証主義と理想主義をめぐる問題(1)　95

裁判にかけられ、死刑を宣告され投獄された（ただし、死刑は執行されず、最前線に送られた）。この妻の行為が戦後に人道に対する罪（自由剥奪）に問われ、妻は有罪判決を受けた。妻の行為はナチス体制下では合法であったと主張されえたので、この判決はナチスの法律を「あらゆる人間の正しい良心と正義感に反する」もので無効であったとし、妻の行為につき人道に対する罪を認定したのである。

　ハートによれば、このような事例に対する法的対応としては、実証主義の観点からみると、二つのことが考えられる[43]。一つは、その行為は行為時に合法であったのだから無罪とするというものである。しかし、この行為は道徳的に許しがたいと考えられるから、それを無罪とするのは耐えがたいかもしれない。もう一つの対応は、事後法を制定して、これによって有罪とするというものである。しかし、これも事後法による処罰を認めることになり、道徳的に大きな問題がある。とはいえ、実証主義の観点からみて適切な対応はこの二つのいずれかを選択することである。この対応は、どちらの選択肢も道徳的に重大な問題を抱えていることを、つまり**道徳的なジレンマ**を自覚している。これに対して、自然法に基づく処罰はこうした道徳的ジレンマを覆い隠してしまう。行為を合法と信じた行為者の法律に対する信頼（瑕疵あるものであったとはいえ）をまったく無視することになる。ハートの批判はおおよそこのようなものであった。なお、ハート自身はこのようなケースについては事後法による処罰という選択をもっとも異論の少ないものとみていたようである。

　これに対して、ハーバード大学の法哲学の教授であったL.L.フラー（1902-1978）は反論を展開した。フラーは、夫の発言を非合法とし、したがって妻の行為の合法性を根拠づけるとみなされた当時の法律をより立ち入って紹介している[44]。一つは戦時中のもので、兵役回避その他の手段で「敵に対するドイツ人民の断固たる意思を公然と毀損又は破壊しようとする者は死刑に処する」という法律である。もう一つは、戦争前のもので、ナチスの「指導者やその体制に対する悪意ある又は挑発的な言明等を公然となした者は懲役に処する」、「その言明が公然となされたものでないときは、それを公然たるものとなしたとき又はなしえたときに、公然たる言明をなしたものとみなす」、「このような言明に対する訴追は司法

43　H.L.A. ハート『法学・哲学論集』83-86頁。
44　L. L. Fuller, Positivism and Fidelity to Law ― A Reply to Professor Hart, Harvard Law Review, Vol.71, 1958, 653-655.

大臣の命令によってのみこれを行う」、といった規定をもつ法律であった。フラーは、前者の法律の規定は過度に広汎で曖昧であること、後者の法律も通常の解釈理論からすれば夫の発言に適用して死刑判決を下すことはできないこと（夫の発言を「公然と」なしたものとは言えないこと）を指摘している。ハートはこのような法律とその解釈適用によって夫の行為を非合法だとし、したがってまた妻の行為を合法であったとすることができるだろうかと、フラーは問いかける。

　フラーはまた、ラートブルフが道徳的ジレンマを知らなかったというのは当たらないという。ラートブルフも事後法を選択した[45]し、またハートのいうジレンマとは異なるジレンマを直視していたからである。フラーによれば、ハートのジレンマは道徳に著しく反する法律に従う義務と正しく品位ある行為をなす義務との選択を迫るものと言い換えることができるのに対し、ラートブルフが直面したジレンマは、極端な場合には法律に反しても正義を実現しようとすること（恣意に陥る危険がある）と法的安定性を実現しようとすること（場合によっては著しく正義に反することがある）とのジレンマであった[46]。フラーのみるところ、ハートのジレンマは道徳に著しく反する法律に従う義務を選択肢として含むものであり、人々の「法律への忠誠」（「法律への信頼」というほうがよいかもしれない）を掘り崩すことになりかねない[47]。フラーのこの議論は、すぐ後でみるようにハートの主張に対する誤解を含んでいる（ハートは悪法に服従する義務を主張しているわけではない）が、ラートブルフの立場に対する理解という点ではフラーのほうが適切だといえる。

　なお、フラーはラートブルフのいう「[実定法より]高次の法」という観念は退けるが、法が法であるために最低限満たさなければならない道徳的条件（法の「内面道徳」という）として、後に次の8つを挙げている[48]。つまり、政府の統治は

---

[45] ただし、ラートブルフは、ナチス体制の下で権利を剥奪された人々の権利回復については連合国の制定した事後法によるべきだとするが、ナチス体制の下での犯罪的行為については事後法ではなく、「より高次の法」によってナチスの法律の効力を否定して、ナチスの法律によって改訂される前のドイツ刑法によるべきだとしている。つまり、「自然法」による処罰を求めたわけではないし、事後法による処罰を求めたのでもないのである。ちなみに、ハートがいうように事後法によって処罰するとしても、ナチスの法律の効力を事後的に否定しなければならず、その効力を否定するための根拠が必要となる。

[46] L. L. Fuller, Positivism and Fidelity to Law, 655-656.

[47] L. L. Fuller, Positivism and Fidelity to Law, 656.

[48] L.L.フラー（稲垣良典訳）『法と道徳』（有斐閣、1968年）49-52頁。

ルールによってなされなければならないこと（恣意的命令の禁止）、ルールは公布されなければならないこと（秘密法の禁止）、ルールはそれが適用される行為に先だって定められていなければならないこと（事後立法の禁止）、ルールは矛盾がなく、理解可能なものでなければならないこと、ルールは不可能なことを要求してはならないこと、ルールはあまりに頻繁に改訂されてはならないこと（朝令暮改の制限）、ルールは実際に適用されなければならないこと（ルールと運用の不一致の禁止）である。政府がこれら8つの条件のいずれかにまったく反しているときは、それを法と呼ぶことはできないと、フラーはいう。

フラーは、ナチス体制はこれらの条件、たとえば秘密法の禁止や事後立法の禁止に著しく反していたとみる。これに対して、ハートは、これらの条件が法と道徳との必然的な関係を示すのだとすれば、それを否定するつもりはないが、これらの条件は形式的なものにとどまるから、道徳的に邪悪な法もこれらの条件を満たしうるだろうと応答している[49]。とはいえ、これらの条件を具体的にどのように適用するかにもよるが、かなりの不当な法を退けることはできるだろう。なお、今日ではこれらの条件を「**法の支配**」の形式的な要件とみなす議論が少なくない。また、それはラートブルフのいう「法的安定性」をより具体化したものとみることもできるだろう。

3　悪法をめぐるハート定式

ナチスの法律のような悪法について、ハートは実証主義的観点からは次のように言うことになると述べている。すなわち、「これは法である。しかし、あまりに邪悪だから、服従することも適用することもできない」と[50]。これを、ラートブルフ定式と対比するために、「**ハート定式**」と呼ぶことにしよう。ハートによれば、すでに触れたように、道徳的に邪悪な「法」は法ではないと自然法論のように言うよりは、邪悪な法も法だとする広い概念を採用して、その上で、道徳的な評価や服従の是非の判断は行えばよい。そのほうが、法に対する人々の道徳的

49　H.L.A. ハート『法の概念』321-322 頁。
50　H.L.A. ハート『法の概念』322-323 頁。
51　ハートは道徳に反する法律も法だとする広い概念のほうが法に対する人々の道徳的批判の感覚を保持すると主張するのだが、狭い概念はそうではないという趣旨であるとすれば疑わしい。今日の憲法には人権規定が含まれており、多くの人がそのことを当然と思っていると考えられるが、だからといって人権に反する法律に対する道徳的批判が困難になっているとはいえない。

批判の感覚をよりよく保持できるという趣旨である[51]。しかし、このハート定式は少し分析を必要とする。

　ハート定式は三つの要素からなっている。一つは「これは法である」という認定のルールに基づく法の認定である。第二は、それに対する「あまりに邪悪である」という道徳的評価である。最後に、その法に対する服従又は適用の是非に関する実践的な判断がある。

　法の認定は、ハートや他の実証主義者の見解によれば、評価や意思作用を含まない、純粋な認識作用の問題である。つまり、その判断は認定のルールの基準に適合しているかどうかである。ある溶液が酸性かアルカリ性かをリトマス試験紙で調べるのと同様だということになる。しかし、問題は、それが第二の要素において道徳的評価と衝突しているということである。すでにみたように、ハートは法的義務と道徳的義務が衝突することを認めていたから、この定式における衝突も認めるであろう。

　法の認定とその道徳的評価が衝突するということは、それらの間に共通の要素があると考えなければ理解しがたいだろう。どちらも認識の要素を含むか、どちらも評価の要素を含むか、あるいはそのいずれでもあると考えざるをえない。道徳的評価も道徳的基準に照らした判断だと考えるならば、認識の要素を含むだろう。しかし、道徳的評価は純粋に認識的なものではなく、まさに「評価」を含むことはいうまでもない。また、どちらも評価の要素を含むとみなすとしても、評価基準が異なるのであれば、衝突はしないということもできる。しかし、ハートは法的義務と道徳的義務の衝突を認めている。したがって、「これは法である」という認定が、実際はたんに純粋な認識作用によるのではなく、**一応の道徳的評価**を含んでいると考えるほうが適切だと思われる。ハート定式においては、その一応の道徳的評価が別の道徳的評価によって最終的に覆されているのである[52]。

　そのような一応の道徳的評価は、たとえば、法の認定はその社会の人々（とくに法的公職者たち）によって受け入れられている認定のルールの基準によるものであり、そのように人々によって受け入れられている基準は尊重すべき価値（たとえば合法性）を含んでいるといったものであろう。しかし、そのような法律がたとえば人間の尊厳やその平等を著しく毀損しているというのがもう一つの道徳的

52　同様の指摘については、井上達夫『法という企て』143-144頁参照。

評価なのである。道徳的評価も「オール・オア・ナッシング」ではない。「一応の」評価と「最終的な」評価とは区別しうる。場合によっては、ある道徳的評価が法に含まれる道徳的評価によって凌駕されることも考えられる。ハート定式はこれとは逆の場合を述べているのである。

同様に、法の認定は**一応の服従義務**の存在を言明しているとみることができる。そして、ハート定式においては、この一応の服従義務が、最終的な道徳的評価を介して、最終的な服従の是非の判断によって覆されているのである[53]。ハートは、法的義務と道徳的義務の衝突を認め、その共通の要素をいずれも「行為の理由」であることに求めていた。そうすると、「これは法である」という言明は、「これは私（あなた）にとっての行為の理由である」ということを意味する。それは、その発話内行為的な意味として、一応の服従義務の主張を含むのである。とはいえ、それは「一応の」であるにとどまるから、「これは法である」と言っても最終的にそれに服従すべきだということを意味しない。「悪法も法である」という実証主義の言明は最終的な服従義務を述べるものと理解されてきたが、これはハートのような洗練された実証主義者の立場ではない。とはいえ、法の認定が一応の服従義務の主張を含むことは、ハートも認めなければならないだろう。

このようにみてくると、ハート定式を**ラートブルフ定式**、とくに受忍不能定式と対比することができる。受忍不能定式は「法律の正義に対する衝突が耐えがたい程度に達しているときは、その法律は『不正な法』として正義に譲らなければならない」というものであった。この定式は、拒絶定式と異なり、その法律を「不正な法」とするのであって、「法ではない」とするものではない。したがって、この定式はハート定式に変換することができる。つまり、「これは法である、しかしその正義との衝突は耐えがたい程度に達しているので、服従することも適用することもできない」と。そして、もし受忍不能定式を自然法論的だと言

---

[53] 「邪悪である」とか「きわめて不当である」といった道徳的評価も直ちに最終的な服従の拒否を導くわけではない。ソクラテスは、自分に下された死刑判決をきわめて不当だとみなしていたが、それでもクリトンが勧めた脱獄を拒否して、判決に従って自ら毒杯を仰いだ。ソクラテスは、その死刑判決も裁判に関する祖国の法に基づくものだとして、そこに含まれる道徳的価値を重くみている。しかし、ソクラテスが死刑を甘受したのは、それだけではなく、より根本的には、彼がそれまでに言明しまた行ってきたことの真正性とそれに対する責任という彼自身の実存的な倫理観があったからだと考えられる。脱獄することはそれに反することになっただろう。

うとすれば、ハート定式も同様だということになるだろう。

さて、しかし、ハート定式における「これは法である」が一応の道徳的評価や服従義務の主張を含んでいるのは、この定式が法実践に関与する者の視点からのものだからである。もし「これは法である」が、「しかし」以下の道徳的評価や服従義務の拒否と同じコンテクストにおかれておらず、まったく別のコンテクストにおかれた言明であったとすれば、それは純粋な認定判断であるかもしれない[54]。たとえば、古代ローマの奴隷制に関する言明であるならば、それは評価を含まない何らかの基準による純粋に認識的な言明でありうるかもしれない。とはいえ、その認定に用いられる法の概念（または定義）が、たとえばハート自身の関与する法体系にそのまま適用されることを是認できるかどうか、疑問が残るのである。他方で、今日の法体系に適合するような法の概念を古代ローマの法にそのまま適用することは、逆にアナクロニズムに陥ることになるだろうが。

第4節　実証主義と理想主義をめぐる問題(2)

第1章で触れたように、ハートは、法を認定のルールによって認定される諸ルールの体系として捉え、ルールが曖昧であったり、適用すべきルールが欠けていたりする場合には、裁判官は裁量によって決定するとした。これに対して、ドゥオーキンは、そのような場合にも、裁判官はルールとは異なる原理をも考慮して判断しているし、判断すべきであると主張した。しかも、そのような原理は認定のルールによって認定されたものとは限らず、また多くは道徳的な性格をもつ規範であるから、このような原理規範を考慮しない法実証主義の法理解には欠陥があると批判したのであった。これに対して、ケルゼンやハートを支持する実証主義者たちの側からさまざまな反論や反批判が提起された。ここではそれには立ち入らず、晩年のハートの反論と、ドゥオーキンの批判によって実証主義内部で展開されている議論を検討する。

---

[54] 森村進『法哲学講義』155頁は、ハート定式における法の認定を純粋な認識作用のものとするには、「しかし」を削除すればよいと提案している。とはいえ、そうしたとしても、その後の道徳的評価や服従義務の拒否と同じ言明の中で述べられている以上、そのコンテクストを消去することはできないだろう。なお、森村も、この定式が関与者の視点から述べられているとすれば、理解できるとしている。

第4節　実証主義と理想主義をめぐる問題(2)　101

1　最後のハート-ドゥオーキン論争

　ハートは最晩年になってようやくドゥオーキンへのまとまった反論を書き遺した（それは彼の死によって途中で中断されているが、ドゥオーキンへの反論としては一応まとまっている）。ハートの反論は、おおまかにいえば、彼の実証主義的法理論に対するドゥオーキンの誤解または無理解を指摘して自分の立場を擁護するとともに、ドゥオーキンの批判を一部は認めつつも、逆にドゥオーキンのその後の法理論は自分の立場に譲歩するようになっていると指摘するものである。これに対して、ドゥオーキンはさらに批判を展開した。

　ハートはまず、ドゥオーキンがもっぱら関与者（しかも裁判官）の内的視点からその法理論を展開していることを指摘して、これとは異なり、ハート自身のそれのように法の内的側面を一般的に記述する法理論も可能であるはずだと主張している[55]。とはいえ、その法の内的側面の捉え方が十分ではなかったということをハートは認める。つまり、ドゥオーキンのいう原理のような規範の意義を強調していなかったこと、また認定のルールやその他の法のルールが不確定である場合には裁判官は最善の道徳的判断によって決定すべきであることを強調しなかったことなどである。しかし、これらの点は自分の記述的な法理論のなかにきちんと位置づけることができるのであり、自分の実証主義はハードな「単純事実実証主義」ではなく、「**ソフトな実証主義**」なのだとハートは言う[56]。

　他方で、ハートはドゥオーキンが実証主義に譲歩するようになっていると指摘する。ドゥオーキンは『法の帝国』において、広義の解釈の段階を三つに分けて、既存の法を確認する「前解釈的段階」、それらの既存の法を整合的に解釈する段階、そして整合的な既存の法への適合性だけでなく原理などをも考慮して正答を求める解釈後の段階を区別している。そうすると、前解釈的段階での既存の法の確認は認定のルールによってなされることになるだろうし、解釈後の段階では裁判官は既存の法ではない新しい法を創造するのだと言うこともできるだろう。この点でドゥオーキンは実証主義に譲歩しているといえる[57]。しかし、ドゥオーキンは解釈後の段階でも道徳的な判断を含めた正答があると想定しているが、この道徳的判断に正答があるという想定は哲学的に異論の余地がある。実証

---

[55]　H.L.A.ハート『法の概念』368-374頁。
[56]　H.L.A.ハート『法の概念』382-389頁。
[57]　H.L.A.ハート『法の概念』409-413頁。

主義法理論はそのような問題について結論を留保することによって中立を保つのだとハートはその立場を擁護する[58]。

実証主義的法理論は記述的で中立的だというこのようなハートの主張に対して、ドゥオーキンは再批判を加える。まず、実証主義的法理論は記述的であるという主張に対しては、「記述的」という意味の不明確さを指摘する。それは自然的な事物（たとえば「虎」という種）の記述と同じ意味なのか、社会的事実（たとえば古今東西の法とみなされうるあらゆる秩序）からの帰納的な定義を与えるという意味で記述なのか。しかし、法は「虎」のような自然種ではないし、実証主義法理論家が法についての帰納的な研究をしているとは思われないから、その「記述的」の意味は依然として不明だとドゥオーキンは批判する[59]。

また、実証主義的法理論は中立的だという主張に対しては、ドゥオーキンは、例によってハードケースの事例を挙げて、実証主義的法理論もこうした事例に回答を与えなければならないとすれば、実践的には中立ではありえないはずだと主張する。その事例は、ある女性が医者から処方された睡眠薬を服用したところ重大な副作用が生じたが、その睡眠薬は複数の会社が製造しており、女性は自分が服用した睡眠薬がどの会社のものか特定できなかったため、彼女の弁護士はその睡眠薬の売上におけるそれらの会社のシェアに応じた損害賠償をそれらの会社すべてに請求したというものである。これはアメリカで実際にあった事件をドゥオーキンがアレンジしたものであるが、実際の裁判では連邦地方裁判所は原告の訴えを認めている（ただし、異論も多いようだ）。ドゥオーキンはこのような事件について実証主義的法理論も何らかの回答を与えなければならないはずだというのである[60]。

ドゥオーキンはこのような実証主義の記述性と中立性の主張を「**アルキメデス主義**」と呼んでいる[61]。つまり、法の実践の外部に法を中立に記述する視点があるというものである。しかし、記述性という点についていえば、問題は、ハートがその不十分さを認めたように、法の実践の内的側面をどのように適切に捉えて記述するかという点にあるとみることができる。法は適合性と正当性を求める

---

58 H.L.A.ハート『法の概念』387-388頁。
59 R.ドゥオーキン『裁判の正義』209-212頁。
60 R.ドゥオーキン『裁判の正義』206-208頁。
61 R.ドゥオーキン『裁判の正義』181頁。

人々の実践的な解釈によって形作られていく概念だというドゥオーキンの議論も、それが法理論としての議論であるかぎり「記述的」であるといえる。

両者の違いは、法的問題に正答があると考えるかどうかの違いのほかに、ドゥオーキンは自ら解釈的実践に関与しようとしているという点にある。ドゥオーキンは「法哲学は面白いものでなければならない」と述べている[62]が、哲学として面白いだけでなく、実践に関与してその方向づけを与えようとするという点でも面白いものでなければならないといった趣旨である。もちろん、法哲学者は、法社会学者や法人類学者の研究のための概念的枠組を記述的に提示することができる[63]し、またそれは重要な意義をもっている。それは面白くないとドゥオーキンはいうわけだが、その意義を過度に軽視しているといえるかもしれない。

2 最近の実証主義内部の論争

ドゥオーキンのハートに対する批判は、実証主義内部での論争を呼び起こした。一つは、ドゥオーキンのいう「原理」のような規範を法の中に含めるかどうかをめぐる論争であり、もう一つは、実証主義の法理論はあくまで記述的なものであると主張するのか、それとも実証主義を擁護するために規範的な主張をなすべきなのかという点に関わる論争である。

前者の論争では、**排除的実証主義**と**包含的実証主義**が区別されている[64]。その違いを理解するためには、たとえば、「議会が制定し、かつ人権に反しないものが法である」といった認定のルールを想定してみるとよい。今日の立憲国家の成文憲法は基本的にこのような認定のルールとなっているといえる。このルールにおいて、「議会が制定したものが法である」という部分は、「議会が制定した」という社会的事実（ラズのいう「源泉」）を要求する基準を表すのに対し、「人権に反しないものが法である」という部分は、それ自体としてはそのような社会的事実を要求せず、道徳的な理由のみに基づく基準を表している。排除的実証主義はそ

---

62 R. ドゥオーキン『裁判の正義』233 頁。
63 cf. J. Gardner, Law as a Leap of Faith, 2012, 274. なお、ガードナーは、ハートの法概念は単一の国家の法を想定しており、たとえば EU 法を説明できないとか、あるいはハートの法概念は第一次的ルール、つまり純粋に慣習的なルールだけからなる社会に対して、それを文明社会以前のものとみなすバイアスがあるといった批判に対して、ハートの法概念はこれらを法として説明できるとして、その有用性を擁護している。
64 これらの論争については、深田三徳『現代法理論論争』（ミネルヴァ書房、2004 年）を参照。

のような基準を法の認定の基準とは認めないのに対し、包含的実証主義はそれを認める[65]。包含的実証主義はほとんどの成文憲法がそのような基準を含んでいるという事実を説明しうるという点で、排除的実証主義に優ると主張する。それがなお実証主義であるのは、そのような基準を含まない認定のルールもありうるから、そのような基準を含むかいなかは偶然的であり、政治的決定に依存すると主張する点にある。

　これに対して、厳格な排除的実証主義に立つラズは、あくまでも立法、慣習、判決といった社会的事実に基づくものだけを法とみなす（「源泉テーゼ」と呼ばれる）。すでにみたように、ラズによれば、権威としての法は道徳的理由を含む一次的諸理由を考慮して成立するとともに、原則として裁判官や一般の人々による一次的理由の事後的な考慮を排除する。法は道徳的理由の考慮の仕方をこのようにして変更するのであり、そこに道徳と法との境界がある。他方で、包含的実証主義が指摘するように、たしかに法は原理のような道徳的理由の考慮を特別に指示することがある。たとえば、人権や司法審査制や一般条項の規定などである[66]。しかし、ラズによれば、これによってそこで考慮される道徳的理由がそれ自体として法となるわけではない。それは、たとえば国際私法の裁判においてある外国法がその事件における準拠法とされたとしても、その外国法が国内法となるわけではないのと同様である[67]。道徳的理由の考慮を指示する法の規定は、その考慮の仕方に一つの変更を加えるだけであり、その道徳的理由そのものを法に包含するのだと考える必要はないというわけである。

　のみならず、ラズによれば、裁判官も道徳的義務に拘束されている人間であり[68]、権威としての法が尽きたときは、そのような人間として道徳的理由の考慮に基づいて判断するべく道徳的に拘束されている[69]。これに対して、包含的実証主義によれば、道徳的基準の考慮は、それが法に包含されているときにのみ裁判官にとって拘束的な義務となるかのようだと、ラズは批判する[70]。ラズにおいて

65　包含的実証主義には、先にみたようにハートのソフトな実証主義も含まれる。その他、W. J. Waluchow, Inclusive Legal Positivism, 1997 や J. Coleman, The Practice of Principle, 2001 などがこの立場を主張している。
66　J. Raz, Between Authority and Interpretation, 2009, 196-198.
67　J. Raz, Between Authority and Interpretation, 193-194.
68　J. Raz, Between Authority and Interpretation, 183.
69　J. Raz, Between Authority and Interpretation, 191.
70　J. Raz, Between Authority and Interpretation, 201-202.

第4節　実証主義と理想主義をめぐる問題(2)　　105

は、道徳的理由を含む一次的諸理由が行為の諸理由としてまさに第一次的であり、法はそれらのうちのあるものを原則として排除的に法的な理由に変更し、またそれらを法的に考慮すべきことを特別に指示するだけでなく、さらに法が理由を与えないところでは一次的理由の法的考慮が裁判官の道徳的義務となるのだと考えられているといえるだろう。

　このようなラズの見解からすれば、上記の認定のルールは、たとえば「議会が人権に反しないものとして制定したものが法である」といったことを意味するだろう。議会は「人権に反しない」という道徳的基準を考慮して法を制定するが、だからといってその道徳的基準そのものが法（または法の基準）となるのではない、法となるのはあくまで議会が制定したものだというわけである。もっとも、包含的実証主義からすれば、「議会が制定し、かつ人権に反しないものが法である」という認定のルールにおける「人権に反しないものが法である」という基準も、このルールの一部として実定的だ（社会的受容または憲法の制定という源泉に基づく）とみなすことができるから、この基準そのものも法に包含されているといえるという反論が可能だろう（ラズの場合、司法審査制は特別の規定を必要とするのに対し、後者の場合、司法審査制はこの認定のルールに含意されているということになる）。他方、包含的実証主義は考慮すべき道徳的理由を包含されたものに限定することになるというラズの批判は鋭いといえるが、この批判によれば、包含されていない道徳的理由をも裁判官は場合によっては考慮する義務を負うということになるだろう。

　また、ラズも権威としての理由が絶対的なものではなく、場合によっては一次的理由の考慮によって事後的に覆されることを認めている。そうすると、裁判官は権威としての法が尽きたときだけでなく、権威としての法を覆すときにも、認定のルールにたまたま基準として含まれるもの以外のものも含めた、道徳的理由を考慮することになる。このようにみると、ドゥオーキンとの違いはほとんどなくなる。残る違いは、そのような道徳的理由を法とみなすのか、裁判官の判決という社会的事実によってはじめて裁判官法として法に組み入れられるとみなすのか、そして、道徳的理由の考慮を裁判官にとっての強い義務（法的であれ、道徳的であれ）とみなすかどうかだけである。また、ラズは、いずれにせよ議会も裁判官も道徳的理由を考慮するということを前提しているようであるが、この前提がどこまで経験的に信頼できるかはまた別の議論の余地があるだろう[71]。

以上の包含的実証主義と排除的実証主義の論争は、ドゥオーキンのいう原理のような基準を認定のルールに含む法秩序をどのように説明するかに関する論争であり、したがって**記述的実証主義**内部での論争である。これに対して、**規範的実証主義**は、実証主義的な法概念のほうが反実証主義的な法概念よりも望ましいと規範的に主張する実証主義である。

注意しなければならないのは、記述的実証主義もある種の規範的な主張を伴いうるということである。まず、記述的実証主義は、評価を含まない記述的な法哲学も可能であり、その可能性が認められるべきであるという主張を伴いうる。先にみたハートのドゥオーキンに対する反論の一つはそのようなものであった。また、評価を含まない記述的な法哲学の提示する法の概念のほうが、たとえば法社会学や法人類学的な研究に概念的な枠組を提示しうるという点で、評価的な法哲学の提示する狭い法の概念よりも望ましいと主張することができる。これもすでに触れたハートの主張であった。さらに、法哲学も学問であろうとする以上、主観的な性格の評価を含めるべきではなく、対象の客観的な記述に徹するべきだというケルゼンのような主張もある。最後に、評価を含まない広い法概念のほうが、道徳的基準に反するものは法ではないとする狭い法概念よりも、邪悪な内容をももちうる法に対する道徳的批判の感覚を保持しやすいというハートの主張も、規範的な性質のものである。これらの主張については、すでに関連する箇所で検討した。

これに対して、今日とくに規範的実証主義と呼ばれているものは、記述的実証主義の学問としての望ましさを規範的に主張するのではなく、**立法と制定法の意義**を規範的に強調する[72]。ドゥオーキンは、主に司法に着目して、既存の政治的決定（制定法や裁判官法）も、現在の裁判官にとって政治道徳的に正しい解決を見

---

71 包含的実証主義に対するラズの反批判は、ある意味では、憲法に規定されていなくても人権保護を議会も裁判官も考慮するはずだということになる。しかし、これは人権規定が議会を拘束する原理として明示的に規定されてきた歴史的意義を軽視することになりうるだろう。ラズは、2000年に制定されたイギリスの人権法による欧州人権条約の人権規定の参照も、その権利規定にイギリスでの法的効果を与えるのみで、それをイギリスの国内法にするものではないとしている（Between Authority and Interpretation, 194.）。ハートの認定のルールの場合もそうであるが、統一的な成文憲法のないイギリス法が念頭にあるといえるかもしれない。

72 こうした規範的実証主義の政治哲学的な意図については、J.ウォルドロン（長谷部恭男・愛敬浩二・谷口功一訳）『立法の復権』（岩波書店、2003年）を参照。また、司法審査に対して消極的な規範的実証主義の法哲学については、横濱竜也『遵法責務論』（弘文堂、2016年）を参照。

出すための一つの素材にすぎないかのようにみなしていると、この規範的実証主義は批判する。つまり、それは、ドゥオーキンのようないわば「司法帝国主義」を批判して、立法と制定法の意義を、さらには権力分立や民主的な政治的決定の意義を強調するのである。さらにいえば、政治道徳的な正当性よりも、「合法性」(legality) や法的安定性の意義を強調するものだといえる。この意味で、今日の規範的実証主義はコミットした内的視点、実践的な関与者の視点に立っている。それは、ドゥオーキンが設けた土俵に上って、正面から実践的な論争に応じようとするものである。あるいは、ラートブルフが提起した正義と法的安定性の衝突に関する議論を再提起するものと解することができる。このような論争や議論をどう考えたらよいかについても、すでに検討した通りであり、ここで繰り返す必要はないだろう。

第4章　法・道徳・強制

　第1章および第2章でみたように、法の概念にとって扇の要に位置するのは法規範とそれらからなる法体系である。そして、法の妥当性もまずは上位規範による授権に基づく合法性として理解されうる。しかし、法規範は、一方で人々の事実的な行為（遵守行為、違反行為とそれに対する反作用）に関わり、その合法性もこの事実に基づくおおかたの実効性を条件とする。また、他方では、それは法規範を通じて実現されることが想定されている目的や価値に関わり、その合法性もこれらの目的や価値に照らした正当性を少なくとも基礎とする。そして、実効性は究極的には強制によって保障され、また、正当性は何らかの意味で道徳との関わりを想定する。本稿では、この法と強制と道徳との関係についてさらに立ち入って検討する。

　法と強制、法と道徳の関係は、法の概念をめぐる法哲学的な議論の中心的なテーマをなしてきた[1]。まず、法が強制と密接に結びついていることはいうまでもない。しかし、法において強制はどのような位置を占めるのか、法における強制はどのような特徴をもつのか、法による強制はどのように正当化されうるのか、こうした点をより明確にする必要がある。また、法と道徳はたしかに区別されうるが、他方で関連してもいる。その区別はどのように捉えられうるのか、それらの関連はどのようなものと考えられうるのか、それらは分離できるのか、それらの間には何か必然的な関係があるのかなどが問題となる。さらに、法と強制と道徳という三つの社会的実践をめぐっては、とくに法による道徳の強制は可能または必要なのか、それはどこまで許容されうるのかという問題がある。以下では、まず法と道徳の関係からはじめて、法と強制の関係、そして法による道徳の強制をめぐる問題を取り上げる。

1　ハートは『法の概念』の「初版はしがき」で、本書の目的は、法、道徳、強制の関連する社会現象の理解を促進することにあるとしている。

第 1 節　法と道徳

　法と道徳との区別と関連を検討するためには、まず「道徳」の多義性に注意することが必要である。「道徳」の意味の違いを考慮に入れないならば、法と道徳の関係に関する議論は混乱に巻き込まれうるからである。以下ではまず、法と道徳の関係に関するかぎりで、「道徳」の意味の違いを概観する。次に、法と道徳を区別する議論を大きく二つに分けて検討する。一つは、法と道徳の規範の特性に着目して区別する議論であり、もう一つは、今日の法が一つの体系をなすという点に着目する議論である。その上で、法と道徳との最小限の必然的な結び付きを主張する議論を取り上げる。

1　道徳の多様性

　道徳はいくつかの観点から区別できる。まず、道徳の主体の観点から、**個人道徳**と**社会道徳**を区別することができる。個人道徳は、自分はどのように生きるべきか、他者にどのように関わるべきかといった、個人的な行為の原則を中心とする。しかしそれだけでなく、人はいかに生きるべきか、社会はどうあるべきかといったより一般的な原則に関する見解を含みうる。これらはいずれも個人の価値観に基づくものであり、多かれ少なかれ整合的となっていると考えられる。他方、ここで社会道徳というのは、たんにその社会に属している人々の個人道徳の集合ではなく、我々はどう生きるべきか、我々はどう行動すべきか、我々の社会はどうあるべきかなどについて、その人々がある程度に自覚的に共有している道徳（実定道徳）を指す。これもより一般的な原則に関する見解を含みうる。そして、それらも多かれ少なかれ整合性をもっていると想定される。

　個人は何らかの社会の中で生まれ育ち、そこに属しているから、個人道徳と社会道徳は密接に関連している。しかし、個人道徳と社会道徳が完全に一致していたり、逆に完全に遊離していたりすることはほとんどないと考えられる。両者が完全に一致しているならば、個人は社会の中に埋没しており、逆にまったく遊離しているならば、個人はその社会の中で完全に孤立しているだろう。したがって、各人は多かれ少なかれその属している社会の道徳の部分を共有していると考えられる。そして、法的にも問題となるのは、個人道徳と社会道徳が重要な点で

異なり衝突する場合である。

　次に、道徳についての反省の度合という観点から、**素朴な直観に基づく道徳**と、**反省的なまたは批判的な道徳**を区別することができる[2]。個人道徳や社会道徳は多かれ少なかれ整合的だと想定するとしても、なお大抵は直観的なものにとどまっていて、十分に反省されているとはかぎらない。それらはつきつめると齟齬や矛盾を含んでいるかもしれない。古来、哲学者や倫理学者はこうした直観的な道徳的見解を反省的に考察して、そこに基本的な諸原理を見出し、それに基づいて道徳的見解の整合的な体系を構築しようとしてきた。各種の宗教的な倫理体系や、アリストテレス、ベンサム、カントの倫理学や道徳哲学などである。

　直観的な道徳と反省的な道徳も密接に関連している。反省的な道徳は直観的な道徳について反省的に考察することに基づくから、直観的な道徳を前提している。哲学者たちもまったくの無からその道徳体系を構築するわけではない。他方で、反省的な道徳は個人や社会の直観的な道徳に潜在している齟齬や矛盾を明らかにし、それらをより自覚的に整合的な見解へと洗練することを促進する。他方、それはとくに社会の道徳と大きく対立することもある。それは個人道徳と社会道徳との対立という側面ももつが、批判的道徳は一種の社会運動となって従来の社会道徳と対峙することがあり、その影響力の点で違いが生じうる。

　さらに、法哲学的観点からみてより重要な区別して、行為の道徳的な規則や基準に対する視点の違いという観点から、個人道徳および社会道徳における**単数または複数の一人称の視点からの道徳**と、より一般的な問題、とくに人々を相互にどのように取り扱うべきか、そしてその点で社会はどうあるべきかという問題に関する**三人称の視点からの道徳**との区別がある。こうしたより一般的な問題に関する個人や社会の見解は、上に触れたように、必ずしも批判的に反省されていないかもしれない。それを批判的に反省するとたんに一般的ではなく、すべての人間に適用可能な「普遍的」な問題に関する見解として捉えられうる。反省的な道徳はとりわけこうした普遍的な問題を考察してきたといえる。

　この単複一人称の視点からの道徳と三人称の視点からの道徳の違いを、J. ロールズは「**善き生**」の構想の問題と「**正義**」の問題との違いとして示した[3]。また、

2　後でみるように、ハートは社会の実定道徳と批判道徳を区別している。
3　J. ロールズ（川本隆史・福間聡・神島裕子訳）『正義論』（紀伊國屋書店、2010 年）518-522 頁参照。

R. ドゥオーキンや J. ハーバーマスは「**倫理**」(ethics) と「**道徳**」(morality) という言葉の割り当てによってこの区別を表現している[4]。この用語法は必ずしも一般的とはいえないが、それが表現している区別はリベラリズムの道徳理論にとって中心的な区別である。この三人称の視点からみた道徳は、単複一人称の視点からみた道徳の多様性の状況において、公共空間でのそれらの共存を可能にすることに関わるものであり、その意味で「**公共道徳**」ないし「**政治的道徳**」と呼ぶことができるだろう。しかし、この区別は、倫理と道徳はどのように関わるか、そして法は人々の善き生に関する見解をどのように扱うべきかという問題、さらに法と正義はどのように関わるかという問題などを提起する。

　この他にも、たとえば、一般人に要求される道徳とそれを超える義務を要求する英雄道徳と呼ばれるものを区別することができる。また、他者を傷つけてはならないという消極的な義務を課する道徳と他者を助けよという積極的な義務を課する道徳を区別することができる。さらに、法と道徳との関係に関しては、法によって実現されうる個々の実質的な道徳と、法が満たすべき最小限の形式的な道徳とを区別することもできるだろう。この最後の区別における法の最小限の道徳性は、法と道徳とのある必然的な結び付きに関わるはずである。

2　法と道徳の規範論的な区別

　法と道徳の区別については、「**法の外面性、道徳の内面性**」という定式がよく用いられてきた。この定式は近代ドイツの哲学者 Ch. トマジウス (1655-1728) に由来するとされる。しかし、この定式が言おうとしていることは、すでにホッブズが「自然法は内的な法廷において (foro interno) のみ拘束する」と述べたときに言われていたことである。他方で、この定式に哲学的により立ち入った根拠づけを与えたのはカントである。

　カントは彼のいう定言命法(「あなたの行為の格律が同時に普遍的な法則であることを欲しうるような、そのような格律に従って行為せよ」) に適合する行為の法則を**自由の法則**と呼び、自由の法則をさらに二つに区別した。この区別は定言命法に含まれる三つの要素、つまり、格律（自分の行為の方針または法則）、普遍的法則、そし

---

[4] R. ドゥオーキン（小林公・大江洋・高橋秀治・高橋文彦訳）『平等とは何か』（木鐸社、2002年）322頁。J. ハーバーマス（清水多吉・朝倉輝一訳）『討議倫理』（法政大学出版局、2005年）122-125頁。

て行為という三つの要素の結合のあり方の違いに基づいている。自由の法則が「ただたんなる外的行為とその合法則性に関わるかぎりは、法理的と呼ばれる。他方、それらが自ら行為の規定根拠であるべきことをも要求している場合は、これらの法則は倫理的である。こうして、前者との合致は行為の**合法性**（Legalität）といわれ、後者との合致は行為の**道徳性**（Moralität）といわれる」[5]。つまり、法は行為が外的に普遍的法則に合致することを求めるだけであるが、道徳は普遍的法則を自らの格律として（自分の行為の法則として意思して）それに従って行為することをも要求するというわけである。

　この議論は法規範と道徳規範の性格の違いに基づいて法と道徳を区別するものであるから、規範論的区別と呼ぶことができるだろう。そして、この議論から法と道徳との区別に関して相互に関連する三つの帰結を導くことができる。まず、法は行為と規範との外的な合致を要求するだけであるから、その合致を強制することもできる。これに対して、道徳は規範を自らの行為法則として意思することをも要求する。しかし、意思を強制することはできないから、道徳的であることを強制することはできない。これが通常、「法の外面性、道徳の内面性」という定式が述べようとしていることである。道徳は内的に良心を拘束するだけであるが、法は実力による強制によって外的にも拘束するというわけである。

　次に、合法性は行為と規範の外的な一致を求めるだけであるから、その一致への行為者の動機はどのようなものでもありうる。制裁を恐れるという動機、名声を汚したくないという動機などから、法規範に従うことも合法性の要求にかなう。他方、道徳性は規範を自ら意思することを求める、つまり道徳規範を義務として自ら受け入れてそれに従うという動機を要求する。道徳性は道徳規範に道徳的動機によって従うことを求めるわけである[6]。これも「法の外面性、道徳の内面性」という定式の意味をなしている。

　第三に、強制の可能性の有無とこの要求される動機の違いから、道徳的でしかありえない義務があることになる。カントは、「自己を完成させよ」とか「他人

5　I. カント（加藤新平・三島淑臣訳）『人倫の形而上学・法論』（『世界の名著 カント』所収、中央公論社、1972 年）335 頁。

6　道徳性に道徳的動機を求めるカントの道徳哲学のこうした側面は「動機説」と呼ばれる。道徳的義務を、他の目的などを考慮せず、それが義務であることだけに基づいて、それを履践することを求めることから、この道徳哲学はまた「義務論的」とも呼ばれる。アリストテレスやベンサムの倫理学はこれに対して「目的論的」と呼ばれる。

第 1 節　法と道徳　　113

を愛せよ」といった義務をそのようなものとみなして、法論とは区別される徳論で扱っている[7]。これに対して、「殺してはならない」とか「盗んではならない」といった義務は、道徳的義務でもあるが、それに違反する行為に強制的効果を結び付けることによって法的義務とすることができる（その制裁を恐れて法的義務に従うことは合法性を満たしうる）。これによれば、道徳的義務の集合は法的義務の集合よりも大きいことになる。

　こうした帰結はとくにカントに依拠しなくても言えることであるかもしれない。そのように解されるかぎりでの「法の外面性、道徳の内面性」という定式について、G.ラートブルフは異論を提起している[8]。上述の区別を逆にたどると、まず、義務内容の広狭からみた区別は、逆に必ずしも道徳的とはいえない法的義務（たとえば右側または左側の通行を規定する法規範のように、いわゆる「調整問題」を解決する規範）があることから適切ではない。ラートブルフによれば、規範の内容という点では、法と道徳の一致は部分的で偶然的なものにとどまる。

　第二に、道徳は内面を問うが、法は内面を問わないということはできない。道徳も、たんに内面つまり動機を問うだけでなく、それが外的な行為に現れることを求める。善い行いを意思していても、その意思に基づいて行為するのでなければ、道徳的な価値があるとはいいがたい。また、法も、たんに外的な行為やその結果を問うだけでなく、犯罪や不法行為についてはその動機を問題とする。したがって、ラートブルフによれば、この点での法と道徳の違いは関心の方向の違いにすぎない。

　最後に、内的に拘束するにすぎないのか、外的にも拘束するのかという点について、ラートブルフはこれを義務づけの違いとして捉える。そして、義務づけるということは、意思についてはいえるとしても、行為についてはいえないとい

7　I.カント（森口美都男・佐藤全弘訳）『人倫の形而上学・徳論』（『世界の名著 12 カント』中央公論社、1972 年）546-549 頁参照。
8　G.ラートブルフ（田中耕太郎訳）『法哲学』（東京大学出版会、1961 年）158-165 頁。ただし、ラートブルフは「法の外面性、道徳の内面性」の意味を４つに分けている。法は行為を問題にし、道徳は動機を問題にするという点、法は対他的義務であり、道徳は対自的義務である点、法は行為を義務づけ、道徳は意思を義務づけるという点、そして法は他律的であり、道徳は自律的であるという点である。対他的か対自的かという論点は本文では省いた。道徳も他人に対する義務を含むことは言うまでもない。また、内容の違い、強制性の違いについては、ラートブルフは「法は道徳の最小限」、「法は道徳の最大限」という言い方に関連させて、簡単に触れているにとどまる。

う。ラートブルフは「義務づける」ということは意思ないし良心についてのみ述定しうるものであると解して、「行為を義務づける」という文言に語義矛盾をみるのである。彼にとっては「他律的な義務」というのも語義矛盾である。義務は自律的なものとしてのみ可能だというわけである。

　以上のような道徳の内面性と法の外面性に関するラートブルフの議論を少し検討してみると、まず、義務または規範の内容という点では法と道徳は部分的に重なるにすぎないというのは正しいといえるが、その重なりがまったく偶然的といえるかどうかは異論の余地がある。殺人や窃盗を一般に許容するような法秩序というものはほとんど考えられないだろう。また、内容の点で狭義の道徳と重ならない部分がいかなる意味でも道徳と無関係であるといえるかどうかも、問題としうる（これについては、後で触れる）。次に、道徳も行為を要求し、法も動機を問うというのも部分的には正しいといえるが、道徳がまさに道徳的な動機を求めるのに対し、法は法的義務の遵守についてはそれ以外の動機も認めるという違いはなお残る。最後に、「義務づける」ことを道徳にのみ認めるとすれば、「法的義務」といった通常の用語法を排除することになるだろう。このようにみると、ラートブルフの議論は道徳の内面性と法の外面性という区別を相対化してみせたにすぎないといえる。

　他方で、ラートブルフは法と道徳との関係を次のようなものと主張する。つまり、**道徳は法の目的であり、また法の義務づける力の根拠である**と[9]。道徳が法の目的であるというのは、法は道徳的義務を直接に課するのではなく、人々に自由の権利を付与して、人々がその自由の権利の範囲内で道徳的義務を果たしうるようにするということである。この意味で、ラートブルフによれば、「法は道徳の可能性である」。しかし、権利のもとで人は不道徳な行為をもなしうるから、彼は「法は不道徳の可能性でもある」という[10]。これは法的権利のある特徴を適切に捉えているが、ここでの「道徳」はカントが徳論で説いたそれである。カントにおいては、真に自由であるのは道徳性の要求を満たすときであり、法は道徳性を可能にするための条件として、外的な自由を権利として保障するというわけである。この意味では、法と道徳はなお区別されるとともに、いずれも自由の法則であるという点で関連するものとみられているといえる。

9　G.ラートブルフ『法哲学』165-168頁。
10　G.ラートブルフ『法哲学』167頁。

より重要なのは、「道徳は法の義務づける根拠である」という主張である。上に述べたように、「義務づける」ことを道徳にのみ認めるならば、「法的義務」を語ることはできない。しかし、この点でも、ラートブルフはカントに忠実である。カントの議論では、義務を語りうるのはそれが良心において拘束する場合、つまり自律的なものである場合だけである。これに対して、法は多くの市民にとっては他者が定立したもの、その意味で他律的でありうる。それがカントの意味で義務となりうるのは、それが人々にとって自律的にも定立しうるものであるとき、言い換えれば、合法性が道徳性でもありうるときだけである。この意味で、ラートブルフによれば、「道徳は法の義務づける根拠」なのである[11]。この見解は、正義は法の理念だというラートブルフの見解と軌を一にしている。そして、この見解は実践的な観点からみた法と道徳とのある必然的な関係を示すものといえる。

3 法と道徳の体系論的な区別

以上のような法と道徳との区別を規範論的な区別と呼ぶとすれば、これに対して体系論的な区別と呼びうるものがある。すでにみたケルゼンやハートの実証主義的な**法道徳分離論**がそれである。もちろん、ケルゼンも法と道徳の違いを前者が強制規範であることにもみていたし、ハートは国際法論のところでみたように規範内容の違いにも着目していた。しかし、彼らの法道徳分離論の中心にあるのは体系論的な区別である。

端的にいえば（すでにこれまでみてきたところから容易に察せられるように）、それは、法は**何が法であるか**（何が法体系に属する規範またはルールであるか）**を決定する基準**をそれ自身のうちにもっているということに基づく区別である。ケルゼンにおいては憲法が、そしてハートにおいては認定のルールがその基準である。憲法は立法や司法の権限と手続に関する規定を含んでおり、これらの権限を有する機関が手続に従って制定したり決定したりしたものが法であって、そうでないものは道徳規範やその他の社会規範であっても法ではない。認定のルールも同様に、そのルールの基準（議会が制定したもの、裁判所が決定したものといった基準を含

---

11 ただし、このことは、法が義務の内容の点で狭義の道徳的義務の一部となること、あるいは法が特定の道徳的内容をもたなければならないということを意味しないと、ラートブルフはいう。法の理念である正義は狭義の道徳からはなお独立だというわけである。

むだろう）に照らして法と認定されるものとそうでないものとを区別する。先の規範論的区別が、カント的な意味での道徳の特性が確立された後に、法はそれと区別されるものとして特徴づけられたのに対し、体系論的な区別では法は独立に特徴づけられて、道徳から区別されるわけである。なお、ケルゼンもハートも、道徳的な基準または規範（基本権の規定、司法審査権の規定など）が実定的に憲法や認定のルールに含まれうることを否定しない。それらは必然的に含まれるわけでないとするだけである。

しかし、ケルゼンとハートの体系論的な区別にも違いがあることはすでにみてきた。ケルゼンは法と道徳との衝突を認めないのに対して、ハートはそれを認める。この違いは、法と道徳の衝突や悪法に関する定式において、ハートは純粋に認知的な視点ではなく、コミットした内的視点を想定していることによる。また、ケルゼンは憲法の妥当性を問うのに対し、ハートは認定のルールの妥当性は問えないという。この問題を普遍的語用論の観点からみると、憲法の妥当性を問うことは憲法の妥当要求を問うこととして理解され、認定のルールの事実的な存立はこの妥当要求の受容または承認の事実として理解されうる。もっとも、この場合の憲法や認定のルールの妥当性は、その上位に実定的な授権規範が存在しないから、そのもとに成立する権威的な妥当性（合法性）とは異なる。これらの点についてはすでに触れた。

さらに、法と道徳の分離を説くケルゼンとハートの議論には理論的な違いもある。ケルゼンの議論が規範論理的あるいは分析的であるとすれば、ハートのそれは記述社会学的であるという点である。しかし、そのどちらにおいても、法と道徳の分離を決定的なものとする議論はないように思われる。

まず、ケルゼンの純粋法学の中核をなすのは、法を規範として、したがって当為として捉えることであった。しかし、すでにみたように、当為（「べし」）は当為とされたものを必然的に想定する。規範において当為とされたものは、ケルゼンにおいてはさしあたり人の行為であるが、その行為によって実現されうる目的や価値が想定されている。この点で、ケルゼンは、法は本質的に道徳的だといえるが、それは形式的な意味で（規範的であるという意味で）そうであるにすぎず、法の内容に関するものではないし、また相対的な意味でそうであるにすぎず、法が特定の道徳と結びついていることを意味するわけではないという[12]。しかし、「いかなる内容でも法となりうる」という命題[13]は、過度に誇張されているとい

わざるをえない。たとえば、相互の殺人や窃盗を一般的に許容する法秩序といったものを真剣に考えることが可能だとは思われない。

のみならず、ケルゼンによれば、当為あるいは規範は「他の人の行為に向けた意思作用の意味」なのであった。この定義では、規範の名宛人がその意思作用の意味を理解し、その理解に基づいて一定の行為をなすことが想定されている。ケルゼンにおいては、法規範は裁決規範であり、その名宛人はさしあたり裁判官や行政官などの公職者であって、一般の人々ではないが、一般の人々を名宛人から完全に排除するつもりがあるとは考えられない。法規範は、もっぱら因果的な連鎖によって人々に作用しようとするのでないとすれば、人々がその規範に含まれる意思作用の意味を理解して、その意味の理解に基づいて行為することを想定している。このことは、普遍的語用論の観点からみると、法規範は少なくとも妥当を要求しているということを意味する。そして、その意思作用の意味を他人に向ける者とその名宛人が対話的関係において対等であることを意味するだろう。

ハートは、法と道徳の間に何らかの必然的関連があるとする議論を、記述社会学的な説明によって退けている。まず、単なる力は人々を拘束する法を生み出さないということから、法の拘束力は何らかの道徳的理由によるのでなければならないということは帰結しない、人々が法に従う理由はたとえば権威でもありうる[14]と。すでに触れたように、権威としての法というラズの見解はハートのこの議論を展開するものだったといえる。しかし、ラズにおいても、権威は、それが道徳的理由を含む一次的な理由の衡量に基づいていることを前提することもすでに触れた。次に、ハートは法と道徳の事実上の関連を認めつつも、その必然的な関連を否定する議論を挙げている[15]。法はさまざまに道徳から影響を受けていること、裁判官たちは法の解釈適用において正義を目指していると考えられること、現代の多くの法がすべての人々の平等な配慮と尊重を保障しようとしていること、そして、フラーが言うような法の内面道徳がありうること、これらをハートは否定しないが、それでもそれらは法と道徳の必然的な関連を示すものではないとする。法が道徳から影響を受けるとしても、その道徳は多様であり、邪悪な

12　H. ケルゼン（長尾龍一訳）『純粋法学』（岩波書店、2014 年）65 頁。
13　H. ケルゼン『純粋法学』191 頁。
14　H.L.A. ハート（長谷部恭男訳）『法の概念』（筑摩文庫、2014 年）315-316 頁。
15　H.L.A. ハート『法の概念』317-322 頁。なお、ナチスの悪法に関する議論（同書 322-328 頁）については、前章ですでに取り上げた。

内容のものも事実として含まれうる。裁判官たちは正義にかなった解釈をしているとは限らないし、平等な配慮と尊重の保障の必要の認識はいつの時代にもあったわけではない。そして、フラーの内面道徳は邪悪な内容とも両立しうる等である。

　これらのハートの議論に共通するのは、事実として邪悪な内容の法もあったし、またありうる以上、法と道徳との間に必然的な関連はないという見解である。邪悪な内容の法の例として、ハートは、19世紀アメリカの奴隷制、20世紀前半のナチス、20世紀後半まで存在した南アフリカのアパルトヘイトなどを挙げている[16]。これらの例は少し分析を必要とする。注意すべきなのは、ハートもそこで示唆しているように、これらの例における支配者たちの間には相互に他者を「人」として扱う法があったのに対し、支配者と奴隷などの被支配者との間にはそのような法はなかったということである。奴隷は所有の対象としての物件であったし、ユダヤ人は殲滅されるべきものであったし、黒人はいずれにせよ白人たちによって対等に扱われる人々ではなかった。これらの人々に関する法は支配者たちの間だけの法である。支配者たちは奴隷に対して、その関係を法として、その妥当を要求しているわけではないからである。したがって、それを「邪悪な」法と呼ぶことは、支配者たちの邪悪さを指摘するとしても、対等な人々の間で成立するものとしての法の邪悪さを示しているわけではない。それを邪悪な「法」と呼ぶことは、むしろ、法が少なくとも対等な関係にある人々の間にのみ成立しうるものであることを示しているのである。

　最後に、ケルゼンやハートは、第1章で触れたように、法と道徳の必然的関連を説く見解のイデオロギー性を指摘している。価値相対主義者であるケルゼンによれば、この必然的結合論は特定道徳を法的に強制しうるとするものであり、その特定道徳を絶対視するものにほかならない。また、ハートは価値相対主義者であるとはかぎらないが、それでも必然的結合論が特定道徳を体現する法を不当に正当化することに用いられうることを指摘する。これらの指摘はもちろん重要である。しかし、これらは特定道徳と法との必然的結合を退けるものであることに注意する必要がある。上に検討したことが誤りでないとすれば、法が規範であるということ自体に法と道徳との間にはある必然的な関連があると考えられる。し

16　H.L.A. ハート『法の概念』311-312頁。

かも、それはたんに形式的な関連にすぎないわけではないのである。

4 法の最小限の道徳性

さて、これまでにも度々触れてきたように、法を関与者の観点から対話的構造において捉えるならば、法と道徳との間には最小限の密接な関係があるということができる。法は個々の規範や決定においても、またその体系全体あるいはその妥当性の根拠をなす究極の規範においても、何らかの理由に基づく妥当性の主張を提起している。この観点からみれば、このことがすでに**法の最小限の道徳性**を指し示している。

法体系の対話的構造と妥当性の主張については、たとえばフラーの次のような議論を参照することができる。「統治者は市民に次のように言う。『これらは、諸君が従うことを我々が期待するところのルールである。もし諸君がこれらに従うならば、これらのルールが諸君の行為に適用されるルールであることを、我々は諸君に保証する』。この相互性の紐帯が統治者によって最終的にかつ完全に破壊されるときには、そのルールに従う市民の義務を根拠づけるものは何も残っていない[17]」。この議論では、統治者は被治者にその制定するルールに従うことを要求している。この統治者は君主やオースティンの主権者でもありうる。したがって、この統治者の行為は命令としても理解されうる。しかし、それは単なる命令なのではなく、同時に被治者に対して妥当性の主張を提起している。そして、その理由はここでは制定されたルールによって支配がなされることだけである。それでも、この相互性の構造のゆえに、この統治者の制定するルールは被治者に最小限の服従義務を生じさせうるのである。

ルールあるいは法による支配はやがてルールあるいは法の支配に転じる。統治者はその支配において自らが制定した法をまさに適用するべく拘束される。法の変更は恣意的にではなく、再び対話的構造において妥当性を主張するのでなければならない。これが絶対主義的な主権化の段階から自由化の段階への移行の意味である。そして、法による支配が法の支配に転ずると、次にはもはや統治者と被治者の関係は上下関係ではなく、少なくとも制度上は完全に対等の関係となる。

17　L.L. フラー（稲垣良典訳）『法と道徳』（勁草書房、1968年）50-51頁。フラーは、統治者のこのような申し出が法を定立したといえるためには、先に触れた8つの要件からなる「法の内面道徳」が満たされなければならないというのである。

立法も司法も対等な市民たちの間の対等で相互的な対話的構造を明示的にとるようになる。自由化の段階はさらに民主化の段階へと転化するわけである。こうして、ルソーやカントの法思想に見られたように、法は普遍主義的道徳（すべての各人が自由な人格として普遍的な行為法則を自律的に定立するとともに、まさにそれゆえに自律的にそれを遵守すべきことが相互的に要請される）との密接な結び付きをもつことになる。

　法が理由あるいは根拠に基づく妥当性の主張を提起せざるをえないということから、R. アレクシーは法と普遍主義的道徳との必然的な連関を導いている。根拠に基づく妥当性の主張をなす者は、「少なくともその根拠づけに関して、それが他者にとっても対等の立場で受容可能であり、自ら強制を行使するのでもなければ、また第三者の行使する強制に支えられているのでもない、ということを少なくとも提示する。彼はさらに、自分の主張は根拠づけのその都度の名宛人に対してだけでなく、それを越えて万人に対しても擁護しうる、ということを主張する。この対等性と普遍性の要請は、普遍化可能性の理念に依拠する手続的倫理学、すなわち討議倫理学の基礎を構成する。討議倫理学が正当性、根拠づけ、普遍化可能性という概念の間に打ち立てる連関は、法的議論は一般的な実践的議論の特殊事例であるというテーゼを援用することによって、法についても当てはめることができる。このテーゼが正しいとすれば、法と普遍主義的道徳との間の必然的連関が打ち立てられることになる」[18]。

　このような法と普遍主義的道徳との必然的な関連はたしかに理想主義的な理念にすぎないようにみえる。しかし、法がたんに強制による服従を命じるのではなく、理由に基づく妥当性の主張を提起し、これが名宛人によって理解に基づいて受容されることを要求するかぎり、この理念は法に内在する理念であるということができる。すでに触れたように、理由に基づく妥当性の主張を提起しているという点に、法の最小限の道徳性がある。その理由そのものはとくに道徳的なものに限られない。法の妥当性の主張の理由は、後にみるように、さまざまな目的や価値でありうるからである。それでも、法は理由に基づく妥当性を主張しているのでなければならないという点に、**法と道徳との最小限の必然的な関連**があると考えられるのである。

18　R. Alexy, Zur Kritik der Rechtspositivismus, ARSP Beiheft 37, 1990, 26.

のみならず、この必然的な関連はたんに形式的なのではなく、実質的な価値を含意する。法の妥当性の主張は、先に触れたように、少なくともその名宛人の自由を前提し、またそのように自由な者としての名宛人の間の平等を前提し、さらにいうまでもなくそうした名宛人の生存を前提している。法の最小限の道徳性はこのような実質的な道徳的価値を含意するといえるのである。しかし、この最小限の道徳性も、またそれが含意するこれらの実質的な道徳的価値も、つねに現実の実定法において十全に実現されているというわけではもちろんない。したがって、この観点から実定法に対する道徳的批判はつねに可能である[19]。普遍主義的道徳性との関連はカントの意味での統制的理念、つまり法の概念に萌芽的に内在するとともに、けっして十全に実現されることはなく、つねに近似的な接近が可能であるにすぎないが、それでも実践を方向づける理念なのだといえるだろう。

第2節　法と強制

　法と強制との密接な関連はこれまで度々強調されてきた。そして、多くの場合、強制性は法の本質に属するとみなされてきた。しかし、法において強制はどのような位置を占めるのか、法の実効性にとって強制は第一次的な性格のものなのか、それとも第二次的なものにとどまるのかは、なお検討の余地がある。それは法を基本的に命令とみるかルールとみるかの違いにも関わっている。法と強制とが密接に関連しているとしても、他の社会道徳も何らかの強制を伴うことがあり、これと異なる**法的強制**の特質がどこにあるのかが問われなければならない。さらに、いずれにせよ法が国家権力によって強制的に貫徹されうるということは、法自体にとって何を意味するのかが問題となる。法は権力によって強制されるという側面をもつと同時に、まさにそれゆえに、逆に法は権力の強制作用を制約するのでなければならないのである。

1　法における強制の位置

　法と強制とが密接に関連していることはいうまでもない事実である。刑法にお

---

[19] ハートは、法と道徳の必然的関連を主張する見解では、法に対する道徳的批判の感覚を鈍らせると述べていたのだが、必然的であるわけではない。法に内在する価値理念をこのように統制的原理として理解する限り、この理念の観点からの批判は可能なのである。

ける刑罰に関する諸規定、民事における差押えなどの強制執行、警察などの強制的な処分などを思い浮かべれば、法がいたるところで強制と結び付いていることは明らかである。しかし、このことから、強制性は法の第一次的な本質であるということが導かれるかどうかは議論の余地がある。それは法をどのように見るのかという問題に関わっている。

法を根本的に強制的なものとみる見解は、すでに触れてきたように、ケルゼンにおいて明確にみられる。ケルゼンによれば、すぐれて法と見なされる規範、すなわち自立的な法規範は、「一定の行態を指図する規範」としての行為規範に対する違反を要件とし、これに法的効果として制裁（サンクション）を結び付ける裁決規範である。しかも、その制裁としての効果は「害悪（生命・健康・自由・財産等の価値物の剥奪）」である。こうして、ケルゼンによれば、法の「本質的要素は、社会的に有害とみなされた事態につき、その効果として、対象者の意思に反してでも執行され、抵抗される場合には物理力をもってしても執行される強制という要因」である[20]。ケルゼンにとって、物理力をもって害悪を制裁として加える強制の要素、たとえば刑罰や強制執行が、法の本質的な特徴なのである。

しかし、人々の社会生活にとってとりわけ重要な役割を果たす民事法においては、法規範の規定する法的効果は必ずしも強制的制裁であるとは限らない。「私権の享有は出生に始まる」という規定は、人の出生を要件として、その人に私権の享有を法的効果として帰属させるものである。また、所有権の移転に関する規定では、当事者の意思の合致を要件として、所有権の移転が法的効果として生じるが、登記を経ていないならば、このことを要件として、善意の第三者に対しては所有権の移転を主張することはできないという効果が生じる。あるいはまた、相殺に関する規定では、双方の債務者が同種の債務を相互に有し、かつそれらがいずれも弁済期限にある場合で、各債務者が相殺を主張するならば、これを要件として、当該債務者はその債務を免れるという法的効果が生じる。

もちろん、こうした点について争いが生じれば、場合によっては訴訟となり、さらに場合によっては強制執行となることもある。しかし、これらの民法の諸規定は人々の私法上の権利義務関係に関するルールであり、ハートが言うように、第一次的には人々の社会生活上の行為の指針なのである。人々がこれらのルール

20　H. ケルゼン『純粋法学』33-34 頁。

に従う理由を強制とは別にもっているならば、人々はこれらのルールに自発的に従うことは十分に考えられる。強制執行や刑罰はルールへのこうした**自発的な服従が不利にならないための保証**である。ハートによれば、「制裁は服従の通常の動機として必要とされるのではなく、自発的に服従しようとする者が、服従しようとしない者の犠牲にならない保証として必要とされるのである。これがないと、服従することは不利になる危険を冒すことになろう。このような恒常的な危険があるのを考えれば、強制的な体系における自発的な協力こそが理性の要求であることが分かる」[21]。

このように法にとっての強制の意義を第二次的なものとみる見解は、たとえばドイツの法学者 H. コーイング (1912-2000) などにもみられる。「法にとって第一に本質的なのは、それが、共同生活の抽象的秩序を樹立し、行為領域と生活領域を画定し、共同作業を組織すること、そして、この秩序が一定の集団において拘束力あるものとして承認されることであり、それが一定の種類のサンクションによって支えられているということは、法にとって本質的なことではない。……他方、法的強制によるサンクションは、法秩序の実践的な価値にとって、もちろん大きな意味をもっている。それなしには、法の妥当は不確実なものにとどまる」[22]。

なお、ケルゼンはサンクションとして主に**負のサンクション**を考えているが、今日の行政法などでは優遇税制や補助金交付など**正のサンクション**を法的効果として規定する目的プログラムも多用されている。このような法はたんに強制を用いないというだけでなく、ここでもまた人々に行為の指針を提供するという性格をもっているのである。行政作用は従来国家権力の作用として基本的に強制的なものとして理解されてきたが、環境法などでは行政と民間との関係も対話的な関係として捉えられる局面も増えてきている。そこには場合によっては馴れ合いが起こりうるといった問題もないわけではないが、位階的な権力関係とは異なる「対話型行政」とか「公私協働」といった法現象にも注目がなされるようになっているのである[23]。

---

21 H.L.A. ハート『法の概念』308 頁。
22 H. Coing, Grundzüge der Rechtsphilosophie, 5 Aufl., 1993, 228.
23 対話型行政については、大橋洋一『対話型行政法学の創造』（弘文堂、1999 年）、公私協働については、山本隆司「公私協働の法構造」（『公法学の法と政策・下巻』有斐閣、2000 年所収）を参照。

以上のようにみるならば、強制を法にとって第一次的で本質的なものとみる見方は、刑法や従来型の行政法（律や令）を中心に法を理解する見方であるといえる。この場合、法は基本的に国家権力によって市民に下される命令として捉えられることになろう。これに対して、主として民事法や当事者主義的な訴訟観や対話型行政に着目するならば、法は基本的に人々の対等な社会生活における行為の指針としてのルールと捉えられることになるだろう。「法への視座」としては前者から後者への移行がみられるが、これは近代初期の主権化の段階から自由化を経て民主化の段階へという法の進化のプロセスに対応しているとみることができる。それは法の本質的な対話的構造と対話的合理性が次第に制度化されてきたことを示すものとみることがきるだろう。したがって今日では、田中成明の言うように[24]、制裁や強制に法の第一次的機能を見るのは、たとえばスポーツのゲームにおいて通常のプレーではなく、ルールに反したプレーヤーが退場させられる場面だけを見るようなものというべきだろう。

　もっとも、C. シュミットの言い方を借りれば[25]、事柄の本質は例外的な状況において、すなわち究極的に国家権力による強制が行使されるという状況において現れるといえるかもしれない。しかし、こうした見方は例外の強調によって常態の理解を歪めさせ、例外を常態と転倒させる危険性をもっている。もちろん、国家の権力行使という例外状況は法にとってきわめて重大な局面であるが、この場合の問題は、強制は法の本質だと確認することではなく、むしろそのような場合に国家権力の行使をどのようにコントロールするかということであろう。

2　法的強制の特質

　法にとって強制は第二次的なものとみなすとしても、強制が法の実効性にとって、したがってまたそれを条件とする法の妥当性にとって重要な意味をもっていることは否定できない。そして、社会道徳への違背に対する強制が社会的交通の制限（「村八分」とか「出入り禁止」）や社会的信用などの剥奪（「烙印」）やそれに伴う生活状況の困窮（「取引停止」）などの間接的な形態をとるのに対して、法的強

24　田中成明『法への視座転換をめざして』（有斐閣、2006年）56頁。
25　C. シュミット（田中浩・原田武雄訳）『政治神学』（未来社、1971年）21頁。シュミットはそこで「例外事例は、国家的権威の本質をもっとも明瞭にあらわす」と述べている。ここでの「例外事例」は通常の法規範によっては把握しえない事例のことである。シュミットは「主権者とは、例外状況にかんして決定を下す者をいう」と主張するのである（同書11頁）。

第 2 節　法と強制　125

制は最終的には直接の物理的実力の行使という形態をとる点で重大な性格をもつ（社会道徳における間接的な強制も重大な結果を生じうるが）。とはいえ、法的強制の特質はそのような直接の物理的行使という形態をとる点にのみあるのではない。このことは法的強制の理解にとって重要である。

　第一に、死刑や長期懲役などのように物理的実力が実際に行使されることはもちろんきわめて重大な意味をもつが、法の実効性にとっては実際の実力行使は必ずしも第一次的な要素ではない。オースティンにおいても、制裁は人々に法への服従を動機づける要因となればよいのであって、必ずしも実際に行使される必要はない。もちろん、「伝家の宝刀」もまったく使用されないならば服従を動機づける要因とはならないだろうが、違背に対しては実力の行使がありうるということが**実効性の究極の保証**となっていればよい。ラズによれば、「法は、それへの服従やその適用が、究極的に実力の使用によって、内的に保証されているという意味で、強制的である」[26]。

　ところで、ラズにとっても強制性は法への服従の標準的な動機だというわけではない。人々が法に服従する動機あるいは理由は他にもありうるからである。「法的強制の機能は、法によって導かれるどんな行為にとっても標準的な動機である、という点にあるのではない。……強制は、[他のすべての法規範が前提する]義務賦課的法への服従の標準的な理由（の一部）であるという意味で、法の究極的な基盤なのである」[27]。ここでラズが強制をその一部として含む「服従の標準的な理由」というのは、すでに触れた法の権威性である。ラズにとっても、法は強制的であるけれども、強制性は法への服従の動機ないし理由としては部分的なものなのである。

　第二に、法的強制の特質はそれが**社会的に組織されたサンクション**であり、しかも法規範そのものによって強制の発動の要件、手続、効果等が規定されているという点にある。ケルゼンによれば、「法秩序によって規定されているサンクションは、社会的に組織化されたサンクションである。……法が強制秩序であるということは、その規範が法共同体の強制作用を規定しているということである。しかし、このことは、その強制作用の遂行に、常に物理的強制が用いられるということを意味しない。……法が強制秩序であるというのは、それが規定する

26　J. ラズ（松尾弘訳）『法体系の概念』（慶應義塾大学出版会、1998 年）3 頁。
27　J. ラズ『法体系の概念』218-219 頁。

要件の効果として制裁が規定されているという意味においてである」[28]。

　このようなケルゼンの見解は、すでに触れたように法的効果を基本的に負のサンクションとみる点では問題があるが、法的強制の重要な特質を捉え出しているといえる。もちろん、道徳規範の強制の場合も、それがどのような場合に発動されるかなどについて、一定の共通理解があるだろう。とはいえ、法規範の場合と異なって、それは明示的に規定されてはいない。法的強制が明示的にその発動等の要件を規定していることは、人々に予測可能性とそれに基づく行為の自由を保証し、また不当な強制の発動に対して防御する方法を与えるということを意味する。訴訟手続や異議申立手続を通してこのような防御策を行使することができるのである。法的強制の特質としては、この点が、物理的実力の行使や、それによる実効性の究極の保証ということよりも、いっそう重要だといえるだろう。

3　強制の制限と正当化

　これまでのところでは、法が国家権力の強制作用によって貫徹されるという側面をみてきた。しかし、とりわけ近代の自由化の段階以降、法は国家権力の行使を制約し統御するという重要な機能を果たすものとして捉えられてきた。こうした**国家権力の行使に対する制約と統御**は、上に見たように、強制作用の発動要件、手続、効果等がそれ自体法規範において明示的に規定されているということによって、部分的には果たされる。国家権力の作用が明確な法の規定に基づかなければならないという要請は、たとえば罪刑法定主義に典型的にみられる。しかし、国家権力の作用は、たんに明確な法規範に基づかなければならないということを越えて、さらに強制作用の発動それ自体が一般的に正当化可能であることを求められる。**法の支配**や**法治国家**はこの要請を表現しているのである。

　ここでは、ドゥオーキンとハーバーマスの議論をみておこう。ドゥオーキンはこの点について次のように述べている。「法に関する我々の議論は大体において次のような想定のもとでなされている。すなわち、法実務の最も抽象的で根本的な存在理由は政府の権力を統制し拘束することにある。そして法は次のような仕方で政府の権力を統制し拘束する。つまり、権力を行使したり差し控えたりすることが政府の目指す目的の実現にとってどれほど役に立とうと、そしてこれらの

---

[28] H.ケルゼン『純粋法学』33-35頁。

目的がどれほど有益で崇高なものであろうと、政府の過去の政治的決定——集団的権力はどのようなときに正当化されるかについて政府が過去に下した政治的決定——に由来する個人の権利や責任によって認可ないし要請されたものでないかぎり、権力は行使されたり差し控えられたりすべきではない、と法は主張するのである。……法概念のこのような特徴づけは、…法の『支配』としばしば呼ばれているものを説明している」[29]。

また、ハーバーマスは次のように述べる。「法治国家の理念は次のことを要請する。法はそれ自身の機能を実現するためには組織された国家権力を必要とするが、こうした国家権力の集団拘束的な諸決定は、たんに法の形式をとらねばならないのみならず、それ自身正統に制定された法によって正統化されなければならない、と。政治的支配の行使が正統化されるのは、たんに法の形式をとることによってではなく、正統に制定された法に拘束されていることによってのみである。そして、ポスト伝統的な正当化のレベルからみると、法が正統なものとして妥当するのは、それが、法共同体のすべての構成員の討議による意見形成および意思形成において、合理的に受容されうる場合だけである」[30]。

要するに、ドゥオーキンによれば、政府権力の行使・非行使が正当化されうるのは、他のどんな目的によってでもなく、それが過去の政治的決定に由来する個人の権利および責任によって認可されたり要請されたりする場合だけであり、ハーバーマスによれば、国家権力の行使が正当でありうるのは、たんに法の形式をとっているだけでなく、法共同体のすべての構成員の討議による意見形成および意思形成を通じて合理的に受容されうる制定法によって拘束されている場合だけである。ドゥオーキンの場合には正当化根拠は個人の権利および責任という自由主義的な原理であり、ハーバーマスの場合にはそれはすべての成員の討議による合理的な受容可能性という民主主義的な原理であるという違いはあるが、いずれも国家権力の行使の正当性の根拠はたんなる合法性ではなく、立法をも拘束する法の支配あるいは法治国家の原理とされるものである。

なお、ドゥオーキンが個人の権利と責任を「過去の政治的決定に由来する」ものというのは、たとえば憲法における人権規定やそれに基づく裁判所の判決などによって認可されているものというほどの意味である。また、ハーバーマスの

---

29 R.ドゥオーキン（小林公訳）『法の帝国』（木鐸社、1995年）158-159頁。
30 J.ハーバーマス（河上倫逸・耳野健二訳）『事実性と妥当性・上』（未来社、2002年）167頁。

「ポスト伝統的な正当化のレベル」というのは、正当化がたんに制定されたルールに基づいているというだけでなく、普遍主義的な正義原理に基づいているということを意味する。さらに、ハーバーマスのいう法治国家が、行政作用の合法性だけを意味するいわゆる形式的法治国家ではなく、立法そのものをも拘束する実質的な法治国家、とくにこの場合は民主的な法治国家であることはいうまでもない。

第3節　法による道徳の強制

　以上、法と道徳、法と強制について検討してきたが、最後に法、道徳、強制というこの三つの項目の特別な組合せ、すなわち**法による道徳の強制**という問題について検討する。この問題の出発点をなすのは近代前半の宗教に対する国家権力による強制をめぐる問題であった。17世紀ヨーロッパではイギリスでもフランスでも、それぞれに絶対君主のもとに国家宗教が定められ、これと異なる宗派の信者は偏見と弾圧にさらされた。こうした中でロックは名誉革命が成立した年に『寛容書簡』を公表して、信教の自由と政教分離を唱えたのであった。ロックによれば、信教の問題は内心の魂の配慮の問題であり、外的な強制になじまない。したがって、国家は特定の宗教を強制してはならないとロックは主張したのである[31]。次にこの問題が根本的に取り上げられたのは、19世紀後半、J.S. ミルの『自由論』においてであった。今日でもなおこの問題はミルのこの著作を参照することなしには理解できない。

1　他者危害原理

　ミルが『自由論』を書いたのは、19世紀後半イギリスでもすでに民主化のプロセスが選挙権の拡大を通して次第に進展しつつある時代であった。ミル自身は民主化を不可避と捉え、自らもまた労働者や女性の権利の要求を支持していた。しかし他方で、フランスの政治学者 A.d. トックビルの『アメリカの民主主義』に触れて、**多数の専制**という問題が生じうるという危険に対処する必要を感じていた。『自由論』はこの多数の専制への懸念に基づいて書かれている。

31　J.ロック（生松敬三訳）『寛容についての書簡』（『世界の名著　ロック・ヒューム』中央公論社、1980年）。ただし、ロックは、無神論はあらゆる義務の観念を破壊するがゆえに、政府はこれを禁止することができるとした。同書、391頁。

第 3 節　法による道徳の強制　　129

　『自由論』におけるミルのテーゼは「**他者危害原理**」(harm to others principle) としてよく知られている。「文明社会のどの成員に対してにせよ、彼の意志に反して権力を行使しても正当とされるための唯一の目的は、他の成員におよぶ危害の防止にある。人類の構成員の一人のたんに自己自身だけの物質的または精神的な幸福は、充分にして正当な根拠ではない。ある行為をなすこと、または差し控えることが、彼のためになるとか、あるいはそれが彼を幸福にするであろうとか、あるいはまた、それが他の人の目からみて賢明でありあるいは正しいことでさえあるとかという理由で、このような行為をしたり、差し控えたりするように強制することは、けっして正当ではありえない」[32]。ミルはいくつかの例のうちの1つとして、アメリカのモルモン教徒の一夫多妻制に関する議論を挙げている。イギリスのある宣教師がモルモン教徒に対して文明遠征軍を送るべきだという主張を展開していたのに対して、ミルは、反対の説教をするならともかく、文明化を強制する権利は彼にはないと批判したのであった[33]。

　他者危害原理は寛容原理と並んで近代リベラリズムの基本原理の一つをなしており、とくに刑法分野では後で触れるいわゆる「被害者なき犯罪」に反対する論拠の一つでもある。刑法を通じて異論の余地のある社会道徳を強制することに対する論拠として今日でも重要な意義をもっている。また、他者危害原理は裏からみれば**自己決定原理**でもある。不道徳なことであれ、他者に危害を加えるのでなければ、それは自己決定権の範囲内のこととして許容されるべきだということになる。この原理はときに過度に拡大解釈されかねないが、ミルの本来の趣旨は国家権力や社会の圧力を用いた多数の専制に対して少数者の自由と権利を保護することにあり、個人の放埓に対して言論による説得をなすことをも否定するものではなかったと考えるべきであろう[34]。

---

[32]　J.S. ミル（塩尻公明・木村健康訳）『自由論』（岩波文庫、1971 年）24 頁。
[33]　J.S. ミル『自由論』184-188 頁。
[34]　他者に危害を加えるにはいたらないが、他者を道徳的に不快にさせる行為もあり、これについては「不快原理」と呼ばれる原理が提示されうる。ミルは、公衆の面前で行われるために淳風美俗の壊乱となるような行為は、他人に対する犯罪の範疇にはいるとして、この原理による干渉を認めている。たとえば、一般の住宅街に「アダルト・ショップ」を設置することなどが、この原理によって禁止ないし制限されうるだろう。しかし、いわゆる「迷惑施設」（住宅街の保育園など）をめぐる問題など、この原理の適用にも慎重さが必要である。

2　パターナリズム

　他者危害原理は、国家が市民の行為に対して強制的に介入してよいのは、その行為が他者に危害を加えるものである場合にかぎるとする原理である。では、市民がその行為によって自分自身に危害を加えたり生じさせたりする場合はどうか。実際、我々はそれを他者に強制すれば他者にとって危害を加えることになるような行為を、自分自身についてはあえて危険を冒してなす場合がある。喫煙、冬山登山、格闘技、生体臓器提供等々。このような場合に、国家はその市民の行為に強制的に介入することができるか、またその正当化根拠は何かが問題となる。

　市民が自分自身に危害を加えることになるような場合に、国家がその市民のために強制的に介入することができるとする議論を「**パターナリズム**」(paternalism) と呼ぶ。アメリカの法哲学者 J. ファインバーグ (1926-2006) によれば、「法的パターナリズムの原理は、自分自身に危害を加えようとする個人を保護するために、さらに場合によっては、個人をその人自身の善益へ導くために、その人の意思のいかんに関わらず、国家が強制を用いることを正当化する」[35]。「パターナリズム」という言葉はラテン語で父親を意味する「パテル」(pater) に由来する。分別の十分でない子供が自分に危害を加えることになるようなことをなす場合に、父親が子供のために干渉するのと同様に、自分自身に危害を加えようとする市民にその市民のために国家が干渉することを正当化する原理なのである[36]。

　しかし、子供の場合はともかく、市民が自分自身に危害を加えるような場合に、当の市民のためとはいえ、国家が強制的に介入することは、市民の自由と自己決定権に対する重大な侵害となりうる。パターナリズムは自己決定の原理と真向から対立するのである。ミルの自由論は基本的にこうしたパターナリズムを退ける。その宗教を信じることが別の宗教からみると仮に破滅への道だとしても、人は「**堕落する権利**」をすら有するというのである。とはいえ、ミルもパターナリズムをまったく否定するわけではない。とくに、奴隷契約はたとえ契約という形式をとっていても、つまり本人の自由な意思に基づくものであるとしても、以後その自由そのものを放棄するものであるがゆえに、国家はこれを無効とするこ

---

[35] J. Feinberg, Legal Paternalism, in (R. Sartorius ed.) Paternalism, 1983. 3.
[36] ちなみに、パターナリズムという言葉はジェンダー差異を含むから、ラテン語で親を意味する語 parens にちなんで、ペアレンティズムとでも言うほうがよいかもしれない。

とによって介入することができるとするのである[37]。

　パターナリズムを根拠とすると考えられる法規範はこの他にもかなりある。奴隷契約だけでなく、売春契約が無効とされたり重婚が禁止されたりするのも、公序良俗に反するという理由によるだけでなく、一面ではパターナリズムに基づいているとみることができる。また自殺幇助が刑罰をもって禁止されるのは、通説によれば、自殺の意思が真意ではない可能性があることを考慮して一律に禁止するほうがよいと考えられるからだとされるが、これもパターナリズムに基づいているといえる。その他、身近な例としてよく挙げられるのが、シートベルトやヘルメットやチャイルドシートの着用義務である[38]。

　このような事例を考えると、パターナリズムを一般的に拒絶することは適切ではないといえるかもしれない。ファインバーグによれば「必要なのは、パターナリズムに対する一般的な拒絶と、ある種のパターナリズム的規制の必要性とを、何らかの仕方で調停させることである」[39]。しかしそうだとすれば、パターナリズムはそれだけで国家の干渉を正当化する原理なのではなく、さらに具体的な条件づけを必要とすることになる。とりわけ、**自己決定原理との調和**が必要である。結論だけいえば、さしあたり次のような点が考慮されなければならないだろう。①その行為によって生じうる危害が重大なものであること、②本人の意思が十分に自由なものではないと考えられること、③規制の目的がもっぱらその個人の善益のためであることなどである[40][41]。

37　J.S. ミル『自由論』204-206 頁。
38　ただし、これらは事故による社会的損害を回避するという目的をももつとすれば、パターナリズムのみに基づくわけではない。
39　J. Feinberg, Legal Paternalism, 4.
40　正当化可能なパターナリズムの基準を「本人の自律の実現・補完」に求めるものとして、中村直美『パターナリズムの研究』(成文堂、2007 年) 参照。中村は、自律を「中核的自己」(自分らしい自分) が「周辺的自己」(自分らしくない自分) を抑制することと捉え (同書 241 頁)、パターナリズム的介入は、この自律が本人によっては十分に機能しない場合に、本人に代わって実現・補完するものであるときは、正当化可能だとするのである。具体的ケースにおいて「中核的自己」というのを誰がどのように判断するのかが問題となるだろう。この点は、本文の②や③についても同様であるが。
41　自由な自己決定とパターナリズムとの調整という点では、最近、「リバタリアン・パターナリズム」という見解が提起されている。これは、人々の非合理的な弱さを認める「行動経済学」の知見に基づき、その弱さを補う介入をするが、強制的なものではなく、様々な選択の枠組み (アーキテクチャ) を工夫して人々に提示することによって、合理的な選択へと人々の背中を「軽く押す」(「ナッジする」) というものである。R. セイラー、C. サンスティン (遠藤真美訳)『実践行動経済学』(日経 BP、2009 年) 参照。この本の原題は「Nudge」である。

132　第4章　法・道徳・強制

　最近ではとくに生命倫理の分野で生じる問題が多い。生体臓器移植の提供者となること、代理出産を引き受けること、治験などの臨床研究の被験者となること、安楽死や尊厳死を求めることなどに関わる問題である。また、近年アメリカで議論になった問題として「医師幇助自殺」がある。これらは個人の自己決定権に対するパターナリズムの正当化可能性の問題であると同時に、次にみるリーガル・モラリズムの問題という側面をもっている[42]。

　また、パターナリズムの問題は善意による介入をめぐる問題であるが、その系として、他者に対する善意や親切を法によって義務づけることができるかという問題もある。たとえば、他者が危難に陥っているときに、それを救助する義務を法的に規定することができるだろうか。親権者や後見人はその特別な関係によって特別な保護義務を負うし、また救急隊員や救助隊員もその職務上特別な救助義務を負う。これに対して、一般の市民に一般的な救助義務を課することができるかどうかが問題となる。また、福祉国家原理は強制的な課税からの財源によって公的扶助を行う制度原理であるが、これはどのようにして正当化されうるだろうか。これも現代正義論において一つの核心的な問題となっているのである。

3　リーガル・モラリズム

　ミルの自由論と正面から衝突することになる原理としては、さらに**リーガル・モラリズム**がある。リーガル・モラリズムはまさに法による道徳の強制を正当化しようとする議論である。これをめぐる有名な論争が20世紀中葉のイギリスでハートとデヴリンの間でなされた論争である。

　1954年、イギリスのジャーナリストが同性愛の罪で逮捕され18ヵ月の禁錮に処せられたことをきっかけとして、リーディング大学のJ. ウォルフェンデン

---

[42]　医師幇助自殺をめぐっては、アメリカの著名な哲学者たち（R. ドゥオーキン、J. ロールズ、R. ノージック、T. ネーゲル、J.J. トムソンなど）が、自殺幇助の罪に問われた医師に係る裁判で、患者や医師を支持する「法廷補助人意見」（amicus curiae）を提出している。その序文はドゥオーキンが書いている（http://www.nybooks.com/articles/1997/03/27/assisted-suicide-the-philosophers-brief/（2018年11月25日アクセス））。それによれば、生命の尊厳を守ろうとする州の関心は認められるが、自分の死をどう迎えるかは道徳的・宗教的・哲学的な見解の問題であり、この種の問題について国家が本人の真摯な意思の表明を一律に禁止するのは憲法に違反する、つまり、リーガル・モラリズムの疑いがあるというわけである。なお、連邦最高裁判所は、「死の自己決定権」という概念はまだ漠然としており、一般の自殺幇助と区別する論証が十分ではないとして、医師の有罪を認めている。たとえば、Washington v. Glucksberg, 521 U.S. 702（1997）。

(1906-1985) を中心に、裁判官、大学教授、政府大臣、心理学者、神学者などによって、同性愛犯罪および売春に関する公的な調査委員会が設けられ、審議の後、委員会は 1957 年に「ウォルフェンデン報告」と呼ばれる報告書を政府刊行物発行所から出版した。報告の提言は「同意した成人の同性愛行為はもはや犯罪として処罰されるべきではない」というものであった。

これに対して、高等法院 (High Court) 判事であった P. デヴリンは「道徳の強制」と題する論文で批判を展開した。彼によれば、「社会は国の内外からの危険に対して自己を防衛する権利を有している」が、同様に「社会はその道徳を保持するために法を用いることができる」[43]。したがって、一般に信奉されている社会道徳は、たとえ私人の行為であっても、それが通常人 (reasonable man)[44] にとって道徳的に受け入れがたいものであるときは、法律によってこれを規制することを認められるべきであるというのであった。

このデヴリンの議論に対して、ハートはミルの自由論に依拠しつつ、次のように反論している。「問題は道徳の強制は道徳的に正当化されうるか、ということである。……受容されている道徳への一致を法的処罰をもって強制することは道徳的に正しく適切だと、事実として、ある社会において広く認められているということを示すだけでは、明らかに答えにはならない」[45]。それを判断するためには、「社会制度の評価ないし批判に用いられるような合理的に受容可能な原理」が展開されなければならないのである。ハートの議論は社会の実定道徳と**批判的道徳** (critical morality) を区別することに基づいている。実定道徳を法的に強制することが道徳的に正しいかどうかそれ自体が問題であって、この問題に答えるためには合理的に受容可能な批判的道徳の原理によらなければならないというわけである[46]。

今日の観点からみると、この論争ではハートの議論のほうがいうまでもなく適切であるが、今日でもなお社会の多数者の道徳観を維持することは重要だとする議論はたびたびなされている。アメリカでは人工妊娠中絶や先に挙げた医師幇助自殺をめぐって場合によっては激しい議論が展開されている。わが国でも、たと

43　P. Devlin, The Enforcement of Morals, 1965, 10-14. これは、1959 年 3 月に英国学士院 (British Academy) でなされた講演をもとにしたものである。
44　P. Devlin, The Enforcement of Morals., 15.
45　H. L. A. Hart, Law, Liberty, and Morality, 1965, 17-18.
46　H. L. A. Hart, Law, Liberty, and Morality, 19-20.

えば代理出産契約や死後懐胎の事例など生命倫理に関わる問題をめぐって、議論が必要とされている。これらにおいても問題は、一般に信奉されている道徳観であるということだけで、それを法的に強制すること、とりわけそれに反する行為を刑罰をもって禁止することが、はたして道徳的に正当化されうるのかということである。

　この点では、やはり他者に危害を加えるものでない行為はそれが実定道徳によって不道徳とみなされる場合でも、それを法的に禁止することは一般に正当化されないというべきだろう。価値観や道徳観が多様化している場合、それに基づく行為が他者に危害を加えるものでないかぎり、その多様性は許容されなければならない。そのような道徳の問題は人々の思想や良心の問題であって、宗教について言えると同様に、言論による説得の問題ではあっても、外的な強制にはなじまないのである。むしろ、実定道徳を法によって強制しなければならない状態は、その実定道徳そのものがその道徳性の質を問われている状態だといえるだろう。そこでは道徳が良心の問題であることが否認されようとしているのだからである。

　ちなみに、ハートが法と道徳との分離を主張するのは、このような具体的な実定道徳を主に念頭においているからだといえる。しかし、冒頭で述べたように、道徳そのものがいくつかに区別されなければならない。この点では、ハート自身の言うように、実定道徳とそれを法的に強制しうるかどうかを吟味する道徳がまず区別される。後者の批判的道徳はたとえば寛容や公正を原理として含むだろう。これらの道徳的価値は多様な価値観が共存しうるための価値であり、公共的価値と呼べる。そしてそれらはむしろ法が体現しているべき価値でさえあるといえるのである。また、すでに触れてきたような、法の最小限の道徳性がさしあたりこれらと区別されうる。実定道徳を法的に強制することが正当化されうるかどうかという問いは、理由に基づく妥当性の主張という法の最小限の道徳性のゆえに、まさに問いとして現れてくるのである。

第5章　法と社会

　前章では法と道徳の関係について検討した。法と道徳は社会の規範的秩序、つまり人々の規範的予期を媒介として成立する社会的関係の秩序である。もちろん、人々の社会的関係にはこれらにかぎらず多様なものがある。法との関係でとりわけ重要なのは経済と政治である。法と経済、法と政治はどのような関係にあるのかという問題は、法と道徳との関係に劣らず、法社会学などの法理論にとって基本的な問題であるが、また法をより広い全体的な連関のうちで捉えようとする法哲学にとっても重要な問題である。そして、そこでとくに問題となるのは、それらの関係における法の自立性、あるいはその相対的な自立性である。法は経済や政治と密接に関わりながら、どのような仕方でそれらから自立的なものとして捉えられうるかという問題である。

　この問題を考えるためには、まず法は社会の中でどのような位置にあると考えられるかという問題からはじめる必要がある。法と社会の関係をどのような視点から、どのようなものとして捉えるかということ、その意味での方法論をまず押える必要がある。ここでは、おおまかに社会の構造とそこでの法の機能という観点をとることにする。法は社会においてどのような機能を果たすのか、その機能は歴史的にどのように変化してきているのかが、とくに問題となる。その後で、法と経済、法と政治の関係について検討する。

第1節　法と社会

　法と社会の関係を考えるためには、社会というものをどのように捉えるかということをまず考えなければならない。この問題は社会理論や社会哲学にとっての大問題であり、ここでそれについて本格的に論じることはもちろんできない。法と社会の関係を考える上で必要なかぎりで、概観するにとどめざるをえない。その上で、とくに法はどのような社会的機能を果たしているのか、その機能は歴史的にどのように変化してきているかを概観する。

第5章 法と社会

1 社会の構造と機能

社会をどのようなものとして捉えるかというとき、まず容易に思いつくのは、社会を人々の集団とみることである。そのような集団は、規模、目的または機能、持続性などの点でみて、きわめて多種多様である。たとえば、家族から、近隣、学校、クラブ、宗教団体やその他の諸市民団体、企業、労働組合、政党、マジョリティとマイノリティ、地方公共団体、国家、国家連合、そして世界社会にまで及ぶ。

これらの**社会集団**はいくつかの観点から分類されうる。まず、主要な社会集団を規模の観点から分類することができる。たとえば、アリストテレスは、家族から出発して、諸家族の集合としての村、そして村々の集合として国家を考えた[1]。この分類はそれらの社会集団が占める空間の大小による区別ともなっている。しかし、それぞれの社会集団の規模も多様である。家族については、複数の世代や親等を含む大家族から現代の核家族にいたる多様な規模があり、国家についても、都市国家から大帝国にいたる規模の差異がある。また、家族については、原始のほぼ対等な家族から、身分制的な位階構造への分化を経て、近代以降は再び法的には対等な家族へと変化してきた。そして、規模の点でいえば、世界社会という観念も、ヘレニズム時代の「コスモポリス」やヨーロッパ中世の「普遍世界」にみられるように古くからあったが、大航海、帝国主義の時代を経て、今日ではとくに重要となっている。

次に、これらの社会集団の結合の目的や特徴による分類がありうる。上記の規模による分類はそれらの社会集団の結合の目的や特徴をも考慮しているが、とくに19世紀末から20世紀初頭の社会学は規模によらず結合の目的や特徴によって社会集団を分類した。有名なのは、ドイツの社会学者F. テンニース（1855-1936）の「**ゲマインシャフト**」（共同社会）と「**ゲゼルシャフト**」（利益社会）の区別である[2]。ゲマインシャフトは自然な「本質意思」によって全人格的に結合してい

---

1 アリストテレス（山本光雄訳）『政治学』（岩波文庫、1961年）第1巻第2章。アリストテレスにとっては、規模はそれだけで意味があるのではなく、人間の本性のより完全な充足を可能にするために必要なものが完備しているという目的（自足）に関わっている。
2 F. テンニース（杉之原寿一訳）『ゲマインシャフトとゲゼルシャフト』（岩波文庫、1957年）。同様の分類は、アメリカの社会学者C.H. クーリーの「第一次集団」と「第二次集団」の区別にも見られる（大橋幸・菊池美代志訳『社会組織論』（青木書店、1970年））。また、マックス・ウェーバーも、基本的な社会関係を、ゲマインシャフト的関係とゲゼルシャフト的関係として区別している（林道義訳『理解社会学のカテゴリー』（岩波文庫、1968年））。

る社会集団であり、家族、友人関係、近隣などが典型例である。ゲゼルシャフトは人為的な「選択意思」によって特定目的のために結合している社会集団であり、クラブ、企業、組合などがその例である[3]。後者はとくに近代以降に現れたものとみられている。

　時代は遡るが、ゲマインシャフトとゲゼルシャフトの区別に対応する概念によって、社会集団を分類するだけでなく、規模の違いをも考慮して、**社会構造**を法哲学的に捉えたのはヘーゲルである。ヘーゲルは『法哲学綱要』の第三部「人倫」を、**家族**、**市民社会**（bürgerliche Gesellschaft）、そして**国家**の三つに区分した[4]。家族は自然的な感情によって結合された共同体（夫婦とその子からなる）であり、市民社会は近代になって現れた経済社会とその職能団体（さらに、それらを規律する国家の行政作用）からなり、国家は、家族という原初的な共同体と諸個人からなる脱共同体的な市民社会とを抱え込みながら、民族という自然的な絆による高次の共同体を構成するものと捉えられる。国家はそのような包括的な共同体であるが、家族や市民社会と区別されるものとしては、政府という政治的機構によって代表される。これらについてのヘーゲルの叙述はすでに古いといえるが、近代から現代の社会の基本的な構造を捉えるものとしては、今日でも有益であるといえる。

　次に、以上のように社会を人々の集団としてではなく、**人々の行為の相互作用からなるシステム**として捉える見方がある。近代から現代にかけての人々の社会的活動の多様化と流動化に対応した見方ということができる。アメリカの社会学

3　テンニースは「国家」を普遍的で統一的なゲゼルシャフトと捉えている（『ゲマインシャフトとゲゼルシャフト』下巻 178-180 頁）。つまり、国家は、各人の自由と財産を（それに関する自然的法を実定化することによって）保護するという目的のために設立されたものであるとともに、各人の存在が依存するところの絶対的人格であるとされる（実定法だけを法とする）。なお、テンニースは社会主義の成立によってゲゼルシャフトとしての国家は消滅するとも述べている（同 182 頁）。

4　ヘーゲルの「市民社会」の概念はアダム・スミスらの政治経済学が描き出した経済と行政の社会領域をモデルにしている。Civil Society はスミスらにおいてもなお「国家」(societas civilis) を意味していたが、経済と行政の社会領域とを指すものとして用いたのは、ヘーゲルが最初だとされる（M. リーデル（清水正徳／山本道雄訳）『ヘーゲル法哲学』（福村出版、1976 年）145-176 頁参照）。なお、マルクスはヘーゲルの市民社会を純粋に経済的な活動の領域として捉え直す。そして、後述するように、経済関係を社会の土台とし、政治や法はその上部構造として位置づけていた。ヘーゲルは、個人主義的な傾向をもつ市民社会の商工業身分（ただし、中世の身分制の身分ではなく、たんに職業の区別としての身分）に、個人的な利益を超えて普遍的な利益への関心と感覚を養わせるものとして、職能団体（ギルドが原型である）の機能を重視していた。

者 T. パーソンズ (1902-1979) の**社会システム理論**がその代表例である[5]。パーソンズは社会システムが安定した構造を維持するためには一定の機能を果たさなければならないとする。外部環境との関係では、環境への適合と目標の達成、内部との関係では、行為のパターン維持と人々の社会統合という機能である。これらの機能は安定した構造をもつ社会システムにはいずれも必要な機能とみなされるが、国家規模の社会システムにおいては、それぞれ経済システム、政治システム、家族や学校などの教育・文化に関する組織、そして地域社会や議会などの意見や意思の調整統一に関する組織によって担われる。これら4つの機能の部分システムまたは組織への割り当ては、おおまかにみるとヘーゲルの社会構造の捉え方に類似するといえるだろう。

　パーソンズの社会システム理論は、システムの構造を維持するために必要な機能に着目するものであったが、すでに触れた N. ルーマンは、一般システム理論やオートポイエシス理論を取り入れて、さらに機能主義を徹底させた社会システム理論を構築した[6]。ルーマンのシステム理論では、社会システムの要素は広い意味での情報を伝達する**コミュニケーション**であり、コミュニケーションの特徴を区別するコードと呼ばれる二値的基準によって社会システムは区別される。たとえば、経済システムの**コード**は「支払える／支払えない」、政治システムのコードは「与党である／野党である」、法システムのコードは「合法である／違法である」等である[7]。コミュニケーションへのコードの二値の割り当ては、その割り当ての条件を設定する**プログラム**によって決定される。法の場合では、す

5　T. パーソンズ（佐藤勉訳）『社会体系論』（青木書店、1974年）、T. パーソンズ（井門富士夫訳）『近代社会の体系』（至誠堂、1977年）など参照。
6　ルーマンの社会システム理論に関する著作は少なくないが、ここでは本章に関連するものとして、N. ルーマン（春日淳一訳）『社会の経済』（文眞堂、1991年）、N. ルーマン（馬場靖雄・上村隆広・江口厚仁訳）『社会の法（1・2）』（法政大学出版会、2003年）、N. ルーマン（小松丈晃訳）『社会の政治』（法政大学出版会、2013年）参照。
7　このような二値的な基準による人々の活動や社会領域の区別は以前から存在した。たとえば、科学は「真／偽」を、芸術は「美／醜」を、道徳は「善／悪」を二値的基準とするなどである。ルーマンも、科学や芸術についてはこの古典的なコードを用いているが、道徳は固有の社会システムをなしているものとはみなしていない。なお、ラートブルフは法のコードを「正／不正」に見ていたといえる。ケルゼンらの実証主義的な観点からは、ルーマンと同様に、「合法／違法」が法のコードとなる。「合法／違法」のコードが「正／不正」のコードをその基礎として含んでいるとみなしうることについては、すでに触れた。また、後で触れるように、C. シュミットは政治のコードを「友／敵」にみていた。このようにみると、二値的コードという見方は、ルーマンの社会システム論にかぎらず一般にみられるものであり、社会を理解する上で有用であるといえる。

でに触れた条件プログラムがそれである。条件プログラムにおける要件への効果の結合は「合法／違法」という判断として概括されるわけである。

　各システムはコードによって特定されるコミュニケーションの連続からなり、あるシステムのコミュニケーションはそのままでは他のシステムには入ってこない。この意味で各システムは閉じているとされ、そのシステムにとって他のシステムは環境として捉えられる。たとえば、経済システムの「支払える／支払えない」をコードとするコミュニケーションは、そのままでは法システムにおいて「合法／違法」と評価されるわけではない。もっとも、あるシステムに対する他のシステムの刺激がそのシステムのコミュニケーションを惹き起こすこともあり、この意味でシステムは開いてもいる。たとえば、法システムでいえば、条件プログラムの要件に該当すること（たとえば、経済システムの例で言えば、株式市場である種の不自然な株価変動があり、それが誰かの意図的な操作によると推測されること）が環境において発生すれば、法システムではそれに法的効果を合法または違法として結びつけるコミュニケーションが発生するといった場合である。また、国家のように政治システムと法システムのどちらもが関わる対象や、経済的財のように経済システムと法システムのどちらもが関わる対象がある。この場合、それらの対象を媒介として、それらのシステムは「**構造的にカップリング**」しているとされる。しかし、システムはコードによって閉じていることによって、つまり自己の要素であるコミュニケーションだけを生み出すことによって、自己を維持しているものとみなされる。

　ルーマンの社会システム論では、新しいコードをもつコミュニケーションが現れて自己生産的に維持されるようになれば、いくらでも新しい社会システムが生まれるという現象を説明することができる。また、それらのシステムは並存しているものと捉えられ、全体として統一的な秩序や構造をなしているものとはみなされない。どれかのシステムが他の諸システムを恒常的にコントロールするという関係もないとされる。しかし、何よりも法システムを社会の中に明確に位置づけることができるという点が、特徴的である。社会を人々の集団と捉えるならば、法はそれらに関わるとしても、法そのものが社会の中にどのように位置づけられるかは不明である。ヘーゲルは、近代自然法論に基づく法的人格、権利、不法などは、主に市民社会において、したがって経済関係のいわば形式として機能するものとみなしていたが、法の社会における位置は必ずしも明確にはされてい

なかったといえる。パーソンズにおいても法は明確な位置を与えられていなかった[8]。ルーマンのシステム理論では、法も一つのシステムとして社会の中に位置づけられるのである。

これに対して、すでに触れた J. ハーバーマスは、ヘーゲルやパーソンズの社会構造の捉え方をなお維持しつつ、法を経済や政治行政などとともにシステムとして捉えており、いわばハイブリッドな社会の見方を提示する[9]。基本的な構造をなすものとしては、家族などの親密圏、経済システム、行政システムのほか、政治的な意見形成・意思形成に関わるものとして、マスコミや大学や市民運動団体などからなる「**市民社会**」(zivile Gesellschaft) と、議会などの制度的な意思形成・意思決定の場としての政治システムが区別される。市民社会が経済システムから区別されているのが、ヘーゲルとの違いである。そして、法システムはこれらすべてにいわば横から関わる。なお、ハーバーマスは世界社会の問題も論じているが、これは別の箇所で取り上げる。

ハーバーマスも社会を基本的にコミュニケーションからなるものと捉えるが、その際、親密圏や市民社会における**日常言語による相互了解を求めるコミュニケーション**と、経済システムや行政システムにおける**貨幣や権力というメディアによるコミュニケーション**とを区別する。この区別はパーソンズのシステム内部の調整と外部環境への対処という区別にほぼ対応する(パーソンズも貨幣や権力のメディアとしての特徴に注目していたし、ルーマンも同様である)。親密圏は個人の社会化や人格の形成・維持に関わり、市民社会は公共的な意見の形成に関わる。そこでは日常言語によるコミュニケーションを通して相互了解に基づく社会統合が図られる(このような社会の領域を、E. フッサールの用語を借りて「生活世界」と呼んでいる)。これに対して、経済システムや行政システムなどのサブシステムでは貨幣や権力というメディアによるコミュニケーションを通してシステムの維持が図られるが、ハーバーマスはこれによる社会の統合をシステム統合と呼ぶ。

そして、これらに関わる法を、ハーバーマスは、生活世界に関わる「制度とし

8　パーソンズの社会体系論は、社会体系を行為の体系と捉え、社会的行為を規範志向的なものとみなすから、社会体系は規範によっていわば浸透されていることになるが、『社会体系論』においては「法」という概念は独立のものとしては扱われていない。

9　ハーバーマスについても本章に関連する限りでは、J. ハーバーマス(河上倫逸・M. フーブリヒト・平井俊彦訳)『コミュニケイション的行為の理論(上・中・下)』(未来社、1985年)、J. ハーバーマス(河上倫逸・耳野健二訳)『事実性と妥当性』(未来社、2002年)を参照。

ての法」と、サブシステムに関わる「メディアとしての法」とに区別している[10]。制度としての法は人々の権利の保障を中心とするのに対し、メディアとしての法は貨幣の流通や権力の作動を円滑化する機能を中心とする。ハーバーマスは、メディアとしての法を通じて、サブシステムのシステム統合の作用が生活世界に侵入し、相互了解のプロセスをメディアによるコミュニケーションへと浸食的に置き換え、いわば「植民地化」するという診断を現代社会の問題として指摘した。これについてはまた後で触れる。

ルーマンの社会システム論が複雑に分化した現代社会の社会学的分析にとって方法論的に一貫した鋭利で有用な分析装置を提供しているとすれば、親密圏・市場・市民社会・国家というハーバーマスの構造的な社会把握は直観的な分かりやすさという利点をもつ。両者の間には有名な論争がある[11]が、双方の利点を活用することは無意味ではないだろう。

2　法の社会的機能

次に問題となるのは、法は社会の中でかつ社会に対してどのような機能を果たしているかということである。現代社会において法はさまざまな社会的機能を果たしている。それらの機能はおおよそ法の諸分野と対応している。他方で、それらの法の社会的機能はいつの時代にも、またどんな社会でも同一であり、また同じ程度に見られるというわけではなく、時代や社会に応じた変化が見られる。とくに、近代から現代にかけて、法の社会的機能には特徴的な変遷がみられるのである。ここではまず法のいくつかの社会的機能を概観する[12]。

一般的にいえば、法は社会の秩序を構成するものの一つである。社会の秩序も

10　J. ハーバーマス『コミュニケイション的行為の理論（下）』370-371 頁。
11　J. ハーバーマス／N. ルーマン（佐藤嘉一・山口節郎・藤沢賢一郎訳）『批判理論と社会システム理論（上・下）』（木鐸社、1984/87 年）。ごく概略的に言えば、ハーバーマスは、ルーマンの社会システム理論は現存する社会システムを無批判に維持する社会テクノロジーの理論に他ならないと批判するのに対し、ルーマンは、ハーバーマスの行為理論は現代社会の高度な複雑性を分析しえないと応答しているのである。
12　法の社会的機能についての法哲学者の議論としては、J. Raz, The Authority of Law, 1979, Chap.9 (The Functions of Law)、田中成明『現代法理学』（有斐閣、2011 年）71-78 頁参照。ラズは法の直接的な社会的機能として、行動を阻止または奨励する機能、私的な調整を促進する機能、サービスを提供し資源を再分配する機能、紛争を解決する機能を挙げている。田中は、ラズの議論も参照して、社会統制機能、活動促進機能、紛争解決機能、資源分配機能を挙げている。なお、ラズは法の間接的な社会的機能として、法を変更する手続きや法を執行する手続きを提供するという機能を挙げている。

いくつかの観点からみることができる。すでに見たように、それを行動の観察可能な規則性としてみることもできるし、その規則性を人々の利益追求動機に基づくものとしてみることもできるし、権力作用を恐れるという動機によるものとみることもできる。しかし、法による社会の秩序づけの特徴はやはりその規範性にあり、法は規範的な社会秩序を構成しているといえる。しかし、規範的な秩序にもいくつかのものがある。慣習、社会道徳、宗教なども規範的な秩序を構成する。これらと区別しようとするときには、ケルゼンにおけるように、法は一定の領域において多かれ少なかれ組織的な強制作用を伴う規範秩序であるという点に着目することは誤りではない。しかし、それを法の第一次的な特徴とみるのが適切でないことはすでに触れた。法は社会の強制作用を伴った規範的秩序であるとしても、社会に対してそのほかの多様な機能を果たしうるのである。

　そのような法の社会的機能として一般にまず挙げられるのが、他人の生命、身体、自由、財産等に危害を加える行為を犯罪として、これに刑罰を科することによって、またそうした行為を他人に損害を与える不法な行為として、これに損害賠償を課することによって、そうした行為を抑止して秩序を生み出す機能、**社会統制的機能**である。この機能は国家権力の作用によって裏打ちされ、典型的には刑事法がこの機能を担うものとみなされる。古代中国の律令制度、またそれを受け継いだ中古までの日本の律令制度において、法がまず「律」と捉えられたのは、この機能を法の第一次的な機能とみなす見方を示している。もっとも、そこでも人々の私的な関係に関わる慣習的な社会規範は存在したはずであり、この側面が資料に現れないのは、当時の権力がそれに関心をもっていなかったことを示すにすぎないと考えられる。

　これと対比されるのが、古代ローマにおける私法の発達である。所有権、役権、地上権、占有権などの物権を設定し、売買、貸借、組合、委任などの契約類型を提供することによって、人々の財産関係における社会的な交渉や調整を円滑にするという機能、**行為調整機能または交渉促進機能**が、私法の主要な機能とみなされる。また、ローマ法の「訴権」の制度は、こうした人々の法的関係における紛争を定められた手続によって解決するという機能、**紛争解決機能**を果たした。こうした機能が古代ローマにおいて発達したのは、広範な版図における活発な取引関係の展開に基づいている。そして、この機能が近代以降の市場経済の高度の発展に伴って法の主要な社会的機能となってきていることはいうまでもない[13]。

さらに、政府は法という手段を用いて、人々に課税し、それを財源として公共財を提供し、また社会に資源を配分するという機能を遂行する。その意味で、この**公共財提供機能または資源配分機能**も法の社会的機能とみなされうる。また、こうした機能を遂行するための組織や手続を秩序づけることも法の社会的機能とみることができる。これらの機能は様々な行政法によって担われる。古来、道路や港湾の建設、治山治水や産業の保護育成などは政府の重要な業務であった。そして、律令制度における「令」のように、こうした業務を遂行する組織とその権限および手続の秩序づけが法の主要な機能の一つとみなされた。現代においてこれらの機能が消極的および積極的な目的のために大幅に拡大してきていることもいうまでもない。「行政国家化」と呼ばれる現象がそれである。社会保険や公的扶助としての資源配分機能の拡大が「福祉国家化」や「社会国家化」と呼ばれていることも同様である。

　法の社会的機能に関する議論ではあまり指摘されることはないが、憲法の果たす機能も重要である。この点では、まず**基本権または人権保障機能**を挙げることができる。基本権または人権を規定するとともに、司法に違憲審査権を付与することによって、この機能が果たされる。また、それによって国家作用に対して制限が加えられる。のみならず、憲法は社会の基本的な制度を定めることによって、**社会の基本構造を形成する機能**を果たす。家族制度（家制度か両性同権に基づく家族制度か、さらに多様な家族形態を認めるか）、所有制度（所有権の絶対か、所有権は社会的責任を負うとするか）、経済制度（市場経済か計画経済か、あるいはそれらの中間的形態か）、そして政治制度（君主政か貴族政か民主政か、直接民主政か間接民主政か、大統領制か議員内閣制か）などの基本構造は、この機能によって形成される。

　以上の機能は法を通じて実現することが多かれ少なかれ意図されているものであり、その意味で法の直接的な社会的機能と呼ぶことができる（あるいは、法の目的ということもできる）。これに対して、直接的に意図されているわけではなく、副次的にあるいは間接的に発現される機能もある（経済学にいう「外部効果」と呼ぶこともできるだろう）。そうした副次的または間接的な機能にはポジティブなものもあればネガティブなものもありうる。たとえば、法がその直接的な社会的機能を適切に果たすことによってその社会の平穏な繁栄が促進されるとすれば、そ

13　サヴィニーらの「パンデクテン法学」が近代民法学の基礎となったのは、このような背景があったからだといえる。

れはポジティブな間接的機能とみることができる。

他方で、法は社会秩序を正当化するという側面をもち、したがって事実として社会に部分的にせよ構造的な抑圧や差別の関係が存在するとき、法はそれらを正当化するという機能、つまり**イデオロギー機能**をも果たすことにもなる[14]。たとえば、近代法における形式的に自由かつ平等な権利主体としての人々の法的取扱いが、事実上存在するとみなされる人種差別や経済的格差やジェンダー差異などの構造的な問題を公共的な議論の対象とすることを抑制するという機能が挙げられる。また、現代法においても、行政国家化による市場の規制が経済の活性化を阻害したり、福祉国家化による給付作用が人々の私的生活への政府の介入を増大させたりするといった機能などが指摘されている。法の社会的機能を考えるときは、こうしたネガティブな機能あるいは逆機能にも注目する必要がある。

3 近代以降の法の社会的機能の変遷

法の歴史をおおまかにみると、社会の中で法が相対的に自立的な機能を果たすようになったのは、ヨーロッパにおいて社会が近代化するようになってからである。それ以前には、東洋においてだけでなく西洋においても、法はその他の社会規範、たとえば宗教、社会道徳、慣習などと多かれ少なかれ混合していた。近代以降の法の社会的機能の相対的な自立化は、社会の規範的秩序づけにおける法の役割が量的にも質的にも次第に拡大していくプロセスでもある。これを社会の近代化に伴う社会の「**法化**」と呼ぶことができる。そして、この法化のプロセスはいくつかの段階に分けることができる。ここではおおまかに4つの段階に分けて簡単に概観する。すなわち、主権化、自由化、民主化、そして社会化である[15]。前二者における法を近代法、後二者における法を現代法と呼ぶこともできる。

ヨーロッパ社会の近代化は、およそ15・16世紀に次第に独立の勢力となりつつあった領域国家の中で、それまで大小貴族に多かれ少なかれ分散していた政治

---

[14] このような法のイデオロギー的機能については、ルソーの『人間不平等論』からマルクス主義系の文献のほか、後述する批判的法学におけるものなど、多数の文献があるが、法社会学の教科書で触れているものとして、たとえば六本佳平『法社会学』(有斐閣、1986年) 138頁参照。六本は法システムの社会的機能として、この正当化機能のほかに、社会集団の規範的統一性維持、紛争処理、社会的統合、社会統制、人々の規範的期待の保障機能を挙げている。

[15] 近代以降の法化の過程をこのような4段階に分けることについては、J.ハーバーマス『コミュニケイション的行為の理論(下)』358-371頁参照。

的権力が戦乱を通して国王または君主のもとに集中していく過程としてはじまる。それは統一的で絶対的な国内主権の樹立とそれらの諸国家の対外主権の成立として完成する。それは政治的社会としての国家が全体としての社会から自立的になる過程としてみることもできる。法的に重要なのは、この過程は同時に、統一的な国内法（普通法）が次第に整えられるとともに、また最初の近代的な国際法が成立する過程でもあったということである。国内法においては、国家の社会からの自立化により絶対王政の国法（公法）が成立し、他方では中間団体から次第に解放されて統一的な国家権力のもとに立つ市民の私的自由の領域（私法）が開かれる（市民国家と呼びうる）。そして、国際法は独立対等の主権国家間の法的関係として形成され、戦争観もそれまでの正戦論から無差別戦争観へと展開していく。これが**主権化**の段階である。

　統一的な国家と法の形成のためには権力の集中と絶対化はある意味で不可避であったが、次には国王または君主の絶対的権力の制限が求められることになる。当初は国王の諮問機関であった議会が次第に独立の政治的な力をもつようになり、革命などの内戦を経て絶対的権力を制限する自由主義的な国家体制（憲法）が成立する。立法権と執行権の分立や執行権に対する法の支配と、恣意的な課税に対する財産権の保障や政教分離と信教の自由の保障が、その基本的な構成要素である。このような法治国家の憲制のもとで市民の自由な活動が活発化する。とくに、科学や技術の進展とそれに伴う自由な経済活動、新聞や書籍の出版による自由な言論活動が展開する。そして、この**自由化**の段階の法的な精華はナポレオン法典にみられるような実定的な法典の編纂である。自由かつ平等な権利主体としての法的人格、絶対的な所有権、契約の自由、不法についての責任原理などを中心とする近代法が成立する。

　自由化の段階ではなお市民の政治参加は有産の成人男性に限定されていた。しかし、19世紀以降、産業経済の発展が普及するとともに労働者階級や女性も政治参加を要求するようになる。選挙制度の改革や革命的動乱を経て、この**民主化**の要求は次第に実現されていくが、成年男女の普通選挙が実現するのは20世紀になってからである。産業経済の発展はまた会社設立の自由化や中央銀行を中心とする金融制度の確立などを推進した。さらに、当初の経済政策・社会政策はいわゆる自由放任（レッセフェール・レッセパセ）を基本としていたが、労働者階級の勢力の伸長に伴い、労働時間の制限や賃金の引上げなどの労働条件の改善、収

容と労働賦課を伴う生存保障政策、疾病や失業に対する社会保険の整備などが展開されていく。また、学校、病院、監獄などの施設が整備され、それらを通じた規律的行政が現れてくる。さらに、産業経済の発展は貿易を拡大させるとともに、列強間の植民地争奪競争をもたらし、二度の世界戦争を惹き起こすことにもなった。

　二度目の世界大戦は膨大な人命の犠牲と社会経済の破壊や疲弊をもたらしたが、同時に対戦国にとって社会のリセットの機会ともなった。男女普選を伴う民主化が実現され、社会的経済的権利を含む人権保障がより実質化され、普遍的な社会保障制度が樹立された。戦後の比較的に平等な状況から出発して、資本主義諸国では未曽有の経済成長が進んだ。このような福祉国家または社会国家と現代法の展開は**社会化**としての法化と呼ぶことができる。他方、国際社会では、アジア・アフリカの旧植民地が次々と独立を遂げて国際社会の自立的なアクターとして現れるとともに、国際連合を中心とする普遍的な国際法体制が確立される。しかし、いわゆる東西冷戦構造の緊張や南北格差の拡大などの問題が残った。また、発達した資本主義諸国でも、1970年代には経済成長が鈍化するとともに、福祉国家または社会国家における行政機能の肥大と財政圧迫、経済活動への規制や私的生活への介入が問題とされるようになる。さらに、1990年を境とする東西冷戦構造の崩壊とともに、法化はもう一つ新たな段階、**世界化**とも呼びうる段階に入っているといえる（これについては別の箇所で取り上げる）。

　以上のような近代から現代にかけての社会の法化のプロセスには、**法の社会的機能と法の自立性**という観点からみていくつかの評価を与えることができる。たとえば、P. ノネと P. セルズニックは、このプロセスをおおよそ「抑圧的法」から「自律的法」を経て「応答的法」へという変遷の過程と捉えている[16]。抑圧的法は主権化の段階に、自律的法は自由化の段階に、そして応答的法は民主化と社会化の段階におおよそ対応するといえる。しかし、ノネとセルズニックによれば、抑圧的法と応答的法は政治行政の不可分の一部となり、そのために法の自立性は弱まり、法に固有な概念や思考様式は薄れることになりうる。また、田中成

---

[16] P. ノネ・P. セルズニック（六本佳平訳）『法と社会の変動理論』（岩波書店、1981年）。ノネとセルズニックは応答的法も自律的法から合法性という理念を受け継ぎつつ、実定法とその運用から形式主義と恣意性を取り除くことを理想とするものとしながらも、抑圧的な政治に退化する危険があることを指摘している。

明は、自由化の成果とみられうる自律型法を、古い管理型法および自治型法と新しい管理型法および自治型法に対置して、20世紀後半以降の日本の法化の現状について次のように診断している[17]。つまり、古い管理型法および自治型法(有力者による調停や仲裁など)がなお残存しつつ、司法による市民の平等な権利保障(行為調整・促進機能や紛争解決機能)を中心とする自律型法が十分に根づかないうちに、新しい管理型法および自治型法(いわゆるADRなど)による「脱法化」やさらには紛争の法的処理一般を退ける「反法化」の傾向が強く現れている。そして、こうした傾向に対してはなお自律型法による法化をいっそう進める必要があると、田中は提言している。

　こうした見方の背景には、社会化の段階における法化の問題点、とくに法による規制が量的に増大するだけでなく、行政的介入が強化されるという質的な変化に対する懸念がある。こうした問題点を、J. ハーバーマスは、市民の自由を実質的に保障するものとして導入された社会国家政策において、経済システムの貨幣メディアが行政システムの権力メディアを介して生活世界(親密圏や市民社会)に侵入して、たとえば家族への給付行政による介入などを通じて、後者における相互了解とそれによる自由を喪失させかねない事態(生活世界の植民地化)と捉え、制度的法の強化(とくに政策決定への政治参加の実質化)によってそれを防止する必要があるとしていた[18]。他方、システム理論の観点から、たとえばG. トイプナーは、高度に複雑化した現代社会において法システムが経済システムや政治システムを規制しようとすると、それらのシステムの要求(効率性や便宜性など)に応える必要が生じるが、それにまともに応えようとすると法は経済や政治と区別できなくなるか、経済や政治の多様な要求をプログラム化する仕方で細分化されるかして、システムとしての自立性や内的な整合性を失う危険があることを指摘した[19]。しかし、このような問題点はあるものの、これらの懸念が福祉政策の後退や単純な規制緩和をもたらすとすれば、市民の間の経済格差の拡大や金融の過大な信用形成とその崩壊や自然環境の破壊といった別の問題を惹き起こしかねな

17　田中成明『現代法理学』99-134頁。
18　J. ハーバーマス『コミュニケイション的行為の理論(下)』371-381頁。
19　G. トイプナー『オートポイエーシス・システムとしての法』(土方透・野崎和義訳、未来社、1994年)、172-176頁参照。また、法がそれらのシステムを過度に規制すれば、それらのシステムの機能が阻害されることになりうるし、それらのシステムが自己を維持しようとして法的規制を無視することにもなりうる。

い。これらの問題に、グローバル化の大きな影響をも考慮しつつ、法的にどのように対処すべきかについては、まだ明確な方向性が示されているとはいえない。

第2節　法と経済

　法の社会に対する関係を法の自立性という観点からみたとき、まず問題となるものの一つは法と経済との関係である。この関係が問題となるのは経済そのものが一つの自立的な社会システムとして現れてきたことに基づいている。もちろん、人々の生存のための生産と消費、そしてそれらを媒介する流通という活動はつねに社会における不可欠の基礎的な活動であり、その規範的な秩序づけという点で法はつねに経済に関わってきている。それでも、法と経済との関係という一般的な問題が意識されるようになったのは、経済活動の領域が一つの自立的な社会システムとして出現した18世紀後半以降である。**経済システム**の社会的な重要性が増大するとともに、法の経済への依存性と法の自立性という問題意識が現れてくる。本節では、経済と法の関係を一般的に概観した後で、法を経済に還元して説明したかつてのマルクス主義の理論と、法の経済分析を提示する現代の「法と経済学」の基本的な考え方を検討する。

1　経済と法

　先に触れたように、ルーマンは高度に分化した現代社会の経済システムを特徴づける二項コードを**貨幣メディア**の保有の有無による「払える／払えない」に求めている[20]。これはたしかに現代の経済活動の重要な一般的側面を捉えている。家計は生活に必要なものを貨幣によって購入できるかどうか、企業は振り出した手形を不渡りにせずにすむかどうか、あるいは負債を返済できるかどうか、銀行は預金を払い戻しできるかどうか、国庫は予算通りに支出できるかどうかを問題にする。とはいえ、このコードは、そのままでは前提となる収入には明示的に触れていないし、また収入を考慮したとしても貨幣の動きしか視野に入れないことになりかねない。

---

[20] N. ルーマン（春日淳一訳）『社会の経済』（文眞堂、1991年）、41-46頁参照。

多くの場合、経済に関して用いられる価値基準は「効率的／非効率的」という二値基準であろう。これは経済的な資源のインプットとアウトプットの関係、つまり費用と便益の関係に着目するものである。費用と便益の関係を効率的にすることが経済合理性であり、今日の主流の経済学はどの経済的活動主体もこの**効率性または経済合理性**を追及するものと想定している[21]。

しかし、法と経済との関係をみようとするときは、より具体的な経済的活動に着目する必要がある。ここではそれを実体経済と金融経済の二つに分けてごく簡単に概観する。まず、**実体経済**において、経済的な財が生産され、流通・販売され、購入・消費され、また廃棄される。狩猟・採集経済では、物々交換はともかく、流通・販売・購入といった局面はもちろん存在しなかった。農耕・牧畜経済でも、それらの生産に必要な用具が手工業者によって生産され、流通・販売されることはあったが、それらの局面は当初はまだわずかである。その後、漸次的な生産改革を通じて、次第に生産物の種類も多様化し、それらの流通・販売の局面も拡大する。それとともに市場を通した経済の一般的な展開が現れる。近代の産業経済はまず、蒸気エネルギーの利用と繊維製品の工業的生産に始まる。そして、化石エネルギーや電気エネルギーの利用へのエネルギー革命とともに、様々な機械や移動手段や電気製品が生産され、流通・販売されるようになる。サービス産業の拡大は経済的な財にさまざまなサービスを加える。さらにコンピュータとネットワークの普及は財やサービスの生産や流通や消費にもう一度大きな変化をもたらしつつある。

次に、**金融経済**の次元がある。貨幣の発行は古くから政治権力の重要な機能の一つであった。流通の拡大とともに貨幣の機能も増大する。それとともに「払える／払えない」は重要な意味をもつようになる。貸金業（高利貸し）も古くから存在し、近代初期には商業銀行が生まれ、そして 19 世紀後半には中央銀行が設立された。中央銀行は「最後の貸し手」であり、ときに国庫を補助する。銀行に

---

21 たとえば、伊藤元重『入門 経済学』（第 2 版、日本評論社、2001 年）、4 頁。なお、伊藤は、経済学者の議論の根底には市場の効率性という想定があることを述べる前に、多くの経済問題はトレードオフの関係であることを指摘している。たとえば、限られた予算である商品 A を購入すれば、それによってその予算では商品 B の購入をあきらめざるをえないといったこと（「機会費用」と呼ばれる）である。商品 B ではなく商品 A を購入することを選択するのは、同じ予算で商品 B を購入するよりも商品 A を購入するほうが得られる便益が高いと考えるからであり、ここにも効率性の判断が働いている。

よる金融は間接金融と呼ばれるように、銀行は預金者から預金を募り、事業者等に貸し出す。また、間接金融のもう一つの重要な機関である保険会社は保険商品を販売することによって、保険料を集積して、事業者等に貸し出す。これに対し、債券の発行による金融は直接金融と呼ばれ、19世紀以降株式会社が発展すると、株式証券の発行が直接金融のもっとも一般的な形態となる。さらに、債券、証券、そして貨幣そのものが取引財として売買されるようになり、それらの市場が成立すると、金融経済にもう一つの次元が加わる。こうした金融商品は高度に技術的な商品（デリバティブなど）となり、その売買は高度のリスクを伴うようになった。

　こうした経済活動のいずれの次元や局面においても、経済的な効率性が問題となる。しかし、今日の市場経済そのものは単一の主体の活動ではない。それはさまざまな経済主体の効率性を（必ずしも自覚的にではないし、また完全にでもないが）目指す活動の相互に密接に依存しあった動的な複合である。経済主体の合理性を前提すると、この動的な複合には一定の法則が見出される。スミスは経済活動が自由に委ねられるならば社会全体の富が増大するとみなし、K. マルクス（1818-1883）は資本主義経済のもとではやがて生産過剰による恐慌が避けらず計画経済への移行が必然だとした。また、新古典派経済学はこの動的複合にはその変動のなかでも需要と供給の均衡を生じるメカニズムがあるとして、それを部分的および一般的に理論化した。それでも経済変動は発生する。J.M. ケインズ（1883-1946）は需要不足による恐慌を制御するためには有効需要を生み出す政府による政策が必要だとしたが、経済変動は適切な貨幣供給によって緩和されるとするマネタリストの見解も有力となった。自由な市場経済には制御しえない問題、いわゆる**「市場の失敗」**があることは経済学共通の認識であるが、他方では、この問題に政府が対応しようとしてもいわゆる**「政府の失敗」**も発生するから、政府は自由な市場経済にできるだけ介入しないほうがよいとする見方も根強い。国家は自由な市場経済の維持とその失敗に対する対応とをまさに効率的にバランスさせることを求められる。経済的効率と繁栄は国家政策の目的ともなるのである。

　こうした経済活動に対して法はどのように関わっているだろうか。法は、自由な経済活動の基礎ないし枠組として、不動産や動産の所有権から知的財産権にいたる様々な財産権を設定して保護し、会社などの法人組織に関する規則を定め、経済取引のための契約類型を提供するとともにその自由を保障し、取引上の紛争

を解決したり経済主体の破綻を処理したりする手続を提供している。また、自由な市場経済の円滑な進行を保持するために不正な競争や不公正な取引や独占を排除する規制法、公害などの外部不経済を制御し損害を補償するための規制法などを定めて、いわゆる市場の失敗に対応しようとする。さらに、労働者や被用者などの交渉力を支えるための各種労働法、事業者に対する消費者の保護を図るための各種の消費者保護法、男女の雇用や昇進の機会均等を図るための諸法、商品やサービスの安全性を確保するための諸規制法を定めるとともに、予期せぬ失業、障害などによる就労不能、年齢による退職、これらによる貧困などに対応するための各種の社会保障法を制定している。このように法は経済活動のさまざまな次元と局面に関わっている。

　もちろん、経済という主体があるわけではないのと同様に、法という主体があるわけではないから、右のように法を擬人化した言い方はミスリーディングである。所有権や契約の自由などの基本的な法的制度はハイエクが言うように自生的なものとみることもできるが、それを確定して経済活動の法的枠組を設定し、さらにその活動に対するさまざまな法的規制を設けて実施するのは、国家とその立法権である。経済、法、政治は相互に密接に関連している。法を擬人化した言い方をするのは、法には**経済や政治に還元されない固有の作用と論理**があることを強調するためにほかならない。同様に、経済と政治にもそれぞれの固有の作用と論理がある[22]。とはいえ、法は、経済や政治に比べると、社会生活の形式にすぎないようにみえる。ここから法は経済や政治にあたかも還元されるかのような見方が現れうる。まず、法と経済に関するそのような見方を検討しよう。

2　マルクス主義

　すでに触れたように、マルクスは、経済（生産力と生産関係からなる生産様式）が**社会の土台**（下部構造）をなし、その上に政治や法は他の意識的諸形態とともに**上部構造**として位置していると考えた。そして、社会の基本構造を規定しているのは経済であって、政治や法のあり方も経済のあり方によって規定されていると

---

[22] ルーマンはこのことを近代以降の機能的分化とそれぞれのシステムのコードの相違による自立化の結果として説明する。ルーマンの説明はそれぞれのシステムをコミュニケーションシステムと捉えるもので、すでにみたように、パーソンズにおいてはなお実質的に捉えられていた機能による相違を捨象する嫌いがないわけではないが、それでもそれらの相違を説明する一つの有用な方法である。

考えた[23]。もっとも、政治や法が相対的な自立性をもつことをマルクスも否定はしていない。たとえば、古代ローマの私法が近代の産業経済に影響を与えていることは、法的形態の一定の自立性を意味するとみなした[24]。それでも、マルクス自身はまとまった法理論を展開しなかったが、このように法を基本的に経済によって説明する理論がマルクス主義法理論家のなかに現れてくる。

　旧ソ連の法哲学者 E. パシュカーニス（1891-1937）はその代表的な理論家であった。彼は、法を純粋に当為または規範として捉えるケルゼンの法学や、法をたんに経済に対応する意識形態（イデオロギー）として捉える他のマルクス主義法学に対して、法を客観的な経済的社会関係の一側面、その法的形態として捉えようとする。その基本的な理論戦略は、商品から貨幣にいたる価値形態の展開についてのマルクスの分析を法的概念の分析に応用するというものであった。具体的な生産物が商品価値をもつのはそれが交換という関係におかれるからであるが、マルクスは、大量の商品の集積として現れる資本主義経済においては、生産物はあたかも商品価値をそれ自体としてもっているかのように（そして、価値を表示する貨幣があたかも自立的な存在であるかのように）みなされることを、商品の「物神崇拝」と呼んだ[25]。パシュカーニスは、同様に、具体的な人々も資本主義経済社会においては商品所持者（所有権者）として現れ、抽象的な商品という形態に対応する抽象的な「法的人格」という性格をそれ自体としてもつかのようにみなされるとして、これを**法的な物神崇拝**と呼んだ[26]。また、このような権利や法的人格といった法的形態の中心的な概念が近代法の他のもろもろの概念の基礎となっているとみなした。そうして、資本主義経済が消滅するならば、商品という形態が消滅するとともに、法的人格やその権利といった法的形態もそれらに基づく他の法的概念も消滅すると考えたのである。

　パシュカーニスの法理論は、法をたんに経済という下部構造の上部構造と捉えるのではなく、一つの客観的な社会関係の経済的側面と並ぶ法的側面とみなし、法的形態を社会関係の経済的形態とは異なる独自の形態として捉えていた。これ

23　K. マルクス（武田隆夫・遠藤湘吉・大内力・加藤俊彦訳）『経済学批判』（岩波文庫、1956年）、12-15頁。
24　K. マルクス『経済学批判』、326頁参照。
25　K. マルクス（向坂逸郎訳）『資本論』（岩波文庫、1969年）、129-138頁。
26　E.P. パシュカーニス（稲子恒夫訳）『法の一般理論とマルクス主義』（日本評論社、1958年）、122頁。

は一面の真理を捉えるものであったと考えられる。とはいえ、彼の法理論は対等な商品所有者による商品の交換過程にのみ注目するものであったので、他のマルクス主義法理論家たちからは、生産手段の所有者である資本家と労働力商品の所有者でしかない労働者の差異が重要な役割を果たす生産関係を無視し、法の階級性を捉え得ていないとして批判されることになった[27]。後者のような側面に注目すると、後でみるように、法は階級支配の道具とみなされることになる。しかし、より問題なのは、所有権や法的人格などの概念は資本主義経済における商品形態の一般化とともに一般化したとはいえるとしても、資本主義経済が一般化する以前から存在していたことに注目すれば、資本主義経済が消滅したとしても消滅するとはかぎらないという点を軽視していたことである。かりに望ましい社会主義社会が成立したとしても、そこでも各人が生産手段以外の各人の財を個的に保有するとすれば、そこでも何らかの財産権やその主体の観念は存在することになるだろうし、計画経済を円滑に運営するためにはそのための規則が不可欠であろう[28]。この点を看過したという点で、パシュカーニスの法理論もけっきょく**法を経済に還元する**ものになったのだといえる。

　すでに触れたように、マルクスにとっても、たとえば古代ローマの法概念が変化を受けながらも近代社会においても有効であったということは、古代ローマの奴隷制経済と近代の資本主義経済の相違に関わらず法の諸概念は相対的に固有の意義をもちうるということを示している。同様のことは、古代ギリシャの民主制の観念が近代社会においても意義をもつという点についてもいえる。このようにみると、法や政治はたんに経済という土台に規定される上部構造というのではなく、法、経済、政治は相互に密接に関連しあいながらも、それぞれ独自の根拠と固有の論理をもつ社会の側面だとみることができる。

　パシュカーニスの法理論は1930年代に旧ソ連においても批判を受けて忘れられていったし、その後のマルクス主義法理論も社会主義体制の崩壊とともにほぼまったく姿を消したといえる。経済学においても、いわゆる労働価値説に立ったマルクスの経済学批判はほとんど顧みられることもなくなった[29]。自由主義的な

---

[27] 藤田勇『ソヴィエト法理論史研究 一九一七—一九三八』(1968年、岩波書店)、230頁参照。この点はパシュカーニス自身の後の自己批判の論点でもあった。
[28] パシュカーニスはこうした規則は技術的なものだとするが、ケルゼンはそうした技術的規則もそれに違反する者に対しては強制的な法という性格をもつはずだと批判している。ケルゼン(服部栄三・高橋遥訳)『マルクス主義法理論の考察』(木鐸社、1975年)、156-159頁参照。

市場経済の価値を前提とした経済活動の分析が一般的なものとなっている。そして、そのような市場における経済活動を効率性の観点から分析するミクロ経済学の手法が法にも適用されるようになってきた。いわゆる「法と経済学」の分野がそれである。

3 法と経済学

「法と経済学」(law and economics) と呼ばれる法の経済分析は、いわゆるミクロ経済学の分析手法をさまざまな法現象、所有権、契約、不法行為、訴訟手続、犯罪と刑罰などに応用するものであり、アメリカの経済学者 R.H. コース (1910-2013) の「社会的費用の問題」(1960) や法学者 G. カラブレイジ (1932-) の『事故の費用』(1970) などを出発点として[30]、アメリカ合衆国を中心に展開してきた学問分野であり、ロー・スクールでは重要な科目の一つとなっている。その研究動向も多様であり、あるテキストによると、裁判所や立法のなす法の修正・変更を経済的に説明するとか、経済学の概念によって多くの法の概念を説明するといった慎重なものから、正義、権利、義務、過失等々の法的概念をすべて経済学の概念に置き換えることで法律学は経済学に還元されるという大胆な主張まである[31]。これらについてはすでにさまざまに紹介されているが、ここでは、上記のコースの論文などを主な手がかりとして、この議論の基本的な特徴と問題を概観しておこう。

いわゆる「**コースの定理**」と呼ばれているものは二段階のテーゼからなる。第一は、法的紛争が生じた場合に、その紛争解決のための法的ルールがどのようなものとなっていても、もし**取引費用**がゼロであるならば、当事者の交渉によって、もっとも効率的な解決が図られるというものである。コースの挙げる例を簡単にアレンジしたものとしてよく用いられる説明などによると、次のようにな

---

29 商品の価値はその生産に投入された労働によって規定されるという労働価値説は、A. スミス以来の古典派の見解であったが、1870 年代には商品の価値は主観的なものとされ、価値という概念は需要供給関係によって決まる価格という概念によって取って代わられた。

30 R.H. コース(宮沢健一・後藤晃・藤垣芳文訳)『企業・市場・法』(東洋経済評論社、1992 年)、G. ガルブレイス(小林秀文訳)『事故の費用』(信山社、1993 年)。法と経済学に関する手ごろな入門書としては、たとえば、小林秀之・神田秀樹『「法と経済学」入門』(弘文堂、1986 年)などを参照。

31 R.D. クーター・T.S. ユーレン(太田勝造訳)『新版 法と経済学』(商事法務研究会、1997 年)、13-14 頁。ただし、その後の版(さしあたり、6th ed., 2012)では、この記述は削除されている。

る。今、ある牧場の牛が隣の農場に入り込んで作物を荒らしており、その損害は90万円だとする。その損害を防止するために、牧場主が牧場をフェンスで囲むとすると100万円の費用がかかり、農場主が農場をフェンスで囲むとすると80万円がかかる（簡略のために、損害が発生しないとしたときの両者の期待収益はどちらも損害額を上回るものとする）。ここで、法的ルールが牧場主に権利を与えているならば、農場主が80万円かけてフェンスを設置することになる。他方、法的ルールが農場主に権利を与えているならば、牧場主は100万円をかけてフェンスを設置するよりも、また損害賠償として90万円を支払うよりも、農場主に80万円を申し出てフェンスを設置してもらうことになるだろう。つまり、どちらにしてももっとも効率的な解決策が採られることになる[32]。

　この第一のテーゼはいくつかの論点を含んでいる。第一に、取引費用がゼロであるということは、経済外の交渉力や情報の格差が存在しないということを含むということである。たとえば、農場主が権利をもっているだけでなく町の有力者であるため、牧場主は交渉を申し出ることができないといったことはなく、また農場にフェンスを設置する費用について牧場主は情報をもたないといったこともないということである。このような条件には効率的な解決のための方法についての情報も十分にあるということも含まれる。第二に、取引費用がゼロであれば、法的ルールがどのようであれ効率性には関わらないが、法的ルールの違いによってどちらが費用を負担するか、つまり分配の問題については違いが生じるということである。牧場主に権利があれば農場主が費用を負担し、農場主に権利があれば牧場主が費用を負担することになる。これは法的には大きな問題である。もちろん、交渉によって両者は80万円の費用を何らかの比率で折半するということも考えられる。したがって、第三に、法的ルールによるよりも、互いの利害を調整するために交渉するほうが、経済的に効率的であるだけでなく、分配の公平という点でも、どちらもより満足のいく解決が得られるかもしれないということである。ただし、最後の点はここでの問題ではない。

　第二のテーゼは取引費用がゼロではなく、したがって交渉ができないために、

---

[32] コース自身の説明は主に限界概念を用いるもので、簡単にいえば次のようなものである。飼牛1頭を増やすことによって牧場主が得る利益がそれによって農家に生じる損害よりも大きいとき、牧場主に権利があるならば、農家はその損害分の耕作を放棄し、農家に権利があるならば、牧場主はその損害を補償して、その損害分の耕作を放棄させるだろうと。

裁判になるという場合に関わる。コースは、騒音、振動、悪臭、煤煙といったいわゆるニューサンスの事件に関するコモン・ロー裁判所の判決を検討して、それらの判決において裁判官は、必ずしも明示的にではないとしても、経済的効率を考慮しているようだと述べている[33]。先の研究動向の分類でいえば、経済分析は裁判所の行動を説明できるというものになる。このように取引費用がゼロでなく、裁判になる場合には、法的ルールがどのようなものであるかによって、違いが生じることになる。コモン・ローは裁判所がルールを作るので、どのようなルールを採用するかが問われることになる。重要なのは、そうした解決の指針は、経済分析の観点からみると、「**損害をもっとも安価に回避することのできる者に損害を負担させよ**」というものになるということである[34]。先の例を取引費用ゼロではないとして単純化していえば、農場主がフェンスを設置することが損害をもっとも安価に回避する方法であるから、牧場主に権利を付与して、農場主に義務を帰せよということになる。

　これは、経済的には効率的な解決だとしても、法的には不当な解決だとみえるかもしれない。法的観点からは、損害の発生者に義務を帰するのが通常であると思われるだろう。このような印象は、コースの公害問題に関する議論についても生じる。今、工場が煙突から煤煙を吐き出しており、近隣の住宅の洗濯物を汚しているとする。工場の操業を止めさせるとすれば、それは社会的な損失でありうる。また、工場が煙突に防止装置をつけるとすれば、かなりの費用がかかるのに対し、近隣の住宅が洗濯物をたとえば室内で干すようにすれば、少ない費用で済むとすると、効率的な解決はいうまでもなく後者である。コースはこのような例でいわゆる「**ピグー税**」を批判している[35]。ピグー税というのは、20世紀前半のイギリスの厚生経済学者A.C.ピグー（1877-1959）が提唱したもので、公害による被害を防止して社会的厚生を改善するために、公害の発生者に費用を負担させるというものである。これに対し、コースは、ニューサンスや公害は双方当事者

33　R.コース『企業・市場・法』、136-149頁。一つの事例だけ挙げると、菓子屋の隣に開業している医者が新たに診療室を建てたところ、菓子屋の機械の騒音と振動によって診療ができなくなったために、菓子屋に操業停止を求めたという事案で、裁判所は請求を認めたというものがある。コースはこのケースを牧場主と農家の例と同様に経済的効率性の観点から分析している。

34　小林・神田『「法と経済学」入門』78-79頁参照。これは言い換えると、損害を発生させる権利を得るためにもっとも高く支払う用意のある者に権利を与えよということになる。cf. R.コース『企業・市場・法』、199頁。

35　R.コース『企業・市場・法』149-169頁。

がたまたま出会うことによって生じる**社会的費用**であるから、その費用を最小化することが重要であり、必ずしも常にその発生者にその損害発生を回避させなければならないわけではないというのである。

　この議論についていくつかコメントすると、まず、コースが検討したコモン・ロー裁判所の判決がたんに効率的であるだけでなく、法的にもそれほど問題がないと思われるのは、一つにはそれらのケースにおける損害が故意や過失によるものではなく、損害の発生者が明らかに責任を負うといったケースではないということによるだろう。故意や過失がある場合には、その責任を無視して効率性だけで判断することは不当ということになりうる。もう一つはそれらのケースでは必ずしも大きな人的被害が生じているわけではないということがある。損害が経済的なものであるときは、市場モデルを適用しやすいと考えられる。もちろん、故意や過失がある場合や人的被害がある場合についても経済的分析は可能であろうし、その観点からの整合性などについて何らかの示唆を与えることも可能であろう。とはいえ、法的には、効率性だけを目的とする基準を採用することはできない。

　第二に、コモン・ロー裁判所は自らルールを作るから、そのルールの形成において公平や公正だけでなく効率性を考慮することは問題がないと考えられる。これに対して、制定法を中心とする法秩序においては、裁判所は制定法のルールの解釈の枠内においてであればともかく、制定法のルールに反して効率性だけを考慮して判断することは一般に許容されない。他方、立法権が制定法の立法にあたって効率性を考慮することは十分にありうるし、要請されもするであろう。製造物責任法や自動車損害賠償法などにおける無過失責任の規定などは、保険の存在を前提したり保険制度を新たに設けたりすることによって、事故の被害者の損害を煩瑣な証明を要することなく補償して、社会全体の効率性をも実現することを目的としているといえる。また、ベンサムが述べたように、犯罪の抑止を追及しつつ、犯罪という害悪に対して刑罰という害悪を均衡させて、社会全体としての害悪を効率的に最小化するというのも、同様の考慮に基づいているものと考えることができる。とはいえ、この場合でも社会における一般的な規範的予期に基づく公平や公正を考慮せざるをえないだろう。

　最後に、今日の経済学は一般に、市場の効率性を強調し、市場の効率性が分配問題を惹き起こすとしても市場に介入すべきではなく、分配の問題については市

場の外部で対応すべきだと主張する[36]。市場の効率性は、市場における自由な交換の結果はパレート最適を満たすということを意味する。人々が市場において交換するのは、現在もっているものよりも、交換によって得るもののほうが自分にとってより大きな効用をもたらすと考えるからである。この場合には、ある財やサービスについてもっとも多くを支払う用意のある者によってその財やサービスは取得される。他方、社会的費用が生じているときは、いわばその負の状態を出発点としてパレート最適を実現することが効率的ということになる。しかし、その費用を進んで負担しようとする者が一般的であるとは期待できないとすれば、費用負担の分配が問題となる。法は過失責任原理などによってこの問題に対応しようとしているのである。これに対し、経済的な効率性の要請によれば、**分配の問題**は原則として市場の外部で、たとえば累進課税と社会保障などによって対応すべきだということになる。この場合、過失責任原理は消滅して、社会保障原理によってとって代わられることになるだろう。そこまで極端な主張はしないとすれば、市場モデルを適用できる範囲を限定しなければならず、そのための社会的な基本構造が必要となるだろう。これは現代正義論の重要問題の一つでもある。

　また、現代の経済学は基本的に人々を完全に経済合理的な行為者とみなしているが、最近では、人々は完全に経済合理的に行動するとはかぎらず、制限された利己主義、制限された判断力や意思力によって行動しており、そうした現実の人々の非合理ともみえる行動様式を考慮にいれた経済分析が必要だとする「行動経済学」などが現れている。その指摘の中には、人々の行動は経済合理性だけでなく公平感などによっても左右されるというものもあり[37]、経済と法との関係を考える上でも興味深いといえる[38]。

36　R.D. クーター・T.S. ユーレン『新版 法と経済学』192-196 頁参照。そこでは、分配的正義の問題は所有権法によるのではなく、累進課税によるほうがよいとされているが、新しい版では「私的な法的権利」によるよりも、「累進課税と社会福祉プログラム」によるほうがよいと一般化されている（6th ed., 8）。

37　たとえば、最後通牒（提案）ゲームの実験は人々の行動のそのような側面を示す例である（R. セイラー（篠原勝訳）『行動経済学入門』（ダイヤモンド社、2007 年）第 3 章参照）。最後通牒ゲームでは、二人の参加者に一定額の金銭が提供されるが、そのうちの一人が分配額を決めて他方に提案し、他方がそれを受け入れなければ、その金銭の提供は撤回される。純粋に経済合理的に行動するとすれば、提案を受ける者はわずかの分配額の提案でも受け入れるだろうと予想されるが、実際には、分配額が低すぎると提案を拒否してどちらも得られないという結果を選択する。公平感が作用しているというわけである。

38　すでに触れたように、アメリカの公法学者 C. サンスティンは、行動経済学者 R. セイラーとともに、法的規制は、強制や補助によってではなく、人々が自ら望ましい選択をすることになるよ

第3節　法と政治

　法と経済の関係に比べると、法と政治の関係は古くから問題として扱われてきた。プラトンの『国家』における哲人王の思想から『法律』における法の支配の思想への展開や、古代中国の儒家の徳治主義と法家の法治主義の論争に、法と政治との関係についての古典的な問題設定がみられる。ホッブズ、ロック、ルソーなどの社会契約論は法と政治の関係についての近代的な問題設定を示している。ごくおおまかにいえば、これらの思想における法と政治の関係は、法による支配あるいは法に基づく政治という定式にまとめることができる。これに対して、むしろ法は政治に依存し、とくに政治的な権力関係によって規定されるという見方もある。そして、こうした見方も社会システムの分化が意識されるようになった現代に特徴的な見方だということができる。以下では、まず政治と法の関係について一般的に概観した後、法を階級支配の道具とみなしたマルクス主義の理論、政治的な観点から法と法学を批判する現代の議論、最後に国家をめぐる法と政治の関係に関するケルゼンとシュミットの論争を検討する。

1　政治と法

　政治システムが社会の中で分化すると、「政治とは何か」という問い、政治の固有性が問題となる。ここでもルーマンからはじめると、彼によれば、機能的にシステム分化した民主的社会における政治のコードは**権力メディア**の保有の如何に基づく「与党／野党」という二値をとる[39]。政治は、集団拘束的な決定をなす権能としての権力の保持または喪失が継起し、権力を保持する与党が集団拘束的な決定を下して遂行するという動的なコミュニケーション・プロセスとして捉えられる。これに対して、ヴァイマル期のC. シュミット（1888-1985）は、同じく「政治的なもの」の固有性を特徴づけるコードとして「友／敵」の二値を用いた[40]。「与党／野党」というコードが政治的集団内部の差異だとすれば、「友／敵」

　　うな選択肢の提示方法（「ナッジ」と呼ばれる）によって行うほうがよいという提案をしている。R.H. セイラー／C.R. サンスティン（遠藤真美訳）『実践行動経済学』（日経BP社、2009年）。
[39]　N. ルーマン（小松丈晃訳）『社会の政治』（法政大学出版局、2013年）、118頁。ルーマンは、18世紀から19世紀の左派／右派というコードが、民主制になって与党／野党というコードに「再コード化」されたという。

というコードはまずは集団の差異化に関するコードだといえる。「友」は一つの政治的共同体をなし、「敵」はそこから排除される。

これらのコードによる政治の固有性を特徴づける見解はもちろん**政治的共同体の共同性を構成する実質**を想定しているが、そうした実質により注目して政治の固有性を特徴づける見解もある。そのような見解の一つとして、H. アレント（1906-1975）の見解が挙げられる。アレントは、古代ギリシャの政治をイメージしながら、政治の固有性を労働や仕事などの制作（ポイエーシス）と対比された活動（プラクシス）に求めた[41]。活動は多様な差異をもつ諸個人の間に政治的な共同性を生み出す。それは「闘技」（アゴーン）をも含む共同の行為によって政治的共同性を創出し維持さらに展開していくものと捉えられる。これに対し、アレントが依拠したアリストテレスは、さらに政治的共同性の対象的な側面に注目し、政治の特質を私的な家政（オイコス）と区別して国家における「共同善」の実現に求めた[42]。政治の特質を共同の善益に求める見解は、他にもたとえばキケロの「公共の事柄」（res publica）としての国家の観念[43]や、近代ではロックの「公共の善益」（public goods）やルソーの「一般意思」の思想[44]にも見られる。

以上のきわめておおまかな思想史的概観によれば、政治は、共同の事柄ないし善益を共有する人々の集団において、一方でその共同の事柄に関わる共同の行為を通じて共同性を継続的に形成するとともに、他方でその共同の事柄を集団拘束的に決定する権力を分配して、共同の事柄を決定し遂行する活動として捉えることができるだろう。このような意味での政治は共同で決定しなければならない共同の事柄をもつどのような社会集団にもみられるが、典型的な社会集団が国家であることはいうまでもない。国家における共同の事柄はとくに**公共の事柄**（公共事）と呼ぶことができる。

このような政治に対して法は様々な仕方で関わる。まず、**事実的な共同性の範囲**は法によって規範的に確定される。共同体の成員資格（国家の場合は国籍）が法

40　C. シュミット（田中浩・原田武雄訳）『政治的なものの概念』（未来社、1970 年）、15 頁。
41　H. アレント（志水速雄訳）『人間の条件』（ちくま学芸文庫、1994 年）、313-314 頁参照。アレントによれば、立法は政治的活動というよりは「制作」の行為である。
42　アリストテレス『政治学』、34-36 頁、136-138 頁。
43　キケロ（岡道男訳）『国家について』（『キケロー選集 8』岩波書店、1999 年）、129-130 頁。
44　J. ロック（加藤節訳）『統治二論』（岩波文庫、2010 年）293 頁、J.J. ルソー（桑原武夫・前川貞次郎訳）『社会契約論』（岩波文庫、1954 年）31 頁。

によって規定され、共同体の時間を通じた空間的な範囲（国家の場合では領土）も法によって規定される。これらの点では、法は事実的な実質に対する規範的な形式にすぎないようにみえるが、共同体が法秩序として確立すると法は共同性の範囲の事実的な変動に対して規範的に反作用するようにもなる。国籍を持たない人々の事実的な流入や領土の事実上の占有は、不法移民や領土侵犯として扱われるのである。もっとも、法による規範的な反作用には限界もあり、事実的な変動によって規範は変更されることがある。

次に、**内部的な公共の事柄の範囲と内容の枠組**も法によって規範的に規定される。公共の事柄は公法の対象となり、それ以外の事柄は私法の対象となる。公共の事柄と私的な事柄の区別をどのように考えるかについては、近代の社会契約論、とくにロックとルソーの社会契約論では異なる。ロックにおいては、私的な事柄（固有権の対象）が自然法によって先に存在し、それを公共的に保護するために国家と政府のもとで公共の事柄が創設される。他方、ルソーにおいては、私的な事柄と公共の事柄の区別そのものが公共的な決定の対象となる。この対比は消極的自由と積極的自由の対比として理解されるが、それらはいずれにせよ相補的に捉えられうる（現代正義論の箇所で取り上げる）。主要な公共の事柄としては、人々の権利の体系の保障、防衛や治安も含めた公共財の提供、そして共同性を継続形成することによる政治的統合などが挙げられるだろう（これらについても現代正義論の個所で触れる）。

最後に、**公共の事柄を決定する権力の分配とその行使の枠組**も法によって規範的に規定される。それらは成文であるかいなかにかかわらず憲法の対象である。そして、実定法としての法はこの権力によって創設され制定される。権力の分配の形態は古くから王政、貴族政、民主政に区別して論じられてきた。民主政は直接民主政と間接民主政に区別され、後者はさらに大統領制と議員内閣制に区別され、いずれにおいても現代では政党制度と選挙制度によって媒介される。権力の行使の形態も古くから権力の集中する体制（専制制あるいは独裁制）と権力の分立を伴う体制（共和制または自由主義体制）とに区別されてきた。今日の権力分立体制のもとでは、ほとんどの場合、司法による立法や行政に対する審査制が採用されている。権力の分配とその行使はこうした法的な枠組のもとで事実として展開されるが、ここでも事実によって（法的手続を通してまたはそれに反して）法的枠組は変更されうる。

以上のように、政治と法は密接に関わっており、ルーマンによればシステムとしては相互に閉じているにもかかわらず、どちらも国家を媒介として構造的に結び付いており、相互に依存しつつ刺激しあっている[45]。しかし、この点に関しても、主として法が政治を規定するのか、それとも政治が法を規定するのかという問題が議論されてきた。次にその議論を検討する。

2 マルクス主義と批判的法学

先に見たように、マルクスは経済的関係を社会の土台とし、政治や法はその上部構造だとみなしていた。同時に、マルクスは古代から近代までの歴史的社会を基本的に**経済的関係に基づく階級支配**の構造をもつものとみなした。古代の奴隷制、中世の農奴制、そして近代の賃労働制である。いずれにおいても生産従事者に対する支配は経済的関係に基づくものの、経済的な支配階級は政治権力をも保持するから、その支配は政治的な支配でもある。そして、法はこの政治的支配の道具とみなされた。したがって、社会主義社会において経済的な支配関係が廃棄されれば、政治的な階級支配もなくなり、支配の道具としての法は消滅すると想定したのである[46]。

旧ソ連のマルクス主義法学においても、先に見たパシュカーニスの経済還元的な法理論はやがて1930年代になると批判され、代わって政治還元的な法理論が現れる。パシュカーニスの法理論は経済の商品交換という流通過程に着目して、商品の物神崇拝の裏面としての法的人格や法的権利の物神崇拝を指摘するものであったが、パシュカーニス自身の自己批判も含めたこの理論に対する批判は、経済における生産過程に着目すべきことを指摘した[47]。流通過程では資本家も労働者も形式的には対等な権利主体として現れるが、生産過程では資本家の労働者に

---

[45] N. ルーマン『社会の法2』607-620頁、『社会の政治』474-479頁。国家は法システムからも政治システムからも観察され利用されるとともに、法システムと政治システムは国家の憲法を媒介として他方を観察し利用するとされる。たとえば、政治は憲法に規定された立法手続きを通してその目的の達成のための手段として法を利用し、法は憲法の規定に基づいて政治を合法／違法のコードで観察するというわけである。

[46] K. マルクス（望月清司訳）『ゴータ綱領批判』（岩波文庫、1975年）、38-39頁参照。そこでは、「諸個人が分業に奴隷的に従属すること」がなくなったのちには、形式的な「ブルジョア的権利の狭い地平は完全に踏み越えられ、そして社会はその旗にこう書くことができる。各人はその能力に応じて、各人にはその必要に応じて」とされている。

[47] E.P. パシュカーニス「法理論戦線の状態（抄）」（『法の一般理論とマルクス主義』所収）、212-213頁参照。

対する支配関係がある。また、資本家階級はその経済力を通じて政治的権力をも保有し行使する。ここに着目すれば、法は政治的な階級支配の道具とみなされなければならないというわけである。

しかし、社会主義社会におけるこの点での法の死滅というテーゼは変容を蒙る。社会主義への移行期にはなおブルジョア階級が残存するため、逆に労働者階級がこれを支配するために法は道具として用いられうるとされた。また、資本主義諸国と対峙するためには社会主義国家と社会主義法が必要とされ、さらには基本権の保障を規定する社会主義憲法も制定されたのである。もっとも、市民的権利や政治的権利の保障は実際にはきわめて限定されていた。そして、1990年前後に旧ソ連東欧諸国の社会主義体制が崩壊して市場経済が導入されると、マルクス主義法理論もその現実的な支えを失って消滅した。ただ、共産党指導体制を維持しつつ市場経済を導入した中国では、なおマルクス主義思想がそのイデオロギーとして残っており、現在のところ、欧米とは異なる法治主義、政治の指導の下に立つ法治主義（司法の独立は政治によって制限される）が目標とされている。

ところで、政治的な支配関係が法を規定しているという見解は、旧ソ連東欧と対峙していた1970-80年代のアメリカにおいても主張された。D. ケネディ（1942-）やR. アンガー（1947-）らロー・スクールの教授を中心とする「**批判的法学**」(Critical Legal Studies: CLS) である[48]。彼らが問題とした支配関係は、経済的な支配関係だけでなく、性別や人種などをめぐるより複雑な社会的政治的な支配関係でもあった。アメリカン・リアリズム法学の精神を受け継いだ批判的法学は、ルールを生み出す立法プロセスだけでなく、そのルールを解釈適用する司法プロセスも社会的政治的な支配関係によって左右されていると指摘し、さらに主流の政治理論や法理論は民主主義や法の支配といった観念によってこの事態を正統化するイデオロギーであると批判した。

批判的法学は90年代にはいると運動としては消滅したが、その批判的精神はフェミニズムやその他の多様なマイノリティの主張に受け継がれた[49]。その理論的支柱もマルクス主義だけでなく、M. フーコー（1926-1984）やJ. デリダ（1930-

---

48 批判的法学については、デヴィド・ケアリズ編（松浦好治・松井茂記編訳）『政治としての法』（1991年、風行社）参照。本書には、労働法、契約法、刑事法、言論の自由、差別禁止、家父長制などに関する論者の論文が収められている。
49 批判的法学からフェミニズム法学などへの展開については、たとえば、D. コーネル（仲正昌樹監訳）『限界の哲学』第4章などを参照。

2004）などフランスのいわゆるポスト構造主義やポストモダンの哲学思想にも求められた。フーコーは、それまでの批判的議論が指摘した国家権力によるマクロの支配構造ではなく、監獄や病院などにおける監視や管理などのミクロな権力関係に着目した[50]。その理論は、性的な差異、エスニックな差異、性的指向の差異などに基づく抑圧や差別に対する批判的な主張に有用な理論的武器を与えるものであった。また、デリダは、言語や制度を構成する二つの項が正常／異常、優位／劣位、支配／従属などの関係にあるとき、その関係を鋭利な言説分析で移動させたり転倒させたりしてみせることによって、それら二項の関係を「**脱構築**」するという方法を提示した[51]。これも、人々のミクロな関係における社会的政治的な支配の構造を批判するために有用な理論的武器であったといえる。

　もっとも、批判的法学もそれを受け継ぐ議論も法を政治的支配関係に規定されたものとして批判するだけでなく、法における正義の要請を追求しようとするものでもあった[52]。批判的法学は正統派マルクス主義のように法の意義を否定するのではなく、社会正義を実現するための政治的闘争の手段として法を捉え直すべきだと主張したのであり、社会と政治と法の再構築を目指す運動でもあった[53]。また、フーコーやデリダの理論を援用する法批判も、現実の法秩序、法制度、法規範が意識的、無意識的な抑圧や差別の手段となっていることを批判するものであって、そうした抑圧や差別からの解放を、その意味でより実質的な自由と平等を、そして正義を求めるものであったといえる。デリダによれば、法は脱構築可

50　これらの点に関する M. フーコーの著作としては、M. フーコー（田村俶訳）『監獄の誕生』（新潮社、1977 年）、同（田村俶訳）『狂気の歴史』（新潮社、1975 年）、同（田村俶訳）『性の歴史 I,II,III』（新潮社、1986/87 年）など参照。フーコーの法論については、関良徳『フーコーの権力論と自由論』（勁草書房、2001 年）参照。

51　これらの点に関する J. デリダの著作としては、J. デリダ（林好雄訳）『声と現象』（ちくま学芸文庫、2005 年）、同（若桑・野村・阪上・川久保・梶谷・三好訳）『エクリチュールと差異（上・下）』（法政大学出版局、1977/83 年）など参照。

52　D. ケネディは、自らロー・スクールの教授でありながら、ロー・スクールの法学教育を「ヒエラルヒーのための訓練」だと批判して、「法を理解するとは、この闘争を階級闘争の一側面として理解し、しかも社会正義の条件を把握する人間的な闘争の一側面としても理解することである」と主張している（『政治としての法』、72-73 頁）。

53　R. アンガー（The Critical Legal Studies Movement, Harvard Law Review, Vol.96, No.3, 1983）は、民主主義や市場を社会正義により適した仕方で再構成すべきことを主張し、そのための法的手段として、国家その他の組織などに対してより実効的に個人を保護する免除の権利、既存の制度に対する異議申立てを可能にする脱安定化の権利、絶対的所有権を制限して市場を規制するための市場の権利、そして相互の依存や傷つきやすさから生じる様々な期待に法的効力を与える連帯の権利などの強化を挙げている。

能だが、正義は脱構築できないのであって、むしろ脱構築こそ正義である[54]。もっとも、正義の追求は制度化されなければならず、制度化されれば再び脱構築の対象となりうるのであって、この運動は絶えることがないだろう。その意味で、脱構築としての正義もすでに触れた統制的原理（理念）として理解することができる。

3 法と国家および政治をめぐるケルゼンとシュミット

　法と政治はどちらも国家と密接に結び付いている。したがって、国家は法的な観点から見られるとともに、政治的な観点からも見られる。法的な観点からみれば、国家は規範の秩序として捉えられ、政治的な観点からみれば、事実的な活動として捉えられる。この二つの観点からの国家観はそれぞれケルゼンとシュミットに典型的にみられる。

　すでに見たように、ケルゼンによれば、法規範は要件に強制作用としての効果を結び付ける当為命題であり、法秩序はそうした法規範からなる強制秩序であった。他方、国家が政治的支配の秩序であるとすれば、その秩序は強制的な秩序である。したがって、ケルゼンにとって国家は法秩序と同一である[55]。ケルゼンの純粋法学は存在と当為、事実と規範を峻別し、法を純粋に規範的なものとみなし、法の事実的な側面を捉える社会学的な見方を排するから、国家も事実的な側面を排してもっぱら規範的に捉えられる。国家は法秩序と同一であるだけでなく、法秩序に他ならないということになる。さらに、国家は法と同一であるから、国家は法によって正統化されるという見解も、ケルゼンによればイデオロギーにすぎない。また、「法治国家」という言い方も畳語だとケルゼンはいう[56]。

　ケルゼンのこの**法－国家同一説**は彼の法人観にも基づいている。「法人」とは何かは19世紀ドイツの法学における根本問題の一つであった。一つの見解は、法人を個々の構成員の権利義務から独立の権利義務を担う有機的な実体とみなすものであったが、ケルゼンは、法人を固有の権利義務を担う一個の人格とみなすのは「擬制」にすぎず、その権利義務は最終的にはその構成員の権利義務に帰着

---

[54] J. デリダ（堅田研一訳）『法の力』（法政大学出版局、1999年）、34頁。
[55] H. ケルゼン（長尾龍一訳）『純粋法学』277頁。もっとも、すべての法秩序が国家なのではなく、ある程度集権化された法秩序が国家だとされる。
[56] H. ケルゼン『純粋法学』、305-306頁。

すると説く[57]。たとえば、法人が債権を獲得し債務を負うとしても、その債権や債務は個々の構成員の権利や義務の集積に他ならない。法人は構成員の権利義務の集積を対外的および対内的に代表させるために法的に構成されたものであって、何か事実的な実体として存在するわけではない。ケルゼンによれば、国家も法人の一種であり、その権利義務は最終的には国民の権利義務に帰着する[58]。外国に対する権利義務はすべての国民の権利義務に、対内的な権利義務は国民の一部の他の部分に対する権利義務に帰着する。国家も法的に構成された擬制的な存在にすぎず、事実的な実体として存在するわけではないというわけである。

　国家を構成する要素、国民、領土、国家権力なども、ケルゼンによれば、法的に規定され構成されたものに他ならない。それらは事実的な側面をもつとも考えられるが、ケルゼンは事実的なものが国家を構成しているという見方を退ける。たとえば、民族を国家の事実的な基体だとみなす見解に対して、ケルゼンは彼の母国であったオーストリアが多民族からなるものであったことを指摘して、それらの多様な民族を一つの国家へと統一しているのは法秩序以外にはないと述べている[59]。彼の法－国家同一説にはこうした背景もあったと思われるが、いずれにせよ規範的なものと事実的なものとの厳格な区別（方法二元論）に基づいていたのである。

　これに対して、シュミットは純粋に**規範的なものに対する事実的なものの固有の作用**を強調する。純粋な規範主義に対してシュミットが好んで指摘するのは、規範は自分自身を制定することも適用することもできないということである[60]。法規範を制定しまた適用することは、国家においてその権限を有する現実の人間の決断的な意思の作用である。シュミットは、そうした意思の作用が如実に現れる局面として、とくに規範に欠缺があって決定が必要となる例外的な場合に着目する。シュミットは初期の論文において、通常の裁判でも規範の欠缺があるときは、裁判官は既存の実定法規範によらず、また実定法以外の自由法などによらず、他の裁判官もそうするであろうと思われるところに従って判決しなければな

57　H. ケルゼン『純粋法学』、169-183 頁。
58　H. ケルゼン『純粋法学』、281-299 頁。
59　H. ケルゼン（長尾龍一訳）『ハンス・ケルゼン自伝』（慈学社、2007 年）、43-44 頁。
60　C. シュミット（田中浩／原田武雄訳）『政治神学』（未来社、1971 年）16-17 頁、C. シュミット（田中成明訳）「法学的思惟の三種類」（『現代思想 第 1 巻 危機の政治理論』、ダイヤモンド社、1973 年所収）252 頁など参照。

らないと述べている[61]。そして、有名なのが主権者に関する彼の主張である。つまり、「主権者とは例外的な状況について決定する者のことである」[62]。憲法の規範によっては決定しえないとき、主権者は決断によって決定を下さなければならないわけである。

　しかし、シュミットにおける事実的なものはたんなる経験的な事実ではなく、また例外状況において決定する決断も無からの決断ではない。意思によって決定を下す裁判官も主権者も法によってその権限と職務を規定されている。しかし、権限とそれに関する規範的な連関が決定を下すわけではないから、シュミットが見ているのは抽象的な規範の秩序ではなく、それを動かしている様々な職位にあり権限をもつ者の現実の諸決定によって構成されている**具体的な秩序**である[63]。彼の憲法理論においても、憲法は、憲法典に規定された規範の秩序としてよりも、まずは政治的統一体全体の具体的な秩序（絶対的憲法）として捉えられる[64]。規範の秩序としての実定的憲法はこの具体的な秩序の態様と形式を憲法制定権力の政治的決定により実定化したものである。このような具体的な秩序は、たんに事実的なものではなく、すでに一種の規範的な性格をもっているが、その規範性は一般的規範によるものではなく、現実に決定を下す権限と職位からなる秩序によるものなのである。

　この**政治的統一体の政治性**（「政治的なもの」）は、シュミットにおいては、すでに触れたように「友／敵」という事実的な二値基準によって規定される。シュミットによれば、経済的団体や文化的団体などのいかなる団体においても、対外的または対内的な対立が急進的なものに昂じれば、そこには「友／敵」の二値性が現れ、それらの団体は政治的なものとなる。しかし、政治的なものがもっとも典型的にあるいは固有に現れるのはいうまでもなく国家においてである。シュミットは、一方で19世紀後半以降のドイツに、この政治的なものが経済における「競争」や道徳における「討議」に変容する中立化の傾向があることを辛辣に批判していたが、他方でヴァイマル期には国内での「友／敵」の対立が政治的統一を解体させかねない危機が現れていることを警告していた。そして、ナチスが

61　C. Schmitt, Gesetz und Urteil, 2. Auflage, 1969, 71.
62　C. シュミット『政治神学』11頁。
63　シュミットはこれを「具体的秩序」思想と呼んでいる。「法学的思惟の三種類」248-259頁。
64　C. シュミット（尾吹善人訳）『憲法理論』（創文社、1972年）4-5頁。

政権をとると、それによる政治的な具体的秩序の回復を期待したのであった[65]。

　国家をめぐるケルゼンとシュミットの見方は、以上のように、それぞれ法的観点と政治的観点を代表しているといえる。もっとも、ケルゼンは法規範の制定や適用が事実的な意思的決定によることを否定していたわけではないし、シュミットも実定的な法秩序をまったく否定していたわけではない。それでも、ケルゼンが方法二元論を固持して国家と法の社会学的政治的側面を軽視したとすれば、シュミットは政治的危機の急迫のために政治に対する法規範の制約という側面を軽視したといわざるをえない[66]。のみならず、彼らのどちらにもいえることは、国家と法の価値理念的側面を軽視していたということである[67]。法が、事実的側面と規範的側面のほかに、人々の法的実践における**価値理念**（正義）**の追求という側面**をもつとすれば、国家も、政治的事実的な側面と法的規範的な側面をもつだけでなく、正義をも含む共同の善益の実現を目的とする人々の活動からなるという側面をもつのである。

---

[65] C. シュミット「法学的思惟の三種類」282-283、292-293 頁参照。シュミットのこの論文はナチスの政権掌握後の 1934 年に公表されている。

[66] ケルゼンとシュミットの見解の対立はいわゆる「憲法の番人」をめぐる論争にもみられる。ヴァイマル憲法には違憲審査制の規定はなかったが、当時の最高裁であったライヒ裁判所が同裁判所が違憲審査権をもつことを主張した。これについて、オーストリア憲法の起草者として違憲審査制を草案に盛り込んだケルゼンは、憲法に規定があれば司法裁判所が違憲審査権をもちうると主張したのに対し、シュミットは、憲法問題は政治的問題であるから司法裁判所の判断にはなじまないとするとともに、政治的に激しく対立していた議会も憲法の番人ではありえず、憲法の番人は大統領の他にないと主張したのであった。c. Schmitt, Das Reichsgericht als Hüter der Verfassung (1929), in ders, Verfassungsrechtliche Aufsätze, 1958; H. Kelsen, Wer soll der Hüter der Verfassung sein?, 1931, in Die Wiener rechtstheoretische Schule, Bd. 2, 1968. 今日では多くの国家の憲法は違憲審査制を有しているが、日本の最高裁のいわゆる「統治行為論」は高度に政治的な問題について司法判断は謙抑的であるべきだとするものである。

[67] 国家における社会学的側面、法律学的側面、そして哲学的－倫理的側面を統一的に捉えるべきだとする見解は、同時代の H. ヘラー（1891-1933）にみられる。H. ヘラー（今井弘道・大野達司・山崎充彦訳）『国家学の危機』（風行社、1991 年）、3-47 頁参照。

第 2 部

法と正義

第 6 章　法の価値または目的

　すでに見たように、法は様々な規範からなる。そして、規範は当為を規定し、当為は当為とされたもの、つまり何らかの価値を目的として想定する。法は規範であることによって、何らかの価値や目的を実現しようとしているのである。これらの価値や目的の実現は、人々が法を設け、法に従う理由である。

　では、法はどのような価値や目的を実現しようとしているのだろうか。この問いに対する答えは、それぞれの法体系の個々の規範や制度を調査することによって与えられうる。そうした価値や目的はもちろん多様である。しかし、それらはある程度に分類可能であり、また、相互に関連し、ある程度の体系をなしていると考えられる。さらに、それらの価値や目的には、時代や社会の違いにかかわらず共通しているものも、それらの違いによって異なったものもある。このことは、法はどのような価値や目的の実現を追及すべきか（あるいは追及すべきでないか）という原理的な問いを呼び起こす。この問いは法哲学が取り組むべき課題である。

　法はどのような価値や目的を実現すべきかという問題は、古来さまざまに論じられてきたし、現在でも活発に議論されている。それらの議論においてつねに中心的な位置を占めて論じられている価値は、いうまでもなく、**正義**である。正義は法がその概念からしてその実現を追及すべき価値である。しかし、正義についても様々な見解があり、次章以降では現代の正義論を中心にみていくことになる。正義の概念をどのように捉えるかにもよるが、法がその概念からして追及すべき価値（法の内在的価値）としては他にもありうる。たとえば、自由や平和は正義と密接に関連するが、正義とは区別されうる。さらに、法に内在的な価値とはいえなくても、社会が法を通じて実現しようとする価値や目的もある。たとえば、経済的繁栄や政治的統合や文化的成熟などである。それらが正義や自由とのように関連するのかも問われうる。

　本章では、まず、これらのさまざまな価値や目的のおおまかな分類と関連について概観し、次に、そのうちでも正義の価値についての一般的な問題を取り上げ

る。最後に、価値判断の性質や客観性をめぐる問題について検討する。

第1節　法の様々な価値や目的

ここではまず西洋の思想史において法の追求すべき価値や目的とされてきたものについて簡単に概観する。そして、それらをG.ラートブルフの法理念論を手がかりに大きく分類する。さらに、それらの価値や目的のうち、法にとって内在的と考えられるものとそうでないものとを区別してみることにしよう。

1　思想史からみた法の様々な価値や目的

法の追及すべき価値や目的については、思想史のなかで様々に論じられてきた。ここではそのうちとくに重要と考えられるものを拾いあげておこう。

法の追及すべき価値や目的について最初に体系的に考察したといえる思想家として、アリストテレスが挙げられる[1]。アリストテレスは『ニコマコス倫理学』の第5巻で正義について論じている[2]。この本は当時のギリシャにおいて徳と考えられた倫理的項目に関するものであり、正義も人の備えるべき徳として論じられている。とはいえ、正義の徳も正義の基準を前提する。それをアリストテレスはまず「**適法性**」（一般的正義）と「**均等性**」（特殊的正義）に区別する。適法性としての正義は文字通り法に従うことである。しかし、アリストテレスにおいては、法はその政治共同体の「共同の利益（共同善）」を目的とするものとされるから、適法な行為はたんに法に適合する行為ではなく、この共同善を創出し維持する行為である[3]。次に、均等性としての正義はさらに「**分配的正義**」と「**匡正的正義**」に区別される。前者は善益や負担を公民の間に分配する場合の均等性としての正義であり、後者は人々の社会的交渉において生じた不均等（たとえば犯罪や不法行為）を匡正する場合の正義である[4]。

1　もちろん、アリストテレスの前にプラトンが挙げられる。プラトンの『国家篇』は人の正義と国家の正義を対比的に論じたものである。ただ、正義についても最初に体系的に論じたのはアリストテレスである。
2　アリストテレス（高田三郎訳）『ニコマコス倫理学（上）』（岩波文庫、1971年）169-214頁。
3　アリストテレス『ニコマコス倫理学（上）』172頁。
4　なお、匡正的正義は後に「交換的正義」とも呼ばれるようになる。たとえば、アリストテレスの正義論を受け継いで「自然的な法」（jus natularis）を論じたトマス・アクィナスは、分配的正

後世に大きな影響を与えたアリストテレスの正義論としては、とくに分配的正義と匡正的正義の区別が重要であるが、この他に、アリストテレスが「正しさ」の基準として挙げている二つのものに触れておく必要がある。まず、適法性は法の適用においても基準となるものであるが、法の規定は一般的であるため、それをそのまま適用するのでは必ずしも正しいことにならない可能性がある。アリストテレスは、このような場合には「**衡平**」（エピエイケイア）という別の正義が求められるとする[5]（ラテン語では「アエクイタース」であり、これは英語の「エクイティ」の語源をなすものである）。衡平は立法者が「無条件的な仕方で規定することによって誤っているところを受けて、不足する事柄を補訂する」ものである。また、先に触れたように、アリストテレスによれば、法は政治共同体の**共同善**の実現を目指すのであるが、共同善を目指すものであるか、それとも統治者の私的利益を目指すものであるかは政治体制の正しさの判定基準でもある。『政治学』では、統治者の人数とこの基準によって、正しい政体（王政、貴族政、国政）と正しくない政体（僭主政、寡頭政、民衆政）が区別されている[6]。この議論は国家の基本構造の正義を論じるものといえる。

次に、今日の法の価値や目的を考える上で重要な思想を展開したのは近代の社会契約論である。ホッブズは、人間の自然状態を「万人の万人に対する戦争状態」と捉え、この悲惨な状態から脱出するために、人々は社会契約を締結して国家を設立し、主権者の制定する実定法に従うようになるのだと説明する。ホッブズにとって国家と法の目的は何よりも「**平和**」（平和な秩序）であったといえる[7]。しかし、ホッブズは平和な秩序のためには至高の権威と絶対的な権力が必要だと考えたため、彼の国家には主権者の権力を制約する制度的仕組みは含まれていなかった。これに対して、ロックは、人々は自然状態において自由と平等を中核とする**固有の権利**（「**自然権**」）を有しており、国家と法はこの固有の権利を有効に

義（justitia distributiva）と「交換的正義」（justitia commutativa）を区別している。『神学大全』第2巻第2分冊問題61。

[5] アリストテレス『ニコマコス倫理学（上）』208-210頁。

[6] アリストテレス（山本光雄訳）『政治学』（岩波文庫、1961年）136-140頁。ここで「民衆政」と訳したのは「デモクラティア」で、一般には「民主政」と訳される。正しい政体の種としての「国政」は多数が共同善の実現を求めて統治するのに対し、「民衆政」は多数が自分たちの利益の実現だけを求めて統治する政体だとみなされている。

[7] ホッブズにとっての第一の自然法は「平和の望みがあるならば、平和を求めよ」というものであった。Th. ホッブズ（水田洋訳）『リヴァイアサン（一）』（岩波文庫、1954年）209頁。

保護することを目的とすると考えた[8]。ロックはこの固有の権利のうちに「所有権」を含めるとともに、宗教的対立を乗り越えるために「信教の自由」や「政教分離」が必要だとする[9]。また、国家権力を制限するためには「権力の分立」、「**法の支配**」が必要だとし、さらにいくつかの条件つきだが「抵抗権」をも認めた[10]。第三に、ルソーは、自然状態の平等な自由を回復するために、人々が自ら主権を構成し、自ら立法してそれに従うという自律としての「政治的自由」、「**民主主義**」の思想を展開した[11]。ルソーの民主主義思想は法と国家の目的を何よりもこの自由に求めるものであったといえるが、国民の「政治的統合」という思想をも含んでいた[12]。

19世紀になると**社会的正義**という思想が現れてくる。18世紀の末にすでにA. スミスは国家と国民の富を増大させることを法の目的の一つと捉えた。そのためには、分業のもとでの経済的な活動の自由（「自然的自由の体系」）と政府による最小限の公共政策（インフラの整備、公教育など）が必要だとした[13]。また、ベンサムは立法の基本原理として「最大多数の最大幸福」という**功利原理**を打ち出した[14]。ベンサムは功利原理の実現のために、幸福の最大化については各人の自由に委ね、政府の役割は権利を設定して保護するとともに、犯罪という社会的な害悪を最小化することにあると考えていた。しかし、19世紀の自由主義的な経済政策は産業労働の発展とともに、労働者の貧困と経済的な格差を生み出した。これに対して、労働者や社会主義者たちは労働者たちの権利と利益を「社会的正義」という観念のもとに追及する運動を展開した。その中で「各人からはその能力に応じて、各人へはその必要に応じて」といった正義の観念が打ち出され、マ

---

8 J. ロック（加藤節訳）『統治二論』（岩波文庫、2010年）392-394頁。
9 J. ロック（生松敬三訳）『寛容についての書簡』（『世界の名著 ロック・ヒューム』、中央公論社、1980年）。
10 J. ロック『統治二論』452-466頁、536-548頁。
11 J.J. ルソー（桑原武夫・前川貞次郎訳）『社会契約論』（岩波文庫、1954年）28-32頁。
12 J.J. ルソー『社会契約論』183-194頁。この点はルソーを「全体主義」の先駆けとみなす見解をもたらすことにもなるが、民主主義の要請は人々の「国民」としての政治的統合の要請を伴うのである。
13 A. スミスはいうまでもなく『国富論』（水田洋訳、岩波文庫、2000/01年）で有名だが、その基礎には彼の道徳哲学（水田洋訳『道徳感情論』（岩波文庫、2003年））とさらにそれに基づく法学（水田洋訳『法学講義』（岩波文庫、2005年））がある。『国富論』の議論は『法学講義』の行政の目的のうちに位置づけられている（『法学講義』23頁）。
14 J. ベンサム（山下重一訳）『道徳および立法の諸原理序説』（『世界の名著 ベンサム・J.S. ミル』、中央公論社、1979年）82頁。

ルクスもこれを生産力の高度に発展した共産主義社会の正義原理として掲げている[15]。こうした運動の中で、労働者の労働条件を守るための労働法や、社会保険や公的扶助からなる社会保障法が生み出されることになる。

他方で、19世紀以降、近代自然法論が打ち出した基本的な原理（自由かつ平等な法的人格、絶対的所有権、契約の自由、過失責任主義など）を具体化するさまざまな実定法が制定されるようになる。実定法を体系的に制定し、それを適用・遵守することに固有の価値が見出されるようになる。M. ウェーバーは実定法の規則に従って社会活動が行われることによって、社会活動の「形式的合理性」と行政作用の「予測可能性」が生み出されると考えた。政治的統治の「正統性」も実定法による統治としての「**合法性**」によって根拠づけられるとした[16]。実定法が安定的に適用されることによって実現される秩序の価値は「**法的安定性**」とも呼ばれる。しかし、すでに触れたように、ナチスにおける犯罪的な実定法と恣意的な司法に対する反省により、戦後ドイツでは、「**正義**」が再び重要な法の価値として捉え直されるともに、「**人間の尊厳**」を核心とする基本的人権の保障が法の追及すべき根本的な価値として自覚されることになった。これらの価値が国際人権文書で謳われているほか、ほとんどの国の憲法において保護されるべきものとして記載されていることはいうまでもない。

以上の概観はもちろん網羅的なものではないが、以下の議論のためには、さしあたりこれらを挙げておくことで足りるだろう。

2　法の価値や目的のおおまかな整理

次に、G. ラートブルフの法理念論を手がかりに[17]、法のさまざまな価値や目的をおおまかに整理してみよう。すでに触れたように、ラートブルフは**法の理念**としてまず**正義**を挙げる。正義の基準については、彼は基本的にアリストテレスにならっている。しかし、それらの正義の基準は形式的であって、それだけでは法に具体的な内容を与えない。そこで、ラートブルフは法の第二の理念として**合目**

15　K. マルクス（望月清司訳）『ゴータ綱領批判』（岩波文庫、1975年）38-39頁。
16　M. ヴェーバー（世良晃志郎訳）『法社会学』（創文社、1974年）379、482-484頁、同（世良晃志郎訳）『支配の諸類型』（創文社、1970年）13-17頁参照。もっとも、ヴェーバーは近代の実定法の規範的基準が近代自然法論によって与えられていること、また19世紀後半には反形式主義的な側面が現れるようになったことも指摘している。
17　G. ラートブルフ（田中耕太郎訳）『法哲学』（東京大学出版会、1961年）。

176　第 6 章　法の価値または目的

的性、つまり法において追及されるべき目的価値への適合性を挙げる。そのような目的価値として、個人価値、集団価値、そして作品価値が挙げられる。絶対的な価値を担いうる対象は、個人、集団、そして作品の三つだけだと、ラートブルフは考えたからである。これら三つの目的価値のいずれを最高のものとみるかによって、自由主義や国家主義などの諸政党の政策綱領が分類される。しかし、ラートブルフによれば、これら三つの目的価値のうちいずれが最高のものであるかを理論的に決定することはできないから、諸政党の綱領のいずれを採用するかは政治的な決定に委ねられなければならず、採用された綱領の内容は法として実定化されなければならない。そして、実定法が制定されると、それは安定的に適用されなければならない。こうして、法の第三の理念として**法的安定性**が導かれる。これは司法（や行政）の適法性を意味するが、ラートブルフは衡平がそれを補完するとみる点でもアリストテレスにならっている。

　以上のようなラートブルフの法理念論は法のさまざまな価値や目的をおおまかに整理するのに有益である。正義は法の第一の理念として、立法において追及されるべき合目的性にも、司法において追及されるべき適法性にも関わっている。そして、立法において追及されるべき合目的性において、様々な法の目的価値が考慮され、司法において追及されるべき法的安定性において、適法性または合法性、さらに衡平も考慮される。このようにして法の価値や目的がほぼ包括的に整理され、関連づけられうるのである。とはいえ、そこには再考を要する点も少なくない。

　まず、正義の概念がより立ち入った検討を必要とする。これについては第二節で検討する。また、戦前のラートブルフは価値相対主義に立って、正義、合目的性、法的安定性という法理念の三つの要素、そして合目的性の内容をなす、個人価値、集団価値、作品価値の三つの目的価値は、それぞれいずれも等価であって、いずれかを究極のものとして理論的に決定することはできないとしていた。この価値相対主義の問題については第三節で検討する。

　ここでの問題はまず、正義と合目的性の関係である。ラートブルフは、正義の基準は形式的であるから、法に内容を与えるためには目的価値が加わらなければならないとするのみで、正義とこれらの目的価値との関係については立ち入っていない。立法における目的価値の追及に正義はどのように関わるのかが検討されなければならない。正義と個人価値との関係を考えることは難しくない。正義

は、各人に各人のものを分配し、しかも等しい者は等しく、等しくない者は等しくないように取り扱うことを要求する。個人価値は、ラートブルフによれば、各人の尊厳を、したがってまた各人の自由と平等を意味する。つまり、正義と個人価値との関係は、各人の基本的な自由や権利の平等な保障を要求することになる。これに対して、正義と集団価値や作品価値との関係がどのようなものとなるかは、必ずしも明らかではない。集団価値や作品価値の追及に際しても、正義の要請は制約的な原理として作用するといったことが、言えるだけであろう[18]。

　次に、合目的性の内容をなす三つの目的価値そのものの内容とそれらの関係が立ち入った検討を必要とする。個人価値の内容はさしあたり上記のようなものと解することができる。集団価値はどのような集団を想定するかによって多様でありうる。家族、学校、教会、人種的その他の集団、クラブ、労働者組合、企業家団体、政党、地方公共団体、そして国家など、多様な集団が考えられ、それらに応じて集団価値も内容や重さなどの点で異なりうる。正義の要請の関わりかたも異なってくるだろう。ラートブルフが主に念頭においていたと考えられるのは、国家という政治共同体である[19]。国家という集団の価値が法において追及されうることはたしかである。それは国家が一つの集団として追及する価値であり、アリストテレスの共同善に該当する。共同善としては、たとえば政治的統合や対外的主権の維持といった政治的価値が考えられるが、それだけでなく、国家における経済的繁栄や文化的成熟といった価値も含まれるだろう。したがって、集団価値もさらに多様な価値に区分して考えることができる。また、ラートブルフのいう作品価値は文化的な価値であるが、それを国家が法によって追及するものだとすれば、作品価値を個人価値および集団価値と並ぶ格別の目的価値として立てることは必要ではないと考えられる。

　最後に、正義と法的安定性の関係について、ラートブルフが戦後にいわゆる「ラートブルフ定式」を打ち出したことはすでに触れた。法的安定性は実定法が

18　たとえば、国家の目的追及に際しては、関係する個人の尊厳や自由と平等が制約原理として作用するだろう。また、同等の集団については等しく取り扱うことが求められるだろう。このことは、国際法において各国が等しく独立なものとして扱われることを要求する。さらに、文化的多元性のもとでは、たとえば宗教や言語に基づく文化的集団の同等の取り扱いが正義によって要求されるだろう。

19　国家という集団の価値が個人の価値や他の集団の価値よりも上位におかれるならば、それはいわゆる国家主義ということになる。

安定的に適用されることによって実現される。それは法律が、「法律への忠実」の要請のもとに裁判官の恣意を排して適用されることを、つまり適法性ないし合法性を意味する。したがってさらに、それは等しいケースは等しいように、等しくないケースは等しくないように取り扱うことを、この意味での正義の要請を含む。ラートブルフもいうように、法的安定性は正義の要請の一つである。もっとも、それは立法において正義が少なくとも追及されていることを前提するというのが、ラートブルフ定式の趣旨であった。また、衡平もこの関連に位置づけることができる（もっとも、衡平は立法においても考慮されうるが）。

　法的安定性は、さらに、一般的法規範（ルール）の体系によって秩序が維持されることとして、より広く理解することができる。すでに触れたフラーの「法の内面道徳」の8つの要請は、この意味での法的安定性の要請として理解することができる。したがって、この意味での法的安定性は立法にとっての形式的な原則（一般性、公開性、事前性、整合性、持続性、理解可能性など）をも含む。これらの原則は最近では形式的な「法の支配」の原則としても理解されている[20]。最後に、平和は主要には政治的価値とみることができるが、この秩序を形成し維持するという広い意味での法的安定性は平和の法的側面とみることもできるだろう。

3　内在的価値と外在的目的

　ラートブルフの法理念論は、上記のように、正義を核心としつつ、それが立法における目的追及や司法における法適用においても作用するという構造を示している。しかし、とくに合目的性の内容については再考する必要があると考えられた。この点を考慮して、これらの法の価値や目的を別の観点から分類してみよう。それは法に内在する価値と法にとって外在的な目的との区別という観点である。

　この観点からみると、正義が**法の内在的な価値**（法が法であるためにその実現を追及すべき価値）であることは否定できないだろう。正義は法的な価値であるだけなく、倫理的な価値や政治的な価値でもあるが、このことは正義が法の内在的

---

[20] 例えば、H.L.A.ハート『法の概念』321-322頁、また長谷部恭男『憲法 第5版』（新世社、2011年）19頁参照。井上達夫は、法の支配についての彼の「理念化プロジェクト」として、フラーの8つの原則に実質的な内容を与える「強い構成的解釈」を与えている（『法という企て』（東京大学出版会、2003年）54-67頁）。

価値であることを妨げるわけではない。また、正義の基準は高度に形式的であり、その具体的な実現のあり方は歴史や社会に応じて相対的とみなされうるが、このことは正義が法にとって偶然的なものであることを意味しない。ラートブルフがいうように、法は正義を志向する実践とその作品である、あるいは井上の言葉を借りて言えば、法は「正義への企て」なのである[21]。

次に、ラートブルフが個人価値と呼んだ諸価値、各人の尊厳とそれに基づく各人の自由と平等も法に内在する価値理念だということができる。各人の尊厳として理解される人間の尊厳はもちろんすぐれて倫理的・道徳的な価値である。このことは各人の尊厳が法にとっても固有の価値であることを否定するわけではない。それは各人を法的人格として取り扱うことを意味するのである。たしかに、歴史的・社会的には、たとえば奴隷制やナチスやアパルトヘイトのように、社会の中の一部の人々の尊厳を無視ないし軽視する制度も存在したし、また現在でも地域によっては存在している。しかし、このことは人間の尊厳としての各人の尊厳が（差別する側の人々自身についても）真には理解されていなかった（いない）ことを意味するだろうし、また正義の実現に失敗していた（いる）ことを示すものと理解することができるだろう。

各人の尊厳に基づく自由が法の内在的価値であることは啓蒙の核心的な思想であった。たしかに、ホッブズやベンサムのように、法を本質的に自由に対する制限とみなす見解もある[22]。しかし、この場合の自由は法の外部における自由であり、法によって可能となる自由とは区別される。ルソーやカントにおけるように、自ら制定する法に自ら従う自律としての自由、したがって法によって可能となる自由を考えるかぎり、この意味での自由は法にとって内在的な価値である。また、カントはこの意味での自由には平等が含まれると考えていた[23]が、各人の尊厳に基づく平等な取り扱いは正義の要請でもあり、したがって各人の平等も法に内在する価値と考えることができる。

---

21 井上達夫『法という企て』3-32 頁。
22 ホッブズは自由とは行為にとって「外的障害」が存在しないことであり、法や義務とは異なるとし（『リヴァイアサン（一）』208-209 頁）、ベンサムも「あらゆる法は自由に対立する」と述べている（Principles of the Civil Code, 1802, Chap.1）。もっとも、彼らも実定法の下での限定された自由を否定するわけではない。
23 カント（加藤新平・三島淑臣訳）『人倫の形而上学・法論』（『世界の名著 カント』中央公論社、1972 年）363 頁。

さらに、司法（や行政）における適法性としての法的安定性は、それ自体正義の要請に基づくものであり、法の内在的な価値である。適法性を補完する衡平が同様に法の内在的価値であることも否定できない。形式的な法の支配の諸原則としての法的安定性も、フラーが法の内面道徳といい、ハートもそれを否定なかったように[24]、法の内在的価値だということができる。

以上に対し、ラートブルフが集団価値、作品価値と呼んだものは、法にとっては**外在的な目的**とみなすことができるだろう。社会は法を用いて、その政治的、経済的、そして文化的な目的の実現を追及することができる。それらの目的は、アリストテレスの共同善やベンサムの功利原理のように、社会全体の目的という性格をもつ。これらの目的は法を用いなくても追及できるかもしれない。しかし、これらの目的の追及は、とりわけ正義という法の内在的価値に関わるかぎりでは、法を用いて追及しなければならないし、また法の内在的価値によって制約されなければならない。これは形式的および実質的な意味での法の支配の要請でもある。この意味では、法の内在的価値と外在的目的は密接に結び付いている。たとえば、平和は実力によっても生み出され維持されうる政治的な価値とみることができるが、永続的な平和の維持は法秩序を生み出し、法の内在的価値を多かれ少なかれ実現することを通してのみ可能であることは、歴史の教訓といってよいだろう。

第2節　正　義

価値一般についてと同様に、正義の価値についても古くから相対主義的な嫌疑がかけられてきた。古代ギリシャのソフィストたちは「ノモス」の正義が相対的なものであることを強調したし、近代初期のパスカルの「川一つで仕切られる滑稽な正義よ」という言葉[25]も正義の相対性を嘲笑または慨嘆するものとしてたびたび引用されてきた。現代でも、たとえばA.ロスは「正義に訴えることは、テーブルをバンと叩くことと同じことだ。それは、自分の主張を絶対的な要請に転化しようとする情緒の表現である」と述べている[26]。

24　H.L.A.ハート『法の概念』321-322頁。
25　B.パスカル（前田陽一・由木康訳）『パンセ』（中公文庫、1973年）196頁。
26　A. Ross, On Law and Justice, 1958, 274.

しかし、何らかの客観的な正義への希求は同時につねに存在する。プラトンやアリストテレスの正義論や近代自然法論の権利論がそうした希求に基づいていたことはいうまでもないが、正義に対して懐疑的な思想家たちにおいても実際にはそうした希求が作用している。あるソフィストたちはノモスの正義に「自然的な強者の正義」を対置した[27]（それが受容可能かどうかは別問題であるが）し、パスカルは実定的な正義に対して真の公平の正義に訴える必要を説いたのであり[28]、A. ロスも少なくとも適法性としての正義は否定していない[29]。

現代正義論の出発点をなすといえる J. ロールズの『正義論』は他の正義の諸理論よりも道理的だといえるような正義の理論を示そうとするものであった。これに対してはその後様々な批判が展開されることになるが、その議論の展開の中で、現代社会において正義を構想するときに少なくとも何が考慮されなければならないかが様々な角度から明らかにされてきたし、そして共有されるようになってきたといえる。のみならず、これらの議論の展開の中には何らかの客観的な正義への希求が働いている。まず、この正義に関する議論の構造、そしてそこからみてとれる正義の概念の構造と呼びうるものが理解されなければならない。

1　正義の主張と正義の判断

正義とは何か。この問題について考えるために、まずロスのいう「正義に訴える」ということから出発しよう。ロスによれば、正義に訴えることは「自分の主張を絶対的な要請に転化しようとする情緒の表現である」。「情緒の表現である」という言い方は後で触れるメタ倫理学の情緒説を思わせる。ここではまず「正義に訴える」ことが「自分の主張を絶対的な要請に転化しようとする」ことであるという点に注目しよう。自分の主張がたとえば「先月貸した1万円を返せ」というものであったとすると、正義に訴えることはこの主張についてさらに「これは正義だ」と主張することを意味するだろう。この後者の主張を**正義の主張**と呼ぼう。

27　プラトンが『ゴルギアス』（加来彰俊訳、岩波文庫、1957年、120頁）で触れているカリクレスの主張や『国家』（藤沢令夫訳、岩波文庫、1979年、49-51頁）で触れているトラシュマコスの主張など。
28　パスカル『パンセ』196頁。
29　A. Ross, On Law and Justice, 280. ロスは「正義は、恣意とは反対の、法の正しい適用であ」って、「それによって法を正当化しうるような法論理的な尺度とか究極の基準といったものではありえない」と述べている。

ロスによれば、この正義の主張は元の主張を「絶対的な要請に転化しようとする情緒の表現」にすぎず、その意味では元の主張に何か内容上新しいものを付け加えているわけではない。正義の主張は元の主張を強調しているだけであるようにみえる。とはいえ、元の主張は要請という意思的作用を表明するものであるのに対し、正義の主張は少なくとも「これは正義だ」という判断の形式をもつ。それは元の主張が何らかの**正義の基準**に基づいているという判断を言明しようとするものである。したがって、正義に訴えること、正義の主張をすることは、元の主張が**正義の判断**に基づくものであることを主張することを意味する。

しかし、元の主張はもともとそのような根拠をもつという主張を含んでいると考えられる。他者に向けて何かを真摯に主張することは、その主張が何らかの根拠に基づいているという主張を含んでいる。正義に訴えること、正義の主張を付け加えることは、元の主張に含まれるこの主張を明示的に言明することに他ならない。したがって、「先月貸した1万円を返せ」という主張は、それが真摯なものであるかぎり、同時に正義の判断に基づく正義の主張を含んでいるのである[30]。

正義の判断とその基準については後で立ち戻ることにして、ここではまず正義の主張の特徴を検討しておこう。正義の主張が明示的に言明される場合にとくに明らかになるように、正義の主張は、机を「バン！」と叩かないとしても、「絶対的な要請」という意味をもつ強い主張である。それはたんなる要請や嘆願ではない。正義の主張がこのように強い主張であるということが、正義の主張にある義務を負わせる。それは、相手から求められればその根拠を示さなければならないという義務であり、また相手が根拠のある同じ主張を自分に対してなすときには自分もその主張を受け入れなければならないという義務である。このように正義の主張は相手と立場を入れ替えても主張できるもの、「**立場の反転可能性**」（井上達夫）[31] あるいは「相互性」の吟味に耐えるものであることを必要とするのである。

---

[30] 「先月貸した1万円を返せ」という主張の根拠としては、「借りたものは返すべし」という規範と、先月相手に1万円貸したという事実を挙げることで足りるかもしれない。つまり、元の主張をとくに正義の主張と捉え、しかもその正義の主張の根拠づけを要するという必要はないようにみえる。しかし、「借りたものは返すべし」という規範はそれ自体より一般的な正義の基準を具体化するものである。

[31] 井上達夫『法という企て』23-24頁。後出注54を参照。

この相互性はさしあたり自分と相手、一人称と二人称の関係においても成立しうる。たとえば、ある地域のただ二つの建設会社がその地域の建設工事を交互に受注するという取り決めをしている場合、新たな建設会社の参入を妨げず、受注価格も合理的であるならば、そこでも相互性は成立しているといえるかもしれない。しかし、このような取り決めが多くの場合そうであるように、新規参入を妨げて、それによって受注価格を不当に高騰させている場合には、この相互性は新規参入を望む者や発注者に対して受容を要求することはできないだろう。第三者の観点をも組み込んだより広い視点からの相互性が考慮されなければならない。

このような第三者の観点を A. スミスは「**公平な観察者**」(impartial spectator)の視点として特徴づけた[32]。スミスは、道徳の原理を、したがってまた正義の原理をも、直接に理性から導出する見解を退けて、道徳感情によって根拠づけようとする。彼によれば、私たちが他者の行為を道徳的に善いまたは悪いと判断するのは、他者の行為の動機となっている感情に共感しうるまたはしえないということ、自己の感情に照らしても是認できるまたはできないということを意味する。こうした道徳感情の人々の間でのやりとりの積み重ねによって「公平な観察者」の視点が次第に形成されることになる。スミスによれば、一般的な道徳の原則はこうした経験の歴史的社会的な積み重ねによって自生的に生まれる。彼は正義を同じように自生的に成立する「フェアプレイ」の原則と捉えた[33]。ここでは、正義の主張の相互性の範囲は第三者または三人称の視点へと拡張されているのである。

しかし、正義の原則が経験的に形成されてきたものにすぎないとすれば、なおその相互性の範囲は経験的に限定されているかもしれない。スミスは正義などの道徳的原則を道徳感情に由来するものとみなしたが、道徳感情の表明のやりとりから公平な観察者の視点が成立するには、直接的な感情の作用だけではなく、少なくともそれらの比較を可能にする何らかの理性の作用が必要だったはずである。このような理性の作用を強調したのはカントである。カントは道徳的法則の根拠を再び純粋な理性に求めた。彼の定言命法は自分の行為の法則（格律）を普

---

[32] A.スミス『道徳感情論（上）』215-222 頁。
[33] A.スミス『道徳感情論（上）』217-218 頁。スミスは自己利益の追求を否定しないが、そのために他人を押しのけたり蹴落としたりするならば、公平な観察者の共感は得られないだろうという。なお、スミスは先占による所有や侵害に対する処罰などの基礎にも公平な観察者の共感をおいている。『法学講義』188、233 頁参照。

遍的な法則となしうるどうか、その**普遍化可能性**を吟味することを要請する[34]。同じことはもちろん正義の原則についても要請される。ここでは正義の主張の相互性の範囲は人類（あるいは「すべての理性的存在者」）の規模にまで拡大されているといえる。

　正義の主張の相互性はこのような普遍化可能性のレベルで考えることを必要とする。正義の主張であるかぎり、自分と相手との相互性または「立場の反転可能性」のレベルにおいても、この普遍的な三人称の観点は含まれていたといえる。もっとも、正義の主張の相互性を直ちに普遍化可能性のレベルで考えることは必ずしも容易ではない。普遍化可能性をより具体的に考えるための工夫はいろいろなものがあるが、「立場の反転可能性」の範囲を次第に広げて行くという思考方法は、その意味で実践的に有用だといえるだろう。なお、カントの普遍化可能性は形式的であるから、邪悪な内容の主張も普遍化可能であることを妨げることができないと指摘されることがある。たとえば、ホッブズの自然状態の人々はその絶対的自由を普遍化可能なものと相互に主張することができるかもしれない。とはいえ、カントの定言命法は他者をも尊厳ある人格として尊重することを要請する[35]から、右のような指摘が妥当であるかは疑わしい。いずれにせよ、正義の主張は相互性、公平性、普遍可能性を満たさなければならないのである。

2　正義判断の対象

　正義の主張は、それが真摯なものであるかぎり、正義の判断に基づいている。正義の判断はその対象に「正しい（正義に適う）」又は「正しくない（正義に反する）」という評価語を述定するという形式をもつ。これが本当に「判断」だと言えるのかどうかについては、たしかに議論がありうる。とはいえ、少なくともそうした判断を私たちがなしていることは事実である。正義とは何かを考えるためには、さしあたり私たちが正義の判断をなしているということを前提して、その

---

[34] カント（篠田英雄訳）『道徳形而上学原論［人倫の形而上学の基礎づけ］』（岩波文庫、1960年）85頁。そこでは定言命法は次のように規定されている。「君は、君の格律が普遍的法則となることを、当の格律によって同時に欲しうるような格律に従って行為せよ」。

[35] カントは定言命法の意味を説明する第二の定式で、よく知られているように、次のように述べている（『道徳形而上学原論』103頁）。「君自身の人格ならびに他のすべての人の人格に例外なく存するところの人間性を、いつでもまたいかなる場合にも同時に目的として使用し、決して単なる手段として使用してはならない」。

判断がどのような特徴をもっているかを理解する必要がある。そのためには、まず正義の判断の対象を限定すること、次に正義の判断の基準を検討することが必要である。

　正義を倫理的徳として捉えれば、人間の何らかの状態または性質が正義判断の対象となる。プラトンは人の**徳としての正義**をその霊魂の三つの部分がそれぞれの「分」を守って調和がとれている状態にあるとみなしたし、先に触れたように、アリストテレスは正義をまずは人の徳として、つまり理性や規範に適った中庸の選択をなすよう習慣づけられた魂の状態にあると考えた。こうした徳としての正義の観念は古代から中世にかけては一般的であった。ローマの法学者ウルピアヌスは正義を「各人に彼のものを帰する恒常不断の意思」と定義している[36]が、これも徳としての正義を述べるものである。また、今日のいわゆる「共同体論」の論者たちも徳としての正義を重視している。とはいえ、徳としての正義は各人が体現すべき倫理的な意味での正義であり、法的な観点からの正義判断の対象となることは今日ではほとんどないといってよい[37]。

　したがって、正義判断の対象となるのはまず人の行為である。しかも、自己に対する行為ではなく、他者に対する行為、対他的行為である。人がどれだけ自己完成に努めているか、どれだけ富を獲得したか、どれだけ政治的使命を果たしたかなどは、やはり倫理的問題であって、ここでいう正義判断の問題ではない。正義判断は人が他者をどのように取り扱ったか、また取り扱っているかに関わる。しかも、それは、人を愛する行為のように、たんに自己と相手との特別な関係における行為ではなく、**三人称の他者の観点を含んだ相互性が要請される関係における対他的行為**を対象とする。つまり、正義判断の対象となる行為は自己を含めた人々の相互的関係における行為である。したがって、正義判断はそれらの人々

36　Digesta（学説彙纂）1, 1, 10.
37　共同体論者 A. マッキンタイア（篠崎榮訳『美徳なき時代』（みすず書房、1993年））が嘆くように、今日では「徳」という言葉はほとんど「死語」となっているといってもよい。もっとも、今日でもたとえば「プロフェッションの倫理」というとき、そのプロフェッションに一般に期待される恒常的な倫理的姿勢といったものが想定されているといえるだろう。徳の倫理は「プロフェッションの倫理」として形を変えながら生きているといえるかもしれない。そして、プロフェッションとしての法曹には正義の徳がもとめられるかもしれない。なお、訴訟で証人の証言の証拠能力を判断するときに、その証人の信頼性が問題となることがある。証人の言動の齟齬を指摘することによって、証人の信頼性を低下させるような論法を「対人論証」（argumentum ad hominem）というが、ここでは人の誠実性や、ある意味での正義性が問われているということもできるだろう。

の相互的関係における行為を何らかの共通の基準によって判断することである。このような判断の典型はいうまでもなく裁判官の判決における判断である。しかし、判決も一つの対他的行為であるから、それ自体として正義判断の対象となる。上級審裁判所が下級審裁判所の判決を取り消すときに、取り消さないならば「著しく正義に反することになる」と言うことがあるのは、その例である。

　第三に、正義判断はこのような**人々の相互的関係における行為の基準**、一般に規範に関わる。たとえば、ナチス体制のもとでは、ユダヤ人が外国に住所を得たときはその国籍を剥奪し、さらに国籍を失ったユダヤ人の財産は国庫に没収するとする法律があった。戦後のドイツ連邦憲法裁判所はこのような法律を「正義の根本的原理に明白に矛盾」すると判断している[38]が、これは「法律」という形式をもった規範を正義判断の対象としている例である。規範が正義に適っていると判断されれば、その規範に従う行為は正義に適っており、それに反する行為は正義に反していると判断されうるのであって、それらの行為そのものをあらためて正義判断の対象とする必要は原則としてない。それらに対する判断は合法か違法かという判断となる。とはいえ、それらの行為は正義に適った規範に適合しているかいなかによって、正義に適っているまたは反していると判断されるのである。今日では、ほとんどの憲法は違憲審査制を設けているから、法律などの規範についての判断も、直接的な正義判断ではなく、合憲または違憲の判断となっている。とはいえ、ここでも合憲または違憲の判断の基礎に正義判断が含まれているのである。

　最後に、規範の複合からなる様々な制度や、それらの制度の複合からなる**法秩序**そのものが正義判断の対象となりうる。かつてのアメリカの奴隷制や南アフリカのアパルトヘイトは正義判断の対象となった制度の例だといえる。ナチス体制が全体として正義判断の対象とされたのは、秩序そのものが正義判断の対象となった例である。こうした例はきわめて稀であり、その判断もきわめて複雑なものとなる。それでも、法秩序そのものの正義、その基本構造の正義を問い、その原理を見出そうとする試みはつねに可能である。次章以下で取り上げる現代の正義論が扱っているのは、とくにこの社会の基本構造の正義原理である。それらの正義論は多くの場合、哲学部（科）の学者、とくに政治哲学者によるものであ

38　ドイツ連邦共和国憲法裁判所判決 1968 年 2 月 14 日（BVerfGE 23, 98, 106）。

る。もちろん、問題そのものは法哲学の根本問題でもある。のみならず、それは憲法の基本原理の問題であり、したがってまた一般に法の基本原理の問題でもある。

3 正義判断の基準

　正義判断は基準を必要とする。そのような基準で一般的なものとしては、古くからいくつかのものが用いられてきた。ここではそのうちとくに言及されることの多い一般的基準について概観しておこう。

　(a) まず、よく挙げられるのが次の二つの古典的定式である。一つは、「等しいものは等しいように、等しくないものは等しくないように扱え」というものであり、**平等処遇定式**と呼ぶことができる。これはアリストテレスに帰せられることがあり、次にみるようにそれには理由がないわけではないが、この文言そのものがアリストテレスの著作のうちにあるわけではない。もう一つは、「各人に各人のものを帰せよ」というものであり、ここでは**適正配分定式**と呼んでおくことにする。これは先に触れたウルピアヌスの格言とよく結びつけられる。「各人に各人のものを帰せよ」という定式はこの格言の徳の側面を省いて、正義の一般的基準を示すものである。なお、「各人のもの」は「その人に相応しいもの」を意味する。

　この二つの定式はどちらも挙げられることもあれば、論者によっては一方だけを挙げることもある[39]。この二つの定式は、文言上は異なるが、適切に変形すれば、互いに他方の形式に言い替えることもできるだろう。より重要なのは、後でも触れるように、これらの定式は高度に一般的または形式的であり、平等処遇定式では何をもって等しいまたは等しくないとするのか、適正配分定式では何をもって「その人のもの」とするのかの決定にはさらに基準が必要となるということである。この点では「○○に応じて」という形式のより具体的な基準が挙げられてきた。たとえば、「功績に応じて」、「必要に応じて」、「努力に応じて」、「真価に応じて」、「法律に応じて」などである。これによって、「功績に応じて」「等しく／等しくなく」扱う、「必要に応じて」「その人のもの」とするといった具体

---

[39] たとえば、ハートは平等処遇定式だけを挙げ（『法の概念』253 頁）、ケルゼンは、他のものとともに、どちらも挙げている（『正義とは何か』（宮崎繁樹・上原行雄・長尾龍一・森田寛二訳、木鐸社、1975 年）28-31 頁）。

化が可能となる。もっとも、これらのより具体的な基準はさらにより具体的な基準を必要とするだけでなく、そのまま適用すると衝突することがある。ある財の分配において「功績に応じて」と「必要に応じて」はそのままでは互いに衝突することになるだろう。

(b) 次に、アリストテレスの「**分配的正義**」と「**匡正的正義**」が挙げられる。これについては先に触れたが、もう少し立ち入ってみておこう。分配的正義をアリストテレスは「公民の間に名誉や財貨を分配する」ことの均等性に関わるとしている。そして、この均等性は4つの項から、つまり2人の人と2つの財からなり、それらの幾何的な比例として捉えられるとする[40]。ここでは財の分配に当たって人の何らかの差異に注目することが想定されている。そうした人々の差異としては、たとえば人々の徳や身分や功績の差異が考えられる。したがって、分配的正義の均等性は、たとえば、「人Aに分配される財／人Aの功績」が「人Bに分配される財／人Bの功績」に等しいとすることを意味する。これは功績が等しくないならば、その等しくなさに応じて財も等しくなく分配することである。もちろん、功績が等しいならば財も等しく分配することになる。

他方、匡正的正義は、同等の市民の交渉関係において、犯罪がなされればそれに対して刑罰を、加害がなされればそれによる損害に対して賠償を均等に対応させることに関わる[41]。しかし、ここでの均等性には二つの意味がある。一つは、犯罪に対する刑罰の、損害に対する賠償の均等性である。もう一つは、加害者と被害者の均等性である。アリストテレスは匡正的正義の均等性を算術的比例に基づくものとしている。ここでは人の差異は問題にならず、均等化の判断には2つの項で足りると考えているからである。「法は人々をいずれも均等なものとして扱う」[42]。したがって、身分の違いによらず、同じ犯罪をなした者にはそれに対応する同じ刑罰が科せられることが匡正的正義の均等性である。他方、犯罪がたとえば殺人と傷害のように異なれば、それに応じて異なる刑罰が等しく科せられることが均等ということになる。

このようにみると、アリストテレスの分配的正義と匡正的正義はどちらも平等処遇定式の形式をもつといえるだろう。もっとも、分配的正義は適正配分定式

40　アリストテレス『ニコマコス倫理学（上）』117、180頁。
41　アリストテレス『ニコマコス倫理学（上）』177頁。
42　アリストテレス『ニコマコス倫理学（上）』182頁。

に、匡正的正義は平等処遇定式により近いとみることもできる。また、分配的正義は主に立法の原理、匡正的正義は主に司法の原理とみることもできる。しかし、それにかぎられるわけではない。たとえば、あるケースで双方に差異ある過失があるときは分配的正義が、また刑法典を制定するときには匡正的正義が考慮されることになる。先の二つの定式も、アリストテレスの二つの特殊的正義も、判断の場面に応じて適宜に使い分けることができるだろう。

(**c**) 古くからの正義の一般的基準としてよく挙げられるのは以上の二つ組だが、その他に、いわゆる「**黄金律**」(golden rule) が挙げられることがある[43]。黄金律も二つの種類に分けることができる。一つは、**消極的黄金律**で、「あなたが他人からして欲しくないことは、あなたも他人にしてはならない」というものである。周知のように、これは古代中国の孔子の教えとして有名であるが、ホッブズも彼の「自然法」の要約としてこの黄金律に言及している[44]。もう一つは、**積極的黄金律**で、「あなたが他人からして欲しいことは、あなたも他人になせ」というものである。これはナザレのイエスがいわゆる「山上の垂訓」で説いたものとされる[45]。いずれも二人称に向けた分かりやすい道徳的な教えであり、先に触れた相互性を含んでいる。なお、この二つの黄金律は二人称に向けられており、その義務は「あなたが欲すること／欲しないこと」に依存するようにみえるが、「あなた」を一般の人々の代表とみなせば、普遍的な原理とみなすことができる[46]。

この二つの黄金律は区別されないこともあるが、法と正義に関する議論にとってその区別は重要な意味をもつ。消極的黄金律は最低限の道徳的禁止を述べており、殺人や傷害など他者危害を禁じる法の基本原則となりうる。これに対して、積極的黄金律は、いわゆる「善きサマリア人」のたとえのような、他者に対する親切や慈善の行為を命じるものであり、そのままでは法の基本原則とすることになじまないとされる。言い替えれば、消極的黄金律は匡正的正義にも通じる正義

---

[43] たとえば、ケルゼンは黄金律も挙げている（『正義とは何か』35-37頁）。
[44] 孔子『論語・衛霊公篇二四』、ホッブズ『リヴァイアサン』246頁。
[45] 『マタイによる福音書』第7章第12節。
[46] 「欲しないこと」については一般化も困難ではなさそうだが、「欲すること」についてはそれが困難であるようにみえる。積極的黄金律を特定の「あなた」に依存するものと捉えるならば、それは「あなた」の宗教や倫理的善の構想に基づく「欲すること」を他者に押しつけることになりかねないだろう。黄金律の一般化のためには、「あなたが欲しないこと／欲すること」を「誰もが欲しないであろうこと／誰もが欲するであろうこと」に言い替える必要がある。

の義務を命じるのに対し、積極的黄金律は正義の義務を超える「人道」的な義務を命じるものとみなされる。あるいは前者の義務は**消極的義務**、後者の義務は**積極的義務**と呼ばれることもある[47]。この二つの義務の区別は現代正義論においても問題となる。積極的黄金律が述べる積極的義務をも正義の義務に含めることができるかどうか、あるいは消極的義務と積極的義務の中間に正義の原理を見出すことができるかどうかなどが問題となるのである。そして、後でみるように、ロールズの正義論はある意味でこの中間の正義原理、あるいは一種の「社会的正義」の原理を説くものとみることができるのである。

 (d) 最後に、**手続的正義**の基準として挙げられるものに簡単に触れておこう。一つは、英米法圏で古くから「**自然的正義**」(natural justice) と呼ばれるものである。たとえば、「誰も自分の事件の裁判官であってはならない」とか「双方の当事者から聞かなければならない」というものである。ホッブズも彼の自然法のうちにこれに類するものを挙げている[48]。

 もう一つは、ロールズが『正義論』において提示した三種の手続的正義の概念である。ロールズは、ある手続きの結果の正しさを判定する独立の基準があるかどうか、そして何らかの正しい結果にいたる手続きがあるかどうかという二つの尺度によって、手続的正義を三つに区別している[49]。まず、結果の正しさを判定する独立の基準があり、かつそのような結果にいたる手続きがあるというものであり、ロールズはこれを「完全な手続的正義」と呼ぶ。たとえば、複数の人に一つのケーキを切り分けて平等に分配する場合に、切り分ける人が最後の部分を取るようにすることによって実現される正義である。このとき切り分ける人はできるだけ平等に切り分けようとするだろうからである。第二は、結果の正しさを判定する独立の基準はあるが、その結果にいたる確実な手続きが存在しないという場合であり、これは「不完全な手続的正義」と呼ばれる。刑事裁判の手続きがその例である。犯罪に対する刑罰が正義に適う仕方で規定されているとしても、誤審の可能性は排除できないからである。最後に、結果の正しさを判定する独立の

---

[47] たとえば A. スミスは正義の徳と慈愛の徳をこの点で区別している(『道徳感情論(上)』205-214 頁参照)。また、カントは法論で扱う正義の義務を「完全義務」、徳論で扱う倫理的な義務(自己完成の義務や他者扶助の義務など)を「不完全義務」と呼んで区別している(『人倫の形而上学・法論』365-366 頁)。

[48] ホッブズ『リヴァイアサン』245 頁。

[49] J. ロールズ(川本隆史/福田聡/神島裕子訳)『正義論』(紀伊國屋書店、2010 年)115-122 頁。

基準はないが、ある公正な手続きがあって、その手続きを踏んで得られた結果はどのようなものであれ正しいとするもので、ロールズはこれを「**純粋な手続的正義**」と呼んでいる。賭けの手続きが例として挙げられる。この純粋な手続的正義の概念は、次章でみるように、ロールズの正義原理の導出の手続きにとって重要な役割を果たしている。また、市場のプロセスを理解する上でも用いられている[50]。これらの手続的正義の概念は、ロールズの『正義論』に特有のものというわけではなく、一般的な有用性をもっているといえるだろう。

4 形式的正義と実質的正義、正義の概念と構想

正義の実体的基準の定式、同等処遇定式や適正配分定式については、その形式性が指摘されてきた。何をもって「等しい」または「等しくない」とするか、また何をもって「各人の相応しいもの」とするかは、これらの定式では何も言われていないからである。それらを決定するためにはより具体的な基準が必要である。そこで、それらの定式が表現する正義を「**形式的正義**」と呼び、それがより具体的な基準によって規定されたものを「**実質的正義**」と呼ぶことがある。

形式的正義の定式はより具体的な基準によって特定されないかぎり「空虚」であり、無益であるという指摘もある[51]。とはいえ、これらの定式はまったく無意味だとすることも適切ではない。これらの定式も、不当な取り扱いを受けても直ちには具体化できない正義の主張の一応の表現として用いられうる。たとえば、既存の規範や制度に基づく処遇が不当と感じられる場合でも、その不当性を直ちに具体的に表現できるとはかぎらない。そのような場合に、これらの定式に依拠して正義に訴えることは有用でありうる。また既存の規範によっては具体的な処遇が不明確であるときに、これらの定式は正義判断の指針として、一定の有用性をもつと考えられる。「等しい者に対する等しい処遇」であるかどうか、「相応しいもの」の配分であるかどうかといった観点からの検討を、これらの定式は促すだろう。

また、形式的正義の定式は具体的な基準によって特定されないならば、確定し

---

50 その他、民事訴訟の手続きを純粋な手続的正義の手続きとして理解する見解もある。たとえば、谷口安平「手続的正義」(『岩波講座 基本法学8——紛争』1983年) 35-39頁参照。民事訴訟手続きの目的は、真実の発見に基づいて正しい解決にいたることにではなく、むしろ得られた結果を当事者が容受できるように公正な訴訟手続を保障することにあるとする考え方である。

51 たとえば、ケルゼン『正義とは何か』28頁参照。

た正義判断を導かないし、それらを具体化する基準は歴史的社会的に変化する相対的なものであるから、結局、正義は相対的なものでしかないという指摘もある[52]。たとえば、かつては社会全体における社会的経済的財の分配の構造は身分に応じたものであったのに対し、身分制を廃止した近代以降の社会ではたとえば能力や成果に応じたものとなっているなどである。今日でも、そうした財の分配の基準に関しては、次章以降でみるように、様々な見解の相違がある。とはいえ、かつての身分制のもとでの基準と今日の社会における基準とを相対的と捉えてみても、それだけでは意味があるとはいえない。

　他方、今日の社会における正義についての見解の相違は重要である。それは政策や立法をめぐる論争にも深く影響している。しかし、それらの見解の相違や論争が真正の相違や論争であるとすれば、それらの見解の相違や論争は何か同じものについての見解の相違や論争であるのでなければならないだろう。ロールズは、その同じものを正義の「**概念**」(concept)、それについての相違する見解を正義についての「**諸構想**」(conceptions) と呼んで区別した[53]。正義の概念は、以上みてきたように、正義の主張の特徴（相互性、公平性、普遍化可能性）、正義判断の対象（対他的行為、規範や制度、基本構造）、正義判断の基準（同等処分定式や適正配分定式など）によって構成されるとみることができる。正義についての様々な構想または見解は、この正義の概念についてのものでなければならない。正義の概念はその意味で正義の様々な構想または見解に対して一定の統制的な原理（カント的な意味での理念）としての機能を果たしうるのである[54]。

---

[52] この点でも、ケルゼン『正義とは何か』28頁参照。また、価値相対主義に立つケルゼンは絶対的正義は非合理的理想であるという（同45頁）。

[53] J. ロールズ『正義論』8頁。なお、ロールズは、この区別はハートによるという。

[54] このような正義の概念の役割については井上達夫『法という企て』3-32頁参照。井上は「立場の反転可能性」を正義の諸構想を制約する基準として提示している。正義の主張における「立場の反転可能性」のテストは、たとえば、フリーライド、えこひいき、特権、二重基準などを退ける。これは自己と他者とに共通の基準を適用することを正義の概念の基本的な要請とみるものである。また、それは、必要とあればその主張の根拠を提示する用意があることを要請し、相手に「異論提起権」を認めることを要請する。これは正義の主張が対話的構造を不可欠の前提として想定していることを示すものであろう。

第3節　価値判断の問題

　法は何らかの価値や目的の実現を追及し、また社会は法によってさまざまな価値や目的を実現しようとする。こうした価値や目的、またそれに関する判断や見解については、古くから主観主義と客観主義の論争がある。この論争は主要には倫理学の分野に属するが、法の価値や目的、そして次章以降の現代正義論を考えるうえでも、この問題について検討しておくことが必要である。ここでは、まず価値をめぐる倫理学の議論と価値相対主義の諸相を概観した後で、この問題を言語行為と主張の対話的構造に着目して検討し、価値をめぐる公共的解釈的対話の可能性を探る。

1　規範倫理学とメタ倫理学

　今日では倫理学は規範倫理学とメタ倫理学に分けられることが多い。**規範倫理学**は、人々の人格や行為や制度についての「善い／悪い」や「正しい／正しくない」といった評価の基準を特定し、それらを整合的な体系にまとめるとともに、それらの基準に基づいて個々のまたは類型的な実践的問題について評価を下すことを目指す。これに対し、**メタ倫理学**は、「善い／悪い」とか「正しい／正しくない」といった道徳的な評価に用いられる言葉（評価語）は何を意味するのか、そうした評価は客観的になしうるのかといった原理的な問題を扱う[55]。評価という実践からいわば一歩外に出て、その実践を反省してみようとするのである。

　規範倫理学の主要な体系としては、アリストテレスの徳と共同体の倫理学、幸福最大化を目的として掲げるベンサム以来の功利主義、そして人格と自律としての自由を説くカントの道徳哲学がよく挙げられる。「三大体系」とも呼ばれるこれらの規範倫理学は、次章以降で説明するように、現代正義論においても重要な役割を果たしている。もちろん、これらの哲学者たちもメタ倫理学的といえるような反省的な考察を行っていた。たとえば、アリストテレスによれば、人間にとって「善い」とは人間の本質をよりよく実現することであり、ベンサムからみると、それは幸福を最大化することであり、カントの考えでは、自律という意味

55　「メタ」の意味については序章第3節参照。

で自由であることであった。そして、彼らにとっては善悪についての判断が客観的になしうるものであることは自明であっただろう。とはいえ、これらの哲学者においては、倫理学のこの二つの側面は明示的に区別されることなく結び付いていたといえる。

この区別がとくに意識されるようになったのは、20世紀初頭のイギリスの哲学者G.E.ムーアの議論によってである。ムーアはまず「よい」という言葉は何を意味するかを問題とした。彼によれば、「よい」という言葉は、「黄色い」という言葉と同様に、それ以上分析して説明することのできない単純な性質を指す[56]。分析できる言葉としてよく挙げられるのが英語の「バチェラー」という言葉であるが、これは「独身の男性」を意味し、「独身の」と「男性」とに分けることができる。これに対して、「よい」とか「黄色い」はそのように要素に分けることができないというわけである。

ムーアがこのような議論を提起したのは、たとえば「『よい』というのは『快を生じさせる』ということだ」といった言明（古典的功利主義の立場）を批判するためであった。「快を生じさせる」というのは人間のある心理的な状態を指すと考えられるが、それゆえそのようなものとして分析可能だということになる。ムーアによれば、「よい」をこのように言い換える考え方は、「よい」を心理的な状態などの何らかの自然的な状態に還元することになる。このような考え方をムーアは「**自然主義的ファラシー**（誤謬）」と呼んで批判したのである[57]。

これに対するムーア自身の回答は、「よい」はそれ以上分析できない単純な性質であり、しかも何らかの自然的な性質でもないとすれば、「よい」は、「黄色い」と同様に、独特の「直覚」によって捉えられるものと考えるしかないというものであった[58]。この直覚主義と呼ばれる見解は、当初は大いに歓迎された。しかし、直ちに疑問が提起された。「よい」が直覚だとすれば、その直覚をなす人にとってその直覚は誤りようがないものとなる。ところが、あるものについての直覚は人によって異なりうるが、それが各人にとっては誤りようのないものだとすれば、それらの人の善悪に関する直覚はいずれも正しいということになる。こうして、ムーアの直覚主義は一種の相対主義に帰着することになる。ここから現

56　G.E.ムーア（深谷昭三訳）『倫理学原理』（三和書房、1973年）9頁。
57　G.E.ムーア『倫理学原理』12-14頁。
58　G.E.ムーア『倫理学原理』9、195頁。

代にいたるメタ倫理学の困難な議論が始まったのである。

　現代にいたるメタ倫理学の立場は大きく認知説と非認知説の二つに分けられる。**認知説**は、価値は客観的な性質であり、何らかの認識（認知）の対象であるとする立場である。認知説にはムーア自身の直覚主義の他に、先に触れた規範倫理学の立場が含まれる。ムーアが批判した古典的功利主義や、善悪の基礎を人間の何らかの自然的な本質に求める古典的な自然法論は自然主義に属するとみることができる。カントの立場は、道徳的に善いといえるための条件を純粋な実践理性によって構成していくことに基づくから、理性主義と呼びうる（構成主義と呼ばれることもある）。最近では後で触れるように価値を理性的合意の対象とみるカントに近い見方もある。

　非認知説は、価値は認識の対象となる客観的な性質ではなく、感情や意思などの主観的態度に由来するものだとみなす。「よい」を主観的な情緒の表出にすぎないとする情緒説、価値判断は究極的には意思による決定だとする決断主義などがある。認知説が価値と評価の客観性を主張するのに対し、非認知説は価値や評価の客観性を否定して、価値相対主義の立場に立つ。次に、この価値相対主義の議論をみておこう。

2　価値相対主義の諸相

　価値相対主義にもいくつかのバージョンがある。少し古くなったが、アメリカの倫理学者 W.K. フランケナの分類を手がかりにすると、まず、記述的相対主義、規範的相対主義、原理的相対主義に分けられる[59]。

　記述的相対主義は、人々の価値判断や価値観の多様性という経験的事実を指摘する立場をいう。人々の価値判断や価値観が多様であるということは、たしかによく観察される事実である。とはいえ、記述的価値相対主義はこの事実を指摘するだけであって、価値判断や価値観がそのように多様であることの原理的な原因や根拠を示そうとするわけではない。したがって、価値判断の違いがその判断の対象となっているものについての人々の経験的認識の違いによるのであって、実際には価値判断の違いによるものではないということがありうるとしても、そのような可能性を検討するわけではない。

---

[59]　W.K. フランケナ（杖下隆英訳）『倫理学・改訂版』（培風館、1967 年）184-186 頁。フランケナは、記述的相対主義、規範的相対主義、メタ倫理的相対主義と呼んでいる。

規範的相対主義は、たんに価値判断や価値観の多様性の事実を指摘するだけでなく、それを望ましいものとして是認する。他人が自分と異なる価値観をもつことを承認すべきだという規範的判断を提示するのである。しかし、この規範的判断はそれ自体一つの価値判断であり、しかもこの価値判断は他の人々も採用すべきものであり、これについて見解は多様ではありえないという主張を含んでいる。したがって、この立場はこの点では相対主義ではない。この立場は価値を二つの部分に区別する。つまり、人々の間で多様であることを認められるべき価値や価値観と、そうした多様性を認めるべきだとすることに含まれる価値とである。後者に属する価値は多様であるべき価値観の共存のための価値、たとえば寛容や公正や平和といった価値である。規範的相対主義は相対主義としては貫徹されていないが、近代以降のリベラリズムの基本原理と同じ構造をもっているといえる。これについては、後で立ち戻る。

最後に、**原理的相対主義**は、価値判断や価値観の多様性には原理的な原因や根拠があることを指摘する。これにはメタ倫理学における非認知説の立場、つまり情緒説や決断主義が含まれる。また、伝統主義とも呼びうるような立場や、最近の錯誤説なども含まれる。

情緒説は、A.J. エイヤーや C.L. スティーブンソンなど初期の分析哲学者が主張した立場で、ムーアの直覚主義が相対主義に帰着するというところから出発している。情緒説によれば[60]、ムーアが自然主義を批判して言うように、「Xはよい」は対象Xに関する何かの心理的な事実を記述するものではないし、対象Xの何らかの自然的な性質を記述するものでもない。ムーアのいう「直覚」の対象だとしても、直覚そのものが異なりうるから、「よい」は対象の客観的な性質ではない。情緒説によれば、「Xはよい」という文は何かを記述しているのではなく、Xについて話し手が感じる情緒を表出するものに他ならない。観察される事実を記述する文については真とか偽とか言えるのに対し、評価を表す文については真とか偽とか言うことはできない（その意味で、「判断」ではないとされる）。したがって、評価は客観的なものではありえず、主観的なものであり、それゆえ主観に応じて相対的だということになる[61]。

決断主義は、19世紀末から20世紀初頭にかけて世界の哲学を一時席捲した

---

[60] たとえば、A.J. エイヤー（吉田夏彦訳）『言語・真理・論理』（岩波現代叢書、1955年）130-131頁参照。

「新カント学派」の説いた立場である。もっとも、今日では英米系の倫理学ではほとんど触れられることもない。決断主義の典型的な主張は M. ウェーバーや戦前の G. ラートブルフなどにみられる。その議論は事実と価値を峻別するいわゆる方法二元論に基づく。方法二元論によれば[62]、価値判断を事実の認識から導くことはできず、その逆も同様である。価値判断の妥当性は上位のより一般的な価値判断によってのみ根拠づけることができる。このような根拠づけを遡ると究極の価値判断に至ると考えられるが、そのような究極の価値判断が複数あって衝突するときは、それらの間に理論的に客観的な優劣をつけることはできず、それは各人の良心による選択という決断に委ねられざるをえない。したがって、究極の価値判断は相対的とみなければならないというわけである[63]。

ここで**伝統主義**と呼んでいるのは、現代の共同体論者、たとえば A. マッキンタイアが主張した立場を指している[64]。共同体論はそれぞれの共同体の伝統的な文化を強調する。文化は世界や人間についての様々な信念からなり、それらの信念は相互に緊密に結び付いて一つの体系をなしている。ある文化のある信念を理解するためにはそれをその体系の中に位置づけなければならない。そして、こうした信念とその体系はその共同体の母語に沈殿している。その共同体のある表現

---

61 初期の分析哲学、いわゆる「論理実証主義」は二種類の真理しか認めない。分析的真理と経験的真理である。分析的真理は論理的な真理であり、「バチェラーは独身の男性である」という文は真であるというのがその例である。経験的な真理は、観察や実験によって実証されうる自然的な事実に関する文についていえる真理であり、たとえば「地球は丸い」という文は真であるというのがその例である。これに対して、たとえば「人に親切にすることはよい」についてはそのような意味での真理性を語ることはできないというわけである。なお、初期分析哲学では、経験的な文の真理性は観察や実験によって検証されるかどうかによって判定されるとされていたが、後に K. ポパーは、高度な自然科学の理論は現在の観察や実験の方法によって検証されるとは限らないから、それらの真理性は経験的な方法によって反証可能であるかどうかによって判定されるという見解(反証可能性説)を説いた。経験的に反証可能であって、かつこれまで反証されていない理論は、さしあたり「真」だとみなしてよいというわけである。K. ポパー(森博訳)『客観的知識』(木鐸社、1974 年)3-38 頁。

62 たとえば、G. ラートブルフ『法哲学』113-114 頁参照。ただし、ラートブルフ自身は、相対主義が一定の絶対的な要請(たとえば、法の実定性、基本的な諸自由、法治国家、民主主義など)へと導くとして、一種の規範的相対主義の立場を採っている。Der Relativismus in der Rechtsphilosophie, 1934 (Gustav Radbruch Gesamtausgabe, Band 3 (1990), 17-22).

63 ただし、一つの究極の価値を頂点におく価値体系の内部ではより一般的な価値判断からより特殊的な価値判断を演繹的に導くことができるとされる。たとえば、「他人を傷つけることは悪い」から「他人の名誉を毀損することは悪い」が導けるなどである。この点は情緒説でも同様である(A.J. エアー『言語・真理・論理』137-138 頁参照)。

64 A. MacIntyre, Whose Justice? Which Rationality?, 1988, 349-352, 370-384.

はその背後にある伝統的な信念の体系を体得しているのでなければ、その十分な意味を理解することはできない。その価値に関する信念や表現も同様である。ある共同体の言語を他の言語に完全には翻訳することができないように、ある共同体の価値に関する信念を他の共同体の価値に関する信念と通約することはできない。こうして、共同体論の伝統主義は共同体間での価値観や価値判断の通約不可能性を強調することになる。もっとも、伝統主義は同じ共同体に属している個々人の間では共通の価値判断がなされうることを否定せず、むしろそのことを強調しさえするのである[65]。

3 価値についての対話の可能性

以上が、これまでの主な原理的相対主義の議論である。それらはいずれも強力な議論であるようにみえるが、必ずしも決定的なものとは思われない。次にこれらの議論に対してどのような反論が可能かをみておこう。そこでの狙いは価値についての対話の可能性を探るというものである。

（a）まず、情緒説については分析哲学系の倫理学の中で議論の展開があった。それには評価文が条件節に現れるときは情緒の表出とはいえないといった意味論的な議論もあった[66]が、ここでは「X はよい」といった文を誰かに向けて発話することの意味についての語用論的な議論に焦点を絞る。エイヤーはこうした文を誰かに向けて発話することは、その発話者が X について抱いた情緒をその発話の相手にも惹き起こそうとすることを含むと考えている[67]。たとえば、「昨日み

---

[65] もっとも、マッキンタイアによれば、伝統主義は相対主義ではない。伝統主義によれば、誰もが昔からの伝統のうちにいて、その伝統の信念や価値観にコミットしている。これに対して、相対主義はこうした伝統の外に立って（立つことができると誤って考えて）、それらの伝統が相対的だとみなす立場だというわけである。同様に、伝統の外に立って、複数の伝統の立場をあたかも服を着替えるように任意に採ることができるとする立場を、マッキンタイアはポストモダンの「視座主義」と呼んで批判している。MacIntyre, Whose Justice? Which Rationality?, 352-353. とはいえ、異なる伝統に属する人々が出会うところでは、それらの伝統とその信念や価値観を通約できないかぎり、それらは相対的だといわざるをえないだろう。なお、伝統におけるような価値基準の共有とそれによる価値判断の一致という事態の存在を認めつつ、そこから客観的価値の事実的存在を主張するのは、色や香りのような第二性質を延長や形態のような第一性質と同様に客観的とみなすのと似た「錯誤」だとする見解として、J.L. マッキー（加藤尚武監訳）『倫理学』（清水弘文堂、1990 年）参照。

[66] これは、たとえば「行き倒れている人を介抱することが親切な行為だとすれば、彼女の行為は親切な行為とはいえない」と言う場合には、前件における「行き倒れている人を介抱することは親切な行為だ」という文は情緒の表出とはいえないということを意味している。この議論は評価文の意味はその限りで発話者の情緒から独立でありうることを示唆している。

た映画はよかった」と友人に言うとすれば、それは友人もその映画をみれば自分と同じ情緒をもつだろうということを期待していると考えられるわけである。

　この議論は他人が同じ情緒をもつにいたるプロセスを因果的なプロセスとして理解することに基づいている。これに対して、現代功利主義の代表者の一人R.M.ヘアは、そうした因果的プロセスから独立した言葉の意味に注目して、「Xはよい」と誰かに向けて言うことはその人にもXを「推奨する」という意味をもつと述べている[68]。このことには、その相手がたんに同じ情緒をもつようになることを期待してそれを因果的に惹き起こそうとするだけでなく、自分の「推奨」を相手も理解して受け入れるはずだという想定が含まれている。しかも、それはたんなる主観的な期待ではなく、相手と何らかの共有しうる理由に基づく期待であると考えられる。

　また、同じく功利主義者のA.C.ユーイングは、他人にも自分と同じ情緒的な態度を惹き起こそうとすることは、その態度が趣味的な態度ではなく倫理的な態度であるときは、その態度が「客観的に我々によってとられるべき態度であることが少なくとも要求されている」ということを意味すると述べている[69]。さらに、先に触れたフランケナは、道徳的判断は「他の人々にも意見の一致を要求する」のだが、その要求されている意見の一致はたんに現実の多数の人々の一致ではなく、「大多数の人々も現実の社会も超越した、理想としての意見の一致」なのだと述べている[70]。ここまでくると、道徳的な価値判断は、それが他者にも向けられるものであるときは、客観的な意見の一致を想定しているのだと考えられることになる。

　このような考え方は、フランケナだけでなく、ハーバーマスの「理想的発話状況」での合意や後で触れるJ.ロールズの「原初状態」での合意の議論にもみることができる。このような**理想的な条件のもとでの合意**は、現実の状況では達成し得ないが、道徳的価値判断をめぐる議論にとっての理念とみなすことができ、道徳的価値判断の客観性または真理性がどのようなものかを理解するための一つの有力な考え方なのである。

67　A.J.エイヤー『言語・真理・論理』141、235-236頁参照。
68　R.M.ヘアー（小泉仰・大久保正健訳）『道徳の言語』（勁草書房、1982年）168頁参照。
69　A.C.ユーイング（竹尾治一郎・山内友三郎・芝烝訳）『倫理学』（法律文化社、1977年）160頁。
70　W.K.フランケナ『倫理学』191頁。

(b) 次に、新カント学派の決断主義については、それが究極の価値判断と呼ぶものがほんとうに「究極の」価値判断なのかという疑念が向けられうる。**方法二元論**によれば、ある妥当な価値判断は上位の価値判断からしか導けない、つまりある価値判断の根拠は上位の価値判断に求めなければならず、この根拠づけは究極の価値判断にまで遡らなければならないということになる。しかし、どこまで遡れば究極といえるのかが問題となる。

こうした究極の根拠づけは不可能だという議論もある。批判的合理主義者のH. アルバートは、究極の根拠づけの試みは、無限遡及となるか、循環論法に陥るか、さもなければ恣意的に中断するかのいずれかになると論じた（アルバートは、このトリレンマを、ドイツの説話に出てくるほらふき男爵の名をとって「ミュンヒハウゼンのトリレンマ」と呼んだ）[71]。無限遡及になるというのは、究極の根拠だとされるものもさらにその根拠が問われるのであって、結局、究極の根拠にはいたりえないということである。循環論法に陥るというのは、究極の根拠だと思ったものが実は探求のそれ以前の段階に含まれており、究極の根拠とはいえないということである。恣意的に中断するというのは、究極の根拠だとされるものが、実際には探求を途中で止めることによってえられたものにすぎないということである。決断主義の究極の価値判断もこのうちのいずれか、とくに恣意的中断によるものでないかどうかが問われうるのである。

しかし、アルバートのこの議論については、もう一つ「捻り」が加えられうる。究極の根拠づけを探求する試みがこのようなトリレンマに陥るのは、その探求が単一の思考の経路の中で行われるからだと考えられる。ドイツの哲学者K.O. アーペルは、このような根拠づけが求められるのはむしろ論争的な議論においてだという点に着目する。ある人が自分の主張を根拠づけるのに対して、論争相手がさらにその根拠を求めるといった状況である。この場合も根拠づけの探求はトリレンマに陥る可能性がもちろんある。ところが、このときどちらの論争者も暗黙に前提していることがあると、アーペルは言う。つまり、彼らはすでに一つの土俵の上で議論しているということである。アーペルはこの土俵のことを

---

71 H. アルバート（萩原能久訳）『批判的理性論考』（御茶の水書院、1985年）17-22頁。アルバートは、古典的合理主義は何らかの根拠を探求の中断によって「ドグマ化」するものであるとして退けて、これに対して、K. ポパーにならって、その都度の知識を「可謬主義的」に批判の対象としていく批判的合理主義の立場を提唱する（『批判的理性論考』47-57頁）。

第3節　価値判断の問題　201

「コミュニケーション共同体」と呼ぶ。そして、コミュニケーション共同体に属しているということは、その共同体の作法に関する規範（議論に関する規範）を前提しているということを意味する。論争者は論争していることによって、この規範を暗黙のうちに受け入れていることになる[72]。決断主義的な価値相対主義者が根拠づけを求めるとき、彼らもこの規範を受け入れているのでなければならないと考えられる。この規範の受容そのものを否定することはできないから、この規範については相対主義的であることはできないというわけである。

　とはいえ、アーペルのこの議論にも難点がないわけではない。それは相対主義者が議論に参加していることを前提とする。議論に参加することを拒否する相対主義者にはこの論法は空を切ることになる。もっとも、一切の議論に参加しないことはかなり困難であろう。それは他者とのまともなコミュニケーションを一切拒否する生活を強いることになるだろう。しかしまた、この議論にとっては、コミュニケーション共同体の作法としての規範からどのような道徳的な価値を含んだ規範が導かれうるかがさらに問われうる。おそらく、それは先に触れた規範的相対主義の想定する相対化できない規範に似たものになるだろう。いずれにせよ、新カント学派的相対主義についても対話の可能性による反論がありうるのである。

　(c) 伝統主義的な通約不可能性を提示したのはマッキンタイアだが、マッキンタイアは同時に自らこの伝統主義的な通約不可能性を乗り越える可能性を示唆してもいる。彼は異なる言語体系は異なる信念体系を背後にもっているから、一方の言語を他方の言語に完全に翻訳することはできないとした。同じことだが、ある信念体系を背景とする価値判断は異なる信念体系を背景とする価値判断と完全に通約することはできず、それらに共通の尺度はないから、どちらの価値判断が優れているかを客観的に決定することはできないというのであった。しかし、マッキンタイアも示唆するように[73]、ある母語の話し手はその母語を習得したのと同様に他の言語を第二母語として習得することができないわけではない。まさにバイリンガルになることができる。そうすると、ある信念体系に属している人

72　K.O. アーペル「知識の根本的基礎づけ」（ガダマー、アーペル他（竹市明弘編訳）『哲学の変貌』（岩波現代選書、1984年）所収）228-248頁。
73　MacIntyre, Whose Justice? Which Rationality?, 374-375. また、マッキンタイアはある伝統が「認識論的危機」に陥って変容せざるをえないことも認めている (ibid., 361-366)。

が他の信念体系を習得することも不可能ではないだろう。このとき、そのような人はどちらの信念体系が優れているか、そしてどちらの信念体系に基づく価値判断が優れているかを判定することもできるのではないか。マッキンタイアが示した伝統主義的な通約不可能性を乗り越える可能性はこのように考えられる。

バイリンガルになるためには、文化人類学者のように、その言語を話している人々の中で生活して、その言語を話している人々と会話をすることを必要とする。同じように、他の信念体系を理解するには、その信念体系に属する人々との対話が、しかもその信念体の深みにいたる解釈を伴った対話が必要となるだろう。もちろん、バイリンガルとなることが困難であるように、そのような**解釈的対話**も困難である。とはいえ、マッキンタイア自身の示唆によれば、そのような対話の可能性は否定できないだろう。

こうした深い解釈的対話を「濃い」対話と呼ぶとすれば、これに対して「薄い」対話の可能性もないわけではない。「薄い」対話は背景にある深い信念体系にまで遡る必要はない。異なる信念体系にもこうした「薄い」対話の可能な共通性がありうる。共同体論者の一人に数えられるM.ウォルツァーはこうした「薄い」共通性に基づく道徳の可能性を提示している。それは深い文化的な相違にもかかわらず、すべての人々に適用されうる、また適用されるべき道徳である。そうした道徳の中心に位置する価値がたとえば「正義」だとウォルツァーはいう[74]。もちろん、ウォルツァーは共同体論者であるから、こうした普遍主義的な道徳の意義そのものをそれほど高く評価しているわけではない。それでも、こうした普遍主義的な価値についての「薄い」対話は、もちろんそれも容易であるわけではないが、マッキンタイアが要求するような深い解釈的対話ほどには困難でない可能性がある。耐えがたい文化の衝突はこのような対話によって回避できるかもしれない。

4 規範的相対主義と公共的解釈的対話

以上の検討によって、原理的相対主義も価値についての対話、とくに解釈的対話の可能性を否定するものではないということができるだろう。ここで、規範的相対主義に立ち戻ろう。規範的相対主義は価値を二つの種類に区別するもので

---

74 M.ウォルツァー（芦川晋、大川正彦訳）『道徳の厚みと広がり』（風行社、2004年）19-25頁。

あった。多様でありうる価値観の対象である価値と、それらの価値観の共存を可能にするための価値である。多様でありうる価値観の共存の空間は公共的と呼ぶことができるから、これを**公共的価値**と呼ぶとすれば、多様でありうる価値は非公共的価値と呼ぶことができる。また、ドゥオーキンやハーバーマスの用語にならっていえば、公共的価値は道徳的価値、非公共的価値は倫理的価値と呼ぶこともできるだろう。このような区別が近代以降の**リベラリズム**の基本思想の一つであることはすでに触れた。

　倫理的価値は個人や集団の一人称の観点からみた「善き生」の構想に関わる価値である。つまり、それは、「私」や「私たち」は誰であり、どのように生きるのが善いのかという問いが関わる価値である。宗教はこの問いに関わる価値を根本的な仕方で提示するものの一つである。こうした価値に関する信念は各人や各集団によって多様でありうる。こうした倫理的価値に関する信念の相違がかつては宗教戦争にいたる対立をもたらしたし、今日でもその可能性はまったく消えたわけではない。また、この倫理的な価値観の相違が今日ではたとえば生命倫理の諸問題をめぐる論争の基礎にあるといえる。このように多様でありうる倫理的価値観を公共的に、つまり法的に強制することの問題についてもすでに触れた。それらの共存のための公共的な道徳的価値がそれらの多様でありうるし、多様であるべき倫理的価値観と区別される必要はこのことに基づいている。

　しかし、このような道徳的価値と倫理的価値、公共的価値と非公共的価値との区別はつねにあらかじめ全面的に確定しているわけではない。たとえば、かつては家庭内の問題とされていた教育の問題、事業者の職場内部の問題とされていた労働条件の問題、家庭内の私的な問題とされていたドメスティック・バイオレンスの問題などが、公共的な問題とされてそれぞれ対応する法律の制定や制度の設置にいたったのは、この境界がたえず問い直されうることの例だといえるだろう。逆に公共的な禁忌とされていた人工妊娠中絶や同性愛の問題が多様でありうる倫理的価値の問題とされてきたこともその例といえるだろう。このような境界の問い直しは倫理的な価値も含めた諸価値や諸価値観についての**公共的で解釈的な対話**を必要とする。それが解釈的であるのは信念体系に根ざす倫理的価値についての問い直しを含むからであり、それが公共的であるのは倫理的価値観の主張も相互性、公平性、普遍化可能性の観点から吟味されなければならないからである。

また、道徳的価値又は公共的価値とされてきた諸価値についても見解の相違はつねに存在する。正義、寛容、自由、平等、民主主義などの価値についても様々な見解があり、たえず争われている。これらの価値についての論争も解釈的公共的対話として遂行される必要がある。次章以降で取り上げる現代正義論をめぐる論争はそのような対話として理解されうるだろう。

# 第7章　功利と公正

　現代正義論と呼ばれる正義に関する活発な議論はJ. ロールズ（1921-2002）の『正義論』（1971年）[1]に始まった。ハーバード大学の哲学部教授であったロールズの正義論は、秩序ある社会の人々に善益と負担を分配する制度的な基本構造の正義原理を構想するものであった。それは、方法論的には、正義原理の導出にロック、ルソー、カントらの社会契約の考え方を用いるもので[2]、その正義原理は公正な契約類似の手続きを経て得られるという意味で、「**公正としての正義**」と特徴づけられる[3]。実質的には、それは現代のリベラルな民主主義社会（福祉国家的な側面ももつ）の正義原理を提示するものであった[4]。

　ロールズの正義論は世界中で多くの支持を得たが、他方ではさまざまな批判を受けることにもなった。その福祉国家的な正義原理に対しては、ハーバード大学の同僚R. ノージック（1938-2002）らの自由尊重主義（リバタリアニズム）からの批判が向けられるとともに、より平等を求める立場（平等尊重主義）からの批判も提起された。さらに、80年代に入ると、ロールズの正義論が個人の権利を重視し、倫理的な善に対して正義を優先させるものであったことから、共同体や倫理的な善の観念を重視する共同体論からの批判、ジェンダーや文化的な差異に着目するフェミニズムや多文化主義などからの批判も向けられた。これらの批判に対してロールズも活発に応答した。現代正義論はロールズの正義論を中心に展開してきたのである。

　他方、ロールズは、それまでの主要な倫理学説であった**功利主義**（とくに古典的功利主義）を批判して、それに代わる正義論を提示しようとした。もちろん、正義を問題とする倫理学説は他にも存在したが、とくに英語圏において理論的な

1　J. ロールズ（川本隆史／福間聡／神島裕子訳）『正義論』（紀伊国屋書店、2010年）。この訳は1999年の原書改訂版の訳である。
2　J. ロールズ『正義論』16頁。
3　J. ロールズ『正義論』16頁。
4　ただし、ロールズはその正義論を「福祉国家」の正義論ではないと述べている。これについては後で触れる。

体系性と明晰性において群を抜いていたのが功利主義であった。功利主義は「最大多数の最大幸福」を道徳と立法の基本原理とするJ.ベンサムに始まり、J.S.ミル、H.シジウィック（1838-1900）らによって展開された倫理学説である。彼らの功利主義は道徳、法、政治、経済など社会全体についての包括的な倫理学説（モラルサイエンス）を展開するもので、古典的功利主義と呼ばれる。その後、功利主義はメタ倫理学を中心とする狭義の倫理学（現代功利主義）と、経済学の一分野としての厚生経済学（現代では公共経済学とも呼ばれる）とに分化して、さらに展開されてきており、現代正義論の主要な陣営の一つをなしている。

ロールズがその正義論を「公正としての正義」と呼んだとき、それは功利主義の功利原理に対抗するという意図をもっていた。もちろん、ロールズの功利主義批判に対しては、功利主義からの反論や再批判も向けられた。本章では、まず功利主義の倫理学説と政策理論を概観し、次にロールズの正義論を概観する。その後で功利主義とロールズ正義論に関するいくつかの論点について検討する。

第1節　功利主義

ベンサムから現代にいたる功利主義の議論の展開は多岐にわたり、それを統一的な見解にまとめることは困難であるが、倫理学説としての功利主義の特徴は、幸福という善の概念を出発点として、幸福の最大化を要請するとともに、それを行為や制度の評価基準とする点にある[5]。そこで、以下ではまずこれらの特徴を概観する。他方、古典的功利主義が倫理のみならず法や経済や政治をも視野にいれた包括的な学説であったのに対し、現代功利主義は主要には狭義の倫理学をフィールドとしており、法や政策をも視野にいれて包括的に捉えるためには、必ずしも功利主義とは呼ばれない経済学における展開も考慮する必要がある。

---

[5] ベンサムはこの原理（功利原理とも呼ばれる）を次のように定義している。「その利益が問題となっているすべての人々の最大幸福を、人間の行為の、すなわちあらゆる状況のもとにおける人間の行為と、特殊な場合には権力を行使する一人または一組の官吏の行為の、唯一正しく適切で、普遍的に望ましい目的であると主張する原理」である（J.ベンサム（山下重一訳）『道徳および立法の諸原理序説』（『世界の名著 ベンサム、J.S.ミル』、中央公論社、1979年）82頁）。この説明は1822年版の注に記されている。

1　倫理学説としての功利主義

　倫理学説としての功利主義の特徴は、帰結主義、厚生主義、集計主義の三つにまとめられることが多い。ここでもこれにならってその特徴を概観しておこう。

　(a)　功利主義の特徴としてまず挙げられるのは、それが「**帰結主義**」の一種だということである。帰結主義は行為や制度の評価をそれらによって生じることが期待される結果（副次的効果も含む）に着目して行うという見解である[6]。たとえば、行為の善悪は、その動機や態様によってではなく、その行為によって惹き起こされうる結果によって判断される。これに対比されるのは、たとえば、行為が幸福といった目的を動機とするのではなく、純粋に義務への尊重という動機に基づくことに道徳的な善さをみるカントの立場である。この意味でカントの立場が「義務論」と呼ばれるのに対し、功利主義は「目的論」と呼ばれることもある。帰結は行為などの目的とみなすこともできるからである。なお、アリストテレスの徳の倫理学も、各人の特性に即した卓越性（徳）の実現を目指すことを倫理的な善と捉えるから、目的論と呼ばれる。功利主義の特徴づけとしては「帰結主義」という語を用いるのが一般的だといえる。

　帰結主義は、何の帰結を評価対象とするかによって、行為帰結主義と規則帰結主義に区別されうる。功利主義の場合は**行為功利主義**と**規則功利主義**が区別される。行為功利主義は個々の行為をその期待される結果によって評価する。しかし、個々の行為についてその都度その結果に照らして判定するのは繁雑でありうる。そこで、一定の行為状況について行為の規則を定め、そのような状況ではその規則に従って行為することとするのが便宜だと考えられる[7]。この場合、個々の行為の結果ではなく、その規則に一般に従って行為した場合に期待される結果によって、その規則を評価することになる。このように規則を帰結主義的な評価の対象とするのが規則功利主義である。しかし、特定の具体的な行為状況においてつねに規則に従うべきだとすれば、義務論と異ならないことになる。帰結主義

　6　帰結主義は功利主義にかぎらない。たとえば、世界がいかにあるかについての信念の意義をその信念に基づいて行為した結果によって判定しようとするプラグマティズムも帰結主義の一種である。また、M.ウェーバーが心情倫理と対比した責任倫理も一種の帰結主義とみることができる。ウェーバーによれば、政治家にとっての倫理は、その政治的決定の際の心情の善さによってではなく、その結果について負うべき責任によって規定される。

　7　この意味で、規則はラズのいう行為の二次的理由に該当するといえる。なお、ここでの規則は広く制度や政策を含むとみることができる。

の観点からすると、特定の具体的な行為状況において規則に従う行為よりも従わない行為のほうが望ましい結果をもたらしうるとすれば、規則に従わない行為を選択すべきだということになる。行為と規則のどちらを主とするかについては見解の相違がありうるが、いずれにせよ、帰結主義の観点からは規則は一種の便宜として捉えられることになる。

　帰結主義については、さらに、いつの時点の結果を考慮するのか、またどの範囲までの結果を考慮するのかが問題となりうる。たとえば、短期的な結果を考えるのか、中長期的な結果を考えるのか、また、たとえば一定の小さな範囲の集団にとっての結果を考えるのか、国家規模の集団にとっての結果を考えるのか、あるいはまた世界全体にとっての結果を考えるのかなどである。こうした点を考慮にいれると、帰結主義における結果の判定は複雑なものとなりうる。行為や規則、制度や政策の狙いなどによって、適切な期間や範囲を設定しなければならないだろう。

　(b) 次に、功利主義は幸福（または厚生）という結果に着目する**厚生主義**（welfarism）であるという点で、帰結主義一般から区別される。しかし、「幸福」はその内容面で多様であるだけでなく、その概念においても多義的である。この点、古典的功利主義者たちは幸福を「快」（不幸を「苦」）として、つまり主観的な満足の感情として捉えた（「快楽主義」(hedonism)）。あるものが快をもたらす程度がそのものの「効用」(utility) である。ベンサムは「快」の種類をさまざまに数え挙げているが、快と苦を基本的に量的なものとみなした。彼によれば、快と苦の値は、強さ、持続性、確実性、遠近性、多産性、純粋性などによって量的に変化する[8]。したがって、快と苦は計算可能であり、また人々の間においても比較可能だとベンサムは想定していた。これに対して、J.S.ミルは快と苦に質的な相違があると考えた。とくに、自由によって得られる快をミルは高く位置づけた。「満足したブタであるよりは不満足な人間であるほうがよく、満足した愚者であるよりは不満足なソクラテスであるほうがよい」[9]というミルの有名な言葉はそれを表している。

　しかし、人の主観的な満足をどのようにして知り、どのようにして個人間比較

---

[8] J.ベンサム『道徳および立法の諸原理序説』113-116頁。
[9] J.S.ミル（伊原吉之助訳）『功利主義論』（『世界の名著 ベンサム J.S.ミル』、中央公論社、1979年）471頁。

するかという問題は、経済学者にとってはなお大きな問題であった。これに対する回答は、人が複数の選択肢のうちから何をどれだけ選択するかによって、その人の選好（preference）を間接的に知ることができるというものである[10]（「顕示選好理論」）。たとえば二つの財に対するある人の選好はそれらの財のどのような組合せを選択するかによって知ることができ、同等の選好の対象である組合せはいわゆる無差別曲線で表現される。また、二つの財に対する二人の人の選好の比較も、それらの人々が所与の予算のもとでどちらが二つの財の組合せに対してどれだけ支払う用意があるかを知ることによって可能となり、それらの変化についてもグラフ（「エッジワースのボックスダイアグラム」）で表現できる。こうした考え方によって、合理的選択理論や社会的選択理論が展開されてきた。とくに、社会的選択理論は、功利主義とは区別されるものの、人々の厚生を集計して社会的厚生を得ようとするという点で、功利主義を継承するものといえる。

　なお、主観的満足説におけるように幸福の大きさを計測し比較することができると考えるとき、その幸福の概念は「基数的」と呼ばれ、顕示選好理論におけるように選択肢からの選択の順序だけが与えられるとみるとき、その幸福の概念は「序数的」と呼ばれる。

　(c) 功利主義の第三の特徴は**集計主義**である。行為や規則の評価はその結果として生じうる幸福および不幸を集計した結果によって評価される。いずれにせよ幸福と不幸を集計するのだが、幸福に注目するか不幸に注目するかによって、功利原理は幸福の最大化を要請するものとみる見方と不幸の最小化を要請するものとみる見方に分けられうる。前者は積極的功利主義、後者は消極的功利主義と呼ばれることがある。後でみるように、ベンサムは当初、政府の役割は犯罪という社会的な害悪を最小化することだとみていた[11]。

10　ミルはすでに、二つの質の異なる快の比較可能性を選択の結果によって知ることができるとしていた。「二つの快楽のうち両方を経験した人が全部またはほぼ全部、道徳的義務感と関係なく選ぶほうが、より望ましい快楽だ」というわけである（ミル『功利主義論』469頁）。なお、今日でも、R.M. ヘアのように、幸福を何らかの仕方で計測可能で比較可能な快や苦によって捉える功利主義者もある。また、幸福を主観的満足としてではなく、欲求や選好が客観的に充足された状態とみなす見解もある。

11　なお、ベンサムは、『道徳および立法の諸原理序説』の第17章およびそれへの注（邦訳では略されている）において、動物も幸福を感じることができる存在であり、その利益は古来の法学者によって無視されてきたが、動物も暴君の手による以外にはけっして奪われることのない権利を獲得する日が来るかもしれないと述べている。オーストラリア出身の現代の功利主義者P. シンガーは、ベンサムのこの見解にならって、動物も快楽と苦痛を感じることができる以上、その利

次に、その集計は各人についてなすことができ、またそれらを集計することによって社会全体についてなすことができる。各人が自分の幸福の最大化を求めるというのは一般的な傾向といえるだろう。しかし、自分の幸福を最大化せよという要請は合理性の要請であって、道徳性の要請ではない。自分の幸福の最大化だけを求める立場はいうまでもなく利己主義である。これに対して、功利主義は社会全体の幸福の最大化を求めるものとされる。功利主義のこの要請を個人にとっての道徳原理とみなすならば、功利主義は個人道徳の原理でもある。これは場合によっては社会全体の幸福最大化のために個人に自己犠牲を求めることにもなりうる。これに対して、功利主義では一般に、功利原理の要請を直接に個人に求めることはせずに、各人の多様な幸福追求を前提として社会全体の幸福最大化を求める政府の政策原理とみなしている（間接的功利主義）[12]。

さらに、社会全体の幸福の総量の最大化を要請するものと、社会全体の幸福の平均の最大化を要請するものとが区別されうる。後者はとくに「**平均効用原理**」と呼ばれている。ベンサムは限界効用逓減の考え方をもっていた。これによれば、社会的幸福の総量の最大化は、幸福のための資源を一定とすると、人口を増加させることや再分配を行うことによって実現することができる。このうちとくに人口を増加させるという政策は、一人当たりの幸福の水準を引き下げることになる。平均効用原理は、このような帰結を回避して、平均効用つまり一人当たりの幸福の水準を最大化することを要請するのである[13]。

(d) 最後に、功利原理と正義の関係をみておこう。この関係についてミルは「正義は一般的功利の一種または一部門にすぎない」という[14]。まず、一般に不正と考えられてきたのは、強い道徳的拘束力をもつ権利に対する侵害であり、したがって正義は基本的にこの権利侵害に対する応報としての正義（匡正的正義）である。しかし、ミルによれば、この正義はたんに本能的なものではなく、権利侵害が一般に社会の安全に対する脅威（社会的害悪）であるという知的な判断に

　益を考慮すべきだとして、「動物の解放」の必要を主張している。P. シンガー（戸田清訳）『動物の解放』（人文書院、2011 年）参照。
12　間接的功利主義についてのほか、現代功利主義の詳細な理論的展開については、安藤馨『統治と功利』（勁草書房、2007 年）参照。
13　これらの点については、ロールズが論じており、後で触れる。
14　J.S. ミル『功利主義論』504-505 頁。ベンサムも「正義の命令は、ある場合に、ある一定の対象に対して、たとえばある一定の行為に対して適用される、慈愛の命令の一部である」という（「道徳および立法の諸原理序説」201 頁）。ここで「慈愛の命令」は功利原理を意味する。

基づいている。つまり、匡正的正義は社会的害悪の減少を要請する功利原理の一種として捉えられるのである。

また、ミルは権利の平等な分配と保護も功利原理に含まれるという。功利原理は「一人の人間の幸福の程度が（その種類も十分に考えて）他の人の幸福の程度と等しいときは、どちらもまったく同等に尊重されるのでなければ、首尾一貫しない空語である。こういう条件が満たされてはじめて、『誰でも一人として数え、誰も一人以上に数えてはならない』というベンサムの金言は、功利原理の名のもとにその説明的な注釈として付け加えられる」[15]。これは平等な権利保護という正義の要請についての説明であるが、しかし同時にミルによれば、この要請は「人間生活のやむをえない事情やすべての個人の利益を含む一般的利益が制約を加えるときは別である」。つまり、正義は功利原理の一部であって、功利原理に服するのであり、さらに場合によっては功利原理に劣後するわけである[16]。

2　政策原理としての功利主義

古典的功利主義者たちは功利原理を社会的な政策原理として具体化した。現代功利主義は主に倫理学に傾注しているが、古典的功利主義の政治経済学的側面は厚生経済学に受け継がれている。

(a) ベンサムは功利原理を主に政府の政策原理として考えていた。『道徳および立法の諸原理序説』では、政府の役割は犯罪という社会的な害悪を最小化することにあるとされている[17]。そのために、政府は犯罪とそれに対応する刑罰を法律で規定して、これを市民に向けて公布する。そうすると、快苦について合理的に判断しうる市民は刑罰という制裁を恐れて犯罪を思いとどまると期待できるというわけである（一般予防）。しかし、刑罰もそれ自体としては害悪であるから、刑罰は犯罪の抑止に必要最小限のものにとどめられなければならない[18]。社会的害悪の総計の最小化という点から、犯罪の害悪と刑罰の害悪はバランスさせられ

15　J.S. ミル「功利主義論」526 頁。
16　シジウィックは倫理の方法として三つ、つまり利己主義、正義の命令などを含む直観主義、そして功利主義を挙げて、利己主義を功利主義によって退けるとともに、直観主義の諸命令の対立を調整しうるのは功利主義だけであるとする。H. Sidgwick, The Methods of Ethics, 1874. シジウィックについては、中井大介『功利主義と経済学——シジウィックの実践哲学の射程——』（晃洋書房、2009 年）参照。
17　J. ベンサム『道徳および立法の諸原理序説』145-146 頁。
18　J. ベンサム『道徳および立法の諸原理序説』206-208 頁参照。

なければならないのである（これは「法と経済学」的な考え方の先駆といえる）。また、ベンサムは「**パノプティコン**」と呼ばれる刑務所の設計を提案したことで有名である[19]。これは、看守からは囚人たちを一望のもとに監視できるが、囚人たちからは看守は見えない仕組みになっており、このために囚人たちは内的に規律づけられることになると考えられるのである。これは現代の規律社会（監視社会）のモデルとみなされている[20]。

　社会の幸福の最大化については、ベンサムは各人の幸福（自己利益）の自由な追求に委ねればよいと考えていたといえる。A. スミスの「見えざる手」の考え方と同様に、各人が自己利益の追求に励めば、自ずと社会全体の幸福は増大するというわけである。そのためには、前提条件として各人に権利が付与され、それが安全に保たれなければならない。これは私法分野で政府の果たすべき役割として、『憲法論』で論じられている[21]。ただし、ベンサムは自然権論を無政府主義的として厳しく批判して、自由権や所有権を含む権利も制定法によってはじめて設定され保護されるものと考えた。また、ベンサムは財産面での平等も考慮しているが、平等の要求は自由と衝突するとして、平等のための政策を積極的に論じているわけではない。

　さらに、『憲法論』においてベンサムは、功利原理に適合する政治体制は民主制だと明言する[22]。君主制は一人の幸福だけを、貴族制は少数者の幸福だけを考慮するのに対し、民主制は最大多数の幸福の増進を求めることになるだろうからである。この観点からベンサムは、19世紀初めに民主制へ向けた急進的な改革主義の議論を展開した。

　(b) J.S. ミルが、快に質的な区別を設けて、自由と自主性から得られる高次の快をとくに重視したこと、そして政府が市民の自由に介入してよいのは、市民の行為が他者に危害を及ぼすものであるときにかぎるとしたこと（危害原理）はすでに触れた。ミルは、とくに思想・言論の自由、各人の個性実現の自由を挙げ

19　パノプティコンについては、『人類の知的遺産44　ベンサム』（講談社、1982年）257-281頁参照。

20　たとえば、大屋雄裕『自由か、さもなくば幸福か？』（筑摩選書、2014年）参照。この書名が示唆するように、大屋は、街中いたるところにある監視カメラによる監視を自由への侵害とみなすか、それともそれらの監視カメラによって安全が守られることを幸福と考えるのかを問うている。

21　J. Bentham, The Constitutional Code, 1830, Book I, Chap.3, Sect.I.

22　J. Bentham, The Constitutional Code, Book I, Chap.2

る[23]。しかし、その基礎づけは、思想・言論の自由によって誤謬を排除して真理の発見が促進され、多様な個性の発揮によって社会の停滞を防止して改善と進歩がもたらされるという功利原理によるものであった。

政治制度についても、ミルは各人が公共の業務に参加する民主主義において理想的な最良の統治形態が得られるという。ただ、大きな社会では現実にはすべての人々が公共の業務に参加することはできないから、完全な統治の理想的な形態は代議制だとした[24]。他方でミルは、『自由論』にみられるように、多数の専制の危険についても警戒した。このような観点から、ミルは選挙権の拡大を進めると同時に、政治的知性の低下と階級的立法を阻止するために、優れた知性をもつ人々には複数投票の権利を与えるべきだと主張している[25]。

さらに、ミルは、男性による女性の抑圧や不平等な取り扱いを批判して、女性に平等な機会を与えるべきだと説き[26]、また社会主義には誤りや困難があるものの、労働者の状況や利益を考慮すべきだと主張した[27]。これらは各人を平等に扱えという正義の要請に基づいているといえるが、先にみたようにそれも人々の幸福の増大という功利原理のうちに位置づけられるのである。

(c) H. シジウィックは、ベンサムやミルと同様に、倫理学から経済学、そして政治学まで含めた包括的な倫理学説（モラルサイエンス）を説いた。彼は、快楽の質の区別を退けて、ベンサムのように厚生を基数的に捉える。そして、ベンサムが指摘していた**限界効用逓減則**に基づいて、**再分配**が全体の厚生を増大させる可能性を示唆するとともに、社会主義的介入の必要も説いている[28]。他方、人々がつねに功利主義的に判断できるとはかぎらないため、政府は功利主義的政策を人々に説明することなく実施してよいと考えていた[29]。民主制的原理と貴族制的原理のバランスを図るのがよいとしたのである。

シジウィックはこのように包括的な倫理学説を説いたが、その弟子の A. マー

23　J.S. ミル『自由論』第二章、第三章参照。
24　J.S. ミル（水田洋訳）『代議制統治論』（岩波文庫、1997 年）97-98 頁。
25　J.S. ミル『代議制統治論』226-237 頁。
26　J.S. ミル（大内兵衛・大内節子訳）『女性の解放』（岩波文庫、2007（1957）年）。
27　J.S. ミル（永井義男・水田洋訳）『社会主義論集』（『世界の大思想 II-6 ミル』、河出書房、1967 年）。
28　中井大介『功利主義と経済学』99 頁、140 頁参照。
29　中井大介『功利主義と経済学』53 頁参照。このためエリート主義的な「植民地総督府の功利主義」と呼ばれた。

シャル (1842-1924) やそのまた弟子の A.C. ピグーは、経済学を倫理学から切り離し、厚生を経済的厚生に限定して、**厚生経済学**を独立の学問として打ち立てた。それでも彼らの厚生経済学は、他の市場の失敗の問題とともに、分配の問題も扱っていた。しかし、彼らの厚生経済学は、厚生の基数的な計算可能性や個人間比較可能性の想定を批判されるとともに、市場の効率性をパレート原理によって説明する新しい厚生経済学によって取って代わられた。新厚生経済学は一般に分配の問題は扱わない（ただし、最近の公共経済学は分配の問題も扱っている）。また、それは厚生を序数的に捉え、人々の選好を集計する社会厚生関数によって社会全体の厚生を数学的に説明する。しかし、その後、社会厚生関数については次に触れるように理論的な難点も指摘された。

3　功利主義の特徴と問題点

「最大多数の最大幸福」を道徳と立法の原理とする功利主義は、ベンサムの金言がいうように同等処遇原理を含み、ミルにおけるように自由を重視し、さらにシジウィックらにおけるように経済的再分配を政策原理としうるとすれば、かなり説得的な包括的理論だといえるかもしれない。しかし、功利主義または功利主義的理論についてはいろいろな問題点も指摘されてきた。

　(a) まず、倫理学説としてみたとき、その帰結主義についてはカント的な義務論やアリストテレス的な目的論からの批判、その厚生主義については多様な利益や価値の厚生への還元に対する批判、さらにその集計主義については少数の犠牲の許容可能性などについての批判が向けられうる。ここでは集計主義をめぐるいくつかの批判について簡単に触れておこう。

　功利主義の集計主義に関する倫理的な問題としてよく挙げられるのが**道徳的ジレンマ**の事例である。たとえば、臓器移植を受けなければ助からない二人の患者（一方は心臓移植、他方は肝臓移植など）がいるが、その病院に事故にあった浮浪者が搬入されてきたとする。功利主義的な観点からみると、他に二人の患者を救う方法がないとすれば、この浮浪者を殺害してその臓器を二人の患者に移植すべきだということになるのではないかというものである。最近よく論じられているのは、イギリスの哲学者 F. フットが提起した「トロリー問題」（または「トロッコ問題」）である[30]。功利主義的な観点からみると、1人を犠牲にしても5人を救うべきだということになるのではないか。

こうした批判に対して、イギリスの代表的な現代功利主義者である R.M. ヘアは、道徳的思考を直観的思考と批判的思考に区別することによって応答している[31]。直観的思考は「複数の人を救うためであれ、1人を犠牲にしてはならない」といった直観的な一般原則で考える。これに対して、功利主義の批判的思考は「1人を犠牲にすることが最善の結果をもたらすかどうか」をその状況から生じうる様々な結果を衡量して判断する。したがって、上記のような事例がそのような様々な結果を伴う現実の状況であるならば、1人を犠牲にすることがつねに最善の結果をもたらすと批判的思考が判断するとはかぎらない。1人を犠牲にすることが最善だと判断したとしても、よい道徳的感情をもつ功利主義者はそれを実行しないかもしれないし、実行したとしてもそれによって一生悩まされるだろう。他方、上記の事例がそうした様々な結果の考慮を排除した仮説的な状況だとすれば、批判的思考は、そのような状況は現実にはありえないからどちらの選択でも問題はないと回答するだろうと。

　ヘアによれば、現実にはありそうにない仮設の事例に基づく批判は批判となりえないというわけである。また、少数の犠牲を認めることになるとしても、功利主義はその結果を無条件に正当化するわけではないとしている点は、注目に値する。それでも、集計主義を単純に考えてしまうと、多数のための少数の犠牲が容認されることになりうるという懸念は残る。

　(b) ここでより重要なのは、社会理論としてみたときの問題点である。まず、幸福の計算可能性や個人間比較可能性の問題は、選択の結果によって人の選好や効用を推定するという方法によって克服されたようにみえる。しかし、選択がその人の真の選好を示しているとはかぎらないという問題がある。たとえば、貧しい境遇のために学校に行くことのできない子どもが学校に行かないことを自分の選好と思っている場合や、ジェンダー体制のもとで女性が家事を選択することを自分の選好と思っている場合のような、いわゆる「**適応的選好**」というものがあ

30　P. Foot, The Problem of Abortion and the Doctrine of Double Effect, Oxford Review, No 5, 1967. フットは人工妊娠中絶をめぐるジレンマについて考察するために、「トロリー問題」のほかにいくつかのジレンマの例を挙げている。これらの事例は、いわゆる「二重効果」原理（ある行為が直接には意図することなく望ましくない副次的な効果を不可避的にもたらす場合、その行為は許容されるとする原理）がこれらのジレンマの解決に必ずしも適切ではないことを示すために用いられており、とくに功利主義を批判するために用いられているわけではない。

31　R.M. ヘア（内井惣七・山内友三郎監訳）『道徳的に考えること』（勁草書房、1994年）197-203頁。

りうる。こうした問題については、すべての人にとっての基本的なニーズや潜在能力を指標化して、それに照らして選好を評価するということが考えられるかもしれない。もっとも、その指標をどのように作るか、誰が評価するかが問題となりうる。その指標や評価が適切なものであるためには、広範な対話や議論による欲求の解釈が必要になるだろう。

また、人々の自由な選択を集計して社会的選択を導こうとすると、N. コンドルセ（1743-1794）の「**投票のパラドクス**」に類する問題や、K. アロー（1921-）の「**不可能性定理**」や A. セン（1931-）のいう「**パレート派リベラルの不可能性**」が指摘するような問題が導かれる[32]。コンドルセの「投票のパラドクス」は、人々が三つ以上の項目につける順序づけのうちから二つの項目についての順序づけを順に取り出して社会的順序づけへと集計すると、社会的順序づけに矛盾が生じる（推移律が満たされない）というものである[33]。アローの不可能性定理はこの投票のパラドクスを高度に複雑化したものと考えればよい。それによれば、社会的選択はある個人の選好を反映したものとなりうる（独裁者が生まれうる）。これは主に推移律を満たすために関係がないとみなされる順序づけを考慮しないとすること（無関係な選択対象からの独立性）による[34]。他方、センの「パレート派リベラルの不可能性」は、人々のある事柄についての複数の選択肢についての順序づけのうちから**パレート原理**（すべての人にとって望ましい順序づけを社会的決定とする）を満たす順序づけを取り出して社会的選択とすると、人々の選択の自由と衝突することになりうるというものである[35]。これは、アローの定理の場合とは逆

---

[32] こうした社会的決定をめぐる問題については、佐伯胖『「決め方」の論理』（東京大学出版会、1980年）参照。

[33] いま、A, B, C の三人がいて、x, y, z についてのそれぞれの順序づけが次のようであるとする。A: $x>y>z$、B: $y>z>x$、C: $z>x>y$。すると、x と y の順序については $x>y$、y と z の順序については $y>z$、z と x の順序については $z>x$ となって、$x>y$, $y>z$ ならば $x>z$ となるべきだという推移律が満たされない。

[34] 投票のパラドクスで三人の順序づけの社会的決定について z は無関係だとすれば、結局、A の順序づけが社会的順序づけとなって、A がいわば「独裁者」となる。

[35] センが挙げているのは次のような例である。A と B がルームメイトで、『チャタレー夫人の恋人』が部屋にあるとする。これを誰が読むかという選択肢として、誰も読まない（z）、A だけが読む（x）、B だけが読む（y）があるとする。堅物の A の順序づけは $z>x>y$ であり（堅物の A は影響を受けやすい B が読むよりは、読みたくないが自分が読むほうがよいと考えている）、享楽家の B の順序づけは $x>y>z$ である（B は堅物の A に読ませたほうが面白いことになると考えている）。このときパレート原理（この場合、どちらにとっても望ましい順序づけを社会的順序づけとするというもの）では $x>y$ を社会的選択とすべきだということになる。しかし、A は誰も読まないほうがよいし、自分が読むのもいやだと考えているから、A の選択の自由が侵害さ

に、選択肢についてのすべての順序づけを考慮するとともに、パレート原理を満たそうとすることから生じる。一部の順序づけを度外視することも、すべての順序づけを考慮することも原理的に困難を生じるわけである。これに対して、センはいつでもパレート原理を用いること（パレート伝染病）をやめること、またその都度重要だと考えられる部分的な順序づけに基づいて政策を決定することなどを推奨している。

さらに、社会的に望ましくない選好、たとえば攻撃的な選好や贅沢な選好も考慮しなければならないかといった問題もある。そして、「トロリー問題」が示唆するように、全体または平均の幸福の最大化は理論的には少数の犠牲によっても実現されてしまうことになりうるという問題もある。また、ミルは快楽の質を区別していたが、幸福や厚生といった単一の概念で「善」を捉えると、経済的厚生のためにたとえば市民的自由を制限してもよいといったことになりうるという問題がある。これらがロールズの問題とした点である。

第2節　ロールズの正義論

ロールズの『正義論』は、原理、制度、目的を論じる三つの部からなる。第一部はロールズの提示する正義原理を導出し、第二部はそれを政治的法的制度として具体化し、第三部はその正義に適った社会の安定性を論じている。ここでは、第一部および第二部の議論を概観し、最後に『正義論』以後のロールズ正義論の展開にごく簡単に触れる。

1　原理論

第一部での正義原理の導出は、(a) 社会契約論における自然状態論に類比的な「**原初状態**」（original point）[36] において、(b) 人々がその社会の基本構造の正義原理、とくに基本的な権利や義務の分配に関する正義原理を、(c) 全員一致の合意によって決定するという理論構想によるもので、ロールズはこれを思考実験として提示している。

(a) 社会契約論は自然状態にある人々が、自然権の実効的な保護や市民的自

れることになる。A. セン（大庭健・川本隆史訳）『合理的な愚か者』（勁草書房、1989年）7-9頁。
36　J. ロールズ『正義論』18頁。

由の確立といった目的のために、国家または政府を契約によって設立するという構想だが、ロールズの正義論の構想は原初状態の人々が、財が適度に稀少であるためにその分配の正義が問題となるような社会の基本構造の正義原理を決定するというものである。社会契約論が自然状態における人々の自然的特性を想定したように、ロールズの正義論は原初状態における人々の特性に一定の条件を付与する。

まず、人々は各自の人生の諸目的をもつとともに正義の感覚をもつ道徳的人格として想定される[37]。人々が各自の諸目的をもつということは、人々は各自の人生における幸福や倫理的な善について異なる構想をもつということである。ロールズはこうした各人の善の構想の多元性を前提するのである。また、正義の感覚をもつということは、人々はその善の構想の実現へ向けた活動が正義の原理によって制約されるということを理解し、それに従うことができるということを意味する。原初状態の人々はその正義の原理を決定しようとするわけである。

次に、原初状態の人々は、社会や心理についての一般的な事実や法則についての情報はもっているが、自分に特有の一定の情報を知らないものとされる。この情報についての制約をロールズは「**無知のヴェール**」（veil of ignorance）と呼ぶ[38]。各人は自分の善の構想をもっているのだが、この無知のヴェールのもとでそれを知らないものとされる。また、自分がどのような自然的能力をもっているのか、自分が社会のなかでどのような境遇に生まれたのかを知らないし、どのような社会的地位につくことになるのかを知らない。さらに、たとえばリスクを好むかどうかといった自分の心理的傾向も知らないとされる。

この無知のヴェールによる情報制約はロールズ正義論の重要な特徴である。これは普遍化可能性という正義の概念に基づく条件を具体化する一つの考え方である。「正義の女神」は目隠しをされているのである。これらの情報制約のうち、自分の善の構想を知らずに正義原理を決定するということは「**善に対する正義の優先性**」を示すものである[39]。また、とくに重要な情報制約は、自分の自然的能力や社会的境遇を知らないというものである。ロールズによれば、これらの特性

---

[37] J. ロールズ『正義論』18 頁。なお、『正義論』は大部な著作だが、ロールズはその概要を第 1 章でまず素描しているから、おおよその理解には第 1 章を読めば足りる。本文のこのあたりの説明に関わる引用箇所も第 1 章を中心にしている。

[38] J. ロールズ『正義論』18 頁。より詳細には、184-192 頁。

[39] J. ロールズ『正義論』44-45 頁。

は「道徳的に偶然的」である[40]。つまり、自分がどのような自然的能力をもって生まれ、どのような社会的境遇に生まれたかは、その人の功績によるのでもなければ、その人の責任に帰することのできるものでもないということである。そのような違いが人々の有利や不利に影響しないようにすべきだというわけである。

さらに、このような情報制約におかれた人々が全員一致の選択によって正義原理を決定するのだが、その際、人々は、他人を侵害してでも自分の利益を求めるような極端な利己主義者でもなければ、自分を犠牲にして他人の利益を図ろうとするような利他主義者でもなく、自分と自分の子孫の利益をいわば絶対値で最善のものにしようとして選択するものとされる[41]。つまり、ロールズは正義原理の決定を人々の合理的な (rational) 選択の問題として構想するのである。

(b) このような条件を付与された原初状態の人々は社会の基本構造の正義原理を決定するのだが、その正義原理は社会の人々に善益や負担を分配することに関する正義、つまり分配的正義の原理である。この場合、まず何を分配するのかが問題となる。ロールズはそれを「**社会的基本財**」(social primary goods) とする[42]（この他に義務や責務があるが、これは後で触れる）。社会的基本財というのは、各人が有している幸福や善の構想（つまり各人のもつ目的）を実現するために誰でも必要と考えるような手段であり、ロールズはそのようなものとして、基本的な自由と権利、社会的な機会、経済的な収入や財産、そして自尊の社会的基盤を挙げる。自尊の社会的基盤というのは分かりにくいが、直接に分配されるものではなく、採択された正義原理が公示され実施されることによって、誰もが自分はその社会のなかで尊重され配慮されているという意識をもちうるということであり、したがって、それ以外の基本財の分配のあり方に依存する。

次に、正義原理といえるための形式的な条件が挙げられる[43]。それはこれまでの正義に関する思想史のなかで、正義原理の形式的な条件として一般に理解されているものである。まず、正義原理は一般的な定式で述べられるのでなければ

---

40 J. ロールズ『正義論』22頁参照。
41 J. ロールズ『正義論』20-21頁。より詳細には、192-196頁。
42 J. ロールズ『正義論』86頁。より詳細には、122-128頁。
43 J. ロールズ『正義論』175-184頁。本文で挙げるもののほかに、正義原理は社会の人々に公示されるのでなければならないこと、また正義原理の選択は最終的なものとして真剣に選択されなければならないことが挙げられている。この最後の条件は、選択された正義原理は自分だけでなく自分の子孫をも拘束することになるので、自分の子孫に責任を負う人々は真剣に選択しなければならないといった意味を含んでいる。

ならず、固有名やその他特定の個人や集団を指す言葉を含んでいてはならない。また、正義原理は適用において普遍的でなければならない。つまり、すべての人に同じように適用されるのでなければならない。さらに、正義原理は異なる主張の間に順序をつけて、それらの衝突を調整することができるのでなければならない。採択される正義原理はこれらの条件を満たさなければならないのである。

さらに、分配の正義原理をどのように決定するかが問題となる。ロールズは原初状態の人々が一から正義原理を構想するものとはしていない。その代わりに、これまでに説かれてきた正義に関する主要な考え方とロールズが提示する正義原理のうちから、人々はもっとも望ましいものを選択するものとする。挙げられるのは（彼が挙げている順番とは逆になるが）、エゴイズム、直観主義、卓越性の原理、古典的効用原理、平均効用原理、混合的な原理（平均効用原理に一定の条件がついたもの）、そして彼自身が提案する原理（「正義の二原理」と呼ばれる）である[44]。これはもちろん網羅的とはいえないが、主要な正義原理の候補といえるだろう。

これらの選択肢のうち、かなりのものがすでに触れた条件によって排除される。まず、諸種のエゴイズムが正義原理の形式的条件によって排除される。独裁的エゴイズムは定式の一般性に、フリーライダー型エゴイズムは適用の普遍性に、そして一般的なエゴイズムは順序づけの要求に反する[45]。また、直観主義も順序づけの要求に反するし、さらに卓越性の原理は倫理的な徳という善の構想に基づくものであるから善に対する正義の優先性によって排除される。残るのは、古典的な効用原理、平均効用原理、そしてロールズの提示する正義の二原理である（混合的な原理もあるが、これは後で触れる）。

(c) ロールズは、原初状態の人々は二つの効用原理を採用することはないだろうと推論する。まず、**古典的効用原理**は、ロールズによれば、人口増加政策を採

---

44 J. ロールズ『正義論』164-170 頁。
45 独裁的エゴイズムの原理はたとえば「私以外の者は皆私の利益になるように行為すべきである」といったものになり、「私」という個人を特定している。フリーライダー的エゴイズムの原理はたとえば「私以外の者は皆正義の規則に従うべきである」といったものになり、定式の一般性にも反するが、他の人々が正義の規則に従うことによって利益を得ていながら、自分はその規則に従わないという意味でフリーライダーになっている。一般的エゴイズムの原理はたとえばホッブズの自然状態の人々にとっての原理のようなもので、「誰でも他者を侵害してでも自己利益を追求してよい」といったものになる。これでは人々の利己的主張の調整はできず、まさに「万人の万人に対する戦争」になる。なお、正義とエゴイズムについては、井上達夫『共生の作法』（創文社、1986 年）第二章を参照。

用することになる[46]。つまり、ベンサムにおけるように、幸福の量的最大化だけを目的とし、幸福のための資源を一定とし、さらに限界効用逓減則を適用するならば、それ以上人を増やすと限界効用逓減則による全体の効用の増大が止むところまで人を増やすことが要求される。ところが、この政策では一人当たりの効用は減少することになるが、原初状態の人々は利己主義者でも利他主義者でもなく、自分とその子孫にとってもっとも望ましい合理的選択をするとすれば、一人当たり効用が減少する古典的効用原理を採用することはないだろうというわけである。

そこで、原初状態の人々は古典的効用原理よりも**平均効用原理**を望ましい原理と考えるだろう。平均効用原理は全体の効用を人数で除した平均効用の最大化を求めるからである[47]。ところが、総効用の増大の場合と同様、平均効用の増大は一部の人々の効用が減少しても他の人々の効用がそれを上回って増大すれば実現されうる。したがって、平均効用原理によっても、もっとも不利な人々の状況がきわめて劣悪なものである可能性（たとえば、奴隷制のもとで奴隷である可能性）が排除されない[48]。原初状態の人々は自分だけでなく自分の子孫のことも考慮して

46　J.ロールズ『正義論』219-220頁。この推論はたとえば次のような例を考えるとわかりやすいだろう。いまコップ3杯につげるビールがある。最初の1杯の効用はとても大きいが、2杯目の効用はそれより小さく、3杯目はさらに小さい。これを全部1人で飲むよりも、2杯目を他の誰かに、さらに3杯目を別の誰かに飲ませるほうが、全体としての効用は増大する。さらに人数を増やしていくと、1人当たりの効用は次第に小さくなり、それを総計しても全体の効用が大きくならない地点にいたる。その地点まで人数を増やせということになる。

47　J.ロールズ『正義論』221-225頁。平均効用原理によれば、合理的な選択者は、不確実性下では自分が社会のどの人になるかを等確率とみなして、各人の期待効用の集計の最大化を求める。これは社会のすべての人の期待効用を総計してそれを人数で割ったものと同じになるのである。

48　J.ロールズ『正義論』224-238頁。もっとも、ロールズの議論はこのように単純なものではない。平均効用原理は上記の注におけるように確率計算をすることになるが、ロールズによれば、原初状態ではその確率計算のための客観的な事実（能力、境遇、各人の期待効用など）に関する情報がないため、確率計算は（等確率とおく計算さえも）行えない。そこで、原初状態の人々は、正常なリスク回避傾向をもっているとすれば、すぐ後で触れるマクシミン原理に類する考え方に基づいて、極端なリスクを回避しようとするだろうというのである。また、平均効用原理は、期待効用の集計に際して原初状態の人々の効用関数（選好）を同一とみなすことになるが、原初状態の人々は、無知のヴェールに覆われているとしても、実際には自分たちが多様な善の構想をもっていると考えているから、効用関数が同一だという想定に立つことはない。平均効用原理はこの人々の違いを考慮しないため、たとえば人々の信教の自由に関する重要な関心を考慮せず、抑圧されるかもしれない宗教的少数派になりうるリスクを低くみることになる。さらに、原初状態の人々は自分だけでなく自分の子孫の利益をも考慮して、最終的な選択を真剣に行うはずだから、こうした極端なリスクは回避することになるというわけである。しかし、結局は、平均効用原理の問題点は社会の一部の人々の状況が劣悪なものになる可能性があるということである（245頁参照）。

222　第7章　功利と公正

真剣に正義原理を選択するのであるから、このようなリスクの大きい選択はしないだろうと、ロールズは推論するのである。これについては、平均効用原理の立場からの批判がありうるが、後で検討する。

　このように功利主義の二つの原理を退けて、ロールズは彼の提示する**正義の二原理**が選択されるだろうという[49]（実際には、ロールズはこの推論を平均効用原理への推論の前においているが）。まず、原初状態の人々は、各人の幸福観や倫理的な善の構想は多様であり、しかも各人にとってそれらはきわめて重要なものであるだろうということを一般的な事実として知っているから、それらを単一の幸福や効用といった概念に還元することを退けるだろう。そして、そのように異なる各自の幸福観や倫理的な善の構想の追求は各自の自由に委ねられるほうがよく、またそのような自由に関するより具体的なルールの政治的決定には人々が自ら参加しうるほうがよいと考えるだろう。さらに、原初状態の人々は無知のヴェールにより自分の善の構想がどれであるかを知らないから、この自由はすべての人々に同等に保障されるべきだと考えるだろう。したがって、原初状態の人々は、まず最大限の基本的な市民的自由や政治的権利が平等に分配される原理を選択するだろう。

　次に、原初状態の人々は社会的経済的な財も平等に分配される原理を選択すると考えられる。しかし、その社会に地位の違いとそれに応じた収入や財産の格差があり、しかも、この格差があることによって、もっとも不利な人々の状況が、それらをすべて平等に分配する場合よりも改善されるとする。このような条件があるならば、原初状態の人々はそのような格差のある原理を選択するだろうと、ロールズは推論する。原初状態の人々は、自分の状況を他の人々の状況と比較することなく、いわば絶対値で自分とその子孫にとってもっとも望ましいと考えられる状況を約束する原理を選択するのだからである。ロールズはこれを「**格差原理**」（difference principle）と呼ぶ[50]。また、同等の能力をもつ者には同等の社会的地位につく機会が与えられるという原理を原初状態の人々は加えるだろう。同等の能力があっても社会的境遇の偶然的な違いによって均等な機会が保障されない

49　J.ロールズ『正義論』204-217頁。
50　J.ロールズ『正義論』102-114頁。格差原理はもっとも不利な人々の状況を最善なものにすることを求めるが、ロールズによれば、もっとも不利な人々の状況が改善されれば、その次に不利な人々の状況も改善され、さらにその次に不利な人々の状況も改善される等々と考えられる。このような原理は「レキシミン原理」と呼ばれている。

のは、その人の責任によるものではなく、それゆえ補正されるべき不遇だと考えるだろうからである。ロールズはこれを「**公正な機会均等の原理**」と呼ぶ。そして、原初状態の人々は経済的な格差は公正な機会の保障のもとでのみ認められると考えるだろうから、公正な機会均等の原理を格差原理に優先させるだろうと、ロールズは推論する。

以上のように原初状態の人々は平均効用原理を退けて正義の二原理を選択するだろうという推論は、不確実性下での合理的選択の一つの原理であるいわゆる「**マクシミン原理**」(ロールズはマクシミンルールと呼んでいるが) による決定に類似するとロールズはいう[51]。マクシミン原理は複数の選択肢に含まれるそれぞれの最悪の結果がもっとも悪くない選択肢を選択するという原理である。これによれば、複数の正義原理のうち、社会のもっとも不利な人々の状況に注目して、それが最善となるような正義原理を選択するということになる。たとえば、宗教的少数派であっても多数派によって抑圧されたり差別されたりすることなく、その信教の自由が平等に保障される原理が、また、社会的経済的にもっとも恵まれない人々の状況がもっとも悪くない原理が選択されるだろう。これに対して、平均効用原理は、そのようなもっとも不利な状況の人々の効用が低くても、他の人々の高い効用によって相殺されることを認めてしまうことになるというわけである。この議論は格差原理についてよく当てはまるようにみえるが、後で述べるように、ロールズは後にそれを否定している。

なお、格差原理について説明を加えておくと、格差があるほうが、すべて一律に平等である場合よりも、もっとも恵まれない人々の状況をも改善するというのは、いわゆるインセンティブの考え方に基づく。自然的に優れた能力をもつ人々に社会的経済的なインセンティブを与えることによって、すべてが平等な場合よりも社会全体の経済的な生産性を向上させ、しかもこの向上とその産物の再分配により自然的能力に恵まれない人々の状況も改善することができるという考え方である。これは功利主義的な考え方といえるが、全体の幸福の最大化がその目的ではない点で、功利主義とは異なる。

(d) 以上が正義の二原理を導出するロールズの「公正としての正義」の考え方の概要である。その論証の方法について、少し触れておこう。まず、この論証

---

[51] J. ロールズ『正義論』207-214頁。

は先に触れた「純粋な手続的正義」の考え方に基づいている。つまり、公正な条件を満たした原初状態における人々の合理的な選択の結果としてえられる原理は、別の独立の正義の基準によるのではなく、公正な選択手続きの結果として正しいとみなされるわけである。もし結果の正しさを判定する独立の基準があるのであれば、その基準こそが正義原理だということになるだろうからである。なお、この手続きにおいて原初状態の人々は合理的な選択をするのであるが、ロールズによれば、その手続きの公正な枠組は次にみるように「道理的な」(reasonable) 考慮に基づいている。

　第二に、ロールズの実際の論証は以上に要約したように単線的に進んでいるのではない。原初状態の設定やそこでの選択の説明とそこから得られる結論としての正義原理はまずおおまかなスケッチとして与えられ、次いでそれらはより詳細に具体化されるプロセスで、ロールズが誰も拒否しないだろうと考える道徳的直観と照らし合わされて次第に彫琢される。たとえば、自然的能力や社会的境遇の差異は道徳的に偶然的だというのは道徳的な直観によるものであり、それによって無知のヴェールの情報制約が加えられるというのが、その一つの例である。このように理論と道徳的直観とを繰り返し照らし合わせて、それら二つが次第に一つの均衡にいたるという論証方法が採られている。こうして得られる均衡をロールズは「**反照的均衡**」(reflective equilibrium) と呼ぶ[52]。ロールズは直観主義を退けるのだが、論証においていっさいの直観を排除することはできないとして、それらの直観を理論と照らし合わせることによって吟味するという方法を採用しているのである。

　(e) 以上のようにして導かれたロールズの正義の二原理と二つの優先性のルールは最終的には（制度論の中の第46節の最後で提示されるのだが）次のようなものである。

> **第一原理**：各人は、平等な基本的諸自由のもっとも広範な全体系に対する平等な権利を保持すべきである。ただし、それはすべての人の同様の自由の体系と両立するのでなければならない。
> **第二原理**：社会的経済的な不平等は、次の二つの条件を満たすように編成されるべきである。

52　J. ロールズ『正義論』65-74 頁。

(a) 適正な貯蓄原理と整合しつつ、もっとも不利な人々の最大の便益に資すること。
(b) 公正な機会均等の諸条件のもとで全員に開かれている職務と地位に伴うものであること。

第一の優先性のルール（自由の優先性）：正義の諸原理は、辞書的順序でランクづけされるべきであり、したがって基本的な諸自由は自由のためにのみ制限されうる。これには二つの場合がある。
(a) 自由の範囲を限定するときは、その限定は全員が分有する自由の全体系を強化するのでなければならない。
(b) 自由を不平等に限定するときは、その限定は自由を限定された人々が受容可能なものでなければならない。

第二の優先性のルール（効率や厚生に対する正義の優先性）：正義の第二原理は効率の原理や利益の総計の最大化の原理に辞書的順序で優先する。そして、公正な機会は格差原理に優先する。後者には二つの場合がある。
(a) 機会が不平等であるときは、それが機会のより少ない人々の機会を強化するのでなければならない。
(b) 貯蓄率が過大であるときは、それはそれを担う人々の負担をすべて考慮した上で緩和するのでなければならない。

なお、これらの権利や利益の分配の制度的原理のほかに、原初状態の人々は**社会的責務**と**自然的義務**を個人に分配する原理をも選択するものとされている[53]。社会的責務は、社会的制度が正義の二原理に適っており、その制度からもたらされる便益をその個人が自ら受容しまたは利用している場合に、その制度のルールに基づく自分の役割において果たさなければならない責務である（この責務を果たさないのはフリーライドとなる）。これに対して、自然的義務は社会的制度によらない義務であり、そのようなものとしてロールズは積極的および消極的な黄金律を挙げている。つまり、自分にとって過度の負担とならずに行えるときは、困窮している他者を支援すべきだという義務、そして、他者に危害を加えてはならず、また不必要な苦痛を与えてはならないという義務などである。社会的責務は人々の社会的地位によって異なりうるのに対し、自然的義務はすべての人が遵守すべき義務である。

---

53 J. ロールズ『正義論』146-158 頁。

2 制度論

正義の二原理が導出されると、次にそれを制度的に具体化する段階となる。その段階は四つに分けられる。第一に原初状態において正義原理を決定する段階、第二に原初状態の人々が憲法制定集会に移って正義の二原理に適合する憲法を制定する段階、第三にその社会の立法者が正義原理および憲法に適合する法律等を制定する段階、第四にそれらの憲法や法律が遵守、執行または適用される段階である[54]。原初状態では人々は濃い無知のヴェールの下にあったが、段階を下るにつれて無知のヴェールは次第に引き上げられ、最後の第四段階ではほとんどが引き上げられる。憲法制定や立法の段階ではその社会についてのより具体的な情報が考慮され、司法の段階では当事者についての具体的な情報が考慮されるわけである。ロールズが制度論において扱っているのは、憲法の基本原理、立法の基本原理の一部、そして遵守や適用に関わる問題の一部である。

(a) 正義の二原理のうち第一原理が憲法の基本原理として具体化されるあり方を理解することは困難ではない。最大限にかつ平等に保障されるべき基本的な自由として、ロールズは良心の自由、政治的自由、そして人身の自由を挙げる[55]。まず、**良心の自由または信教の自由**は政教分離と結びついて、リベラルな憲法の中心に位置するものとみなされる。しかし、ロールズによれば、信教の自由と寛容を要求しうるのは自ら寛容な宗派だけである[56]。不寛容な宗派は他の宗派が自らに対して寛容であることを要求することはできない（立場の反転可能性に反する）。他方、不寛容な宗派が平等な信教の自由を危うくするにいたらないかぎり、寛容派は不寛容な宗派に対しても寛容でなければならない。ただ、その境界がどこにあるか、平等な信教の自由を保護するためにどのような政策が可能かは、具体的な憲法や法律の問題となる。

第二に、**政治的自由**は参加原理として具体化される。それは、制度的には民主的手続によって選出される代表制議会と多数決ルールとして、基本権としては選挙権および被選挙権、言論の自由や集会・結社の自由の保障として具体化される。平等な参加は「一人一票」による多数決ルールを要請するが、多数決ルールが多数の専制に陥らないようにするために、権力分立、二院制、司法審査制が必

---

54 J. ロールズ『正義論』266-273 頁。
55 J. ロールズ『正義論』278 頁。
56 J. ロールズ『正義論』294-300 頁。

要となる。これらは現代国家の憲法においてはほぼなじみのものであるが、ロールズはさらに政治的自由の「価値」についても考慮を払っている[57]。政治的自由の実際の行使のチャンスがとりわけ経済的な格差によって影響されないように、たとえば選挙運動における政治資金に何らかの制限を課すことが必要だとされる。

　第三に、**人身の自由**は法の支配によって保障される。ロールズは法を「公共的ルールの体系」と捉え、法の支配を公共的なルールによる統治とみなしている。そのための正義の指針として、人々に期待しえないことをルールとすることを退ける「当為は可能を含意する」という指針、手続における平等処遇を求める「等しきは等しく取り扱え」という指針、「法律なくして犯罪なし」という罪刑法定主義の指針、手続に関するいわゆる自然的正義の指針、可罰や賠償に故意または過失を要求する責任主義の指針などが挙げられている。これらの指針も人身の自由という基本的権利を保障するものとみられる。

　(b) 社会的経済的平等に関する第二原理は、第一原理との優先性をめぐる問題やとりわけ格差原理をめぐる問題についてさまざまな議論を呼び起こした。これについては後で検討する。第二原理は公正な機会均等の原埋と格差原理を含むが、これらの原理はそれぞれ、単純な機会均等の原理とパレート原理に対比されている。単純な機会均等の原理は社会的な機会が純粋に自然的能力に平等に開かれていることを要求するのに対し、公正な機会均等の原理は社会的境遇の不運（たとえば、貧困のために教育機会を得られないなど）に配慮すること（たとえば、公教育の提供）を求める。パレート原理はある人々の状況の改善が他の人々の状況を悪化させないことを要求するが、格差原理は自然的能力に優れた人々の状況の改善が自然的能力の不運のためにもっとも恵まれない人々の状況の改善をもたらす（たとえば、再分配によって）ものであることを要求する。

　これら四つの原理の組み合せによって、ロールズは、4つの社会的経済的な基本的体制を区別する[58]。まず単純な機会均等原理とパレート原理の組み合せは

---

[57] J. ロールズ『正義論』304-307頁。なお、ロールズは、後の『政治的リベラリズム』（1993年）では、この政治的自由の価値の重要性を強調して、第一原理に次のような一文を追加している。「そして、この図式において、平等な政治的自由は、そしてこの自由だけはその公正な価値を保障されるべきである」。J. Rawls, Political Liberalism, 1993, 5. もっとも、晩年の『公正としての正義：再説』では省かれている。

[58] J. ロールズ『正義論』90-113頁。

「**自然的自由の体系**」と呼ばれる。これは自然的不運にも社会的不運にも配慮することがない。次に、単純な機会均等原理と格差原理の組み合せは「**自然的貴族制**」と呼ばれる。これは耳なれない言葉だが、この体制は社会的境遇の格差をそのまま認めるが、優れた能力の家系の人々はもっとも恵まれない人々の状況を配慮しなければならないとするものである（いわゆる「ノーブレス・オブリージュ」の考え方）。第三に、公正な機会均等とパレート原理の組み合せは「**自由主義的な平等**」と呼ばれる。これは自然的能力の格差はそのまま認めるが、社会的境遇の不運には配慮しようとするものである。

　これらに対し、ロールズの「**民主的平等**」は公正な機会均等原理と格差原理とを組み合わせるもので、自然的能力の不運および社会的境遇の不運のどちらの偶然性にも配慮しようとする。原初状態の人々は無知のヴェールによって自分の自然的能力や社会的境遇について知らないとされているから、これらの点での不運が自分やその子孫の社会的経済的状況に影響してもっとも恵まれない状況になったとしても、その状況が他の体制の場合よりももっともよい状況となるような体制として、民主的な平等の体制を選択するだろうというわけである。この体制においては、社会的地位の違いとそれに基づく格差が存在するが、それらの違いや格差はむしろ人々の相互依存の関係に組み込まれており、したがってまた人々の互恵性を実現するものとみなされている。こうした体制をロールズは「**社会的協働の体系**」と呼んでいる。また、この体制においては、優れた自然的能力をもつ人々はその能力を自分のために用いてよいとしても、それは恵まれない人々の状況を改善するかぎりにおいてである。この意味でロールズは人々の自然的能力を「**共有の資産**」（common asset）とみなしている[59]（これについては後にノージックが批判を提起している）。

　(c)「民主的な平等」の社会的経済的体制は市場システムと福祉国家的な公共制度との組み合せとして制度化される。まず、ロールズは市場システムの有用性を否定するわけではない。市場システムは効率性を実現するとともに、経済的自由を実現する。ただ、職業選択の自由は第一原理の中に明示的には含まれていないし、個人的な財産所有についても立ち入った説明は与えられていない。他方、生産手段の所有については、ロールズは私有でも公有でもありうるとみなしてい

---

[59]　J. ロールズ『正義論』136-137 頁。

る[60]。そして、生産手段が私有の場合を「財産所有の民主主義」、公有の場合を「リベラルな社会主義」と呼んでいる。後者の場合、生産は市場システム（公有の生産手段は賃貸される）によるが、分配はそれによらない（あるいは限定的にのみ利用される）という点が、前者との違いである。ロールズは前者を想定して議論を進めているが、後者も否定しないのである。

　財産所有の民主主義は生産および分配のいずれについても市場システムを用いる。したがって、賃金も市場システムに基づく。今日の経済学では、企業の労働への需要は労働の限界生産物（労働1単位がもたらす増加生産物の価格によって表示される）によって測定される[61]。しかし、ロールズによれば、限界生産物は労働市場の需要と供給という様々な要因にも左右される関係によって決まるから、賃金をもっぱら「功績」に応じたものとみなすことはできない[62]。重要なのは、市場システムは民主的平等の二つの原理に基づく公共部門の制度的枠組のもとに位置づけられなければならないということである。この枠組の下では、市場システムによる生産と分配は「純粋な手続的正義」の手続に従うものとみなされる[63]。つまり、その初期状況と市場システムの手続が適正であれば、その結果は正しいとみなされるのである。そのかぎりで、背景的制度の下での市場システムは人々に地位や所得などの分配上の「資格」を与える[64]。ロールズによれば、所得と富についての財産権は自然的な権利ではないのである。

　公共部門は主に市場システムが生み出しうる問題（いわゆる「市場の失敗」）に対処するための諸制度からなる[65]。まず、配分部門は市場の適正な競争を維持し、独占などの不当な市場支配力の形成を防止する。また、安定部門は職業選択の自由を保障するとともに、有効需要の創出などによるほぼ完全な雇用をもたらすように努める（これはケインズ的政策である）。さらに、移転部門は適正なニーズを考慮してソーシャル・ミニマムを維持する。ロールズによれば、適切なミニマムが準備されるならば、総所得の残りが市場システムによって処理されることは完全

60　J. ロールズ『正義論』365-368頁。
61　J. ロールズ『正義論』407頁。したがって、労賃は「必要に応じて」のものではないと、ロールズはいう（411頁）。「必要」への対応は公共部門に委ねられている。
62　J. ロールズ『正義論』410頁参照。
63　J. ロールズ『正義論』368頁。
64　J. ロールズ『正義論』139-140頁。
65　J. ロールズ『正義論』369-381頁。

に合理的である。最後に、分配部門は相続税や贈与税を課して遺産の権利に制約を設けるとともに、公共財の提供や第二原理の実現（公教育の実施やソーシャル・ミニマムの保障など）のための財政収入を確保するための租税を徴収する。租税に関しては、ロールズは所得税よりも定率の支出税（一種の消費税）が望ましいという[66]。それは人々が「共通の財庫」にどれだけ貢献したかによるのではなく、人々がそこからどれだけ持ち出すかによって租税を課すからであり、また全員が一律に（公正に）扱われるからであり、さらに、累進税に比べるとインセンティブを阻害することが少ないからだとされている。

　以上のように、ロールズの社会的経済的な原理の制度化はほぼ福祉国家的な特徴をもっているが、注目されるのは、格差原理の制度化がソーシャル・ミニマムの保障として考えられている点、そして租税は定率の支出税とされている点である。ソーシャル・ミニマムはたしかにもっとも恵まれない人々の状況を考慮するものだが、それがどの程度のものになるかについてロールズは触れていない[67]。格差原理そのものからは明確な基準は導かれないのである。また、定率の支出税（たとえば10％の消費税と考えればよい）は一般に「逆進的」と考えられている。これが格差原理と整合するのかどうかについて、また、ほとんどの福祉国家が累進的な所得税を租税原理としていることについても、ロールズは立ち入った説明や検討を与えていない。さらに、ロールズの公共部門には、医療保険や失業保険や年金保険などの公的保険制度が含まれていないが、これについてもロールズは議論をしていない[68]。

　(d) 制度論の第三の問題として、ロールズは、おおよそ正義に適った秩序あ

---

[66] J. ロールズ『正義論』373-374頁

[67] もっとも、後で触れるように、『公正としての正義：再説』では、「共感」に基づくソーシャル・ミニマムは「ほどほどの人間生活に不可欠のニーズ」を満たすものに限定されるのに対し、格差原理によるソーシャル・ミニマムはそれをより上回るものになるだろうとしている。前者は「資本主義的福祉国家」のそれだとして、ロールズは自分の正義論を福祉国家の正義論とは区別しようとしている（228頁）。ただ、格差原理によるソーシャル・ミニマムがどの程度になるかについては立ち入って論じていない。

[68] なお、ロールズは先に挙げた政府部門のほかに、その他の多種多様な社会的利益や公共財のための政策を実施する部門（交換部門）の可能性も挙げている（378-382頁）。これが公的保険を含むかどうかは明らかではない。ただ、後の『公正としての正義：再説』では、ある水準の保障された医療供給への期待はソーシャル・ミニマムの一部として含まれ、立法段階で決定されるのだとしている（301-302頁）。また、後で触れるが、ロールズの原初状態でのマクシミン原理に類する推論方法による正義原理の選択というアイディアは、全体として保険の考え方に近いとみることはできる。

る社会における市民的不服従や良心的服従拒否の問題を取り上げている。おおよそ正義に適った秩序ある社会においても多数決ルールにより制定または策定された個々の法律や政策が著しく正義に反するとみなされうる場合がまったくないとはいえず、これに対する市民的不服従や良心的拒否が起こることがありうる[69]。これらはおおよそ正義に適った秩序ある社会におけるルール遵守の責務と義務の例外事例に該当する。ロールズはこれらに定義を与えるとともに、それらが正当化されるための条件を挙げている。

　市民的不服従は「政府の法律や政策に変化をもたらすことを目標としてなされる、公共的で、非暴力で、良心的であるが、法律に反する政治的な行為」と定義される[70]。これが正義論の観点から正当化されうるのは、その法律や政策が正義の第一原理または第二原理の第二部分（公正な機会均等）を深刻に侵害しており、その改善のための通常の政治的手段や法的手段がとられたにも関わらず効果がない場合であって、不服従の行為自体は他の何らかの法律に反するものであっても正義原理および憲法の基本原理と多数派の正義感覚に訴えるものであるとともに、その行為から生じうる混乱等が秩序そのものを危殆化することがないといった条件が満たされる場合である[71]。行為者たちはその行為が違法とされる可能性を自覚していなければならないが、不正義が著しい場合には不服従は義務でさえあるとロールズはいう。市民的不服従はその正当化要件が満たされるときは、正義の実現のための通常の政治的プロセスを補う重要な役割を果たすとみなされるのである。

　市民的不服従が多数派の正義感覚に公的に訴えるものであるのに対し、**良心的拒否**は宗教的あるいは政治的な個人の良心に基づいて法的命令への服従やその遵守を拒否するものである。典型的なものは戦争への参加に対する拒否である。問題は戦争が正義に適ったものであるとみなされうる場合にも良心的拒否は正当化されうるかどうかである。戦争が正義に適ったものであるかどうかという点に関連して、ロールズは戦争に関する国際法の概要を述べて、戦争が明白に国際法に反する違法なものであると確信するときは戦争への従事を拒否してよいとす

---

[69] アメリカの歴史でいえば、たとえば、1950年代から70年代にかけての公民権運動やベトナム戦争時の兵役拒否などが考えられる。『正義論』は1971年に出版されているが、ロールズがこれらの運動を念頭においていたことはおそらく間違いないだろう。
[70] J. ロールズ『正義論』480頁。
[71] J. ロールズ『正義論』489-496頁。

る[72]。しかし、他方で平和主義は正義の原理に基づくのでなければならず、それゆえ戦争が正義と国際法に適ったものであるときに、個人的な良心を口実として戦争への従事を拒否することは、非現実的で偏狭な主義主張にすぎないとしている[73]。なお、国際法については、ロールズは晩年に公表した『諸人民の法』で詳しく論じている。これについては別の箇所で取り扱う。

3 『正義論』以後のロールズの見解

　以上が、ロールズ『正義論』の原理論と制度論の概要である。『正義論』の第三部は「目的」と題して、正義の二原理とそれの制度化をもつ社会がいかに安定した社会でありうるかを論じているが、省略する。

　以上のような原理論と制度論については、冒頭にも触れたように、様々な批判も提起され、ロールズはそれに応答している。自由尊重主義のノージックの議論や平等尊重主義のドゥオーキンの議論に対してはおおよそ自己の見解を維持しているが、共同体論の議論に対しては自己の見解にかなり大きな修正を加えたとみられている。1980年代以降、**政治的リベラリズム**（1993年）にまとめられたように、ロールズは自己のリベラルな正義論を、とくにカントやミルの包括的な哲学的教説に基づくものではなく、多様な包括的な教説に対して政治的に中立な正義論なのだと強調するようになる[74]。この「哲学に対する政治の優先」という変更については、R. ローティなどの哲学者が賛同しているものの、正義論の哲学的根拠づけの放棄として厳しく批判する議論も展開されている[75]。

　これらのについては後の章でその都度触れることにする。以下では、ロールズの正義論に対する現代功利主義の立場からの批判について、『政治的リベラリズム』や『公正としての正義：再説』（2001年）でのロールズの反論なども含めて、検討する。

72　J. ロールズ『正義論』498-500頁。なお、徴兵制は自由そのものの防衛のためであるかぎりでのみ許容されるとされている。
73　J. ロールズ『正義論』502頁。
74　J. Rawls, Justice as Fairness: Political not Metaphysical, 1985; Political Liberalism, 1993.
75　R. ローティ（冨田恭彦訳）『連帯と自由の哲学』（岩波書店、1988年）163-216頁。こうした見解に対する批判として、J. Raz, Facing Diversity: The Case of Epistemic Abstinence, in: J. Raz, Ethics in the Public Domain, 1994, 45-81、井上達夫『他者への自由』（創文社、1999年）17-20頁参照。

第3節　公正と功利

　功利主義的原理を批判し正義の二原理を導出するロールズの議論によれば、ロールズの功利主義批判の要点は次の点にある。つまり、功利主義の政策原理は、個人が自分の幸福を最大化するというモデルをそのまま社会に拡張して、社会があたかも一人の個人としてその幸福を最大化するのであるかのように考える。そのため、個人が自分の幸福を最大化しようとするときには問題とならない二つのトレードオフが導かれてしまう。異なる基本財の間でのトレードオフ、とくに基本的な自由と経済的な厚生との間のトレードオフと、個々人の幸福の間でのトレードオフが生じることになる。つまり、各人が多様な善の構想をもつことの重要性や道徳的人格としての各人の個別性を功利主意は軽視している。これに対して、公正としての正義の契約説的な理論構想は社会の基本構造の正義原理を各人の全員一致の合意によって根拠づけようとすることによって、こうした問題をそもそも含まないというわけである。このようなロールズの功利主義批判に対しては、もちろん功利主義の側（あるいは功利主義の観点）からの反論や批判がある。ここでは三つの議論を取り上げる。方法の問題、自由の優先性の問題、そして格差原理に関する問題である。

1　方法に関する問題

　先に触れた功利主義者ヘアは、このロールズの議論が十分に根拠づけられた哲学的論証によるものではないと逆に批判する[76]。ロールズは**直観主義**を退けるが、ヘアによれば、ロールズはその議論の多くの点で根拠づけられていない直観に依拠している。たとえば、原初状態の人々のメンバーシップに関する議論、正の概念の形式的制約に関する議論、無知のヴェールの設定に関する議論などである。原初状態のメンバーシップは現在世代の人間にかぎられており、たとえば動物や将来世代は含まれていない。また、正の概念の形式的制約は論証抜きで与えられており、哲学的に根拠づけられていない。そして、無知のヴェールでは各人に特有のあらゆる情報が排除されているが、これでは全員一致の合意の導出は論

---

[76] R. M. Hare, Rawls's Theory of Justice, in do., Essays in Ethical Theory, 1989, 145-174.

件先取り的である。各人はその自然的能力や社会的境遇は知っていても、社会のどの地位につくことになるかということだけを知らないという薄い無知のヴェールの設定もありうる。

原初状態のメンバーに動物が含まれていないという指摘はいかにも功利主義者らしい指摘である[77]が、動物がその意思を表明できない以上、動物の利益は人間が判断して保護するしかないという反論がありうる。また、将来世代の人々のメンバーシップに関する指摘は社会契約説に対する常套の指摘であるが、将来世代の人々の利益は格差原理の適正な貯蓄原理で一応考慮されていると、ロールズは反論するかもしれない[78]。メンバーシップに関してヘアが指摘していない点でより重要だと考えられるのは、原初状態のメンバーには社会的協働に参与しえない障害者等が含まれていない点や、メンバーはほぼ男性と想定されているようにみえる点であろう。これらについては平等尊重主義やフェミニズムの議論として別に検討する。

正の概念の形式的制約について、ロールズはたしかに、これはこれまでの正義論の中で一般に認められてきているものであるから、それを設定するのは「道理的だと思う」と述べるだけで、その制約を哲学的に根拠づけているとはいえない。これに対して、ヘアは彼の著作において、道徳的判断は道徳的言語の使用に伴う論理的な規則のゆえに一般性または普遍性を満たさなければならないということを論証している。たとえば、人がある状況におけるある行為について一定の道徳的判断を下すとすれば、同じような状況における同じような行為については同じ判断を下すのでなければ、その人はその言語使用の論理に反することになるといった論証である[79]。もっとも、ヘアはこのような一般性または普遍性が正の概念の形式的制約であることを否定するわけではないから、その批判は哲学的論証の精密性を要求するものといえるだろう。

より重要なのは無知のヴェールの設定に関する問題である。ヘアによれば、そ

---

77 「動物の解放」を唱えた功利主義的倫理学者P.シンガーなら「種差別」というだろう。
78 J.ロールズ『正義論』381-392頁は「世代間正義」の問題として公正な貯蓄率の問題を扱っている。原初状態の人々は自分の家系を代表するものとされているから、各世代の利益を考慮することになるとされている。そして、「無知のヴェール」により自分たちがどの世代に属するかを知らないとされているから、各世代の観点からみて公正な貯蓄率を調整することになるだろうという。世代間正義の問題は、今日では、自然資源、地球環境、政府債務などをめぐって重要な問題となっているが、ロールズの議論から直ちに具体的な指針が導けるわけではない。
79 R.M.ヘア（小泉仰・大久保正健訳）『道徳の言語』（勁草書房、1982年）参照。

のような情報制約の意義は道徳的判断の不偏性（impartiality）と博愛性（benevolence）を保証することにあるが、この要請は、人々は自分が社会のどの地位につくかを知らないだけで、他の情報はすべて知っていると想定しても満たされうる。たとえば、「公平な観察者」の理論やヘア自身の「普遍的指令者」（先の普遍性の要請を満たす道徳的判断者）の理論によっても満たされうる。したがって、ロールズの濃厚な無知のヴェールの設定も必然的とはいえないというわけである。ヘアの言う薄い無知のヴェールの想定による推論については、後で触れるハーサニが行っている。

　ロールズの濃厚な情報制約は各人の選択の特有性を排除し、平等主義的な結論を先取りするものだという批判は少なくない。それをヘアはロールズ自身の直観によるものだとするのだが、先に触れたように、ロールズ自身は道徳的直観と理論との「**反照的均衡**」を求めており、直観から演繹的に理論を導いているわけではない。もっとも、ロールズはその反照的均衡を自ら思考実験として行っている。この反照的均衡は現実の公共的解釈的な議論において遂行されなければならないだろう。ロールズの思考実験はそのための一つの提案と解することができるだろう。

2　自由の優先性に関する問題

　H.L.A. ハートは**自由の優先性**に関するロールズの議論が十分に根拠づけられていないと指摘している[80]。ハート自身は功利主義者とはいえないが、すでに触れたように、彼の分析的法理学はベンサムらの法理論の再検討から出発しており、功利主義的な発想に精通しているといえる。ハートの指摘は大きく二つに分けられる。一つは、原初状態の人々は経済的厚生よりも政治的自由を優先させるというロールズの論証は必然ではないというものであり[81]、もう一つは「自由は自由のためにのみ制約される」という優先性のルールは、それだけでは自由と自由、自由と他の価値や利益との衝突を調整しえないというものである[82]。

　第一の指摘は、原初状態の人々はもっぱら合理性の観点から選択するという想

80　H.L.A. ハート（矢崎光圀他訳）「自由とその優先性についてのロールズの考え方」（『法学・哲学論集』、みすず書房、1990 年）255-282 頁。
81　H.L.A. ハート「自由とその優先性についてのロールズの考え方」275-278 頁。
82　H.L.A. ハート「自由とその優先性についてのロールズの考え方」264-275 頁。．

定に立っている。これに対して、ロールズは、『政治的リベラリズム』で、原初状態の人々の選択はたんに「合理的利益」を基準とするものなのではなく、その選択の枠組は「**道理的な**」(reasonable) ものとして設定されていることをあらためて強調している[83]。その議論をごく概略的にまとめると、原初状態の人々は、宗教を含めた自分の人生の目的の形成・変更・追求が正義原理に基づく社会秩序によって規制されることを知っているから、市民たちは宗教を含めた価値観の多元性のもとで平等な良心の自由を重視し、それを保障するための政治的決定手続における平等な政治的自由を重視するだろうと想定し、それを適切に保障する正義原理を選択することになるというものである。

　ロールズのこの応答は、基本的自由の優先性がロールズ個人の価値観のみによるのだとはいえないとしても、道徳的人格としての市民についてのロールズの特徴づけに基づいている。しかし、この応答におけるロールズはそのような市民の特徴づけを「宗教的、道徳的、哲学的な包括的教説」によって根拠づけることをせず、18世紀から現代にいたる欧米のリベラルな立憲民主制の伝統に依拠させている。その意味で、この応答も、厳密な哲学的論証を求める観点からすれば、論件先取りとみえる。とはいえ、道徳的人格としての市民についてのロールズの特徴づけは基本的には『正義論』のそれと大きく異なっているわけではなく、それをどう評価するかはともかく、なお哲学的な議論の対象となりうる哲学的な性格をもっているとみることができるだろう。

　ハートの第二の指摘は、ロールズの第一原理では自由は量的にのみ捉えられているが、それでは**異なる二つの自由の衝突**や、**自由と他の価値や利益との衝突**を調整することができず、これらの衝突の調整には諸利益を合理的に衡量することが必要となるはずだというものである[84]。たとえば、討論における発言の自由と他者の意見伝達を妨げる自由の衝突、政治的決定における多数決ルールとそれを制約する立憲的原理（言論の自由や人格的自由など）の衝突、土地所有者の土地使用の自由と他者の通行の自由との衝突、言論の自由と名誉やプライバシーの権利との衝突、さらに性的自由と社会道徳との衝突、自動車の利用の自由と環境保護との衝突などである。

83　J. Rawls, Political Liberalism, 290. 合理的と道理的の対比については、同書 48-52 頁で説明されている。
84　H.L.A. ハート「自由とその優先性についてのロールズの考え方」264-266 頁。

これに対して、ロールズはまず、ハートの指摘を受け入れて、自由の質的な違いを反映するように第一原理の文言を修正している[85]。そして、基本的自由の間の調整については、まず自由の規律（たとえば発言順序に関するルール）と自由の制限（一定の宗教的または政治的な発言内容の禁止）を区別して、前者は正当であるが後者は許容されないとする[86]。また、基本的諸自由は、二つの道徳的能力（正義感覚と自分の善の構想を形成・変更・追求する能力）の展開にどの程度に関わるかによって順序づけと体系化が可能だとする。さらに、基本的自由に入らない自由、とくに財産権に関する自由は、他の価値などを考慮して立法によって制限できるが、その制限に対しては不利な推定がなされる必要があるとしている。これらの問題は憲法学の基礎に関わるものであり、ロールズもとくに言論の自由などについてアメリカ連邦裁判所判決を参照して論じている[87]が、憲法学者ではないロールズに緻密な憲法学的議論を求めるのは酷かもしれない。

3　格差原理に関する問題

ロールズの正義論のなかでもっとも議論の対象となったのは「格差原理」である。功利主義の立場からの批判としては、社会的選択理論の代表的な理論家であるJ.ハーサニ（1920-2000）の批判がよく知られている[88]。ハーサニは、ロールズより前に、ロールズの原初状態に似た不確実性の状況（ただし、各人は自分に固有の情報をすべて知っているが、社会のどの地位につくことになるかということだけを知らないという、先のヘアが想定したのと同じ状況）での社会的選択を検討して、**平均効用原理**が合理的な解であるという結論を導いていた。そのような状況では、社会のすべての地位につく確率を等しいとみなして、その確率と各地位から期待される効用の積の集計（平均期待効用）が最大であるような選択肢を選択することが合理的となる。

他方、ハーサニによれば、格差原理の導出において参照されている**マクシミン**

85　J. Rawls, Political Liberalism, 291.「平等な基本的自由のもっとも広範な全体的体系（the most extensive total system）」が「平等な基本的自由の十分に適切な枠組（a fully adequate scheme）」に修正されている。

86　この点などについては、田中成明・亀本洋・平井亮輔訳『公正としての正義：再説』（岩波書店、2004年）でも述べられている（195-202頁）。

87　J. Rawls, Political Liberalism, 340-363.

88　J. C. Harsanyi, Can the Maximin Principle Serve as a Basis for Morality?: A Critique of John Rawls's Theory, in The American Political Science Review, Vol. 69, No. 2, 1975

原理は合理的ではないし、また公正だともいえない。マクシミン原理では、ある選択肢の平均期待効用がきわめて高いにもかかわらず、その選択肢にただきわめて悪い事象が含まれるというだけで、その選択肢は選択から排除されるが、これは一般的にみて合理的とはいえない[89]。また、平均効用原理は各地位に等しい確率をおくから、各地位を同等に考慮しているのに対し、マクシミン原理はもっとも恵まれない地位だけを考慮して判断することになるから、各地位に対して公正とはいえない[90]。たしかに、ハーサニがいうように、マクシミン原理はケースによっては不合理な結果をもたらす[91]。他方、平均効用原理もケースによってはもっとも不利な状況が過酷となる結果を理論的には許容することになる。これを避けるためには、平均効用原理を少なくとも他の条件と結びつけることが考えられる。

ロールズは『公正としての正義：再説』においてもう一度、正義の二原理と平均効用原理を比較している。そこではマクシミン原理が用いられるのは第一原理についてだけであり、格差原理についてマクシミン原理が用いられるのではないと、ロールズは強調している[92]。平均効用原理は、すべての価値や利益を同じ効用概念に還元するから、たとえば市民的自由や政治的自由の制限が最悪であっても、他の利益（とくに経済的厚生）がそれを補って余りあれば、その制度を選択することになる。ロールズによれば、第一原理でマクシミン原理が用いられるの

---

[89] ハーサニは次のような例を挙げている（595）。いま、ニューヨークで面白くもなく報酬も少ない仕事をしているAが、シカゴからとても面白そうで報酬も多い仕事のオファーを受けた。しかし、その仕事は明日から始まるので、Aはシカゴまで飛行機で行かなければならない。ニューヨークにとどまるかシカゴに行くかの選択では、シカゴに行くのは飛行機が落ちるという可能性を含むので、マクシミン原理ではニューヨークにとどまるという選択をしなければならないことになる。これは通常のリスク感覚からみると不合理だろうというわけである。
[90] ハーサニはいくつか例を挙げているが、たとえば次のようなものである（596）。いま、二人の肺炎患者があり、一人は通常は健康で肺炎が治癒すれば通常の生活ができるが、もう一人は末期のがん患者で肺炎を併発している。ここに肺炎治療の医薬品があるが1人分しかない。どちらに医薬品を投与すべきかという選択では、マクシミン原理では後者に投与すべきだということになる。こうした例のほかにも、マクシミン原理では、たとえば多数の不利な人々の状況をごくわずか改善するために、有利な人々の状況を大幅に悪化させなければならないことになるといった指摘がなされる。
[91] ハーサニによれば、不確実性下での選択原理としては、かつてはマクシミン原理が合理的とされていたが、やがて不合理な結果となりうることが指摘されるようになって、それ以降はベイズ確率論によることが一般的になっているという。J. Harsanyi, Can the Maximin Principle Serve as a Basis for Morality?, 594.
[92] J. ロールズ『公正としての正義：再説』167-168頁。

は、そのような事態を避けるためである。したがって、平均効用原理を採用するとしても、それには基本的な自由の平等な保障という条件をつける必要があるというわけである。ヘアのような行為功利主義者も、第一原理を絶対的に優先させることには反対するとしても、同じような結論になることを認めている。

これに対して、格差原理の導出にマキシミン原理は用いられないのだというロールズの言明は、彼の読者にとっては唐突の感じがするだろう。ハーサニの批判も格差原理をマキシミン原理の適用とみることに基づいているのである。ロールズは、この点を説明していなかったのは『正義論』の重大な欠陥の一つであったと後に述べている[93]。ともかく、ロールズは、格差原理の背後にある互恵性の観念は「とくにもっとも不利な人々を含むすべての人々の最善の利益になる」ことを求めるのだと述べている[94]。たしかに、『正義論』においても、原初状態の人々は社会的経済的な基本財の分配についてはまず完全な平等の状態の想定から出発して、社会的経済的な不平等があり、かつそれがもっとも不利な人々にとって最善の利益となるかぎり、そのような条件付の不平等な制度を選択するというのであった。この場合、この制度は有利な人々にとっても利益となっているわけである。ロールズは、人々は互恵的な「社会的協働」の体系に属しているのだということを強調する。これはロールズの正義論の重要なポイントの一つである。

ロールズは、平均効用原理にさらにソーシャル・ミニマムによって条件をつけた混合的な正義原理と格差原理を比較する。平均効用原理を支持する人もそれにソーシャル・ミニマムを条件として加えることには反対しないかもしれない。しかし、ロールズによれば、平均効用原理に加えられるソーシャル・ミニマムは、有利な人々の不利な人々に対する「**共感**」の観念に基づくもので、それがもたらすのは人間にとって不可欠のニーズを満たすだけの「ほどほどのミニマム」にとどまるだろう。これに対して、格差原理におけるソーシャル・ミニマムはすべての人々の「**互恵性**」の観念に基づくもので、それがもたらすミニマムは不可欠のニーズを超えたものをカバーすることになるはずだと、ロールズはいう[95]。

もっとも、ロールズ自身述べているように、この議論は第一原理に関する議論ほどには平均効用原理を退ける上で明白でも決定的でもない。そこでロールズ

---

[93] J. ロールズ『公正としての正義：再説』374 頁注 17。
[94] J. ロールズ『公正としての正義：再説』218 頁。
[95] J. ロールズ『公正としての正義：再説』224-229 頁。

は、採用された正義原理は社会の人々に公知されるから、共感による原理よりも互恵性に基づく原理のほうが、人々の自尊のための社会的基盤として有効に作用し、不利な人々を制度に反抗したりあきらめたりさせることもなく、それゆえ社会の安定性をよりよく実現するだろうという議論を付け加えている[96]。それでも、平均効用原理に条件をつけた原理を支持する見方もあるかもしれない。他方、平均効用原理をそのままで支持することは困難だといえるだろう。

---

[96] J. ロールズ『公正としての正義：再説』212-223 頁。

第8章 自由と平等

　前章でみたように、功利主義が社会全体の幸福の総量や平均効用の最大化を実現する制度や政策を目標とするのに対し、ロールズは基本的な自由や権利の平等な保障、公正な機会均等と格差原理に基づく制度のもとでの社会的経済的な基本財への資格の保障を正義の基本原理として提唱した。それはとくに個々人の権利に着目する正義論であった。R. ドゥオーキンはこれらを目標基底的理論と権利基底的理論の違いとして特徴づけている[1]。

　しかし、ロールズの正義論に対しては、同様に権利を基底におく立場からの批判が向けられた。それは大きく二つの立場に分けることができる。ロールズよりも自由を重視する**自由尊重主義**（Libertarianism）と平等を重視する**平等尊重主義**（Egalitarianism）である。1970年代後半には、先進諸国でも経済成長が鈍化して、福祉国家への見直しが進められるようになった[2]。福祉国家に対して批判的な自由尊重主義的な考え方はそれ以前から存在したが、とくに1970年代後半からそうした批判が強くなったことは、この時代背景と無縁ではない。他方、ロールズの正義論も基本的に平等主義的といえるが、平等尊重主義は先進諸国におけるとくに社会的経済的な平等のさらなる実現を求めるとともに、途上国をも視野に入れた政策原理を提示してきた。こうした正義論の理論的な展開は自由と平等という二つの価値原理についてのより立ち入った検討を促すことになる。本章では、自由尊重主義と平等尊重主義の主な議論を概観した後、いくつかの論点について検討する。

第1節　自由尊重主義

　自由尊重主義にも様々なバージョンがある。よく用いられている分類によれ

---

[1]　R. ドゥオーキン『権利論』226頁参照。
[2]　イギリスでは M. サッチャー首相、アメリカでは R. レーガン大統領、日本では中曽根康弘首相のもとで、様々な規制緩和や民営化などの政策が推進された。

ば、自由の権利をどのように根拠づけるかという観点と、国家や政府の役割をどこまで認めるかという観点によって、次のように区別される[3]。自由権の根拠づけという点では、自由を自然権とみなす自然権論、自由を保障することが社会全体の幸福などを増大させるという帰結主義、自由権を社会的な契約によって設定されるものとみなす契約説が区別される。国家の役割という点では、それをいっさい認めない**無政府主義**、人身の自由などの市民的自由や財産権の保護に国家の役割を限定する**最小国家論**、最小限の福祉政策なども認める**最小福祉国家論**（古典的自由主義とも呼ばれる）が区別される。これらを組み合わせれば、理論上は都合9つの立場がありうることになる。

このような分類の他にも、アプローチの違いによる分類も考えられる。たとえば、政治哲学的アプローチ、法学的（法哲学的）アプローチ、そして経済学的アプローチなどが区別できる。また、右派と左派に分ける見方もありうる[4]。以下では、自然論に基づく最小国家論を政治哲学的アプローチから展開したR.ノージックの議論と、何人かの著明な経済学者による経済学的アプローチからの議論を概観する。しかし、その前に自由の概念について簡単に触れておこう。

1 自由の概念

自由の概念についてはいくつかの区別がある。もっともよく知られているのは、イギリスの政治哲学者I.バーリン（1909-1997）の**消極的自由**と**積極的自由**の区別である[5]。この区別は、18世紀末から19世紀初めのフランスの思想家B.コンスタン（1767-1830）の「近代人の自由」と「古代人の自由」の区別を継承するものである。コンスタンによれば、古代人の自由はローマ共和制における自由人たちの統治への参加の自由に典型的にみられるもので、近代人の自由は私的な独立としてのそれである。バーリンは、消極的自由を他者や国家からの干渉の不在としての自由として、他方、積極的自由を自分自身を支配し統治する自由、また国家への政治的参加の自由として捉える。バーリンによれば、前者は自由主義の原理、後者は民主主義の原理となるが、後者はさらに理性の支配、権威主義、パ

---

3 森村進『自由はどこまで可能か——リバタリアニズム入門』（講談社現代新書、2001年）21-22頁参照。
4 たとえば、H. スタイナー（浅野幸治訳）『権利論』（新教出版社、2016年）、福原明雄『リバタリアニズムを問い直す』（ナカニシヤ出版、2017年）など参照。
5 I.バーリン（小川晃一他訳）『自由論』（みすず書房、2000年［新装版］）296-390頁。

ターナリズム、そしてとくに社会主義的な全体主義へと展開し、消極的自由を抑圧するにいたる[6]。バーリンは二つの自由のどちらも人間にとって根本的な要求だとしつつも[7]、積極的自由がそのような帰結にいたるかぎりで、消極的自由（とくに人身の自由）の最小限の保障の必要を強調したのである[8]。

　自由の区別としてはさらに**形式的自由**と**実質的自由**との区別がある。形式的自由は各人に保障される権利としてみたときの自由であり、実質的自由はその実現の程度または価値に着目したときの自由である。形式的自由は平等でありうるのに対し、実質的自由は事実として不平等でありうる。実質的な自由は社会的経済的な、あるいは文化的政治的な基盤を必要とする。先に見たように、ロールズは政治的自由についてその価値の問題に着目していた。政治的見解の表明や伝達の機会が経済的な富によって左右される可能性を調整するための措置が必要だというのであった。さらに注目されるのは経済的自由である。職業選択の自由はもちろん、私的財産の所有や使用に関する自由が問題となる。とくに後者の形式的自由は、その価値の格差に着目すると、社会的経済的な平等と衝突するものとして捉えられる。以下で取り上げる自由尊重主義と平等尊重主義の論争は主にこの点に関わっている。

　その他、自由を包括的なものとみるか個別的なものとみるかの区別もありうる。前者の見方では、各人の自由は一つの包括的な特性であり、各種の自由（人身の自由、精神的自由、経済的自由など）もこの包括的な自由の行使の態様として保障されるべきものと捉えられる。これに対し、後者の見方では、各種の自由は個別的に捉えられ、全体としての客観的な調整は必要となるものの、各人にそれぞれの自由が平等に保障されるべきものと考える。この区別も自由尊重主義と平等尊重主義のそれぞれの基本的な傾向に対応するものとみることができる。

2　R. ノージックの自由尊重主義

　ロールズの『正義論』から2年後の1973年に、ハーバード大学の若い同僚で

---

[6] バーリンの「二つの自由概念」というこの論文の元になった講演は1952年に行われており、ナチス的全体主義の崩壊と社会主義的全体主義の登場という時代状況を背景としている。
[7] I. バーリン『自由論』317頁、381頁参照。
[8] I. バーリン『自由論』379-380頁参照。ただ、積極的自由の要請がアジアやアフリカにおける「民族自決」という独立運動の原理としても働いていることを理解すべきだともいう。『自由論』365頁、384頁参照。

あった R. ノージックは、『アナーキー・国家・ユートピア』という著書[9]で、最小国家の正義論を提示し、ロールズの正義論を拡大国家の正義論だとして批判した。この著書は、その題名から窺えるように、三つの部分からなる。第一部はロック的な自然状態としてのアナーキーな状態から最小国家が生成するプロセスを描き、第二部は最小国家の正義論を展開するとともに、拡大国家論を批判し、第三部は最小国家がもっとも望ましいユートピアであることを示そうとする。以下、主として第一部と第二部の内容を概観する。

(a) 自然状態から最小国家へ

ノージックはロック的な自然状態から出発して**最小国家**の成立を物語る。しかし、ロックが国家の成立を社会契約によって説明したのに対し、ノージックはそれを私的契約の集積によって説明する。ロックの場合と同様に、自然状態において各人は自由かつ平等であり、自然権としての所有権をもち、侵害に対する自力救済の権利をもつ。当初、人々は自己の権利をそれぞれ個別に防衛しているが、やがて共同で防衛することが有利だと知って、互いの取り決めによっていわば小規模の自警団を形成する。そこでは仲間が第三者から侵害されたときは、自警団の全員でその侵害に対抗して防御にあたる。しかし、やがて分業の利益が一般に知られるようになると、専門的に警護にあたる人々の団体、「保護協会」が設立される。人々は保護協会と私的な保護契約を締結して、保護サービスを購入することになる。しかし、さらに一定の地域における複数の保護協会の間で競争や対立が生じると、人々は皆よりよい保護サービスを求め、劣悪な協会をボイコットすることなどから、やがてその地域に支配的な保護協会が現れる[10]。

保護協会はすべての契約者に他者（他の契約者や自然人）からの侵害に対して保護サービスを提供し、すべての契約者に対して保護協会の定めた規則の遵守を求め、契約者の違反行為には他の契約者に対する保護サービスの遂行としてサンクションを科する。しかし、人々は支配的な保護協会と保護サービスに関する私的な契約を締結しているにすぎないから、その地域にはなお保護協会と契約していない人々もいるだろう。その人々は自然の独立状態のままにとどまっているか

9　R. ノージック（島津格訳）『アナーキー・国家・ユートピア』（木鐸社、1994 年）。
10　R. ノージック『アナーキー・国家・ユートピア』15-27 頁。ノージックは、支配的保護協会がこのようにして成立するプロセスについての説明を、アダム・スミスの有名な言葉を用いて、「見えざる手」説明と呼んでいる。『アナーキー・国家・ユートピア』27-35 頁。

ら、「独立人」と呼ぶことができる。これらの独立人に対しては、支配的な保護協会は保護サービスを提供しないし、また正統な権限に基づくサンクションを科すこともない[11]。通常の国家はその支配する地域のすべての者に保護サービスを提供し、すべての者の違反行為に対して正統な権限に基づくサンクションを科すことからすれば、支配的保護協会はまだ国家とは呼べそうにない。支配的保護協会はどのようにして国家となるのだろうか。

　この問題に対して、ノージックはあくまで私的な観点からの説明を与えようとする。彼によれば、たとえば地域全体の安定性や厚生の最大化といった目的によって、独立人の自然権を制限することはできないし、その制限を正当化することもできない。ノージックにとっては、各人の自然的な自由権は何らかの全体的目的に対して決定的な優先性をもつ。全体的目的に対する権利による制約を、ノージックは「**横からの制約**」（side constraint）と呼ぶ[12]。ノージックも功利主義は各人の権利の決定的な優先性を軽視するものとみるのである[13]。

　ノージックの説明はおおよそ次のようである[14]。まず、支配的保護協会は、独立人が契約者に対して侵害を加えた場合には、契約者に対する保護サービスの一つとして、独立人に対して実力による事実上の制限を加えることになる。実力の上では保護協会が独立人に対して優位すると考えられるから、保護協会は独立人に対して事実上のサンクションを加え、独立人は事実上それに服従せざるをえないことになる。しかし、独立人に対する保護協会の事実上の実力行使は独立人の正当な自然権に対する侵害となっている可能性がある。その場合、保護協会は独立人に対して自然法に基づく補償の責任を負うことになる。ノージックによれば、この補償をもっとも安価に行う方法は、保護協会が独立人に対しても保護協会の規則に従った保護サービスを提供することである。これによって、独立人の自然権も保護協会の規則の範囲で保護され、他方、独立人は保護協会の規則に服させられることになる。こうして、保護協会は普通の国家の二つの重要な特徴を満たすことになり、それゆえすでに、国家、しかし権利の保全だけを行う最小国

11　R. ノージック『アナーキー・国家・ユートピア』35-39 頁。
12　R. ノージック『アナーキー・国家・ユートピア』52-56 頁。
13　ノージックによれば、権利保護の最大化を目指す功利主義もありうるが、それが功利主義であるかぎり、全体としての権利保護の最大化のためにある人々の権利の侵害や制限が正当化されることになる。『アナーキー・国家・ユートピア』43-47 頁。
14　R. ノージック『アナーキー・国家・ユートピア』85-137 頁。

家であるというわけである。

このように人々の権利、とくに人身に関する権利や所有権を保護する機能だけを果たす国家、つまり、外的および内的な権利侵害に対して、規則に基づいて判断し、サンクションを加えることによって権利を保護する、防衛、警察、裁判、そして執行の機能だけを果たす国家は、19世紀後半にドイツの社会主義者F.ラッサールによって「夜警国家」として批判されている[15]。しかし、ノージックは彼の最小国家をむしろ積極的な意味で「夜警国家」と呼ぶ。そして、この最小限の機能を超える国家を「拡大国家」と呼んで批判するのである[16]。しかし、それに立ち入る前に、財産保有に関する分配的正義についてのノージックの議論をみておこう。

(b) 財産保有に関する分配的正義

ノージックによれば、財産の分配的正義の原理は次の二つの原理に帰着する[17]。第一は獲得の正義の原理であり、たとえば人が自然状態における無主物を先占や労働によって獲得するならば、その人はそれを保有する正当な権原（entitlement）をもつ。第二は移転の正義の原理であり、たとえば人が自由な贈与や交換によって他者からその他者が権原によって保有するものの移転を受けるならば、その人はそれを保有する正当な権原をもつ。財産保有の正当な権原はこの二つの正義原理によるものだけであり、それ以外にはない。たとえば、国家による再分配に基づく保有は正当な権原によるものではない。最小国家は正当な権原に基づく財産保有の安全を保障する機能だけをもつのである。この所有論は「**財産保有の権原理論**」と呼ばれる。

しかし、この権原理論には二つの条件が加えられる。第一に、移転は自由なものでなければならないから、窃盗や強盗はもちろん、詐欺や脅迫による移転は正当な権原を生じさせるものではない[18]。最小国家はこれらに対して各人の保有する財産の安全を保障するのである。これは財産保有に関する匡正的正義の原理である。第二に、財産の獲得や保有する財産の使用は他者を極端に不利な状況におくものであってはならない[19]。この条件はロックが自然状態における財産獲得に

---

15 F.ラッサール（森田勉訳）『憲法の本質・労働者綱領』（法律文化社、1981年）。
16 R.ノージック『アナーキー・国家・ユートピア』41-42頁。
17 R.ノージック『アナーキー・国家。ユートピア』255-257頁。
18 R.ノージック『アナーキー・国家・ユートピア』257-259頁。
19 R.ノージック『アナーキー・国家。ユートピア』299-306頁。

付加した条件（但書）と同様の発想に基づくものである。ロックは自然法による財産獲得の範囲を「他人にも同じ質のものが残されているかぎりにおいて」という条件を付けていた。ノージックはこの条件を一般化して、保有する財産の使用についても適用できるものに修正している。たとえば、砂漠に散在する井戸が各人によって保有されていたが、何らかの天災によって、Ａの保有する井戸以外の井戸が枯れてしまったとする。このとき、Ａがこれを奇貨として法外に高い価格で水を他人に売るとすれば、それはノージックの但書に反するとされるのである[20]。

したがって、これらの条件を満たすかぎり、獲得および移転の正義原理に適う財産保有の初期状況から出発して、同様に獲得および移転の正義原理に適う自由な市場における経済活動を経て生じる財産保有の結果状態は、それがどのようなものであれ、財産保有の正義原理に適っているということになる。このような市場のプロセスはロールズのいう「純粋な手続的正義」のプロセスとみることができる。ノージックはこれを財産保有の「歴史原理」と呼ぶ。その財産保有の状態は人々の自由な活動という歴史的プロセスを経て生じたものだからである。これに対して、そのようにして生じた結果状態に何らかの介入を行うことを正当化しようとする原理を「結果状態原理」と呼んで、ノージックはこれを批判する[21]。

ところで、ノージックは獲得の正義の原理についてとくに立ち入って根拠づけを与えているわけではない。しかし、ロックの但書を自分の議論に取り入れていることからも、ロックの議論を踏まえているとみることは誤りではないだろう。ロックの獲得の原理は一種の労働所有説であるが、労働所有の根拠そのものはさらに**自己所有権**に求められる。人は誰でも自己の「身体」(person) について所有権をもっている。人がその身体を働かせることによって無主の外的事物を領有するならば、その身体についての所有権をその外的事物に付け加えることを意味し、このことによって人はその事物についての所有権を獲得するというわけである[22]。ノージックの所有論も自己所有権論に基づいており、その自己所有権のう

---

20 これは生活必需品の全供給を誰か一人が専有することを退ける。これに対して、ある人の専有が他の人々の状況を悪化させるわけでなければ、その専有は正当である。ノージックの挙げる例では、ある研究者が新しい医薬品を開発して高い値段で売るとしても、他の人々は同じような医薬品を開発することができるから、それは不当ではないということになる。
21 R. ノージック『アナーキー・国家・ユートピア』260-262頁。
22 J. ロック（加藤節訳）『統治二論』（岩波文庫、2010年）326頁。

ちに自分の才能等に対する所有権も含まれる。人が自分の才能等を働かせて保有するにいたったものは、ロックにおけると同様にいわば自然法によって、その人の所有物になる。これに対する何らかの介入は自然的権利としての所有権に対する侵害とみなされるのである。

(c) 拡大国家批判

先に触れたように、ノージックは彼の財産保有に関する分配的正義の原理を歴史原理と呼び、結果状態原理と対比した。歴史原理は正義に適う初期状況から出発して、正義に適う自由なプロセスを経るならば、その結果はどのようなものでも正義に適うとするのに対し、結果状態原理はプロセスに関わりなく結果状態の正しさを判定する独立の基準を想定する。その基準は何らかの分配パターンであるから、ノージックはこれを「**パターン付原理**」とも呼ぶ[23]。ノージックによれば、しかし、パターン付原理のパターンは自由な活動のプロセスを前提するかぎり崩壊する。初期状態のパターンが正しいとしても結果状態はそのパターンとは異なったものとなりうるからである[24]。きわめて簡略化した例でいえば、たとえば最上層と最下層の格差が4倍以内であることが正義に適った分配パターンであるとすると、これを初期状況とする自由な活動のプロセスの結果はこのパターンに一致するとはかぎらない。むしろ、たとえば格差が4倍を超えるものとなることが十分に考えられる。そのとき、パターン付原理はこの結果の格差をパターンに適合させるために、結果に介入して**再分配**を行わざるをえない。しかし、ノージックによれば、これは人々の自由な活動の結果に対する不当な介入であり、正当な権原による財産保有に対する許容できない侵害である。

以上の議論は拡大国家に対するノージックの批判の基礎にある議論である。この議論を基礎として、ノージックはロールズの格差原理を批判する。主要な点だけ（順序は異なるが）挙げると、まず、ノージックは格差原理も結果状態原理だとみなす。格差原理は経済的基本財がどのようにして生産されてきたかのプロセス

---

23 R.ノージック『アナーキー・国家・ユートピア』263-271頁。
24 ノージック自身の挙げる例は、ダンクシュートで有名なNBLの選手、ウィルト・チェンバレンを譬えに借りたものである。チェンバレンは、自分の所属チームと契約して、ゲームの際にウィルト・チェンバレンと書いた箱を入り口に置いてもらうこととする。チェンバレンのプレイを好んでいる観客はその箱に好きな金額を入れ、チェンバレンはチームからの報酬の他に余分の金額を得ることになる。チームから選手たちに分配される報酬こそが正義に適ったパターンであるとしても、そのパターンは崩れるわけである。

を無視して、分配される経済的基本財はあたかも天から降ってきた「マンナ」のようなものとみなされていると[25]。もっとも、すでに見たように、ロールズも市場システムを否定しているわけではないから、その正義原理は純粋な結果状態原理ではない。とはいえ、市場システムは格差原理を組み込んだ背景的制度のもとに置かれており、そのかぎりで結果状態での再分配が認められるから、ノージックからみれば、経済的基本財の分配に関するロールズの原理はやはり一種のパターン付原理だということになる。

　ロールズは格差原理の根拠として**自然的能力の差異**は道徳的に偶然的であることを挙げていた。したがって、人々の相互依存に基づく社会的協働の体系では、差異ある自然的能力はいわば「共有資産」とみなされるとしていた。これに対して、ノージックは自然的能力も自己所有の範囲に属するものとみなす。ある人のその身体に結びついている自然的能力をどのように他の人に移転して、共有することができるだろうかと、ノージックは問う[26]。もちろん、ロールズも自然的能力そのものが共有されうると考えているわけではなく、自然的能力を働かせた結果として生産されたものは共有されうると考えるのである。また、自然的能力の差異が格差を生み出すこと自体を否定するのではなく、その格差は一定の制度的条件のもとでのみ正当化されるとするのであった。ロールズとノージックの見解の相違のもっとも根本的な源泉は、この自然的能力とその産物についての見解の相違にあるといえる。

　格差原理のもう一つの根拠としてロールズが想定しているのは、正義原理が適用される秩序ある社会は人々の社会的協働の体系をなしているということである。原初状態の人々は社会的分業が生産的に効率的であることを知っており、社会的分業が相互依存に基づく協働の体系と表裏の関係にあることを知っていると想定される。このとき、様々な自然的能力の発揮もこの社会的協働の体系に依存する。たとえば、優れた芸術の才能も芸術を楽しむ社会を前提とする。しかし、ノージックによれば、社会全体を一つの協働の体系と考えなければならない理由はない。自然的能力の差異はなお識別可能であるから、自然的能力に優れた人々

---

[25] R. ノージック『アナーキー・国家・ユートピア』330-331 頁。
[26] R. ノージック『アナーキー・国家・ユートピア』376-381 頁。ノージックは自然的能力の差異による財産保有の格差は不当なものではないとする彼の分配的正義論を、ロールズが述べていた「自然的自由の体系」に近いものとして特徴づけている。

の協働とそうでない人々の協働を区別することができる。これを一つの協働の体系とみなして格差原理を適用するのは、前者の協働から後者の協働への不当な財の移転を意味すると、ノージックはいう[27]。この見解の相違も自然的能力とその産物についての見解の相違に帰着するだろう。

　自然的能力はその人のものだというのは、たしかに一般の直観に属する。しかし他方で、自然的能力がその人の道徳的な功績や責任に帰しうるものではないというロールズの指摘も、一般の直観に属するといえる。また、自然的能力の発揮はその人の努力によるというのも否定できないが、他方でそれが社会のあり方に依存するというのも否定できそうにない。この見方が正しいとすれば、自然的能力の差異が財の分配を全面的に規定するという見解は、少なくとも一面的だといえそうである。

(d) ユートピアと善意のルート

　以上のように拡大国家を批判した後、ノージックは最小国家こそ**究極のユートピア**だと論じる。ユートピアについては、プラトンの財産共有の国家論以来、様々な構想があった。ノージックによれば、彼の最小国家はこれらの様々なユートピアの構想がそこで追求されうる場所である。つまり、それは様々なユートピアのユートピア、一種のメタ・ユートピアである。そこでは、宗教的なユートピアや共産主義的なユートピアも追求されてよい。しかし、自由尊重主義者の存在も認められなければならず、したがって、メタ・ユートピアとしての最小国家はそれらの集団や個人の自由と財産を保護することだけを役割とするのでなければならない。ノージックはそのように論じるのである。

　以上のようなノージックの最小国家論は国家を特定目的のための私的契約によって説明しようとするもので、国家を何らかの実体的なものとみなす考え方やいわゆる国家主義的な考え方に対比すると、一定の啓発的な意味をもっているといえる。それは様々な移民たちによって特定目的のために設立された国家についてのあるイメージ、つまり古典的自由主義的なイメージに類似する。また、20世紀以降、様々な機能を果たすべく拡大してきた国家の介入主義的な問題に批判的な光を当てるものとして、評価しうる側面をもっている。しかし、ノージックの議論には異論も向けられうる。

27　R. ノージック『アナーキー・国家・ユートピア』307-329 頁。

第 1 節　自由尊重主義　251

　自然状態から最小国家への移行に関する議論については、たとえば、比較的大きな地域において単一の支配的保護協会が成立する可能性は実際にあるのか、その想定はアナーキストたちを説得しうるのか、最小国家においてなお残りうる独立人は想定されているように少ないものにとどまるといえるのか、独立人は事実上実力行使を禁止されるとはいえ、無償で保護サービスを受けるのはフリーライダーといえないか、最小国家では人々の民主的な参加は一切不要なのかなどが、疑問点として挙げられるだろう。とはいえ、ここではこれらの問題には立ち入らない。

　より重要なのは、最小国家ではある人々はきわめて不遇な状態に放置されるのではないかという問題である。もちろん、ノージックはこの問題を無視しているわけではない。ノージックは国家による課税と再分配を強制的なものとして退けるが、私的な**慈善**（人道主義）のルートを否定するわけではない[28]。ノージックによれば、困窮する人々への援助は私的な善意のルートによるときにこそ道徳的な性格をもつ。ノージックはこの点でカントの動機説の道徳哲学に言及している。援助する人々は真に道徳的な動機に基づいてそうするだろうし、また援助を受ける人々は真に道徳的に感謝するだろう。たしかに、これは人々の道徳的な善意を高く評価するものといえるだろう。とはいえ、私的な慈善が必ずしも安定的ではないこと、援助対象は援助する人々の選択に依存することなども、一般的傾向として否定できないとすれば、私的な善意のルートが実効的にかつ公正に機能するかどうかは疑わしい。他方、善意の現実化が公的な制度の形態をとるとしても、その制度が透明かつ適切に機能するとすれば、その道徳性が損なわれるとはかぎらないだろう。

　しかし、善意による理由づけが適切であるかどうかはまた別の問題である。ロールズは、ノージックの批判に対して、自由尊重主義は市場システムに対する背景的制度を考慮していないと簡単に応答している[29]。ノージックは自由なプロセスの結果をいわば自然的な権利とみなすが、ロールズはそれを契約に基づく制度によって「資格」として付与されるものとみなす。つまり、困窮する人々への支援はたんに人道的な善意の行為なのではなく、互恵性の観念を含む公正としての正義の原理に基づく行為とみなされる。善意は任意の行為であるが、正義に基

28　R. ノージック『アナーキー・国家・ユートピア』433-438 頁。
29　J. Rawls, Political Liberalism, 262-269.

づく行為は命令的に義務的である。この点についての見解の違いも、両者の正義論の相違の基礎にあるといえるだろう。

ちなみに、ノージックは後に『アナーキー・国家・ユートピア』におけるような立場は不十分なものであったと見解を修正している。「人道的な考慮と協働的な活動」の意義は認められていたが、理論に十分に組み込まれていなかったとして、「我々が政府を通して協働で行うことを選択する事柄」があり、それは我々の「**人間的連帯**」（human solidarity）を象徴的に表現するとみなすようになる[30]。その趣旨の精確なところは分からないが、この連帯は純粋な慈善と義務的な正義との中間に位置づけられうるかもしれない。

3　市場と政府

自由尊重主義は何よりも個人の自由を最大限に尊重することを要求するから、ロールズなどと同様に、人身の自由などの市民的自由が何よりも尊重されるべきことを要求する。しかし、ロールズとは異なり、自由尊重主義は一般に経済的自由を基本的自由として捉え、その最大限の尊重を要求する。それは、A. スミスが描いた「**自然的自由の体系**」としての市場経済[31]の自由保障的で効率的な機能が最大限に発揮されることを求める。しかし、ほとんどの経済学的な自由尊重主義者たちも、20世紀初め頃から指摘されてきたいわゆる「**市場の失敗**」の問題や何らかの社会保障の必要を多かれ少なかれ認め、その問題に対処するための政府の役割を否定しない。他方、20世紀後半以降、政府の役割が拡大してくると、政府の経済市場や私的生活への過度の介入が批判されるとともに、今度は「**政府の失敗**」が語られるようになる。18世紀には重商主義と警察国家への批判として経済的自由が強調されたとすれば、20世紀後半の自由尊重主義は行政国家または福祉国家に対する批判として現れたのである。ここでは、経済学者たちの自由尊重主義的な議論として、「市場の失敗」にも対応しようとするF.A.v. ハイエクとM. フリードマン（1912-2006）の議論、また「政府の失敗」を論じるJ.M. ブキャナン（1919-2013）の議論などを簡単にみておこう。

30　R. Nozick, The Expanded Life, 1989, 286-287. なお、ノージックはその後、哲学プロパーの議論に傾注して、正義については論じていない。
31　A. スミス（水田洋監訳）『国富論（三）』（岩波文庫、2000年）339頁。

(a) 経済的自由と「市場の失敗」

　ハイエクもフリードマンも、自由な市場がパレート最適という意味での効率性を実現するとともに、市場の秩序が各人の個人的な自由を保障する機能をもつことを強調する。すでに触れたように、ハイエクは、人間の知識の根本的な限界を強調して、社会制度全体を合理的に設計しうるという見解を退け、市場価格を手がかりにした人々の自由な経済活動とその分散的決定によって生まれる「**自生的な秩序**」を称揚した[32]。フリードマンは、経済的自由の制限が政治的自由の制限と同様の効果をもつこと、また経済的自由は政治的自由の条件でもあることなどを指摘して、経済的自由に対して政治的自由を重視する見解を批判する[33]。また、彼らはどちらも、市場の秩序が、ノージックのいう正義原理に基づく法的ルール、たとえば財産権の定義、契約の自由とその履行の確保、他者による恣意的強制の排除などの、最低限の基本的な法的ルールからなるとする[34]が、それ以外のルールは市場にとって基本的に外的なものとみなす。しかし、ハイエクもフリードマンも、独占、公共財、外部効果などのいわゆる「市場の失敗」に対する政府による対処を多かれ少なかれ認めている[35]。

　のみならず、彼らはどちらも最小限の社会保障を否定しない。ハイエクは「自由社会において、政府が、最小所得とか誰もそれ以下に落ちてはならない下限を保障するという形で、あまりの損失に対する保護を全員に保障すべきでないという理由は、存在しない」という[36]。このハイエクの言い方では保障する理由は必ずしも明らかではないが、フリードマンはその理由を「**近隣効果**」に求めている。「私は貧困を目にすることによって悩まされ、貧困の軽減によって利益を受ける。けれども、その軽減の費用を払うのが私であろうと誰か他の人であろうと同じように私は利益を受ける。したがって、他の人々の慈善の便益は一部分は私

---

[32] F.A.v. ハイエク（矢島鈞次・水吉俊彦訳）『ハイエク全集8 法と立法と自由 I』（春秋社、1987年）15-72頁。

[33] M. フリードマン（村井章子訳）『資本主義と自由』（日経BP社、2008年）37-61頁。

[34] F.A.v. ハイエク（篠塚慎吾訳）『ハイエク全集9 法と立法と自由 II』（春秋社、1987年）60頁、M. フリードマン『資本主義と自由』69-71頁。

[35] F.A.v. ハイエク（渡部茂訳）『ハイエク全集10 法と立法と自由 III』（春秋社、1988年）64-137頁、M. フリードマン『資本主義と自由』74-81頁。ただし、独占についてはどちらも、私的独占よりも国家によるまたは国家と結びついた独占の弊害のほうが大きいとし、また労働組合による労働市場への独占的影響の弊害を指摘している（後者の点については、ハイエク『ハイエク全集10』127-137頁、フリードマン『資本主義と自由』233-236頁）。

[36] F.A.v. ハイエク『ハイエク全集9』124頁。また、『ハイエク全集10』81-85頁も参照。

にも帰着する」[37]。したがって、貧困への対策が必要であり、その対策は基本的には私的慈善によるべきだが、今日のように「大きな没人格的な生活共同体」では慈善に働きかけることは困難であり、そのかぎりで政府の活動も必要となるというわけである。こうした観点から、フリードマンは、たとえばいわゆる「**負の所得税**」や「**教育バウチャー制度**」を提案している[38]。負の所得税はソーシャル・ミニマム保障の一種であり、教育バウチャー制度は公費による基礎教育機会を提供するものである。

　しかし、こうした分配の問題への対処は、ハイエクやフリードマンにとって、今日の主流の経済学者にとってと同様、市場の外部でなされることが原則である。したがって、市場の機能に影響を与えるような分配的効果をもつ規制や政策は、その他の経済に対する介入的規制とともに、批判の対象とされる。フリードマンが挙げるのは、たとえば、農業などの特定産業の保護、医師などの免許制度、家賃などの価格統制、最低賃金率や法定利子率の設定などである[39]。このうち、最低賃金率の設定は、その最低賃金以下でも働こうという意思のある人々を排除するから、むしろ失業を生み出すのだとされる。これは過度の低賃金労働を助長することになるように思われるが、フリードマンの場合は「負の所得税」と組み合わされることになる。なお、ハイエクもフリードマンも公的年金制度については正当化根拠がないとして否定している[40]。

(b) 自由の秩序と「政府の失敗」

　市場の失敗に対しては政府が対応することになるが、これに対して政府の失敗を指摘する議論がある。とくに「公共選択理論」を提唱したブキャナンの議論が有名である[41]。ブキャナンは国家の成立をホッブズ的な自然状態から出発して説明する。ホッブズ的な自然状態では人々は自然に獲得した財を保有している（自然的分配）が、「囚人のジレンマ」状態を脱するために、略奪のリスクや防御のコストを回避するルールを私的な取り決めによって設定する（この取り決めの成立は

37　M. フリードマン『資本主義と自由』345-346 頁。
38　負の所得税については、M. フリードマン『資本主義と自由』347-349 頁、教育バウチャー制度については、同書 172-191 頁。なお、バウチャー制度では子どもをどの学校に通わせるかの選択が認められなければならないとしている。
39　M. フリードマン『資本主義と自由』85-87 頁。
40　F.A.v. ハイエク『ハイエク全集 10』83-85 頁、M. フリードマン『資本主義と自由』330-341 頁。
41　J.M. ブキャナン（加藤寛監訳）『自由の限界』（秀潤社、1977 年）

パレート原理で説明される)⁴²。この私的な取り決め（財産権、交換、匡正のルールなど）の集積をブキャナンは「立憲契約」と呼ぶ。ところが、人々の保有する財産の中には公共財の性質をもつもの（たとえば道路など）もあり、その利用についても取り決めが必要となるが、これは私的な契約によってはできないため、政治的な決定が必要となる⁴³。これも立憲契約に含まれるが、ブキャナンはその二つを明確に区別して、前者のようなルールを「守護国家」のルール、後者のようなルールを「生産国家」のルールと呼ぶ⁴⁴。

　私的な取り決めの集積はパレート最適という意味で全員一致をもたらすが、政治的な決定は全員一致となるとはかぎらず、多数決によらざるをえない。ここから問題が生じる。ブキャナンによれば、社会の展開によって守護国家のルールも生産国家のルールも変容する。とくに公共財に関するルールが次第に肥大していく。ある公共財について多数決で決定すると少数者の利益が害されうるから、それを補償するために別の公共財についての決定がなされ（この過程ではいわゆるログローリングなどが発生する）、やがて必ずしも公共財でないものについても政治的決定がなされるようになり、生産国家は拡大していく⁴⁵。また、よく指摘されるように、公共財を管理する人々はそれによって利益を得ているから、公共財の削減へのインセンティブをもたない。さらに、民間企業などは政府に働きかけて自分たちに有利な政治的決定を導こうとする（いわゆるレントシーキング）⁴⁶。ブキャナンがとくに問題とするのは、生産国家の拡大にともなって、守護国家の強制機関そのものの統制が困難になるということである⁴⁷。こうして国家は当初の立憲国家から乖離して「リヴァイアサン」になるとブキャナンはいう⁴⁸。彼は、1970年以降のアメリカにおけるこのような状況についての診断に基づいて、新たな立

42　J.M. ブキャナン『自由の限界』42-59 頁。
43　J.M. ブキャナン『自由の限界』61-83 頁。
44　J.M. ブキャナン『自由の限界』104-107 頁。
45　J.M. ブキャナン『自由の限界』151-155 頁。
46　J.M. ブキャナン『自由の限界』232-240 頁。
47　J.M. ブキャナン『自由の限界』216-217 頁参照。ブキャナンは処罰権力の統制は立憲契約によって規定されなければならないとする。なお、処罰権力の強大化の脅威に対して、警察、裁判、執行などの権力を国家に集中させるのではなく、分散化した民間機関に委ねるべきだというリバタリアンの主張について、R.E. バーネット（島津格・森村進監訳）『自由の構造』（木鐸社、2000 年）参照。
48　J.M. ブキャナン『自由の限界』240-245 頁。ブキャナンは彼の診断するこうした帰結を「市場も失敗した、政府も失敗した。そしていかなる博愛的な賢者もいない」とまとめている（『自由の限界』259 頁）。

憲契約（憲法革命）が必要だと主張したのである。

(c) 市場、政府、そして正義

　市場の失敗も政府の失敗も現実の社会の問題として重要である（自由尊重主義は一般に市場の失敗よりも政府の失敗を強調するのだが）。ロールズの正義論を理想的理論と呼ぶとすれば、これらの現実問題を扱うのは非理想的理論と呼ぶことができる。非理想的理論の問題は、たんに原理的な考察だけでなく、経験的な議論を必要とする。「大きな政府」と「小さな政府」をめぐる議論（たんに規模の大小ではなく、機能の配分の問題である）も、様々な要因の複雑かつ動的な関係についての経験的な議論に依拠しなければならない。

　とはいえ、基本的な正義の問題として考えると、自由尊重主義は基本的にノージックの挙げる財産保有の正義原理（二つの条件付の）だけを正義の概念に適合するものとみなす傾向がある。社会的に不利な人々の問題は正義の問題としてではなく、「慈善」や「共感」や「人道」の問題として捉えられる。それらの問題への対処を政府の役割と認める自由尊重主義者もあるが、「慈善」や「共感」や「人道」の観点は、ロールズの「互恵性」の観点と比較すると、現に社会的に有利な人々の観点であるようにみえる。「正義」は何を要求するのか、正義は「慈善」などからどのように区別されうるのかといったことが、さらに問われなければならない。

第2節　平等尊重主義

　自由尊重主義がロールズの正義論よりもさらに自由を重視すべきだとする立場だとすれば、平等尊重主義はもっと平等を重視すべきだとする立場だということができる。平等尊重主義にも多様なバージョンがある。ここでは「何の平等を求めるのか」という観点から大きく三つに分類しておこう。人々の幸福（厚生）そのものの平等を求める厚生平等論、幸福の手段の平等を求める資源平等論、幸福と資源との中間の平等を求める平等論である。厚生平等論は、これを正面から主張する論者は実際にはみられず、R.ドゥオーキンが彼の資源平等論と対比して批判の対象としている立場である[49]。ロールズも自由尊重主義者と比べれば平等

---

[49] ただ、ドゥオーキンは、後述するA.センやG.A.コーエンの平等論を「厚生平等論」だとみなしている。R.ドゥオーキン（小林公・大江洋・高橋秀治・高橋文彦訳）『平等とは何か』（木鐸

主義者といえるが、彼の正義論も幸福の手段としての基本財に着目することから、資源平等論に属するとみなしうる。幸福と資源の中間に平等のターゲットを求める立場としてとくに重要なのが、A.センの潜在能力平等論（彼の立場をこのように呼んでおく）である。ここでは、とくにドゥオーキンの資源平等論とセンの潜在能力平等論を概観する。その前に、平等の概念についてもごく簡単に触れておこう。

1 平等の概念

　平等についても、**形式的平等**と**実質的平等**がよく区別される。その違いは次のように定式化できるだろう。形式的平等は人々の処遇において関連のない（イレレバントな）差異を捨象して均等を図るというものであり、実質的平等は人々の処遇において関連のある（レレバントな）差異を考慮して均等を図るというものである。形式的平等の典型的な表現は日本国憲法14条に見られる。これは、国民すべてを、政治的、経済的または社会的関係でのあらゆる処遇において、それに関連のない差異、つまり人々の人種、信条、性別、社会的身分や門地の差異にかかわらず（それらの差異を捨象して）、差別なく均等に取り扱うべきことを規定するものである。一般にいわゆる近代法は形式的平等の原理に基づいている。これに対し、とくに20世紀以降の現代法では、実質的平等の原理に基づく特別法が設けられてきた。労働者と雇用者、借家人や借地人と所有者、消費者と事業者、女性と男性などの経済力や交渉力の差異を考慮して均等を図ろうとしたり、また、障害者や生活困窮者などの状況を考慮して特別の支援を与えることによって人としての尊厳ある生活を他の人々と同様に保持しうることを目的としたり、さらに歴史的に差別を受けてきた人々の現在にまで及んでいる格差を積極的に是正しようとしたりする法律や政策である。

　形式的平等と実質的平等はときに対立する。そこで、形式的平等を原則とし、実質的平等を例外とするという見方が一般的である。実質的平等を図ろうとするときは、その差異が関連あるものであるかどうかについて、より強い正当化が求められるのである[50]。これに対して、人々はみな具体的な差異をもっており、そ

　　社、2002年）386頁。なお、訳本では"welfare"は「福利」と訳されているが、ここでは「厚生」という訳語を用いる。
50　したがってまた、一般に憲法学では実質的な平等は特別の立法を必要とするとされる。たとえ

れを形式的に平等に扱うことのほうがより正当化を必要とするという見方もありうる。しかし、近代の平等思想の基礎には、すべての人々の人としての尊厳におけるより基底的なレベルでの平等という観念があったといえる。この基底的な平等に基づいて形式的平等と実質的平等が区別されると考えることができるだろう。必要なのは、人々の処遇においてその差異を関連あるものとみなすか否かについての慎重な考慮である。

　次に、**機会の平等**と**結果の平等**の区別もよく用いられる。これは形式的平等と実質的平等の区別とほぼ同じものをさすとみられることもあるが、区別しておくほうがよい。形式的と実質的の区別が処遇と差異の関連性に着目するのに対して、機会と結果の区別は処遇の局面に着目するものだからである。このようにみると、その区別は次のように定式化することができる。機会の平等は初期条件の均等を図ろうとするものであり、結果の平等は結果状態の均等を図ろうとするものである。注意する必要があるのは、初期条件と結果状態のどちらについても、形式的平等と実質的平等を考えることができるという点である[51]。二つの区別をほぼ同じものとみるのは、主に人々の人生全体に関わる社会の基本的制度を構想する場合であるといえる。これに対し、人々の処遇のより具体的な局面については、二つの区別の違いが意味をもちうるのである。

　さらに、現代正義論においては、先に触れた「何の平等を求めるのか」という観点からの区別が大きな意味をもっている。その他、これと関連して、**運に基づく差異**と**選択に基づく差異**との区別を考慮して平等を考える議論や、平等の実現の方法として、主に制度に着目するのか、それとも主に政策に着目するのかといった区別も議論の対象となっている。

2　ドゥオーキンの資源平等論

　ドゥオーキンにとっても、功利主義的な全体の目的に対して各人の権利が優先する。彼の表現では、基本的な権利は全体的な政策目的を覆しうる「**切札**」（trump）である[52]。しかし、ノージックとは異なり、ドゥオーキンにとってもっ

ば、芦部信喜『憲法 第五版』（岩波書店、2011年）127-128頁参照。
51　たとえば、大学入学試験においてパニック障害をもつ受験生に一定の配慮をするときは、機会の実質的平等を図ろうとするもので、小学校低学年の児童の徒競走で着順にかかわらず同じ賞品を与えるときは、結果の形式的平等を図ろうとするものだといえる。
52　R.ドゥオーキン（木下毅・小林公・野坂泰司共訳）『権利論』（木鐸社、1986年）256頁、

とも基本的な権利は、自由ではなく、平等である[53]。彼は、初期の『権利論』において、平等の概念についての彼の見解を表明するとともに、「平等とは何か」と題するいくつかの論文で、資源平等論と呼びうる具体的な理論を展開した。以下では、まずドゥオーキンの平等の概念についての見解を簡単に見た後、資源平等論の内容を概観する。

(a) ドゥオーキンにおける平等の概念

ドゥオーキンによれば、人々は政府に対して「**平等な配慮と尊重を受ける権利**」をもち、したがって政府は人々を平等な配慮と尊重をもって処遇する義務を負う[54]。たとえば、ある人の幸福や利益は他の人のそれよりもより配慮に値するという理由で、また、ある人の善の構想（人生の目的）は他の人のそれよりも優れているという理由で、それぞれ前者を後者に比して優遇してはならない。平等な配慮を受ける権利は主に社会的経済的な関係における権利であり、平等な尊重を受ける権利は主に市民的政治的な自由に関わる権利である。したがって、この二つの平等権に関する問題はロールズの二つの正義原理が扱う問題と（順序は異なるが）ほぼ重なる。

このような平等の権利を、ドゥオーキンはさらに「平等な処遇を受ける権利」と「平等な者としての処遇を受ける権利」に区別する[55]。「平等な処遇を受ける権利」というのは、政治的権利における「一人一票」のように、一律に平等な処遇を受ける権利であり、「平等な者としての処遇を受ける権利」は、平等な配慮と尊重を基礎とした上での差異ある処遇も許容する（場合によってはそれを要求する）権利である。先に述べた、形式的平等と実質的平等の区別にほぼ対応する。ただ、ドゥオーキンは「平等な者としての処遇を受ける権利」が「平等な処遇を受ける権利」よりも基礎的だという。その意味では、「平等な者としての処遇を受ける権利」は先に述べた「**人としての尊厳における平等**」という基底的な平等の概念に近いといえる。このように見ると、ドゥオーキンのようにたんに二つに

R. ドゥオーキン（小林公訳）『権利論 II』（木鐸社、2001 年）58 頁。後者では次のように述べられている。「もしある人々があるものに対して権利を有するならば、たとえ当人に権利を否認することが一般的な利益を促進するとしても、政府がそのような権利を否認することは不正である」。なお、「切札としての権利」という語は原初の序文にみられる。R. Dworkin, Taking Rights Seriously, xv.

53 R. ドゥオーキン『権利論 II』65 頁。
54 R. ドゥオーキン『権利論 II』65 頁。
55 R. ドゥオーキン『権利論 II』66 頁。

区別するのではなく、基底的な平等の概念を基礎として形式的平等と実質的平等を区別するほうが理解しやすいといえるだろう。

(b) 資源平等論

ドゥオーキンは、社会的経済的関係における平等について、「**厚生の平等**」（厚生平等論）を批判的に検討した上で、「**資源の平等**」（資源平等論）を彼自身の平等論として提示する。

ドゥオーキンによれば、厚生平等論は、人々の厚生（幸福）そのものが平等に保障されるべきであり、それを目指して厚生の手段としての資源は分配されるべきだと主張する平等論である[56]。しかし、厚生平等論は難点を含む。厚生を選好の充足とすれば、充足されるべき人々の選好には、政治的選好（たとえばある政策の実現を求める選好）、社会的選好（たとえばある社会状態の実現を目指す選好）、そして個人的な選好がある。厚生平等論は人々におけるこれらの選好の充足が平等であることを求める。しかし、政治的選好や社会的選好の充足を考慮して平等を実現しようとすると直観に反する事態が生じる。たとえば、人種差別的な政策を求める政治的選好があるとすれば、人種差別禁止政策が採られるによってこの選好は充足されないことになるが、厚生平等論では、この不充足による不平等を補うために、そのような政治的選好をもつ人々に追加の資源を分配しなければならないことになる[57]。また、たとえばダム建設によって危機に瀕することが危惧されるある種の淡水魚を保護したいという社会的選好についても、同様の問題が生じる[58]。

そこで、厚生平等論において充足されるべき選好は個人的選好に限定されることになるが、それでもなお問題は生じる。たとえば、いま人々の厚生が平等に保障されている状態で、ある人の食材に関する選好が通常の食材（たとえば鶏卵）から高価な食材（たとえば「千鳥の卵」）に変わったとすると、その高価な選好を充足させて厚生の平等を図るためには、その人に追加の資源を分配しなければならないということになる[59]。他方、たとえば障害などのハンディキャップを負っ

56　R. ドゥオーキン『平等とは何か』20 頁。
57　R. ドゥオーキン『平等とは何か』33-35 頁。このことは、差別主義的な政治的選好だけでなく、高邁な政治的選好の場合にもあてはまるだろう。
58　R. ドゥオーキン『平等とは何か』39-41 頁。政治的選好の場合と同様、社会的選好の充足の問題は個人への財の分配の問題とは区別すべきだという趣旨だといえる。
59　R. ドゥオーキン『平等とは何か』70-85 頁。このような嗜好の変化については、それが本人の

ている人については、厚生平等論はそのハンディキャップによる選好不充足を補うためにその人に追加の資源を分配することになるが、これは厚生平等論を支持する理由になりそうである。しかし、たとえば『クリスマスキャロル』のティム少年のように、障害を負っていてもその不運や不幸を嘆くことのない人は、選好の不充足に陥っているわけではなく、したがって厚生平等論ではそのような人に追加の資源を分配しなくてもよいことになる[60]。ドゥオーキンによれば、これらの難点の原因は、厚生平等論には資源の分配についての客観的な基準がないということである。

　そこで次に、ドゥオーキンはそのような基準として「羨望テスト」という基準を提示する。それは次のような架空の物語によって示される[61]。いまある客船が難破して絶海の孤島に漂着し、人々はその孤島で生活しなければならなくなったとする。その孤島には様々な資源があり、人々はその資源を平等に分配して生活を始めようとするのだが、どのように分配すれば平等な分配となるかが問題である。そこで、人々は、貝殻を仮想貨幣として平等に分配し、様々な資源を多数の束にして、それらをオークションにかけることにする。人々は等しい予算をもって自分の選好にあった資源束をオークションで競り落す。その結果は、誰も他人が保有することになった資源束を羨望することがないという状態になる。ここでは、人々の厚生は各人の判断に委ねられており、その判断に基づいた厚生を達成するための手段としての資源が「羨望テスト」という客観的な基準に基づいて平等に分配されていることになるというわけである[62]。

　人々は各自その資源束をもって生活を始めるが、一定期間の後には人々の資源保有状態は「羨望テスト」を満たさなくなっているかもしれない。ある人は事故にあって後遺障害を負ったために、またある人はある農作物を栽培するための資源を選択したが、売れる農作物を栽培する才能がなかったために、さらにある人は生産財よりも享楽財を多く選択したために、結果として保有する資源が少な

　　選択によるのかどうかも問題となるが、ここでは立ち入らない。
60　R. ドゥオーキン『平等とは何か』86-87頁。
61　R. ドゥオーキン『平等とは何か』95-101頁。
62　公共経済学では「羨望テスト」は効率的でかつ衡平を満たす資源分配基準だとされている。須賀晃一編『公共経済学講義』(有斐閣、2014年) 106-107頁参照。オークションは市場そのものではないが、市場類似の手続であり、したがってその結果はパレート基準を満たし効率的である。また、人々は等しい予算をもってオークションに参加するのだから、衡平の要請をも満たすというわけである。

く、他人の保有する資源を羨望するかもしれないからである。そこで、人々はこうした不遇のリスクを分散させるために、最初のオークションでそのための保険商品もオークションにかけることにするだろうと、ドゥオーキンは想定する[63]。そして、人々はおそらくみな、事故にあって後遺障害を負うことになるリスク、才能の乏しさのために低所得であったり失業したりすることになるリスクについては、合理的な保険料と補償の組合せからなる保険商品を購入するのに対し、純粋な選択の結果として不遇になるリスクについての保険商品を購入することはないだろうと、ドゥオーキンは推論する。これは上記のような羨望が一般に考慮に値するものとみなされるかどうかについての一つの考え方だといえる。

　以上のような議論に基づいて最終的にドゥオーキンは、このような人々がみな参加する**保険システム**は租税による公的な社会保障制度に等しいとみなしうると主張するのである[64]。しかし、このような保険システムの成立への推論や、その公的な社会保障制度との同一視の主張には、実際にはいろいろな難点がある。たとえば、人々のリスク回避性向は多様であることを前提とすると、どのようにして平均的な保険料と補償の組合せからなる保険システムが成立するのか、また社会保障制度を支える租税はどのようにして例えば累進的なものになりうるのかなどが、説明されているとはいえないからである[65]。とはいえ、このドゥオーキンの議論の中心にあるのは、一般的な保険の考え方によれば、その人の責任に帰することのできない不運による不遇は補償に値するのに対し、その人の責任に帰することのできる純粋な選択による不遇は補償に値するとはいえないという評価基準なのである[66]。

(c) **リベラルな平等**

　ドゥオーキンの正義論はロールズのそれとともに「**リベラルな平等**」と呼ばれることがある[67]。実際、二人の正義論は基本的な点で共通する面をもっている。

63　R. ドゥオーキン『平等とは何か』104-140 頁。
64　R. ドゥオーキン『平等とは何か』140-152 頁。
65　このような様々な問題点に対する辛辣な指摘については、亀本洋『ドゥオーキン「資源の平等」を真剣に読む』(成文堂、2016 年) 第 1 章および第 3 章を参照。
66　R. ドゥオーキン『平等とは何か』105 頁では、「選択の運」と「自然の運」として区別されている。選択による不遇は補償に値するとはいえないという見解は、各人は自分の人生をどう生きるかについて責任を負っているという倫理的原理に基づくと、ドゥオーキンは考えている。もっとも、その生存が脅かされるような不遇の場合、それをまったく本人の責任に帰して放置しておくべきかどうかは別の問題である。

まず、どちらも功利主義を退けて、基本的な自由と権利の平等な保障を優先させている。ドゥオーキンの場合、これは「平等な尊重を受ける権利」から由来し、とくに全体的目的に対して「切札」という性格をもつものとして位置づけられている。また、社会的経済的な財や資源の分配において、どちらも道徳的に偶然的な不運あるいはその人の責任に帰することのできない不運から生じる不遇を配慮する原理を提案し、それによって社会保障制度を根拠づけようとしている。ドゥオーキンの場合、これは「平等な配慮を受ける権利」と「平等な尊重を受ける権利」の組合せに由来するものと位置づけられている。

しかし、両者の間には重要でないとはいえない違いもある。ここでは二つだけ挙げると、第一に、ドゥオーキンが資源平等論においてロールズに向けた批判の一つは、ロールズの第二原理は**ハンディキャップ**を負った人々の不遇に対して敏感でないということであった[68]。ロールズの第二原理は経済的階層に着目しているが、経済的に不遇な状況にある人々の集合とハンディキャップを負った人々の集合は異なる。ドゥオーキンによれば、そもそも正義原理に基づく権利は個人の権利であり、ハンディキャップを負った人々の不遇を考慮するためには個人に着目しなければならないのである。とはいえ、ハンディキャップを負った人々も正義の基本原理を考える際には一種の集合として捉えることができ、ロールズも後には配慮すべき不運に自然的能力や社会的境遇によるものの他に、人生の途上で出会う不測の事故などの不運を含めている[69]。他方、ドゥオーキンの仮想的保険では社会的境遇の不運は考慮されていない。どちらもこうした不運をリスクと捉え、それを社会的に分散して対処する保険の考え方に基本的に立っている[70]が、どのような不運をどの程度に考慮して、どのような制度に具体化するかについては、平等尊重主義にとってはなお議論が必要だといえるだろう。

67　たとえば、W. キムリッカ（千葉眞・岡崎晴輝編訳）『新版 現代政治理論』（日本経済評論社、2005年）第三章を参照。ドゥオーキン自身も、このような平等論を「平等についてのリベラルな観念」と呼んでいる。ただし、ロールズが「民主的平等」と区別した「自由主義的平等」とは異なる点に注意が必要である。
68　R. ドゥオーキン『平等とは何か』157-159 頁。
69　J. ロールズ『公正としての正義：再説』218 頁。
70　ロールズの正義原理を本質的に「保険」の原理だと理解するものとして、塩野谷祐一『経済と倫理』（東京大学出版会、2002年）274-278 頁。塩野谷は、ロールズの正義論に基づいて、社会保障制度を、その財源が保険料か税金かにかかわらず、本質的に保険の原理で捉えるべきだとする。これに対して、社会保障制度の公的扶助と社会保険の原理的な違いを指摘するものとして、たとえば広井良典『日本の社会保障』（岩波新書、1999年）119-124 頁参照。

第二に、後にドゥオーキンはロールズに対して、原初状態のモデルは「平等な尊重と配慮」という基礎的原理から導出されるべきなのではないかと指摘したが、ロールズはこれを退けて、彼の公正としての正義は、秩序ある社会、自由かつ平等な人格、政治的正義の構想の社会的役割といった直観的な諸観念を公正な社会的協働という理想的な構想に総合することによるのだと答えている[71]。この違いはまず、ロールズは『政治的リベラリズム』以後、その正義論を政治的正義の理論に限定したが、ドゥオーキンは倫理的な善や個人的および政治的な道徳も含めたより包括的な道徳理論を提示しようとしているという点にある。したがってまた、ロールズはその正義論を立憲民主制の社会の基本構造の諸原理を再構成することに限定しているが、ドゥオーキンはより普遍的で哲学的な道徳理論を提示しようとしているといえる[72]。ドゥオーキンはロールズの原初状態の構想はそのようにより包括的で哲学的な道徳理論によって解釈することもできると主張するのである。これは哲学的に重要な問題を提起する議論だが、ここではこれ以上立ち入ることはできない。いずれにせよ、ロールズやドゥオーキンの「リベラルな平等」の正義論はなお現代正義論の議論の重要な一角を占めているといえる。

3　A. センの潜在能力の平等

ロールズの第二原理やドゥオーキンの資源平等論は、厚生（幸福）を得るための手段としての基本財や資源を社会的経済的分配の対象とみなすものであった。これに対して、厚生そのものの平等を求めることの問題点については、ロールズやドゥオーキンの指摘を受け入れつつも、基本財や資源という厚生の手段だけに注目する平等論も退けて、厚生と資源の中間に平等のターゲットを求める平等尊重主義の議論がある。A. センがその代表的な論者である。このような厚生と資源の中間に平等を求める議論は他にもあるが、ここではもっとも有力なセンの潜在能力の平等論を中心に概観する。

（a）潜在能力の平等と潜在能力アプローチ

すでに触れたように、センは社会選択理論を専門とする経済学者であるが、ロールズの正義論に触発されて、現代正義論についても活発な議論を展開してき

---

[71]　R. Dworkin, Justice for Hedgehogs, 2011, 64.
[72]　ドゥオーキンは晩年の著書（Justice for Hedgehogs）で、それまでの彼の法理論や正義論を一つの体系的な道徳的政治的理論にまとめている。

た。センは、まず 1980 年の論文「**何の平等か**」において、ロールズの基本財の平等という見解を批判した[73]。同じ財が平等に分配されたとしても、人々がその財から厚生を得る能力には差異がありうるから、財の平等な分配を考慮するだけでは足りない。たとえば、同じ栄養価をもつ食物を摂取したとしても、消化吸収能力に差異があれば、そこから得られる厚生には違いが生じうる。センによれば、財の分配だけを考慮して、こうした人々の差異を考慮しないのは「物神崇拝」に他ならない[74]。そこで、センは財から厚生を得る能力を「**基本的潜在能力**」（basic capabilities）と呼んで[75]、この基本的潜在能力の平等を追求すべきだと主張したのである。センはその後も平等や自由に関する議論を展開してきているが、2009 年の『正義のアイディア』[76] はその集大成と評することができる。

「潜在能力」という概念は、しかし、必ずしも分かりやすいものではない。センは「何の平等か」において、その例として「身体を動かして移動する能力、栄養補給の必要量を摂取する能力、衣服を身にまとい風雨をしのぐための手段を入手する能力、さらに共同体の社会生活に参加する能力」などを挙げていた[77]。これをみると、身体的能力、資力という財または資源、その他の必要への機会も潜在能力に含まれていることが分かる。しかし、これだけでなく、センは後に「人が行う価値があると認めることを実際になす自由」を潜在能力に含め[78]、しかもこの自由をその中心に位置づけるようになる。『正義のアイディア』では、潜在能力は「我々が理由のある価値として互いに比較し判断することのできる諸機能の様々な組合せを達成する能力」という一応の定義が与えられている[79]が、この能力は上記の意味での自由の能力とみることができる。

センによれば、自由はまた自分の生活目標を追求する機会という側面と、それを追求する過程という側面をもつ[80]。たんに機会があるというだけではなく、それを道理的に活かすという過程も重要であり、これによって人々は行う価値があると考えることを自ら責任をもって行うことを求められる。また、これによっ

---

73 A. セン（大庭健・川本隆史訳）『合理的な愚か者』（勁草書房、1989 年）225-262 頁。
74 A. セン『合理的な愚か者』250 頁。
75 A. セン『合理的な愚か者』253 頁。
76 A. セン（池本幸生訳）『正義のアイデア』（明石書店、2011 年）。
77 A. セン『合理的な愚か者』253 頁。
78 A. セン『正義のアイデア』335 頁。
79 A. セン『正義のアイデア』338 頁。
80 A. セン『正義のアイデア』331-332 頁。

て、人々の状態としての「福祉」（well-being）だけでなく、その能動的な「志望」（agency）の重要性が位置づけられる。「福祉」は経済学者たちが想定する効用や厚生を意味するのに対し、「志望」は「人が採用する理由のあるすべての目標、とくにその人自身の福祉以外の目標の総体」とされており[81]、ロールズの「人生計画」やドゥオーキンの「志望」（ambition）に相当するといえる。そして、これらはそれぞれそれを追求する自由（機会と過程を含む）とその実現としての「達成」の側面をもつ。このようにみると、潜在能力は、福祉の自由、福祉の達成、志望の自由、志望の達成という4つの基本的な次元からなるものとみることができる。

さらに、センは以上のような複合的な潜在能力を、たんに平等の指標としてだけでなく、人々や社会の状態を比較評価するための包括的な指標として捉えている。これをセンは「**潜在能力アプローチ**」と呼び、潜在能力の平等をその一つの側面として位置づけている[82]。しかし、センは潜在能力を一定のウェイトを与えられた固定的なリストとして提示することを拒否している[83]。潜在能力は、個々にみても包括的にみても、社会や文化や歴史によって異なりうるからである。センのみるところでは、ロールズの正義論は20世紀の欧米の社会文化を背景にしている[84]。たしかに、平等な基本的自由の十分なかつ優先的な保障という原理は、たとえば現在のインドやアフリカの諸国にはそのままでは直ちに適用できないであろう。センはそのような社会的文化的差異も考慮しているのである。もっとも、センの潜在能力アプローチを手がかりとして、人々の生活の質や社会の状態を世界的に比較評価するためのより具体的な指標のリストを提示する試みも有力に展開されている[85]。

---

81 A. セン『正義のアイデア』412頁。訳書では「エージェンシー」と音訳されているが、ここでは「志望」という訳語を採用した。
82 A. セン『正義のアイデア』335-340頁。
83 A. セン『正義のアイデア』350頁。
84 A. セン『合理的な愚か者』255-256頁。
85 センの潜在能力アプローチをアリストテレスの徳論と結びつける議論として、マーサ・ヌスバウムのものがある。ヌスバウムは、アリストテレスによる人々の生活領域に応じた徳の割り当てに注目して、潜在能力をそうした様々な徳を発揮する能力と結びつけて理解している（M. Nussbaum/A. Sen (eds.), The Quality of Life, 1993, 246）。また、スウェーデンの研究者たちは、生活レベル調査において、生活レベルの様々な主要な要素とその指標を挙げている（The Quality of Life, 68）。たとえば、健康と医療へのアクセス、雇用と労働条件、経済的資源、教育と技能、家族と社会的統合、住居、生命と財産の安全、レクリエーションと文化、政治的資源などがその主要な要素であり、これらがどの程度に達成されているかがそれらの指標として示されている。

(b) 制度主義と政策主義

　センの潜在能力アプローチについては、それが社会の制度的な基本構造とどのように関係づけられうるかという問題がある。『正義のアイディア』はこの問題にとくに注目しているが、センによれば、潜在能力アプローチによる正義論は社会の基本的な制度の設計には関心をもっていない。センは、ロールズやドゥオーキンが社会の基本的な制度設計にのみ関心をもっていて、実際に潜在能力がどのように実現されるかには関心をもっていないとみなして、これを「超越論的制度主義」とか「制度原理主義」とかと呼んで批判する[86]。センによれば、これは啓蒙の社会契約説以来の思考モデルであるが、これとは別に、A. スミスやベンサムやミルといった、制度よりもいわば政策に着目する思考モデルがあったと指摘して、センは自分の立場を後者の伝統に位置づけている[87]。

　センによれば、**制度主義**は、人々が自ら価値があると考えるものについての完全な順序づけが可能だと想定して、完全に正義に適った理想的な制度を構想するが、それに適合しない現実の行為や状態を軽視するかぎり、理想と現実は乖離したままにとどまる。また、制度主義は基本的に国家の制度を想定しているために、貧困や飢餓といった国家を超える急迫的な問題に対処しえない[88]（これらの問題に取り組むために、世界政府の制度設計から始めるのはあまりに迂遠だというわけである）。現実の不正義を除去または減少させるためには、緊急に実現すべき目標の部分的な順序づけが必要であり[89]、またそれは十分な情報のもとでの公共的な理性的議論を通して達成可能なのだ[90]と、センは主張する。

　このように制度主義を批判するセンの立場は、そのつど必要な政策を策定し、部分的な順序づけによってそれらに優先順位をつけて実施すべきだとするもので、「**政策主義**」と呼ぶことができるだろう[91]。もっとも、センも制度の必要をまったく否定するわけではない。たとえば、第二次世界大戦中のベンガル飢饉

---

[86] A. セン『正義のアイデア』37-38 頁。
[87] A. セン『正義のアイデア』38-39 頁。この対比は、社会契約説の系譜と功利主義の系譜の対比とみることができるが、センは後者に 19 世紀の女性解放論者 M. ウルストンクラフトや K. マルクスも含めている。
[88] A. セン『正義のアイデア』62-64 頁。
[89] A. セン『正義のアイデア』559-562 頁参照。
[90] A. セン『正義のアイデア』575-576 頁。
[91] セン自身は制度主義に「実質ベースの比較」という語を対比しているが（『正義のアイデア』39 頁）。

は、もし適切な報道システムを備えたある程度の民主主義が当時のインドにあったならば、あれほど深刻なものにはならなかっただろうと、センは述べてもいるのである[92]。一般に、社会の制度的な基本構造の正義を構想することが、正義論の一つの重要な課題であることは否定できない。正義論にも多様な分野があり、制度主義と政策主義を二者択一に考える必要はないのである。

(c) その他の中間的平等論

厚生と資源の中間に平等のターゲットを設定するというセンの構想は、他の平等尊重主義者たちにも影響を与えた。たとえば、R.J. アーネソンは図るべき平等を「**厚生への機会の平等**」と規定し[93]、G.A. コーエンはそれをさらに「**有利要因（アドバンテージ）へのアクセスの平等**」として展開した[94]。彼らにおいては、厚生への機会や有利要因へのアクセスは厚生と資源の中間に位置する。おおまかに言えば、それは人々が自分の厚生の実現や有利要因の獲得のために合理的に選択あるいはアクセスできる道理的な選択肢の集合である。そして、人々の間にその選択肢集合の平等が成立するのは、それらが人生のある時点で（たとえば成年に達したときに）平等化されており、その後に生じる不平等が本人の責任に帰することができるときである[95]。不平等が本人の責任に帰することのできない不運によるときは、社会による何らかの補償が必要となるとされる。

彼らの平等論は、平等な初期状況から出発するという点、またその後の人生における不運による不遇は補償に値するとする点などで、ドゥオーキンの資源平等論に構造的には類似する。違いは、補償に値する不運をドゥオーキンよりも広く捉える点にある。たとえば、コーエンは、腕を動かすことはできる（その意味でハンディキャップはないとみなされる）が、動かした後に激痛を感じる人がいて、その激痛を緩和する高価な医薬品があるとすれば、その人にその高価な医薬品を追加的に分配すべきだという例、ある人の余暇で楽しむ趣味が高価な機材を必要とする写真撮影であるとき、その機材が高価であってその人が入手できないのは市

---

[92] A. セン『正義のアイデア』484-485 頁。センは民主主義の役割を十分な情報の伝達と公共的な議論の場であることに求めているが、それらが基本的な権利や政治制度を同時に必要とすることは否定できないだろう。
[93] R. J. Arneson, Equality and Equal Opportunity for Welfare, Philosophical Studies, Vol.56, 1989.
[94] G. A. Cohen, On the Currency of Egalitarian Justice, Ethics, Vol.99, No. 4, 1989.
[95] R. J. Arneson, Equality and Equal Opportunity for Welfare, 85-86. コーエンもほぼ同様に考えている。

場価格という偶然によるものであるから、その不運による有利要因の欠損はそのような機材の公的貸出制度などによって補償するに値するという例などを挙げている[96]。

これに対して、ドゥオーキンは、前者は資源平等論でもハンディキャップとして扱えるのに対し、後者はその趣味をもつこと自体を本人は不運だと思っているわけではないから補償には値しないはずだと批判している[97]。ドゥオーキンによれば、彼らの平等論はそのような分配の客観的基準を提供しないという意味で、結局は厚生平等論に帰着する。この批判の当否は別としても、補償に値する不運の範囲をどのように決定するかという問題が彼らの議論に残ることは否定できない。ドゥオーキンは、ほとんどの人がその不運のリスクに対して道理的な保険を購入しようとするかどうかによると考えているが、保険についての彼の想定にも異論の余地があることは先に触れた。

また、こうした議論全般を「**運の平等**」論として批判する平等尊重主義者もある[98]。E. アンダーソンは、平等を求める実際の運動が問題としているのは人種や性別や障害などによる現実の差別や抑圧であるのに、運の平等論は架空の事例に関する議論に終止して、こうした問題を扱っていないと批判する。また、彼女によれば、たとえば障害を負っている人々の多くはその状況を「不運」とはみなしていないにもかかわらず、運の平等論にはそのような状況を「憐れみ」の視点からみるというバイアスがある。他方、運の平等論は、性別役割分業における女性の地位を「選択」の結果とみなしてしまうことにもなる。運の平等論をこのように批判して（その批判がすべて決定的とはいえないとしても）、アンダーソンはセンの潜在能力アプローチを支持して、人々が現実に直面している不平等の改善を求めるのである。

第3節　自由と平等

自由と平等は現代の立憲民主主義社会のもっとも基本的な価値原理であり、正

96　G. A. Cohen, On the Currency of Egalitarian Justice, 918-919, 923.
97　R. ドゥオーキン『平等とは何か』387-392頁。コーエンが挙げている例でドゥオーキンがハンディキャップに含まれるとするのは、水道水の味に耐えられず、瓶詰の水を必要とする人の例である。
98　E. S. Anderson, What is the point of Equality?, Ethics, Vol. 109, No. 2, 1999.

義に関する現代の諸議論もそれらの実現の具体的構想をめぐって展開されている。しかし、以上見てきたように、自由と平等のどちらをより重視するかによって、その具体的構想はかなり異なったものあるいは対立的なものとなっている。その違いは、自由と平等の概念および正義の概念についての理解の違いによるとともに、現代の市場や政府の機能または役割についての評価の違いに基づいている。しかし、それらの概念の理解の基礎にある道徳的直観がいずれもそれ自体としては否定しがたいとすれば、それらを可能なかぎり整合的に理解しようとすることは無意味ではない。他方、そのためには二つの立場の違いのポイントをより明確に理解しておくことが必要である。

1　自由と平等の概念をめぐる問題

　自由と平等の概念がそれぞれいくつかに区別され、そのように区別された概念は相互に衝突しうるということについては、すでに触れた。ここでは自由と平等の関係について、またこの関係の観点からみたそれぞれ区別される概念の関係について、いくつか簡単に触れておこう。

　まず、自由と平等をどちらも形式的に捉えるかぎり、いうまでもなく両者は衝突しない。人々は形式的な自由を形式的に平等に保有すると考えることができる。近代法の基本原理はまさにそのような仕方で自由と平等を両立させていたといえる。人々はみな、法的にはあるいは権利上は自由かつ平等である。たとえば、資本家と労働者、男性と女性、健常者と障害者なども法的人格としては自由でありかつ平等である。この意味で、センは自由尊重主義者も平等な自由を是認するのだと指摘している[99]。

　自由または平等を（あるいは双方を）実質的に捉えるならば、そこではたしかに様々な利益の衝突が生じうる。まず、**形式的な自由平等**と**実質的な自由平等**とが衝突しうる。たとえば、形式的な契約の自由と、労働者の交渉力の弱さを補完しようとする労働立法の規制が衝突するというのは、その古典的な例である。形式的な政治的権利の平等と選挙運動資金の規制とが衝突するというのもその例である。また、実質的な自由平等の間でも衝突が生じうる。政府による規制や再分配はその恩恵を受ける人々の間にも有利不利の違いをもたらしうるからである。

---

[99]　A. セン（池本幸生・野上裕生・佐藤仁訳）『不平等の再検討』（岩波書店、1999年）18頁参照。

自由と平等を形式的にのみ捉えれば、その保障の問題は単純簡明であるのに対し、それらを実質的に捉えると、その保障の問題は複雑困難なものになる。しかし、人々をその人としての尊厳において平等な存在として捉えて、それを尊重し配慮すべきだとすれば、たんに単純簡明な問題だけでなく、複雑困難な問題に取り組まなければならない。福祉国家という形態での国家機能の拡大はたしかにいろいろと問題を含んでいるとしても、その基本的な志向はこの複雑困難な問題への取り組みとして理解しうるだろう。

　第二に、自由の概念に関していえば、すでに触れたようにバーリンの区別する二つの自由、つまり消極的自由と積極的自由が衝突するものと考えられうる。バーリンは二つの自由をどちらも人間にとって本質的なものとみなしつつ、それらが体制衝突にまで展開されるときは、消極的自由を重要だとしたのであった。

　しかし、より原理的に考えてみると、ロックの社会契約論におけるように、消極的自由のより十分な保障のために国家と政府が形成されたと考えることができ、そして、国家と政府によるその保障をより適切なものにするためにはルソーのいうような政治的自律としての積極的自由が必要となる。逆に、積極的自由の行使が真に政治的自律であるためには、政治的な意見の形成や表明の自由が不可欠であり、そしてそのためには人身の自由、良心の自由、個人的財産の安全などの消極的自由が必要となる。

　このようにみると、消極的自由と積極的自由は相互補完的に作用するものと捉えることができる。もちろん、消極的自由の保障のために積極的自由が必要だとはいっても、現実には、政治的参加を義務づけることは難しいし、また国家権力はつねに透明にコントロールされるとはいえないから、衝突の可能性はつねに残る。とはいえ、そうした問題のゆえに、**相互補完的作用**の可能性をまったく捨て去ることは道理的とはいえないだろう。

　第三に、平等の概念をめぐっては、社会的経済的な境遇に関するかぎり、そもそも問題は平等なのかという議論が提起されうる。平等尊重主義者もほとんどは完全な社会的経済的平等を求めるわけではなく、正当化可能な不平等または格差の存在を否定するわけではないからである。そこで、道徳的により重要なのは十分性や優先性だとする見解が主張されている。**十分性の議論**は、人々はみな品位ある人生（あるいはその見通し）のレベルを保障されるべきだとし、**優先主義**（prioritarianism）と呼ばれる立場は、絶対的にみて不遇な状況にある人々の状況を優

先的に改善することが、平等や十分性よりも道徳的に価値があるとする[100]。

とはいえ、これらの見解も、もっとも不遇な人々の状況に照準してその状況を改善しようとするかぎりにおいて、最小限の生活状況の平等を図ろうとするものだとみることはできる。また、優先性や十分性が満たされるかぎり、社会的経済的な不平等や格差は正当化されうるという主張を含意するとすれば、これらの見解はなお平等の概念についての一つの構想とみることもできる。その意味で、これらの見解は一見するとロールズの格差原理の考え方に近い。しかし、ロールズの公正な社会的協働の体系といった観念を含んでいないとすれば、むしろソーシャル・ミニマムを組み込んだ平均効用原理に近いといえそうである。これらの見解では格差の程度は、それがどれほど大きいものであっても、問題とはみなされないことになるだろう。ロールズの場合も、経済的格差の程度そのものは明示的に問題とはされていないが、経済的格差が政治的自由の価値に大きな影響を及ぼすことがないという考慮が含まれていた。この点にかぎらず、深刻な社会的政治的分断に影響するなど、経済的格差の程度が問題になりうるとすれば、なお平等の概念は重要だと考えられる[101]。

2　正当化の問題

自由尊重主義と平等尊重主義の違いあるいは対立は、とりわけその正当化の方法についてみることができる。ここでは二つの点についてだけ触れておこう。

まず、自由尊重主義も平等尊重主義もそれぞれそれ自体としては否定できない**道徳的直観**を基礎としている。人はみな自由かつ平等だという一般的な理解の点では両者は共通している。一つの決定的な違いは道徳的な観点からみた自己の範囲に関する理解である。自由尊重主義は基本的に自己所有の直観に依拠しており、その自己の範囲には自然的能力や社会的境遇や偶然的な出来事などの運も含

---

[100] 優先主義は功利主義に立つ D. パーフィットによって唱えられている。D. Parfit, Equality and Priority, Ratio, 1997. この見解を受容する論者も少なくなく、上記の R.J. アーネソンも後にその見解を優先主義に変えている。R. J. Arneson, Equality of Opportunity for Welfare: Defended and Recanted, The Journal of Political Philosophy, Vol.7, No. 4, 1999. アーネソンは選択による責任の考慮を優先主義に組み込む点で、以前の見解との連続を図っている。

[101] 欧米諸国における現実の格差の拡大については、Th. ピケティ（山形浩生・守岡桜・森本正史訳）『21世紀の資本』（みすず書房、2014年）参照。なお、G.A. コーエンは、後にも、平等の概念を純粋に考えるべきで、ロールズの格差原理のような、能力ある人々へのインセンティブの考慮を混合すべきではないと主張している。G. A. Cohen, Rescuing Justice and Equality, 2008.

まれる。これに対して、平等尊重主義は自然的能力や社会的境遇や偶然的な出来事などの運は基本的にその人の功績や責任によるものではなく、その人に帰することはできないと考える。

　しかし、平等尊重主義もある種の自己所有の観念を否定するわけではない。誰も他者になり代われるものではなく、自分の人生の構想とその実現について自ら責任を負っているということを否定することはできない。また、一切の運を自分の責任ではないとして、自己から切り離せるわけでもない。他方、ある種の運が道徳的にみてその人の功績にも責任にも帰しえないということを、自由尊重主義もまったく否定することはできないだろう。そうすると、これらのそれ自体としては否定できない道徳的直観を可能なかぎり整合的に理解しようとする試みが必要となるはずである。

　第二に、現代正義論の多くは**仮想的な初期状況**を想定し、そこでの正義原理を構想することから出発することによって、その正義原理の正当化を説明しようとしている。この正当化の基本的な構想が近代の社会契約説に類似することは明らかである。もちろん、初期状況の想定には違いがある。ノージックやブキャナンにおいては、最小国家の形成や立憲契約の前に、人々はすでに自然的な状態で獲得した財を正当に保有しているとみなされる。最小国家の形成や立憲契約はその財のより確かな保全のために私的契約を通じて（したがってパレート原理に基づいて）導かれるものとされる。他方、ロールズやドゥオーキンの場合、財の分配的正義の原理は原初状態での合意やオークションの結果によってはじめて決定される。この手続も合理性あるいはパレート原理を満たすものとして構想されている。しかし、この手続の出発点では、誰もまだ財を保有していないという点で平等が保証されることになっているのである[102]。

　すでにみたように、ノージックは、ロールズの原初状態では財は天から降ってくる「マンナ」のようなものとみなされていて、人々が財を保有するにいたった歴史が無視されていると批判した。しかし、先占などの獲得の正義の原理は問題なく正当化されうる原理であるかどうかが問われうる。たとえば先占はそれだけではなお道徳的には偶然的な要因を伴っているからである。そこで、ノージック

---

[102]　この意味で、ロールズやドゥオーキンの議論は、社会契約に際して人々は自己と持っているものをすべていったん放棄するものとすることによって、誰も有利でも不利でもないような初期状況を想定したルソーの契約説のアイディアを受け継いでいるといえる。

も「但書」を加えたのだと考えられるが、この但書が先占における正当化の不完全性を十分に補うものかどうか、それはどのように制度化されうるのかがさらに問われうるだろう。これに対して、ロールズやドゥオーキンにおいては、市場プロセスを通しての移転や所有の正義原理は否定されないが、平等な初期状況における決定によってその正義原理には制度的な条件づけがはじめから設定されることになる。もっとも、その条件を制度的にどのようなものにするかについては、大いに議論の余地があるが。いずれにせよ、この違いにも上記の道徳的偶然性をどのように評価するかの違いが関わっているのである。

3　正義概念の理解に関する問題

　正義の概念についてもいくつかの区別があることは先に触れた。ここでとくに重要なのは、アリストテレスの**分配的正義**と**匡正的正義**の区別、**消極的黄金律**（消極的義務）と**積極的黄金律**（積極的義務）の区別、そしてこの二つの区別の関連である。自由尊重主義と平等尊重主義においてこれらの概念がどのような配置になるのかがここでの問題である。

　自由尊重主義も分配的正義を考慮しないわけではない。形式的で消極的な自由が形式的に平等に分配されていることはその前提である（もっとも、この分配は自然的なもので、人為的なものではないとみなされているが）。しかし、自由尊重主義にとってもっとも重要なのは、そのように平等な自由が他者や国家によって恣意的に侵害されないこと、そして侵害があったときはそれからの回復が保障されること、つまり匡正的正義である。匡正的正義は相互の侵害の禁止、つまり消極的義務を前提とする。したがって、自由尊重主義にとっての正義は何よりも消極的義務の正義と匡正的正義である。自由尊重主義にとって、それ以上の分配とくに再分配は正義の問題ではないし、むしろ正義に反することになりさえする。そして、すでに触れたように、積極的黄金律の要請（積極的義務）は正義の義務ではなく、人道や共感や慈愛の義務である。

　これに対して、平等尊重主義にとっても匡正的正義あるいは消極的義務が重要であることはもちろんだが、それがとくに重視するのはより実質的な自由と平等を実現するための分配的正義である。しかし、この分配的正義の要請はもちろん正義の要請として理解されており、積極的黄金律あるいは積極的義務の要請とは区別されている。自然的あるいは社会的な不運による不遇が何らかの配慮に値す

るのは、人道や共感の原理によるのではない。これはそのような不遇はその人の責任に帰することはできないという上記の道徳的直観に基づくが、それだけではない。ロールズにとってそれは社会的協働という人々の社会的な相互依存と互恵性に基づくものであり、ドゥオーキンにとってそれは人々の自由な選択の社会的な相互制約性に基づくものであった。こうした正義の観念はアリストテレスの分配的正義に含まれていたとみることもできるが、とくに18世紀以来の市場経済の展開に伴う相互依存の深化に基づくもので、その意味で新しい分配的正義、いわゆる「**社会的正義**」の観念だといえる[103]。

このようにみると、上記の二つの区別はさしあたり次のような三つの項に分けることができるだろう。つまり、匡正的正義または消極的義務、社会的相互依存に基づく分配的正義（社会的正義）、そして正義とは区別される人道の義務または積極的義務である。自由尊重主義はこの意味での社会的正義を認めないが、それでもその多くは人道の義務または積極的義務に基づく最小限保障を否定するわけではない。他方、平等尊重主義もほとんどは完全な平等を求めるわけではなく、一定の不運に基づく極端な不遇を何らかの仕方で配慮しようとする。そして、少なくとも最小限保障という点では自由尊重主義と考え方に大きな相違があるわけではないといえるだろう。

4　最小限保障の制度的構想

最後に、自由尊重主義と平等尊重主義の違いから離れて、最小限保障の制度的構想について簡単に触れておこう。そうした構想としてよく挙げられるのが、生活保護などの最小限福祉給付、M. フリードマンが提案した「負の所得税」、そしてPh.v. パリースなどによって提案されている「ベーシック・インカム」（基礎所得）である[104]。比較の指標は、給付実施の時期、所得調査などの有無、行政事務の多寡、そして道徳的含意などである。なお、財源についてはいずれも税金が想

---

[103] 経済的相互依存の拡大に伴って「社会正義」という観念が現れてきたということについては、D. ジョンストン（押村高・谷澤正嗣・近藤和貴・宮崎文典訳）『正義はどのように論じられてきたか』（みすず書房、2015年）参照。また、アリストテレスの分配的正義は「功績」（デザート）に応じた分配を要請するが、ロールズの分配的正義（社会的正義）は社会的協働や相互制約による「資格」に応じた分配を要請するのだといえるだろう。ロールズの正義論と「功績」との関係については、亀本洋『ロールズとデザート』（成文堂、2015年）参照。

[104] Ph.v. パリース（後藤玲子・齊藤拓訳）『ベーシック・インカムの哲学』（勁草書房、2009年）参照。

定される。また、いずれも疾病や障害その他の不慮のケースについては別途に考慮が必要である。

　生活保護などの**最小限福祉給付**は、所得や資産などの調査の上で、給付の必要が認められれば、事前的に一定金額を給付するものである。就労不能や極度の低所得など貧困に対する政策として一般に採用されている制度である。問題点としては、就労可能性や所得や資産の調査（ミーンズ・テスト）が必要であり、そのために行政事務が繁雑となることのほか、私生活への介入となること、「弱者」としての「スティグマ化」が生じうること、給付対象でありながら実際には給付されないケースがあり捕捉率が低くなりがちであること、他方で不正に受給するケースも生じうることなどが挙げられる。

　負の所得税は、所得調査の上で、一定の所得に満たない場合には、その不足分を事後的に給付するものである。所得調査だけでその他の調査は必要ではないから、行政事務はそれほど繁雑でなく、私生活への介入や「スティグマ化」は生じにくいという利点がある。他方、問題点としては、事後給付であるためにそれ以前に生活困窮に陥るケースが生じうること、場合によっては就労意欲が低下しうること（モラル・ハザード）などが考えられる。

　基礎所得（ベーシック・インカム）は、一定額を所得としてすべての市民に事前に給付するものである[105]。調査は必要ではないから行政事務の負担はほとんどなく、また事前給付であるため途中で極端な困窮に陥ることもほとんどない。問題点としては、財源との関係で給付額をどれだけにするかの決定が困難であり、政治的取引の対象となりやすいこと、給付額が低ければ就労不能者などには別途の考慮が必要となること、逆に給付額が高ければ就労意欲が低下することなどが考えられる。なお、高所得者にも給付がなされるが、高所得者は逆に財源のために課税されることになる。

　いずれも利点と難点を含み、どれを採用するかは様々な要因を考慮した政治的決定によるほかないが、どの場合でもその難点を可能なかぎり解消または回避しうるような制度設計が望ましいことはいうまでもない。その際、正義論の観点からみて重要なのは、最小限保障を人道的慈悲の原理で考えるのか、それとも社会的正義の原理で考えるのかということである。現在の最小限福祉給付制度が基本

105　わが国の現在の基礎年金は高齢者にとっての「基礎所得」といえるかもしれない。

的に弱者救済の慈善原理に基づいており、そのために上記のような難点が大きな問題となっているとすれば、ロールズやドゥオーキンの構想にみられるように、福祉給付をも社会保険という社会的正義原理の観点から捉え直してみることも一つの方向として考えられるだろう。その具体化として負の所得税や基礎所得のような制度を考えることもできるだろう。しかし、この場合、それらの制度の場合と同様にモラル・ハザードが生じうる。負の所得税や基礎所得の水準をどこにおくかにもよるが、これらと最小限福祉給付とを組み合わせた制度設計も考えられるかもしれない。もっとも、これは正義論の範囲を超える問題である。

第9章　文化と正義

　前章までにみた現代正義論における分配の正義に関する諸理論は、主に自由平等を含む基本的な権利や社会的経済的な機会や財の分配をめぐるもので、そこではそれらの分配において人々の具体的な差異をどこまでどのように考慮するかなどが問題となっていた。これらのうち、最後の潜在能力平等論は潜在能力が文化的な要因によって異なることに注目していたが、これも含めて、これらの分配的正義論は各人の属する社会の文化的な要因による差異を直接に考慮するものではなかった。本章で取り上げる議論は社会的文化的な要因による差異に着目するものである。

　社会的文化は正義にとってもいくつかの重要な意味をもつ。ここで社会的文化というのは、その社会の人々によって歴史的な伝統として共有されている倫理的な価値観（共同の善き生の観念）を含む信念の体系のことである[1]。そのような倫理的価値観や信念体系を共有する人々の社会が一つの共同体をなすとき、それは、アリストテレス的にいえば、たんに地理的に区画された社会でも、また協働として経済活動を営む社会でもなく、倫理的な善悪の観念を共有する共同体と捉えられる。そこでは正義もそのような倫理的な価値観や信念体系に位置づけられてはじめて意味をもつ。正義と倫理的善との関係をそのように捉える現代正義論の立場は「**共同体論**」（communitarianism）と呼ばれる。しかし、今日の近代化した多くの社会ではそのような倫理的善の観念は多様であり、その多元性を前提するとき、特定の倫理的善の観念に基づく正義の構想を直ちにその社会の公共的な正義の構想とすることは問題をはらむ。これがロールズらのリベラリズムが前提する問題であった。リベラリズムに対する共同体論の新たな挑戦によって、現代正義論の新たな議論領域が開かれたのである。

1　後で触れるキムリッカの「社会構成的文化」（societal culture）は、公的および私的な領域を含むすべての人間活動にわたって重要な意味をもつ文化を指すが、ここでの社会的文化は必ずしもそこまで広範なものにはかぎらない。たとえば、人工妊娠中絶の是非をめぐる倫理的な問題は、たしかに広範な宗教的背景をもつことがあるが、個別の社会的文化的問題として捉えることができるだろう。

倫理的な価値観を含む信念体系としての社会的文化はまた、その社会的文化に帰属する人々の**自同性**（自己同一性、アイデンティティ）を構成し規定するという側面をもつ。自同性は自然的な基礎に基づくことが多いが、その場合でも自同性は同時に社会文化的に構成されていることがほとんどである。人種、民族、エスニシティなどに基づく自同性は同時に社会文化的な性格をもつ。また、性別に基づくジェンダーも社会文化的な性格をもつ自同性として構成される。様々な障碍や多様な性的指向などもこうした自同性の問題と関わっている。従来、こうした自同性の差異は人々の平等処遇における「関連のない」（イレレバントな）差異として扱われることが多かった。これに対して、こうした差異が平等処遇の局面によっては「関連のある」ものとして捉えられるべきだという議論が現れてきた。しかし、社会文化的に構成または規定された自同性は当該の人々にとって肯定的に受け止められることもあれば、否定的なものとして受け止められることもある。「**多文化主義**」や「**フェミニズム**」はこうした差異と正義とに関する問題を提起しているのである。

さらに、社会的文化は一つの社会の内部の個人や集団にのみならず、国家とその関係にも関わる。近代国家は国民国家という性格をもつが、その国民性（ナショナリティ）は、領土や人種や民族などの自然的な条件によるだけでなく、宗教や言語など社会的文化的な、あるいは政治的文化的な性格をもつ。国家の政治的統合はこれらの複合的な要因に訴えることによって図られ、立法や政策などの政治的決定（とくに民主的決定）の正統性はこうした政治的統合によって部分的に規定される。政治的文化と正義の問題も正義論の一つの分野となる。そして、こうした国民性を基礎とする諸国家の関係も政治的文化の問題と切り離せない。各国家の政治的文化の多様性を超える国際正義あるいは世界正義の問題が提起されるのである。しかし、国家と国際社会の問題は社会的または政治的文化の問題に留まらないから、章をあらためて検討する。

第1節　共同体論

共同体論と呼ばれる立場は、とくに1980年代以降の北米の論者たちによって唱えられはじめた思想的立場をいうが、それ以前から類似の見解を主張する論者はあったし、またヨーロッパや日本でも少なからぬ支持者を見出している。ここ

第9章 文化と正義

では、ロールズの『正義論』以降のリベラリズムの正義論に対する共同体論の立場からの批判的議論を検討する。他の立場の場合と同様、それらの論者の見解には小さくない相違もあり、一つのまとまった共同の理論体系といったものが提示されているわけではない。とはいえ、それらを共通に特徴づける論点は、自己と共同体の関係、倫理的善と正義との関係、政治と社会的文化の関係に関わる。

1 自己と共同体

共同体論に共通のもっとも基本的な特徴は、リベラリズムの正義論における個人主義的な自己の観念に対する批判である。なかでも、M. サンデルはロールズの『正義論』の原初状態で正義原理を選択する人々の特徴に注目する。原初状態の人々は厚い無知のヴェールに覆われて、自己に関する特殊な情報をいっさい知らないものとされ、その状態で様々な基本財を分配する正義原理を選択するものとされている。サンデルによれば、これらの人々は選択に先行しその背景をなすはずの自己の目的やその他の特性をすべて剥ぎ取られて、逆にそれらをいわばゼロから選択する純粋な意志的主体とみられていることになる。サンデルはこのような人々の自己のあり方を「**負荷なき自己**」(unencumbered self) と呼ぶ[2]。

サンデルによれば、しかし、現実の人間はそのように純粋に透明な個的な自己ではありえず、各人の自己理解には「何らかの共同体（家族、部族、都市、階級、国家、民族など）」への帰属に基づく自同性の理解が含まれており、これが自分の中心的な目的や熱望を部分的に構成している。各人はそのような「位置ある自己」なのであって、正義をどのように捉えるかもこうした自己理解によって規定される。もちろん、この「**位置ある自己**」はそれらの共同体における位置に埋没しているわけではなく、その自己理解を内省や他者との関わりを通じて修正しつつ構成してもいくのであるが、こうした自同性から完全に距離をとることはできないとされる。

---

2 M. サンデル（菊池理夫訳）『自由主義と正義の限界』（三嶺書房、1992 年）iii 頁。サンデルはロールズにもみられるこうした「自己」の思想的源泉をカントの純粋に理性的な自己の観念にみている。また、Ch. テイラー (Political Papers, Vol.2, 1985, 187-210) は、ノージックの「自由な個人」を「延長なき主体」と呼び、その思想的源泉をロックに見出している。ただ、ロールズの「原初状態」の人々はたしかに自分に特有の情報を知らないとされているが、その正義原理が適用される社会の人々は多様な善の構想をもっているものとされている。つまり、現実の人々は「負荷なき自己」とみられているわけではない。

共同体論者たちは、このような自同性の理解を「**善き生**」の観念と密接に結び付いたものと捉える。カナダの政治哲学者 Ch. テイラーによれば、自同性の理解は「自分は何者か」の理解だけでなく、「自分はどこへ進みつつあるのか」という人生の目的や意味や価値の観念、倫理的な善の観念を含んでいる。そのような善との関係における自分の人生の「物語的理解」として自己理解は存在する[3]。このような自己理解は言語を必要とし、言語共同体と言語を共有する人々との対話を必要とする。アメリカの哲学者 A. マッキンタイアはさらにこのような言語共同体の背景に深い信念の体系があるとする。そのような信念の体系は善き生の観念を含む倫理的価値観を含んでいると彼が述べている[4]ことについては、すでに触れた。

　このような善き生と共同体との結び付きに関する主要な思想的淵源はしばしばアリストテレスに求められる。アリストテレスはギリシャのポリスにおける善き生の理想の類型を様々な「徳」(卓越性)として記述した[5]。アリストテレスによれば、ポリスの政治は人々を有徳たらしめるよう教育するのであり、徳としての善き生は人々にとってのポリスにおける人生の目的であった[6]。この意味で、アリストテレスの倫理学は目的論的と呼ばれる。サンデルは、功利主義の帰結主義やカントの義務論的道徳哲学(ロールズやドゥオーキンの正義論もこの系譜に位置づけられる)に、この目的論的倫理学を対置している[7]。マッキンタイアが嘆いているように、近代以降、徳の共同体といった観念は衰退したが、共同体論者たちは現代社会の個人主義を批判しつつ、善き生の観念と結び付いた倫理を復活させようとしているといえるだろう。マッキンタイアは、リベラリズムも近代以降の一つの伝統となっているが、それは他の多くの伝統の一つにすぎず、それらの伝統に優位する普遍性を主張することはできないのだという[8]。

3　Ch. テイラー(下川潔・桜井徹・田中智彦訳)『自我の源泉』(名古屋大学出版会、2010 年)第 2 章参照。
4　Cf. A. MacIntyer, Whose Justice? Which Rationality?, 1988, 389-403.
5　アリストテレス(高田三郎訳)『ニコマコス倫理学(上・下)』(岩波文庫、1973 年)。
6　アリストテレス(山本光雄訳)『政治学』(岩波文庫、1961 年) 339-342 頁参照。
7　M. サンデル(鬼澤忍訳)『これからの「正義」の話をしよう』(ハヤカワ・ノンフィクション文庫、2011 年)。
8　A. MacIntyre, Whose Justice? Which Rationality?, 326-348.

2 倫理的善と正義

第二に、共同体論者たちは**倫理的善に対する正義の優先性や中立性**というリベラリズムのテーゼを批判する。ロールズの正義論では、原初状態の人々は自分の倫理的善（善き生）の観念も無知のヴェールによって知らないものとされた。現代社会では倫理的善の観念は多様であることを前提とすると、特定の倫理的善の観念を基礎におく正義原理はその倫理的善の観念に偏った仕方で有利なものになりかねない。そこで、ロールズは、どのような倫理的善の観念をもっているとしても誰もが自分の倫理的善の追及のために必要とするような手段としての基本財という「薄い善」の観念を基礎において、その平等な分配の図式を原初状態の人々は正義原理として選択するだろうと推測した[9]。こうして、良心や信教の自由が彼の正義の第一原理に位置づけられた。このことは、正義が倫理的善に対して優先させられること、または正義は倫理的善の観念に対して中立であることを意味する。

これに対して、共同体論者たちにとっては、倫理的善の観念は人々の人生の目的や意味にとって中心的な意義をもち、人々の自同性の核心を構成するものである。何を正義に適っているとみなすかについても、そのような倫理的善の観念に距離をとって判断することはできず、倫理的善の観念の観点から判断せざるをえない。また、倫理的善に対して中立だとされるリベラリズムの正義の原理は倫理的善の観念が不可避的に関わっている道徳的問題を解決することができない。そのような問題の解決には倫理的善についての議論が必要となるからである。こうして、共同体論者たちにとっては、倫理的善はむしろ正義に優先し、また正義は倫理的善に対して中立ではありえないということになる。

共同体論者たちの議論をいくつかの具体例でみてみよう。たとえば、信教の自由の権利に関して、サンデルは、宗教的な倫理的善に対する正義の優先性や中立性という見解では、宗教的信念と単なる嗜好（たとえば、安息日に合わせて休暇をとることとフットボールの試合を観るために休暇をとること）とを区別することができず、宗教的な信念を信奉する人々にとってのその決定的な重要性を軽視することになるという[10]。また、人工妊娠中絶、医師幇助自殺、胚性幹細胞研究などをめ

---

9 J. ロールズ『正義論』518-522 頁。
10 M. サンデル（鬼澤忍訳）『公共哲学』（ちくま学芸文庫、2011 年）378 頁。サンデルの議論は豊富な日常的事例を用いている点にその特徴と魅力があるといえるだろう。

ぐる議論では、宗教的信念に基づく主張に対して、プライバシーや自己決定の権利を対置しても問題の適切な解決にはいたらず、それらの行為をめぐる倫理的な価値（たとえば生命の尊厳への配慮や人々の倫理的な生活にとっての意義など）に関する議論に立ち入らざるをえないという[11]。

　経済的な財や機会の分配の正義についても、共同体論者たちは個人主義を超える共同性の価値や分配における美徳に基づく「**真価**」の観念の重要性を指摘する。たとえば、サンデルは、ロールズの格差原理が人々の社会的協働という共同性あるいは連帯性の価値に実際には依拠していることを指摘する[12]。そして、極端な貧富の格差が問題なのは、それが人々の社会的関係に分裂をもたらし、双方における公民的な徳を衰退させるからだという。また、マッキンタイアは、たとえば経済的財の再分配に関するロールズとノージックの見解の対立は、経済的財の保有に関する「真価」についての立ち入った議論なしには解決しえないとみる[13]。サンデルは、公立大学の人種別入学枠の設定などの積極的格差是正措置に関する議論も、その制度の目的とその目的の観点からみた「真価」を考慮せざるをえないと主張する[14]。こうした問題は、人々の善き生の観念とそれに基づく「名誉」の感情などと切り離しえないからだというのである。

3　ロールズの応答

　しかし、多くの現代社会では、**人々の倫理的善の観念やそれを共有する共同体は多様であるという事実**も否定できない。ロールズのそれを含むリベラリズムの正義論はこの事実を前提にしている。この事実を前提にすると、特定の倫理的善

11　M. サンデル『公共哲学』174-216 頁。サンデルは、これらの問題に関するアメリカ合衆国最高裁判所の判決が倫理的な価値判断に立ち入っている例を挙げている。
12　M. サンデル『自由主義と正義の限界』245-246 頁。
13　A. マッキンタイア（篠崎榮訳）『美徳なき時代』（みすず書房、1993 年）298-311 頁。
14　たとえば、大学の人種別入学枠のゆえに不合格となった受験生に、ロールズやドゥオーキンのリベラルな正義論は、この制度は社会の人種的平等の一層の推進という正義の目的を実現するために必要なのだと言うかもしれないが、この回答は、その受験生にとっては大学入試という目的に照らした自己の真価を正当に評価するものではなく、個人を制度目的の手段として扱うものだと受け止められると、サンデルはいう（サンデル『これからの「正義」の話をしよう』264-289 頁）。ただし、共同体論的に考えると、逆に社会の人種的平等の一層の推進という目的は「共通善」とも捉えられるから、そうした共通善についての理解の普及浸透こそが必要だということになるかもしれない。なお、ドゥオーキン自身は、サンデルの想定する議論とは異なり、人種別入学枠の設定は、カテゴリーによる差別的取扱いであるが、人種的偏見に基づくものではないから、正義に反する差別には当たらないのだと論じている（ドゥオーキン『法の帝国』599-600 頁）。

の観念を一つの政治的共同体の内部で公共的な決定の基礎とすることは、すでにみたリーガル・モラリズム的な問題を惹き起こしうる。共同体論者たちもこの問題に対応しなければならないだろう。この点について、サンデルは、「『共同体論』が多数決主義の別名、あるいは正とはある時代のある共同体で主流をなす価値観に依拠すべきものだという考え方の別名であるかぎり、私はそれを擁護しない」と述べている[15]。それでも正義の問題において倫理的善の観念を考慮せざるをえないのだというわけである。この多元性の事実に対する共同体論のもう一つの対応は、後で触れる多文化主義のように、一定の倫理的なあるいは文化的な価値観を共有する共同体のその価値観とそれに基づく生活様式に対する特別な権利や配慮を求めるものとなるだろう。

　他方、ロールズは共同体論からの批判に対して（功利主義や自由尊重主義からの批判に比べると）かなり大きな譲歩をもって対応している。彼の「**政治的リベラリズム**」の構想はそのような対応によるものとみることができる。第一に、ロールズは、彼のリベラルな正義構想（公正としての正義の構想）を近代欧米の立憲民主制の伝統に依拠するものだとして、その「普遍的真理性の主張」を取り下げている[16]。そして、『正義論』におけるその正義構想が、カントやミルのリベラリズムと同様に、包括的な哲学的教説に依拠していたとして、それをいかなる包括的教説にも依拠しない「政治的な」リベラリズムの正義構想として提示しようとした[17]。正義の倫理的善に対する優先性を超えて、（R. ローティに似た仕方で）「哲学に対する政治の優先性」を唱える。多様な宗教的、哲学的、道徳的な包括的教説（キリスト教のであれ、アリストテレスやカントやミルのであれ）に対して、公正としての正義の構想は政治的なもののレベルに位置づけられる。このことは、その正義構想に対する包括的な哲学的根拠づけを放棄することを意味する[18]。

15　M. サンデル『公共哲学』373 頁。
16　J. Rawls, Justice as Fairness: Political not Metaphysical, in: Philosophy and Public Affairs,Vol.14, No3, 1985, 223.
17　J. Rawls, Political Liberalism, 1993.
18　ロールズがこのように正義概念の哲学的根拠づけを放棄したことについては厳しい批判がある。J. Raz, Facing Diversity, in J. Raz, Ethics in Public Domain, 1994, 45-81、井上達夫『他者への自由』（創文社、1999 年）17-20 頁。もっとも、ロールズがその正義理論の哲学的根拠づけを放棄したというのは、包括的な哲学的教説に基づくものとして正義理論を提示することを禁欲したという意味であり、依然として「政治哲学」を標榜していることからすれば、いかなる意味でも哲学的であることを放棄したわけではないと解することもできる。ただ、それが普遍的な妥当性を主張するという意味で哲学的でありうるかはなお問題である。

『政治的リベラリズム』において、ロールズはこうした包括的教説の道理的な（リーズナブルな）多元性の事実を根本的な前提とする。近代初期の宗教戦争という悲惨な経験から得られた寛容の精神が欧米の立憲民主制の伝統の基礎にある。この伝統のもとでは、道理的な包括的諸教説はそれらの道理的な共存のための制度として立憲民主制を受け入れると想定される。ロールズは「公正としての正義」をこの立憲民主制の基礎をあらためて明らかにする正義構想として提示しており、それゆえ道理的な包括的諸教説の**「重合的合意」**（overlapping consensus）の対象となるはずだと考える[19]。道理的な包括的教説はいずれも相互の共存のためにそれ自身のうちに立憲民主制の基礎となる正義構想を何らかの仕方で組み入れることによって、その正義構想について重なり合う仕方で合意しうるはずだというのである。

もっとも、正義の二原理そのものには大きな変更はなく、またこの正義原理が道理的にデザインされた原初状態において合理的な当事者たちによって全員一致で選択されるというその説明の理論的装置も維持されている（ただし、合理的選択理論による説明は比重が著しく小さくなっているが）。また、『正義論』においても、無知のヴェールによって人々は自分の善の構想（それは包括的な教説に基づくものといえる）を知らないものとされていたから、『政治的リベラリズム』における道理的な多元性の事実という観念と包括的諸教説の間の共存のための正義原理という構想は、もともと『正義論』にも含まれていたといえる。『政治的リベラリズム』はそれをより前面に押し出したのだと解することができるだろう。

包括的な諸教説の重合的合意という観念は、包括的教説における倫理的善の観念と重合的合意の対象である正義の観念を区別するという見解を含む。倫理的善の主張と正義の主張は、ロールズによれば、それが道理的であるかぎり、実践的理性（理由）に基づくものである。したがって、倫理的善と正義の区別は理性（理由）の区別でもある。ロールズはこの理性の区別を、カントの理性の私的利用と公的使用の区別にならって、非公共的理性と**公共的理性**の区別として提示する[20]。これによれば、正義の問題についての主張は、原則として、包括的教説の

---

19 J. Rawls, Political Liberalism, 133-172.「重合的合意」については、J. ロールズ（田中成明・亀本洋・平井亮輔訳）『公正としての正義・再説』（岩波書店、2004年）55-65頁を参照。
20 J. Rawls, Political Liberalism, 212-254. これについては、J. ロールズ（中山竜一訳）『万民の法』（岩波書店、2006年）の付録である「公共的理性の観念・再考」章参照。

非公共的理性（理由）に基づくものであってはならず、公共的理性（理由）に基づくものでなければならない。しかし、正義の問題についての主張がときに包括的教説の理由に基づくものでありうることを、ロールズは否定するわけではない。たとえば、M.L. キング牧師は、公民権運動（これは人種差別の撤廃を求めるという正義の問題を提起するものであった）において、彼の宗教的信念に基づく（たとえば聖書の記述に言及する）訴えを力強く提起した。しかし、ロールズによれば、その主張は同時に公共的理性（たとえばリベラルな民主的憲法が規定する平等原理）に訴えるか、あるいは公共的理性による訴えに転換しうるのでなければ、正義の主張として重合的な合意の対象にはならないのである。

　この公共的理性に関する議論も『正義論』にすでに含まれていた見解を前面に現出させるものといえる。とはいえ、前面に現出させることによって、公共的理性と非公共的理性との区別が過度に固定的なものに見えるようになったといえるかもしれない。たとえば、サンデルならば、正義の問題について議論するときでも、公共的理性と非公共的理性（倫理的善の観念）とは分かちがたく絡み合うはずだというだろう。次のフェミニストたちもある意味でこれと似た異論を提起するだろう。すでに触れたように、公共的理性と非公共的理性は区別されうるとしても、その境界は見直しの議論に開かれており、その見直しの議論においては非公共的理性とみられる理由についての相互的な理解も求められるというべきだろう。もっとも、たとえばサンデルの挙げる正義の具体的な諸問題は、ロールズの4段階の理論からみると、原初状態での正義原理の選択や正義原理の適用としての憲法制定のレベルの問題というよりは、立法や司法のレベルの問題といえるだろう。

第2節　フェミニズム

　20世紀前半までの女性解放運動は女性の平等な法的権利（財産権や選挙権を中心とする権利、そしてそうした権利の主体としての地位）を獲得しようとするものであった。そして、第二次世界大戦後までには、ほとんどの諸国でこうした女性の権利は憲法その他の法律によって保障されるようになった。しかし、1960年代後半から、アメリカをはじめとして、女性たちは新たな声を挙げ始めた。法的な権利は平等に保障されるようになったとしても、なお社会生活のさまざまな局面で女

性たちは事実上、抑圧と差別に晒されているということである。この新たなフェミニズム（第二派フェミニズムあるいはラディカル・フェミニズムと呼ばれる）の主張者たちは、この事実上の抑圧や差別の構造を「**家父長制**」や「**ジェンダー体制**」と呼んで、その打破を求めたのである[21]。しかし、その後さらに、女性内部での差異や他のマイノリティの状況への着目によりフェミニズムの主張は多様化するとともに、社会状況の変化により新たな局面に直面しているといえる。ここでは、第二派フェミニズム以降の議論を正義論との関係に焦点を絞って概観する。

1　フェミニズムの基本的主張

　第二派フェミニズムの批判的主張はまず「家父長制」や「ジェンダー体制」に向けられた。ここでの「家父長制」は、古代から近代まで多くの社会で（日本では第二次世界大戦まで）続いた法的制度としてのそれではなく、その基礎にあった、そして法的には男女同権とされた現代においても存続しているとみられる、夫の妻や家族に対する事実的な支配の構造をいう。それは、現代においては、ドメスティック・バイオレンスとして現れる暴力行使による支配だけでなく、男性が担う賃労働と女性に割り当てられる無賃労働（家事や子どもなどの世話といった「シャドウ・ワーク」）という**性別役割分業**による経済的な支配依存関係、それに伴う様々な家庭内の事柄についての決定権の事実上の分配関係をも含む。さらに、家庭内の支配関係にとどまらず、たとえば職場での男性上司と女性職員の事実的な抑圧的関係もこのカテゴリーで捉えられたり、他方で家父長制も資本家-労働者の階級的な支配関係に組み込んで捉えられたりする場合もある[22]。

　「家父長制」という観念はフェミニズム的議論の支配アプローチ（男女関係を支配従属関係と捉えるアプローチ）を明確に示すもので、法的制度としての家父長制の記憶がなお残っていた当初は強力な概念装置として機能したといえるが、今日のフェミニズムではそれほど強調されているようにはみえない。これに対して、「ジェンダー体制」という観念は、「ジェンダー」が生物学的性差に基づきつつ

21　ラディカル・フェミニズム運動については、たとえば、伊田久美子「ラディカル・フェミニズム」（江原由美子・金井淑子編『フェミニズム』（新曜社、1997 年）所収）、日本のフェミニズム運動についての記述も含むものとして、江原由美子「フェミニズムの 70 年代と 80 年代」（江原由美子編『フェミニズム論争』（勁草書房、1990 年）所収）などを参照。

22　このような家父長制と資本主義の関係については、上野千鶴子『家父長制と資本制』（岩波書店、1990 年）参照。

も、社会文化的な意味をもつものとして構築された性差を表現するものであることから、明示的な支配関係だけでなく、女性自身にとってのみならず男性にとっても不可視化されている抑圧や差別の構造を剔抉する上で強力な概念装置として、現在でも広く用いられている。男性の著作家が一般に「人」を指すために用いる人称代名詞（「彼」）の偏りを批判的に指摘することが、その使用法の象徴的な例だといえる。また、様々な性別役割分業の抑圧性や差別性だけでなく、「男らしさ」や「女らしさ」といった本質主義的な観念の拘束を明らかにすることを可能にするのである。

　この関連で議論を呼んだのが、アメリカの心理学者 C. ギリガンの『もう一つの声』[23] である。ギリガンは、彼女自身の師であった発達心理学者 L. コールバーグの道徳性（道徳意識）の発達に関する研究が女性の道徳性の発達を無視していると批判した。コールバーグは、ピアジェの発達心理学の手法を道徳性の発達の研究に適用して、その発達段階を 6 つに分けた。その第 6 段階は普遍主義的な正義原理を志向する段階である[24]。ところが、これによると多くの女性は第 3 段階にまでしか到達しないという結果になった[25]。これに対して、ギリガンは、当初の調査が男性だけを対象としていたこと、調査のための質問が男性を想定したものであったことを指摘し、女性を対象に女性を想定した質問（人工妊娠中絶を選択するかどうかなど）で調査したところ、女性の道徳性の発達が独自の特徴をもつことを明らかにした。それによれば、女性はまず自己の生存を志向する段階から、他者のために自己を犠牲にしようとする段階を経て、「誰も傷ついてはならない」という原理の段階にいたる[26]。ギリガンによれば、コールバーグの研究が男性の個人を中心とする正義と権利の倫理を浮き彫りにするとすれば、女性の道徳性は他者との多様な関係性とそこでの責任と、自他双方に対する「ケア」への注目を

23　C. ギリガン（岩男寿美子訳）『もう一つの声』（川島書店、1986 年）。
24　L. コールバーグ（岩佐信道訳）『道徳性の発達と道徳教育』（麗澤大学出版会、1987 年）44 頁。
25　おおよそ次のようである。第 1 段階は優越した権力や威信への自己中心的な服従の段階、第 2 段階は自己の欲求を素朴に満たすことを志向する段階、第 3 段階は他者から是認されることや、他者を喜ばせたり助けたりすることを志向する段階、第 4 段階は義務を果たし権威と秩序を維持することを志向する段階、第 5 段階は一般的なルールやそれに基づく義務を果たそうとする段階、そして第 6 段階はルールの普遍的な妥当性を良心や原理によって吟味する段階である。最初の 2 段階は「プレ習律的段階」、中間の 2 段階は「習律的段階」、最後の 2 段階は「ポスト習律的段階」とも分類されうる。最後の段階は普遍主義的な正義の原理を求める段階とみなされる。女性は多くの場合「よい子志向」の第 3 段階にまでしか至らないという結果になったとされる。
26　C. ギリガン『もう一つの声』105 頁。

特徴とするというのである。

　このギリガンの主張は、道徳性を男性的な倫理と女性的な倫理へと本質主義的に二分化するものとして批判の対象にもされたが、「誰も傷ついてはならない」という要請が、たんにコールバーグの第3段階にとどまるものではなく、正義原理と並んで普遍主義的な道徳的要請であることを明らかにしたものといえる。また、ギリガン自身は「公正とケアの対話」が両性の関係についてのよりよい理解をもたらすことを展望しており[27]、本質主義的な趣旨はなかったと思われる。コールバーグも後にギリガンの批判を受けて、より包括的な発達段階の構想にいたっているとされる[28]。

　さらに、第二派以降のフェミニストたちが注目したのが、**リプロダクション**（再生産＝生殖）と**セクシュアリティ**である。リプロダクションへの注目は、女性だけが「産む性」であることの強調でもあるが、それをめぐる女性の大きな負担と苦悩の訴えでもある。1970年代初頭からわが国で始まった「ウーマンリブ運動」は、当時「優生保護法」における人工妊娠中絶の要件を厳格化しようとする動きに対抗することを主要な目的としていた[29]。この運動を担った女性たちは「産む産まないは女（わたし）が決める」をスローガンとして、家父長制的な夫やその両親などの介入や生殖に対する国家の介入に対抗して、女性の**生殖権**（リプロダクティブ・ライツ）を主張した[30]。ただ、彼女たちの運動は、避妊薬解禁を訴える別の運動がマスコミに取り上げられたのに対し、あまり理解されなかったようである。もっとも、法改正はけっきょく成立せず、生殖権の訴えは次第に浸透していったといえる。しかし、その後、生殖権の訴えは障碍者の立場や観点と衝突しうることが自覚されるようになった。また、今日ではむしろ急速に進歩する生殖補助医療（体外受精、代理出産、卵子提供、精子・卵子凍結保存、出生前診断など）をめぐって女性たちの負担と苦悩は新たな状況に直面している。

　セクシュアリティの問題は、レイプなどの性暴力の問題から、セックスにおける支配従属関係の問題、セクシュアルハラスメントやポルノグラフィによる女性の性的道具化や商品化などの問題にまで及ぶ。レイプはもちろん犯罪であるが、

27　C.ギリガン『もう一つの声』174頁。
28　山岸明子「コールバーグ理論の展開――ギリガンの批判を中心として」（コールバーグ（水野重史監訳）『道徳性の形成』（新曜社、1987年）所収）参照。
29　江原由美子「リブ運動の軌跡」（江原『女性解放という思想』（勁草書房、1985年）所収）参照。
30　アメリカ最高裁の1973年のRoe v. Wade判決はこの主張に対する支援ともなった。

フェミニストたちは合意の有無の確認のための聴取におけるいわゆる二次被害の問題など、レイプ犯罪が男性視点でしか捉えられていないことを指摘する[31]。また、ポルノグラフィ規制は表現の自由との衝突も指摘されうるが、たとえば、C.マッキノンのようにそれを女性に対する性差別あるいは性的搾取とみなして全面禁止を要求する立場もある[32]。

　最後に、フェミニズムの主張で正義論とも関連する重要なものとして、家庭などの私的なまたは個人的な問題とされてきたものも公共的な問題として取り上げられるべきことへの主張がある。**「個人的なことは政治的だ」**（The personal is political）というスローガンはそれを如実に物語っている。上記のようなフェミニストたちの主張はさしあたり法的な同権のもとでの社会的文化的な事実に関するもので、したがって私的なまたは非公共的あるいは非政治的な領域の問題として捉えられかねない。しかし、フェミニストたちによれば、かつて職場の労働条件の問題が職場での私的な契約の問題とされていたのが、公共的な問題として取り上げられ、労働基準法などによって規制されるにいたったように、現在は私的な領域の問題とされるものが公共的な問題として取り上げられうるのである[33]。

2　フェミニズムと現代正義論

　フェミニズムと現代正義論は必ずしも論争を展開してきたとはいえない。現代正義論はほとんどフェミニズムの提起する問題を正面から取り上げてこなかったし、それゆえに逆にフェミニズムは現代正義論を相手にすることもなかったといえる。数少ない例外の一つが、S.M.オーキンの『正義・ジェンダー・家族』[34]である。オーキンは、ロールズのいう秩序ある社会の人々の道徳的能力のうちの一つ、正義の感覚を人々が獲得する上で**家族**が決定的に重要だということを強調する。子どもたちはまず家族生活の中でそうした道徳能力を身につけていくのだが、その家族がジェンダー体制的な性別役割分業を体現しているかぎり、子どもたちはジェンダー体制的に構成された正義感覚を身につけていかざるをえない。家族はまさにジェンダー体制を再生産する場にほかならない。それゆえ、まず家

31　C. MacKinnon, Toward a Feminist Theory of the State, 1989, 172-183.
32　C. MacKinnon, Toward a Feminist Theory of the State, 193-214.
33　Cf. S. Benhabib, Situating the Self, 1992, 95-104.
34　S.M.オーキン（山根純佳・内藤準・久保田裕之訳）『正義・ジェンダー・家族』（岩波書店、2013年）。

族からジェンダーをなくすこと、これが男女の真の平等を含む正義に適った社会を実現するための根本的な方法だというわけである。

　オーキンによれば、ロールズも社会の基本的制度のうちに家族を含めているが、にもかかわらず奇妙なことに『正義論』において家族の問題をとくに取り扱っていない。ロールズの原初状態の人々は性別も知らないとされているが、その主体として想定されているのはなお男性である[35]。ロールズもジェンダー体制に敏感とはいえないというわけである。もっとも、オーキンによれば、ロールズの『正義論』は、共同体論やリバタリアニズムの問題点を免れており、その諸原理はジェンダー体制を打破するための理論的手段として拡張して使用することができる。これに対し、共同体論は、位置ある自己の観念を提示することによって、ある意味ではフェミニズムの主張にとって利用可能な理論であるようにみえるが、マッキンタイアの「伝統」はいずれにせよ男性だけを想定しており、ウォルツァーの「共有された理解」も女性の観点からの異議の存在を無視している[36]。他方、リバタリアニズムは個人の意義を重視するが、ノージックの所有の権原理論は、女性による人間の再生産を考慮すると子どもに対する女性の所有権を認めざるをえないという帰謬法のターゲットになってしまい、この帰結を逃れるためには人間のニーズや功績といった原理を考慮にいれるしかない[37]。

　ロールズの正義の諸原理のフェミニズム的な拡張適用は次のように述べられている[38]。第一に、平等に保障されるべき基本的自由には**職業選択の自由**が含まれるが、これを真に実現しようとすれば、ジェンダー体制による性別役割分業を見直さなければならない。家事と子どもの世話に対する女性の責任、家族を扶養す

---

[35] S.M. オーキン『正義・ジェンダー・家族』146-150 頁。原初状態の人々が個人として言及されるときは、「彼」という人称代名詞が用いられていることを指摘している。こうした人称代名詞の使用についての批判的指摘はフェミニズムの常套の指摘である。ロールズの『正義論』は1971年に公表された。その後、フェミニストたちの指摘によって、こうした人称代名詞の使用にはかなり注意が払われるようになっている。

[36] S.M. オーキン『正義・ジェンダー・家族』64-110 頁。M. ウォルツァー（山口晃訳）『正義の領分』（而立書房、1999 年）は、分配される財の多様性に応じて、その分配の基準や手続きや主体も多様だとする「複合的平等」論を説いている。その際、その多様な基準は社会的文化的な「共有された理解」に基づくとしている。また、多様な財の分配が単一の基準に則してなされるとき、そこには「支配」があるとし、複合的平等の追求はこのような支配からの解放を意味するという。オーキンは、ウォルツァーのこの不平等と支配の関係づけについては、フェミニズム的に利用可能だとみている（180-189 頁）。

[37] S.M. オーキン『正義・ジェンダー・家族』116-140 頁。
[38] S.M. オーキン『正義・ジェンダー・家族』167-170 頁。

るという男性の責任という、固定的な責任の分配を改めなければならないことになる。第二に、同様に平等に保障されるべき**政治的自由**は社会のあらゆる部分集団が等しい代表をもつことを要求する。そうした部分集団としてロールズは社会階層だけを念頭においているが、女性を男性と政治的に平等に代表させることも要求されるはずである。第三に、ロールズは平等に分配されるべき基本財に各人の**自尊心の社会的基盤**を含めている。ロールズの原初状態の人々は、少女や少年が等しく自分自身への尊重の感覚をもって、また等しく自己を確立し発達することを期待しながら成長することの重要性を強調するはずであり、さらに言論の自由を深刻に脅かすことのないポルノグラフィ規制の手段を見つけようとするだろう。

　ロールズの正義原理のこの拡張は、性別役割分業、公的プレゼンス、そしてセクシュアリティという、フェミニズムの主張の基本的な要素をカバーしているといえる。また、この拡張適用の議論は簡潔にしか述べられていないが、さらに具体的に多様な問題へと拡張適用することができるだろう。オーキンによれば、これはロールズの正義論の「フェミニスト的な潜在的可能性」である。とはいえ、オーキンは、『政治的リベラリズム』のロールズが家族を「私的な」領域、正義原理とはあまり関係のない非政治的な領域に属するという印象を強めていることに苦言を呈して、「公共的／家族的」や「政治的／非政治的」といった区別を見直すべきことを主張している[39]。ただし、彼女もこの区別をすべて排除しようというわけではなく、たとえば女性にとってのプライバシーの重要性は強調している[40]。

　以上のようなオーキンのロールズ正義論の可能性に関する議論に、ロールズは『公正としての正義：再説』においてほぼ賛同している[41]。ロールズは、政治的正義の諸原理は家族を含む集団の問題には直接には適用されないが、集団の構成員たちの自由と平等の問題についてはもちろん適用されるのであり、政治的正義の諸原理はジェンダー体制を批判的な吟味の対象とすることになるという。ただ、正義原理の実現はジェンダー体制の欠陥を修復するのには必ずしも十分ではなく、それには社会理論、心理学、その他のものに部分的に依存するのであり、正義原理だけでは決められないと述べている。その問題の解決はその社会の具体

39　S.M. オーキン『正義・ジェンダー・家族』176 頁。
40　S.M. オーキン『正義・ジェンダー・家族』206 頁。
41　J. ロールズ『公正としての正義：再説』292-293 頁。

的な情報に基づく立法や司法の段階の問題なのだということだろう。

　なお、オーキンは子どもの正義感覚の涵養にとっての家族の重要性を強調するが、問題点もないわけではない。たとえば、オーキンは「母と父による養育を平等に受けている子どもたちだけがいまは男女間に不平等に分配されている心理学的・道徳的諸能力を十分に発達させることができる」という[42]。これは**正義の倫理とケアの倫理**の双方を涵養することが重要だという趣旨だと思われるが、異性婚の家族を想定しているのである。オーキンは家族におけるジェンダー体制の問題を指摘するだけでなく、離婚した女性のおかれるきわめて困窮した状況（とくに母子家庭における経済的困窮など）の問題を詳細に取り上げているが、『正義・ジェンダー・家族』ではオーキン自身も認識している家族の多様化という事態は必ずしも十分には考慮されていないといえるだろう。

3　その後の状況

　フェミニズムは、これまでの長い思想史の中でほとんど顧慮されることのなかった、女性の立場と観点からの正義の主張を前面に押し出すことに成功したといえる。しかし、とくに1990年代以降には、「女性」の立場と観点にもさまざまな違いがあることが指摘されるようになる。第二派フェミニズムはアメリカ合衆国の女性たちの主張として始まったが、それは主に中流の白人女性たちの主張であった。ところが、アメリカでも黒人やヒスパニックの女性たち、職業の異なる女性たち、さらにアジアや開発途上国の女性たちの立場と観点は、「女性」という一つのカテゴリーに集約できない多様性、ときには相互に衝突しうる多様性をもっている[43]。のみならず、たとえば女性がリプロダクションの権利を主張すると、場合によっては、それは障碍者たちの立場や観点と衝突する。さらに、今日では、セクシュアリティの多様性（いわゆるLGBT）の承認と保護への主張が提起されてきている。フェミニズムはそれまで法的には考慮されていなかったジェンダー「差異」への注目を喚起したのだが、その主張の立場と観点はそれにとどまらない多様な差異への注目へと広がっていく潜在的可能性をもっていたのである[44]。

42　S.M. オーキン『正義・ジェンダー・家族』173-174 頁。
43　こうした女性の置かれた状況の多様性によって、フェミニズムの主張も多様化してきた。これについても江原由美子・金井淑子編『フェミニズム』を参照。

他方、フェミニズムの主張は、当初はなかなか理解されない面もあったし、ときとしていわゆるバックラッシュに見舞われることもあった（ある）が、次第に社会的に認知され、法的制度や政策としてもある程度は実現されるようになってきた。わが国では、たとえば、男女雇用機会均等法の制定（1972）、賃金や昇任などにおける男女差別を違法とする諸判決、配偶者からの暴力の防止及び被害者の保護等に関する法律の制定（2001）、職場におけるセクシュアルハラスメントの防止に関する雇用管理上の措置や妊娠中及び出産後の健康管理に関する措置の新設（雇用機会均等法改正：2006）などがある。また、1999 年には男女共同参画社会基本法が制定されて、政府は男女共同参画社会の実現を「21 世紀のわが国社会を決定する最重要課題」と位置づけて、政策を進めている。

しかし、女性の就業形態としてはパートタイムが多いこと、そのために男女の平均賃金格差が大きいこと、管理職の女性比率が国際的にみても低いこと、男性の家事や育児への参加率が低いことなど、性別分業における格差はまだ大きい。とくに、内閣府の男女共同参画局の調査によれば、多くが母子家庭である一人親世帯の相対的貧困率が、有業者であってもかなり高いというのが日本特有の状況である。また、公的プレゼンスにおいても、たとえば国会議員、法曹関係などの公職や企業の役員職に占める女性の比率はなおきわめて低い状態にある。これらをみるだけでも、日本社会のジェンダー格差がまだ根深いことは明らかだろう。

第 3 節　多文化主義

共同体論が主張するように、人々の自同性にとって、人種、民族、エスニック集団などへの帰属や、そこでの言語、宗教、生活様式などの共有は重要な意味をもつ。そのような文化的要素を共有する集団をここでは「**文化集団**」と呼ぶことにする[45]。一つの文化集団が一つの政治共同体と法秩序を構成することもある

44　こうした多様な差異への注目については、たとえば、金井淑子『フェミニズム問題の転換』（勁草書房、1992 年）を参照。

45　W. キムリッカは、このような集団の文化を「社会構成的文化」（societal culture）と呼び、これを「公的領域と私的領域の双方を包含する人間の活動のすべての範囲——そこには、社会生活、教育、宗教、余暇、経済生活が含まれる——にわたって、諸々の有意味な生き方をその成員に提供する文化」と定義している。角田猛之・石山文彦・山崎康仕監訳『多文化時代の市民権』（晃洋書房、1998 年）、113 頁。

が、問題は、複数の文化集団が一つの政治共同体に共存していたり、一つの文化集団が複数の政治共同体に分かれていたりする場合、それらの集団の政治的法的な取扱いをめぐって正義の問題が発生するということである。そうした問題はもちろん以前から存在していたが、とくに1980年代後半頃から、北アメリカやオーストラリアの先住民やヨーロッパの移民の取扱いなどをめぐって議論の対象となってきた[46]。その取扱いを方向づける思想原理または政策原理は「**多文化主義**」（Multiculturalism）と呼ばれている。「多文化主義」という標語はその後あまり用いられなくなっているが、問題そのものはなお存続している。のみならず、グローバル化の展開とともに多文化な状況そのものが多様化して、多文化主義的な問題そのものも多様化し複雑化しているのである。

「多文化主義」は北米やオーストラリアなど欧米系諸国における先住民や移民に関する政策原理であった。それは、これらの少数民族やエスニック集団の「同化」でも「排除」でもなく、その文化的特殊性を尊重しつつ共存を図るという政策原理である。たとえば、多言語教育や公用語の多言語化、公共空間での多様性の承認やエスニックな生活様式の保護、一定の自治権の付与や連邦制の採用などの政策として展開された。同時に、こうした政策を思想的理論的に根拠づけようとする政治哲学や法哲学の議論も現れてきた。それらの議論は、多文化主義政策が欧米系のリベラルデモクラシー諸国（あるいは立憲民主主義諸国）で展開されたことから、文化的特殊性とリベラリズムとの関係をめぐるものとして捉えることができる。ここでは、先住民の集合的権利、移民のエスニック文化権、そして地域社会の文化自治権をめぐる問題をとくに扱っている現代正義論の論者の議論を取り上げる。

1　先住民の集合的権利

多文化主義の問題を正義の問題としていち早く取り上げたのは、カナダの政治哲学者W. キムリッカである[47]。キムリッカは多様な多文化状況を考慮している

---

[46] 古くはギリシャの居留民やローマ帝国の属領の問題、近代初期にはオスマン帝国の多宗教社会の問題、そして19世紀から20世紀にかけての植民地支配の問題などが挙げられる。他方、1990年代以降には、バルカン半島やアフリカでの「民族浄化」や部族抗争の問題、中東地域における宗教的な違いをも背景とする武力紛争とそれによる難民の問題も生じている。これは主に国際法と国際正義の問題として捉えることができるが、多文化主義に関連する問題も含んでいる。

[47] W. Kimlicka, Liberalism, Community and Culture, 1989.

が、彼がとくに取り上げたのは北米の先住民（カナダやアラスカなど北極圏のイヌイットやアメリカのネイティブ・アメリカン）をめぐる問題である[48]。これらの先住民は固有の文化と生活様式をもって地域的に集住しているが、それが属している社会のマジョリティの文化による黙示的な同化圧力のもとにあり、その固有の文化と生活様式の存続を脅かされるという問題を抱えているのである。先住民がその生存と自同性をその固有の文化と生活様式に依存しているとすれば、それが脅かされるというわけである。

　キムリッカは基本的にはロールズやドゥオーキンのリベラルな平等主義の立場に立っているといえるが、ロールズやドゥオーキンの正義論の問題点として、少数民族やエスニック集団の文化的要求をほとんど正義の問題として扱っていないという点を指摘する。彼によれば、ロールズやドゥオーキンがこの問題を看過しているのは、彼らが政治共同体を「**単一の文化的共同体と同一視される国民国家という非常に単純なモデル**」に依拠して理解しているからである[49]。もちろん、ロールズやドゥオーキンも社会の文化的多様性を認識しているが、キムリッカの観点からみれば、それはもっぱら倫理的な善の構想の問題として捉えられ、正面から正義の問題としては捉えられていないということになる。

　しかし同時に、キムリッカは、固有の文化と生活様式を保持しようとする先住民の**集合的な権利**を正当化する論拠を、ロールズやドゥオーキンのリベラルな平等主義は含んでいると考える。それは、ドゥオーキンの言葉でいえば、その人の責任に帰することのできない「環境」による不遇とその人の責任に帰することのできる「選択」による不遇の区別である。キムリッカによれば、個人の選択の結果がその人の責任に帰しうるのと異なって、どの文化集団に生まれ育つかはその人の責任に帰することのできない「環境」である。ところが、マイノリティの文化に生まれ育った人々は、マジョリティが経験することのないような、「保障された文化帰属性」の危機をこのような環境の問題として経験しうる。この不平等はマイノリティの責任に帰することのできない不遇であるから、リベラルな平等

---

[48] イヌイットの居住地域には石油や天然ガスなどの地下資源が豊富にあるが、土地権を認められておらず、地下資源の開発の恩恵は受けていない。ネイティブ・アメリカンは、歴史的に当初は武力によって土地を奪われ、後には契約などによって土地を失い、限定された居留地に居住している。オーストラリアの先住民（アボリジニ）は白人の入植によって奪われた土地に対する権利の回復を求めて運動してきており、1992年の最高裁判決は先住民の土地権の存在を認めている。

[49] W. Kimlicka, Liberalism, Community and Culture, 1989, 177-188.

主義からすれば是正に値することになる。しかし、さらにこの不平等は永続的でありうるから、一時的な積極的是正策（アファーマティブ・アクション）による是正では不十分である。マイノリティが自らその文化的生存に必要な措置（たとえば、居留地をもつ先住民の場合なら、その土地の商業取引や公的収用に対する一定の制限を課すこと、あるいはまた自分たちのコミュニティの言語による公教育を実施することなど）をとることができるように、政治的な集合的権利が認められる必要がある。このようにして先住民の集合的権利をリベラルな平等主義は要求することになるはずだと、キムリッカは論じている[50]。

　キムリッカのこの議論はリベラルな平等主義の観点からは説得的だといえる。しかし、この議論には次のような異論もありうる。たとえば、先住民の中にも自分の生まれ育った文化を離れてマジョリティの文化に同化することを厭わない人々もあるかもしれない。とくに、世代が下るにつれて、そのような若者たちが増加するかもしれない。そうすると、固有の文化の保持は困難になり、それを阻止することは一種の強要になるかもしれない。たとえば、ハーバーマスはそのような固有の文化の維持は「種の保存」とは異なり、各構成員の判断によるべきであって、集団的権利の付与による保護は不要であるだけでなく、規範的な観点からみるとむしろ疑わしいと指摘している[51]。とはいえ、固有の文化が人々の自同性とその承認にとって重要な意味をもつかぎり、それを考慮することは実質的正義の要請だといえるだろう[52]。

2　移民のエスニック文化権

　イギリス、フランス、ドイツなどの西欧諸国は、20世紀後半の高度成長期に労働力を確保するために、北アフリカや中東諸国などイスラム文化圏からの移民を積極的に受け入れてきた。そうした移民のほとんどは、その宗教を核とする固有の文化や生活様式（日課としての礼拝、ヒジャブなどの女性の服装、ハラールによる

50　W. Kimlicka, Liberalism, Community and Culture, 190.
51　J. ハーバーマス「立憲民主国家における承認をめぐる闘争」（A. ガットマン編（佐々木毅・辻康夫・向山恭一訳）『マルチカルチュラリズム』（岩波書店、1996年）所収）184-185頁。
52　日本の少数先住民としてはアイヌ民族がある。アイヌ民族は江戸時代に「和人」によって制圧され、明治時代には同化政策（明治32年の「北海道旧土人保護法」）の対象とされてきた。この政策は第二次世界大戦後も存続していたが、1996年にようやく、アイヌ民族を固有の民族として承認して、その文化の振興を図る法律（「アイヌ文化の振興並びにアイヌの伝統等に関する知識の普及及び啓発に関する法律」）が制定されるに至っている。

食材や調理の制限など）を強く維持しようとする。そのためリベラルな文化をもつホスト社会の中で文化的な軋轢が生じることにもなった。J. ラズはこの問題の重要性を受け止めた法哲学者の一人であり、独特のリベラルな多文化主義を唱えた[53]。

ラズはリベラリズムを「個人の善き生にとっての自由の価値を強調する」政治道徳と捉え、しかもその自由をより実質的なものとして、つまり具体的な生活の諸々の選択肢が実際に存在することを前提とするものと捉える。彼によれば、その選択肢の重要な一つが文化（共有された意味や共同の実践）であり、**文化集団帰属性**は個人の自由にとって決定的な重要性をもっている。文化集団の一員として文化を共有することは、豊かで包括的な社会的関係を形成するための条件であり、自分が誰であるかという自同性の確認の焦点をなすものだからである。

このような観点から、ラズは、移民などによって生じる多文化状況においては、これまでのリベラルな対応、つまり「個人主義的な」寛容や反差別だけでは足りず、個人の善き生にとっての文化集団帰属性の重要性を認識して、異なる文化集団に対して寛容であること、そしてそれらの文化集団の繁栄への努力を支援することが必要だと主張する。たとえば、その集団の文化による教育を尊重し、その慣習や実践を公的にも私的にも承認すること、その文化の繁栄に必要な施設や制度の設置を公的に支援し、とくに貧困、低学歴、未熟練な状態にある集団に公的援助を提供することなどの政策が挙げられる。ただし、ラズは、抑圧的な集団に対しては寛容ではありえないこと、また支援はその集団の存続能力を前提とすることを条件としているとともに、複数の集団に対する支援が公平であるための条件も付している。

移民は集団をなしつつもホスト社会に分散して居住していることが多いから、ラズが挙げるような文化の公的な承認や支援の根拠は、一定の地域に集住している先住民にとっての集団的権利ではなく、キムリッカの言葉でいえば「**エスニック文化権**」として特徴づけられる。ただ、ラズの議論にも異論はありうる。ラズは文化支援の条件としてその集団の存続能力を挙げているが、その存続能力を誰が判断するのかが問題となりうる。また、ラズは自由の実質的基盤として具体的な生活の選択肢のあることを求めているが、井上達夫は、その選択肢が公的に

---

53 J. Raz, Multiculturalism, in do., Ethics in the Public Domain, 1994, 156-176.

(民主的にであっても) 規定されるとすれば、それらの選択肢によって構成される善き生の構想を「卓越主義」的に制約することになりかねず、リベラリズムの正義の基底性に反することになると指摘している[54]。しかし、ラズの思想的根拠は別として、ヨーロッパの移民集団をめぐる問題は、公的空間でのヒジャブなどの着用や社会的承認の弱さや構造的な経済格差など深刻な側面を含んでおり[55]、一定のリベラルな多文化主義的対応が必要であることは否定できないだろう[56]。

3 文化的地域社会の独立と自治

多文化主義的主張の第三の形態は、文化的な地域社会が立憲民主国家からの独立を求める、あるいはより強い**自治権**を求めるというものである。たとえば、カナダのケベック州、イギリスのスコットランド、スペインのカタルーニャ州などの独立運動がその例として挙げられる[57]。こうした独立の要求の背景には経済的な要因もあるが、文化的な要因も小さくない役割を果たしている。とくにケベック州の独立運動は、同州の住民の多数がフランス系であることから、フランス文化の維持と保護を要求するものである。しかし、そのための言語政策などが1982年に制定されたカナダ権利自由憲章の平等条項と衝突する可能性が問題と

---

54 井上達夫「リベラリズムと正統性」(『岩波講座 現代思想16 権力と正統性』(1995年) 所収) 102-104頁。
55 一般に「スカーフ」と呼ばれるヒジャブの着用をめぐっては、1989年にフランスの公立学校でスカーフを着用して登校した女子生徒を公立学校における政教分離原則に反するとして、校長が学校への立入を禁止した事件 (同年にフランスの最高裁である国務院は原則として禁止することはできないとしている)、1998年にドイツで女性教師がスカーフの着用により不採用とされた事件 (ドイツ連邦憲法裁判所は2003年に不採用とした決定を認めた行政裁判所の判決を違憲と判決している)、フランスとベルギーでスカーフを着用した従業員が解雇された事件 (2017年に欧州司法裁判所は社内規定による解雇は差別には当たらないという判決を下している) などがあり、激しい議論を呼び起こしている。
56 日本の場合、移民ではないがエスニック文化権の対象となりうるものとして、とくにいわゆる在日朝鮮人・韓国人の問題がある。帰化していない人々には「特別永住権」が認められているが、この特別な公的承認は、第二次世界大戦前に強制的に日本国籍を付与されて日本に居住していた人々が戦後に一方的に日本国籍を剥奪されたことに対する補償である。また、朝鮮人学校への私学助成は公的支援の一つである。しかし、社会的な抑圧や差別がなお残っていることも事実である。
57 ケベック州は1995年に独立の是非を問う住民投票を実施したが、僅差で独立は否決された。スコットランドは、1999年にスコットランド議会の設置を認められて強い自治権を獲得した後、さらに2014年に独立の是非を問う住民投票を実施したものの、独立は否決された。カタルーニャ州は2017年に独立を求める住民投票を実施して、可決の結果を得たが、中央政府は住民運動を推進した州首相を内乱の罪で欧州逮捕状を請求、州首相はベルギーからドイツに事実上亡命している。

なった[58]。カナダの政治哲学者 Ch. テイラーはこの文化的要求を支持する主張を展開し、議論を呼んだ[59]。

テイラーは、ルソーやヘーゲルに言及しながら、近代的な「自己の源泉」の一つである「真正性」（各人固有の自同性）の確認は、文化や価値を共有する他者との対話における「承認」に依存するという。そのような各人の自同性の確認を保障するためには、万人を普遍主義的に平等なものとするロールズやドゥオーキンのリベラリズムの「普遍主義の政治」あるいは「平等な尊重の政治」ではなく、具体的な個人の自同性の確認にとって本質的な文化的差異を承認する「**差異の政治**」あるいは「**承認の政治**」が必要なのだと、テイラーは主張する[60]。もっとも、彼はリベラリズムの基本原則を否定するわけではない。文化的差異に左右されないもっとも基本的な自由権は平等に認められなければならない。しかし、この平等な基本的自由権と、その他の重要ではあるけれども文化的差異に基づく公共政策のために制約されうる特権や免除権とは区別することが可能である。したがって、前者を保障しつつ同時に後者の権利を制約するような差異に親和的なリベラリズムも可能であるはずである。ケベック州はそのような差異に親和的なリベラリズムに基づいてフランス語文化の永続的な「生存」を可能にする政策を採用しているのだというのである。

すでに触れたように、テイラーは、サンデルやマッキンタイアと並んで、共同体論の代表的な論者の一人とされる。したがって、その議論の問題点も共同体論のそれと同様である。一つの政治共同体の中に複数の文化集団があるとき、特定の集団の文化をその政治共同体の文化として公定することのもつ問題である。ただ、ここではカナダという政治共同体の中にとくに特定言語を母語とする人口が圧倒的多数である集団が存在するとき、その集団が一つの政治共同体として独立または強い自治権を要求することが問題となっている。ケベック州が一つの政治共同体として独立するならば、他の諸国において一般にそうであるように、特定言語を公用語とすることに問題はないようにみえる。また、一つの政治共同体の

---

58 同憲章は英語とフランス語をカナダの公用語として規定し（16条）、民族的またはエスニックな出自に基づく差別を禁じているが（15条）、ケベック州はフランス語だけを公用語としている。ケベック州でフランス語を母語としている人口の割合は8割に近いが、英語その他の言語を母語とする人々も存在する。
59 この議論は A. ガットマン編『マルチカルチュラリズム』にまとめられている。
60 Ch. テイラー「承認をめぐる政治」（A. ガットマン編『マルチカルチュラリズム』所収）参照。

中の「特別な社会」としてより強い政治的自治権を認められる場合も、同様といえそうである。しかし、そのような場合でも、その内部にまた異なる言語を母語とする集団が存在する場合、その差異を考慮する何らかの政策を採用する必要が、普遍主義的なリベラリズムからだけでなく、この議論そのものからも帰結する。これは、フェミニズムの場合に女性という集団の内部にもまた差異があるという問題と同様である。「差異の政治」はより細やかな考慮を要求するのである。

第4節　文化的差異と普遍的正義

　文化と正義の問題は、人々の集団帰属性による文化的な差異の特殊性と自由かつ平等な存在としての人々の公正な処遇を要求するリベラリズムの正義の普遍性との関係をめぐる問題である。この問題について以上のような議論の要点を三つにまとめておこう。
　第一に、近代啓蒙以降のリベラリズムの正義論は、すべての人々を自由かつ平等な存在として捉え、その尊重と配慮を権利として保障することを求めてきた。自由と平等は当初は形式的に捉えられ、このことは近代以前の身分制を廃するという点で積極的な意味をもっていた。しかし、その後、産業社会の発展に伴って、人々のとくに経済的－社会的な差異を考慮することが求められるようになった。自由尊重主義と平等尊重主義の論争はこの問題に関わっている。これに対して、共同体論は人々の文化的－社会的な差異にあらためて照明を当てた。リベラリズムの正義論はこの文化的－社会的な差異を多様な「善き生」の問題とみなし、それに対する正義の中立性や優先性を説いてきたが、共同体論はこのリベラリズムの正義論を個人主義的と批判して、人々の文化集団帰属性とそれに基づく「善き生」の問題の重要性を指摘したのである。しかし、近代以降の社会ではそのような「善き生」の観念が多様化している以上、それらの共存と公正な取扱いを可能にする公共的な原理としてリベラリズムの正義が要請されることは否定できない。リベラリズムは人々の「善き生」の問題の意義を否定するわけではなく、それを人々の自由の領域に委ねるのである。ただ、この二つの領域はつねに画然と分けられるわけではない。その間で問われなければならない問題はいつでも生じうる。
　第二に、フェミニズムや多文化主義はそのような問題を提起したのだとみるこ

とができる。それらの主張は、自由かつ平等な存在とされる人々の間で、ジェンダーや民族やエスニシティなどの文化的背景をもった差異が社会的な抑圧や差別の源泉として事実的に作用していることを指摘し、リベラリズムの正義はこれらの差異をめぐる問題に対して敏感でないと批判するのである。しかし、それらの主張は、自由かつ平等な存在としての人々の公正な取扱いというリベラリズムの正義の要請を否定するわけではないし、その必要もない。それらはむしろ、そのような差異による事実的な抑圧や差別を是正して、自由と平等をより実質的に保障すること、あるいは「平等な存在としての尊重と配慮」をより実質的に保障することを求めるものと考えられるからである。しかし、自由かつ平等な存在としての人々の公正な取扱いにとって「関連ある」（レレバントな）差異はさらに多様でありうる。フェミニズムや多文化主義の「差異の政治」あるいは「承認の政治」は、平等尊重主義にとってと同様に、そのようなさらなる差異にどのようにまたどこまで対応すべきかという問題をも提起する。

　第三に、このような文化的な差異と正義の関係をめぐる問題は人々の自己理解や他者理解と密接に結びついている。そのような自己理解や他者理解は、マッキンタイアやテイラーがいうように、文化的で伝統的な集団帰属性やその信念の体系に深く根ざしているとみられる。したがって、これらの問題に対応するためには、そのような自己理解や他者理解についての相互的あるいは共同の解釈的対話、しかもそれまでの自己理解や他者理解の変容をももたらすような解釈的対話が必要である。そのような対話の結果としてそれまで人々の公正な取扱いにおいて関連あるものとはみなされていなかったような差異が関連あるものとみなされるようになりうる。そのような差異はさらに公共的な議論と決定を通じて公的な制度や政策によって対応されることになりうるのである。そこでは、非公共的と公共的との境界は解消されるわけではないが、その境界そのものは**解釈的でかつ公共的な対話**の対象となる。そして、そのような対話への志向はそれ自体として**正義への志向**とみることができるのである。

第10章　政治と正義

　第7章から前章までみてきたように、現代正義論においても、正義の諸構想には様々なものがあり、それらの間には両立可能なものもあれば、衝突するものもあることがわかる。両立するとみられる場合でも、それらを具体的にどのように両立させるのか、そして衝突する場合には、それらを具体的にどのように調整させるのかがさらに問題となる。アナーキズムを楽観的すぎるとして退けるとすれば、おおよそ正義に適う安定した共同生活を営むためには、この問題はそれぞれの政治共同体における政治的決定に委ねられざるをえない。その意味では、政治的決定は正義の諸構想に対して一種の上位審級をなす。しかし、正義の観点からみれば、政治的決定そのものも正義の要請に服するのでなければならない。政治的決定は何を決定しうるのか、その決定の手続きはどのようにあるべきかといった点について、政治と正義をめぐる問題が生じる。

　近代以降、そのような政治的決定はそれぞれの主権国家においてなされるものとされてきたし、またなされてきた。他方、主権国家間にも何らかの法的秩序が必要であり、したがってまたその秩序の正義が問題となる。そうした問題は、平和を維持し、人々の基本的人権を国際的にも保障するといった基本的な問題から、公正な交易を促進し、世界的な貧困や格差に対処するといった社会経済的な問題、さらには地球の資源や環境を保全するといった新しい問題にまで及ぶ。現代では、これらの問題はたんにそれぞれの主権国家の枠内だけで対処しうるものではなく、それを超えて共同で対処しなければならない世界社会レベルの問題となっている。しかし、これらの問題への共同の対処はいまだきわめて不十分であり、その対処のための世界社会の法的秩序とその正義に関する問題はますます重大なものとなってきている。

第1節　国内政治と正義

　すでに触れたように、政治の中心的な目的はある集団の共同の事柄を管理運営

すること、つまり共同の事柄を決定し執行することである。集団の共同の事柄が問題となる場合にはつねに政治的なものが存在するが、ここで取り上げるのはもちろん国家における政治である。その対象となる共同の事柄をここでは「公共の事柄」(public affairs)、簡略化して「**公共事**」と呼ぶことにする。問題となるのは、公共事にはどのようなものがあるのか、公共事の決定はどのようになされるのか、それはどのように執行されるのか、そしてこうした政治における正義とは何か、正義は政治にどのように関わるのかということである。

1 公共事の内容

　国家における公共事はどのようなものかについては、古くからさまざまに論じられてきた。すでに触れたように、アリストテレスは、国家の正しさの基準として、国家の政治が「共同善」(koinon sympheron) を目指しているかどうかを挙げていた。国家の政治は法を通じて実現されることから、「共同善」は法の目的でもあった。また、キケロは「国家」がまさに「公共の事柄」(res publica) であることを強調し、それを共通の法と合意によって結合した「人民の事柄」(res populi) と規定している[1]。近代でも、ロックは政治権力を、自由や所有などの固有権 (property) の保護のために法律を制定する権利、そして法律を執行し外敵に対して国家を防衛するために共同体の力を用いる権利と規定して、さらにこれらの権利は「公共の善益」(public good) を目的とするとした[2]。また、ルソーも、結合した人民の意思であり、立法として作用する「一般意思」はつねに「公共の利益」(utilité publique) を目指すと述べている[3]。さらに日本国憲法にいう「公共の福祉」(public welfare) もここでの公共事に含めることができる。

　このように様々に論じられてきた公共事の内容を今日の観点からおおまかに分類すると、次の三つに分けられる。すなわち、基本的権利（およびそれを具体化する様々な法的権利）の保障、防衛も含めた公共財や公共サービスの提供、そして政治的共同体としての統合である。

　(a) 基本的権利の保障を公共事とするのは近代以降のことであるが、今日ではこの点について基本的なコンセンサスがあるといってよい。どの国の憲法にも

---

[1] キケロ（岡道男訳）『国家』（『キケロー選集8 哲学1』、岩波書店、1999年所収）129頁参照。
[2] J. ロック（加藤節訳）『統治二論』（岩波文庫、2010年）293頁。
[3] J.J. ルソー（桑原武夫・前川貞次郎訳）『社会契約論』（岩波文庫、1954年）46頁。

各人の基本的な自由や権利の保障に関する規定がその主要な部分として含まれている。憲制史からみれば、基本的な自由や権利の保障は国家権力による侵害に対する防御として要請され実現されてきたのだが、思想史的にみれば、人々の自由や権利の相互的な侵害に対する保護として要請されたものである。基本的な自由や権利に対するもっとも重大な侵害のおそれは国家権力から生じる一方、その侵害に対する保護を有効に提供しうるのも、現在のところ立憲主義の下の国家権力である。

　どのような自由と権利を基本的なものとして保障するか、それらの自由や権利の保障にどのような優先順位を与えるか、それらをどのように具体的に保障するかなどは、政治的な議論と決定の対象となる。前章までみてきた現代正義論はこれらの点に関する政治哲学的な議論である。それらの議論は現実の政治的な議論と決定に直接に影響を及ぼすわけではないとしても、広い意味での政治的な議論のプロセスの一部をなしている。それらの議論はいずれも正義の主張を掲げているが、決着がつくとはかぎらないから、現実の政治的な決定が必要となる。これについては後で触れる。

　基本的権利の保障を公共事とすることに異論がまったくないというわけではない。公共事を公共の利益や公共の福祉として観念する場合、それは各人の権利の保障に還元されない集合的な利益を意味し、むしろ各人の権利を制限する原理と理解されることがあるからである。たとえば、防衛あるいは安全保障はそうした公共事の典型とみなされてきた。憲法学の議論で、公共の福祉が以前には人権保障に対する外在的制約原理とされてきたのはその例である。こうした見解によれば、公共の福祉は各人の権利保障と対抗する関係にたつ。しかし、これら二つの要請をつねに対抗的に捉える必要はない。公共の福祉による権利保障の制約は内在的な制約とみなすこともできる。この場合、公共の福祉は各人の権利の衝突を調整し、それによって各人の権利を保護する原理とみなされる[4]。各人の権利保護はこの意味で公共の福祉の一部をなすのである。外在的制約原理としての公共の福祉と各人の権利保護としての公共の福祉をどのように調整するかも、政治的な議論と決定の対象となる。

(b)　防衛または**安全保障**は古くから公共事の典型とされてきた。防衛の目的

4　わが国の憲法学における「公共の福祉」論の流れについては、芦部信喜『人権と憲法訴訟』（有斐閣、1994年）425-433頁参照。

は国家という共同体そのものの安全であり、それは各人の権利の集積に還元されないからである。実際、防衛のための戦争は国家という共同体のために各人にその生命や自由や財産の犠牲を要求する。国家は各人の権利を保護することを目的とする組織だとすれば、この目的を実現するために必要な場合にはこの組織を防衛するために各人の権利は制限されなければならない。また、国家を各人が構成員として所属するとともに各人を超えて存続する実体的な共同体だとみなすならば、国家の防衛は各人の権利を保護する目的を超えて各人に犠牲を要求することになりうる。それは国家という共同体（「祖国」）に特別の価値が与えられることを前提とする。この防衛の目的を何とみなすか、そしてそのために各人に何を要求するかは、まさに政治的な議論と決定の問題である。

　経済学的にみれば、防衛や安全保障は**公共財**（public goods）**または公共サービス**（public services）である。防衛や安全保障は各人が個人的に供給できるものではない一方、その恩恵は各人が競合することなく、また非排他的に享受することができる。同様に、警察や消防などのサービスも公共サービスとみなされる。一般に、立法・司法・行政などの国家のサービスやそのための財は公共的である。公共財や公共サービスにはその非排他性のゆえにフリーライドの問題が生じうる。そこで、公共財や公共サービスの提供については各人に何らかの相応の負担が義務づけられなければならない。自由尊重主義がこうした公共財や公共サービスを拡大することに否定的であることはすでにみたが、そうでないとしても、何をどこまで公共的とするかが問題となる。この問題はその社会の経済的な状況にも依存するが、やはり政治的な議論と決定の問題である。

　(c) 国家が人々のたんなる集合ではなく、またアリストテレスが言ったように[5]、たんに土地や経済の共同にすぎないのでもないとすれば、そこには何らかの**政治的な統合**が必要である。すでにみたように、C. シュミットは「政治的なもの」の眼目を「友／敵」関係に見出したが、これによれば、国家という政治的な集団はその構成員が互いに「友」として結合していることを要することになる。また、H. アレントは政治的な活動を個人的な享受や経済活動と区別して、「共同の記憶」を生み出し維持する「共同の活動」とみなした。近代以降の国家は、対内的および対外的に主権的な国家であるだけでなく、多くの場合「国民国

5　アリストテレス（山本光雄訳）『政治学』（岩波文庫、1961年）144-145頁。

家」という特質をもつとされる。「国民」(nation) としての政治的統合は公共事の重要な要素だということができる。

　国民としての政治的統合を生み出す要因には様々なものがある。アリストテレスの言にかかわらず、土地（領土）の共同がその重要な要素であることは否定できない。また、人種や民族などの人々の生物学的特徴も国民としての政治的統合の自然的基盤として挙げられる。しかし、土地の共同はたとえば山脈や河川や海洋によって区切られるとしても、それだけで政治的統合が決定されるわけではないし、人種や民族は同一でも複数の国家に分かれることも、また一つの国家に複数の人種や民族が混在することもある。国民としての政治的統合は、これらの自然的な基盤に相対的に依拠するとしても、それ以上のものを、つまり文化的な要素を必要とする。言語の共有、宗教や倫理的な善の観念の共有などが、そうした文化的な要素として挙げられる。とはいえ、これらも国民としての政治的統合を必然的にもたらすわけではない。宗教や言語が同一でも異なる国家を構成することもあれば、一つの国家に多様な宗教や言語が存在することもある[6]。

　国民としての政治的統合をこれらの自然的要因や文化的要因に強く依存させる見解もあるが、それらを基礎とすることがあるとしてもそれに縛られることなく、「共同の活動」によって新たに生み出され、ときに変更されつつ維持される共同性に求める見解もある。その共同の活動のうち重要なものは、先にみた他の公共事、つまり各人の基本的な自由と権利の保護、公共財や公共サービスの提供とそのための負担の分配などについての、政治的な議論と決定である。もちろん、この政治的な議論と決定は「国民」の範囲を再定義すること（独立分離や自治権の獲得などであって、「国民」の中に等級の差異を設けることなどは除く）も含みうる。また、それは「我ら人民」の憲法を制定してその国家の公共事を法的に管理運営するという活動ともなる。国民としての政治的統合はこのような公共事をめぐる動的な活動、政治的な活動として捉えられるだろう[7]。

　6　このような国民国家の多様な成立のあり方については、B. アンダーソン（白石隆・白石さや訳）『幻想の共同体』（リブロポート、1987年）を参照。
　7　このように自然的または文化的な実体的要因を基礎とする政治的統合の捉え方を「共和主義的」と呼び、各人の権利の保護と規制という側面を強調する政治的統合の捉え方を「自由主義的」と呼ぶことができるかもしれない。これについては、J. ハーバーマス（高野昌行訳）『他者の受容』（法政大学出版局、2004年）270-275頁参照。ハーバーマスはこの区別を民主主義についての二つの規範的モデルとして捉え、これらに対して、市民の討議を通じた意見形成・意思形成の手続きによる「熟議的」モデルを提唱している。また、ハーバーマスはこのような熟議民主主義的な

なお、今日のグローバル化しつつある状況の下では、国民としての政治的統合の意義は、主権国家の相対化とともに、相対化されつつあるといえるかもしれない。国民としての政治的統合を世界社会の中で強調する立場を「ナショナリズム」[8]、それを相対化して各人を世界社会の成員とみなす立場を「コスモポリタニズム」と呼ぶことができる。これについては「世界正義」の箇所で検討する。

2　公共事の議論と決定

次に問題となるのは、公共事の管理運営に関する議論と決定をどのように行うかである。公共事の議論・決定は民主的手続きによって行うのが今日では一般的である。しかし、民主的手続きについては古くから懐疑的な見方もあって、これに代わる決定方法も提示されてきた。たとえばプラトンは、民主政を衆愚政治に導きかねないとみなして、「哲人王」による統治を最善としたし、ヘーゲルは、民主的手続きを世論としての参加にとどめて、「官僚」による政策の策定や実施、法案の起草や執行のほうが望ましいとし、共産主義者たちは単独の「前衛」政党の役割を強調した。いずれも民主的手続きによるよりも、これらのエリートによるほうが「公共的な」視点に立った合理的な議論と決定を可能にするという想定に立っている。

しかし、プラトンも認めたように「哲人王」はほとんどありえないし、現実の国王や君主はむしろ「暴君」となりやすいことは歴史の教えるところである。また、「官僚」が公共的視点に立つとはかぎらないし、むしろその身分に特殊な利益を追及しがちであることもよく指摘されることである。さらに、単独の前衛政党による統治が人々の様々な自由や権利を制限するのみならず、官僚制と同様に特殊な権益を求めることになりやすいことも同様である。エリートによる統治は国家と国民がまだ未成熟な段階ではありうるとしても、ロックやカントがいうように、国民が自らの理性を使用しうるかぎり、エリートによる独断的統治は国民

　　政治的統合によるパトリオティズム（愛国主義）を「憲法パトリオティズム」と呼んでいる。
8　D.ミラー（富沢克・長谷川一年・施光恒・竹島博之訳）『ナショナリティについて』（風行社、2007年）は、「ナショナリズム」はマイナスイメージをもって語られることから、これに代えて（J.S.ミルにならって）「ナショナリティ」という語を用いている（同書18頁）。ナショナリティの特徴としては、ナショナル・アイデンティティがあること、ナショナリティを共有する人々には相互に特別な倫理的義務があること、ナショナルな政治的決定をなすことが挙げられている（同書18-21頁）。

の政治的自律という観点からしても受容できないだろう。

　公共事の民主的な議論・決定手続きについても多様な見解がある。ここではおおまかに次の三つの見解に分けておこう。すなわち、民主的決定を各人の見解の単純な集計とみる見解、人々の十分な熟議による合意形成が必要だとする見解、そして政治を合意志向的なものとしてではなく、より対抗的なものとみる見解である[9]。

　(a) 公共事に関する民主的な議論・決定において全員一致が成立することはほとんど期待できない。そこで最終的には何らかの多数決が必要となる。この多数決の結果をどのように評価するかについては二つの対極的な見解がある。W.H. ライカーはそれを**投票についての「ポピュリズム」的見解と「リベラリズム」的見解**と呼んで区別している[10]。

　ライカーによれば、ポピュリズム的見解は、ルソーのように、多数決を「一般意思」の表明、つまり公共性が正しく反映された結果だとするものである。しかし、ルソー自身も「一般意思」と、個人的利益を求める特殊意思の集計にすぎない「全体意思」を区別していたように、多数決が一般意思の表明であるのは、各人が公共的利益の観点に立って投票する場合だけである。ところが、各人が公共的利益の観点に立って投票するとはかぎらない。そうだとすれば、多数決を一般意思の表明とみなすのは幻想的であるだけでなく、少数意見を「誤った」意見として抑圧することになりかねない点で危険でさえある。

　そこで、もう一つのリベラリズム的見解は、多数決が正しく公共性を反映するかどうかは問わず、多数決はたんに多数決として受け入れるべきだとする。これによれば、多数決の結果はいずれにせよ各人の見解のたんなる集計にすぎないものとみなされることになる。公共事に関する人々の見解は多様であるが、何らかの決定が下されなければならない以上、多数決によらざるをえない。ところが、単なる多数決ではいうまでもなく多数による専制の危険がある。そこで、この危

9　なお、民主的手続については周知のように直接民主政と間接民主政が区別される。直接民主政においては、国民が自ら公共事について議論し決定する。間接民主政では、国民は代表を選出して、代表が公共事について議論し決定する。この場合、代表の候補は公共事についての自己の見解を表明し、国民はそれについて判断して投票を行う。今日では代表の候補は多くの場合何らかの政党に属しており、政党が公共事に関するその見解を綱領として表明している。直接民主政と間接民主政のいずれが望ましいかについては議論がある。しかし、ここでは政党政治を伴った間接民主政を前提する。

10　W.H. ライカー（森脇俊雅訳）『民主的決定の政治学』（芦書房、1991 年）21-32 頁。

険を回避するために、この見解も立憲主義的な諸制約を組み入れる。たとえば基本的人権の保障、権力の分立、違憲審査制などを、単純多数決の対象から外して、憲法に規定しておくべきだとする[11]。

(b) このリベラリズム的見解は、憲法の基本原理が公共的な正義に適っていることを前提とする。しかしさらに、その基本原理の具体化が政治的な議論と決定の対象となる。また、憲法の基本原理とその規定が定まっている場合でも、公共事についての決定が人々の多様な見解のたんなる集計としての多数決に委ねられるならば、公共事が特殊な利益の単なる多寡に左右されることになりうる。たとえば、限られた予算のもとで、サッカー場や野球場のようなスポーツ施設を設けるか、それとも図書館や美術館のような文化施設を設けるかを決定するときに、たんに各人のスポーツと文化に関する個人的選好の集計に委ねるだけでよいとはいえない。

そこで、最終的には多数決によらなければならないとしても、そこに至る過程で、決定が公共性を可能な限り満たすものとなるように、人々による議論、「熟議」(deliberation)がなされるべきだという見解が現れる。熟議を通じて人々のたんなる個人的な選好が公共的利益の観点に立つものに修正される可能性を保証しようとするのである。したがって、この見解は決定そのものよりも、そこに至る議論のあり方を問題にすることになる。こうした「**熟議民主主義**」についても様々な議論があるが、ここではロールズとハーバーマスの議論に触れておこう。

まず、ロールズによれば、議論において自己の見解を主張するときは、その見解は自己に特有の理由（たとえば、自己の信奉する宗教的教説に基づく理由など）によってではなく、「**公共的な理由**［理性］」(public reason)によって根拠づけられるのでなければならない[12]。正義原理を選択する原初状態では、「無知のヴェール」によって自己に特有な情報に基づく選択は排除されるものの、当事者はその下で自己利益を最大化するという合理的な観点からの選択をなすものとされていた。これに対して、ロールズが「公共的理由」に言及するのは、選択された正義原理のもとでの憲法や法律の制定という政治的決定のプロセスについてである。とはいえ、政治的主張は「公共的理由」によるものでなければならないという要

---

11 W.H. ライカー『民主的決定の政治学』303-307 頁参照。
12 J. ロールズ（田中成明・亀本洋・平井亮輔訳）『公正としての正義・再説』（岩波書店、2004 年）158-167 頁。

請は、すでにみたように、「個人的なことは政治的だ」とするフェミニズムなどにとっては厳格すぎるということになるかもしれない。ロールズもたとえば奴隷解放運動や公民権運動などの例では宗教的な理由に基づく主張が有効であったことを認めているが、ただしそれは最終的には公共的な理由に訴えるのでなければならないという[13]。いずれにせよ、公共的と非公共的との区別ははじめから画然としているわけではないとみるべきだろう。

　そうすると、さしあたりは公共的理由に基づくとはみえないような主張も熟議のプロセスでは許容されなければならないことになる。とはいえ、そうした主張が熟議のどのフォーラムにおいてもいつでもなされうるとするのでは、公共事についての公共的観点からの決定へのプロセスは収斂することが困難となりうる。そこで、ハーバーマスは、**熟議のフォーラム**を非公式のものと公式のものとに区別し、それらの間のフィードバックによる複線的な熟議手続きを提案している[14]。市民社会（市民運動やマスコミ報道やその他の公的議論の場としての）の非公式の諸フォーラムにおいては、公共的理由に基づくとはいえないような見解も主張されてよい。このフォーラムにおいてそうした見解もそれが道理的なものであれば公共的な理由に基づくものへと整えられていく。そのような見解は次に代表による公式のフォーラムでのアジェンダとなり、そこでの熟議を通して、必要な場合には、政策や法案として議会に提示され、決定の対象となる[15]。こうした手続きが実際に効果的に作用するならば、公共事についての公共的観点からの決定への収斂の可能性は高まると期待しうるというわけである[16]。

　(c) 第三の類型の見解は政治における対立と支配関係または権力関係を重視する。この見解によれば、集計型の民主主義理解は政治を多様な選好の経済的集計

13　J. ロールズ（中山竜一訳）『万民の法』（岩波書店、2006年）208-209頁。
14　J. ハーバーマス（河上倫逸・耳野健二訳）『事実性と妥当性［下］』（未来社、2003年）27-40頁。
15　ハーバーマスは、たとえば、ドメスティック・バイオレンスの問題が刑法上の新しい構成要件として規定されることや、働きながら育児をする女性のためにフルタイムの託児制度が設けられることなどを例として挙げている。
16　ロールズやハーバーマスの議論は熟議民主主義のいわば原理論だが、こうした原理論の他に、投票期日前に「熟議の日」を設けることを提案する議論（B. Ackerman and J.S. Fishkin, Deliberation Day, in J.S. Fishkin and P. Laslett (eds.), Debating Deliberative Democracy, 2003, 7-30）など、様々な熟議のフォーラムからなる熟議のシステムを検討する議論も最近では展開されている。なお、熟議を重視する見解に対しては、個別のフォーラムにおける熟議は合理的な結果をもたらすとは限らず、むしろ情報の偏った累積化によって一定の見解をもつ人々を急進的にする効果があるという指摘もある。C. サンスティン（那須耕介編・監訳）『熟議が壊れるとき』（勁草書房、2012年）参照。

に還元し、熟議民主主義は合理的合意を目指す道徳的議論に還元する。これらに対し、第三の類型の見解は政治に固有なものを対立と支配関係または権力関係に見出し、民主主義をこうした対立や支配の関係を統御するシステムとみなすのである。こうした見解も多様であるが、ここでもそのうちの二つを概観する。

　こうした見解も「対立」を政治共同体の分裂や破壊に導くような熾烈な闘争とみなすわけではない。I. シャピロは、J. シュムペーターの民主主義観にならって、政治的対立を経済的な競争に類似するものとみなす[17]。市場において各企業が経済的革新とそれによるシェアをめぐって競争するように、政治においては各党派が政治的改善とそれによる市民の支持をめぐって互いに競争する。この競争において勝利した党派は政治的支配権を獲得するが、競争が存続するためには政治的権力とその支配を制限する必要がある（シャピロは、たとえば、二大政党制を政治的な独占とみなして、その制限が必要だとする）。シャピロは民主主義の本質をこのように権力と支配を制限する点にみる。彼はこの目的のための熟議の意義を否定しないが、つねに熟議が必要だとするのではなく、熟議を求める権利は支配を制限するために、したがって支配的な側による決定によって影響を受ける側（解雇の決定については労働者側に、教育バウチャー制度の導入に関しては子どもを公立学校にしかやれない親たちに）に限定的に認められるべきだとする[18]。それでも彼は集計型民主主義論の立憲的制度だけでは多数の支配の制限には十分ではないとみなしているのである[19]。

　対立をより鋭いものと捉える見解もある。Ch. ムフは、友敵関係というシュミットの「政治的なもの」の概念を受け継ぎながらも、対立関係を闘争（抗争）という敵対関係としてではなく、H. アレントのいう「闘技」（アゴーン）の関係として捉える**ラディカル・デモクラシー**を説く[20]。ムフも、普遍主義的道徳の観点からみた合理的合意を目指す熟議民主主義に対して、政治は不可避的に対立を含むものとみるのである。もちろん、対立が抗争にならないためには、対立する

17　I. シャピロ（中道寿一訳）『民主主義理論の現在』（慶應義塾大学出版会、2010 年）84-96 頁。
18　I. シャピロ『民主主義理論の現在』65-73 頁。
19　シャピロは、司法も政治的党派性を免れないから、司法審査制度も多数の支配を必然的に制限するとはいえないという（『民主主義理論の現在』96-114 頁）。むしろ、深刻な見解の対立のある問題については、司法は自ら決定を下すのではなく、立法に再検討を促すように行動すべきであり、こうして民主的正統性をもつとはいえない司法と民主主義とを融和させることができるのだとしている。
20　Ch. ムフ（葛西弘隆訳）『民主主義の逆説』（以文社、2006 年）。

諸党派は少なくとも共通の原則を基礎におくのでなければならない。自由主義的民主主義はそうした基礎の一つとみなされうるが、これについても見解の対立が不可避的に生じ、現代正義論の諸論争にみられるように、その対立が合理的合意に至ることは期待できない。その対立は妥協しうるようなものでなく、それぞれの生活形式の違いに基づいた尖鋭なものである。この対立において対抗する諸党派は、互いを殲滅の対象たる敵としてではなく、C. シュミットの意味での「正しい敵」としてヘゲモニーを競い合う闘技者として取り扱う。そうした情熱的なエートスが政治には必要なのだとムフは主張するのである[21]。とはいえ、対立が分裂に至らないためには、そうした闘技者も、たんに自分たちの特殊的利益を主張するのでなく、少なくとも公共的観点に立って公共的理性に訴えるのでなければならないだろう。

3 政治と正義

以上、政治の対象である公共事の内容とその決定手続きについてみてきた。次に問題となるのは、これらと正義との関係である。つまり、公共事の内容と正義の関係、そして決定手続きと正義の関係である。

(a) 先に公共事の内容をおおまかに三つに分類した。基本的権利の保障、防衛を含む公共財の提供、そして国民としての政治的統合である。

このうち、正義と直接に関わるのは**基本権の保障**である。基本権の保障は平等に行われなければならず、各人を平等なものとして取り扱うことを要求する。これが普遍主義的な正義の要請であることはいうまでもない。平等なものとしての取り扱いは、形式的な平等（関連のない差異を捨象して人々を一律均等に扱うこと）と実質的な平等（関連のある差異を考慮して人々の取り扱いを均等にすること）を含む。形式的に平等な取り扱いにおいて関連のない差異とされるものは、たとえば憲法14条に列挙されている。しかし、それらにとどまるかどうかは議論の対象となる。今日、とくに注目されているのは人々の性的指向や性的アイデンティティの差異、嫡出と非嫡出の差異など、親密圏に関わる権利の問題である。こうした差

---

[21] なお、ムフ自身は左派の立場に立っており、しかも従来の社会民主主義が新自由主義と妥協して「第三の道」を求めているのを批判して、左派にあらためて「闘技」的な尖鋭さを取り戻そうとする意図が、彼女の議論の背景にある。とはいえ、政治の本質がどこまでも闘技的な対立にあるとすれば、ムフ的な左派が永続的なヘゲモニーを維持しようとすることも自己矛盾となるだろう。

異に基づく処遇の区別が不当な不平等処遇であるとする主張は正義の主張である。これらの問題は司法によっても扱いうるが、一般的でかつ具体的な対処には立法が、したがって政治的な議論と決定が必要である。

また、実質的に平等な取り扱いの問題として今日とくに注目されているのは、正規労働と非正規労働の差異、高齢者と若年者の差異など、社会的権利に関する問題である。正規労働と非正規労働の差異を経済システムの要請だとして前提するとすれば、非正規労働に特有の保障が考慮されなければならない。また、高齢者には介護や生活保護に関する政策、若年者には安定的な雇用に関する政策、シングル・ペアレントや育児環境に関する政策などが、政治的な議論と決定のアジェンダであり、これらは基本的に政策と立法の問題である。

防衛を含む公共財の提供はそれ自体としては正義の問題ではないが、間接的には正義の問題を含む。どのような防衛政策をとるか、何を公共財として提供するかは、全体の目的の設定とそのための合理的な手段の選択に関する問題である。とはいえ、とくに手段の選択に関する問題は正義の問題に関わってくる。防衛のための軍備をもつかどうかは国内的観点からみれば正義の問題ではないが、軍備をもつとしたときに徴兵制度にするか志願兵制度にするかは、兵役という負担の分配の問題として、正義の問題である[22]。軍事施設をどこに設置するかも、たんに軍事的効果の問題だけでなく、設置地域の負担に関する正義の問題を含む。同様に、何を公共財として提供するかは経済的効率の問題といえるが、何らかの公共財を提供するとすれば、その財源の負担の分配という正義の問題が現れる。

また、公共財の提供は関係する人々の利害の調整という問題を含む。たとえば、貿易政策も公共サービスの一つとみなしうるが、貿易政策の決定は多くの関係者や関係団体の利害調整を必要とする。このような利害調整は公正な手続きを通じて行われなければならないという意味で正義の問題を含む。関係する人々や団体の利害が平等に考慮されなければならず、そのためにはそれぞれの主張に平等な機会が与えられなければならない。

国民としての政治的統合も直接的には正義の問題ではない。それは「我ら人民」という集団にとっての、つまり複数一人称にとっての政治的 - 倫理的な善の

---

22 たとえば、井上達夫『世界正義論』(筑摩書房、2012 年) 326-327 頁参照。井上は、もし国家が軍備をもつとすれば、フリーライド的な志願兵制ではなく、徴兵制を採用すべきだ (兵役につけない者も相応の公的奉仕活動をすべきだ) とする。

構想の問題である。この善の構想は、先に見たように、様々な自然的、文化的条件に相対的に依存し、そのような条件のもとで「我々はどのような国民であることを望むか、どのような国民として生きるのか」といった問題に答えることを意味する。しかし、このような問題に答えようとすると直ちに問題となるのが、倫理的な善の構想は多元的だということである。国家が複数の人種や民族、多様な宗教や倫理的伝統を含むとき、そのいずれかのみによって国民としての統合を形成し、それによって基本的な権利の保障に差異を設けること（たとえば、国教を設定したり、また国の機関が特定の宗教的祭典に関与したり、財政支出をしたりすること）は、ロールズの正義論を待つまでもなく、正義に反するとみなされるだろう。

したがって、正義の要請に反しない仕方で国民としての政治的統合を作り出していくことは政治の課題である。これはたしかに困難な課題である。何らかの自然的または文化的な基盤に基づく倫理的な善の観念に依拠するアイデンティティへの欲求には根強いものがあるからである。しかし、アイデンティティの政治が激烈なものとなるのは、人々の自然的または文化的な差異によって基本的な自由や権利の保障に差別があったり、社会的経済的な機会や財の分配に深刻な格差や貧困が生じたりしている場合である。その意味で、国民を平等なものとして取り扱うことが国民としての政治的統合の重要な基盤をなす[23]。基本的な権利の保障と公共財の提供をどのように行うのかについての政治的な議論と決定を通じて、国民としての政治的統合は創り出されていくものとして捉えるべきだろう[24]。

(b) 次に、**政治的な議論・決定の手続きと正義の問題**がある。これについては、非公式のフォーラムにおける議論と公式のフォーラムにおける議論・決定に

---

[23] ルソーは「政治経済論」（河野健二訳、岩波文庫、1951 年）において、政府は国民が祖国を愛するようにさせるには、「外国人にとってのもの、また何人に対しても拒むことができないもの」以上のものを国民に提供することが必要だとし、そのためには「その成員の最後の一人を保持するために、他のすべての成員に対すると同等の配慮を払うこと」が必要だとしている。なお、ルソーはまた、民主的な国民統合のためにどの既存の宗教によるのでもない「市民宗教」が必要だとしていたが、その同質化的な問題点はともかく、たとえば戦没者慰霊の問題について示唆を与えるものと考えられる。

[24] D. ミラーは、新たな移民などによる文化的多元性のもとでの包括的なナショナル・アイデンティティの形成には、マイノリティにもその形成への参与と貢献が認められ、既存のナショナル・アイデンティティには修正がなされなければならないとする（『ナショナリティについて』248 頁）。その場合、包括的なナショナル・アイデンティティは公共的なアイデンティティとなり、エスニックなアイデンティティはサブ・アイデンティティとなるだろう。いずれにせよ、ミラーも国民統合をたんに実体的なものとしてではなく、政治的な議論と決定を通じて動的に再構成されていくものとみているのである。

区別して検討する。先に触れたように熟議民主主義についてはいろいろ議論があるが、民主的決定手続きにおいて熟議を不要とする理由はない。

非公式のフォーラムは、市民が公共事に関わる様々なテーマについて多様な見解を表明し、そうしたテーマに関する意見を形成する場である。非公式であるから、そこでは決定が下されるわけではない。こうした非公式のフォーラムにおける熟議が公正に行われるためにはいくつかの条件がある。原則として誰もが自由にかつ対等に発言しうること、どんなテーマも取り上げられうること、関連する情報が十分に提供されること、様々なフォーラムが存在すること、公式のフォーラムへの通路があることなどである。そして、こうした条件を満たすために保障されなければならない憲法レベルの基本権が存在する。言論、集会、結社の自由、報道、出版の自由、情報公開請求権、レファレンダムやイニシアティブや請願の権利などである。もちろん、これらの権利も無制限ではなく、他者の権利（名誉やプライバシー）や公共の利益（公共の安全など）と衝突するときは、公正な観点からの調整が必要である。そうした権利の調整をめぐる問題については憲法に関する判例や学説や意見が積み上げられてきている。

ここでは近年のいくつかの問題にごく簡単に触れるにとどめよう。第一に、いわゆるヘイトスピーチの問題がある。ヘイトスピーチは政治的言論という面も有するから、その規制には慎重でなければならないが、特定のマイノリティ集団に対する不当で威嚇的または排除的な差別的言動であるときは、その集団を熟議フォーラムから排除しようとするものである点で、熟議の基本条件の一つに反するといわなければならない。第二に、国家の安全保障に関する情報の保護という問題がある。こうした情報には国民に対しても秘匿すべきものがあることは否定できないが、十分な情報の必要という熟議の条件からみると、秘匿すべき情報やその秘匿期間についての適切な制限、当局の判断についての信頼性ある第三者機関によるチェックの仕組みなどが必要であろう。第三に、インターネットという新しい議論フォーラムに関する問題がある。インターネットは技術的にはオープンな情報ネットワークであるが、そこでは人々は自分の好む情報にのみアクセスしがちとなることから、ネット上での議論は閉鎖的で偏ったものとなりやすいという側面もある。C.サンスティンが指摘するように、インターネットの議論フォーラムを可能なかぎりオープンなものとする工夫が必要であろう[25]。

公式のフォーラムとしての議会は議論のフォーラムであるだけでなく、公式の

決定を下す機関である。議論フォーラムとしての議会についてはその機能の空洞化など様々に問題が指摘されてきている。ここではその公式の決定機関としての側面に限定して、正義と関係する問題をみておこう。

　リベラルな民主主義国家の国民はその政治的権利の重要な一つとして、決定機関である議会の議員をその代表として選出する権利および自ら代表となる権利を平等に有する。R. ダールによれば、19 世紀までの議会制と異なり、20 世紀以降の民主政の特徴は、基本的に普通選挙権に基づく代表制で、政治共同体のすべての成人がこのような参加権を有するという点にあり、ダールはこれを「ポリアーキー」と呼んでいる[26]。こうした平等な政治的権利の保障はリベラルな民主主義国家では憲法に規定されており、基本的権利の分配的正義の要請にも適っている。しかし、さらに正義の観点からみて問題となるのは、そのような政治的権利の「公正な価値」である。すでに触れたように、ロールズは『ポリティカル・リベラリズム』では、正義の第一原理において、政治的自由についてはその「公正な価値」が保障されなければならないとして[27]、『正義論』に修正を加えている。この点で議論の対象となるのは、「1 人 1 票」の原則に即した「**1 票の重さ**」の問題や、経済的な格差がもたらしうる政治的な影響力の差異の問題である。

　国家が複数の地理的な選挙区に区分されているかぎり、当選議員 1 人当たりに必要な票数、あるいは 1 票が当選議員 1 人当たりに占める重さには差異が生じ、こうした 1 票の重さも考慮した「1 人 1 票」を厳格に実現することはほぼ不可能である。「1 票の重さ」の違いは 2 倍、3 倍、時にはそれ以上になることもあり、こうした格差の下で実施された選挙に対してはその無効を訴える訴訟が提起されている。「1 人 1 票」を厳格に解するならば、「1 票の重さ」は可能なかぎり等しくなければならない。他方で、1 票の価値が重い選挙区は議員定数がたとえば 1 人である場合もある。国政議員は無拘束委任が原則であるが、そうした選挙区の有権者もその代表を送る、また議員はその有権者の「声」を正式のフォーラムに

---

[25] C. サンスティン（石川幸憲訳）『インターネットは民主主義の敵か』（毎日新聞社、2003 年）。サンスティンは、自分とは異なる意見にも触れることができるように、人気のあるサイトには異なる意見を掲載しているサイトや公的なサイトへのリンクを義務づけるなどの提案をしている。これに対して、松井茂記『インターネットの憲法学 新版』（岩波書店、2014 年）477-482 頁は、サンスティンの提言の趣旨に賛同しつつも、リンクの義務づけは行き過ぎで、異なる意見へのアクセスの促進は自主的な取り組みによるほうがよいとしている。

[26] R. ダール（高畠通敏・前田脩訳）『ポリアーキー』（三一書房、1981 年）5-14 頁。

[27] J. Rawls, Political Liberalism, 1996, 5.

伝達するという意味があることも否定できないだろう。そのバランスをどのようにとるか、また、議員定数配分は議会の決定事項であるが、司法がその是非を判断するべきかどうかが問題となる。しかし、これらは正義論が直接に答えられる問題ではない。

　選挙資金に制限がなければ、経済的に裕福な候補者や有権者は、選挙キャンペーンに多大な資金を投入し、選挙結果に大きな影響力を及ぼすことができるだろう。日本と異なり選挙資金規制のないアメリカでは、この問題は大きな議論の対象となっている。連邦最高裁は言論の自由を理由として選挙資金規制の不在を合憲と判断しているが、言論の自由とのバランスが問われることもたしかに否定できない。ロールズが政治的自由の「公正な価値」の保障を正義原理に含めたのも、この問題を考慮してのことであった。ロールズは彼の第二原理によって経済的な格差は緩和されるとみなしているが、それでも政治的自由の公正な価値を実現するためには、政治資金の公正な規制が必要だとしている[28]。他方、ドゥオーキンは彼のいう「資源の平等」が実現されているならば、その資源をどのように使用するかは各人の自由に委ねることができ、それを政治キャンペーンにつぎこむことを制限する平等の観点からの理由はないという[29]。ただし、ドゥオーキンのこの主張も彼のいう資源の平等が実現されていることを前提とするものである。

　(c) 現実の議論状況の下では、熟議は合理的合意にいたるとはかぎらない。基本的権利の分配という正義の問題であっても、見解の相違が残りうることは否定できない。公共財の提供という利害に関わる問題、したがって何らかの妥協が必要となるような問題の場合は、対立は解消しないかもしれない。また、ラディカル・デモクラシー論がいうように、合理的合意とみられるものも隠れた対立を見えなくしているだけかもしれない。しかし、公共事についての政治的な決定は下されなければならず、そのためには何らかの多数決が不可避となる。そして、多数決からは勝者と敗者が生まれる。民主的手続きを経た多数決も場合によっては少数者の基本的権利や利益に対する不当な制限となる可能性は否定できない。こうした事態を正義の観点からどのように評価し、対処しうるかが、ここでの最後

---

[28] J. Rawls, Political Liberalism, 356-363.
[29] R. ドゥオーキン（小林公・大江洋・髙橋秀治・髙橋文彦訳）『平等とは何か』（木鐸社、2002年）270-271頁。

の問題である。

　ケルゼンが言うように、民主主義は少数派も次回以降において多数派となる可能性を保障することを特徴とする[30]。ケルゼンはこれを彼の価値相対主義と結び付けていたのだが、価値相対主義をとらないとしても、現実の議論状況では見解の相違が残りうる以上、民主主義のこの特徴は重要である。民主的な手続き（それには、熟議の手続きと、公正な参加が含まれなければならないが）を経た政治的決定は、その内容を正当だ（あるいは正義に適う）とみなさない少数派が残るとしても、**正統性**（legitimacy）をもつとみなされる。少数派は次回以降に多数派となる可能性を期して、その政治的決定を受容しなければならない。その決定が法律の制定であるならば、それに反対した少数派もその法律を遵守しなければならない。民主的な政治的決定のこうした正統性とその受容は、正義の観点からは、国民として政治的プロセスに参加している以上、自己の好まぬ結果になったからといって、それを道理的に拒否することはできないという理由による。また、それが安定した効果をもつためには、国民としての政治的統合が最小限でも成立していることを条件とするといえるだろう。

　民主的手続きを経た政治的決定は、それでも少数者の基本的な権利に対する不当な制限を含んでいるかもしれない。そのような場合でも、その決定に従うべきかどうかという問題が生じる[31]。悪法に関するラートブルフの定式やハートの定式、ロールズが論じた市民的不服従や良心の拒否に関わる問題である[32]。これらについてはすでに触れたので、ここでは司法審査制と民主的正統性との関係について簡単に触れておくにとどめる。

　この問題については**民主主義**と**司法審査制**は矛盾するとみなす見解がある。しかし、主権者である国民はその憲法において司法審査制を設けることもできるから、これらは必ずしも矛盾するわけではない。国民が司法審査制を設けるとすれば、それは個々の民主的決定の手続き的な正統性とその判断の実質的な正当性を

30　H. ケルゼン（西島芳二訳）『デモクラシーの本質と価値』（岩波文庫、1948年）133頁。
31　こうした法律を遵守する義務については、横濱竜也『遵法責務論』（弘文堂、2016年）参照。横濱は遵法責務を政治的責務とし、民主的な政治的決定における多数派への少数派の「敬譲」の必要を説くとともに、司法審査は消極的であるべきだとする規範的法実証主義を主張している。
32　ラートブルフ定式のうち「拒絶定式」は民主的手続を経た政治的決定には適用がないといえる。適用があるとすれば、「受忍不能定式」やハートの定式であるが、この定式では具体的にどのように判断すべきかは明らかとはならない。ロールズの市民的不服従や良心的拒否の議論は正義の観点からみたより立ち入った基準を挙げているが、適用できる対象は限定されている。

区別することを意味する。国民はその民主的決定における判断が必ずしも正しいとはかぎらないことを自覚していることになる。とはいえ、個々の政治的決定についてそのいずれを優先させるかについては異なる見解がある。先に触れたライカーのようなリベラルな民主的決定論は、民主的決定による多数の専制を回避して、政治的決定に対して優先する基本的権利を保護するために、司法審査制が必要だとする。他方、同様に先にみたように、競争的民主主義論を説く I. シャピロは、民主的決定の正統性を重視するとともに、司法審査と民主主義を調和させる方法として、司法審査は違憲判断を下すとしても法律を無効とするのではなく、立法府に警告を発して、より適切な立法を促進するにとどめるべきだとする。

　これらに対し、ドゥオーキンは政治的決定の道徳的な正しさの追及という観点から民主主義と司法審査制をより整合的に捉えようとする[33]。司法審査制は、政治的決定手続きにおける投票の平等を損なうわけではなく、決定を下した人々を軽侮するわけでもないから、民主主義に反するわけではなく、むしろ言論の自由などを保護することを通して民主的決定の条件が満たされるよう監視するのであり、また人々は裁判所を政治的フォーラムとして利用することで政治的決定に別の形で参加できるという点で民主主義と両立するという。この議論は民主的決定も司法審査も政治的道徳的な正しさを追及するべきだというドゥオーキンの基本的な見解に基づいている。もっとも、ドゥオーキンも公共事の性格の違いに応じて司法的判断の適性を区別している。公共財などの政策に関する問題では司法的判断は正確さをもたらすとはかぎらないのに対し、基本権の保護などの原理に関する問題、そして何が原理の問題かというメタ問題については、司法審査は政治的決定の正確さを高めうるというのである。これがすでにみた政策と原理の区別に基づく議論であることは明らかであろう。

　この問題はいわゆる司法積極主義と司法消極主義の問題でもあり、これについては解釈方法論の問題として後に取り上げるが、その背景には民主主義と民主的決定の特徴づけをめぐる議論が横たわっているのである。

33　R. ドゥオーキン『平等とは何か』287-289 頁。

第 2 節　世界社会と正義

　20 世紀末に東西冷戦構造が旧ソ連東欧の崩壊によって終焉し、市場経済と自由主義体制が世界社会の大きな動向となった。グローバル化と呼ばれるこの動向はあらためて**世界秩序に関する様々な問題**を、そしてとくに正義問題を提起することになった。平和をめぐる問題（民族紛争、国際テロ、領土問題、軍縮など）、経済をめぐる問題（世界的金融市場のリスク、国際貿易の枠組、世界的な貧困や格差など）、環境をめぐる問題（地球温暖化、生物多様性、水やエネルギー資源など）、文化をめぐる問題（宗教的文化的な対立、科学技術の発展と倫理、情報通信網の発達とセキュリティなど）、そしてこれらに関連する人権をめぐる問題（民族浄化や大量殺戮、人種や民族や性別や宗教に基づく抑圧や差別、生存に関わる貧困や格差など）など、多様な問題が複雑に絡み合っている。これらの問題について理性的で合理的な秩序を創り出すことができるかどうか、これが 21 世紀の世界社会の大きな課題となっている。

　これらの問題を正義論の観点から理解する上で鍵となる基本的な論点は、近代以降の主権的国民国家を世界秩序の中にどのように位置づけるか、そして人々の基本的権利を国家、地域（国家内のまたは国境を超える）、世界社会の中でどのように保障するかである。近代国家は相互に独立の主権国家として始まり、その国家の中でそして国家によってまず自由権を中心とする基本権が保障され、国民意識の高まりとともに民主的な政治的権利が保障され、社会的経済的な権利や利益も保障されてきた。近代以降の国際法も相互に独立の主権国家をその主体として位置づけて、主権国家間の秩序の形成と維持を主眼としてきた。しかし、こうした主権的国民国家の枠組とその機能が、グローバル化の中で、様々に揺らいできている。人々の基本的な権利や利益の保障についても、それを国家の構成員、つまり「**国民**」としての人々の資格（シティズンシップ）に基づかせるのか、それとも**世界市民**（コスモポリタン）として捉えることを要求するのかが問われることになる。

　世界社会の状況、つまり世界社会を構成する各国家や地域の経済的、政治的、文化的な状況はもちろん一様ではない。経済的には、欧米を中心とする富裕な先進諸国、新たに経済成長を遂げつつある新興諸国、乏しい諸資源のもとでなお貧

困にあえぐ諸国、さらに紛争や迫害によって危機に瀕している諸地域がある。政治的には、早くから自由主義的民主主義体制を展開してきた諸国、独裁体制を脱して自由主義的民主主義体制の樹立を進めつつある諸国、宗教的または政治的な理由により半自由主義的半民主主義的な体制となっている諸国、武力紛争のために安定した政治的法的秩序を創り出しえていない地域、そして少数の抑圧的独裁体制の下にある地域などに分類できる。さらに、世界社会が文化的に多元的であることはいうまでもない。そうした文化的な多様性は人々のアイデンティティの多様性を生み出す。しかし、とくに宗教的な複数性や民族的な多様性は、経済的および政治的な状況とも結び付いて、ときに激しい武力衝突にまでいたっている。

　このような多様で複雑な状況のもとで、冒頭に触れた諸問題はいわば世界社会の公共事となりつつある。先に国家における公共事と正義の問題を取り上げたが、グローバル化は世界社会における公共事と正義の問題を提起しているのである。以下では、まず近代以降の国際法をめぐる思想史を概観し、次にロールズの『諸人民の法』における国際正義論とそれをめぐる批判的議論を検討し、最後に国際立憲主義とも呼びうる世界秩序の構想をめぐる議論を概観する。

1　国際法の思想史

(a)　もともと古代ローマにおいてローマ市民と外国人（ローマの属領の市民）との間の契約関係などを規律する法（「万民法」）であった「**ユース・ゲンチウム**」(jus gentium) が、国家間の関係を規律する国際法（国際公法）の意味をもつようになったのは近代になってからである。

　近代国際法の始まりは、大航海による「新大陸の発見」と征服、そしてヨーロッパ内部での戦乱をきっかけとする。「新大陸の発見」は中南米地域の住民に対する殺戮、略奪、支配をもたらしたが、こうした行為に対する批判は当時にもあった。たとえば、スペインの神学者 F.d. ビトリアは、トマス・アクィナスの自然法論に依拠して、これらの地域の住民たちも理性をもち、その土地に対する所有権を有しているのであるから、ヨーロッパの君主や法王はこれらの住民を支配し、その土地を簒奪する権利をもたないと主張した[34]。とはいえ、ビトリアの

---

[34]　F.d. ビトリア（伊藤不二男訳）「『インド人』についての特別講義」（伊藤不二男『ビトリアの国際法理論』（有斐閣、1965年）所収）193-266頁、とくに206-241頁参照。

第2節　世界社会と正義

　この議論は国家間の公法に関する議論というよりも、むしろ今日の国際人権論の先駆というべきだろう。国家間の公法としての近代国際法の出発点は、ヨーロッパ内部での戦乱をきっかけとするグロチウスの『戦争と平和の法』に求められる[35]。

　グロチウスは、彼の母国オランダのスペインからの独立戦争やドイツ30年戦争などの悲惨を目の当たりにして、戦争を全廃することはできないとしても戦争にも法があるべきだとして、この有名な著作を書いた。彼は戦争と平和の法を自然法と慣習法（意思法）である国際法によって説明した。戦争の正しい原因（所有権の回復や侵害に対する刑罰など）に関する法（jus ad bellum）を自然法によって説明するとともに、戦争の正しい方法（宣戦布告など公式の公的戦争の方式、戦争において許容される行為や禁止される行為など）に関する法（jus in bello）を自然法と国際法によって説いた。こうした議論は中世から存在し、「**正戦論**」と呼ばれている。グロチウスの広義の国際法はなお自然法に依拠する部分を含んでいたが、特徴的なのは公式の公的戦争を成立しつつあった主権国家間の戦争として示したことである。もっとも、独立の主権国家が正式に成立したのは、彼の死後の1648年に締結されたヴェストファーレン条約によってである。これ以降は「国際法」は主権国家間の法を意味することになる。

　ホッブズは、イギリス国内の内戦を体験する中で、強力な主権国家（リヴァイアサン）の思想を打ち立てた。戦争状態としての自然状態の悲惨を脱するために、人々は相互に絶対的自由を制約し合う契約を締結して国家を設立するとともに、絶対的な権威と権力をもつ主権者を立てこれに服従することによって、国内の平和な秩序が生み出される。しかし、ホッブズは、各主権国家は国家状態以前の諸個人の場合と同様の自然状態にあり、自然状態での各個人と同様の自己の安全を得るための権利をもつとみなした[36]。そこにも自然法はあるのだが、彼の自然状態の記述からすれば、そこでの力の行使には正も不正もないことになる。このように戦争に正と不正の差異を認めない「**無差別戦争観**」がとくに19世紀から20世紀初頭にかけての戦争観となっていく。C.シュミットのように、主権国家として相互に承認し合った国家（「正しい敵」）によるこうした戦争は、道徳的な正しさを主張しない分、殲滅戦争にはならず、限定戦争を導くことになったと

---

[35] H.グロチウス（一又正雄訳）『戦争と平和の法』（酒井書店、1989/10年）
[36] Th.ホッブズ（水田洋訳）『リヴァイアサン（二）』（岩波文庫、1964年）298-299頁。

する見方もある[37]。しかし、他方では、ヨーロッパ列強はアジアやアフリカを植民地として支配することになった。

(b) 他方で、主権的な諸国家を包含する政治的法的社会を構想する見解がなかったわけではもちろんない。グロチウスは「国家間の社会」という観念をもっていたが、これを存在しないとする見解（ホッブズやプーフェンドルフ）の他に、存在するという見解（ヴィーコなど）もあった。ここでは、次に触れるカントに関連する限りで二人だけ挙げると、Ch. ヴォルフは「世界国家」(civitas maxima) の構想を展開し、またルソーが編集して出版したサン・ピエールの「永久平和論」はヨーロッパの「国家連合」の必要を説いていた。もっとも、ヴォルフの「世界国家」は意思法としての国際法を導くために必要な「擬制」とされており、現実の組織をもつものとして構想されたものではなかった[38]。サン・ピエールの国家連合はヨーロッパ諸国の主権者たちによる会議や紛争調停などの組織を含んでいたが、ルソーは各国が君主国にとどまっている限りは実現不可能だと批判していた[39]。後世に大きな影響を与えた国家連盟構想はカントの『永久平和論』に求められる[40]。

カントは、実践理性が要請する各人の自由と権利を現実的に保護するためには国家という公民状態（法状態）が不可欠だとしたが、さらに共和制となった自由な諸国家の連合（Foederalism）による平和の秩序が必要だと説いた。カントも**「世界共和国」**という積極的理念の構想をもっていたが、そのような世界国家の追及は実際には超大国による専制政治をもたらしかねないこと、諸国家は世界国家へと結合する動機をもたないであろうこと、さらに世界国家という広大な領域に適用される法は実効性をもちえないであろうことなどから、世界国家の可能性を退けて、これに代わる「消極的な代替物」として「戦争を防止し、持続しながらたえず拡大する連盟」、あるいは「常設的国際会議」を提示したのであった[41]。

37　C. シュミット（新田邦夫訳）『大地のノモス』（慈学社出版、2007年）168-187頁、449-471頁参照。
38　Ch. ヴォルフの世界国家論については、柳原正治『ヴォルフの国際法理論』（有斐閣、1998年）参照。
39　サン・ピエールの平和論およびそれに対するルソーの批判については、J.J. ルソー（宮治弘之訳）「永久平和論批判」（『ルソー全集 第四巻』、白水社、1978年）参照。
40　I. カント（宇都宮芳明訳）『永遠平和のために』（岩波文庫、1985年）。また、カント（加藤新平・三島淑臣訳）『人倫の形而上学・法論』（『世界の名著 カント』（中央公論社、1972年）所収）の国際法および世界市民法の節も参照。

他方で、カントは「世界共和国」という理念を完全に捨て去ってしまったわけではない。カントにとって、「理念」はけっして実現することはできないけれども、あたかもそれが実現可能であるかのようにみなして、その実現へ向けて努力すべき目標である。国家にとって「純粋共和国」がそのような理念であったのと同様に、「世界共和国」はカントにとって理念としての意義を失っていたわけではない。そのことは、カントが「世界市民」にとっての交易や交流に関する法（jus cosmopoliticum）を構想していたこと（ただし、ヨーロッパ列強による植民主義を退けるために、外国への訪問権などに制限されていたが）や、各共和国が「紛争を平和に調停する立法・統治・裁判の最高権力を設定する」ことを相互に誓約する可能性を示唆している[42]ことにも窺える。

国家連合と永久平和に関するカントの構想は、第一次世界大戦後に、アメリカ大統領 W. ウィルソンの提唱した「14 か条の平和原則」や「国際連盟」（League of Nations）の思想的背景となった。アメリカなどを除き（モンロー主義に立つ上院の反対による）、当時のほとんどの独立国が加盟した国際連盟は、集団的安全保障体制を構築し、国際社会の平和と秩序を維持するための最初の組織となった。また、1928 年の「パリ不戦条約」は、締約国が国際紛争解決のために戦争に訴えることを非難し、国家の政策の手段としての戦争を放棄すると宣言した。これによって、それまでの無差別戦争観に代わって、**戦争を基本的に違法とする見解**が国際的なコンセンサスとなる。もっとも、国際連盟は日本やドイツが脱退するなどなお脆弱であり、第二次世界大戦を防止しえなかったが、戦後に成立したより強力な国際連合（United Nations）の思想的背景にもカントの永久平和論があるといってよい。

(c) 国際連合は、加盟国に対し武力の行使を原則として禁止し（個別的または集団的な自衛は認める）、安全保障理事会のもと集団的安全保障体制を確立した。国連は、総会の他、重要な組織をもち、また関連の国際機関と連携しつつ、安全保障だけでなく、経済や社会、教育や文化、司法的な紛争処理など、世界社会の様々な公共事の維持管理のシステムを形成している。たしかに、こうした**国連システム**は一国の政府に類比しうるような「世界政府」をなしているわけではな

41　カントは「世界国家」は諸国家の一つの国家への解消を意味すると想定していたようだが、諸国家からなる連邦的な世界国家の構想もありえただろうと思われる。
42　I. カント『永遠平和のために』43-44 頁。

い。それが世界政府となることが可能かどうか、また望ましいかどうかについては議論がありうるが、世界秩序のための国際連合の役割を否定する議論はないといってよい。他方、組織面や予算面などにおいてその改革と改善が必要であることも否定できない。

　第二次世界大戦後における世界社会の公共事の進展という点で特筆すべきなのは、**国際人権思想**の普及と関連条約の展開である。世界人権宣言にはじまり、国際人権規約（経済的、社会的及び文化的権利に関する国際規約、市民的及び政治的権利に関する国際規約）、難民の地位に関する条約、女子差別撤廃条約、人種差別撤廃条約、拷問禁止条約、児童の権利に関する条約など、人権または基本的な権利の国際的な保護の枠組が創り上げられてきた。もちろん、こうした人権の保障は国際社会が直接に行うわけではなく、加盟各国の国内制度に委ねられている。とはいえ、加盟各国はこれらの人権や基本的権利の保障を国内制度において実現することを、国際的な信義に基づき、義務づけられているのである。

　世界社会の秩序は今日でもなお独立の主権国家を基本的な主体として形作られている。しかし、世界社会はますます緊密かつ複雑な依存関係を生み出してきており、世界レベルでの公共的な議論と決定を必要とする世界的な公共事の問題は増加し、拡大し、重大化してきている。この状況に対応しうる新たな世界社会の法思想の展開が重要な課題として理解されるようになってきているのである。

2　国際正義または世界正義

　国内の分配的正義をめぐる現代の議論がロールズの『正義論』を端緒として、またそれを中心に展開されてきたように、国際正義または世界正義に関する今日の議論の端緒の一つをなしているのもロールズの『諸人民の法』[43]である。ここでは、まずロールズの国際正義論を概観し、それに対する賛否両論を検討する。

　(a)　『正義論』が憲法に表現される国内の基本構造の政治的な正義原理を展開したとすれば、『諸人民の法』は国際社会の基本構造の政治的な正義原理を展開するものである。ロールズはその国際正義論を大きく二つの部分に、つまり「**秩序ある社会**」(well-ordered society) の間の正義問題を扱う「理想的理論」と、秩序が未成立または不十分な社会の取扱いに関する正義問題を扱う「非理想的理

---

[43]　J. ロールズ（中山竜一訳）『万民の法』（岩波書店、2006 年）。なお、本書では「諸人民の法」という訳語を用いた。

論」とに分けている。

　ロールズは国際法の基本的正義原理を論ずるに当たり、まず、カントとほぼ同様の理由により、世界国家の構想を退けている。この意味も含めてロールズは彼の国際正義論を「現実主義的ユートピア」にとっての正義の理論と特徴づけている[44]。ロールズにとっても、独立かつ平等な各国が並存する国際社会が前提になっているのである。なお、ロールズは国際関係の主体を国家ではなく「人民」と呼んでいる。それは国家の主権性を緩和する趣旨によるのだが、ここでは「国家」という語を用いる。

　『正義論』が自由かつ平等で二つの道徳的能力を有する市民の代表たちが原初状態で正義原理（リベラルな民主主義の正義原理）を選択するという理論モデルを用いていたのと類比的に、国際正義の理想的理論は、まずリベラルな民主主義国家の代表たちが、いわば「**第二の原初状態**」において、それら諸国の関係に関する正義の基本原理を採択するというモデルを採用している[45]。第二の原初状態の当事者たちは個人としてではなく、国家の代表として参加するのであり、そこには濃い無知のヴェールはなく、リベラルな民主主義の正義原理を知っているものとされる。したがって、そこで採択される国際正義原理は国家間の関係に関するリベラルな正義原理となる。そのような原理としてロールズが挙げるのは、各国家の自由と独立および相互の平等、自衛目的に限定された交戦権、そして各国における人権の保障などであり、基本的に今日の国際法の基本原理と異ならないようにみえる。

　しかし、理想的理論の後半部分（第二の理想的理論）では、「秩序ある社会」として、リベラルな民主主義国家だけでなく、「**良識ある位階制社会**」が考慮に入れられる[46]。良識ある位階制社会は、その人民が特定の宗教を共有しており、その宗教的指導者を権威の頂点において、位階的な秩序を構成しているような社会である（ロールズは「カザニスタン」という架空の社会を想定している）。異なる宗教を信奉する人々の信教の自由は保障されるが、国家宗教を批判することや政治的に重要な地位につくことは制限されるなど基本権には制限があり、また政治的参加については上位者への請願などの機会があるにとどまる。とはいえ、安定した法

44　J. ロールズ『万民の法』15、48 頁以下参照。
45　J. ロールズ『万民の法』15, 39-59 頁。
46　J. ロールズ『万民の法』90-102 頁。

秩序が維持され、また他国に対して攻撃的であるわけではなく平和を志向するという意味で「良識ある」社会である。

　この良識ある位階制社会の代表は第二の原初状態にはじめから参加するわけではなく、リベラルな民主主義諸国の代表たちが創り上げた諸人民の法を後から採択するものとされている。リベラルな民主主義国家の代表たちは、こうした社会をも「秩序ある社会」としてその国際関係に受け入れうるような国際正義の基本原理を採択するものとされる。したがって、その基本原理に含まれる基本権は、リベラルな民主主義社会の基本権と比べると限定されたものとなる。表現や結社の自由、宗教や性別によらない平等や、『正義論』の重要な要素であった公正な機会均等と格差原理が保障するはずの社会的経済的な平等は含まれないのである[47]。これは、ある意味では良識ある位階制社会に対してリベラルな寛容の原理を適用するものということはできるかもしれないが、後でみるように厳しい批判の対象ともなっている。

　非理想的理論において取り上げられるのは、とくに経済的な基盤が不十分なために秩序ある社会を形成しえないでいる「**重荷に苦しむ社会**」と、専制的で他国に対する攻撃的な意図を隠さない「**無法国家**」である。まず、「重荷に苦しむ社会」について、ロールズは、国際正義の基本原理として、秩序ある社会は重荷に苦しむ社会に対して援助する義務を負うが、それは後者が少なくとも秩序を形成しうるまでであるとする[48]。秩序ある社会となれば、その人民がそれ以上の経済発展を望むかいなか、またたとえば男女平等を基本的なもの以上に進めるかどうかは、その人民の判断と意思に委ねられる。自然資源の多寡などにより国家間の経済格差が生じるとしても、資源の乏しい国でも経済発展が可能であるかぎり、その状況をどうするかは各国の選択によるとするのである。

　非理想的理論のもう一つは「無法国家」への対応に関わる。ロールズによれば、秩序ある社会は無法国家からの武力攻撃に対しては防衛する権利をもち、また交戦にあたっては戦争中の法による制約のもとにおかれる[49]。これも従来の国際法の原則にほぼ等しいといえる。ロールズはリベラルな民主主義国家間では戦争は発生していないことを指摘する。ただ、今日の民族紛争や国際テロの問題は

47　J. ロールズ『万民の法』93-96 頁。
48　J. ロールズ『万民の法』154-176 頁。
49　J. ロールズ『万民の法』131-142 頁。

議論の対象とはされていない。

　(b)　ロールズの国際正義論をめぐる論争の基本的な対抗軸は、正義原理の適用範囲を基本的に各国の市民に照準して考える「**国民論**」（ナショナリティ）か、世界のすべての市民をも普遍主義的に包摂しようとする「**世界市民論**」（コスモポリタニズム）かという点にみられる。もちろん、どちらの立場も国民と世界市民を考慮に入れているが、正義の捉え方や優先順位については見解が異なるのである。国民論の正義論を国際正義論、世界市民論のそれを世界正義論と呼ぶこともできるだろう。ここではロールズにおける第二の理想的理論をめぐる問題と第一の非理想的理論をめぐる問題を取り上げる。

　第二の理想的理論をめぐる問題は人権のうちの市民的および政治的権利に関するものである。リベラルな民主主義国家の市民は市民的および政治的権利を（少なくとも法的には）包括的にかつ平等に保障されている。これに対し、秩序ある社会でもこれらの権利が部分的にまたは不平等にしか保障されていない社会がある。これを簡略に「良識ある社会」と呼ぼう。それには、ロールズの挙げるような特定の宗教的権威に基づいて秩序が構成されている社会だけでなく、特定の政治的または倫理的な教説に基づく社会も含まれる。こうした社会の指導者たちは、市民的および政治的権利の包括的で平等な保障というリベラルな正義原理は欧米の価値観に基づくものにすぎず、自国の宗教的または政治的な価値観には適合しないと主張するが、その市民の中にはリベラルな正義原理の実現を要求する人々もある。

　リベラルな社会の論者たちの間でもリベラルな正義原理が世界のあらゆる社会において実現されるべきだと主張するかいなかについては見解の相違がある。先に見たように、ロールズはそのような主張をしない。『政治的リベラリズム』以降、彼はそのリベラルな正義の構想が近代以降の欧米の伝統に由来するものであることを認めて、その基本的な諸観念からの帰結を体系的に再構成するものの、包括的な哲学的根拠づけを回避しているのである。また、プラグマティズム的な価値相対主義に立つR.ローティも、自己の属する政治的文化的社会についてはリベラルな正義原理を支持しながらも、「哲学に対する政治の優先性」を説き、リベラルな正義構想の哲学的な根拠づけに基づく普遍主義的な主張よりも、政治的な妥協と安定性を重視する[50]。これに対して、こうした見解は哲学を放棄するものだとして厳しく批判する見解があることもすでに触れた。

人権の究極的な根拠づけが可能かどうかはそれ自体、哲学的に困難な問題である。それでも、リベラルな正義論が正義の概念に普遍化可能性が含まれることを想定している以上、それは自己の普遍化可能性を主張しなければならない。したがって、リベラルな正義論は、奴隷制や人種隔離政策はもちろん、たとえば権威や政府を批判する言論の自由に対する抑圧や女性の教育を受ける権利の否定を、たとえそれが他国の制度や政策であっても、是認することはできない。問題は、リベラルな社会はそうした他国の制度や政策にどのように対応すべきかということである。この点では、世界市民論に立つリベラルな正義論も、直接的な介入を肯定するわけではない[51]。そのような制度や政策を維持する権威や政府を様々な通路を通じて（たとえば外交政策や人権NGOの活動を通じて）批判しつつも、諸人民の政治的自律を（絶対的主権としてではなく）承認し、そうした制度や政策の改善はその社会の人民に委ねられるべきことを認めるのである。

(c) ロールズの国際正義論でとくに議論の対象となっているのは第一の非理想的理論である。この理論は、「重荷に苦しむ社会」に対する**上限つきの援助義務**を認める一方、国際社会について「格差原理」を適用することを否定する。これに対して、**世界市民論の観点**から国際社会にも格差原理に類する社会的経済的な正義原理を適用すべきだとする批判がある。ロールズの国際的な社会的経済的正義論は分配的正義のターゲットを諸人民（諸国家）とみなしているが、Ch. ベイツはこれに対して正義原理はやはり個人の福祉をターゲットとすべきだとする[52]。そして、リベラルな正義原理を満たしている二つの社会のうち、一方の社会の最も恵まれない代表的な個人が他方の社会の最も恵まれない代表的な個人よりも絶対的にみてより恵まれていないとすれば、そして、この格差が世界的な基本構造によって生み出されており、かつそれを改善する実現可能な方法があるとすれば、世界市民論の観点からすれば、その改善が正義の要請となるとする。ベイツは、世界の諸社会の間にロールズの『正義論』が国内社会について想定して

---

50 R. ローティ（冨田泰彦訳）『連帯と自由の哲学』（岩波書店、1988年）163-216頁参照。
51 たとえば、ロールズの哲学の放棄を厳しく批判する井上達夫も、不当な侵略に対する防衛に限定された交戦権を認める消極的正戦論の文脈においてだが、消極的正戦論は、民主制をまったく欠いた国家体制に正統性を認めることを否定しつつも、「正統性なき体制の下で生きる人民自身の体制改革における主体性を尊重する」のだとしている（『世界正義論』（筑摩書房、2012年）304頁）。
52 Ch. ベイツ（進藤榮一訳）『国際秩序と正義』（岩波書店、1989年）254-255頁。

いたような社会的協働の体系があるならば、格差原理が適用されるべきだというのである[53]。

　これに対し、**国民論的な観点**からロールズの議論を支持する見解もある。たとえば、Ph. ペティットはロールズにおける人民の存在論（その特徴は、共通の目標をもち、その目標の実現に関して生じる問題について共通の判断を是認し、この目標と判断を合理的に形成しうるという点にみられる）の重要性を指摘する。『正義論』においても、各人が正義の要求をなすのは、彼らの端的な人間性のゆえではなく、社会的協働という彼らがともに送る生活形式の特徴のゆえであった。したがって、ロールズにとって正義はそのような秩序ある社会の内部でその社会が成員になすべきことを要求するが、その境界を超えて他の社会の成員に対して何をなすべきかを命じることはなく、ただ秩序ある社会が相互に一定の仕方で関係し合うべきことおよび抑圧または貧困の犠牲者に対して一定限度で援助をなすべきことを命じるにとどまるという[54]。また、Th. ネーゲルも、国際正義についての世界市民的構想に対して、ロールズにおけるような正義の政治的構想の特徴は、正義の問題（とりわけ社会的経済的正義の問題）を、共同的決定を実効的に実施する主権的な政治的社会に特有の問題とみなす点にあり、これに対して「重荷に苦しむ社会」に対する経済的援助は人道原理に基づくのだとして、ロールズの政治的構想を支持している[55]。さらに、D. ミラーは、世界市民論の普遍主義的な正義の義務に対して、国民はその同胞に対して特別の義務を負っており、この義務は国内での社会的経済的な分配の正義を要求するが、困窮する社会の人々に対する義務はそれよりは弱い人道的な義務だと主張している[56]。

　しかし、ベイツはまた、国際経済秩序の社会体系が公正とはいえず、富裕国が貧困国の犠牲によってより富裕になるだけでなく、政治的な支配力を行使しうる構造がそこにあるとすれば、**匡正的正義の観点**からみても、その構造を改善する理由があるとする。このような議論をさらに強力に展開しているのが、Th. ポッ

53　Ch. ベイツ『国際秩序と正義』217-237 頁。
54　Ph. Pettit, Rawls's People, in R. Martin/D. A. Reidy（eds.）, Rawls's Law of Peoples: A Realistic Utopia?, 2006, 48-59.
55　Th. Nagel, The Problem of Global Justice, in Philosophy and Public Affairs, 33, No.2, 2005, 126-130.
56　D. ミラー（山岡龍一・森達也訳）『政治哲学』（岩波書店、2005 年）153-181 頁。ミラーは、富裕国が貧困国の状態について「結果責任」を負っているならば、前者は後者に対して「救済責任」も負うことを否定しないが、富裕国の「結果責任」の認定には消極的である。

ゲである。ポッゲによれば、現代の富裕な社会は「膨大な人口の回避可能な困窮を惹き起こすことになる国際的な制度的秩序を押しつけることによって、［他者に］危害を加えてはならないという消極的義務を大いに侵害している」[57]。たとえば、民主的に選出されたわけではない貧困国の独裁政権は、その支配する国の自然資源をその国の名前で先進国に売却したり、先進国からその国の名前で借款したりしつつ、その利益を独占することによって、その貧困な人民から略奪している。また、こうした特権はクーデタや内戦の誘因にさえなる。ところが、各国の政府の正統性について実効支配原理を基本とする現在の国際法や資源売買や他国からの借款に関する経済制度はこれらの独裁政権の正統性とその経済取引を是認することを意味する。かくて、先進国とその市民は他国の独裁政権によるその人民からの略奪とその貧困について消極的義務違反の責任がある。それらの権威主義的なまたは民主主義の未成熟な国の一層の民主化や国際的な資源税の導入などによってこうした状況を改善することへ向けて、先進国や国際社会は行動する義務を負っているというのである[58]。

　ネーゲルやミラーのような国民論も重荷に苦しむ社会への援助義務を認めるが、この義務を人道的な義務とみなしている。**人道的義務**（積極的義務）は、すでに見たように、リバタリアンも否定しない。ポッゲはこのような見解を批判して、援助義務または救助義務を**より強い正義の要請**（消極的義務の違反に対する匡正的正義の要請）として提示しようとするのである。ロールズは（ペティットも）重荷に苦しむ社会に対する援助義務を国際正義原理の一つとみなしていると思わ

---

[57] Th. Pogge, Do Rawls's Two theory of Justice Fit Together, in Rawls's Law of Peoples: A Realistic Utopia?, 221. ポッゲは、グローバルな貧困の状況として、10億を超える人々が慢性的な栄養不良状態にあること、8億8千万の人々が安全な水を入手できないこと、25億の人々が基本的な公衆衛生の便益を受けられないこと、9億を超える人々が適切な住居を欠くこと、16億人が電力を利用できないこと、約20億人が必須医薬品を得られないこと、約7億8千万の大人が非識字者であること、2億2千万ほどの児童労働者がいることなどをあげている。そして、こうした状況の多くが富裕諸国の無責任な政治的経済的な活動によると批判するのである。これについては次の注も参照。

[58] Th. ポッゲ（立岩真也監訳）『なぜ遠くの貧しい人々への義務があるのか――世界的貧困と人権』（生活書院、2010年）43-60頁。このほか、ポッゲは、WTOの自由貿易体制が実際には発展途上国からの輸出に先進国が障壁を設けることを許容していることや、WTOの協定のもとでの特許権保護が貧困諸国で必要とされる新しい医薬品（たとえばHIVワクチンなど）の価格を高価にしていることなどを挙げている。こうした消極的義務違反の状況を改善するための方法として、ポッゲは、権威主義的国家の民主化を進めること（239-264頁）の他に、グローバルな資源からの利益について貧困諸国にも持分を与える制度（303-327頁）や必須医薬品の開発を公的に行う制度（329-381頁）などを提案している。

れるが、それでもその議論は現実の困窮の切迫性を十分に捉えていないようにみえる。その意味ではポッゲの議論は尖鋭だといえる。他方、絶対的な貧困の問題が解決され、世界の諸社会が秩序ある社会となりえたときに、世界社会がベイツのいうような格差原理の適用される社会とみなされるべきかどうかについては、なお議論がありうる。とはいえ、世界レベルでの諸人民の政治的・経済的な相互依存がさらに強まり複雑化していくとすれば、それを格差原理の適用されうる世界レベルでの社会的協働の体系とみなす可能性もまったくないとはいえないだろう。

3 国際立憲主義

　カントもロールズも、「世界国家」の構想は世界的な専制的体制をもたらしかねないという理由でこれを退けて、共通の国際法のもとで独立かつ平等な諸国家（共和制国家または秩序ある社会）が緩やかな連合をなす世界社会という構想を提示した。しかし、今日のように諸社会の相互依存がはるかに強力かつ複雑となり、世界レベルの公共事とみなしうるような諸問題が出現してきている状況のもとでは、そのような緩やかな国家連合の構想で十分なのかどうかが大きな問題となる。先に触れたように、カントは「世界共和国」の理念を捨てたわけではなく、しかも各共和国が世界レベルでの立法、執行、司法の制度について合意する可能性を示唆していた。こうしたカントの理念を追及すべきだとする見解も少なくないのである。

　このような見解には、世界社会を一つの「国際共同体」(international community) と捉えて、今日の国家の役割を限定しつつ維持しながらも、世界社会の立憲的な法秩序を志向するという側面がある。その一つとして**「国際立憲主義」**という構想がある[59]。「立憲主義」という言葉が多義的であるように、「国際立憲主義」もいくつかの意味をもちうるが、ここでは現代正義論の観点からとくに武力紛争を世界的な関心と監視のもとにコントロールするという構想に焦点を絞り、

---

[59] 国際立憲主義については、たとえば最上俊樹『国際立憲主義の時代』（岩波書店、2007年）参照。最上はこうした議論の出発点をJ.ハーバーマスの「国際法の立憲化」という議論に見ている（4-5頁）。しかし、最上も言うように、「国際立憲主義」という概念はその他の意味でも用いられている。たとえば、国連憲章を国際実定法秩序の頂点において世界的な統治機構の展開を展望するものや、国際人権法を体系化してより実効的な保障を実現しようとする構想なども、これに含めることができるだろう。

第10章 政治と正義

M. ウォルツァーとJ. ハーバーマスの見解を簡単に検討しておこう。

すでに見たように、19世紀の無差別戦争観は20世紀の戦争違法観によって取って代わられた。しかし、戦争違法観においても、すべての武力行使が違法というわけではない。違法なのは侵略戦争であり、侵略に対する自衛としての武力行使は正当だとされる[60]。国連憲章は、一方であらゆる武力による威嚇又は武力の行使を禁止する（2条4項）とともに、他方では加盟国に対する武力攻撃が発生した場合には、安保理が国際の平和及び安全の維持に必要な措置をとるまでの間は、個別的又は集団的な自衛権に基づく武力行使がなされることを認めている（51条）。この限りでは今日でも「**正しい戦争**」という観念はなお意味をもっている。しかし、国際情勢の変化や技術の進歩によって、正しい戦争の要件についてはさらに検討が必要となってきている。

現代正義論においていち早く「正しい戦争」と「不正な戦争」について議論したのはM. ウォルツァーである。ベトナム戦争をきっかけに戦争の正義を具体的に検討したウォルツァーは、戦争は個人や集団の人権の問題だとする[61]。彼は共同体論者の一人に数えられるが、戦争に関しては個人またはその集団の人権こそが焦点となる問題だとするのである。ウォルツァーも古典的な正戦論にならって、「**戦争への正義**」と「**戦争における正義**」を区別する。そして、戦争への正義としては、侵略戦争を不当とし、それに対する自衛の武力行使を正当とするとともに、戦争における正義としては、兵士の道徳的平等性（戦闘における同等性、降伏した相手の殺害の禁止など）と民間人への暴力行使の禁止などを挙げている。

しかし、ウォルツァーによれば、1990年代以降には問題状況が変わってきており、焦点は侵略を受けた国に対する人道的介入の是非、空爆などの自国兵士の犠牲なき戦闘の是非に移ってきた[62]。ウォルツァーは犠牲なき戦闘を（兵士の平等性に反する点で）不当として非難するとともに、大量虐殺や民族浄化などのケースでは人道理由に基づく単独行動主義的介入も一定の条件のもとでは正当であ

---

60 井上達夫『世界正義論』275-307頁も、自己の正義観に基づいて他国に介入する「積極的正戦論」や無差別戦争観だけでなく、戦争をいっさい否定する「絶対平和主義」を非現実的として退けて、不当な侵略に対する防衛のための武力行使のみを正当とする「消極的正戦論」を唱えている。
61 M. ウォルツァー（萩原能久訳）『正しい戦争と不正な戦争』（風行社、2008年、原書は1977年）36頁。
62 M. ウォルツァー『正しい戦争と不正な戦争』の第三版（2000年）への序文（16-27頁）。

り、1994年のルワンダ虐殺の場合のように、不介入こそが道徳的に非難されるべき場合もあるとする。武力介入は民族自決原則と衝突しうるから、どのような場合に介入が正当化されるか、誰が介入すべきかといった問題が生じる。ウォルツァーはその一般的な基準を挙げているが、具体的にはケース毎に判断するほかないとする。さらに、軍事介入にいたる前の段階での介入、たとえば経済封鎖や飛行禁止区域の強制なども、国際法上は武力行使に当たるが、正当な場合もありうるとして、戦争への正義は「武力への正義」(jus ad vim) へと拡張される必要があるという[63]。また、21世紀初めのアメリカなどによるアフガニスタンやイラクへの攻撃を批判しつつ、秩序の回復と維持といった「**戦後の正義**」(jus post vellum) も重要だとしている[64]。

　ウォルツァーの正戦論は、彼が自認しているように、法的な議論であるよりも道徳的な議論である。彼によれば、実定国際法は以上のような問題を適切に考えるためにはきわめて不完全なのである[65]。しかし、人道的理由に基づく単独行動主義的介入は独善的なものになりかねない。ウォルツァーは介入に対する批判的チェックがつねに必要だとするが、実体的および手続的な法的基準がなくてもよいのかという異論はありうる。世界の統治システムとしては、ウォルツァーは、各国のほか、国連、諸種の人権NGOなどの国際的市民社会、EUのような地域連合などからなるグローバルな多元主義を提案する。ただ、これによっても、平和維持活動、平等の促進、個人的自由の保障は必ずしも実現しうるとはかぎらず、とくに永久平和と戦争廃絶の希望は放棄せざるをえないという[66]。

　これに対して、J.ハーバーマスは、基本的な構想はほぼ似ているものの、永久平和というカントの理念を堅持して、**世界社会における法の支配**を追及すべきだと主張する。ハーバーマスはこの構想を「世界政府をもたないが政治体制を備えた世界社会という形をとる国際法の憲法化」のプロジェクトとしてまとめている[67]。ハーバーマスも、世界の統治システムを、文化的多元性のもとでの、各

63　M.ウォルツァー『正しい戦争と不正な戦争』の第四版 (2006年) への序文 (11頁)。
64　M.ウォルツァー (駒村圭吾・鈴木正彦・松元雅和訳) 『戦争を論ずる』(風行社、2008年) 6-7頁。
65　M.ウォルツァー『正しい戦争と不正な戦争』32頁。
66　M.ウォルツァー『戦争を論ずる』237-262頁。
67　J.ハーバーマス (大貫敦子・木前利明・鈴木直・三島憲一訳) 『引き裂かれた西洋』(第8章「国際法の立憲化のチャンスはまだあるだろうか」) (法政大学出版局、2009年) 184-198頁参照。ハーバーマスはこうした国際立憲体制の役割を平和維持と人権保護に限定して、経済や環境その

国、国連、地域連合、国際的市民社会のネットワークによるものとして構想しているが、ウォルツァーよりも国連の役割を中心においている。彼は、2004年に当時の国連事務総長K.アナンのもとで提案された国連改革案の線での国連改革が、この国際立憲主義の構想のためには不可欠だとする[68]。そのうちでハーバーマスがとくに注目しているのは、平和の確保を人権保護の徹底化と結合すること、暴力の禁止を制裁措置や介入の示唆によって裏づけること、国家の主権を世界の集団的安全保障のために相対化すること、そしてあらゆる国家を包括的な世界組織に参加させて国連の法が優先される前提を創り出すことである。

　ハーバーマスも、大量殺戮、民族浄化、大規模な弾圧や迫害、飢餓や病気の感染を放置する政策などがあったときに介入しないのは、世界のすべての地域で人権保護に努めるべしという義務に反することになるという。彼は、ロシアの拒否権発動により安保理の承認なしに行われたコソヴォ紛争でのNATO軍の空爆による介入を、大量虐殺の停止という人道的理由によって是認したが、それでも原則として介入の主体は安全保障理事会にあるとする（もちろん、そのためには、構成、選出手続き、権限などに関する安保理改革が前提となる）。2004年の国連改革案にはそのための提案が含まれていた。正当な実力行使が認められる条件を厳格に規定し、ありうる制裁措置とその監視を明確に規定すること、平和維持と平和促進という目標を適切に区別し、さらに軍事介入後の平和建設の課題を適切に位置づけることなどである。しかし、ハーバーマスはこの改革の帰結をより立憲的に捉えるべきだとする。つまり、もはや安全保障は軍事力の使用の問題としてではなく、「世界警察的な実力の使用」の問題として位置づけて、その目的を「世界市民の基本的権利」の保護に見定めるべきだというのである[69]。

　ハーバーマスは、安全保障と人権の問題に関しては、ウォルツァーの道徳的なまたは政治的な構想にとどめるのではなく、明確に法的な問題として捉えるべきだと考えている。平和の維持と人権の保護を道徳的義務としてのみ捉えるのではその義務の履行への動機づけは弱いとみて、道徳的義務への動機づけを実定法化によって補おうというのである。こうした法化的構想によれば、侵略は犯罪行為

　　他の問題についての世界内政は別の諸機関に委ねることによって、この体制を世界国家や世界政府と区別している。152頁、186頁など参照。
68　J.ハーバーマス『引き裂かれた西洋』236-239頁。
69　J.ハーバーマス『引き裂かれた西洋』141頁、259頁など参照。

とみなされ、それに対する応戦は「警察活動」とみなされることになるが、これに対して、ウォルツァーは「語り方を変えただけでは現実を変えることはできない」と批判している。ウォルツァーも戦争がいわば死語となる可能性をまったく否定するわけではないが、「それは私たちが生きている今の世界」を描写するものではないというのである[70]。ウォルツァーはより現実主義的であるかもしれない。他方、ハーバーマスはカントの**世界市民法の理念**の可能性を追及しようとしているといえるだろう。いずれにせよ、戦車や爆撃機などを警察力と呼べるかどうかはたしかに疑問だが、他方、対テロ対応を「戦争」と呼ぶのも奇妙だといえるだろう。国際立憲主義はなお現実的とはいえないとしても、それをカント的理念と考えることは正義への志向にとって希望の思考様式といえるだろう。

---

[70] M. ウォルツァー『戦争を論ずる』7-8 頁。

第 3 部

法的思考

第 11 章　法的思考概説

　ここで「法的思考」というのは、原則として[1]、具体的なケースに法規範を適用して結論を導く思考を指す。裁判官が判決を下す際に行っていると考えられる思考がその典型である。裁判に臨む弁護士も、裁判官に自分の主張を受け入れてもらおうとする以上、裁判官の思考と同型の思考を行ってみなければならない。法学者が裁判官の判決を検討するときも、同型の法的思考の枠組を前提して行うことになる。一般の市民は、たしかに多くの場合は法的思考について素人だとしても、自分の行為が何らかの法的問題に関わるときには同型の思考を行ってみなければならない。法的思考は法秩序の中での生活にとって特有の思考の型あるいは様式なのである。

　本章では法的思考の基本的な特徴について概観する。冒頭で触れたように、法的思考は、何らかの法規範を一つの前提とし、それを具体的な事実に適用して結論を導く思考であるという点で、**規範的思考**だということができる。しかし、法規範が具体的な事実に適用されるためには、一方で具体的な事実から法的に重要な事実が抽出されて認定されることが必要であり、他方では事実の特徴に応じてしばしば法規範そのものが解釈されなければならない。その意味で、法的思考は**解釈的思考**という特徴をもつ。さらに、法的思考は典型的には判決の形で表現されるが、実際の裁判での規範の解釈や事実の認定は当事者の主張や反論という対話的なプロセスを通して実現されていく。法的思考は**対話的思考**という性格をもつのである。

第 1 節　規範的思考としての法的思考

　法的思考は規範的思考として、たとえば事実に関する一般的な命題や個別的命

---

1 「原則として」というのは、ケースによっては適用すべき法規範が実定法の中に見出せない場合（いわゆる法の欠缺）があり、その場合には実定法を参照しつつ実定法の外に何らかの規範を見出さなければならないことがあるからである。

題の関係を扱う科学的思考や、一定の目的の実現に有用な手段方法を見出そうとする政策的思考とは区別される。たしかに事実認定においては科学的思考が重要となるし、今日の行政法などにおいては政策的思考が求められることも少なくない。しかし、典型的な法的思考は少なくとも一つの規範（一般規範）を前提に含み、これを認定された事実に適用して（あるいは、事実を規範に包摂して）、一つの規範（個別規範）を結論として導くという特徴をもつ。規範的思考は法的思考だけでなく、道徳的な推論や判断にもみられるが、法的思考は結論において法的効果を帰属させるという点で特有である。

1　法的三段論法

　法的思考は、原則として、具体的な事実に法規範を適用して法的帰結を導く。これはいわゆる三段論法の形式で説明される。たとえば、次のような三段論法である。

1. 人を殺した者は死刑又は無期若しくは有期の懲役に処する。
2. Aは人を殺害した。
3. Aは5年の懲役に処する。

　ここで「処する」は実際には「処するべし」という当為を意味し、文1と3は規範を表す。法的思考は1のような一般規範を大前提とし、2のような認定された事実を小前提とし、これらから3のような個別規範を導く推論の形をとる。
　わが国の裁判所の判決文では、結論が「主文」として述べられ、その結論を導く前提が「理由」としてその後に述べられる。法規範はたいていの場合、解釈されなければならないし、事実は証拠等によって認定されたものでなければならないから、実際の判決文ではこの理由の部分は複雑なものとなる。実際の法的思考で重要なのはこの部分である。三段論法の形式はその内部でも現れる。法規からより具体的な法規範を解釈によって形成する場合でも、また、具体的な事実に経験則を当てはめて事実を認定する場合でも、三段論法の形式による正当化がなされる。上記の例のような**法的三段論法**は法的効果を帰属させる結論を正当化するための基本的な図式または枠組に他ならない。これをマクロの三段論法と呼ぶとすれば、その内部での三段論法をミクロの三段論法と呼ぶこともできるだろう。

2 法的三段論法と論理

　上記のような法的三段論法の論理的な性格について少し触れておこう。上記の推論の各文は「主語‐述語」の形式をとっているので、古典的な定言三段論法の形式で説明されることがある。そして、次のようなよく挙げられる例と同様に真であるとされる。

1. 人間は死すべきものである。
2. ソクラテスは人間である。
3. ソクラテスは死すべきものである。

　しかし、この例のような三段論法は古典的な定言三段論法には含まれない。この例は単称命題を含むが、古典的な定言三段論法は原則として全称命題だけからなるものを指した[2]。上記の法的三段論法も、正確にいえば、古典的な定言三段論法では説明できないことになる。
　ところで、先の大前提は「ある者が人を殺したならば、その者はこれこれの刑に処する」という条件文として理解されうる。このような条件文が大前提となる三段論法は仮言三段論法と呼ばれる。そこで、上記の法的三段論法を仮言三段論法の形式で表記するとすれば、次のようになる。

1'. $p \Rightarrow q$
2'. p
3'. q

　これは、古典的な仮言三段論法のうち、**前件肯定式**（modus ponens）と呼ばれるもので、後件否定式（modus tollens）とともに、論理的に真であるとされている。
　法的三段論法は単称命題を含むから、それをこの古典的な前件肯定式の形式で表記するのはやはり正確ではない。現代の述語論理は固有名詞だけでなく、たと

　2　たとえば、「イワシは魚である、魚は動物である、ゆえにイワシは動物である」など。なお、古典的な定言三段論法でも、単称命題をたとえば「すべてのソクラテスは人間である」というように全称命題に変換して扱うことはできる。

えば「xがyを殺す」といった関係も扱うことができる。また量を表す記号(量化子)も用意されている。ここでは簡易な記法を用いれば、法的三段論法は次のように表記できる。

1″. $\forall x: F(x) \Rightarrow G(x)$ (任意のxについて、F(x)ならばG(x))
2″. $F(a)$
3″. $G(a)$

なお、法的三段論法の大前提と結論は規範文であり、「処する」、すなわち「処するべし」という当為を含んでいるが、それが三段論法として論理的に真であることには影響しない[3]。また、大前提としての法規範はたいてい例外を伴い、この例外の存在によって覆されうるから、この例外を組み込んだ大前提はより複雑な構造をとる。犯罪でいえば、違法性阻却や責任阻却などがあるし、民事でも、主張に対する抗弁や再抗弁がある。実際の訴訟手続ではこうした阻却事由や抗弁が問題となる。これについては第三節で触れる。

3 法的決定と論理規則

現実の法的決定はケルゼンが言うように意思の作用である。立法者が立法において「人を殺した者はこれこれの刑に処する」と意思し、裁判官が判決において「xはこれこれの刑に処する」と意思したとすると、この二つの意思作用の間に論理的な規則が適用できるとは必ずしも言えない。極端に言えば、裁判官は「xが人を殺した」という事実を認定しなくても、「xはこれこれの刑に処する」と意思することが事実上はできてしまうからである[4]。論理規則は現実の意思作用を拘束するわけではない。

論理規則に限らず、一般に規則はその適用を拘束しない、あるいは規則そのものはその適用が正しい適用かどうかを決定しないという議論がある。「規則に従う」ことについての「ヴィトゲンシュタインのパラドクス」と呼ばれる議論である。ヴィトゲンシュタインは「数列」の規則の例で説明し、このパラドクスの重

---

3 野矢茂樹『論理学』(1994年) 121頁、235頁参照。
4 たとえば、ナチス時代には「内乱罪」に当たるとはいえない行為をなした者に死刑判決を下した例がある。

要性を指摘したS.クリプキは「加算」の規則の例で説明しているが、同様のパラドクスとして、ルイス・キャロルが「アキレスが亀に言ったこと」という短い寓話で示した推論規則に関するものが挙げられることもある[5]。より一般的には、言葉の意味と使用に関する規則についても、同様のパラドクスを考えることができる。ある言葉の使用は一般にその言葉の意味とされているもの（その意味を定める規則）によって必然的に拘束されているわけではない。あるいは、規則を表現する言葉は初めからその使用を拘束するようなある確定した一般的な意味をもっているわけではないというわけである。

これらのパラドクスについては様々な議論があるが、このパラドクスを正面から受け止める見解として「**根元的規約主義**」と呼ばれるものがある[6]。この見解は「限定的規約主義」と対比される。限定的規約主義によれば、初めに規則が取り決められれば、その規則を表現する言葉の確定した一般的な意味に従って、以後無限にその適用が可能となる、あるいはその意味によって正しい適用と誤った適用を区別する基準が与えられる。これに対して根元的規約主義は、上記のパラドクスの教訓から、規則の予め確定した一般的な意味は存在しないから、どのよ

---

[5] ヴィトゲンシュタインの挙げる例は、教師が子どもに「ゼロから始めて2ずつ加えていく」という数列の規則を教えているという例で、やがて子どもは100までは「2、4、6、…」と続けるけれども、200を超えたところから「204、208、212、…」と唱え始める。子どもはその数列を続けるということはこうすることだと思ったのだという（『哲学的探求』第185節、藤本隆志訳『ヴィトゲンシュタイン全集8』150-151頁）。クリプキの例は、今まで行ったことのない数の足し算をするというものである。今、あなたは今までやったことのない（と仮定する）数の足し算、たとえば「68+57」という足し算をし、「135」と答えるが、そこにある懐疑論者が現れて、「いや、答えは5であるはずだ、あなたの理解している足し算は、足す数が今までやったことのない57以上の数であるときは、答えは5となるというものであるはずだからだ」という（黒崎宏訳『ヴィトゲンシュタインのパラドクス』12-14頁）。ルイス・キャロルの例は、亀がアキレスにユークリッド的二項関係を証明するよう求めるというものである。その関係は、「a. 同じものに等しい二つのものは互いに等しい、b. この三角形の二つの辺は同じものに等しい、z. この三角形の二つの辺は互いに等しい」というものだが、亀は「aとbを認めるが、なぜzも認めなければならないのか」をアキレスに問うのである。そこで、アキレスは「c. aとbを認めるならば、zを認めなければならない」という前提を、a及びbとzとの間に加えるが、亀は「aとbとcを認めると、なぜzも認めなければならないのか」とさらに問う。アキレスはさらに前提を加えていくが、亀は同様の問いを繰り返し、アキレスは遂に亀を納得させることができない（キャロルのパラドクスについては、野矢茂樹『哲学・航海日誌』129-133頁参照）。

[6] 野矢茂樹『哲学・航海日誌』129-148頁参照。「根元的規約主義」という見解は、M.ダメットがヴィトゲンシュタインに帰したものとみなされている（ダメット（藤田晋吾訳）『真理という謎』（勁草書房、1986年）128-163頁）が、ヴィトゲンシュタインに帰することはできないとする見方もある（鬼界彰夫『ヴィトゲンシュタインはこう考えた』（講談社現代新書、2003年）289頁参照）。ダメット自身は、根元的規約主義では「伝達が機能停止に陥る」危険にさらされることになるとして、これを退けている（同書147頁）。

うな適用もその規則に適合したものとみなしうることになるとする。むしろ、ある規則のある適用が「正しい」適用であるかどうかは、その都度の適用についての取り決め（規約）によってその都度あらたに決定される、あるいは、規則の意味はその都度のあらたな適用によって取り決められていくと考えるべきだというわけである。

　この見解は、法の規則の解釈適用の実際についての一般的な理解にも適合するようにみえる[7]。法の規則の解釈適用の「正しさ」はその都度の事案についての有権的決定によるが、その決定が客観的にも正しいというわけではなく、同様の事案についてそれと異なる決定が下されることがあるといった事実、また、法規の内容が新しい事案に対する判決によって次第に確定されていくといった事実を説明しうるようにみえる。しかし、この説明は事態の一面を捉えるにとどまる。規則についての通常の理解は、たしかにつねに必然的な根拠に基づいているとはいえないとしても、人間の社会生活の諸様式に応じた何らかの実質的な理由に基づいている。ある規則の適用の継続や変更はそうした理由の考慮によって行われるのであって、その都度のまったく理由なき取り決めによってなされているわけではない。もちろん、理由の使用も一つの規則によるものと考えられるが、その規則の適用の継続や変更もまた理由に基づいて行われるだろう。これは一種の無限後退に陥るようにみえるけれども、まったく底無しの後退に陥るわけではない。人間の社会生活の諸様式には任意の取り決めに還元できない基盤があると考えられるからである。そうした基盤としては、自然的なもののほか、人間の社会生活の基本的な諸条件、とくに言葉を用いた相互理解なしには考えられないといったことも含まれるのである。

　上記のパラドクスを「p ならば q、いま p、ゆえに q」といった三段論法に適用すると、その教訓は、「いま p、ゆえに q」という結論は「p ならば q」という大前提から必然的に導かれるとはいえないといったものとなる。しかし、現実の生活の中では「いま p、ゆえに q」といった実質的な推論が直接的になされることが少なくないとみることもできるのであって、それは「p ならば q」という前提から帰結として導かれたものであるとはかぎらない。むしろ「p ならば q」といった仮言命題は、生活状況のなかで直接になされる「いま p、ゆえに q」とい

---

[7] 根元的規約主義を法的思考に適用して議論するものとして、大屋雄裕『法解釈の言語哲学』（勁草書房、2006 年）、山田八千子『自由の契約法理論』（弘文堂、2008 年）267-285 頁参照。

う**実質的推論**を明示的に要約したものに他ならないとみることもできる[8]。この説明は一種の帰納法を想定しているが、法の具体的な規則は実際生活において生じる問題の実質的な関係からいわば帰納的に形成されていることが少なくない。もちろん、その実質的推論が適切であるかどうか、また、具体的な規則がより一般的な原則や価値判断と整合するかどうかは、異論や吟味に開かれているのだが。

なお、根元的規約主義によれば、一般に認められている論理学や数学の公理系も必然的な根拠をもつわけではない（公理から定理を導出しているというよりは、定理を取り決めることによって公理の意味を定めていく）ということになりそうだが、根元的規約主義も一般の生活実践にとってのそれらの妥当性または合理性をまったく否定するわけではない。それらはすでに人々の理に適った生活にとって構成的な意味をもつにいたっている。先に述べたように、三段論法の推論規則は事実としての意思作用そのものを拘束するわけではないが、論理的な推論規則の合理性の観点からみた事実としての判断の非合理性を指摘し、批判するという実践に寄与しうるのである。

第2節　解釈的思考としての法的思考

法規範を具体的な事実に適用しようとするとき、法規範はしばしば解釈を必要とする。他方で、具体的な事実は法的な重要性の観点から再構成されて認定されなければならない。この二つの作業は別々に行われるわけではなく、相互に作用しつつ並行して行われる。この意味で、法の解釈適用のプロセスは「法規範と生活事実との間の**視線の往復**」（K. エンギッシュ）と言われるのである[9]。

1　法の解釈適用の例

エンギッシュは法の解釈適用のプロセスをいわば「連鎖三段論法」とも呼びうる例（ドイツ刑法の下での侵入窃盗の例）で説明している[10]。その例では、「窃盗犯

---

[8] このような見方については、R. Brandom, Making It Explicit, 1998, とくに実践的推論について、243-253 参照。ブランダムによれば、ルイス・キャロルのパラドクスは、実質的推論における主張へのコミットメント（意思的な是認）が大前提としての仮言命題からは導けないということを示すものと解される。

[9] K. Engisch, Logische Studien zur Gesetzesanwendung, 1943, 15.

が『閉じられた空間』に立ち入って窃盗したものであるときは、3月以上10年以下の自由刑に処する」という規定（ドイツ刑法243条1項の一部）があるとき、窃盗犯が「幌つき乗用車」に立ち入って窃盗した場合に適用できるかが問題となっている。エンギッシュは次のような連鎖三段論法で解釈適用の論理構造を示している。

> I. 窃盗犯が、閉じられた空間に立ち入ったものであるときは、3月以上10年以下の自由刑に処する。
> II. 窃盗犯が、人が出入りできるように作られ、かつ権限のない者の立ち入りを防止するために少なくとも部分的に人為的な設備が施された空間に立ち入ったものであるときは、閉じられた空間に立ち入ったものとする。
> III. 窃盗犯が、人が出入りできるように作られ、かつ権限のない者の立ち入りを防止するために少なくとも部分的に人為的な設備が施された空間に立ち入ったものであるときは、3月以上10年以下の自由刑に処する。
> IV. 窃盗犯が、幌つき乗用車に立ち入ったときは、人が出入りできるように作られ、かつ権限のない者の立ち入りを防止するために少なくとも部分的に人為的な設備が施された空間に立ち入ったものとする。
> V. 窃盗犯が、幌つき乗用車に立ち入ったものであるときは、3月以上10年以下の自由刑に処する。
> VI. Aは窃盗犯として幌つき乗用車に立ち入った。
> VII. Aは3月以上10年以下の自由刑に処する。

　この例では、下線を引いた文がそれぞれその前の二つの文を前提とする三段論法の結論になっている。重要なのはII.とIV.の言い換えであり、とくにII.の言い換えによって「閉じられた空間」という言葉に「幌つき乗用車」を含めることができるようになっている。こうした事実の特徴を眺めながらの言葉の言い換えは法規範の適用解釈において一般に行われている操作である。もう一つ重要なのは、ここでは言葉の意味の解釈が行われているといえるが、II.やVI.への移行はたんに言葉の意味の解釈によるのではなく、可罰性についての**価値判断**に基づいているということである[11]。

10　K. Engisch, Einführung in das juristischen Denken, 10.Aufl., 2005, 82. これについては、青井秀夫『法理学概説』（有斐閣、2007年）414頁参照。
11　エンギッシュもこのことを指摘している。K. Engisch, Einführung in das juristische Denken,

第2節　解釈的思考としての法的思考　349

　この例にならって、わが国の「建造物侵入」の例（最判平成21年7月13日刑集63巻6号590頁）を検討してみよう。被告は、覆面パトカーのナンバーを窺い知る目的で、警察署の建物を取り囲む塀に上って中を窺ったとして、建造物侵入罪（刑法130条）に問われた。130条の該当箇所は次のように規定している。「正当な理由がないのに、人の住居若しくは人の看守する邸宅、建造物若しくは艦船に侵入し…た者は、3年以下の懲役又は10万円以下の罰金に処する」。ここでは、「警察署の建物を取り囲む塀に上って中を窺う」という行為の事実が、「人の看守する建造物に侵入する」という法の規定に該当するかどうかが要点である。

　しかし、この判例に先立つ建造物収入罪の事例（最判昭和25年9月27日刑集4巻9号1783頁）をまず検討する。事案は、会社の隠退蔵物資等を摘発するために当該会社の労働組合員らが警備員の制止を押し切って会社工場の敷地内に侵入したというものである。隠退蔵物資等を摘発するという目的が「正当な理由」に当たるかどうかも重要であるが、さしあたりはまず門塀によって囲繞された工場の敷地内に押し入る行為が「人の看守する建造物に侵入する」行為に当たるかという点が問題である。判決は「刑法130条に所謂建造物とは、単に家屋を指すばかりでなく、その囲繞地を包含するものと解するを相当とする。所論本件工場敷地は、判示工場の附属地として門塀を設け、外部との交通を制限し守衛警備員等を置き、外来者がみだりに出入りすることを禁止していた場所であることは、記録上明らかであるから、所論敷地は同条にいわゆる人の看守する建造物と認めなければならない」とした。これを、エンギッシュにならって、連鎖三段論法の形式で記述すると、およそ次のようになる。

1. 正当な理由なく、人の看守する建造物に侵入した者は、3年以下の懲役又は10万円以下の罰金に処する。
2. ［家屋にみだりに立ち入る者だけでなく］人が出入りできるように構築され、かつ外来者がみだりに立ち入ることを防止するために、何らかの工作物により外部から区画するとともに、看守のために何らかの人を配置している場所に、正当な理由なく立ち入る者も、正当な理由がないのに、人の看守する建造物に侵入する者である。
3. <u>人が出入りできるように構築され、かつ外来者がみだりに立ち入ることを防止するために、何らかの工作物により外部から区画するとともに、看守のため</u>

256.

に何らかの人を配置している場所に、正当な理由なく立ち入った者は、3 年以下の懲役又は 10 万円以下の罰金に処する。
4. 外来者がみだりに立ち入ることを防止するために、建物を門塀によって囲繞するとともに、守衛警備員等を配置している場所に、正当な理由なく立ち入る者は、人が出入りできるように構築され、かつ外来者がみだりに立ち入ることを防止するために、何らかの工作物により外部から区画するとともに、看守のために何らかの人を配置している場所に、正当な理由なく立ち入る者である。
5. 外来者がみだりに立ち入ることを防止するために、建物を門塀によって囲繞するとともに、守衛警備員等を配置している場所に、正当な理由なく立ち入った者は、3 年以下の懲役又は 10 万円以下の罰金に処する。
6. A らは、外来者がみだりに立ち入ることを防止するために、建物を門塀によって囲繞するとともに、守衛警備員を配置している場所に、正当な理由なく立ち入った。
7. A らは、建造物侵入の罪を犯した者として、3 年以下の懲役又は 10 万円以下の罰金に処する。

最判平成 21 年 7 月 13 日は、この連鎖三段論法の 5. を大前提におくことによって、次のように記述することができる。

8. 外来者がみだりに立ち入ることを防止するために、建物を門塀によって囲繞するとともに、守衛警備員等を配置している場所に、正当な理由なく立ち入った者は、3 年以下の懲役又は 10 万円以下の罰金に処する。
9. 外来者がみだりに立ち入ることを防止するために、建物を門塀によって囲繞するとともに、警備員を配置している場所の、当該門塀の上部に、正当な理由なく上って中を窺う者は、外来者がみだりに立ち入ることを防止するために、建物を門塀によって囲繞するとともに、守衛警備員等を配置している場所に、正当な理由なく立ち入る者である。
10. 外来者がみだりに立ち入ることを防止するために、建物を門塀によって囲繞するとともに、警備員を配置している場所の、当該門塀の上部に、正当な理由なく上って中を窺った者は、3 年以下の懲役又は 10 万円以下の罰金に処する。
11. B は、外来者がみだりに立ち入ることを防止するために、建物を門塀によって囲繞するとともに、警備員を配置している場所の、当該門塀の上部に、正当な理由なく上って中を窺った。
12. B は、建造物侵入の罪を犯した者として、3 年以下の懲役又は 10 万円以下の罰金に処する。

以上の連鎖三段論法については注意すべき点がいくつかある。まず、1. から 3.、3. から 5.、5. から 7.、また、8. から 10.、10. から 12. が、それぞれ三段論法の形式をもっていることはいうまでもない。そして、5. から 7.、10. から 12. の三段論法が、内容の点からしても、大きな問題がないことも明らかである。

　重要なのは、他の三つの三段論法のそれぞれの小前提、つまり、1. から 3. のうちの 2、3. から 5. のうちの 4、そして 8. から 10. のうちの 9. である。これらの小前提はそれぞれの大前提を「言い換え」たものであるが、2、4. および 9. では、その性格が異なっている。2. は 1. の「人の看守する建造物」のメルクマールをより一般的な用語で記述し直している。それによって、1. は 2. のより具体的な事例類型として捉え直される。このような操作（解釈）を行わなければ、1. を 4. や 9. などの他のより具体的な事例類型に関係づけることは不可能であろう。昭和 25 年判決が示唆するように、「建造物」は一般に家屋や建物を想起させるから、それを「建物を門塀によって囲繞している場所」をも含むものとするには、ましてや「建物を囲繞する門塀の上部」をも含むものとするには、これらの事例類型をも包含しうるより一般的な上位概念を構成することが必要なのである。刑法 130 条の「人の看守する建造物」という事例類型は、このより一般的な上位概念を構成するための「パラダイム」的な事例類型である。このような解釈の操作を必要とする法律の規定はおおよそこのような「パラダイム」としての性格をもつといってよい。

　しかし、上記のような言い換えはたんに言葉の意味についての操作によって構成されているのではない。重要なのは、エンギッシュもいうように、当該の行為とその結果についての法的な価値判断である。上記の例でいえば、「警察署の高い塀に上って、その敷地内に駐車してある覆面パトカーの車両番号を知るために、中を窺う」という行為とその結果について、これを処罰に値する不法であるとする価値判断である。このことは、この判断が「建造物への侵入」という言葉の意味だけでなく、「正当な理由なく」という規範的要件によって導かれていることを意味するだろう。他方、この価値判断はもちろん法文の通常の意味によって制限を受ける。たとえば、警察署の高い塀の外から、たとえば高い竹馬に乗って中を窺ったというような場合は、建造物侵入とはいえず、せいぜい軽犯罪法違反になりうるだけであろう。

2 法規範の特定と法源

具体的なケースに法的判断を下すためには、まず適用すべき法規範を特定することが必要である。適用可能な法規範の集合は「**法源**」と呼ばれる。どの法規範が法源に属するかは制定法圏ではたいてい制定法によって規定されているが、法源に属するかどうかについて議論のあるものもある。ここではわが国の法体系に関して、前者については簡単に触れるにとどめ、後者について少し説明する。

制定法によって規定されており、法源であることが明らかなものとしては、次のものがある。まず、憲法や法律が法源であることはいうまでもない（憲法76条3項参照）。また、法律の施行のために行政機関が制定する政省令（憲法73条6号）、地方公共団体が定める条例（憲法94条）は法源である。第三に、国内法となった条約や確立された国際法規は法源に属する（憲法98条2項参照）。第四に、民事法の分野では「慣習」も部分的又は限定的に法源とみなされる（民法92条、法適用通則法3条など）。これらはわが国にかぎらずほとんどの法体系において法源とされるものである。

以上のほかにわが国で法源とされるものに「**条理**」がある。明治8年6月8日太政官布告第103号「裁判官事務心得」第3条は「民事の裁判に成文の法律なきものは慣習により慣習なきものは条理を推考して裁判すべし」と規定している。「条理」は「社会生活における根本理念であって、物事の道理、筋道、理法、合理性」などをいうものとされ[12]、とくに法に欠缺がある場合に援用される。法に欠缺があるとみなされる場合にこうした基準を援用することは多くの法体系において一般的であるが、それらを「条理」という言葉で一括して言い表している点はわが国に特有であるといえる。条理は法律も慣習もない場合に「法律に並ぶ」規範として援用されるものであり、「法律を超える」（法律の効力を覆しうる）規範と考えられる自然法とは異なる。

条理に類似するものとして、法の一般原則または原理と呼ばれる基準がある。民法の信義則、権利濫用、個人の尊重と両性の平等、公序良俗など、いわゆる「**一般条項**」と呼ばれる規範は、すでに制定法に規定されている原則である。また、憲法の人権規定なども法原則とみなしうる。これらの制定法に規定されているものの他にも、法の欠缺を補充したり解釈の指針としたり理由を補強したりす

---

[12] 法律用語研究会編『法律用語辞典』第4版（有斐閣、2011年）613頁参照。

るために援用される原則がある。たとえば、「投票価値の平等の原則」（最判昭和51年4月14日民集30巻3号223頁、最判平成23年3月23日民集65巻2号755頁など）、「国民に対して義務を課し又は権利を制限するためには法律の根拠を要するという原則」（最判平成18年3月1日民集60巻2号587頁など）、「市場における商品の円滑な流通の確保」といった原則（最判平成14年4月25日民集56巻4号808頁）などが挙げられる。これらの法原則はドゥオーキンが「**原理**」（principle）と呼んだものに相当する。制定法に規定のない法原則または法原理をどこまで法源とみなすかについては議論がある。

最後に、判例を法源とみなすことができるかという問題がある。英米などの判例法圏では判例は第一級の法源である（先例拘束性の原則）が、わが国や欧州大陸諸国などの制定法圏においては原則として判例は法源とはみなされない。これについて、先に挙げた太政官布告4条は「裁判官の裁判したる言渡をもって将来に例行する一般の定規とすることを得ず」として、判決の将来的な法源性を否定している。また、裁判所法4条は「上級審の裁判所の裁判における判断は、その事件について下級審の裁判所を拘束する」と規定し、最高裁などの上級審の判決についても判例としての一般的な拘束力を否定している。最高裁判例も、事実上、下級審を拘束しているにすぎないとみなされる。とはいえ、原判決に最高裁判例と相反する判断があることは最高裁への上告申立または上告受理申立の理由となりうること（刑訴法405条2号、民訴法318条1項）、最高裁が判例変更するときは大法廷を招集しなければならないこと（裁判所法10条3号）などからすると、確立した最高裁判例は緩やかな法源性を有するとみることができる[13]。

なお、私法の場合、強行法規に反しない当事者の合意や意思表示は、私的自治の原則に基づき法的効力を有する。これらは一般法規ではないが、紛争の解決にとって第一次的な拘束力を有する一種の法源とみなしうる。

3 事実の認定

法規範が具体的な事案に適用されるためには、その事案の具体的で複雑な事実の中から法的に重要な事実、つまり法律に規定されている要件（構成要件）に該当する事実が取り出されて認定されなければならない。**事実認定が法規範の解釈**

13　田中成明『現代法理学』（有斐閣、2011年）85頁参照。

と照らし合わせながら行われることは先に触れた。実際の裁判では事実認定がもっとも重要な作業である。事実認定をめぐっては多くの論点があるが、ここではそのいくつかに限定して説明しておこう。

まず、**要件事実**または**主要事実**（たとえば、「他人の財物を窃取した」、「売買代金が弁済期限を過ぎても弁済されていない」など）は証拠や証言などによって証明されなければならない。そして、これを証明するための事実が主張と立証、反対主張と反証を通じて、認定されなければならない。証明のための事実には直接的なものもあれば間接的なものもある。検察官や弁護士は、適用すべき法規範を想定しながら、事案の多様かつ複雑な事実のうちから要件事実の証明に必要な事実を切り出し、その証拠を添えて、裁判の対象となる事実を一つのストーリーとして構成した上で、訴訟を提起することになる。しかし、要件事実を認定するためにも直接には無関係とみなされうる様々な事実（その他の間接事実や事情）を考慮しなければならないことも少なくない[14]。また、適用すべき法規範が見いだせず、たとえば他の規範の類推適用を求めようとする場合には、要件事実やその証明のための事実とその他の事実との区別は流動的となる。さらに、刑事事件の場合、量刑で情状酌量を求めるときは、弁護士は被告人に関する様々な事実（犯罪に至った背景、前科の有無、改悛の有無や更生の可能性など）を調査して主張することになる。

次に、事実認定は「事案の真相」または「真実」の解明を目的とする（刑訴1条、民訴247条参照）が、**真実の解明**には限界があり、法はそのことを予定してもいる。事実の認定は上記のようにとくに要件事実についての当事者（検察官も含む）の主張を当事者の提出する証拠によって吟味することに基づいており（当事者主義）、しかもその認定は裁判官の自由な心証に委ねられている（刑訴317条、318条、民訴247条参照）。したがって、裁判を通して得られるのは絶対的な真実ではなく、主張と立証に関する基準に照らして「十分に主張可能」と認められる言明または命題なのである。刑訴における「自白法則」や「伝聞法則」は被告人に対する捜査側の強制や証人の錯誤や利益によって真実が歪められることを防止することを目的としている[15]が、他方では、証拠によって裏付けられない自白や公

14　たとえば、土地を賃借していた被相続人から相続して取得時効が成立したと主張した事案（最判平成8年11月12日民集50巻10号2591頁）では、「所有の意思をもって」その土地を占有していたことを立証するためには、たんに相続を受けたということだけでなく、固定資産税を納付していたとか、その土地を管理使用していたとか、関係者がこれについて異議を述べていなかったといった事実が必要とされている。

判で反対尋問の吟味を受けていない供述に仮に真実が含まれているとしても、証拠として採用してはならないという側面ももっている。つまり、事実認定は実体的な真実の解明という目的だけでなく[16]、主張や立証における**手続的な正義**を保障するという目的ももっているのである[17]。

したがって、裁判において認定される事実は自然科学におけるような厳密な意味での事実とは異なる。また、事実の認定に必要な法則もたいていは「**経験則**」である。このことは「相当因果関係」という概念に明らかに現れている。最高裁（最判昭和50年10月24日民集29巻9号1417頁）によれば、「訴訟上の因果関係［相当因果関係］の立証は、一点の疑義も許されない自然科学的証明ではなく、経験則に照らして全証拠を総合点検し、特定の事実が特定の結果発生を招来した関係を是認しうる高度の蓋然性を証明することであり、その判定は、通常人が疑いを差し挟まない程度に真実性の確信を持ちうるものであることを必要とし、かつ、それで足りるのである」。このような因果関係の考え方は、訴訟においては通常人が真実性を確信しうる高度の蓋然性で足りるというだけでなく、故意または過失による行為に法益侵害結果についての責任を帰属させうるかどうかという評価の観点と密接に結びついている。不法行為における因果関係の立証責任が原告から被告に転嫁させられる[18]のも、この帰責可能性の考慮に基づいているといえる。

最後に、要件事実についてどちらの当事者の主張も立証に至らない場合がまれ

---

15 刑事裁判における証人や陪審員の、さらには裁判官の先入見が真実の発見を歪める可能性はよく指摘される。この点についてはいわゆる「事実懐疑主義」を説いたJ.フランク『法と現代精神』（弘文堂、1930年）を参照。また、S.ルメット監督の映画『12人の怒れる男』（1957年）もこの問題を指摘するものとしてよく知られている。フランクの指摘は、先入見をすべて除去することは不可能だが、可能な限りその影響を減少させるためには、それを自覚することが必要だというものである。

16 原則は当事者主義であるが、実体的な真実の解明のために、当事者の主張や立証に欠けたところや不明なところがある場合、裁判官は「釈明」や立証を求めることができるとされている（民訴149条、刑訴規則208条、行訴23条の2参照）。のみならず、下級審の判断が「審理不尽」とならないためには、釈明や立証を求めることは実務的には義務とみなされている。その意味では、実体的な真実の解明や正義の実現はやはり強い要請であって、この点を軽視することはできない。

17 ロールズが刑事裁判を「不完全な手続的正義」の例として挙げていることはすでに触れた。なお、民事訴訟をロールズの純粋な手続的正義の例とするものとして、谷口知平「手続的正義」（『岩波講座・基本法学8』1983年）参照。

18 新潟水俣病事件判決（新潟地判昭和46年9月29日判例時報642号96頁）は汚染源でないことの立証が被告企業に求められている。なお、伊方発電原子炉設置許可処分取消請求事件（最判平成4年10月29日民集46巻7号1174頁）は、因果関係の立証に関するものではないが、行政庁の判断に不合理な点のないことの立証が被告国に求められている。

にある。このような「**真偽不明**」(non liquet) の場合でも、裁判所は何らかの結論を出さなければならない。その場合、どちらが**立証責任**を負うかを判断して、立証責任を負う当事者が立証に成功しなかったときは、その当事者に敗訴の不利益を帰するという実務が行われている。いわゆる立証責任（挙証責任、証明責任）の考え方である。民事法では要件の分類、たとえば権利の成立に関する要件、その権利の成立を妨げる要件、そしてその権利の消滅に関する要件などの分類に応じて立証責任が分配される[19]。それらの要件の存在を主張する側が立証責任を負うわけである。いずれにせよ、原則として主張する側がそれを立証しなければならないのであり、このことは言語行為に関する基本的な考え方とも一致する。したがって、刑事事件でも、犯罪の成立に関する要件の主張立証は検察官が行い、弁護人は検察官の立証に「合理的な疑い」があることを主張立証すればよい。検察の立証が「合理的な疑いを容れない」程度に達しなければ、裁判所は無罪の判決を下さなければならない。これに対し、情状酌量を求めるための事実や事情等については、弁護側が主張立証することになる。

4 法規範の解釈適用

具体的なケースへの法規範の解釈適用は、以上のように、適用すべく特定された法規範の解釈と要件とされる事実の認定との間の「視線の往復」を通して行われる[20]。多くの場合、法規範の解釈としては、法規範の文言の意味を確定することが中心になるが、適用すべき法規範に欠缺があったり、複数の法規範が衝突していたりすることもある。こうした違いに応じて法解釈のあり方も異なってくる。この点については、次章で法解釈に関する理論的な見解を概観した後で、立ち入ることにする。その前に法的思考のもう一つの特徴に触れておこう。

第3節　対話的思考としての法的思考

法的思考を裁判官の判決の正当化の基本図式と捉えれば、すでに述べたよう

19　たとえば、伊藤眞『民事訴訟法［第3版］』（有斐閣、2004年）323-325頁参照。
20　こうした「視線の往復」は民事の代理人弁護士が訴訟提起の準備をする段階でより必要になると考えられる。そこでは依頼人の述べる多様で具体的な事実を選別しつつ、主張にとって必要かつ適切な法規範または法的構成の選択も行われる。中村多美子「弁護士からみた事実――「小前提」形成過程における法的思考――」（日本法哲学会編『法哲学年報2013』）89-105頁参照。

第3節 対話的思考としての法的思考

に、それは法的三段論法の形式をとる。しかし、実際の訴訟は、法規範と事実を根拠とする原告や検察官の主張からはじまり、それに対して被告や弁護人が反論を提起し、さらに原告や検察官は再反論するといった、法的議論のプロセスという形で進行する。このプロセスを経て、裁判官は原告や検察官の主張が十分に根拠づけられたかどうかを判定して、判決を下す。法的三段論法の形式をとるのはこのプロセスの結果に他ならない。このような**法的議論**の特徴は古くから「弁論術」（レートリケー）の問題として理解されていたが、近年再び注目されるようになった[21]。法的思考はこれまでモノローグ的に捉えられることが多かったが、当事者間のダイアローグ（さらに裁判官も含めたトリローグ）の側面をもつものとして、あるいは対話的思考として見直されるようになってきているのである[22]。

もっとも、実際の訴訟は、「理由を求め与える」（W. セラーズ）議論のプロセスとしてではなく、勝訴を求めて争う闘争のプロセスとして[23]、あるいは自己利益を追求しつつ当事者の情緒的反応なども伴う複雑な交渉のプロセスの一環として[24]捉えられることも少なくない。現実の紛争や訴訟のプロセスがこのような側面をもつことはもちろん否定できない。とはいえ、そのようにみられる場合でも、法的な理由による正当化や説得は少なくとも必要なのである。

1 議論における正当化の図式

議論一般における主張の**正当化の図式**を提示したものとしてよく知られている

---

[21] こうした動きのきっかけとなったのは、古来の弁論術を「新レトリック」として復興させたCh. ペレルマンの『法律家の論理』（木鐸社、1976年）、同じく古来の弁証術（トピカ）を法的議論の問題として復活させたTh. フィーベクの『トピクと法律学』（木鐸社、1973年）などである。1970年代後半から1980年代にかけては「法的議論」または法的論証に関する議論が盛んに展開された。U. ノイマン（亀本洋・山本顕治・服部高宏・平井亮輔訳）『法的議論の理論』（法律文化社、1977年）参照。とくに影響力のあったのは、N. マコーミック（亀本洋・角田猛之・井上匡子・石前禎幸・濱真一郎訳）『判決理由の法理論』（成文堂、2009年））、R. アレクシー『法的議論の理論』（1978年）などである。

[22] 法的思考の対話的側面については、高橋文彦『法的思考と論理』（成文堂、2013年）を参照。

[23] 訴訟プロセスについてのこのような見方は、すでに触れたホームズの「悪人」の視点にみられる。また、共同で真理を求める純粋な議論と対比して、勝訴を求めて争う戦略的なゲームとみる訴訟プロセス観については、J. ハーバーマス「社会の理論か社会テクノロジーか」（ハーバーマス／ルーマン（佐藤嘉一・山口節郎・藤沢賢一郎訳）『ハーバーマス／ルーマン論争 批判理論と社会システム理論 下』）木鐸社、1987年）246-247頁、U. ノイマン『法的議論の理論』90-91頁などを参照。なお、後掲注30も参照。

[24] 紛争や訴訟のプロセスについてのこのような見方については、和田仁孝『民事紛争処理理論』（信山社、1994年）参照。

のが、St. トゥールミンの『議論の技法』(1958年)における議論である。トゥールミンは主張の正当化の図式を次のような例で示している[25]。

```
ハリーはバミューダで生まれた(D)  ⇒  ハリーは英国人である(C)、おそらく(Q)
                                            ↑
                     彼の両親が外国人でなければ(R でなければ)
                                ↑
            バミューダ生まれの者は英国人である(W)
                      ↑
            英国の国籍法(B)
```

ここで、「ハリーは英国人である」が主張（Claim）であり、それが「ハリーはバミューダで生まれた」というデータ（D）から導かれている。このデータから主張への移行は「バミューダ生まれの者は英国人である」という移行規則によって保証（Warrant）されている。さらに、この移行規則による保証は「英国の国籍法」によって裏づけ（Backing）されている。なお、この主張は「彼の両親が外国人でなければ」という論駁（Rebuttal）の排除を伴って限定される（Qualify）ことがある。したがって、この正当化の図式では、主張はまずデータを根拠として正当化され、データから主張への移行は移行規則によって正当化され、さらにその移行規則の正当化が問題になれば、裏づけによって根拠づけられることになる。

この正当化のプロセスは、一見して明らかなように、三段論法が表示する正当化のプロセスとは逆になっている。三段論法に置きなおせば、「バミューダ生まれの者は英国人である」という保証が大前提、「ハリーはバミューダ生まれである」というデータが小前提をなし、「ハリーは英国人である」という主張が結論をなす。その意味では、三段論法の図式とこの正当化の図式とは順序が異なるだけで、実際は同じものであるようにみえる。

しかし、トゥールミンが三段論法とは異なるものとしてこの主張の正当化の図式を提示したのには、もちろん理由がある。主張の正当化のプロセスで考えると

25　St. トゥールミン（戸田山和久・福澤一吉訳）『議論の技法』（東京図書、2011年）154頁。

き、実は「保証」は「データ」による「主張」の正当化にとってほとんど役に立っていない。「ハリーはバミューダ生まれである、ゆえにハリーは英国人である」を正当化するために、「バミューダ生まれの者は英国人である」という移行規則を援用しても、それだけでは正当化が成功したとはいえない。この移行規則そのもの、つまり三段論法の大前提がさらに正当化されなければならないからである。トゥールミンの例では、そのために「英国の国籍法」の存在が保証の裏づけとして挙げられる。

このようなトゥールミンの議論から得られる教訓の一つは、議論における主張の正当化は、三段論法におけるような形式論理的な正当化では足りず、論理の外の何らかの実質的な正当化の根拠を必要とするということである[26]。三段論法による正当化はそのような根拠づけの結果に他ならない。トゥールミンの例は簡単なものだから三段論法による正当化との区別はつきにくいが、実際の訴訟においては、当事者はその主張を根拠づけるための立証や論証をいわば下から積み上げる仕方で展開していかなければならないのである[27]。

トゥールミンの議論が与えるもう一つの示唆は、「主張」に対する「論駁」の可能性が正当化の構図の中に位置づけられていることである。通常の法的三段論法は最終的な判決の正当化の図式であるのに対して、トゥールミンの正当化の図式は議論の過程における「論証のレイアウト」を示すものである。論駁は主張と立証に対する反論と反証の位置を明示的に示している。したがって、最終的な判決の正当化の図式は通常の法的三段論法で考えればよいとしても、正当化を議論のプロセスとして理解するためにトゥールミンの図式は有用だといえるだろう[28]。

2　法的議論と正当化

トゥールミンはその議論技法を展開する際に、実は法的議論を参考にしてい

---

[26] もっとも、法的三段論法の大前提を法源に属する法規範とみれば、その大前提は保証であるとともに裏づけでもあるといえるが、トゥールミンの議論の眼目は、その大前提が保証なのか裏づけなのかが不明確となりうることを指摘する点にある。

[27] 平井宜雄「法律学基礎論覚書」(『ジュリスト』1988-1989)は、利益衡量論を批判しつつ、こうした法的議論の必要を強調している。

[28] このように「論駁」を組み込んだ思考の論理を「非単調論理」または「デフォルト論理」と特徴づけるものとして、高橋文彦『法的思考と論理』(成文堂、2013年)参照。

る。法的議論は一般の議論の技法にとってもモデルとなりうるような、豊かな技法を含んでいる。ここでは法的議論の基本的な特徴について触れておこう。

　まず、訴訟における法的議論のプロセスは判決という結論にいたるプロセスであるが、R. ワッサーストロームによれば、結論の「**発見のプロセス**」と結論にいたる主張や反論の「**正当化のプロセス**」とが区別されなければならない[29]。そして、この二つのプロセスのうち、法的決定にとって重要なのは前者ではなく後者である。結論の発見が「勘」や「直観」によるとしても、結論が理由づけられていれば、当事者は納得しやすいし、納得しない敗訴当事者はその理由づけをめぐって上訴することができるからである。

　第二に、法的議論の理論の多くはこの正当化の方式を大きく二つに分けている。概略的にいえば、法的三段論法の図式による正当化と、その三つの要素の正当化である。N. マコーミックはこの二つを「演繹的正当化」と「第二次的正当化」、また R. アレクシーは「内的正当化」と「外的正当化」と呼んで区別している[30]。

　マコーミックの「演繹的正当化」は論理的な正当化であるが、この場合の「論理的」というのは厳密な論理学にいうそれではなく、日常的用法における「相当である」(make sense) とほぼ同義である。「人々に期待することができる」、「公平である」、「道理に適う」などもそこには含まれる。これに対して、「第二次的正当化」は、このような演繹的正当化による判断そのものを、さらに広い文脈において正当化する。その基準としては、帰結主義、整合性、一貫性などが挙げられる。帰結主義的な正当化は、演繹的正当化による判断からもたらされうる結果が望ましいかいなかを尺度とするが、結果の望ましさはその判断が普遍化可能性をもつかどうか、つまり先例となしうるかどうかによって判断される。整合性の基準はその判断が他の法律の規定や先例と整合するかどうか、また一貫性の基準はそれまでの類似のケースにおける判断と齟齬しないかどうかを吟味する尺度である。

　アレクシーの「内的正当化」は三段論法の図式による正当化であるが、（エンギッシュの「連鎖三段論法」におけるような）「言語表現の転換」も含まれる。「外的

29　R. Wsserstrom, The Judicial Decision, 1961, 24-27.
30　これらについては前掲注 21 の文献のほか、亀本洋『法的思考』（有斐閣、2006 年）第 1 章を参照。

正当化」は三段論法の各要素の正当化に関わる。そのための形式や規則としては、基本的な解釈の方法（意味論的解釈、論理的解釈、歴史的解釈など）、特殊に法的な論証方法（反対論証、類推、帰謬法など）、先例の評価、法解釈学的議論、一般的－実践的議論、経験的議論が挙げられる。ここに挙げられている方法などは一般に法解釈の方法として挙げられるものがほとんどであり、後により詳しく見ていく。アレクシーの外的正当化の議論に特有なのは、「一般的－実践的議論」が挙げられていることである。これは一般に規範を正当化するための道徳的議論や政策的議論なども含む。それは主に世論や立法における議論であるが、制定された法規範がそうした議論に基づいているかぎり、司法における議論の基礎をなしており、場合によってはそれがさらに裁判の場で争われる。また法規範が欠缺している場合など必要な場合には、そうした一般的－実践的な議論が部分的に用いられなければならない。もっとも、裁判における一般的－実践的な議論は、法規範や時間その他の裁判手続特有の条件によって制約されている。このような意味で、法的議論は一般的－実践的議論の「特殊事例」だとアレクシーは主張しており、議論の対象となっている[31]。

3　法的議論による正当化の意義

以上のような法的議論による正当化に関する議論は訴訟プロセスに着目させるという点で小さくない意義をもっている。訴訟プロセスにおける法的思考を、裁判官のモノローグ的な思考として捉えるのではなく、当事者の間のダイアロー

---

[31] たとえば、アレクシーもその主張理論において依拠している J. ハーバーマスは、一時アレクシーの特殊事例テーゼを支持していた（『コミュニケイション的行為の理論（上）』76 頁参照）が、後に批判の立場に転じている（ハーバーマス（河上倫逸・耳野健二訳）『事実性と妥当性』上巻 270-278 頁）。その理由としては、まず、法的議論は立法における議論のように多様な論拠を用いることができるわけではないこと、とくに政策的議論をあらためて行うことには限界があること、また、法的議論は、立法における議論が規範の根拠づけの議論であるのに対して、規範の適用における議論であり、その点で立法におけるような一般的－実践的議論とは異なること、さらに、現代においては法的議論と道徳的議論が手続的に分化してきたこと、とくに法的議論はそれ自体法的に制度化されており、あらためて道徳的議論（たとえば自然法に基づく議論）を行うことは回避されることなどが挙げられる。しかし、アレクシーもこれらの点は十分に認めている。ハーバーマスの批判は、「法的議論は一般的－実践的議論（または道徳的議論）の特殊事例である」という表現は限定しなければミスリーディングだというものだといえるだろう。また、今日では道徳的論拠はたとえば人権規定として実定化されており、したがって道徳的議論に当たるものも法的議論として展開し得るが、その具体的な解釈をめぐる議論が道徳的な性格をもつことは否定できないだろう。

グ、そして**当事者と裁判官の間のトリローグ**として捉えることは、法的実践が対話的構造をもつことを明らかにする。また、当事者や法律家がその主張を可能なかぎり議論または論証を通じて正当化しなければならないことを示している。こうした正当化を可能なかぎり尽くすことによって、法的決定の結論は当事者にとってもより受容可能なものとなるし、またさらに異議を提起することを可能する。次章で触れるように、議論または論証による正当化のプロセスの重要性が強調されるのは意味のないことではない。

とはいえ、判決におけるいわば大枠の正当化図式としての法的三段論法が無意味であるわけではない。その背後にこうした議論によるいわば細部の正当化が作用していること、判決の法的三段論法はその産物であること、そして判決の法的三段論法が十分な細部の正当化によって根拠づけられていなければならないことを示唆することが、法的議論による正当化論の意義だといえるだろう。

第12章　法的思考をめぐる論争

　本章では、法的思考をめぐる論点について、今日まで影響を与えている議論、とくに論争として展開された議論を振り返る。わが国の法的思考は、明治期以来、ドイツ法の継受とともに、とくにドイツ法学を参照しつつ展開してきた。他方、第二次世界大戦後は、アメリカの憲法や刑事訴訟法の影響のもとに、英米の議論も参照されることになった。その中で、わが国でも**法解釈方法論**をめぐって活発な論争が展開されてきた。それらの論争ではドイツ系および英米系の議論が陰に陽に背景となっている。これらの議論の論争点には状況に応じた変化があるが、その対抗軸は基本的には同じだといえる。つまり、既存の実定的な法規範の拘束を重視するのか、それとも社会生活の歴史的変容をも考慮して、事案の実態に適合する解決を目指すのかというものである。この対抗軸は、ある意味では、法実証主義と反法実証主義との対抗軸とも関わっており、今後も繰り返し議論の対象となると考えられる。

第1節　ドイツの議論

　ドイツの現代的な法解釈理論の出発点は F.C.v. サヴィニー（1779-1861）の解釈方法論である。サヴィニーのローマ法学を受け継いでパンデクテン法学が展開するが、やがてその解釈方法論はいわゆる「概念法学」と批判され、事案の現実により適合した解決を目指す理論（目的法学、自由法学、利益法学）が現れる。戦後には、サヴィニーの方法論とこれらの新しい理論の諸方法とを統合するような体系的な法解釈方法論が緻密に展開されてきた。この主流の法解釈方法論のほか、法律学的ヘルメノイティク、法的議論の理論などが、法的思考をめぐる議論の幅を豊かにしてきている。ここでは、このドイツにおける法的思考をめぐる議論の展開を概観する。

1 サヴィニーの法解釈理論

サヴィニーは早くから法解釈方法論に関する講義を行っており、その講義内容はその後出版されているが、ここでは彼の主著『現代ローマ法体系』[1]で提示された法解釈理論をみておく。サヴィニーのいう「現代ローマ法」は15世紀以降ドイツ帝国において継受されたユスティニアヌス法典におけるローマ法であり、したがってサヴィニーの法解釈理論も制定法の解釈に関わる。その法解釈理論は今日でも法的思考の基本的論点をほとんどカバーしている。

まず、サヴィニーは法解釈を「思想のうちで、立法者の立場に立ち、立法者の活動を自分のうちで人為的に再現し、こうして法律を自分の思考のうちで新たに成立させる」営みであるとし、「**法律に内在する思想の再構成**」と要約している（1巻4章32節）。これが、いわゆる立法者意思説に立ったものか、それとも法律意思説に立ったものかは、必ずしも明らかではない。このような問題がはっきりと現れるのは19世紀末から20世紀初めになってからである。

サヴィニーの解釈理論において注意しておかなければならないのは、「法制度」という観念である。サヴィニーは法関係を人々の権利の関係と捉えるとともに、それらの権利を規律する諸準則の体系を「制度」（institutio）として捉える（1巻2章4、5節）。そして、法関係および法制度は有機的なものという特徴をもち、その全体はまずは直観によって捉えられるとされている。個々の権利や準則はその有機的連関のなかに位置づけられているのである。もう一つ注意しなければならないのは、「正則法」と「変則法」の区別である（1巻2章16節）。正則法は普通法として「純粋な法の領域」に属するものであり、法（jus）だけでなく、衡平（aequitas）もこれに含まれる。これに対して、変則法は法の要請とは異なる効用や必要のために立法者の政策意思によって制定されたもので、正則法の純粋な原則を修正する。具体例としては、破産財産に対する優先債権者の特権、夫婦間の贈与の禁止、善意の第三者の占有取得、消費貸借の特別規定などが挙げられている。

サヴィニーの解釈理論は大きく三つの部分からなる。第一に、後に「**解釈カノン**」と呼ばれるようになる解釈の基本的な要素と、解釈の補助的な手がかりとしての「**法律の根拠**」（ratio legis）についての説明（1巻4章33、34節）である。解

1　F. C. v. Savigny, System des heutigen Römischen Rechts, 1840-1849.

釈の基本要素は、文法的、論理的、体系的、そして歴史的の4つの要素からなる。これらは後に述べるように今日ではそれぞれ解釈方法として理解されているが、サヴィニーによれば、これらの要素は別々に用いられるものではなく、どの解釈においても多かれ少なかれ用いられなければならないものである。おそらくそのために、それらの間の優先順位などはとくに触れられていない。

「法律の根拠」は、法律の準則に一貫して具体化されている「既存の高次の準則」と、「法律によってもたらされうる結果」または「法律の目的あるいは趣旨」の二つに分けられる。今日的にいえば、前者は法の一般原則（原理）とみることができる[2]。後者は今日の目的論的解釈で考慮されるものに相当する。ただ、サヴィニーによれば、法律の根拠は、その認識が確実であるかどうか、また法律の内容にどれだけ近似しているかどうかなどの点で、不確定でありうる。それゆえ、法律の根拠は欠陥のある法律を解釈する際の補助手段として用いられうるが、その利用には制限があるとされる。

第二に、**欠陥のある個々の法律の解釈**に関する説明（1巻4章35-37節）である。欠陥は大きく二つに、すなわち法律の表現が曖昧である場合と不正確である場合である。前者は法律の表現が立法者の完結した思想を示していない場合であり、後者は立法者の思想を的確に示していない場合である。前者の場合は他の補助手段によって完結していない思想をより具体的に確定していくことが必要となり、後者の場合は不正確な表現を拡張解釈や限定解釈によって補正することが必要となる。

これらの欠陥の補正手段としては、立法の内的連関、法律の根拠、そして法律内容の内的価値を考慮することが挙げられる。これらのうち、内的連関の考慮はほとんど問題がないのに対し（これは体系的解釈の一つとみることができる）、法律の根拠の考慮や内的価値の考慮は、解釈の域を逸脱する危険をはらむとされる。それゆえ、法律の根拠は、その認識の確実性と法律内容との近似性のいずれかが不確定であるときは、表現の曖昧さの補正には用いられうるが、表現の不正確さの補正には用いられてはならないとされる。また、内的価値の考慮は表現の曖昧さの補正の場合にのみ認められる。

第三に、**法に体系的な欠陥がある場合の対処方法**（1巻4章42-46節）である。

---

[2] 準則と原理（原則）の区別についてはすでに触れたが、法解釈方法との関係では後でさらに触れる。

これも大きく二つに区別される。法律の間に矛盾がある場合と、欠缺がある場合である。これらの欠陥への対処は法体系の統一性や完全性を保証するという要請に基づく。**矛盾の訂正**は、見かけの矛盾を解消することや、「新法は旧法を破る」などの原則によって対処すべきものとされる。

　重要なのは**欠缺の補充**であり、**実定法からの類推**によってなされる。サヴィニーによれば、ドイツの実定法（継受ローマ法）は「有機的に構成する力」を備えており、「それ自身によって補完される」がゆえに、欠缺の補充には類推で足りるのであって、自然法は必要ではない。類推による法発見にも二つの場合がある。一つは、これまでにない新しい法関係が出現したのだが、それに対応する法制度が展開されていない場合であり、この場合には既存の法制度からの類推によって新しい法制度が構成されることになる。もう一つは、既存の法制度のなかである新しい法関係が出現する場合であり、この場合には当該の法制度に含まれる法準則との内的類似性によって、新しい法準則が見出されることになる。しかし、許容される類推には制限がある[3]。たとえば、準則の例外を類推適用することは基本的に許されない。準則は欠如しているわけではないというのがその理由とされているが、例外は限定的に規定されているからということであろう。同様の理由で、変則法を類推適用することも退けられている。類推が可能なのは法体系に内的連関があるからであるが、変則法は異質な原理に基づいて法体系に追加されたものだからだというわけである。

　以上が、『現代ローマ法体系』におけるサヴィニーの解釈理論の概要であるが、今日の観点からみても参照すべき点が多く含まれており、まさに**古典的解釈理論**といえる。なお、古典的解釈理論というと、解釈カノンの部分だけを指すもののように誤解されることもあるが、欠缺補充のための類推はもちろん、「法律の根拠」や内的価値の利用も、限定的にではあるが、含まれていたことに注意する必要がある。サヴィニーの解釈理論になく、後の時代に現れるのは、利益衡量、反制定法的解釈、そして違憲審査などである。

2　概念法学とその批判

　サヴィニーのローマ法学は、その後、G.F. プフタ（1798-1846）、R.v. イェーリ

3　サヴィニーは制度の類推の限界については触れていない。制度の類推といっても、既存の制度を構成する諸準則の類推となるものと考えられる。

ング（1818-1892）、B. ヴィントシャイト（1817-1892）らの「**パンデクテン法学**」に受け継がれて展開され、これがドイツ民法学の基礎を形成することになった[4]。しかし、イェーリングは1860年頃から、パンデクテン法学の方法を「**概念法学**」として、自己批判も込めて批判することになる。さらに、19世紀末から20世紀初めにかけて、E. エーアリヒ（1862-1922）らの「自由法学」やPh. ヘック（1858-1943）の「利益法学」も概念法学に対する批判を展開した。

　イェーリングは1865年の『ローマ法の精神』第3巻において、その批判を次のように宣言している[5]。「我々は我々を誤った方向に導いている呪縛を打破する。論理的なものに対するあの信仰の全体が、法学を法の数学に変形しようとしているのだが、それは迷誤であり、法の本質についての誤解に基づいている。生活が概念のためにあるのではなく、概念が生活のためにあるのである。論理が要請するところのものではなく、生活、交流、法感情が要請するところのものこそが、たとえそれらが論理的には必然であれ不可能であれ、生じなければならないのである」。

　概念法学とは何かについて明確な定義があるわけではないが、次のような見解を示すものといえる。すなわち、法は内的に完結した準則や概念の体系であり、そこに欠缺があるように見えても、社会生活の現実や人々の法感情や法の一般的目的などを参照することなく、既存の諸準則から高次の法的概念を構成し、そこから具体的な事案に適用しうる準則を形成することによって、いかなる法的問題も解決することができる、という見解である。実定法は「それ自身によって補完される」というサヴィニーの類推の見解が、サヴィニーにおいてはなお現実の法関係と法制度を背景としていたが、いまや準則と概念の操作のみによって可能であるという見解に変じたというわけである。

　イェーリングの転向は、ある事件の解決方法について裁判所から意見を求められ、ローマ法源では人々の法感情に適合する適切な解決方法が見いだせなかったという彼自身の経験に基づくとされる[6]。すでに触れたように、イェーリングは

　4　パンデクテン法学の方法は、C.F.W.v. ゲルバーによって公法分野にも応用された。なお、刑法の分野では、P.J.A.R.v. フォイエルバッハによって、罪刑法定主義の基本原則が打ち立てられた。
　5　R. v. Jhering, Geist des römischen Rechts, 3.Teil（2. Aufl.）, 311f.
　6　これについては、青井秀夫『法理学概説』217頁参照。事案は、二重譲渡された船荷が途中で海難によって滅失したところ、売主は双方の買主に対して代金の支払いを請求したというものである。ローマ法源では、二重譲渡も有効であり、かつ特定物売買では買主が危険を負担するもの

権利の本質についても、サヴィニーらの権利の意思説に対抗して、権利の利益説を打ち出した。さらに、イェーリングは、法の本質をも人々の相互の意思関係ではなく、法が保護すべき利益の関係に、そして法が追求すべき社会的目的に見出し、「目的法学」の樹立を目指した。こうした背景には、彼が功利主義を受容したということがある。『法における目的』という著作において、イェーリングは、人々の活動の基礎にその利益を追求する「エゴイズム」を認め、それらの利益の調整と増大を目指す「幸福主義」を社会と法の客観的目的と捉えた（功利主義はその手段とされる）[7]。

　イェーリングのプログラムは直ちに反響を呼んだわけではなかったが、19世紀の末頃から、新たな動きによって受け継がれることになる。一つは、H. カントロヴィッツ（1877-1940）やG. ラートブルフが「**自由法学**」という名称で捉えた一連の法学者たちの運動である[8]。彼らが挙げている法学者は多様であり、またそれらの法学者が制定法以外の規範でたとえば欠缺補充のために考慮すべきもの（「自由法」）として挙げるものも多様である[9]。ここでは、「自由な法発見」を説いたE. エーアリヒを典型的な自由法学者とみなして、その見解について簡単に触れておく。

　エーアリヒは、概念法学的な制定法実証主義を「現行法の内容を体系的に叙述し、解釈し、構成し、立法者意思を探求することに自己限定している法学」と規定して、その概念法学的な解釈方法の問題点として次のような例を挙げて説明している[10]。たとえば、新たに電話による契約が現れると、口頭での契約や手紙や電信による契約を「対話者間の契約」と「隔地者間の契約」という二つの概念に分けて、電話による契約を前者に含めるといった構成がなされる。しかし、これ

とされていたため、売主は二重に代金を請求することができることとなる。この結論は一般の法感情に反して受け入れがたいため、イェーリングは、法源に欠缺を認め、二重譲渡の場合は、危険負担に関する売主の権利は代金請求権ではなく、損失補償請求権であるとし、一方の買主が支払えば補償はなされたものとみなすべきだとした。

7　R. v. Jhering, Zweck im Recht, Bd.2, 1883, 205-206.
8　田村五郎訳『概念法学への挑戦』（1958年）に収録されている、カントロヴィッツの「法学のための戦い」とラートブルフの「法の創造としての法学」を参照。ただし、彼らが批判の対象としているのは、国家制定法だけを法源として、それを概念法学的に解釈する立場である。その意味では、その対象は概念法学的制定法実証主義と呼ぶことができる。
9　たとえば、カントロヴィッツは、シュタムラーの「正法」、エーアリヒの「自由な法発見」、マイアーの「文化規範」、ヴェルツェルの「投影」、シュタンペの「利益衡量」、リューメリンの「価値判断」などを挙げている。
10　E. エーアリヒ（河上倫一他訳）『法律的論理』（1918年）参照。

では、電話が途中で切れた場合や話者の傍らに第三者がいて影響を及ぼしている場合などの問題を考慮できない。したがって、制定法の準則からの概念構成によってではなく、事案の具体的な事実を考慮することによって、解決を見出すべきだというわけである。そして、エーアリヒによれば、法を制定法に限定するのではなく、判例のほか「生活の、商業や交易の、慣習や慣行などの直接的な観察」によって見出される法、いわゆる「生ける法」をも法に含めるべきだとしたのである。

「自由法学」は、法の欠缺を自由法によって補充するだけでなく、ときに制定法に反する法解釈をも許容するものとみなされた[11]。これに対して、ヘックは概念法学を批判するとともに（ただし、概念構成の必要は否定せず）、自由法学をも批判して、立法者意思説を堅持する独自の「**利益法学**」を主張した[12]。彼はイェーリングのプログラムに倣って「法の欠缺の正しいやり方は、何よりも目的概念の形成によって、つまり実定法規から得られ、そして利益衡量において用いられる価値判断によってなされる」という。彼の利益衡量における利益概念は、私的利益だけでなく共同体の利益を含み、また物質的利益だけでなく「精神的」利益も含み、さらに一方当事者の利益だけでなくこれと対抗し衝突する利益を含む。加えて、すでに保護されている利益、つまり法益だけでなく、それ以外の利益をも考慮するものとされる。ヘックの利益法学は、より単純なケースから規範の衝突や欠缺がある場合にいたるケースの難易の段階に応じた、利益衡量の方法を提示している。しかし、ヘックによれば、それらの場合にも、立法者自身の利益衡量が尊重されなければならないのであって、反制定法的な解釈は許されない。また、利益衡量は価値判断によって導かれるとしている。彼の利益法学の基本的な見解は次の言葉にまとめられている[13]。「正しい法解釈は、文言を越えて法規の意味内容へ、したがって法律概念へと進み、さらに概念を越えてかつ概念に依拠しつつ、法律から読み取れる利害状況へ、法律に含まれる価値判断や価値理念へ

---

11 たとえば、カントロヴィッツの上記の綱領的文書にはそのような側面が読み取れなくはない。しかし、カントロヴィッツもラートブルフも「反制定法的解釈」を容認するものではないと、後に述べている。
12 Ph.Heck, Was ist diejenige Begriffsjurisprudenz, die wir bekämpfen? (1909).; ders, Begriffsbildung und Interessenjurisprudenz, 1932
13 Ph. Heck, Begriffsbildung und Interessenjurisprudenz, 107. なお、彼は立法者意思説に立つが、しかし、それは立法者意思への盲目の服従ではなく、「考えながらの服従」（denkendes Gehorsam）を要請するものだという。

と進むものである。その際、立法者の考慮した利益を尊重し、法秩序全体を把握しかつ尊重すべきことはいうまでもない」。

　以上のような概念法学批判にも関わらず、概念を分析しまた構成するという方法は、法解釈学にとっては避けられない方法といえる。概念法学批判は、とくに欠缺補充において実際には自由法や利益衡量や価値判断が用いられているにもかかわらず、それを概念の論理的操作によるものであるかのように装っているというところに向けられていたのである[14]。

3　評価法学、ヘルメノイティクその他

　戦後のドイツでは、サヴィニーの法解釈理論を基礎としつつ、自由法学や利益法学の考え方も取り入れた法解釈理論が展開された。法的思考における価値判断の要素に着目することから「**評価法学**」と呼ばれる。いずれの場合も、法律の文言の解釈カノンによる基本的な解釈方法、文言の意味が不確定である場合などの発展的な解釈方法（法律の内部での司法的法形成）、法規範の衝突や欠缺の場合の解釈方法（法律と並ぶ司法的法形成）、そして法律に反し法律を訂正する解釈方法（法律を超える司法的法形成）といった解釈方法の段階を区別している。最初の三段階がサヴィニーの解釈理論の段階とほぼ同じであり、最後の法律に反する司法的法形成の段階を取り入れているのがサヴィニーを超える部分である。

　もっとも、裁判官の法律への拘束と裁判官による価値判断とをどう関係づけるかについては、立法者意思といわゆる法律意思のどちらを重視するかによって見解の相違がある。たとえば、戦後の法解釈学の展開に大きな影響を与えた二人を挙げると、K. エンギッシュ（1899-1990）は、ヘックの「思考しながらの服従」という見解に基づいて基本的に立法者意思を重視し、目的論的解釈、法的原理などの援用、反法律的な訂正などについても抑制的である（ただし、戦前から法規範の衝突や欠缺について詳細な議論を展開していた）のに対し、K. ラレンツ（1903-1993）は、規範の命令説を退けるなど基本的に法律意思を重視し、客観的な目的論的解釈、「法倫理的原理」（平等処遇原理、信頼保護原理、責任原理など）の援用、法律超越的な法形成についてもより積極的である（ただし、とくに合目的性に関わる問題や細かい規則設定が求められる問題など「社会形成的な」政策的決定を必要とする問題は、

14　ラートブルフは後に、自分たちが指摘したのは裁判官たちが暗黙に行っていることに他ならなかったのだと述べている。G.Radbruch, Literaturbericht Rechtsphilosophie, in ZStW 27（1907）.

立法に委ねられなければならないとしている)[15]。

　詳細な法解釈方法論を展開するこれらの理論のほかに、法の解釈適用という実践の本質に関する一般的な議論を展開したものとして、先に触れたトピクやレトリクのほかに、H.-G. ガダマーの哲学的解釈学（ヘルメノイティク）[16] などに依拠する**法学的ヘルメノイティク**がある。哲学的ヘルメノイティクによれば、テクストの理解は、テクストの部分と全体との間、テクストとその著者（法では立法者）の思想との間、テクストに現れた著者の思想と解釈者の思想（「前理解」）との間などでの「解釈学的循環」を必要とする。これに注目した法解釈学では、ヘルメノイティクの方法は、法文というテクストの解釈についてだけでなく、法規範の事案への適用についても一つのモデルとして利用された。そこでは、解釈者は解釈者自身の前理解に基づいてテクストを解釈して具体的な事案に適用しなければならないということから、解釈適用者としての裁判官の創造的な役割が強調されている[17]。

　さらに、違憲審査における憲法解釈については、連邦憲法裁判所がいわゆる「比例性原則」を展開していることが注目される。後でも触れるように、近年では、いわゆる「二重の基準論」が展開されたアメリカでも、「比例性原則」が「比較考量」の理論として注目されてきている[18]。

第2節　英米の議論

　ドイツやフランスが制定法を中心とする法体系であるのに対して、イギリスやアメリカでは**判例法**（コモン・ロー）が大きな役割を果たしてきた。これらの国でも今日では制定法の比重が大きくなっているが、コモン・ローの方法はその法

15　K. Engish, Einführung in das juristische Denken, 10.Aufl., 2005; K. Larenz, Methodenlehre der Rechtswissenschaft, 6.Aufl., 1991. 両者の見解の相違は、実定法学ではエンギッシュが刑法、ラレンツが民法をとくに扱っているということにもよると考えられる。彼らの理論については、青井秀夫『法理学概説』参照。

16　H.-G. ガダマー（轡田収／巻田悦郎訳）『真理と方法』（法政大学出版局、1986、2008、2012年）。その第2部第2章第2節Cは逆に法解釈学を一つのモデルとして精神科学にとってのヘルメノイティクの方法を論述している。

17　たとえば、法を規範と事実との「相応」と捉える A. カウフマン（宮沢浩一・澁谷勝久・原秀男編訳）『現代法哲学の諸問題』（慶應義塾大学法学研究会、1978年）、同（上田健二・竹下賢・永尾孝雄・西野基継編訳）『法・人格・正義』（昭和堂、1996年）参照。

18　Cf. G.Huscroft, B.W.Miller, G.Webber, Proportionality and the Rule of Law, 2014.

的思考の基礎をなしている。そこでも法的思考をめぐる多様な論争があり、とくにアメリカでは、19世紀末から20世紀初めにかけて、いわゆる「**形式主義**」とO.W. ホームズに淵源する**リアリズム**という両極的な見解が現れ、今日のアメリカの法的思考にも大きな影響を与えている。

1 形式主義とリアリズム

　コモン・ローは裁判官の判決の積み重ねによって次第に形成される法（judge made law）であり、そこでは裁判官の法創造機能が重要な役割を果たしている。裁判所が決定すべき法律問題に先例がある場合、それを尊重し、原則としてそれに従うべきであるという原則、いわゆる「先例拘束」（stare decisis）の原則はあったが、それが絶対的なものとして現れたのはイギリスでも19世紀半ば以降だとされる[19]。先行の判決のうちでも先例とされるのはいわゆる「判決理由」（ratio decidendi）であり、「傍論」（obiter dictum）から区別される。判決理由は明確なルールの形式をとることもあるが、その事案で決定的とされた事実と結論のセットとして捉えられることもある[20]。ルールの形式をとった判決理由はそれに事実を包摂することによって結論を導く前提として捉えられるが、事実と結論のセットとしての判決理由は事実の比較を要求することになる。この違いが形式主義とリアリズムの違いの背景にあると考えられる。

　形式主義的な法学者の代表とされるハーバード大学のCh.C. ラングデル（1826-1906）の見解[21]によれば、法は様々な判決から抽出された諸ルールとそれらのルールがそこから演繹されるべき上位の諸原理の体系からなる。最上位の原理は比較的少数で、相互に整合的であり、それぞれ独立に受容可能であり、これまで決定されたほとんどのケースに適合するのでなければならない。既存のルールを適用できない事例が生じたときは、既存の原理から適切なルールが導出されなければならない。要するに、決定のルールは既存の判例法に内在する抽象的規範からの推論によって導かれるのでなければならないというわけである。ラングデルは社会の変化に対応するための政策的論拠に基づく決定とそれによる法の進化

---

[19]　田中英夫『英米法総論 下』（東京大学出版会、1980年）472頁参照。なお、イギリスでは1966年までこの厳格な先例拘束原理が維持されていた。

[20]　K. Greenawalt, Statutory and Common Law Interpretation, 2013, 185.

[21]　ラングデルの見解についての記述は、T. C. Grey, Langdell's Orthodoxy, in University of Pittsburg Law Review, vol.45, 1983によっている。

否定するわけではないが、彼の法的思考はドイツの「概念法学」の考え方にきわめて近いといえるだろう。

　こうした形式主義に反旗を翻したのが、ホームズである。すでに触れたように、プラグマティズムの精神を体現していたホームズにとっては、法は、有限で、多様な信念をもち、ときにはそれをめぐって相争いもする人々の共存のための手段であり、経験を通して形作られ、したがってまた経験による吟味を必要とするものであった。コモン・ローの責任概念の歴史を研究したホームズによれば、「法の生命は論理ではなかった、それは経験であった」[22]。たしかに「法律家のトレーニングは論理に関するもの」であり、「類推、区別、演繹などは法律家がほとんど慣れ親しんでいる手続きである」が、こうした「論理的形成の背後には、競合する立法理由の相対的な価値と重要性に関する判断、未分節で無意識の判断が横たわっている。そして、これこそこの手続き全体の根源であり、中枢である」[23]。また、経験を重視するところから、ホームズは将来の法律家にとっては統計学や経済学の知識が必要となるだろうとしている。

　プラグマティスト・ホームズにとって、自然法や「アプリオリな権利」についての信念も人々の多様な経験のテストにさらされなければならない。信念の「真理に関する我々のテストは我々の意見を支持する現在のまたは将来の多数に依拠することである」[24]。ロックナー判決における彼の反対意見の論拠の一つは、異なる経済思想の間に決定を下すのは少数の裁判官ではなく、法律を制定した州の多数の人々であるというものであった。他方、信念の真理の基準は「思想の自由交換」または「市場の競争」を通して広く受容されるかどうかにあり[25]、信念の表明が「明白かつ現在の危険」（a clear and present danger）を生じさせるものでないかぎり、信念を表明する言論の自由は憲法の「切札的命令」（sweeping command）によって保障される権利だとしたのである[26]。

　ホームズの**プラグマティズム法学**は、コモン・ローや制定法の基本的原理やルールをまったく否定するというものではなかったが、一方では、事実のルールへの包摂よりも、事案の具体的事実を経験的に分析して、それらを総合的に考慮

22　O. W. Holmes, The Common Law（1881）, 1963, 5.
23　O. W. Holmes, The Path of Law（1897）, in Collected Legal Papers, 1921, 181.
24　O. W. Holmes, Natural Law（1918）, in Collected Legal Papers, 310.
25　O. W. Holmes, Dissenting Opinions of Mr. Justice Holmes, 1981（reprint, original 1921）, 50
26　O. W. Holmes, Dissenting Opinion of Mr. Justice Holmes, 234, 51.

する法的思考への道を拓くとともに、他方で、「法は裁判所の判決についての予測だ」という見解はリアリズム法学や社会学的法学を生み出すことになった。前者はホームズの思想を受け継ぐ最高裁裁判官たち（L.ブランダイス、B.カードーゾ、H.ストーンら）によって展開され[27]、さらに戦後のいわゆる「**バランシング**」（比較衡量）の法的思考へと連なっていく。後者は事実や経験を重視する法学者たち（K.ルウェリン、J.フランク、R.パウンドら）によって展開され、とくに「ルール懐疑主義」と呼ばれる立場を生み出す。しかし、F.フランクファーターの「アドホックなバランシング」についてはとくに言論の自由の保護を後退させたという批判[28]が、またルール懐疑主義についても裁判官の恣意的判断を許容することになるという批判が向けられた[29]。後で見るように、今日でも、形式主義とリアリズムおよびプラグマティズムはアメリカの法的思考における一つの対抗軸をなしている。

2 ハートとドゥオーキンの論争

形式主義とルール懐疑主義という両極に対するハートの批判についてはすでに触れた。ハートによれば、ルールの文言には「開かれた構造」があり、形式主義が想定するようにルールの文言をそのまますべての具体的事例に適用することはできない。他方、裁判官は直観によって結論を見出すとしても、ルールによる正当化を与えなければならない限り、ルールは裁判官の決定を一定程度は制約しているという点を、ルール懐疑主義は説明できない。このように両極を批判した上で、ハート自身は、ルールが曖昧であるときやルールに欠缺があるときは、裁判官は利益衡量に基づき裁量によって新たなルールを形成して、これによって判断

---

[27] 法的判断における社会的事実の重要性については、当時弁護士であったブランダイスが、女性労働者の労働時間を制限するオレゴン州法が争われた事件（Muller v. Oregon, 208 U.S. 412 (1908)）において、オレゴン州弁護士として女性労働者の状況を調査した詳細な報告書を提出して、ホームズを含む全員一致の合憲判決を導いたとされる点に、顕著に現れているといえるだろう。

[28] たとえば、J.H.イリィの批判がある。Democracy and Distrust, 1980, 108. フランクファーターは言論の自由を制限する立法に対して裁判官の謙抑を重視して、言論の自由を他の利益と衡量されるものとみなした。フランクファーターらとバランシングについては、また、I. Porat, Mapping the American Debate over Balancing, in: Proportionality and the Rule of Law, 403.

[29] たとえば、当初はリアリズム法学と提携していたパウンドは、第二次世界大戦中にナチスの状況などを考慮して、ルール懐疑主義としてのリアリズムが裁判官の制約のない裁量を招くと批判している。R. Pound, Contemporary Juristic Theory, 1940, 15-17.

するのだとした[30]。

このようなハートの**司法裁量論**に対して、ドゥオーキンが批判を加えたことも先に触れた。ドゥオーキンは、たとえばルールに欠缺がある場合でも、ハートがいうように司法裁量による任意の結論が導かれればよいというわけにはいかず、裁判官や法律家は「原理」をも考慮して法的に正しい解答を見出そうとしているし、またそうすべきだと主張したのであった[31]。この主張は、すでに触れたリッグス対パーマー事件のようなアメリカの裁判例を背景としているだけでなく[32]、ドゥオーキンのいわゆる「**権利テーゼ**」に基づいている。当事者たちは裁判官の裁量による解決ではなく、法的に正しい解答による判決を求める権利があるというのであった[33]。では、それはどのようにして見出されるのだろうか。

法的に正しい解答を見出す方法に関する基本的な立場として、ドゥオーキンは三つのものを挙げていた[34]。一つは慣例主義(コンヴェンショナリズム)であり、これは過去の政治的決定(立法や判例)に基づくルールのみを法源として、これに基づいて決定するという立場である。第二はプラグマティズムであり、これは過去のルールを考慮することなく、もっとも望ましい結果をもたらすような仕方で決定するという立場である。ドゥオーキンによれば、前者は適用すべきルールが存在しない場合にどのように決定すべきかを示さないし、後者は過去の政治的決定(とくに立法)によるルールを軽視している。この両者が、上記の形式主義とリアリズムにほぼ対応することは明らかであろう。ドゥオーキン自身は、過去の政治的決定によるルールの整合的な全体に適合するとともに、原理の性格をもつ規範をも考慮して人々の権利保護の観点からみてもっとも望ましい正当化を与えるような解釈に基づいて決定すべきだとする立場を主張し、その立場を「**イン**

30　H.L.A ハート『法の概念』218-219 頁。
31　R. ドゥオーキン『権利論』(木下・小林・野坂訳 1986 年)の第1章及び第2章。
32　1950 年代にハーバード・ロー・スクールを出たドゥオーキンのような法学徒にとっては、この例はおなじみのものであった。当時、ハーバード・ロー・スクールでは1年次に「リーガル・プロセス」という授業科目があったが、この授業では大量の資料が配布されて、学生はそれを読まされた。その資料のはじめのほうに、この判決が掲載されていたのである。ドゥオーキンはこの授業には出席していなかったようだが、周知のものであったといえるだろう。H. M. Hart and A. M. Sacks (W. N. Eskridge/P. P. Frikey eds.), The Legal Process, 1994, cxvii note 298. なお、『リーガル・プロセス』は、私的交渉から、コモン・ローの法的思考、そして制定法の解釈へといたる法のプロセスを、豊富な裁判例を挙げつつ解説している。最後に憲法の章も書かれる予定であったようだが、結局書かれなかった。
33　R. ドゥオーキン(木下毅/小林公/野坂泰司訳)『権利論』(木鐸社、1986 年)第3章。
34　R. ドゥオーキン(小林公訳)『法の帝国』(未来社、1995 年)。

テグリティとしての法」と呼んだ。

　ドゥオーキンは「インテグリティとしての法」における法解釈を三つの段階に分けている[35]。第一は解釈以前の段階であり、この段階ではケースに適用しうる過去のルールが確定される。第二は解釈の段階であり、これらの過去のルールを整合的に解釈する段階である。そして、第三は解釈以後の段階であり、そこでは過去のルールが不確定であったりルールに欠缺があったりする場合に、人々の権利をもっともよく保護しうるような解決が原理や政策の考慮によって探求される。この第二段階と第三段階は、さきに触れたドイツの評価法学における解釈の段階と司法的法形成の段階にほぼ対応するとみることができるが、ドゥオーキンは詳細な解釈方法論を展開しているわけではない。

　その代わりに、ドゥオーキンは架空の理想的裁判官（ヘラクレス）を想定して、コモン・ロー、制定法、そして憲法に関する困難な法的問題をこの裁判官がどのように解決するかを例示している。詳細には立ち入れないが、たとえば、コモン・ローではビジネスのケース以外での人々の権利保護と整合するかぎりで「法と経済学」的な判断も認められ、制定法では立法者の政策的目的の考慮も必要とされる。そして、憲法においては過去の決定をも考慮しつつ、とくに彼のいう「平等な配慮と尊重を求める権利」に基づく最善の解決が求められる。いずれにせよ、これらにおいて追求されるべきだとされているのは、人々の平等な権利の保障であり、その意味で「正義」の実現である。

　このようなドゥオーキンの法解釈論についてはいろいろな批判も向けられている。法理論一般に関する批判を除けば[36]、たとえば、困難な事案において裁判官が原理を考慮しているとか考慮すべきだとかとは一般にはいえない、唯一の正しい解答があるとはいえず、その追求を裁判官に求めるのは過度の要求となる[37]、民主的な立法による決定よりも裁判官の政治道徳的な判断を過度に信頼することになる[38]などである。いずれも決定的な批判とはいえないと思われるが、法解釈方法論をめぐる重要な論点を指摘するものである。

35　R. ドゥオーキン『法の帝国』108-110 頁。
36　たとえば、すでに触れたハートの最晩年の反論（『法の概念』第 2 版の「後書き」）参照。
37　こうした批判はとくに J. Raz によって展開されている。cf. Ras, Between Authority and Interpretation, 2009, Cap.12.
38　立法の意義を重視する規範的実証主義による批判のほか、アメリカでは裁判官は立法者に比して信頼されていないのだとする、Scott J. Shapiro, Legality, 2011, Chap.11 などの批判がある。

3 テクスト主義とプラグマティズム

　先に触れたように、今日でもアメリカでは形式主義やプラグマティズムの強力な主張者がある。連邦最高裁判所裁判官であったA. スカリアは形式主義の一種といってよい**「テクスト主義」**を主張し、シカゴ大学教授であるとともに連邦控訴裁判所裁判官でもあったR. ポズナーは**「法と経済学」**を中心とするプラグマティズムを主張している。これらについて、簡単に触れておこう。

　スカリアは、ホームズやカードーゾのように事案のあらゆる事情を考慮して望ましい解決を見出そうとする法的思考（コモンロー・アプローチと呼んでいる）よりも、明確なルールの適用によって解決を見出そうとする法的思考（ルール・アプローチと呼んでいる）のほうが適切だとする[39]。まず、平等な取扱いが正義の要請だとすれば、個々の事案の具体的な比較による取扱いよりも、明確な事前のルールの適用による取扱いのほうがこの要請により適合する。第二に、上級裁判所、とくに最高裁は下級審の大量の判決のごく一部しか審査しないから、その具体的な事案に立ち入って検討することは、法の統一の実現を困難にする。第三に、ルール・アプローチではルールによる予測可能性が保障されやすく、また第四に、裁判所はルールによって自らを拘束しやすい。第五に、ルールによる判決はその都度の世論に影響されることが少ない。最後に、「あらゆる事情の考慮」が必要なケースは事実認定が問題となる場合が多く、これは下級審に委ねたほうがよい。ルール・アプローチの優位性を支持してスカリアが挙げるこれらの理由のうち、第二のものと最後のものは上級裁判所、とくに最高裁判所に特有なものといえるが、後の四つの理由はルール・アプローチの優位性として一般に挙げられるものである。

　また、スカリアによれば、制定法や憲法の命令から解釈によって事案に適用すべき一般的なルールを構成しようとする場合でも、その文言の平明な意味を厳格に守るならば、その仕事はより容易になすことができる（テクスト主義）し、憲法の場合には制定者が意図していたもともとの意味に依拠するほうが一般的なルールを構成しやすい（原意主義）。たとえば、修正4条（何人も、その身体、住居、書類および所持品について、不当な捜索および逮捕押収を受けることのない権利を侵されない）の制定者は「納屋」を「住居」とは考えていなかったとすれば、捜査機関

---

[39]　A. Scalia, The Rule of Law as a Law of Rules, in the U. of Chicago Law Rev., Vol.56 No.1176 (1989).

の納屋への立ち入りは「不法侵入」ではあっても、憲法に反する捜索とはなりえない。スカリアは、すべての事情を考慮しバランシングによって分析するという方法を完全に否定するわけではないが、「ルールからなる法としての法の支配」を問題の性質が許す限り拡張すべきだとするのである。とはいえ、「残虐で異常な刑罰」（修正8条）や平等条項（修正14条）のような文言の意味を考えると、ドゥオーキンが主張するように、なぜ現在の人々は過去の人々の意思に厳格に拘束されなければならないのかが問われうるだろう[40]。

　他方、ポズナーは法的思考においても将来における結果を考慮すべきだとするプラグマティズムの立場を強力に主張している。その中心に位置するのが「法と経済学」である[41]。彼は正義を含む法にとっての目的概念を「富の最大化」としての効率性と捉え、この原理をコモン・ロー裁判所の判決の実証的な説明にとって有益なものとみなすのみならず、様々な政策提言や司法での適用という規範的な主張の基礎ともしている[42]。司法での適用の例を一つだけ挙げておこう[43]。ある事件で、連邦最高裁判所は、強姦事件の被害者の氏名の公表ないし報道を禁止する州制定法を無効としたが、その理由は、同法は情報への公的アクセスをすべて否定することになるということに基づいていた。このような大上段の論拠に対して、ポズナーはこの事件の特殊な事実関係に注目すべきであったとする。人々がプライバシーの保護を求める一般的な理由の一つは、他人がそれを知ったとき

40　ドゥオーキンはいわゆる「立法者意思説」を退ける。たとえば、平等条項の解釈としては、1896年のプレッシー事件判決の時点では「分離すれども平等」という解釈も、歴史的不利益処遇の是正や平等権の保障のために、一応の合理性をもったといえるが、1954年のブラウン判決の段階ではそれでは足りず、同条項を人種などのカテゴリーによる差別処遇の禁止と捉えて、「人種毎の分離教育は違憲」だとする解釈が必要だったのだとし、さらに1978年のバッキー判決の時点では、政治的決定に対する偏見の影響の除去という観点から、積極的是正策が「逆差別」に当たるかどうかを判断すべきであるとしている。『法の帝国』第10章参照。

41　ポズナーの最初の著作は『法の経済分析』（1973年）であり、2010年にその大部の第8版が出ている。彼の著書で翻訳があるのはR.A. ポズナー（馬場考一・國武輝久監訳）『正義の経済学』（木鐸社、1981年）だけであるが、その他にも、法理論や道徳理論、法と文学、反トラスト法、知的財産権その他様々な主題に関する膨大な著作がある。

42　法の経済分析が不適切とされる場合もある。たとえば、ポズナーによれば、ある種のカテゴリーによる私的な差別は効率的である。そのカテゴリーに属する人々を個々に調査して処遇するコストを削減できるからである。経済的効率性の観点からはそのような差別は許容されるべきだということになりうるのである。ポズナーは、効率性は正義の一種だとしつつも、このような差別の場合には効率性以外の正義の要求によって差別は禁止されるのだとしている。R.A. ポズナー『正義の経済学』328-329頁。また、cf. R. A. Posner, Economic Analysis of Law, 2011, 35.

43　R.A. ポズナー『正義の経済学』304-306頁。

に取引に誘い込まれてしまうことを恐れるからであるが、この事件の場合には被害者は加害者によって殺されていたのであり、第三者が取引に誘い込む関心をもつことは考えられなかった。他方、この事件で問題となったのは彼女の両親の悲しみを和らげることであり、また彼女の氏名を公表することはその報道に必要不可欠な事項ではなかった。つまり、州法の同規定を端的に無効とするよりも、これらの事実の衡量に基づいて判断するほうが適切であったはずだというわけである。

　ポズナーはまた自分をプラグマティストと位置づけている。「プラグマティストの裁判官は、他の公職者が過去に行ったこととの原則的な一貫性を保持する義務といったものに拘束されることなく、つねに現在および将来のために彼がなしうる最善のことをなすように努める」[44]。その特徴の一つは「実験的」判決を試みるということである。たとえば、ロー判決では、ドゥオーキンが支持する最高裁判決のように「人工妊娠中絶の権利に関する問題を拙速に国民レベルの問題にする」のではなく、たとえば問題のテキサス州法は十分な例外を含んでいないといった理由づけを与えれば、諸州はこの問題について異なったアプローチを試みる自由をもつことになっただろうという[45]。ポズナーは、人工妊娠中絶に関するある裁判において[46]、ウィスコンシン州法は「人工妊娠中絶を受ける女性の健康を保護すると称しているが、このケースではそれが提供する特別の措置は健康にはほとんどあるいはまったく役立っておらず、むしろ人工妊娠中絶に対する障害を広げている」とする判決を連邦控訴裁主席裁判官として自ら下しているが、同様の趣旨に基づくものといえるだろう。

　以上のように、現代アメリカの法的思考をめぐる議論は多様である。ただ、ある批評家は、ドゥオーキンとポズナーは、ラングデルの正統派の利点と一致しかつそれに対する批判も免れるような包括的法理論の試みを提示しているが、ドゥオーキンは法を道徳哲学に、ポズナーは経済学に、いずれも過度に結び付けており、彼らの理論が「今なお支配的な**リーガル・プロセス論**と古典的正統の残滓の

---

[44] R. A. Posner, The Problematics of Moral and Legal Theory, 1999, 241.
[45] R. A. Posner, The Problematics of Moral and Legal Theory, 254. これに対して、ドゥオーキンはそのような実験的解決ではプロライフ派は一層憤激するだろうと反論している。R. Dworkin, Justice in Robs, 2006, 64（宇佐美誠訳『裁判の正義』（木鐸社、2009 年）85 頁）。
[46] Planned Parenthood of Wisconsin, Inc., et al. v. Brad D. Schimel, U.S. Court of Appeal, Seventh Circuit, November 23, 2015.

ハイブリッド」の跡を継ぐ見込みは少ないとしている[47]。これが正しい診断かどうかを判定することはできないが、正しいとすれば、アメリカの法的思考も、個々には対立を含みながらも、全体としてみれば一つの緩やかな総合をなしているといえるのかもしれない。

第3節　日本の議論

　日本は、明治期に大陸法系の法制度、とくにドイツの法制度を継受し、それとともにドイツの法学方法論を受け継いだ。他方、大正期の中頃、アメリカに留学した末弘厳太郎はロー・スクールのケースメソッドに触れ、判例研究を中心とする「実用法学」を唱えて一石を投じた[48]が、日本での法的思考をめぐる議論の本格的な展開は戦後になってからのことである。ここでは、来栖三郎の問題提起に始まる第一期論争（価値判断をめぐる論争）、加藤一郎と星野英一らの利益衡量論をめぐる第二期論争（利益衡量をめぐる論争）、そして、平井宜雄が提起した第三期論争（法的議論をめぐる論争）を概観する。

1　価値判断をめぐる論争

　「法解釈学論争」と呼ばれる戦後の論争は、1953年度の私法学会における来栖三郎（1912-1998年）の報告に始まった。来栖はその報告の有名な一節で次のように述べた[49]。「何と法律家は威武高なことであろう。常に自分の解釈が客観的に正しい唯一の解釈だとして、客観性の名において主張するなんて。しかし、また、見方によっては、何と法律家は気の弱いことであろう。万事法律に頼り、人

47　T. C. Grey, Langdell's Orthodoxy, 53.
48　川島武宜「末弘厳太郎先生の法学理論」（『科学としての法律学』（弘文堂、1964年）所収）246頁参照。末広の問題提起は大きな反響を呼んだとはいえなかったようだが、若き我妻栄はこれに触発されて「私法の方法論に関する一考察」という論文（『法学協会雑誌』第44巻6号・7号・10号、1926年）を書いている。その結論は「法律学は、『実現すべき理想の攻究』を伴わざる限り盲目であり、『法律中心の実有的攻究』を伴わざる限り空虚であり、『法律的構成』を伴わざる限り無力である」という標語に示されている。価値、事実、規範の三要素を総合的に考慮しなければならないということであろう。
49　来栖三郎「法の解釈と法律家」（『来栖三郎著作集1』（信山社、2004年）所収）22頁。なお、翌1954年には日本法哲学会が法の解釈をテーマとする大会を開催し、来栖や川島のほか、憲法学者の田畑忍や労働法学者の沼田稲次郎などを交えて討論を行っている。『法の解釈　法哲学年報1954』（1955年）参照。

間生活が法規によって残りくまなく律せられるように考えなければ心が落ち着かないなんて。そして何とまた法律家は虚偽で無責任なことであろう。何とかして主観を客観のかげにかくそうとするなんて」。

　この一節が指摘しているのは、法律家の解釈は客観的であるように装いつつ、実は法律家自身の主観的な**価値判断**に基づいているということであった。このような指摘は、すでにドイツでの概念法学批判においてなされていたものでもあったが、法解釈が主観的価値判断に基づいているということを強調している点で特徴的である。日本の第一期論争は、法解釈における解釈者の価値判断の主観性と客観性、そして価値判断が主観的であるとすればどうすべきかという点をめぐるものとなったのである。

　まず、法解釈が価値判断を含むことについてはほぼ意見の一致があったが、その価値判断は主観的なものにとどまるのか、それとも客観的なものでありうるのかが問われた。来栖はもちろん[50]、彼に賛同した川島武宜や法哲学者の碧海純一らは、価値判断の主観性を主張した[51]。これに対して、とくにマルクス主義法学の立場に立つ論者（家永三郎、渡辺洋三ら）は、歴史展開の必然的法則を想定してこの法則に適合する価値判断は客観的でありうると主張した[52]。この論点について、碧海は、客観説のいう歴史展開の必然的法則に疑義を呈するとともに、客観説は法則に従った歴史展開という事実から価値が導けるとする「自然主義的ファラシー」に陥っていると批判した。これは分析哲学に造詣の深い碧海ならで

---

[50] 来栖は裁判所の判決が隠れた価値判断に基づいていることを批判している。たとえば、形式が安易であること（借家契約を期間を定めず更新した場合、借家法には規定がないからとして、直ちに黙示の更新に関する民法619条1項但書が適用され、617条の解約申入が可能となるとする判決）、そのため不都合な結果にいたること（借家人が死亡した場合、その内縁の妻が引き続きその家屋に居住しうるのは、内縁の妻が自ら賃借人となるからではなく、元の借家人の意に反しないからにすぎないとして、解約申入の要件を過度に緩和する判決）、ときにはこじつけとなること（共産主義的新聞の発行を禁止するGHQ指令を共産主義者等の排除を要請するものと解釈して、解雇を認めた判決）などである。

[51] 川島武宜「科学としての法律学」（『科学としての法律学』（弘文堂、1954年）所収）。もっとも、川島は、個人の価値判断は主観的であるとしても、近代法の中から社会法が現れて統合されているように、法においては価値判断の統合力が働くと述べている。碧海については後の回顧「戦後日本における法解釈論の検討」（谷口知平編集代表『法解釈の理論』（有斐閣、1960年）所収）を参照。碧海は価値判断については初期の分析哲学のいわゆる情操説に立っていたが、その後、カール・ポパーの「反証可能性」の見解に触発されて、価値判断についても「反証可能性」による合理的な正当化の可能性がありうるとしている。碧海純一編『法学における理論と実践』（学陽書房、1975年）に再録された「戦後日本における法解釈論の検討」への補注参照。

[52] たとえば、渡辺洋三「法の解釈と法律学」（『法社会学と法解釈学』（岩波書店、1959年）所収）

はの鋭利な批判であった。客観説の論者たちも、後には、事実から直接に価値を導いているのではなく、そこには論者の価値判断が作用していることを認めている。しかし、価値判断について合理的な批判が可能かどうかについては議論が深まったわけではなかった。

第二に、価値判断が主観的であるとすれば法解釈はどうあるべきかという点について、来栖は、法規は「解釈のわく」を与えるが、適用可能な具体的な法規範をそこから演繹的に導くのではなく、「現実の社会関係の観察・分析」によって汲み取るべきだとする。これは末弘の示唆にならったものといえる。それでも解釈者の主観的価値判断の余地は残るから、その場合には主観的判断によることを明示して、解釈者の責任を自覚すべきだとした。他方、客観説に立つ論者たちは、歴史展開の法則を現実に即してより科学的に捉えることへと方向を定めた。いずれにせよ、社会や歴史の現実を科学的に観察・分析して、解釈の指針を導くべきだとしていたわけである。川島の**「科学としての法律学」**はこの科学志向を如実に示すものであった。

この論争について、碧海は「ほんものの国産論争」で、稔りあるものであったと高く評価しているが、後に田中成明は、この論争では価値判断の主観性如何と法律学の科学化の必要性について抽象的な論争がなされただけで、法的思考の特性について立ち入った検討がなされたわけではなかったと消極的にみている[53]。また、平井宜雄は、論争は価値判断の基準をめぐるものであったが、かなり抽象的なレベルでの議論であったため進展は期待できず、膠着状態に陥ったとしている[54]。

2　利益衡量論をめぐる論争

第二期の論争は、1960年代後半の、加藤一郎と星野英一の**利益衡量論をめぐる論争**である[55]。この論争は第一期の論争を引き継ぐものという性格をもっていた。加藤は1966年に、碧海が編集した岩波講座『現代法 15』に「法解釈学にお

53　田中成明『現代法理論』（有斐閣、1984年）249頁、同『法的思考とはどのようなものか』（有斐閣、1989年）53頁参照。
54　平井宜雄「「法の解釈」論覚書」（加藤一郎編『民法学の歴史と課題』（東京大学出版会、1982年）所収）84頁参照。
55　星野は「利益考量」という言葉を用いているが、ここではとくに星野の議論に関する場合を除いて、一般的な「利益衡量」の語で統一する。

ける論理と利益衡量」という論文を寄稿し、星野は同じ年に日本法哲学会で「民法解釈方法論序説」と題する報告を行っている[56]。これを出発点として活発な論争が展開されたのである。

　加藤は、上記の論文で、概念法学をステレオタイプ的に批判した後、一つの想定事例によって自説を展開している。その事例は航空機の事故により地上の人々や家屋などに被害が生じたというもので、加藤はこれを法的にどう解決するかという問題を立てている。709条による損害賠償請求では原告側が航空会社の過失を証明しなければならないが、これは困難だと考えられる。そこで、加藤は、まず「白紙の状態」での利益衡量によって妥当な結論の仮説を導き出し、次にその結論を法規等の理論構成によって正当化するという二段階の思考方法を提案する。第一段階の利益衡量によれば、たとえば、航空会社はこのような事故のリスクにつき保険をかけることができるので、過失の有無にかかわらず被害に対して補償させるほうが「はるかに合理的で、社会的損失も少なくなる」という結論が導かれる。第二段階の「法規による形式的な理由づけ」には複数の方法がありうる（立証責任を転換させる、航空会社の注意義務を加重する、工作物責任に関する民法717条を類推適用する、709条の適用を退けて「法の欠缺」とみなして上記の実質理由により判断するなど）が、これらのうちどれをとるかは実際への適合性や理論構成としての説得力による。この解釈や結論は唯一の「正しい」解釈や結論ではなく、「妥当な」それと考えるべきだとされている。なお、利益衡量がアドホックなものにならないように、事案を類型化することが必要であり、また、こうした利益衡量と理論構成によったときはそのことを判決において明示しなければならないとされる。さらに、公法や刑法や労働法など基本的人権の保障や弱者の保護などが要請される場合には、利益衡量的考察には慎重でなければならないと限定的な留保が加えられている。

　星野は、文理解釈・論理解釈・歴史的解釈の重要性を説くことから始めつつ、裁判となるような法的問題が生じるのはこれらの解釈方法だけでは足りず、「**利益考量・価値判断**」が必要となる場合であるとして、利益考量・価値判断の方法

---

[56] 星野の論文については、日本法哲学会編『法の解釈と運用』（1967年）、また星野の『民法論集』第一巻（有斐閣、1974年）を参照。なお、加藤と星野は、刑法の平野龍一らとともに、川島や碧海の「経験法学研究会」のメンバーであった。このことからも、利益衡量論が末弘や来栖の法理論の精神を受け継いでいることが窺える。

について豊富な設例を用いて論じている。第一に、法規の適用によって解決されるべき紛争においても、その利害関係が詳細に考察されなければならない。第二に、適用されるべき法規の選択が問題となる場合には、可能な複数の規定についてその適用から帰結する法律効果を明らかにして、そのいずれを選択すべきかを価値判断しなければならない。第三に、法規についての複数の解釈のうちからいずれを選択すべきかが問題となる場合にも、それによってどのような人のどのような利益が保護されまた阻害されるかを徹底的に突きとめることが必要である。第四に、どの利益をどう保護するか、またどの価値をどう実現するかを価値判断によって決定しなければならない場合には、類似の状況に対して適用される規定や考え方をその要件・効果の違いに即して比較検討し、利害状況の異同に応じて諸規定を適切に整理したり、法の趣旨・目的を探求したりすることが必要となる。最後に、質の異なる利益が複雑に絡み合っている場合には、「たんに両利益を足して二で割るというようなわけにはいかず、まさに価値判断（感）によってきめられる」ことになる。さらに、価値判断については、上記のマルクス主義的な客観説は退けつつ、たとえば「人間の尊厳、平等、精神的自由など…、あるていど具体的な価値につき、その客観性を認めてもよいものがあるのではないか」と説き、後の補論では「価値のヒエラルヒア」の構築が必要だとしている[57]。

　以上、ごく概略をみただけでも、加藤と星野の利益衡量論が、概念法学的方法やそれに基づく理論構成によって結論を導くことを退けて、当事者間の現実の利害関係についての立ち入った分析と比較によって妥当な結論を見出すべきだとする点で、同様の立場を示していることは明らかである。もっとも、そこには違いのあることも見逃せない。加藤の利益衡量は、上記の例からも窺えるように、後のカラブレイジの『事故の費用』（1970年）にみられるような「法と経済学」の考え方に近く、利益衡量の方向づけも「社会的最大値」の実現に求められている。これに対して、星野は利益考量の方向づけとして価値基準をおいており、その限りではヘックの利益法学の考え方に近いといえるだろう。

　このような利益衡量論に対しては、多くの民法学者から厳しい批判が向けられた。何よりもそれは、「手放しの利益衡量主義」、「裸の利益考量・価値判断」、「解釈者への選択の白紙委任」、裁判官に対する「手放しの信頼」、「権力者の恣

57　しかし、「価値のヒエラルヒア」は展開されなかったため、この議論は説得力が弱いとみられている。

意」に対する無制約といった言葉に現れている。しかし、**手放しのまたは裸の利益衡量**というのが何を意味するかは、必ずしも明らかではない。利益衡量という場合でも、法規の意味確定が必要な場合のような法規の解釈の内部での利益衡量（内的利益衡量と呼ぼう）と、法規の事態不適合や衝突や欠缺の場合のような法規を離れた利益衡量（外的利益衡量と呼ぼう）を区別する必要があるだろう。法規の内容が多義性や伸縮性を含む場合、水本によれば、内的利益衡量がなされうることは「誰も否定しない」[58]。ただこの場合でも、利益衡量論は利益衡量から始めて、法規からの思考は事後的なものになり、そのため法規の拘束が弱くなる、あるいは法規の解釈方法の精緻化がおろそかになるというのが、批判の趣旨となるだろう。法規の事態不適合や衝突や欠缺の場合は、外的利益衡量は手放しのまたは裸の利益衡量となるという指摘はより理解しやすいといえるかもしれない。これについて、批判者たちはたとえば「近代法のあり方」（広中）とか「公害被害者の権利の企業利益に対する優先」（渡辺）といった判断基準による枠づけの必要を説いている[59]。また、水本は、末弘の方法論が「判断基準創設論」であったとして、**判断基準創設**を軽視する利益衡量論と対比させている[60]。この他、性質の異なる利益をどのように衡量するのか不明である、加藤の利益衡量論に由来するいわゆる「受忍限度論」は「企業の公益性を過大に評価」することになるといった多様な論点に関わる議論が展開された[61]。

　この論争についても平井宜雄と田中成明の評価がある。平井は、この論争では

58　水本浩「民法学における利益衡量論の成立とその成果」『民商法雑誌』64巻2号208頁参照。
59　広中俊雄『民法論集』（東京大学出版会、1971年）386頁、渡辺洋三「社会科学と法解釈」（『法哲学年報』（1968年）所蔵）73頁参照。広中の「近代法のあり方」というのは、M. ウェーバーの言うような形式的合理性に基づく社会関係のあり方を意味し、封建的な倫理観に基づく社会関係のあり方と対比されている。たとえば、借家契約において、借家人がたとえば売春婦であっても借料を定期的に支払っているならば、その生活のあり方に介入されないといった関係を指す。広中『借地借家判例の研究』（一粒社、1965年）111-115頁参照。これに対して、星野は「近代法のあり方」といってもその内容はなお多様でありえるはずだと反論している。星野「民法の基礎知識」（『民法論集』1巻347-353頁）参照。
60　水本浩「民法学における利益衡量論の成立とその成果」209-215頁参照。
61　前者については、加藤の利益衡量論はともかく、星野は価値判断によると反論すると考えられるが、「価値のヒエラレルヒア」が展開されない以上、価値判断がどのようになされるかは不明となる。加藤の受忍限度論に対する批判としては、大阪弁護士会環境権研究会『環境権』（日本評論社、1973年）101頁参照。こうした批判に対し、加藤は、受忍限度論は企業に立証責任を転嫁させることを意図したものであったと反論するとともに、権利論と利益衡量論とを組み合わせることも考えられるとしている。加藤『公害法の生成と展開』（岩波書店、1968年）27-28頁参照。

解釈技法の意義と利益衡量・価値判断の不可避性という点では認識が共有されたとしても、民法解釈学内部の議論にとどまり法解釈一般をめぐるものになりにくくなったこと、法解釈論の受け手が裁判官なのか法律学なのかが不分明であり、現実の訴訟のあり方そのものに定位するという「方法論的整理」が必要であることなどを指摘している[62]。田中は、利益衡量論は「結論の理由づけ（正当化）や説得力という『術』的側面」に直接的な関心を向けており、これを「論理と経験を越えた特殊＝法的な地平」において問題にしようとするものであった限りで評価できるとしつつも、実定法的規準が利益衡量・価値判断に対しても「実質的な指針を提供しコントロール機能をもつ」ことが軽視されており、価値判断の規準についても明確に述べられていないこと、また、異質な利益の間の比較考量をどう行うかについて原理的な論及が十分でないこと、さらに「裁判の制度的枠組が課す手続的制約」にはほとんど目が向けられていないことなどを問題点として指摘している[63]。

なお、平井は議論が民法解釈学にとどまったとしているが、憲法学、行政法学、刑法学などにおいても多少の議論がなかったわけではない[64]。憲法学では、アメリカのアドホック・バランシングへの反省からいわゆる「二重の基準論」が現れていること、行政法学からは、行政分野では利益衡量は常用の手法であるが、利害関係が複雑になってきていること、刑法学では、解釈方法も含めた体系的学説をめぐる論争が重要であり、利益衡量論にかぎらず方法論そのものに焦点を合わせた論争は起こりにくいことなどが指摘されている。

3　法的議論をめぐる論争

第三期の論争は平井の問題提起によって始まる。平井は第一期および第二期の論争をおおむね消極的に評価していたのだが、さらに、価値判断や利益衡量を強調する見解（平井は来栖や川島の見解を「正統理論」と呼び、とくに星野の利益考量論を

62　平井宜雄「「法の解釈」論覚書」85 頁参照。平井はまた、伝統的な「紛争志向型訴訟」と公害訴訟などの新しい「政策志向型訴訟」を区別し、とくに前者において問題となる「法＝正義」思考様式と、とくに後者において問題となる「目的＝手段」思考様式の関係に着目した法解釈論が必要としている。
63　田中前掲『現代法理学』313、261、262 頁など参照。
64　たとえば、『ジュリスト増刊 基礎法学シリーズ IV』（1972 年）は、法解釈をめぐる複数分野の研究会で行われた議論を掲載している。

その直系とみなしている）に対して、それが法的思考の「非合理主義」をもたらすと批判する[65]。これに対して、星野が反論して論争が展開した[66]。

　平井の批判の主要なポイントは、価値判断や利益考量を強調する見解では、結論を見出すための心理的な、つまり直観や勘など非合理な要素が混じる「発見のプロセス」が重視され、これとその結論を根拠づける「正当化のプロセス」とが未分化なままであり、また結論の正当化においても、利益考量や価値判断による「**マクロの正当化**」が強調されて、主張を論証や反論という議論の積み重ねによって根拠づける「**ミクロの正当化**」が軽視されており、結果として法的思考の「非合理主義」をもたらすというものである。この「発見のプロセス」と「正当化のプロセス」の区別が、すでに触れたワッサーストロームらの区別に対応することは明らかであろう。また「ミクロの正当化」と「マクロの正当化」の区別も、マコーミックの「演繹的正当化」と「第二次的正当化」の区別やアレクシーの「内的正当化」と「外的正当化」の区別におおよそ対応している。さらに、平井は「ミクロの正当化」をトゥールミンの正当化の図式によって説明している。つまり、平井は正当化を、演繹的な三段論法の図式によってではなく、主張をデータや裏づけなどの論証によって根拠づけたり反論したりするプロセスとして捉えている。そして、彼のいう正統理論や利益考量論はこのミクロの正当化を無視ないし軽視しているがゆえに、**反論可能性**のある正当化を与えることができないのだというのである。このように批判した上で、平井は、「良い法律論」の条件として論理や事実による反論可能性の高い法律論であることを挙げ、それが反論に耐えたときに適切な正当化がなされたものとみなされるという。

　これに対する星野の反論は、平井の批判に対応する主要な点だけ挙げると、次のようなものである。まず、発見のプロセスにはたとえば文理解釈その他の方法や基準による正当化の方法の探求が含まれており、発見のプロセスと正当化のプ

---

[65]　平井宜雄「法律学基礎論覚書」（『ジュリスト』916-928号、1988-89年）。平井の議論は、正統理論や利益考量論による法学教育が学生に悪影響を及ぼしている、つまり法的議論による正当化を疎かにして、直観的な価値判断で答えようとする傾向を生み出しているという認識に基づいていた。とはいえ、それが彼のいう正統理論や利益考量論そのものに対する批判であったことも否定できない。

[66]　星野英一「平井宜雄「法律学基礎論覚書」について」（『ジュリスト』940号、1989年）。そのほか、平井、星野に、田中成明及び瀬川信久を加えたミニ・シンポジウム「法解釈論と法学教育」（『ジュリスト』940号、1989年）、平井「法解釈論の合理主義的基礎づけ――法律学基礎論覚書・その二――」（『法学協会雑誌』107巻5号、1990年）参照。

ロセスを截然と分けるのは適切とはいえない。また、ミクロの正当化が文理解釈や論理解釈を意味し、マクロの正当化が立法者意思や利益考量・価値判断の利用をいうとすれば、この二つは自説でも区別されている。マクロの正当化を強調するのは、裁判でとくに問題になるのはこの意味での正当化だからである。さらに、議論による正当化といっても、議論の形式的構造だけでなく、正当化の根拠・内容（それはミクロの正当化だけでは足りない）が重要であり、また、議論のための議論に終始しないためには、議論への動機（正しいまたは妥当な結論にいたるなど）が重要である。まとめとして、星野は、法律論のよしあしに関する「反論可能性を高める」という基準はこれまであまり意識されていかなかったもので、その指摘は有意義であるが、正当化の実質的根拠を軽視する平井の立場は「実質的価値不問主義」、「概念法学への回帰」であろうと逆に批判している。

　両者の相違点は、結局、議論による論証（ミクロの正当化）とその実質的根拠づけ（マクロの正当化）のいずれを強調するかという点にあるといえる。平井は、星野が利益考量・価値判断による事例として挙げる判決について、正当化のプロセスに位置づけられるかぎり、「『議論』にもとづく『正当化』という法律家的な問題解決の伝統にしたがっているにすぎないと解すべきだろう」としているが、その議論による論証の推移が利益考量や価値判断を基礎としていることは否定できないように思われる[67]。他方で、そのような利益考量や価値判断を言語的な命題

---

[67] 事例は最判昭和46年1月25日（民集25巻1号90頁）である。平井の要約によれば、事案は、X等が各々相続した不動産の持分について、Y等による仮差押登記による所有権保存登記がなされた後、X等間にそれと異なる持分割合による遺産分割の調停が成立したので、X等が持分の更正登記をするためにY等に対してその承諾を請求したというものである。原審がこれを認めなかったため、X等が上告し、遺産分割による登記は民法909条本文により遡及効があり、相続放棄と同じく登記なくしてこれに対抗できる（最判昭和42年1月20日）と主張したが、最高裁は次のような根拠によってこれを退けた。その根拠は、これも平井の要約によれば、(1) 909条但書の存在により分割の遡及効は制限されているから絶対的に遡及効を生ずる相続放棄と同一に論じえない、(2) 遺産分割においては分割前に第三者が利害関係を有することが少なくないので、その保護が要請されるのに対して、相続放棄において第三者の出現を顧慮する余地は小さい、(3) 遺産分割後にでも共同相続の外観を信頼して持分につき第三者が権利を取得することが相続放棄に比して多く予想されるからその保護が要請される、というものである。平井は、この (2) 等が利益考量に該当しうることを示唆しつつ、ここで最高裁が行っているのは上告人の主張に対して「理由を示して反論し、それと反対の言明を定立したというだけのこと」だとする。しかし、「理由」のうち、(1) が条文の文理解釈・論理解釈に基づくといえるとすれば、(2) と (3) はそれとは異なって、平井も示唆するように、相続放棄の場合と遺産分割（前後）の場合における第三者の利害の比較考量と、第三者を保護すべきという評価によるものであることは否定できない。(1) は条文の文理解釈・論理解釈からは直ちに結論が導けないことを示しており、したがって (2) と (3) によって結論を根拠づけているのである。これを利益考量・価値判断によるもの

にして論証や反論を積み重ねるという議論プロセスの意義を明らかにしたことは、田中のいう法的思考における「**対話的合理性**」を志向するものとして評価することができるだろう。

とはいえないと平井がいうのは、いわゆる「裸の利益考量・価値判断」によるものではないということかと思われるが、結論に至る論証の基礎に利益考量や価値判断があることは否定できないだろう。そして、こうした利益考量・価値判断が通常の法律家の法的思考に含まれるものであることは、水本の指摘の通りであろう。

第13章　基礎的法解釈

　ここではまず、法の解釈方法を大きく三つに分類する。第一は、適用すべき法規範の文言の意味を確定する方法に関わる。事案に対して適用すべき法規範の選択が問題となることも少なくないが、ここでは適用すべき法規範は特定されているものとする。この特定された法規範の文言の意味を確定することが問題となる。これに関連する法解釈を**基礎的法解釈**と呼ぶことにする。第二に、法規範が不特定な概念を含む場合、適用されうる法規範が複数あって衝突しているとみなされる場合、そして適用すべき法規範が欠缺しているとみなされる場合の解釈方法である。ここでは、法規範や法制度の内部であるいはそれと並んで、司法による法形成が必要となる。不確定概念の内容を確定する場合でも、たんに文言の意味を確定することにとどまらず、法規範の内容を補充的に特定することが必要である。これらの場合に関する法解釈を**発展的法解釈**と呼ぼう。第三に、法規範が事案の事態に不適合だとみなされる場合や憲法の規定に反しているとみなされる場合の解釈方法に関わる。前者は反制定法的解釈と呼ばれることがある。後者が違憲審査における解釈であることはいうまでもない。ここでは、法規範を超えるまたは法規範に反する仕方での司法による法形成が問題となる。これらをまとめて訂正的法解釈と呼ぶことにしよう。本章では基礎的法解釈を、そしてその後の二つの章で発展的法解釈と**訂正的法解釈**を概観する。

　基礎的法解釈は、適用すべき法規範が法律の準則として特定されている場合に、その法規範の文言の意味を確定することを目的とする。その方法には、サヴィニー以来「解釈カノン」と呼ばれている四つの解釈方法（文理解釈、論理解釈、体系的解釈、歴史的解釈）[1]と、サヴィニーが「法の根拠」および「法の内在価値」と呼んだものに依拠する解釈方法（目的論的解釈と総称する）が含まれる。これらの方法は、文言の意味をその適用すべき法規範に依拠して確定すればよい場合と、他の資料等を参照しなければならない場合とに分けられる。文理解釈と論

---

[1] すでに触れたように、サヴィニーはこれら4つを解釈の4つの要素としており、今日のようにそれぞれを解釈方法としていたわけではないが、現在の慣用にならう。

理解釈は主に前者に、体系的解釈と歴史的解釈は主に後者に分類できる。また、目的論的解釈も基本的に後者に属するものとみることができる。

第1節　文理解釈と論理解釈

　文理解釈と論理解釈は「文理・論理解釈」と総称されて、相互に明確に区別されないことも多い。いずれも、法律の文言の語や文の意味をそれらの言葉に即して確定しようとするものであり、他の解釈方法と比較すると、とくに区別する必要が感じられないからだと思われる。ここでは、文理解釈を語や文の実質的な意味を確定する方法、論理解釈を否定詞や接続詞、文の関係や推論形式に即して文言の意味を形式的に確定する方法として、区別して取り上げる。

1　文理解釈

　法律は基本的に言語によって表現されており、それを具体的な事実に適用するときは、その意味を確定することが必要となる。しかし、ハートが言うように、法規の文言の意味にはその「核心部分」と「周辺部分」があり、法規の文言は「**開いた構造**」をもっている。文理解釈はこのような文言の語や文の実質的な意味をその言葉に即して確定する方法である。

(a) 日常用語と法律用語

　法律の用語の多くはその意味が日常用語の意味とおおよそ重なるか、その核心部分に日常用語の意味を含んでいる。たとえば、「人」は基本的には自然人を指し、「物」は基本的に有体のものを指す。多くの法律の用語の意味が日常用語の意味から大きく乖離するならば、法律に関わる日常生活は混乱に満ちたものとなるだろう。

　とはいえ、法律用語の意味は立法者の意思（たとえば定義に現れる）や裁判所の解釈によって、日常用語よりははるかに確定したものとなっている。たとえば、「人」は法的には出生していることを要し、したがって胎児は「人」には含まれない。また、「物」は法律でも「有体物」に原則として限定されるが、「電気」は特別のみなし規定によって「財物」に含められる。法律用語には法律特有の専門用語もある。たとえば、民法における「善意」は、道徳的に「善良な人の意思」ということではなく、法律行為に関連する特定の「事情を知らない」ということ

を意味する（「悪意」は「事情を知っている」を意味する）。その他、法律には定義や解釈によって定められた専門用語が少なくない。法律用語辞典が必要となる理由である。

しかし、専門用語として確立していない場合には、法の用語といえども、日常の一般的用法から乖離した意味をそれに押し付けることは避けなければならない。たとえば、「この法律の施行の際」という文言は、その一般的な用法からすれば、「当該法律の施行の日を指す」ものと解すべきであって、「当該法律の施行の直前の時点を含む」ものと解すべきではない（最判平成19年12月18日民集61巻9号3460頁）。

(b) 言葉の意味の外延と内包

言葉の意味については、これを外延とみる見方と内包とみる見方がある。外延はその言葉が指示する対象の集合であり、内包はその言葉の定義によって与えられる外延の要素に共通する特性（メルクマール）の集合である。

「電気」を窃盗罪の「財物」に含めるとき、「電気」は「財物」の外延の一つである。とはいえ、「電気」は有体物ではないため、当初の判決では、「財物」につき、「可動性」、「管理可能性」、「所持可能性」、「所持の継続・移転可能性」などをメルクマールとして定義し、「電気」もこのメルクマールを満たしうるがゆえに「財物」であるとした（大判明治36年5月21日）。しかし、「財物」も「物」である以上、これを有体物に限定しないのは他の「物」に関する規定の解釈と整合しなくなる。そこで、この判決に対しては許容限度を超えた拡張解釈だという批判がなされ、後に立法による解決が与えられたのは周知の通りである。

とはいえ、この例にみられるように、法的思考はしばしば言葉の意味について内包的な見方をとらざるをえない。あるものを言葉の外延に含めるかどうかの判断には、内包としての意味を確定して、これをそのものに適用するという仕方で、理由づけることを必要とする。そうでなければ、あるものを言葉の外延に含めるかいなかの判断は、たんなる決断の問題となってしまう。しかし、それゆえにこそ、内包の規定は一般の理解から乖離しない適切さを求められるのである。一般の理解からしてその言葉の典型例（パラダイムとなる事例）とみなされるものについて、それらをある用語の外延とするにふさわしい事実的なメルクマールと、なぜそれが法的規律の対象とされるのかに関する評価的なメルクマールを構成することが必要となる。

(c) 拡大解釈と縮小解釈

　内包的な言い換えは、より一般的な用語で表現される**メルクマール**の組み合わせによって与えられる。そのメルクマールが少なくなれば、外延はより大きくなり、逆にメルクマールが増えれば、外延は小さくなる。その言葉の外延に含まれる典型例にある事例が含まれるとする場合、その操作は「字義通りの解釈」による適用である。これに対して、典型例とみなされる外延の要素を過不足なく決定するメルクマールを基準として、メルクマールを少なくして外延を大きくする場合が「**拡大解釈**」（または拡張解釈）であり、メルクマールを多くして外延を小さくする場合は「**縮小解釈**」（または限定解釈）であるということができる。

　たとえば、上記の「財物」のメルクマールから「有体性」を除外して、電気を財物に含めるのが拡大解釈である。平成16年改正前の民法109条の「第三者」に「善意無過失」のメルクマールを追加して、「第三者」の範囲を限定するのは縮小解釈である[2]。

　拡大解釈や縮小解釈がどこまで許容されるかという問題は、当該の言葉の一般的な用法との距離だけでなく、その法規の規律目的とそこに含まれる評価を考慮して判断せざるをえない。上記の例で、電気を「財物」に含めたのは、たんに物理的なメルクマールを考慮したのではなく、「可罰性」の観点からの考慮がなされたからだといえる。もっとも、刑法においては、安易な拡大解釈が許されないことはいうまでもない。

(d) 語句と文

　法律の言葉もその語句を単独に取り出してその意味を確定するのでは意味をなさないことが少なくない。その言葉の類義語や反意語などと比較して、その共通性と差異性を特定する語義論や、その言葉が他のどのような言葉とどのように接続するのかについての統語論を参照しなければならない。そして、その言葉が法文の中でもつ意味に注目することが必要であり[3]、たとえば刑法における「建造物」という語は「人の看守する建造物」といった句や、「正当な理由なく、人の

---

[2] 最判昭和41年4月22日民集20巻4号752頁参照。なお、平成16年の改正により、本条の「第三者」には善意無過失の要件が追加された。
[3] ヴィトゲンシュタインの『論理哲学論考』（奥雅博訳『ウィトゲンシュタイン全集1』（大修館書店、1975年）27頁によれば、世界を構成するのは個々の事物ではなく、命題の形式で記述される事実である。これによれば、何かの事物をたんに指示するときも、それはすでに何らかの命題の形式をとっていることになる。

看守する建造物に侵入する」といった文、さらに関連する複数の文などのコンテキストの中に位置づけて理解しなければならない。そうすることによって、なぜそれが法的規律の対象とされるのかも理解しうることになる。

平成23年の刑法改正以前に、最高裁が「ハードディスク」を「わいせつ物」にあたるとした[4]のは、「わいせつ物」を「わいせつ物を公然と陳列する」という文に位置づけて理解することによっているといえる。すなわち、この文にハードディスクを位置づけると、この文は「わいせつな画像情報が記録されたハードディスクを、インターネット回線を通じてその画像情報にアクセスできる状態におき、インターネット回線を通じてアクセスしてきた者が、そのわいせつな画像情報を閲覧できるようにする」というように言い換えられうることになる。この場合、「わいせつな画像を記録したハードディスクを公然と陳列した」と言い換えるだけでは不十分であることは明らかである。また、後者のような言い換えで理解する限り、解釈としては適切でなく、立法による解決が必要となる。

2 論理解釈

法規の文言の意味を確定しようとするときは、その論理構造を考慮しなければならないことは言うまでもない。法学において「論理」というときは、先に触れたマコーミックやアレクシーにおいてもみられたように、厳密な形式論理学の意味での「論理」よりも広く、道理への適合性や言葉の適切な言い換えも含めて用いられることが多い。ここでは、論理解釈を、論理学において論理の主要な構成要素とされる、否定詞や接続詞、そして文の関係に即して文言の意味を確定する方法に限定する。ただし、このように限定したときの「論理」に従って考えることは一般に必然的な要求であるから、「解釈」が複数の選択肢がある中から妥当なものを選択するということを含むとすれば、とくに解釈という必要はないことになる。

(a) 否定詞

平叙文と異なり、規範文(または義務文)は、否定に対して独特の振舞いをする。命令(「φせよ」、「φしなければならない」)の反対は禁止(「φするな」、「φしてはならない」)であり、その逆も同様であるが、命令や禁止の否定は、それぞれ不作

---

[4] 最決平成13年7月16日刑集55巻5号317頁。

為の許可(「φしなくてもよい」)や作為の許可(「φしてもよい」)となる。より正確にいえば、命令の内的否定(「φすること」の否定の命令)が禁止であり、その外的否定(「φすること」の命令の否定)が不作為の許可である。また、禁止の内的否定(「φしないこと」の否定の命令)が命令であり、その外的否定(「φしないこと」の命令の否定)が作為の許可である。さらに、許可には積極的な許可と消極的な許可がある。前者は授権であり、後者はいわゆる消極的自由にあたる[5]。

また、ホーフェルドが権利と義務の各種の対応関係について分析したこともすでに触れた。その対応関係も一種の否定や反対の論理関係とみることができるだろう。

(b) 接続詞

法律の文言においても接続詞の働きは重要である。**連言**の接続詞である「及び」と「並びに」、**選言**の接続詞である「又は」と「若しくは」は、法律の用語としては特定された仕方で用いられている。「甲、乙及び丙」はこれら三つを連言の関係におき、「甲、乙又は丙」はそれらを選言の関係におく。連言の中にさらに連言をおくときは、「並びに」が外部の連言に用いられ、選言の中にさらに選言をおくときは、「若しくは」が内部の選言に用いられる。たとえば、「配偶者の選択、財産権、相続、住居の選定、離婚並びに婚姻及び家族に関するその他の事項に関しては」(憲法24条2項)では、「婚姻及び家族に関するその他の事項」が内部の連言であり、「配偶者の選択、財産権、相続、住居の選定、離婚」と連言の関係に置かれている。また、「死刑又は無期若しくは5年以下の懲役に処する」(刑法199条)では、「無期若しくは5年以下の」という内部の選言が「懲役」に係り、「死刑」と選言の関係におかれている。

連言を表す接続詞としては「かつ」もよく用いられる。また、連言は「次に掲げる各号のいずれにも該当するとき」といった形式でも表現され、選言は「次に掲げる各号のいずれかに該当するとき」といった形式でも表現される。さらに、「○○の場合において、××のときは」といった規定の形式も連言の関係を示すものとしてよく用いられている。

(c) 反対解釈

いわゆる「**反対解釈**」は類推の対概念とされることが多いが、論理解釈の一つ

---

5 規範論理学については、たとえばG.H.v.ウリクト(稲田静樹訳)『規範と行動の論理学』(1963年、2000年)を参照。

とみなしうる場合がある。たとえば、死刑は日本国憲法に反するかという問題につき、最高裁は、憲法 31 条の「反面解釈」によって、死刑は違憲ではないという判断を下した（最判昭和 23 年 9 月 7 日集刑 4 号 5 頁）。憲法 31 条の死刑に関わる部分だけを抜き出せば、その規定は「何人も、法律の定める手続によらなければ、その生命を奪われない」となり、その「反対解釈」は「法律の定める手続によれば、その生命を奪われる［ことがある］」ということになる。

　これは古典的な命題論理の条件法の問題として捉えられる。「法律の定める手続によらない」を P、「生命を奪われない」を Q とすると、元の規定は「P⇒Q」と書ける。そして、反対解釈は「￢P⇒￢Q」となり、これは元の規定の「裏」である。また、元の規定の「逆」は「Q⇒P」であり、対偶は「￢Q⇒￢P」である。そして、元の規定が真（成立する）ならば、その対偶は真である（成立する）が、逆や裏はつねに真（成立する）というわけではない。

　最高裁が「反面解釈」と呼んでいるのは、古典的な命題論理における条件法の「裏」を憲法 31 条の規定から導くものといえる。裏はつねに真（成立する）というわけではないように、「法律の定める手続によれば、その生命を奪われる」という命題の後件は、そうでない場合もありうる。つまり、法律の手続によるときも、その生命を奪われないこともありうる。とはいえ、裏が真でないというわけではなく、最高裁の反対解釈は論理的に誤りだというわけではない。

(d) 反対解釈のもう一つの例

　著作権法 26 条は、映画の著作物の頒布権について、著作者がこれを専有すると規定し、26 条の 2 は、映画の著作物以外の著作物（又はその複製物、以下同じ）の譲渡権について、著作者がこれを専有すると規定している。ところで、26 条の 2 第 2 項 1 号は、映画の著作物以外の著作物の譲渡権について、著作者その他の譲渡権者は公衆への第一譲渡によりその譲渡権を失うものとしている（第一譲渡による譲渡権の消尽）。問題となるのは、映画の著作物の頒布権（譲渡権と貸与権を含むが、ここでは譲渡権）について、著作者等の頒布権者は公衆への第一譲渡によりその頒布権を失うのか否かである。

　この問題につき、ゲームソフト（映画の著作物とされる）の頒布権の消尽を争った当事者（ゲームソフト製造販売者）は、26 条の 2 第 1 項が映画の著作物を除外すると明示的に規定していることから、反対解釈により、映画の著作物については第一譲渡によっても著作権者等の頒布権は消尽しないと主張した。これに対し

て、大阪高裁は、「右の立論は、形式論理としては一理あり、これをむげに否定することはできないけれども、立法者としては、消尽しない頒布権が認められる映画の著作物の範囲を明確にすることを避け、これを解釈に委ねて立法的に解決することを留保したものと考えることが可能」であるとした[6]。最高裁も、映画の著作物の頒布権の有無は「専ら解釈に委ねられていると解される」として、高裁判決を支持した[7]。

問題の規定とその反対解釈は次のように記述することができる。

　A. 著作物が映画の著作物でなければ、その著作物の譲渡権は第一譲渡により消尽する。
　B. 著作物が映画の著作物であれば、その著作物の譲渡権は第一譲渡により消尽しない。

B. はたしかに A. の「裏」であるが、繰り返せば、「裏」はつねに真だというわけではない[8]。映画の著作物の頒布権について規定する 26 条は、映画の著作物の頒布権の消尽については何も規定していない。それゆえ、映画の著作物の頒布権については、第一譲渡により消尽しないこともありうるが、消尽することもありうる。そこで、大阪高裁は次のような帰結の可能性を述べたのである。

　C. 著作物が映画の著作物であれば、［映画の著作物の頒布権の消尽については明文の規定がないため］第一譲渡によるその頒布権の消尽の有無の決定は解釈に委ねられている。

6　大阪高判平成 13 年 3 月 29 日民集 56 巻 4 号 867 頁。
7　最判平成 14 年 4 月 25 日民集 56 巻 4 号 808 頁。
8　なお、26 条の 3 は映画の著作物以外の著作物の貸与権について規定するが、26 条の 2 第 2 項 1 号のような規定はなく、映画の著作物以外の著作物についてもその貸与権は第一譲渡によっても消尽しない。これも反対解釈であるが、譲渡権の規定と対比すれば、この点についての立法者の意思は明らかだといえる。

第2節　体系的解釈と歴史的解釈

　文理解釈・論理解釈が、法律の文言の語や文の意味をその言葉に即して確定する方法だとすれば、体系的解釈と歴史的解釈は、適用すべき法規の意味を、その法規の言葉だけでなく、同じ法律の他の法規または他の法律の法規との関係や、その法規または法律に関する歴史的資料などに照らして確定する方法とみることができる。その意味では、先に取り上げた反対解釈のもう一つの例は体系的解釈の側面ももつが、法規間のとくに論理的な関係が問題となっているという点で、一応区別しておく。

1　体系的解釈

　体系的解釈は、法規範の文言の意味を、その法規範が含まれる法律や法制度、さらには他の関連する法律の諸規範と整合するように解釈することをいう。体系的解釈はとくに格別の解釈方法とはみなされないことも少なくないが、いくつかの点で特有の意味をもっている。

(a)　用語の意味の統一

　同一の用語は、同じ法律の内部ではもちろん、他の法律において同一の用語が用いられる場合も、原則として同一の意味に解することが必要である。ここでも「物」を例にとってみよう。民法85条は「物」とは「有体物」をいうと規定している。そして、他の法律の場合でも「物」は基本的に「有体物」の意味に解される。刑法の「わいせつ物」、刑事訴訟法の「差し押さえるべき物」や「証拠物」（刑訴99条）などの場合も同様である。

　もちろん、事柄からして別の意味を持つことがある。たとえば、「著作物」は「思想又は感情を創作的に表現したものであって、文芸、学術、美術又は音楽の範囲に属するものをいう」と規定されており（著作権法2条1項1号）、無体物である。また、特別の規定をおいて、用語の意味が限定されることもある。刑法では「財物」という語は、窃盗罪（235条）だけでなく、他の規定にも含まれている（225条の2、227条4項、236条、238条、239条、242条、246条、248条、249条）が、電気を含むのは245条の規定により第36章「窃盗及び強盗の罪」に掲げられた罪の場合（235条、236条、238条、239条、242条）または245条が準用される

場合（251 条により、246 条、248 条、249 条）に限られる。さらに、解釈によって同一の用語に異なる意味が与えられることもある。「人」は出生に始まるが、「出生」は、民法では胎児が母体外に完全に露出することを要するが、刑法では一部の露出で足りる。これは両法で保護すべきとされる利益が異なるからである。

用語の意味の統一が問題となった一つの事例として、かつての尊属殺人罪の規定における「配偶者の直系尊属」という用語に関するものがある。協議離婚したがまだ離婚届を提出していない配偶者の尊属を殺害・遺棄した事件で、大阪高判昭和 28 年 3 月 31 日（高等裁判所刑事案結特報 28 号 14 頁）は、「わが国においては配偶者を社会制度乃至法律制度であるべき親族の一の場合として認めたのであって民法上であると刑法上であるとを問わず配偶者であるかどうかは民法により一律にこれを理解しなければならない」として、被告人の行為を尊属殺人に該当するとした。第一審が、夫婦関係の実体が事実上解消し、尊属がこれを熟知承知していたことをもって、婚姻関係にはすでになかったとして、尊属殺人罪の適用を否定していたのを破棄したのであった。なお、最判昭和 32 年 2 月 20 日（刑集 11 巻 2 号 824 頁）は、夫の死後に夫の父母を殺害しようとしたという事案で「配偶者の直系尊属」とは「現に存在する配偶者の直系尊属を指す」として、夫の死亡により婚姻関係が存在していない以上、被告人を尊属殺人の未遂罪に問うことはできないとしている。

(b) 法規範と法制度

ある法規範の規律の範囲や効果などについては、ほとんどの場合それが含まれる法律や法制度の他の法規範を参照しなければならない。未成年者が法定代理人の同意を得ずになした法律行為は取り消すことができるが（民法 5 条 2 項）、制限行為能力者が行為能力者であることを信じさせるために詐術を用いたときは、その行為を取り消すことができない（同 21 条）。5 条 2 項の文言の意味は 21 条によって限定されているわけである。また、取消をなしうる者については 120 条 1 項、取消の効果については 121 条、取り消すことのできる行為の追認については 122 条を参照しなければならない。5 条 2 項はこれらの諸規定と相俟って複合的な意味の連関のうちに位置づけられているのである。こうした**法制度の体系的連関**を考慮すべきことは当然であり、サヴィニーがいうように解釈の要素であって、とくに解釈方法と呼ぶほどのことではないといえるだろう。

また、法規範が法律のどの位置におかれているかも考慮しなければならない場

合がある。たとえば、刑法ではおおよそ保護法益の分類に沿って各規定が配置されており、保護法益の理解のために考慮を要することがある。第22章「わいせつ、姦淫及び重婚の罪」は基本的に風俗に対する罪であり、その前後の章に照らせば、その保護法益は社会的法益であることがわかる（ただし、強姦、準強制わいせつ及び准強姦、集団強姦等は個人の法益に対する罪である）。また、刑事訴訟法の裁判官の除斥、忌避及び回避に関する規定（刑訴20条及び21条）は総則の部におかれているため、同規定はたんに公判手続における裁判官の職務執行を対象とするにとどまらず、広く裁判官の職務執行一般を対象とするとして、裁判官に対する付審判請求事件にも適用されるとした最高裁決定（最決昭和44年9月11日刑集23巻9号1100頁）がある。

(c) 複数法律間での体系的連関

　複数の法律の規定の間の体系的な連関が解釈の問題となることもある。空港近辺の住民らが、航空騒音により生活利益を侵害されているとして、運輸大臣が航空会社に対してした同空港の路線についての定期航空運送業の免許処分の取消を求めた事案において、原審が住民らには取消訴訟の原告適格がないとして訴えを却下したのに対し、最高裁は次のように判示した（最判平成1年2月17日民集43巻2号56号）。

　すなわち、まず、行政処分の根拠である「行政法規が、不特定多数者の具体的利益をそれが帰属する個々人の個別的利益としても保護すべきものとする趣旨を含むか否かは、当該行政法規及びそれと目的を共通する関連法規の関係規定によって形成される法体系の中において、当該処分の根拠規定が、当該処分を通して右のような個々人の個別的利益をも保護すべきものとして位置づけられているとみることができるかどうかによって決すべきである」という判断基準を示している。そして、運輸大臣が定期航空運送事業の免許を与えるためには航空法101条に基づいて事業計画が「経営上及び航空保安上適切なものである」ことについて審査をしなければならないが、航空法1条に「航空機の航行に起因する障害の防止を図る」ことが目的の一つとして規定されているように、この審査に際しては、関連法規である公共用飛行場周辺における航空機騒音による障害の防止等に関する法律（昭和42年法律110号）に基づき、航空機の騒音による障害の防止の趣旨を踏まえて行うことが求められているとして、関連法規の考慮の必要を指摘している。

その上で、この関連法規は、右の審査においては、たんに飛行場周辺の環境上の利益を一般的公益として保護しようとするにとどまらず、飛行場周辺に居住する者が航空機の騒音によって著しい障害を受けないという利益をこれらの個々人の個別的利益としても保護すべきとする趣旨を含むものと解することができ、それゆえ、新たに付与された定期航空運送事業に係る飛行場の周辺に居住しており、当該免許に係る路線を航行する航空機の騒音によって社会通念上著しい障害を受けることとなる者は、当該免許の取消を求めるにつき法律上の利益を有する者として、その取消訴訟における原告適格を有するものと解するのが相当であるとしたのである[9]。

2 歴史的解釈

法律は永遠不変のものではなく、時間のうちで制定され、また改廃される。したがって、法律の文言の意味を確定するためには、その**制定や改廃の経緯や背景**を知ることも必要となる。民法のように生命の長い法律の場合は、その制定時の歴史的経緯や背景にまで遡って解釈することが求められる。また、著作権法のようにたびたび改正される法律の場合は、その改正の経緯を把握しておかなければならない。これらの場合、まず立法者がその文言にどのような意味をこめたのか、すなわち**立法者意思**が探求されなければならない。しかし、立法者意思というときの「立法者」とは誰なのか、また立法者意思はどのような資料によって知りうるか、さらにどこまで立法者意思に従わなければならないのかなどが問題となる。

(a) 改正の歴史的経緯

著作権法のようにしばしば改正がなされている法律の場合、解釈適用のためには改正等の歴史的経緯を考慮しなければならないことが多い。

たとえば、1953年にアメリカの映画製作会社Xが製作・公表した映画(「シェーン」)を日本法人Yが格安DVDに複製して販売したため、XがYに対し著作権侵害を理由として販売差止及び複製物廃棄並びに損害賠償を求めた事件がある(既出最判平成19年12月18日)。日米両国はベルヌ条約に加盟している(アメリカ

---

[9] もっとも、本件では、原告住民は自己の受ける著しい騒音障害を理由として請求しているのではなかったため、本来は棄却すべきところ、それは不利益変更となるとして、訴えを却下した原判決を維持して上告を棄却するにとどめている。

がベルヌ条約に加盟したのは1980年）ため、同条約3条（1）および著作権法6条3号の規定により、本件映画はわが国の著作権法の保護を受ける。本件映画は旧著作権法（明治32年法律29号）の時代に公表されたものであるから、旧著作権法が適用されることになるが、旧著作権法では本件映画会社のような法人を著作者とする映画の著作物の保護期間は公表後33年間とされていた（1953年当時）。

ところで、旧著作権法は1971年1月1日に施行された現行著作権法（昭和46年法律48号）により全面改正され、これにより映画の著作物の著作権の保護期間は公表後50年間を経過するまでと拡張されるとともに、附則2条1項において「改正後の著作権法…中著作権に関する規定は、この法律の施行の際現に改正前の著作権法…による著作権の全部が消滅している著作物については、適用しない」旨の経過措置が定められた。その後現行著作権法はさらに改正され、2004年1月1日から施行されたが、これにより映画の著作物の保護期間は公表から70年間に延長される（54条1項）とともに、この改正においても附則2条により「改正後の著作権法…54条1項の規定は、この法律の施行の際現に改正前の著作権法による著作権が存する映画の著作物について適用し、この法律の施行の際現に改正前の著作権法による著作権が消滅している映画の著作物については、なお従前の例による」と規定された。

なお、旧著作権法及び現行著作権法を通じて、保護期間の終期を計算するときは、公表された日の属する年の翌年から起算するものとされており（57条）、また民法141条により、その年から所定の年数を経過した年の末日の終了をもって当該期間は満了することになる。

これらによると、本件映画の著作物の著作権の保護期間は、1971年1月1日に改正著作権法が施行された時点において17年間延長され、2003年12月31日の終了までということになる。原告Xは、2004年1月1日に施行された改正法の附則2条の「この法律の施行の際現に改正前の著作権法による著作権が存する映画の著作物」における「この法律の施行の際」という文言を「施行の直前の時点」を含むと解して、本件映画の著作物の著作権の保護期間はさらに20年延長されることになるはずだと主張した。最高裁がこの解釈を採らず、原告の請求を退けたことは前述した。

(b) 立法者意思と法律意思

法律の文言の意味を確定するために参照すべきものとして、いわゆる「立法者

意思」がある。この場合の立法者は制定時の立法者であるから、その立法者の意思を探求して文言の意味を確定する解釈は、解釈適用の時点からみれば、歴史的解釈ということになる[10]。文言の意味だけでなく、法律の規制目的についても、立法者意思が参照されうる。

立法者の意思が明確であるときは、原則としてそれによって文言の意味を確定しなければならない。しかし、社会の変化などにより立法者意思による意味の確定が問題の解決にとって相当でないとみなされうる場合も生じる。この場合でも、明確な立法者の意思によるべきだとする立場は「**立法者意思説**」（または「主観説」、あるいは先にみたようにアメリカでは「原意主義」）と呼ばれ、これに対して、解釈適用時点での文言の一般的な意味や、法律の客観的な目的などによって解釈すべきだとする立場は「**法律意思説**」（または「客観説」）と呼ばれる。どちらを採るべきかについては、問題の重大性、立法時からの時間の経過、法的安定性と実質的な正義の要請の軽重などを考慮して判断せざるをえないが、民主的立法制度の下では、原則としては立法者意思によるべきだと考えられる。

立法者意思が主観的な立法者の意思としては明確ではないこともある。その場合は、立法当時の一般的な理解に依拠して、文言の意味を解釈しなければならない。また、「立法者意思」が誰の意思なのかについても議論がありうる。議会制民主主義においては立法府たる議会が立法者であることはいうまでもないが（建前としては議会議員を代表として選出する国民が立法者である）、法案を可決するという意思決定の点では議会がその主体であるとしても、法案の文言の意味について個々の議員やその多数の思考内容としての意思に依拠しうるとは限らない。多数票を投じた議員の法案についての思想が同一であるとは限らないし、またその思想が確定しているとも限らないであろう。

この点では、起案者または起草に深く関与した者の思想が重要な歴史的資料となる。今日では、政府提出のものであれ議員提出のものであれ、法案の作成段階から法律の成立に至るまで、議論の経過を示す資料は公表されるようになっている。しかし、多くの法制度において、起草者に文言の意味を確定させる制度的権

---

[10] 立法者を現在の立法者と考えることももちろん可能である。ただし、現在の立法者意思は改正立法によって明示されているわけではないから、解釈適用者にとっては一つの判断材料として考慮されるにとどまる。その意味では、現在の立法者意思を考慮すべきだとする見解は「法律意思説」に近くなる。なお、歴史的立法者を無視して、現在の立法者の意思だけを考慮するのは、ナチス時代にみられたように、危険な状況に導くおそれがあることに注意しなければならない。

限が付与されているわけではない。立法段階で文言の意味を確定させるのはやはり立法機関たる議会の意思である。とはいえ、上記のように、議会の多数の思想が同一のものとして確定しているとは限らない。

したがって、起草者や立法者において重要な役割を果たした議員の思想を参照しなければならないとしても、法の解釈適用の段階においては、その権限を付与されている裁判所が、文言の（制定時および／または適用時の）一般的な用法を考慮しつつ、その取捨を決定することになる。

上記の映画の著作物の著作権の保護期間に関する裁判では、上告人（一審原告）は、2003年の著作権法改正に当たって改正案の起草に深く関与した文化庁の担当者が、1953年に公表された映画の著作物も当該改正において保護の対象となるものと発言していたことを援用して、これが明白な立法者意思であったはずだと主張している。しかし、最高裁は、「本件改正法の制定に当たり、そのような立法者意思が、国会審議や附帯決議等によって明らかにされたということはできず、法案の提出準備作業を担った文化庁の担当者において、映画の著作物の保護期間が延長される対象に昭和28年に公表された作品が含まれるものと想定していたというにすぎないのであるから、これをもって上告人らの主張するような立法者意思が明白であるとすることはできない」として、上告人の主張を退けている。

この最高裁判決からすれば、立法者意思の資料として参照されうるのは、「**国会審議や附帯決議等**」ということになるだろう。ただし、附帯決議等が立法者意思の資料としてどこまで効力をもつかは明らかではない。

(c) 立法者意思に関するもう一つの例

もう一つの事例を戦前の有名な「大学湯事件」（大審院判決大正14年11月28日）にみることができる。平成16年改正以前の民法（明治29年法律89号）では、不法行為（709条）は「故意又は過失に因りて他人の権利を侵害したる者は之に因りて生じたる損害を賠償する責に任ず」と規定されていた。そして、本法制定時の法典調査会記録によれば、穂積陳重起草委員は、本条について、損害があれば不法行為として賠償を求めることができるかのように不法行為による債権の範囲がきわめて不明瞭となるのを避ける必要があり、そのため本条にいう「権利」は「すでに存在する権利」に限定しているつもりであると説明している（なお、この点は議会では審議されていない）。

本件は、「のれん」に係る利益が侵害されたとして損害賠償を求めた事案であり、原審は「のれん」に係る利益は本条にいう「権利」には当たらないとした。これに対して、大審院は709条の「他人の権利を侵害したる」を「法規違反の行為に出て以て他人を侵害したる」と言い換えることによって、本条によって保護される対象を、「所有権、地上権、債権、無体財産権、名誉権等、所謂一の具体的権利」に限定せず、「厳密なる意味においては未だ目するに権利を以てすべからざるも而も法律上保護せらるる一の利益」に、さらには「吾人の法律観念上其の侵害に対し不法行為に基づく救済を与ふることを必要と思惟する一の利益」にまで拡張したのであった[11]。

　この判決については、立法者意思を無視して、いわゆる「客観的解釈」（法律意思説）によって拡張解釈を行ったもので、疑問だとする見解もある[12]。とはいえ先の最高裁判決の趣旨を外挿的にこれに当てはめれば、法典調査会における起草委員の説明に現れた思想をもって、直ちに立法者意思とすることができるかどうかは議論の余地があるといえるだろう[13]。

第3節　目的論的解釈

　目的論的解釈は、基本的には、文言の意味を確定するために、法律の目的や趣旨を考慮して解釈することをいう。法律に目的に関する規定があるときは、これを考慮することになるが、目的に関する明文の規定がないときでも、法律の規定の全体から制定の目的や趣旨を推認して考慮することがある。なお、法律の制定の目的や趣旨の推認には制定の歴史的経緯の考慮も含まれうるが、これは歴史的解釈に含められる（もちろん、どちらかのみに属するというわけではない）。

11　「大学湯事件」判決よりも約11年前の「桃中軒雲右衛門事件」判決（大判大正3年7月4日）は、浪曲を含む音楽が当時の著作権法では著作物として規定されていなかったために、それを録音したレコードを無断で複製した行為は不法行為には当たらないとしていた。これは穂積の説明に忠実な解釈といえる。「大学湯事件」はこの判例を変更したものであり、その後、この判決の解釈は判例として定着し、学説においても支持されるようになり、平成16年の改正において立法的にも追認された。現行法の709条は「故意又は過失によって他人の権利又は法律上保護される利益を侵害した者は、これによって生じた損害を賠償する責任を負う」と規定している。
12　広中俊雄『民法解釈に関する十二講』（1997年）9-12頁参照。
13　ちなみに、起草委員穂積の議論にはやや不当二分割の観がなくはない。いかなる利益の侵害も不法行為に該当するというのと、「すでに存在する権利」の侵害のみが不法行為に該当するというのとの間に、法的保護に値する利益の侵害という中間段階も考ええたであろう。

このほか、文言の解釈適用の結果を考慮して、可能な解釈のうちから相当と認められるものを選択することも、ここでは目的論的解釈に含める。これにもいくつかの場合があり、たとえば、結果を考慮した解釈の普遍化可能性を考慮する場合、ある解釈の結果が不合理なものとなることを退ける場合（いわゆる帰謬法）、さらに解釈適用の結果の望ましさを考慮する場合がありうる。この最後の場合は、プラグマティズムや利益衡量論に近いものとなる。

1　法律や法規の目的の考慮

(a)　法律の目的規定

現代の法律にはその**法律の目的**に関する規定が設けられることが多い。そうした目的規定は直ちに法的効果を持つわけではないとしても、条文の文言の解釈に際して考慮されることがある。先に触れた最判平成1年2月17日の判決が航空法1条を考慮しているのは、その例である。

他にも、たとえば、最判昭和35年7月27日（民集14巻10号1913頁）は、中小企業等協同組合法によって設立された信用組合で、組合役員が組合員以外の者と預金受入契約を締結しており、組合が預金返還請求を受けたという事案で、同法76条によれば、法定の除外例に該当する場合を除き、同法による信用組合は組合員以外の者の預金を受け入れることはできないのであるが、「組合の役員が、組合の名において、組合のために、本件の如き預金契約を締結した」場合、「原審の確定した事実関係の下において、同法の目的とするところに照らし（同法1条参照）、本件預金受入契約自体が、組合本来の事業遂行に不適当なものであるとはいえず、公序良俗に反するものとも認められない」として、当該預金受入契約を無効とすることはできないとしている。

また、最判平成16年4月27日（民集58巻4号1032頁）は、炭鉱労働によるじん肺患者らが国賠請求した事案で、鉱山保安法の目的規定（1条）や主務大臣の安全規制権限及び省令制定権限に関する規定などに基づき、主務大臣は、遅くとも昭和35年3月31日のじん肺法成立のときまでに、同権限を行使すべきであったのに、これを行わなかったことは、「鉱山保安法の趣旨、目的に照らし、著しく合理性を欠くものであり、国賠法1条1項の適用上違法である」としている。国賠法1条1項の「過失によって違法に他人に損害を加えた」ものといえるかどうかの認定において、鉱山保安法の目的規定だけではないとしても、その趣旨、

目的を考慮しているものといえる。

(b) 法規の目的の推認

目的が明示的に規定されていない場合であっても、条文の規定からその目的を読みとって解釈することがある。

たとえば、公衆浴場の設置許可基準に関する一連の裁判例がある。公衆浴場法2条2項は「都道府県知事は、公衆浴場の設置の場所若しくはその構造設備が、公衆衛生上不適当であると認めるとき又はその設置の場所が配置の適正を欠くと認めるときは、前項の許可を与えないことができる」と規定しているが、この「設置の場所の配置の適正」という基準およびこれに基づいて都道府県が条例において設定する距離制限規定の解釈が問題となった。

この点につき、最判昭和37年1月19日（民集16巻1号57頁）は、知事の設置許可処分に対して既設公衆浴場の経営者らが本規定に基づいて許可の無効確認を求めた事案で、原審が、本規定が適用されることは既設公衆浴場の営業者にとって競争業者の濫立による不利益を免れる結果となるが、これは国民保健及び環境衛生という公共の福祉に基づく規制による反射的な利益にすぎず、既設公衆浴場の経営者らは無効請求の訴えを提起する利益を有しないとしたのに対し、同規定が設けられたのは、「主として『国民保健及び環境衛生』という公共の福祉の見地から出たものであることはむろんであるが、他面、同時に、無用の競争により経営が不合理化することのないように濫立を防止することが公共の福祉のため必要であるとの見地から、被許可者を濫立による経営の不合理から守ろうとする意図を有するものであることは否定し得ないところであって、適正な許可制度の運用によって保護せられるべき業者の営業上の利益は、単なる事実上の反射的利益というにとどまらず、公衆浴場法によって保護せられる法的利益と解するを相当とする」として、既設公衆浴場の経営者らの許可処分無効確認請求の原告適格を認めたのであった。

同種の許可基準の規定および距離制限規定をめぐる問題は、小売商業調整特別措置法、薬事法などについても生じた[14]。小売商業調整特別措置法に関する最判

---

14 小売商業調整特別措置法はその後改正されて、現行法は5条1号に「当該小売市場が開設されることにより、当該小売市場内の小売商と周辺の小売市場内の小売商との競争又は当該小売市場内の小売商と周辺の小売商との競争が過度に行われることとなりそのため中小小売商の経営が著しく不安定となるおそれがある」ときは、許可を与えないことができるとして、積極目的規制であることを明示的に規定している。他方、薬事法もその後改正されて、昭和50年法律37号に

昭和47年11月22日（刑集26巻9号586頁）は、その許可基準及び距離制限を、既存事業者の経営上の利益の保護という積極目的規制とみなしたのに対し、薬事法に関する最判昭和50年4月30日（民集29巻4号572頁）は、本法6条2項における「設置の場所が適正を欠く」と認められる場合には許可を与えないことができるとする規定およびそれに基づく条例の設置距離制限規定の目的を「国民の生命及び健康に対する危険の防止という消極的、警察的目的」にあるとし、既存事業者の経営の保護はそのための手段にすぎないと判示している。いずれも許可基準及び距離制限に関する事案だが、**積極目的規制**か**消極目的規制**かの判断が分かれているわけである。業種に違いのあることや[15]、また薬局距離制限事件では職業選択の自由がとくに問題となっていたことによるものと思われる[16]。

(c) 保護法益と規制目的

その他、刑罰法規の**保護法益**も当該法規の目的を推認させる。保護法益あるいは目的が異なれば、当該刑罰法規が規定する罪は別個の罪とみなされる。たとえば、古い事案だが、他者が米国軍人からもらい受けた、したがって関税を免れた外国製品を、事情を知りつつ当該他者から買い受け、関税法違反に問われたという事案で、関税法111条の保護法益が関税法の目的の一つである輸入管理であり、その罰則は本来秩序罰的性質をもつ形式犯であるのに対し、同110条の法益は関税収入であって、これに対する違反は実質犯と解すべきであるから、両者は相排斥するものではなく、それゆえ別個の罪であるが、一個の行為でこれらを犯すときは観念的競合と解すべきであるとしたもの（最判昭和33年10月27日刑集12巻14号3413頁）がある。

また、日本共産党講演会告知ポスターに「殺人者」等と印刷されたシールを貼り付けて、同ポスターの効用を減却し、もって器物を損壊したという事案で、同ポスターが公職選挙法に違反するものであるとしても、公職選挙法上の選挙運動に関する禁止規定と暴力行為等処罰に関する法律とでは、それぞれ立法の目的、

よって同法6条2項の「設置の場所の適正」という文言は削除された。なお、薬事法はさらに2013年に全面改正されて、名称も「医薬品、医療機器等の品質、有効性及び安全性の確保等に関する法律」に変更されている。

15 なお、薬局距離制限違憲判決が出た後にも、公衆浴場法の距離制限に関する事例では、許可基準および距離制限を積極目的規制であるとする判断が維持されている。最判平成1年1月20日刑集43巻1号1頁、最判平成1年3月7日集民156号299頁。

16 薬局距離制限判決については、違憲審査のところでも触れる。

保護の法益を異にするから、同ポスターが暴力行為等処罰に関する法律1条の罪の客体として保護されないものとはいえないとした事例（最判昭和55年2月29日刑集34巻2号56頁）がある。

2　目的論的解釈による限定と拡張

　目的論的解釈によって、文言の意味が拡張される場合もあれば、限定される場合もある。先の公衆浴場設置許可無効確認請求事件は、許可基準の目的を広く解して、既設事業者の原告適格を認めたものといえるとすれば、薬局距離制限違憲判決は許可基準の目的を限定して、既設事業者の原告適格を否定したものといえる。

(a)　目的論的解釈による意味の拡張

　目的論的解釈により文言の意味を拡張する事例としては、たとえば次のようなものがある。公務執行妨害の容疑で起訴され、一審で無罪判決を受けたものの控訴されていた被告人が、同被告人の取調べにあたった公務員につき、特別公務員暴行陵虐及び公務員職権濫用の付審判請求を行ったところ、当該審判の裁判官に右公務執行妨害被告事件の裁判官であった者が含まれていたため、同裁判官の忌避を申し立てた（先にも触れた）事案で、最高裁は、裁判官の除斥、忌避及び回避に関する刑訴法20条及び21条が刑訴法の総則におかれていることから、同規定は広く裁判官の職務執行一般を対象とするものであるとした上で、これらの規定には「『被告人』の文言が使用され、あたかも、公訴提起の後にのみ、右諸規定の適用があるかのごとく」であるけれども、「法律の条文は、文理による解釈ももとより重要ではあるが、必ずしもこれのみにとらわれることなく、立法の沿革、制度の趣旨等を広く考慮し、目的論的な見地から合理的な解釈をする必要がある」として、付審判請求事件の被疑者にもこれらの規定は適用されると判示した。この判決は、条文の体系的位置に注目して、それに目的論的解釈を施して、意味を拡張させたものといえる[17]。

　この他、目的論的解釈により文言の意味を拡張したものとみられる事例として、薬事法の目的規定等に照らして、医薬品の審査に当たる厚生大臣は、医薬品

17　なお、本判決に基づく差戻抗告審では、公務執行妨害被告事件と本審判とは審理の対象を異にし、また審理の経過からみても不公平な裁判をする虞はなく、忌避理由にはならないとして、忌避申立を退けている（福岡地判昭和44年11月19日、福岡高判昭和47年3月4日）。

の審査にあたっては、医薬品には副作用がつきものであることから、その有効性の審査だけでなく、事件当時の薬事法には明文の規定のなかった「副作用」をも含めた安全性の審査を行う権限を有していたとするもの（最判平成 7 年 6 月 23 日民集 49 巻 6 号 1600 頁）がある。

(b) 目的論的解釈による意味の限定

目的論的解釈によって文言の意味を限定する事例としては、物上代位に関する民法 304 条但書の目的は第三債務者を二重弁済の危険から保護することにあるとして、同規定の「払渡し又は引渡し」には債権譲渡は含まれないとしたものがある（最判平成 10 年 1 月 30 日民集 52 巻 1 号 1 頁、最判平成 10 年 2 月 10 日集民 187 号 47 頁）。抵当権者は 372 条により 304 条の物上代位権を有する（債権の目的物の売却、賃貸、滅失又は損傷によって債務者が受けるべき金銭その他の物に対して先取特権をもつ）が、但書により物上代位権を行使するにはその金銭その他の物の「払渡し又は引渡し」の前にそれを差し押さえなければならない。これらの事例では、不動産の所有者（抵当権設定者）はその不動産を第三者に賃貸しており、さらに別の債権者にその賃料債権を譲渡して対抗要件を具備していた。他方、その後、抵当権者は物上代位権に基づき同賃料債権につき差押命令を得た。これに対し、賃借人または債権譲受人が 304 条但書に依拠して抵当権者の物上代位権の優先性を争った。前者の事例では賃借人が抵当権者への弁済を拒否し、後者の事例では債権譲受人が差押えに対して第三者異議を申し立てたのである。

物上代位と債権譲渡の優先順位については判例も学説も意見が分かれていた[18]が、これらの事例において最高裁はこの問題に決着をつけた。304 条但書の規定がなければ、物上代位により賃料債権が差し押さえられた場合、賃借人は賃貸人（抵当権設定者）に債務を弁済していたとしても、抵当権者に対抗できず二重弁済を強いられることになりうる。これに対し、304 条但書によれば、賃借人は賃貸人に弁済していたときは抵当権者に対抗でき、弁済しておらず賃料債権の差押えがなされたときは賃料を供託することによって免責されることになる。このことは賃料債権が別の債権者に譲渡された場合でも変わらない。つまり、「払渡し又は引渡し」は第三債務者によるものを指すのであって、そこには債権譲渡は含まれないと解することができ、しかもこのように解すれば、抵当権設定者が物上代

18 　大西武士「抵当権者による物上代位権の行使と目的債権の譲渡」（『判例タイムズ』974 号）、清原泰司「抵当権者による物上代位権の行使と目的債権の譲渡」（『判例時報』1643 号）などを参照。

位を免れるために事前に債権譲渡をすることによって抵当権者の利益を害することを防止することができるというわけである。これらの判決において、最高裁は、「払渡し又は引渡し」の語に債権譲渡が当然に含まれると解することはできないといった文理解釈も用いているが、目的論的解釈によってその文言の意味を限定したものといえる。

この他、目的論的解釈による限定の例としては、生活保護給付金を、子の高等学校修学費用とするために、学資保険の保険料として支払っていたことは、「高等学校に進学することが自立の目的のために有用である」こと、実務においても世帯内修学を認める運用がなされるようになってきていることなどから、生活保護法の趣旨目的に適ったものといえるから、本件保険返戻金は収入認定すべき資産には当たらないとしたもの（最判平成16年3月16日民集58巻3号647頁）などがある。

(c) 拡張と限定の判断

目的論的解釈により文言の意味を拡張するか限定するかは、基本的に、文言の一般的な用法と認定される目的との評価によるといえるが、体系的要素や歴史的要素の考慮も作用する。なお、目的論的な拡張は避けるべきだとする見解もありうるが、拡張する裁判例も少なくなく、また合理的とみなしうる場合も少なくないといえるだろう。

3 反目的性による論証

目的論的解釈の一つとみなしうる一種の**帰謬法**による論証は、対立する二つの解釈のうち、一方の解釈による帰結が不合理となることを指摘して、他方の解釈を採用することを根拠づけようとするものである。

最近の事例として次のようなものがある。インターネット上の電子掲示板に名誉毀損等の書き込みをされたとする原告が、特定電気通信役務提供者の損害賠償責任の制限及び発信者情報の開示に関する法律（平成13年法律137号）、いわゆるプロバイダ責任制限法4条に基づき、書き込みをしたとみられる者（発信者）に不法行為による損害賠償を請求するために、当該発信者にインターネット接続サービスを提供している電気通信事業者（いわゆる「経由プロバイダ」）を被告として、当該発信者に関する情報（氏名や住所）の開示を請求するという事案である。電子掲示板の運営者は発信者の情報を保有していないことが多く、他方、書き込

みがなされた電子掲示板のサーバー電子計算機には書き込みに使用した電子計算機のIPアドレスやタイムスタンプ（書き込みがなされた時刻の記録）がログとして記録されている。このIPアドレスはインターネット接続サービスを提供する経由プロバイダが発信者に付与したものであることから、経由プロバイダに発信者情報の開示を請求するわけである。これに対して、経由プロバイダは、名誉毀損等の書き込みがなされた電子掲示板の運用者とは異なり、発信者情報の開示関係役務提供者には当たらないと主張した。この主張に対して、最高裁（最判平成22年4月8日民集64巻3号676頁）は、プロバイダ責任制限法4条はこのような形態での名誉毀損等の被害者に訴訟提起の機会を提供することを趣旨とするものであるが、「経由プロバイダが法2条3号にいう『特定電気通信役務提供者』に当たらず、したがって法4条1項にいう『開示関係役務提供者』に該当しないとすると、法4条の趣旨が没却されることになるというべきである」として、経由プロバイダに発信者情報の開示を命じている[19]。これも目的論的解釈によって文言の意味を拡張するものであるとみなしうるだろう。

---

19 経由プロバイダは電気通信事業法上の「電気通信事業者」であり、通信の秘密の保持を義務づけられていることを、経由プロバイダは主張したのだが、最高裁はこの要請よりもプロバイダ責任制限法4条が目的とする人格権救済の要請が上回ると判断したのだといえる。

第14章　発展的法解釈

　前章では、適用すべき法規が特定されており、またその法規の文言も比較的特定された概念を含む場合に、その文言の意味を確定する（拡張又は限定する）ための解釈方法とその諸要素を概観した。しかし、事案の事実に法規を解釈適用しようとしても、適用すべき法規に不特定な概念が含まれていたり、そもそも適用すべき法規が確定していなかったりすることがある。サヴィニーは、そのような場合として、文言の意味が曖昧または不正確な場合、法規範が衝突している場合、そして適用すべき法規範が欠けている場合を挙げていた。その後のドイツの法解釈方法論においても、これら三つの場合が区別されることが多い[1]。これらの場合の解釈方法を、前章の基礎的解釈方法に対して、発展的解釈と呼ぶことができるだろう。そこでは、司法による発展的な法形成が必要となる。

第1節　不特定概念を含む規範

　法律の文言も、日常用語と同様に、その意味が多かれ少なかれ不特定である。それは、ハートがいうように、意味の核心部分と周辺部分をもち、周辺部分においては不特定となる。しかし、ここで**不特定概念**というのは、たんに不特定性が程度の面で大きいというだけでなく、特殊な性質のゆえに不特定であるような概念である。たとえば、「わいせつ」とか「悪質な」といった、とりわけ倫理的性質をもつ概念（規範的概念）、「侵害によって生じた損害」や「無期又は5年以上の懲役」といった幅をもつ概念で、その確定が裁判官の裁量に委ねられているもの（裁量概念）、そして「信義誠実」、「権利濫用」、「公序良俗」、「正当な事由」といったいわゆる一般条項などをいう[2]。

　1　主なところでは、K. Larenz, Methodenlehre der Rechtswissenschaft, 6.Aufl., 1991; K. Engisch, Einführung in das juristische Denken, 10.Aufl., 2005 などを参照。
　2　不特定概念についてのこのような三つの区別については、K. Engisch, Einführung in das juristische Denken, Kap.VI 参照。

1 規範的概念

　規範的概念の特徴はとくに**倫理的な価値判断**によってその意味内容を補充することが必要となるという点にある。この価値判断は最終的には裁判官に委ねられるが、裁判官は自己の個人的・主観的な価値判断に依拠してよいわけではもちろんない。規範的概念が要求する価値判断は社会一般に共有されているとみなしうる価値判断であり、その意味では「客観的な」価値判断である。裁判官はそれを見出し、これを基準として判断しなければならない。エンギッシュによれば、規範的概念が求める価値判断は、この意味では認識の問題である。もっとも、規範的な社会通念を見出すときも、またそれを具体的なケースに適用するときも、裁判官の価値判断が作用することはいうまでもない。

　わが国の判例は「わいせつ」の概念について、「わいせつ性の判断は、一般社会において行われている良識すなわち社会通念を基準とし、当該作品自体からして客観的に行うべき」ものであるとしている（最判昭和32年3月13日刑集11巻3号997頁）。そして、この一般社会において行われている良識すなわち社会通念によれば、「わいせつとは、いたずらに性欲を興奮又は刺激させ、かつ、普通人の正常な性的羞恥心を害し、善良な性的道義観念に反するものをいう」ということになる（最判昭和26年5月10日刑集5巻6号1026頁）。もっとも、この定義はそれ自体さらに「正常な」とか「善良な」といった規範的概念を含んでいる。規範的概念をまったく事実的な概念によって定義することはおそらく不可能であろう[3]。また、こうした社会通念が社会状況の変化に伴い変化しうることも否定できない事実である。裁判官はその認識にも努めなければならないことになる。

　「わいせつ」概念のように強度に倫理的な規範的概念が現代の法律において用いられることは少ないと考えられるが、価値判断による意味内容の補充を必要とする概念はその他にも少なくない。たとえば、「名誉」概念などもこの意味での規範的概念といえる。これもたんに主観的な名誉感情ではなく、人の「社会的評価」（大判昭和8年9月6日大刑12巻1590頁）、「各人がその性質・行状・信用等について世人から相当に受けるべき評価を基準とするもの」（大判明治38年12月8日大民11輯1665頁）とされている。そのほか、刑事訴訟法397条2項、411条の

---

[3] 最近の倫理学の中には、たとえば「残酷な」とか「勇気のある」といった「濃い評価語」はその対象のまさにそのような特性を記述するものとみなしうるとする見解が現れている。H. パットナム（藤田晋吾／中村正利訳）『事実／価値二分論の崩壊』（法政大学出版局、2006年）参照。

「著しく正義に反する」も規範的概念の一つである。また、量刑の理由づけに用いられる「悪質な」なども、法規に規定されている概念ではないが、規範的概念である。もっとも、これらはかなり基本的な概念であるため、定義を与えて用いられることはほとんどない。行為等の特徴的な諸性質を適示し、それに社会通念に照らしてこれらの評価語が適用されているのである[4]。

2 裁量概念

　裁量概念の特徴は、法規の一定の範囲内で、個別具体の事実に応じて、内容を個別具体的に確定することが、決定者（行政官や裁判官）に委ねられている点にある。量刑や損害額の確定のほか、証拠の証明力についての自由な心証による判断なども、この特徴をもつ。裁量概念は一定の範囲内において**裁判官の自由裁量**を認めるものといえるが、このような自由裁量もまったく主観的なのではなく、一定の客観的な制約のもとにある。

　量刑の場合には、裁判官の判断は検察官の求刑を一応の目安とする点でまったく個人的なものとはいえないのみならず、量刑についてもいわゆる「相場」と呼ばれるものがある。たとえば、極刑の選択に際しては、被害者が複数人であること、殺害の方法が残虐であること、被告人に悔悟の情が見られないことなどが、相場のメルクマールとされている[5]。こうした「相場」は裁判例の積み重ねによって形成されてきているのだが、それをできるかぎり整合的かつ明確なものにすることが、とくに裁判員裁判制度のもとでは求められるだろう[6]。

　損害賠償額の算定に関しても客観的な制約がある。ここでも、被害者の損害額の主張が裁判官の判断の出発点となるのみならず、その主張には客観的なデータに基づく根拠づけが求められる。損害額の算定については、特許法や著作権法などのように、法律に算定基準が規定されている場合もある。また、事故等の損害額については、政府やその他の機関などが統計的なデータに基づいて策定する基準、たとえば逸失利益に関する標準などが参照されることになる[7]。このような

---

[4] この場合も、行為等の特性は日常言語のレベルで記述されるのであって、経験的な事実に還元されるわけではない。

[5] 最判昭和58年7月8日刑集37巻6号609頁（永山事件判決）など参照。

[6] たとえば、最決平成20年2月20日集刑293号119頁において、才口千晴裁判官は、裁判員裁判制度を考慮して、「死刑と無期懲役との量刑基準を可能な限り明確にする必要がある」と述べている。

場合には賠償額の決定はかなり客観的な基準に基づくものとなるといえる。他方、たとえば名誉毀損の損害額の算定は客観的な基準があるとはいえず、また、過失相殺の場合、双方の過失の程度を比較することが必要となるように、客観的なデータによる判断がつねに可能であるわけではない。これらの場合は、個別の利益衡量が必要となる。

　裁量概念に関しては、**立法裁量**や**行政裁量**と司法判断との関係も問題となる。立法裁量と司法判断の関係については別に取り上げる。行政裁量と司法判断の関係に関しては、法規が行政裁量の優先性を規定していることがある。たとえば、情報公開法5条3号及び4号は、不開示の事由として「○○のおそれがあると行政機関の長が認めることにつき相当の理由がある情報」という規定の仕方をしている。これは同5号や6号が「○○のおそれがあるもの」と規定していることと比較すると、行政機関の長の第一次的判断を尊重することを前提としており、これに対する司法判断は行政機関の長の第一次的判断に**裁量権の逸脱**があるかいなかを対象とすることとなる[8]。このように法律の文言に明示的に規定されていない場合でも、法規がその要件や効果の具体的な確定を行政機関の裁量に委ねていると考えられるときは、司法はその裁量権の逸脱があるかどうかを判断することになる。

3　一般条項

　不特定概念を含む法規範としてとくに重要なのが**一般条項**である。一般条項は一般性の高い規範的性格をもつ文言によって規定されており、要件と効果がある程度明確に規定されている準則に比すると、エッサーやドゥオーキンのいう「原則」や「原理」の性格をもつ。一般条項は、準則のみによる判断が形式主義に陥りやすい点を事案の具体的な態様に即した「衡平」の判断によって是正することを可能にするという長所をもつが、他方で、裁判官の恣意的判断の原因となりやすい。ヴァイマル期のドイツにおける一般条項への依拠が、ナチス期における一般条項の恣意的な濫用へ導いたという指摘もある[9]。このようにドラスティクな

---

[7]　たとえば、交通死亡事故における女子の逸失利益の算定に、事故当時の年度の「賃金センサスの産業計・企業規模計・学歴計の全労働者平均賃金の年収」を算定の基礎とするのが自然であるとした大阪高判平成13年9月26日判時1768号95頁参照。

[8]　たとえば、外交関係情報に関する東京地判平成21年12月16日裁判所ウェブサイト、公安関係に関する最判平成19年5月29日集民224号113頁など。

問題にまではいたらないとしても、なお一般条項による判断が恣意性をはらみやすいことについては注意が必要である。

　一般条項は、一般に、通常は法的に正当な法律行為や行政行為を、一定の条件や特段の事情があるときに、許されず無効とする基準である。しかし、その規定は高度に一般的であるために、解釈適用者による具体的な補充を必要とする。それが恣意的なものにならないためには、少なくともより具体的な判断の指標となる基準が必要である。そうした基準は判例の中で形成される。

　たとえば、権利濫用について、最高裁は次のような基準を設定している。「法律はその性質上道徳に対する背反を肯定することはできないのであるから、もし権利の行使が社会生活上到底容認し得ないような不当な結果を惹起するとか、或は他人に損害を加える目的のみでなされる等公序良俗に反し道義上許すべからざるものと認められるに至れば、ここにはじめてこれを権利の濫用として禁止するのである」（最判昭和31年12月20日民集10巻12号1581頁）。この基準は、権利濫用に限らず、一般条項全般の解釈適用に際して指標となりうる二つの要点、つまり**行為の結果**と**行為の道義的性質**（とくに動機）を挙げている点で重要である[10]。

　まず、法律行為が「社会生活上到底容認し得ないような不当な結果を惹起する」かどうかの判断、つまり結果の考慮に基づく判断は、個別具体の事実や事情を総合的に参酌する判断、いわゆる利益衡量や価値判断を伴うものである。こうした利益衡量や価値判断は、たとえば、借地借家法が賃貸借契約の更新拒絶や解約申入に要求する「正当の事由」の有無の判断に典型的に現れる。「正当の事由」は「賃貸借の当事者双方の利害関係その他諸般の事情を考慮し社会通念に照らし妥当と認むべき理由をいう」（最判昭和25年6月16日民集4巻6号227頁）とされ、あるいは「賃貸人及び賃借人双方の利害得失を比較考量して決すべきである」（最判昭和32年12月27日民集11巻14号2535頁）とされている。つまり、結果としての双方の利害得失を比較考量して、正当の事由があるかどうかを判断するわけである[11]。

9　これについては広渡清吾『法律からの自由と逃避』（日本評論社、1986年）365-377頁参照。
10　このほか、たとえば労働法上の解雇の濫用については、判例によっていわゆる「解雇権濫用の法理」が形成され、労働契約法によって立法化された。すなわち、解雇権の濫用があったかどうかについては、解雇の客観的合理性と社会的相当性を基準として判断すべきものとされている。客観的合理性は経営上の利害に関わり、社会的相当性は社会一般の観念に照らした評価に関わるといえる。

次に、「他人に損害を加える目的のみでなされる等公序良俗に反し道義上許すべからざるものと認められる」かどうかの判断は、行為の道義的性質（とくに動機）に注目するものである。この基準はそれ自体「公序良俗」という一般概念を含んでいるが、とくにその例として加害目的を挙げている。実際、たとえば代物弁済予約が公序良俗違反になるかどうかの判断においては、債務額と目的物の価額に大きな差異があるというだけでは足りず、「債権者が巨利を得ることを当初から図って」おり、債務者の「窮迫、無経験ないし軽率に乗じる」といった加害意図があることが求められている（最判昭和32年2月15日民集11巻2号286頁など)[12]。

「信義則」も行為の道義的性質を判断基準とするものの一つである。信義則は、主として、行為者自身の言動により相手方に生じた正当な期待を保護しようとするもので、典型的な信義則違反は、先行する自己の言動により相手方に期待を生じさせておきながら、その言動と撞着する意思表示や法律行為をなすことによって、相手方に損害を生じさせる場合、いわゆる「**禁反言**」違反やこれに類似する行為である。また、相手方の正当な期待は、取引慣行や社会生活上の通念や衡平の原則などから生じることもある。こうした期待の発生根拠については、相手方当事者も当然に知っているはずであり、それによって生じるであろう相手方の期待を奇貨として、不当に利得しようとする場合も信義則違反となる。たとえば、契約準備段階または契約締結過程における社会生活上の通念や具体的事情による期待を保護するために信義則が用いられた例は有名である[13]。そのほか、原

11　全面改正された借地借家法（平成3年法律90号）は、こうした判例をもとに、「正当の事由」を例示している（借地借家法6条、28条）。

12　行為の道義的性質を判断基準とする例は、その他、公序良俗違反とされた事例、たとえば金銭請求が賭博を原因とする場合（最判昭和40年12月17日民集19巻9号2178頁、最判平成9年11月11日民集51巻10号4077頁など）や、酌婦契約に付随する場合（最判昭和30年10月7日民集9巻11号1616頁）などに明らかである。また、就業規則で定年年齢に男女格差を設けている場合も、憲法14条の平等原則に反するものとして、当該条項は公序良俗違反とされている（最判昭和56年3月24日民集35巻2号300頁、最判平成2年4月28日労働経済判例速報1394号3頁など)。なお、契約の条項が関連する法律の規定（刑法、不正競争防止法、証券取引法、消費者契約法など）に反する場合は、公序違反として無効となるが、契約の基礎となる行為が公序違反であっても、当該契約内容そのものが公序違反とはいえないときは、私的自治及び契約自由の原則により、当該契約そのものは原則として無効とはならない。

13　契約準備段階における信義則上の注意義務違反を理由として損害賠償責任を認めた最判昭和59年9月18日判時1137号51頁、売買契約準備段階において売主となる者に契約成立の期待を抱かせながら、無条件に契約の締結を拒否したことを信義則違反の不法行為にあたると認めた最判平成2年7月5日集民160号187頁など。

告が信義則を援用する事例として、訴訟上の信義則違反の事例や、課税処分等の税務における事例がある。

　一般条項が固有の基準として用いられるのは他に法律の規定等がない場合であって、他の法律の規定の適用によって同等の効果が得られるときは、その法規の適用によるべきことになる。したがって、そのような場合に、たとえ一般条項に言及がなされるとしても、それは理由の補強のためであって、一般条項そのものが適用されているというわけではない。

第2節　規範衝突

　サヴィニーによれば、規範衝突は、規範欠缺と並んで、法の体系的な瑕疵の問題である。規範衝突にもいくつかの類型がある。それらの問題は、多くの場合は、原則と例外の区別のほか、「後法は前法を破る」とか「特別法は一般法を破る」といった原則によって解決される。しかし、場合によっては、かなり困難なケースもある。

1　規範衝突の類型

　すでに触れたように、ドゥオーキンは規範衝突を準則同士の衝突と原理規範同士の衝突に区別した。その解決方法としては、準則同士の衝突の場合は、どちらかを失効させることになる（ただし、失効させるのではなく、具体的事例への適用が排除されるだけの場合もある）が、原理規範同士の衝突の場合は、それらの重さを比較考量して、どちらかを優位させることになるという違いが指摘された。このほか、準則と原理とが衝突する場合があり、ドゥオーキンが原理考慮の例として挙げていたリッグズ対パーマー事件はその例である。

　エンギッシュは規範衝突をより細かに矛盾の分類として区別している[14]。用語矛盾、規範矛盾、評価矛盾、目的論的矛盾、そして原理矛盾である。用語矛盾は一つの用語が一つの法律の内部または複数の法律の間で対立する意味をもつ場合であり、文理解釈や体系的解釈で解決しうる場合を除けば、準則同士の衝突とみなすことができる。規範矛盾はエンギッシュにおいては準則同士の対立である

14　K. Engisch, Einführung in das juristische Denken, 10.Aufl., 209-224.

が、その他、原理同士の対立、準則と原理の対立もこれに含めることができる。評価矛盾は複数の規範の背後にある利益衡量や価値判断に齟齬がある場合であり、エンギッシュの挙げているドイツ法の例では、たとえば、傷害や監禁は未遂を処罰しないが、それらより刑の軽い器物損壊は未遂を処罰することになっている場合などである。これらは準則と評価基準としての原理との衝突の一つとみることができる。目的論的矛盾は、立法者が一定の目的に基づいて規範を規定しているが、それを実現するための手段については何も規定していない場合のように、目的と手段の連関に齟齬がある場合である。このような手段規定のない目的規定規範は効力をもたないということについて、ドイツでは見解の一致があるとされる。最後の原理矛盾はドゥオーキンのいう原理同士の衝突である。このようにみると、エンギッシュの詳細な分類は有益であるけれども、ドゥオーキンの議論にほぼ回収できるだろう。

　したがって、規範衝突は、**準則同士の衝突**、**原理同士の衝突**、そして**準則と原理の衝突**の三種に分類できるだろう。しかし、それらの取扱いは単純ではない。準則同士が衝突するときは、いずれかの効力を否定する、いずれかの効力を限定する、いずれの効力も否定するという取扱いが考えられる。いずれかの効力を否定する取扱いとしては、前法・後法の原則によるものが挙げられるが、高次の価値判断によることも考えられる。いずれかの効力を限定する取扱いとしては、原則・例外の区別や、一般法・特別法の原則によるものがある。最後に、いずれの効力も否定するという取扱いも考えられうる。たとえば、ある準則がある行為を命令し、他の準則が同じ行為を同じ状況について禁止しているときは、つまり論理的に矛盾しているとみなしうるときは、その行為は許可されていると解するか、ヘックにならって、規範衝突による規範の欠缺があると解するのが相当だろう[15]。

　準則と原理が衝突する場合は、いずれかを優先させるという取扱いがありうる。準則を優先させる場合、原理や原則を一般規範とみなし、準則を例外や特別規定とみなすことによって解決することが考えられる。原理を優先させる場合でも、原理と対立する準則を全面的に失効させる取扱い（違憲審査においていわゆる法令違憲とする場合）と、一般条項により準則の効力を当該事例についてのみ限定

15　Ph. Heck, Begriffsbildung und Interessenjurisprudenz, 110.

するという取扱いがありうる。

　最後に、原理同士の衝突の場合、たとえばある基本権と他の基本権が衝突する場合や基本権と政策が衝突する場合には、ドゥオーキンが指摘するように、それらの「重み」を比較考量して判断することになる。また、正義と法的安定性のいずれを優先させるかという問題は、すでに触れたように、困難な価値判断を要する問題である。

2　衝突処理原則による解決

　準則同士の衝突を「**後法は前法を破る**」という衝突処理原則によって処理するケースはほとんどない[16]。法改正がなされれば、改正前の法令は改正後の法令によって廃止されるのであって、その経緯の考慮は、歴史的解釈のところでも触れたように、当然の要請だといえる。他方、二つの法令や規定が前法・後法の関係にある場合でも、前法が特別法、後法が一般法の関係にあるときは、後者の特別法・一般法の原則が適用される。たとえば、最決昭和26年12月20日（刑集5巻13号2541頁）は、塩酸ジアセチルモルヒネの取扱いを規制する昭和20年厚生省令44号の後に、麻薬一般の取扱いを規制する昭和21年同省令25号が制定されたことにより、前者の厚生省令は廃止されたとする弁護人の主張に対して、塩酸ジアセチルモルヒネも後者の麻薬に包含されるのであり、前者の省令は後者の省令によって廃止されたものではなく、「両者とも一般法、特別法として併存するものとみるべきである」としている。

　他方、**一般法・特別法の原則**を適用した事例は少なくない。いくつかの例だけ

---

[16] 前法・後法の原則を明示的に用いた古い事例として、大判昭和13年10月29日大審院刑事判例集17巻853頁がある。事案は当時の「臨時馬の移動制限に関する法律」違反が問われたもので、被告人は、宮城県登米郡石森町長の許可を受けずに、昭和13年6月17日に同町居住のAより馬1頭を買い受け、これを翌18日に同県栗原郡若柳町居住のBに転売し、もって馬の移動を生じさせ、上記法律に違反したものとして、同法1条・2条、同施行規則2条、および刑法18条の適用により、罰金20円の略式命令を受けた。この法律の施行規則は昭和12年9月14日に発せられて、徴馬管区以外の地域に飼養場所のあるものについては本法2条および3条は適用しないとされていたが、さらに昭和13年7月8日に改正されて、宮城県を含む第二師管内に飼養場所のあるものも適用除外とされ、公布の日から施行されていた。この事例では、法律施行規則の改正によって、それまで処罰対象とされていたものが、場所的な適用除外とされることによって、宮城県内での馬の許可なき移動も処罰されないこととなったのであり、後法が前法を破る例といえる（判決は「後の命令によって前の命令を変更したるにより」と述べている）。本件における被告人による馬の移動は施行規則改正前になされているのであるが、当時の刑事訴訟法363条2号の免訴規定（「犯罪後の法令により刑の廃止ありたるとき」）により免訴とされている。

挙げれば、たとえば、最判昭和28年8月25日（刑集7巻8号1762頁）は、没収及び追徴に関する刑法19条及び19条の2の規定に対し、当時のたばこ専売法75条2項の追徴の規定は「一般法と特別法の関係にあるから、たばこ専売法の適条を示せば足りる」としている。また、最近の事例として最判平成20年3月6日（民集62巻3号665頁）の住基ネット判決がある。原審は、行政個人情報保護法によれば、行政機関の裁量により利用目的を変更して個人情報を保有することが許容されており、また行政機関は法令に定める事務等の遂行に必要な限度でかつ相当の理由のあるときは利用目的以外の目的のために保有個人情報を利用または提供することができることから、行政機関が保有個人情報を利用目的以外の目的に利用または提供しても、住民基本台帳法（住基法）30条の34等の本人確認情報の保護規定に違反することにはならないので、住基法による目的外利用の制限は実効性がなく、住基ネットにより個々の住民の多くのプライバシー情報が住民票コードに付されてデータマッチングされ、本人の予期しないときに予期しない範囲で行政機関に保有され利用される具体的な危険が生じているとした。これに対し、最高裁は、行政個人情報保護法の規定に対して住基法30条の34等の規定は特別規定にあたるから、「本人確認情報については、住基法中の保護規定が行政個人情報保護法の規定に優先して適用されると解すべき」であり、住基法による目的外利用の禁止等に実効性がないとの原審の判断は、その前提を誤るものであると判示した。

　一般法・特別法の関係にある場合でも、特別法に規定がないときはなお一般法の規定が適用されうる。また、同一の行為に二つの法令の規定が適用されうる場合でも、それらの規定の立法目的が異なるときは、一般規定・特別規定の関係に立つものとはみなされない。前者の例として、最判昭和27年1月18日（民集6巻1号1頁）は、正当事由がないまま賃貸人が賃貸借契約の更新拒絶の通知をして契約期間が満了し、賃借人が借家法に基づき前契約と同一条件での法定更新を主張したという事案で、借家法は民法に対して特別法の関係に立つが、民法619条但書の規定（賃貸借契約更新の推定がなされる場合でも、期間の定めのない賃貸借契約の更新に関する617条の解約申入れができるとする）を否定するような規定は借家法には存しないから、一般法たる民法619条但書の規定が適用されるとして、賃貸人による借家契約の解約申入れを認めている[17]。また、後者の例として、最判昭和28年12月15日（刑集7巻12号2430頁）は、被告人が有料の職業紹介事業を

行ったとして職業安定法および労働基準法違反に問われた事案で、労基法6条（中間搾取の排除）と職業安定法32条1項（有料職業紹介事業）の規定は立法目的を異にするとともに対象たる行為の性質を異にするから、後者を前者の特別法であるとする独自の解釈を前提として、後者のみの適用を主張する解釈は採用できないとしている。

3　規範衝突のハードケース

　準則が正面から衝突していると考えられ、いずれを優先させるかについて意見が分かれた事例がある。最判平成1年11月24日（民集43巻10号1220頁）の事例は、相続人なき相続財産が共有持分に係るものであるとき、その共有持分は民法255条により他の共有者に帰属するのか、それとも同958条の3により特別縁故者に分与できるのかが争われたものである。多数意見は958条の3が優先するとしたが、複数の裁判官は255条が優先するとして反対意見を書いている。どちらも体系的・歴史的解釈と目的論的解釈を駆使している。

　多数意見は、昭和37年の民法改正以前から225条は国庫帰属に関する959条の特別規定であった（すなわち、959条により相続人のいない相続財産は国庫に帰属することとなるが、共有者があったときは255条により共有者に帰属するとしたものである）ところ、改正により959条の前に958条の3が設けられたことから、958条の3が959条に優先することとなり、したがってまた959条の特別規定である255条にも優先するものと解すべきであるとした。これは**立法の経緯と条文の体系的関係に着目する解釈**といえる。これに対し、反対意見は、958条の3は清算後になお残存する相続財産一般についての規定であるのに対し、255条は右の相続財産中の特別の共有持分についての特別規定であるから、解釈上225条は959条に優先するのみならず、一般規定たる958条の3にも優先すると解すべきであり、しかも、立法者は改正時に958条の3が優先する旨の改正規定を置いていない以上、条文の文理解釈からは多数意見のように解することはできないとする。これは先に見た一般規定・特別規定の原則（これも体系的解釈の一つとみることもできる）

17　なお、この判決は、先に触れたように、来栖が「形式が安易な」判断として批判したものである。この批判の観点からみれば、一般法・特別法の原則をこのように「安易に」適用することに対しては、当事者の利害分析に基づいて、別の評価基準である原理をも考慮して判断すべきだということになるだろう。

と、条文に現れた立法者意思の反対解釈（明文の規定がない以上、立法者はそれを意思しなかったとみなす）によるものといえる。

　この体系的・歴史的解釈のレベルでは、いずれの解釈も決定的とはいえそうにない。958条の3が959条の前に置かれたからといって、それによって直ちに958条の3が255条に優先するとはいえないが、255条が特別規定で958条の3が一般規定であるとする議論も決定的とはいえない。多数意見のように255条は959条に対する特別規定であり、共有者に帰属するのは相続人のみならず特別縁故者もなかった場合であると解することも可能だろうからである。また、反対意見による立法者意思の反対解釈がつねに正しいというわけでもなく、立法者はこの優先順位について考慮していなかったと解することも可能である。そうすると、体系的・歴史的解釈のレベルでは、255条と958条の3はそれらの優先順位に関する明確な規定が存在しないことにより正面から衝突していると解される。

　そこで次に**目的論的解釈**が考慮される。多数意見は、958条の3が優先すると解さないならば、共有持分以外の相続財産は特別縁故者への財産分与の対象となるのに、共有持分である相続財産はその対象とならないという区別が生じるが、この区別を合理的に説明する理由はないとする。これは反対の解釈をとると不合理な結果が生じるという一種の帰謬法によるものといえる。他方、反対意見は、255条を清算後の残余財産の帰属に関する特別規定とみるならば、多数意見のような区別が生じたとしても、それを不合理とみるにはあたらないとする。さらに、より実質的な目的論的解釈が考慮される。多数意見は、958条の3は被相続人の死に至るまでその世話をした特別縁故者を保護するために、遺贈または死因贈与の制度を補充したものだとするが、反対意見は、同条はそのような目的をもつものではなく、他に権原をもつ者（たとえば共有者）がない場合に特別縁故者にいわば恩恵的に分与しようとする趣旨に出たものであるとする。

　相続人なき被相続人の共有持分に係る財産につき、他の共有者は225条によりその取得の権原をもつといえるが、特別縁故者も958条の3により保護される以上、反対意見のように特別縁故者は権原をもたないと直ちに断ずることはできないだろう。しかし、いずれも相続権や他の優先債権のような権原を有するわけではない[18]。共有関係と特別縁故関係のいずれを優先すべきかは法的権原の点では

18　共有者の利益の権利性がそれほど強いものでないことは、多数意見がいうように、255条が国庫帰属に対する特別規定であることに現れているとされる。たとえば山田誠一「特別縁故者への

決定困難といえる。多数意見は結局、255条により直ちに共有者に帰属させるのではなく、958条の3を優先させることにより、「家庭裁判所の相当性の判断を通して特別縁故者と他の共有者のいずれに共有持分を与えるのが妥当であるかを考慮することが可能となり、具体的妥当性を図ることができる」としている。これは、958条の3を優先させるならば、特別縁故者の申立に基づき特別縁故者に分与すべきかどうかを家庭裁判所が判断することになるから、当然の帰結といえる。とはいえ、本件は255条と958条の3の衝突を明示的に決定する規範が欠如している事例とみることができる。多数意見は958条の3を優先させることによってこの欠缺を補充し、相続人のない相続財産が共有持分に係るものであり、かつ特別縁故者とみられる者があるときは、その共有持分を他の共有者と特別縁故者のいずれに帰属させるかについては、家庭裁判所の判断によるものとするという準則を形成したものといえるだろう。

第3節　規範の欠缺

　適用すべき法規範が欠如しているとみられる場合がある。いわゆる「**法の欠缺**」と呼ばれる事態である。「法の欠缺」という言葉も多義的であるため、それを整理しておくことが必要である。ここでいう法の欠缺とは、まず、要件と効果が特定されている法規範（準則または法規）であって、かつ眼前の具体的な事案に解釈適用すべきものが欠如している場合をいう。「法」を広い意味にとると、以下でみるように、たとえば類推や一般条項によって補充できる場合には、「法」に欠缺はないとみることもできるからである[19]。

遺産分与対象としての共有持分権」『別冊ジュリスト』225号（民法判例百選3 親族・相続 第7版）112頁。また、上田豊三『最高裁判所判例解説民事編平成1年度』446-447頁は、多数意見は225条の考慮時点が国庫帰属の時点であるのに対し、特別縁故者への分与の判断はそれ以前の時点となると解したのであろうとしている。

[19]　先に見たように、いわゆる「概念法学」に帰せられる主張として法の完結性というものがあり、これは法に欠缺はないという主張のようにみえる。しかし、実際は、概念の体系としての法という観点からみると、法規という素材から構成という操作によってより一般的な概念を形成し、そこから新しい法規を導き出すことによって、いかなる法規の欠缺も補充されうるという主張にほかならない。この概念構成は欠缺補充の一つの方法であって、概念法学批判は概念法学がこの方法を唯一のものとする点や、概念構成があたかも法規と概念の論理的操作のみによってなされうるかのようにみなしている点を批判したのである。また、ケルゼンによれば、判決は、それが上位規範によって授権された裁判官によってかつ上位規範によって定められた手続きに従って下されたものであれば、内容面において上位規範に適合していなくても、法規範として妥当す

また、法の欠缺は「補充されるべき」法規範の欠如をいうのであって、法規範が欠如しているからといって、それを補充する必要がなければ、法の欠缺とはいえない。罪刑法定主義を大原則とする刑法においては、法規範が欠如しているとみられる場合は、無罪としなければならない。また、一般に、立法者が法規範の適用範囲を明確に限定している場合（たとえば限定列挙の場合など）は、その範囲外にある事実について規定がないとしても、法の欠缺ではない。

　このように補充が明示的に排除されている場合を除けば、補充すべきかどうかの判断は基本的に裁判官に委ねられている。もちろん、その判断は無制約であるわけではない。裁判官は立法権をもつわけではないということが、その判断を制約する基本原則である。欠缺とみなして補充すべきかどうかは、現行の法律、法制度、法秩序の枠内に整合的に位置づけられるかどうか、その枠内で補充しなければ事案に適合した解決が得られないかどうかの判断によらなければならない。

　したがって、補充の方法は現行の法律、法制度、法秩序に適合するのでなければならない。そのようなものとして、古来認められており、今日でもよく用いられるのが「類推」である。また、一般条項のような一般規範も補充のために用いられる。さらに、稀ではあるが、現行の法律、法制度、法秩序に内在するまたはその基礎をなす一般的な法原則（原理）によって補充がなされることもある。

1　類推による補充

　類推は、直接適用すべき法規範の存在しない新たな事案に対して、類似の事案類型を規律するために規定されている法規範を援用して適用する方法である。その要点は事案類型の類似性にあり、類似する事案の一方を規律して他方を規律しないのは、同等処遇原則に反するという考慮に基づく。

　類推と対比されるものとして**反対解釈**があるが、ここでの反対解釈は直接適用すべき法規範がない場合でも補充は必要でないまたは許されないとするものであって、法規範の文言に対する論理的操作としての反対解釈とは異なる。ここでの反対解釈には、立法者が意図的に補充を排除している場合はもちろん、事案類型の重要な相違に基づいて類推を排除する場合が含まれる。なお、類推と反対解釈では、反対解釈が原則とみなされる。類推はより正当化を必要とするわけである。

　るから、理論的には、司法権の規定があればいかなる事例についても判決を下すことができ、したがって「法」に欠缺はないことになりうる。

次に、類推は拡大解釈とは区別される。拡大解釈は、文言の表現が法規の規律意図よりも狭いとみられるときに、文言の概念メルクマールを減少させることによって、その概念の外延を拡大させるものである。これによって新しい事案の事実はその概念の外延に直接に包摂される。これに対して、類推は、法規範の概念メルクマールを量的に操作するのではなく、類似性にとって重要なメルクマールの内容を入れ替えることによって、新しい事案の事実をその規範に包摂するものといえるだろう[20]。実際には、別個の法規範を形成しているのだといえる。

また、類推は準用と一般に区別される。準用は基本的には立法技術であって、ある法規範の文言の一部を入れ替えて適用することとし、文言を入れ替えた法規範を明示的に記述する煩雑を省略するものである。これに対して、類推は法適用の技術であり、文言を入れ替えるのではなく、その内容を入れ替える。しかし、法適用においても「準用」の語が用いられることもあり、この場合は類推と異ならない。

（a）類推または準用の例：内縁

類推または準用が用いられた例では、**内縁関係**に婚姻関係の諸規範を適用したものが有名である。内縁関係は戦前から婚姻予約として一定の保護を与えられてきた。たとえば、内縁関係の不当な破棄は婚姻予約の不当破棄であり、債務不履行に基づく損害賠償の責任を負うものとされてきた。これに対し、戦後の学説では内縁関係を「婚姻に準ずる関係」（準婚関係）と解するものが有力になってくる。やがて判例もこれにならうようになるが、適用の形式としては準用から類推への変遷がみられる。

---

20 形式的に表現すれば、拡大解釈はたとえば次のように記述できる。
　　(x)（Fx ⇒ Gx）∩ F＝(m1, m2, m3, m4)
　　F'＝(m1, m2, m3) ≒ F
　　(x)（F'x ⇒ Gx）
類推はたとえば次のように記述できる。
　　(x)（Fx ⇒ Gx）∩ F＝(m1, m2, m3, m4)
　　F'＝(m1, m2, m3, n1) ≒ F
　　(x)（F'x ⇒ Gx）
ちなみに、反対解釈はたとえば次のように記述できる。
　　(x)（Fx ⇒ Gx）∩ F＝(m1, m2, m3, m4)
　　F'＝(m1, m2, m3, n1) ＝ ¬ F
　　(x)（F'x ⇒ ¬ Gx）
いずれの場合も、第二前提が別途正当化されなければならない。

内縁の夫が内縁関係を正当な理由なく破棄したという理由で、内縁の妻が内縁関係の期間に自ら支払った医療費の分担を求めた事案で、最判昭和33年4月11日（民集12巻5号789頁）は「内縁が法律上の婚姻に準ずる関係と認むべきであること前記説明の如くである以上、民法760条の規定は、内縁に準用されるものと解すべきである」とし、ほぼ同じ事案で、最判昭和41年2月22日（集民82号453頁）は「内縁は法律上の婚姻に準ずる関係というべきであるから、民法760条の規定は内縁に類推適用されるものと解すべき」であるとしている。民法760条は「夫婦は、その資産、収入その他一切の事情を考慮して、婚姻から生ずる費用を分担する」と規定する。内縁にこの規定を適用するためには、「夫婦」を「内縁の夫婦」と、「婚姻」を「内縁」と読み替えることになる。このようなケースでは、たしかに準用と言おうが類推と言おうが大差はないといえるだろう。

内縁に婚姻の規定を類推適用するのは、もちろんそれらの間に**重要な類似性**があるからである。この点について、先の最判昭和33年4月11日は、「いわゆる内縁は、婚姻の届出を欠くがゆえに、法律上の婚姻ということはできないが、男女が相協力して夫婦としての生活を営む結合であるという点においては、婚姻関係と異なるものではな」いと述べている。内縁も婚姻と同様に、「男女が相協力して夫婦としての生活を営む結合」であることから、その協働において生じる利益を法律上の婚姻と同様に保護すべきであるという価値判断が働いているのである。この価値判断は「個人の尊厳と両性の本質的平等」（民法2条：昭和22年追加）という理念に基づくものといえる。

婚姻と同様に、内縁もその法律関係は複合的であるから、内縁を婚姻に類推するのはサヴィニーのいう制度の類推の例といえる。したがって、内縁に関する種々の法律関係には婚姻に関する諸規定が準用または類推適用される。たとえば、前述のように婚姻費用の分担に関する民法760条を内縁関係に類推適用する例のほか、帰属不分明な財産の夫婦共有の推定に関する民法762条を内縁に準用可能とする例（大阪高判昭和60年1月30日税務訴訟資料144号194頁）や、内縁の子について父子関係の推定に関する民法772条を類推適用する例（最判昭和29年1月21日民集8巻1号87頁、最判昭和42年12月22日集民89号583頁）などがある。

しかし、婚姻に関するすべての規定が内縁に類推適用されうるわけではない。法律上の婚姻にそれが法律上のものであるがゆえに特定の法律効果を帰属させる規定は、当然、内縁には適用されないことになる。身分や相続に関する規定がそ

うである。たとえば、身分に関する規定では、上記の772条の規定が類推適用される場合でも、内縁の子とその父との関係が同条の類推適用により推定されるとしても、それによってその子が当然に嫡出子とされるわけではない。婚姻の場合には、父子関係が推定されれば子は父の嫡出子とみなされ、これを覆すためには夫はその子が嫡出であることを否認しなければならない（774条）。これに対して、内縁の場合、父子関係を推定された子が嫡出子とされるためには認知を必要とするのである（最判昭和29年1月21日民集8巻1号87頁）。もっとも、法律による嫡出・非嫡出の区別が憲法の平等条項の観点からみて妥当であるか否かはまた別の問題である。

相続に関する規定も内縁には直ちには適用されない。したがって、内縁の配偶者の死亡により内縁関係が解消したときも、法律上の相続関係は生じない。そこで、協議離婚の場合の財産分与に関する768条の規定を類推適用して、相続に類する効果を与えることが認められないかが問われた。しかし、裁判所はこれを否定している（最判平成12年3月10日民集54巻3号1040頁）。それによれば、「内縁の夫婦について、離別による内縁解消の場合に民法の財産分与の規定を類推適用することは、準婚的法律関係の保護に適するものとしてその合理性を承認しうるとしても、死亡による内縁解消のときに、相続の開始した遺産につき財産分与の法理による遺産清算の道を開くことは、相続による財産承継の構造の中に異質の契機を持ち込むもので、法の予定しないところである。また、死亡した内縁配偶者の扶養義務が遺産の負担となってその相続人に承継されると解する余地もない。したがって、生存内縁配偶者が死亡内縁配偶者の相続人に対して清算的要素及び扶養的要素を含む財産分与請求権を有するものと解することはできないといわざるを得ない」。ここで「**異質**」というのは、体系的に構築された相続制度にとって協議離婚の場合の財産分与の法理は異質ということであろう。実質的な是非はともかく、このような異質性が類推適用を妨げるわけである。

(b) その他の類推適用の例

民法の規定で類推適用の適否が問題となった事例で多いのは、虚偽表示の無効は善意の第三者に対抗できないとする94条2項の規定、表見代理や無権代理に関する諸規定などである。

94条2項を類推適用した事例としては、不実の所有権移転登記を行った場合やそれを黙認ないし放置していた場合[21]、未登記建物でも不実の家屋台帳登録や

固定資産課税台帳登録があった場合[22]などがある。不実の登記や登録には基礎となるべき所有権移転などの意思表示が実際にはないから、94条2項の直接適用はないが、不実の登記や登録により当該意思表示があるかのような外形の作出に積極的に関与したとか、他者による不実の登記や登録を承認しているといった事情があり、かつ第三者がその点について善意であることを条件として、本条を類推適用しているのである。

したがって、不実の外観の作出に関与していない場合には類推適用は退けられる。たとえば、不動産業者が偽って所有者から交付を受けた登録済証、白紙委任状、印鑑登録証明書等を利用して不実の所有権移転登記を行った事案では、所有者が外観の作出に積極的に関与したわけではなく、また不実の登記の存在を知りつつ放置していたとみることもできない事情の下では、94条2項を類推適用することはできないとされている（最判平成15年6月13日集民210号143頁）。また、第三者が善意といえない場合も類推適用は退けられる。たとえば、建物の賃貸借契約が有効になされ引渡しも完了した上で、不実の転借権設定の登記がなされていたところ、転借権設定登記の後に当該建物に設定された抵当権に基づきこれを競落した第三者が、不実の転借権設定登記につき94条2項の類推適用により賃借人に対抗しうると主張した事案で、借家法による賃貸借の対抗要件は引渡しと登記であるが、賃借人は引渡しを受けて占有を継続していた事情がある以上、不実の登記を信じたというだけでは、競落人は善意の第三者として賃借人に対抗することをえないとした裁判例（最判昭和47年2月24日民集26巻1号146頁）がある。

権限外の行為の表見代理の規定（110条）を類推適用したものとして、地方公共団体の長が権限外の行為をなした事例[23]、代理人が直接本人の名において権限外の行為をなした事例[24]などがある。前者は、現金出納権限のない村長が村議会

---

[21] 最判昭和29年8月20日民集8巻8号1505頁、最判昭和37年9月14日民集16巻9号1935頁、最判41年3月18日民集20巻3号451頁、最判昭和45年7月24日民集24巻7号1116頁、最判昭和45年9月22日民集24巻10号1424頁、最判昭和62年1月20日税務月報33巻9号2234頁など。

[22] 最判昭和45年4月16日民集24巻4号266頁、最判昭和48年6月28日民集27巻6号724頁など。

[23] 最判昭和34年7月14日民集13巻7号960頁、最判39年7月7日民集18巻6号1016頁。

[24] 最判昭和39年9月15日民集18巻7号1435頁、最判昭和43年12月24日民集22巻13号3382頁。

の決議により村の名において第三者から金員の借り入れを行ったという事例、町条例で議会の議決を要せず一定価額以内の不動産売却権限を与えられていた町長がその価額を超える不動産売買契約を締結したという事例である。地方公共団体の長の行為でも経済的行為とみなされる場合には、民法の規定の類推適用がありうるわけである。後者は、代理人がいわゆる署名代理の方法や機関方式により手形を振り出した事例であり、通常は手形の偽造となる無権限の行為でも、代理人が権限を越えてなしたものであり、かつその権限ありと手形受取人が信じるにつき正当の理由（善意無過失）があると認められる場合に、110条の規定を類推適用して、本人の責任を認めたものである。

したがって、本人からその名義による手形裏書をする権限を付与されたといった事実が認められない場合には、類推適用は退けられる（最判昭和48年4月6日金融法務事情685号23頁）。また、第三者は代理権限の存在を信じるにつき正当の理由がなければならない。たとえば、債務者の一切の債務に係る連帯根保証契約は保証人にとって負担の大きい契約であるから、連帯根保証契約が本人の意思に基づくものであると信ずるにつき正当な理由があるといえるためには、債務者が実印の押してある本人名義の契約書と本人の印鑑登録証明書を持参したというだけでは足りないとされている（最判昭和51年6月25日民集30巻6号665頁）。

その他、民法の規定で類推適用の適否が問題となった事例として多いのは、法定地上権に関する388条の規定[25]、債権の準占有者に対する弁済に関する478条の規定[26]、不法行為の過失相殺に関する722条2項の規定[27]などである。これらの事例はある一定の時期に多数現れている[28]。社会状況の変化に応じて類似の

---

[25] 最判昭和37年9月4日民集16巻9号1854頁、最判昭和38年6月25日民集17巻5号800頁、最判昭和38年10月1日民集17巻9号1085頁など。
[26] 最判昭和48年3月27日民集27巻2号376頁、最判昭和53年5月1日集民124号1頁、最判昭和57年4月2日金融法務事情995号67頁、最判昭和59年2月23日民集38巻3号445頁、最判昭和59年3月30日金融法務事情1058号41頁、最判昭和63年10月13日集民155号5頁、平成6年6月7日集民172号623頁、最判平成8年9月17日金融法務事情1484号68頁、最判平成9年4月24日民集51巻4号1991頁など。
[27] 最判昭和63年4月21日民集42巻4号243頁、最判平成4年6月25日民集46巻4号400頁、最判平成8年10月29日民集50巻9号2474頁、最判平成12年3月24日民集54巻3号1155頁、最判平成20年3月27日集民227号585頁など。
[28] 法定地上権に関する事例は昭和30年代から40年代にかけて、債権の準占有者に対する弁済に関する事例は昭和40年代後半に始まり、50年代に多く現れ、平成に入ってからも数件みられる。これに対し、過失相殺の類推適用の事例は昭和60年代末に現れ、平成に入ってから複数件現れている。

ケースが発生すること、それらについての判断の積み重ねにより判例が確立していくこと、場合によっては判例を受けて立法によって解決が図られることなどがその理由であろう。

これらのうち、478条の類推適用の事例のほとんどは、預金債権の準占有者が預金を担保に貸付を受けたが、借入債務の弁済ができないため、銀行等が担保権実行により貸付債権と預金債権を相殺するというケースである。預金債権や保険債権を担保とする貸付が普及したことによるものと考えられる。債権の準占有者を信用することについては正当の理由のあることが当然の前提であるが、この前提が満たされている場合には、この類推適用には違和感はそれほど生じない。772条2項を類推適用する事例は、不法行為の被害者の疾患等が損害の態様や程度に影響していると認定される場合に、損害賠償額の算定に当たってその事情を参酌するというものである。そのような事情のあるときに、加害者に損害の全部を賠償させるのは確かに酷であるということができる。ただ、疾患等は被害者の「過失」とはいえないから、まさにそれゆえに「類推適用」なのであるが、被害者側にとっては必ずしも釈然としない類推適用といえるかもしれない。

(c) 反対解釈の事例

反対解釈を導く理由も多様である。たとえば、**狭義の文理解釈**により類推適用を排除する例として、最判平成13年11月27日（民集55巻6号1380頁）がある。土地の数量指示販売において、目的物の数量が実際は超過していたため、売主が代金の増額を請求した事案で、高裁は民法565条および563条1項を類推適用して請求を認容したのに対し、最高裁は「同条は数量指示販売において数量が不足する場合又は一部が滅失していた場合における売主の担保責任を定めた規定にすぎないから、数量指示販売において数量が超過する場合に、同条の類推適用を根拠として売主が代金の増額を請求することはできない」と判示した。数量が超過していた場合の売主の代金増額請求については民法に規定がないのだが、立法者としては、数量指示販売では一般に数量指示は売主が行うものと想定し、その危険負担を数量不足の場合のみならず数量超過の場合についても売主に帰属させているのだと判断したものといえる。本件においても土地の実測は売主側が行っている。ただ、最高裁はそのような理由については何も触れていないので、狭義の文理解釈だけによる判断であるようにみえる。

必要な立法がないことが類推適用を退ける理由となることは少なくない。夫の

死亡後にいわゆる凍結保存精子により懐胎・出産した子につき認知請求がなされた事案で、最判平成18年9月4日（民集60巻7号2563頁）は、本件のような新たな親子関係の形成に関する問題は、「本来的には、死亡した者の保存精子を用いる人工生殖に関する生命倫理、生まれてくる子の福祉、親子関係や親族関係を形成されることになる関係者の意識、更にはこれらに関する社会一般の考え方等多角的な観点から検討を行った上、親子関係を認めるか否か、認めるとした場合の要件や効果を定める立法によって解決されるべき問題といわなければならず、そのような立法がない以上、死後懐胎子と死亡した父との関係の法律上の親子関係の形成は認められないというべきである」として、死後認知に関する規定（民法787条）の準用または類推適用を否定している[29]。

いうまでもなく、**刑法では類推は禁じられる**。たとえば、森林窃盗罪につき刑法242条（「自己の財物と雖も他人の占有に属し又は公務所の命に因り他人の看守したるものとなるときは本章の罪については他人の財物と看做す」）の規定が適用できるかが争点となった事案で、最決昭和52年3月25日（刑集31巻2号96頁）は、本条は「同法36章の窃盗及び強盗の罪の処罰の範囲を拡張する例外規定であり、その適用範囲を『本章の罪については』と限定しているのであるから、森林法において右規定を準用する旨の明文の規定がないにもかかわらず、これを同法197条の森林窃盗罪にも適用されるものと解することは、罪刑法定主義の原則に照らして許され」ないとした。これは例外規定であるだけでなく、法文で明示的に限定されている事例である。もっとも、罪刑法定主義により、格別の規定のない場合には類推は禁止されるのが原則であるから、この事例をあえて反対解釈の事例と呼ぶ必要はないだろう。

処罰を減免する規定についても、準用や類推適用は原則として認められていない。最判平成18年8月30日（集刑289号521頁）は、刑法244条1項（親族相盗）の規定が内縁の配偶者にも適用できるかについて、本条は必要的免除を規定するものであって、免除を受ける者の範囲は明確に定める必要があるとして、準用または類推適用を否定している。

---

29 同様の判断は、いわゆる代理出産事件でも下されている。最判平成18年9月4日民集60巻7号2563頁、最決平成19年3月23日民集61巻2号619頁。

2 一般条項や一般原則による補充

先に触れた一般条項や、法律や法制度の基礎にある一般原則（原理）によって、欠缺の補充がなされることがある。とくに**一般条項による補充**の例は少なくない。

(a) 一般条項による補充

信義則や権利濫用などの一般条項は、それを適用することによって法律行為や権利行使を許さず無効とするという仕方で用いられるが、それだけでなく欠缺の補充に用いられることがある。この場合、これらの一般条項は適用されているのではなく、欠缺補充のために援用されているのである[30]。

信義則が欠缺補充に援用された事例としては、すでに触れたように、契約の準備段階や締結過程における注意義務、説明義務、期待保護義務等を信義則に基づいて認定したものがある[31]。いうまでもなく、契約の準備段階や締結過程については、民法に何の規定もおかれていない。契約に係る権利義務関係は契約が締結された後に生じるものとして規定されているだけである。ところが、契約の準備段階や締結過程において、当事者間にはすでに一定の期待等が生じており、これを法的に保護することが求められる場合があるわけである。この場合の救済は不法行為または債務不履行による損害賠償となる。

たとえば、歯科医院を開設する計画で建築中のマンションの一部を購入する契約を締結する過程で、販売会社にいろいろ要求して出捐させておきながら、最終的に購入しなかったという事案で、最判昭和59年9月18日集民142号311頁が支持した一審判決（東京地判昭和56年12月14日判タ470号145号）は次のように判示している。「被告は、契約締結上の過失は契約が締結されたことを前提とするものであると主張するが、取引を開始し契約準備段階に入った者は、一般市民間における関係とは異なり、信義則の支配する緊密な関係に立つのであるから、のちに契約が締結されたか否かを問わず、相互に相手方の人格、財産を害しない信義則上の義務を負うものというべきで、これに違反して相手方に損害を及ぼしたときは、契約締結に至らない場合でも契約責任としての損害賠償義務を認めるのが相当である」。

権利濫用が欠缺補充に用いられたとみられる事例もある。家屋の二階を増築し

30　広中俊雄『民法解釈方法に関する十二講』（有斐閣、1997年）74頁参照。
31　最判昭和59年9月18日集民142号311頁、最判平成2年7月5日集民160号187頁など多数。

たことにより、隣家の家屋および庭への日照を著しく遮ることになったという事案で、最判昭和 47 年 6 月 27 日（民集 26 巻 5 号 1067 頁、いわゆる日照権訴訟判決）は、「居宅の日照、通風は、快適で健康な生活に必要な生活利益であり、それが他人の土地の上方空間を横切ってもたらされるものであっても、法的な保護の対象とならないものではな」いとした上で、「すべて権利の行使は、その態様ないし結果において、社会観念上妥当と認められる範囲内でのみこれをなすことを要するのであって、権利者の行為が社会的妥当性を欠き、これによって生じた損害が、社会生活上一般的に被害者において忍容するを相当とする程度を越えたと認められるときは、その権利の行使は、社会観念上妥当な範囲を逸脱したものというべく、いわゆる権利の濫用にわたるものであって、違法性を帯び、不法行為の責任を生ぜしめるものといわねばならない」と判示している。この事例では、土地使用権の行使が権利の濫用に当たるとされており、権利濫用の適用事例とみることもできるが、同時に日照等を享受する権利ないし利益を法的な保護に値するものとする法規範を創出したものと解される[32]。

(b) 一般原則（原理）による補充

一般原則を用いた欠缺補充の例として、中古ゲームソフト販売事件を挙げておこう。すでに触れたように、著作権法 26 条は映画の著作物の頒布権（譲渡権および貸与権）について規定し、26 条の 2 第 1 項は映画の著作物以外の著作物の譲渡権について規定するとともに、同第 2 項はそれらの著作物の譲渡権は第一譲渡により消尽するものとしている。ゲームソフトの製作・販売会社は、ゲームソフトが映画の著作物であることを前提に（このことは以前から認められている）、26 条の 2 第 1 項および第 2 項の規定の反対解釈により、映画の著作物であるゲームソフトについては第一譲渡によってもその譲渡権は消尽しないものと解すべきであると主張した。

これに対し、最判平成 14 年 4 月 25 日（民集 56 巻 4 号 808 頁）は次のように述べて、映画の著作物について頒布権が消尽するか否かについては規定がないことを確認している。「映画の著作物にのみ頒布権が認められたのは、映画製作には多額の資本が投下されており、流通をコントロールして効率的に資本を回収する必要があったこと、著作権法制定当時、劇場用映画の取引については、前記の通

---

[32] 広中俊雄前掲書 76-69 頁参照。

り専ら複製品の数次にわたる貸与を前提とするいわゆる配給制度の慣行が存在していたこと、著作権者の意図しない上映行為を規制することが困難であるため、その前段階である複製物の譲渡と貸与を含む頒布行為を規制する必要があったこと等の理由によるものである。このような事情から、同法26条の規定の解釈として、上記配給制度という取引実態のある映画の著作物又はその複製物については、これらの著作物等を公衆に提示することを目的として譲渡し、又は貸与する権利が消尽しないと解されていたが、同法26条は、映画の著作物についての頒布権が消尽するか否かについて、何らの定めもしていない以上、消尽の有無は、専ら解釈に委ねられていると解される」。

すでに触れたように、上告人らの反対解釈は論理的には著作権法26条の2第1項および第2項の規定の「裏」であって必ずしも真ではなく、したがって第一譲渡によりその頒布権が消尽するか否かは確定しているわけではない。そこで、最高裁も規範の欠缺があるとみたのである。これを補充することを「解釈」と呼んでいるのだが、その補充には一般原則を用いている。そこで考慮されているのは次のような一般原則等である。

「(ア) 著作権法による著作権者の権利の保障は、社会公共の利益との調和の下において実現されなければならない」こと、「(イ) 一般に、商品を譲渡する場合には、譲渡人は目的物について有する権利を譲受人に移転し、譲受人は譲渡人が有していた権利を取得するものであり、著作物又はその複製物が譲渡の目的物として市場での流通に置かれる場合にも、譲受人が当該目的物につき自由に再譲渡をすることができる権利を取得することを前提として、取引行為が行われるものであって、仮に、著作物又はその複製物について譲渡を行う都度著作権者の許諾を要するということになれば、市場における商品の自由な流通が阻害され、著作物又はその複製物の円滑な流通が妨げられて、かえって著作権者自身の利益を害することとなるおそれがあり、ひいては『著作権者の権利の保護を図り、もって文化の発展に寄与する』という著作権法の目的にも反することになること」、「(ウ) 他方、著作物又はその複製物を自ら譲渡するに当たって譲渡代金を取得し、又はその利用を許諾するに当たって使用料を取得することができるのであるから、その代償を確保する機会は保証されているものということができ」ることである。

これに基づき、判決は次のように結論している。「本件のように公衆に提示す

ることを目的としない家庭用テレビゲーム機に用いられる映画の著作物の複製物の譲渡については、市場における商品の円滑な流通を確保するなど、上記（ア）、（イ）及び（ウ）の観点から、当該著作物の複製物を公衆に譲渡する権利は、いったん適法に譲渡されたことにより、その目的を達したものとして消尽し、もはや著作権の効力は、当該複製物を公衆に再譲渡する行為に及ばないものと解すべきである」。

　ここで、（ア）は著作権法の目的による高度に一般的な原則であり、（ウ）は譲渡権の消尽を認めた場合でも上告人らにおいて採ることのできる措置があることを指摘するものであって、補充に直接に援用されているのは（イ）の、一般に商品の譲渡により譲渡人は目的物について有する権利を譲受人に移転するという商品取引の原則である。映画の著作物についてもこの原則が適用されるとともに、劇場用映画の配給制度はこの原則を損なわないかぎりでとくに認められたものとみなされる。したがって、ここでは、この一般原則に基づいて、「映画の著作物の頒布権は原則として第一譲渡により消尽する、但し商品の円滑な流通を阻害しない場合はこの限りでない」といった準則が形成されているとみることができる。

第15章　訂正的法解釈

　法解釈の最後の段階は訂正的法解釈である。訂正的法解釈は正義や合理性の観点から法令の規定およびそこに表現された立法者の思想に瑕疵があるとみて、それを訂正する解釈である。法律の規定には反することになるので、「反制定法的」（contra legem）解釈と一般に呼ばれる。しかし、今日の多くの憲法は裁判所に「違憲審査権」（法令審査権）を付与しており、これも法令の規定を訂正するものであるから、ここではこれも含めて「訂正的法解釈」と呼ぶことにし、反制定法的解釈は違憲審査的解釈以外のものを指すこととする。

　以下、本章では、まず訂正的法解釈をめぐる基本問題、つまり訂正的法解釈の許容性とその特徴について概観した後、わが国における訂正的法解釈の典型事例とされる超過利息返還請求事件について検討し、さらに違憲審査の基準と方法、そしてわが国における違憲審査の事例を検討する。違憲審査の基準や方法については、アメリカ合衆国の審査基準論とドイツの三段階審査論（比例性原則）をめぐる議論があり、それらがわが国最高裁判所の判断にも影響しているとされる。法解釈方法論という観点からみても、重要な論点を含んでおり、これについても触れることにする。

第1節　訂正的法解釈の基本問題

　訂正的法解釈をめぐっては、まずそもそも訂正的法解釈は許容されるのかという問題がある。また、訂正的法解釈はどのような特徴をもつかも問題となる。

1　訂正的法解釈の許容性

　訂正的法解釈は認められないとする論拠には、法的安定性、権力分立、民主主義などの原理がある。しかし、これらの原理も訂正的解釈を絶対的に排除するものとはいえない。

　法的安定性の原理は、法解釈の問題に関するかぎりでは、既存の法規に司法権

を拘束し、法規の適用を安定的にすることによって、国家権力の作用に対する市民の予測可能性を保障し、市民の行為の自由を保障しようとするものである[1]。適用されるべき法規が司法段階において適用されなかったり、頻繁に訂正されたりするならば、法的安定性の要請は蔑ろにされる。この意味で、法的安定性の要請は法の支配の重要な要素でもある。しかし、すでにみてきたように、法的安定性も絶対的な要請であるわけではない。とくに社会状況が変化しそれに伴って人々の法感情も変化しているときは、法的安定性の要請はその意味を失うことになりうる。こうした問題は制定法のみならず、判例法にも当てはまる。英米における「先例拘束の原則」(doctrine of stare decisis) は判例法における法的安定性を保証しようとするものである。裁判所が自ら確立した判例を変更することは法的安定性に反すると考えられるからである。とくに、イギリスでは19世紀中葉から1966年まで先例への絶対的な拘束を義務づける「厳格な先例拘束の原則」が採用されていた。イギリスの最高裁であった貴族院の上訴委員会は自らの判例の変更も行ってはならないとされていたのである。しかし、イギリスの裁判所も先例の適用が「まったく不合理なまたは不正な」(flatly absurd or unjust) 結果となるときは先例から離れる自由をもっていた[2]し、アメリカの裁判所は先例を覆す自由をもっていた[3]。イギリスの「厳格な先例拘束の原則」の下でも、事案の「区別」(distinguish) によって先例とは異なる判決を下すことができた。そして、この原則も1966年には放棄されるにいたったのである。

また、制定法については、司法権によるその訂正的解釈を認めない論拠として**権力分立の原理**が挙げられる。権力分立の原理によれば、法律の制定・改廃は立法権の専権事項であり、司法権が制定法規を訂正的に解釈適用することは立法権

---

[1] なお、わが国の判例では「法的安定性」はすでに法的に確定した事実を事後的に覆さないという要請を指すものとして用いられている。一事不再理や遡及禁止の原則と同様のものとみなされているのである。たとえば、最大決平成25年9月4日民集67巻6号1320頁は、嫡出でない子の法定相続分を嫡出子の2分の1と定める民法900条4号但書の規定は遅くとも平成13年7月当時において憲法14条1項に違反していたと判断しつつ、「本決定の違憲判断が、先例としての事実上の拘束性という形ですでに行われた遺産の分割等の効力にも影響し、いわば解決済みの事案にも効果が及ぶとすることは、著しく法的安定性を害することになる。法的安定性は法に内在する普遍的な要請であり、当裁判所の違憲判決も、その先例としての事実上の拘束性を限定し、法的安定性の確保との調和を図ることが求められている」として、本決定の違憲判断は、本件の相続の開始時から本決定までの間に開始された他の相続につき、審判や裁判や合意等により確定的となった法律関係に影響を及ぼすものではないと解するのが相当であるとしている。
[2] 田中英夫『英米法総論・上』（東京大学出版会、1980年）158頁参照。
[3] 田中英夫『英米法総論・下』480頁参照。

を侵害することになるからである。しかし、ここでも重大な社会状況の変化にもかかわらず立法権が対応しないときに、また制定法が正義や合理性の要請に著しく反しているといわざるをえないときに、司法権が救済的に対応することがまったく認められないかどうかについては議論の余地がある。1920年代にヴァイマル共和国で猛烈なインフレにより債券価格が暴落し続けたとき、ヴァイマル憲法は法令審査権の規定をおいてはいなかったが、ライヒ裁判所は議会の制定法に対する審査権をもつと主張し、これをめぐって大きな論争があった[4]。わが国の最高裁判所は制限超過利息の返還請求に関する事案で、社会状況の変化などをも背景として、明らかに訂正的とみられる解釈を行ったことは周知の通りである（これは後で取り上げる）。また、今日ではほとんどの法体系において司法権の法令に対する審査権は違憲審査権として認められている。立法権をも拘束する憲法上の基本的な原理（とりわけ基本権）があるという洞察、つまり実質的な法の支配や法治国家原則に表現されている洞察がその基礎となっている。そして、法令がこの基本的な原理に反しないかどうかの審査権は司法権に付与されているのである[5]。

　さらに、司法権による制定法の訂正的解釈は認められないとする重要な論拠として**民主主義の原理**が挙げられる。民主主義の原理は国家権力の行使に主権者である国民による正統化を要請する。立法権は間接的ではあれ国民によって選出された議会議員によって行使されるから、民主的正統性をもつのに対し、司法権の行使にあたる裁判官はこうした民主的正統性を欠いており、したがって司法権が法令の訂正的解釈により立法的作用をなすことは民主主義に反するとみられる。他方、A.d. トックビルの『アメリカの民主主義』が警告したように、民主主義には「多数の専制」という問題があることはよく知られている。そこで、基本的な人権の保障や少数者の保護のためには、民主的正統性の原理とは別に、ここでも

4 　ケルゼンとシュミットの間の論争についてはすでに触れた。
5 　今日では違憲審査権は当然のことと受け止められているが、わが国の選挙無効請求事件においては、司法権が議員定数配分規定を違憲無効とすることができるか、つまり違憲無効とすることは司法権による立法権への介入となるかどうかが争われてきた。この問題について最大判昭和58年11月7日民集37巻9号1243頁は、「本件当時、選挙区間における議員一人当たりの選挙人数の格差は、憲法の選挙権の平等の要求に反する程度に至っていたものではあるけれども、本件選挙当時の議員定数配分規定を憲法に反するということはできない」としたが、何人かの裁判官が反対意見の中で、立法裁量権の及ぶ境界線の想定によって得られる基準に基づき違憲無効とすることは「必ずしも裁判所の恣意的判断による立法権への介入というには当たらない」と述べている。また、違憲と判断するとしても「それを判決の中で宣言し、国会及び国民の善処を求め続けるのが、司法権のなしうる限界であろう」とする意見もあった。

実質的な法の支配や法治国家の原理が必要だと考えられることになる。この二つの原理は憲法の枠内での三権に対し優位する原理とみられるが、形式的にみれば衝突することがある。この衝突は二つの原理の適用される問題領域を区別することによって、つまり実質的な法の支配の原理を基本的な人権や少数者保護の問題領域に限定して、裁判所が利用しえない具体的な情報や裁判所では扱えない多様な利害関係が絡む政策的な問題領域は別とすることによって、一応は回避されうる。

以上からすれば、司法権による法令の訂正的解釈は原則としては許されず、法令が正義や合理性の要請に耐えがたいほどに反する場合や、憲法上の基本的人権の原理に著しく抵触する場合に、例外的に許容されるということになる。のみならず、特に正義の基本原則や基本的人権が不可侵のものと考えられる限り、それに極端に反する法令については司法権による法令の訂正的解釈は義務的とすらなるだろう。とはいえ、「裁判所が揺るぎなき権威をもって存立しており、裁判所の声が法秩序そのものの最後の言葉として尊重されている」（ラートブルフ[6]）ことを前提とするというべきだろう。

2　訂正的法解釈の特徴

訂正的解釈は次のような点で他の解釈と異なる。まず、それは法規の文言に反するだけでなく、そこに表現された立法者の思想（利益衡量や価値判断）にも反するという点で、法規の文言が立法者の思想と離齬している場合に文言を立法者の思想に適合させようとする拡大解釈・限定解釈とは区別されうる。この意味で訂正的解釈は「**法規の内部での**」(intra legem) 解釈と区別される。また、適用すべき法規が欠けているのではなく、現行法規と衝突する法規を正義または合理性の観点から新たに措定するという点で、欠缺の補充とも区別され、この意味で訂正的解釈は「**法規と並ぶ**」(praeter legem) 解釈とも区別される。訂正的解釈は「**法規に反する**」(contra legem) 解釈なのである。

とはいえ、訂正的解釈は当該法規とそこに表現された立法者の思想に反するの

6　G. Radbruch, Richterliches Prüfungsrecht?, in Gustav Radbruch Gesamtausgabe, Bd. 13, 125. ラートブルフは、ヴァイマル期の政治的対立状況の下、ライヒ裁判所の法的権威は未だ十分信頼を得ているわけではなく、法令審査権を行使するならば、裁判所の判断は政治的判断とみなされて、裁判所が政治的対立に巻き込まれることになると、警告したのである。

であって、それを含む法制度や法体系全体の思想に反することはできない。むしろ、後者の思想に照らして当該法規に現れた思想を変更するのである。その意味では「法規には反するが、法に反するのではない」ということができる。また、広い意味での規範衝突の一つと考えることもできる。このことは法令の違憲審査の場合には明らかである。違憲判断は法令の規定および思想が上位規範である憲法の規定および思想に反するとしてその効力を否定する判断であり、憲法そのものに従うのだからである。違憲判断とは区別される訂正的解釈の場合は、それが法制度や法体系全体の思想と整合するものであるかどうかの判断はより困難である。その場合、より一般的な法原則や他の立法状況などに照らして、十分な根拠づけが与えられるのでなければならない。

　法規とその思想が憲法の原則や、また正義や合理性の原則に反すると評価する場合でも、それが立法の時点においてであるのか、それとも立法からかなりの時間が経過した時点においてであるのかの違いがある。前者の例としては、法令が「文言上、違憲」(unconstitutional on its face) である場合がある。わが国では例がないが、アメリカ合衆国で「通信品位法」(communication decency act 1995) が違憲とされた例はその一つである[7]。わが国の違憲判決では、立法当時は合理性があったものの、状況の変化によって違憲な状態となったとするものがある。違憲判断とは区別される訂正的解釈の場合は、立法直後にそれを訂正する解釈は基本的に認められないと考えられる。

　解釈が訂正的とみられうる場合でも、違憲判断の場合を除くと、裁判所がそれを「訂正的」あるいは「反制定法的」であることを明示することはまずない。したがって、訂正的解釈は、先に述べたように他の解釈方法とは区別されるものの、これまでにみてきた通常の解釈方法によってなされることもあり、訂正的解釈の方法は技術的にみれば多様である。たとえば、法規の内部での解釈のようにみえて、実際は立法者の思想に反した拡大解釈である場合がありうる。また、通常の規範衝突に関する解釈のようにみえて、衝突する規範に一般的または個別的な優先関係をつけるのではなく、特定の法規を立法者の思想に反して適用しない

---

[7] この法律は18歳以下の青少年に「わいせつな又は下品な」(obscene or indecent) 情報や「明らかに不快な」(patently offensive) 情報を伝達する行為を処罰するという規定を含んでいたが、連邦最高裁は「下品な」や「明らかに不快な」といった文言は、過度に広汎で「言論の自由」に反すると判示した (Reno v. ACLU, 521 U.S. 884, 1997)。

ものとする（明示的に失効させるのではなく）場合もある。さらに、法規と並ぶ解釈、たとえば欠缺補充であるようにみえて、裁判所によって定立される規範が現行の法規を実質的に無効化するという場合も考えられる。このようにみると、通常の解釈と訂正的解釈とは概念的には区別しうるものの、実際には区別が困難な場合が少なくないと考えられる。とはいえ、とくに三権分立原則の観点からすれば、その区別の可能性に注視することが必要である。

第2節　反制定法的解釈

わが国における反制定法的解釈の例としては、すでに触れた「大学湯事件」が挙げられることもある。ただし、これは立法者（起草者）意思に反する拡大解釈の例とみることもできる。ここでは、より明示的な反制定法的解釈の例として、制限超過利息返還請求事件に関する最大判昭和43年11月13日（民集22巻12号2526頁）を検討する。この判決の前には、制限超過利息の元本への充当を否定した最大判昭和37年6月13日（民集16巻7号1340頁）、その約2年後にこれを覆して元本充当を認めた最大判昭和39年11月18日（民集18巻9号1868頁）があった。昭和43年判決を理解するためには、これらの先行判決を見ておく必要がある。また、同じく制限超過利息返還請求を認めた最判平成18年1月13日（民集60巻1号1頁）もこの関連では重要である。

平成18年改正以前の利息制限法1条は次のように規定していた。すなわち、第1項は利息の最高限度について「金銭を目的とする消費貸借上の利息の契約は、その利息が左の利率により計算した金額を超えるときは、その超過部分につき無効とする」と規定し（制限利率は省略）、第2項は「債務者は、前項の超過部分を任意に支払ったときは、同項の規定にかかわらず、その返還を請求することができない」として例外を定めていた。また、同2条は利息の天引きにつき「利息の天引きをした場合において、天引額が債務者の受領額を元本として前条第1項に規定する利率により計算した金額を超えるときは、その超過部分は、元本の支払いに充てたものとみなす」と規定し、同3条はみなし利息につき「前2条の規定の適用については、金銭を目的とする消費貸借に関し債権者の受ける元本以外の金銭は、礼金、割引金、手数料、調査料その他何らの名義をもってするを問わず、利息とみなす」と規定していた。さらに、同4条は賠償額の予定の制限に

つき、第1項において「金銭を目的とする消費貸借上の債務の不履行による賠償額の予定は、その賠償額の元本に対する割合が第1条第1項に規定する率の2倍を超えるときは、その超過部分につき無効とする」とし、第2項において「第1条第2項の規定は、債務者が前項の超過部分を任意に支払った場合に準用する」と規定していた。

問題は第1条第2項の債務者が制限超過利息を「任意に支払ったときは、その返還を請求することができない」としている部分に関わる（本条項を準用する第4条第2項も同様）。昭和37年判決及び同39年判決では、債務者が任意に支払った制限超過の損害賠償金を元本に充当することができるかどうかが問題となった。37年判決はこれを否定し、39年判決はこれを肯定した。そして、昭和43年判決は債務者が任意に支払った制限超過利息の返還をも認めたのである。37年判決および39年判決は法規の欠缺の補充に関するものであり、昭和43年判決は明らかに法規の文言に反するものである。まず、前者からみておこう。

1　昭和37年判決と昭和39年判決

事案はどちらも、金銭消費貸借の債務者が弁済の遅延により同契約の定めに従い損害金を支払ったが、その額は法4条1項の規定する額を超えるものであったため、その超過部分につきなお残存した元本債務への充当を求めたというものである。すでに触れたように、37年判決はこれを否定し、39年判決は37年判決につき「これを変更すべきものと認める」として、請求を認容した。以下では簡便のために、37年判決およびその補足意見と39年判決の反対意見をまとめて反対説、39年判決およびその補足意見と37年判決の反対意見をまとめて肯定説と呼ぶ。

まず**文理解釈**の観点からみると、契約の規定に従って支払った損害金（利息の場合も同様）の額が法定の制限額を超える場合に、その超過部分につき元本に充当できるかどうかに関しては、明示的な規定がない。この点につき、否定説は、元本に充当することは「結果において返還を受けたと同一の経済的な利益が生ずる」がゆえに、1条2項を準用する4条2項により返還を請求することができない以上、元本充当を請求することもできないとする。これは返還に関する規定を明文の規定のない充当の場合に準用または類推適用するものと解することができる。

これに対して、肯定説は、1条1項および4条1項は制限を超過する利息または損害金を端的に無効とするものであり、各2項の規定は「制限超過の利息、損害金を支払った債務者に対し裁判所がその返還につき積極的に助力を与えないとした趣旨と解するを相当とする」とした。これは、返還に関する規定を充当に準用または類推適用するとしても、返還に関する各1項はいわば「強行規定」であるのに対し、各2項の規定は裁判所にとってのいわば「任意規定」だとするものと解される。つまり、返還請求を認めるかいなかは裁判所に委ねられると解釈するのである。とはいえ、文言からすれば、各1項は原則規定、各2項は例外規定であって、例外は原則に優先するという原則が妥当すると解することもできる[8]。

次に、両説とも立法の経緯に関する**歴史的解釈**を用いている。否定説は旧利息制限法下での判例にさかのぼって各条2項の趣旨を次のように説明する。「同法は、利息等の最高基準を決定しながら、これを絶対的に強行するという態度をとらず、旧利息制限法下においてすでに判例として確立していた原則を法規に定着させることにより、右制限に対する緩和策を併せ規定しており、しかもその緩和策の核心を、債務者の任意の支払いという点に置いている」ものであり、「債務者が法による制限を敢えて主張しないで、制限超過の利息等を任意に支払ったときは、裁判所としても、その意向に従うこととし、後日に至って債務者が法による保護を主張しても裁判所はこれに応じた是正措置を講じないことを明らかにしているものと理解される」。

他方、肯定説は立法過程における立法者意思に訴えて、本法が経済的弱者である債務者を保護しようとする趣旨に出た社会立法であることを強調する。すなわち、国会における本法の審議の際に、政府委員が繰り返して「元本が残存する場合には、利息制限を超過した部分は元本の支払いに充当されること」を明言している。「もとより、立法者の考えた立法の趣旨は、法の解釈においてかならずしも絶対的に決定的なものではない」が、「その趣旨が不合理なものでなく、十分に理由のあるものであるならば、それにしたがって解釈すべきことは、当然のことといわなければならない」というわけである。もっとも、立法者の意思がそう

---

8 なお、文理解釈・論理解釈のレベルでは、この他に2条の制限超過利息天引額の元本充当の規定を制限超過利息または損害金に適用できるかという問題（否定説は趣旨が異なるとして否定し、肯定説は制限超過部分が契約成立時であるか事後であるかの相違は充当の可否に関係しないとして肯定する）、肯定説のように法定充当を認めるなら各2項は無意味となるという一種の帰謬論的な否定説の詳細な指摘に関わる問題もあるが、これには立ち入らない。

であったとすれば、なぜ明示的に規定しなかったのかという疑問は残るだろう。

これらの歴史的解釈は同時に立法者の目的観念に依拠する目的論的解釈という側面をもつ。さらに、両説は社会的な帰結に着目するという意味での**目的論的解釈**（政策的考慮による帰結主義的な解釈）をも用いている。すなわち、法定充当を認めることにより庶民金融が閉塞することになるかどうかという問題である。否定説は、信用の乏しい者に対する金融機構の整備・充実を待たないで、「余りに厳格な規制を強行するときは、金融閉塞という借主のためにはならない結果又は闇金利の横行というような法律軽視の風を招来するおそれがある」とする（また、消費貸借の用途の圧倒的多数は消費資金ではなく生産資金であるとする意見もある）のに対し、肯定説は、「制限利息の限度は消費貸借における使用価値、危険の保険料等が参酌されていること、しかも、その最高限を著しく超える場合でない限り取締りの対象とせず、闇高利や闇金融として放置されていることなどからすると、法定充当を認めても、庶民金融を閉塞するおそれがあるとはいえず、そのような政策的考慮によって折角の社会立法を力の弱いものとする解釈はとりえない」とする。

最後に、両説を導いている**基本的な価値理念**の違いが窺われる。否定説は、債務者の多様性を考慮して、任意支払いといっても「実質的には半ば強制された支払いに他ならない」という肯定説の論拠を考慮しつつも、債務者が債権者に感謝して制限超過利息を支払うこともあることなどを挙げて、「いやしくも任意性が認められるかぎりにおいては、債務者はそれぞれの考えがあって支払っているものと認め、一律に、その意向にしたがってことを処理することとしても必ずしも不合理とのみ断定することをえない」とする。他方、肯定説は本法が弱者保護の「社会立法」であることを強調して、債務者の「任意性」という意思の問題に言及はするもののほとんど立ち入っていない。つまり、ここにみられるのは、債務者の意思を形式的に重視する市民法か、債務者の意思よりもその置かれた社会的地位を重視する社会法かという違いである。本法はこれら二つの理念のいわば折衷であり、そのためにいずれの解釈も法律の枠内にあると主張することが可能になっていたといえるだろう。

結局、37年判決は39年判決によって覆された。その背景には、消費金融における債務者保護の諸立法が進行しつつあったという歴史的社会的な事情もあった[9]。のみならず、この二つの判決の間に最高裁判所裁判官の構成が大きく変わっ

たという事実もある。37年判決の多数を占めた裁判官の多くがこの間に定年等により退官しているのである。

しかし、39年判決はなお法的に重大な問題を抱えていた。制限超過利息を支払ったときに、元本が残存する債務者は制限超過利息の元本充当の利益を得られるのに対し、元本がもはや残存していない債務者はこのような利益を受けることができないこととなり、元本が残存するかいなかで不権衡が生じることになるという問題であった。次の43年判決は制限超過利息の返還を認めることによってこの問題を解消することになる。しかし、それは明らかに法律の文言に反する解釈によるのである。

2　昭和43年判決

43年判決はこれまでの二つの判決と比べると簡潔である。事案は、債務者が制限超過利息を支払ったが、これを元本に充当してもなお超過部分が残存したため、不当利得により返還請求したというものである。判決は元本充当の部分については39年判決を参照している。その上で、返還請求について次のように判示した。

> 思うに、利息制限法1条、4条の各2項は、債務者が同法所定の利率を越えて利息・損害金を任意に支払ったときは、その超過部分の返還を請求することができない旨規定するが、この規定は、金銭を目的とする消費貸借について元本債権の存在することを当然の前提とするものである。けだし、元本債権の存在しないところに利息・損害金の発生の余地がなく、したがって、利息・損害金の超過支払いということもあり得ないからである。この故に、消費貸借上の元本債権が既に弁済によって消滅した場合には、もはや利息・損害金の超過支払いということはあり得ない。したがって、債務者が利息制限法所定の制限を超えて任意に利息・損害金の支払いを継続し、その制限超過部分を元本に充当すると、計算上元本が完済となったとき、その後に支払われた金額は、債務が存在しないのにその弁済として支払われたものに外ならないから、この場合には、右利息制限法の法条の適用はなく、民法の規定するところにより、不当利得の返還を請求することができるものと解するのが相当である。

9　広中俊雄『民法解釈方法に関する十二講』99-104頁参照。

この判旨はいわゆる「**事物の本性**」(Natur der Sache) に基づいた論証といえる。「元本債権の存在しないところに利息・損害金の発生の余地がない」というのがそれである。こうした事物本性論的な論証はたしかに、場合によっては概念上の必然的な関係や、数学的または自然科学的な必然的関係に依拠することにより、有無を言わせない説得力をもつことがある[10]。本件の元本債権と利息・損害金の関係はたしかに概念上の関係とみることができる。しかし、たとえば「相当因果関係」の概念などにもみられるように、法的な責務や権利の帰属に関する法的判断は、科学的な必然的関係を基礎に置きつつも、それに特殊に法的な考慮を加えることが多い。また、たとえばかつての尊属殺人・傷害の規定の合憲性に関する最高裁判決において尊属と卑属の一種の自然法論的関係が援用された例などにかんがみると、人々の社会生活上の諸関係について事物本性論を直ちに決定的論拠としてこれに依拠することには慎重であることが必要だと考えられる。

本件の場合には、1条および4条の各2項は元本債権と利息・損害金との概念的な関係について例外を設ける趣旨であったといえるのであって、本件の事物本性論的な論証はこの点を度外視することになっている。本判決は本件の具体的事実について、債務者が「既に貸金債務は完済されているのに、その完済後、判示の金額を上告人に支払ったものであって、しかも、その支払当時債務の存在しないことを知っていたと認められない」という下級審の事実認定を確認しており、債務者の支払いの「任意性」に疑いがあることを示唆している。その意味で本判決は2項を考慮しているようにみえるが、事物本性論的な論証は各2項の考慮を端的に排除するという性格をもつのである。もっとも、本判決がこのような事物本性論にのみ依拠するものでないことは、37年判決および39年判決における議論から明らかであり、本判決を理解するためにはそれらを参照しなければならないのはこの意味においてである。

10　事物本性論的な論証の他の例として、いわゆるクロロキン事件における最判平成7年6月23日民集49巻6号1600頁が挙げられる。クロロキン製剤の承認時の薬事法には医薬品の審査に副作用の審査は含まれていなかったが、本判決は「医薬品は、人体にとって本来異物であり、治療上の効能、効果とともに何らかの副作用の生ずることを避けがたいものであるから、副作用の点を考慮せずにその有用性を判断することはでき」ないとして、薬事法の規定は副作用を含めた安全性の確保を目的とするものと解されるとしている。

3　その後の経過

　43年判決の後の立法者は利息制限法1条および4条の各2項を改正することはなく、39年判決および43年判決は判例として定着していったといえる。しかし、時代が進み、貸金業などの消費金融の状況も変容してくると、制限超過利息問題が新たな形で再燃することになった。この間、昭和58年に「貸金業の規制等に関する法律」（昭和58年法律第32号）が制定されているが、平成18年の改正以前には、同法は43条「任意に支払った場合のみなし弁済」において、1項で業者が同法の規定する書面を債務者に交付していたときは、契約に基づき債務者が利息として支払った金額が利息制限法1条1項による制限を超える場合でも、当該超過部分の支払いは同項の規定にかかわらず有効な利息の債務の弁済とみなすと規定し、3項で債務者の債務不履行に係る賠償額が制限を超過する場合にこれを準用すると規定していた（これによると、立法者は政策的には制限超過利息・損害金の任意支払いをなお有効とする意思を有していたとみることができる）。

　この法律に基づいて、貸金業者は制限超過の利息・損害金の元本充当・返還の請求に対し、43条1項・3項を抗弁として主張するようになり、裁判所がこれを認める事例も出ていた。そして、最高裁第二小法廷も、平成2年1月22日の判決（民集44巻1号332頁）において、債務者の「支払いの任意性」とは、「債務者が利息の契約に基づく利息又は賠償額の予定に基づく賠償金の支払いに充当されることを認識した上、自己の自由な意思によってこれらを支払ったことをいい、その支払った金銭の額が利息制限法1条1項又は4条1項に定める利息又は損害金の予定の制限額を越えていることあるいは当該超過部分の契約が無効であることまで認識していることを要しない」と判示し、これも判例となっていたといえる。

　これに対し、平成18年1月13日最高裁第二小法廷判決（民集60巻1号1頁）は、契約に、債務者が元金または利息の支払いを遅滞したときは、当然に期限の利益を失い、債権者に対して直ちに元利金を一時に支払うという期限の利益喪失特約が含まれていた事案において、右の平成2年判決を引きつつも、「債務者が、事実上にせよ強制を受けて利息の制限額を超える額の金銭の支払いをした場合には、制限超過部分を自己の自由な意思によって支払ったものということはできず、法43条1項の規定の適用要件を欠く」とし、本件の期限の利益喪失特約の部分は、債務者に対し「期限の利益を喪失する等の不利益を避けるため、本来

は利息制限法1条1項によって支払義務を負わない制限超過部分の支払いを強制することとなる」ため、法43条1項の趣旨に照らして無効であるとした。

この判旨は、債務者の意思に着目しつつ、その意思が真に自由なものとはいえないと認められる場合について、債務者を保護するものである。この判決の後の平成18年の法改正により、利息制限法の1条2項および4条2項は削除され、貸金業の規制に関する法律の43条の規定も削除された。その結果、いわゆる「過払い金返還訴訟」が多数提起され、一部の貸金業者は廃業するに至ったのであった。

第3節 違憲審査

違憲審査はいうまでもなく憲法学上の重要問題であるが、法哲学上も法的思考の問題として関心の対象となる。違憲審査制は、立法者も含む国家権力が立法や処分においてとくに人権または基本権（以下では基本権と総称する）を不当に侵害または制限することを禁じ、そうした侵害または制限から基本権を保護する役割を司法権に付与するものである。権利章典は憲法に実定化されているが、違憲審査ではいわゆる一般的基本権規定によって明示的に規定されていない権利をも憲法上保護される権利と認定し、保護を与えることがある。その意味では、違憲審査はいわゆる包含的な規範的実証主義をも超える側面をもつといえる。以下では、まず違憲審査の歴史と現状を簡単に概観した後、違憲審査の方法や基準について検討し、わが国のいくつかの憲法判断を法的思考の観点から検討する。

1 違憲審査の歴史と現状

今日の多くの立憲国家の憲法では裁判所に違憲審査権（法令審査権）が付与されている（日本国憲法81条、ドイツ基本法100条、フランス憲法61条など）。しかし、歴史上最初の違憲判決は、憲法で裁判所に違憲審査権を明示的に付与しているわけではなかったアメリカ合衆国における1803年の判決である[11]。この判決は、

---

11 マーベリ対マディソン事件判決。事案は、連邦派大統領ジョン・アダムスの任期満了直前に制定された1801年の裁判所法に基づいて、連邦裁判所裁判官に連邦派裁判官を多数任命したが、任期中にすべての裁判官の辞令を交付することができなかったところ、次の共和派大統領トーマス・ジェファーソンの国務大臣マディソンがその辞令交付を行わなかったため、任命されるはずであったマーベリが辞令交付の職務執行命令状の発給を連邦最高裁判所に求めたというものであ

憲法が法律に優位すること、何が法であるかの判断は司法権に委ねられることなどを明示することにより、アメリカ合衆国における違憲審査権を根拠づけ確立することになった。なお、先に触れたように、ドイツのヴァイマル憲法も違憲審査権については規定を置いていなかったが、ライヒ裁判所は同裁判所に違憲審査権があることを主張した。これについては多くの議論があり、ライヒ裁判所の違憲審査権は確立したわけではなかった。違憲審査権が成文憲法に明示的に規定されたのは第二次世界大戦後のことである。

各国の違憲審査のあり方は多様である。主な欧米諸国の状況を簡単に触れておくと、アメリカ合衆国は憲法に明文の規定をおいていないが、連邦最高裁の判例として違憲審査制が確立している。州裁判所も含む下級審裁判所も連邦憲法に関する違憲審査権をもつが、いわゆる付随的審査権と解されている。連邦裁判所が違憲審査権を積極的に用いたいわゆる**司法積極主義**の時期が二度ある[12]が、その後も重要な違憲判決が少なからずある。

ドイツは基本法（旧西ドイツ基本法）において違憲審査権を連邦憲法裁判所（Bundesverfassungsgericht）にのみ付与している[13]。連邦憲法裁判所は連邦政府、州政府、連邦議会議員3分の1などの申立に基づき、連邦法および州法の基本法適合性を具体的争訟によらず審査する（抽象的規範統制）とともに、個人による憲法異議申立てに基づく審査を行う（93条1項、100条1項）。連邦憲法裁判所は積極的に憲法判断を行っており、重要な違憲判決が多い。

フランスでは、憲法裁判所に該当する憲法院（Conseil constitutionnel）が置かれている[14]が、従来は憲法61条2項により、大統領の「審署」（promulgation）以前の法律について大統領や首相など国の重要機関の付託により事前審査する権限だけを付与されていた。しかし、憲法院は1985年の判決で事後審査の受理要件を

　　る。判決は裁判所の違憲審査権を宣言したが、職務執行令状の発給を第一審として連邦最高裁判所に求めることは憲法の規定（3条2節2項）上できないために、結局は全員一致で請求は棄却された（田中英夫『英米法概説・上』239頁参照）。なお、この判決では、連邦裁判官に任命されるはずであった者の既得権が政府の辞令交付不作為により侵害されたかどうかが問題となったのであって、基本権侵害が問題となったわけではなかった。
12　20世紀初頭の社会経済立法を契約の自由の厳格な適用によって違憲としたロックナー時代と、1950年代後半から60年代にかけてとくに人種差別立法を平等条項の厳格な適用によって違憲としたウォーレン・コートの時代である。
13　ドイツにはほかに通常の最高上訴裁判所として連邦通常裁判所（Bundesgerichtshof）がある。
14　フランスではこのほか、最高司法裁判所として破棄院（Cour de cassation）が、また最高行政裁判所として国務院（Conseil d'État）がある。

示して、事後審査権を有することを宣言していた。そして、2008年の憲法改正によって憲法院は基本権侵害の訴えに関する事後審査権を明示的に付与された (61-1条)。

統一的な成文憲法をもたないイギリスでは、伝統的に最高裁の権能は貴族院の上訴委員会によって担われ、またダイシーのいう「議会主権」の原則が貫かれて、議会制定法の効力を問うことはなかった。しかし、欧州連合における法統一の進展に対応するために、1998年に欧州人権条約 (European Convention on Human Rights) を国内法に組み込む「人権法」(Human Rights Act) が制定され、さらに2009年にようやく独立の最高裁判所 (Supreme Court of the United Kingdom) が設立された。この最高裁判所は制定法を欧州人権条約と適合するように解釈する任務と、場合によっては同条約と適合しない旨の宣言をする権限を付与されている。後者の権限は制定法を違憲無効とするのではなく、対応は議会の意思に委ねられる[15]。

日本国憲法は81条で「最高裁判所は、一切の法律、命令、規則又は処分が憲法に適合するかしないかを決定する権限を有する終審裁判所である」と規定し、下級審を含む裁判所の違憲審査権を明示的に定めている（下級審を含むことについては最大判昭和25年2月1日刑集4巻2号73頁）。審査の対象となる「処分」には裁判所の判決も含まれる（最大判昭和23年7月8日刑集2巻8号801頁）。審査は具体的な争訟に付随して審査するものとされている（最大判昭和27年10月8日民集6巻9号783頁、最判平成3年4月19日民集45巻4号518頁）。わが国の最高裁は違憲判断に消極的であり、違憲判決も必ずしも多いとはいえないが、近年、社会的状況の変化を考慮して平等条項違反を認定するなど、違憲判決がいくつか現れている。

2　違憲審査の基準と方法

違憲審査の基準と方法については様々な議論がある。ここでは、まずわが国の

15　なお、欧州連合は欧州人権裁判所 (European Court of Human Rights) を有し (1959年設立)、加盟各国の最高裁判所のさらに上位に位置するという性格をもつ。欧州人権裁判所は、加盟各国裁判所における人権訴訟判決について、申立てにより欧州人権条約違反の有無の審査を行っている。条約違反を認めるときは、裁判所はその旨を宣言し、加盟国内法に規定があるときは必要に応じて損害賠償を命じる。その判決は加盟国に対して拘束力をもつ（欧州人権条約46条1項）。

審査基準をめぐる動向を簡単に概観した後、わが国でも参照されている、アメリカで展開された「二重の基準論」とドイツで展開された「三段階審査論」について触れておく。

 (a) わが国では戦後しばらくの間（1950年代頃まで）、世情の混乱や新憲法とくに基本権についての理解の不十分さもあって、きわめて多数の憲法訴訟が提起されている。しかし、ほとんどの場合、「**公共の福祉**」を理由として違憲性が否定されている。「公共の福祉」はまず国家の政策目的という外在的な制約原理として理解され[16]、そうした目的が認められれば規制手段の合理性や必要性がとくに立ち入って検討されることはほとんどなかった。基本権規制を含む政策目的の具体化としての立法や処分は立法府や行政府の広い裁量に委ねられているとされ、その合憲性が基本的に推定されている。たしかに、理由づけに異を唱える意見や違憲とすべきだとする反対意見も少なからず述べられて、ときに激しい議論がなされているものの、それらが多数意見となることは当面はなかった。

 学説においても、当初は「公共の福祉」を外在的な制約原理とする見解が一般的であった。しかし、外在的制約説は戦前の「法律の留保」と異ならず、法律に政策目的があればそれだけで基本権を制約することができるという問題点が指摘された。そこで、学説では経済的権利や社会権は政策的な制約原理としての公共の福祉に服するが、自由権はそれらの相互の衝突を調整するという意味での制約原理に服するとする見解（外在的・内在的制約二元論）や、経済的権利や社会権をも内在的制約原理によって捉えようとする見解（内在的制約一元論）が唱えられた。しかし、これらの見解についても内在的制約の審査基準が曖昧だという問題点が指摘された。さらに、規制によって得られる利益と規制がないことによる利益とを比較考量して判断するという見解（比較考量論）も現れた。この見解は、民法解釈学論争における利益衡量論と同様に、具体的な判断を可能にするが、比較考量の基準がないため、裁判官の裁量を大幅に認めてしまうことになるという問題点が指摘された[17]。

---

16 たとえば、食糧管理法や臨時物資供給調整法や自作農創設特別措置法や農地法などに関する事例では、戦後の混乱の中での経済政策立法を端的に「公共の福祉」を目的とするものとしている。また、いわゆる「統治行為論」によるとされる砂川事件判決も国家の安全保障という高度に政治的な政策を、またチャタレイ判決も尊属殺人判決も社会の道徳秩序の維持という文化政策を制約原理としているものといえる。

17 以上については、芦部信喜『人権と憲法訴訟』（有斐閣1994年）425-433頁参照。

これらに対して、学説では、アメリカで現れつつあった「二重の基準」論が紹介され、1960年前後からは裁判例の中でもこれに言及する意見が現れるようになる[18]。そして、最大判昭和50年4月30日（民集29巻4号572頁）の薬局距離制限違憲判決は法廷意見として「二重の基準」論に触れたものとみなされている[19]。その後、学説では「二重の基準」論が主流となっていくが、実務では学説が想定するような適用が必ずしもなされていないことが指摘されていた。他方で、ドイツでは連邦憲法裁判所が今日「三段階審査」または「比例性原則」と呼ばれる違憲審査方法を生み出しており、わが国でもドイツ憲法研究者によって注目され、紹介されるようになった[20]。わが国の薬局距離制限違憲判決は、比例性原則による審査を明示的に用いたとされる1958年のドイツ連邦憲法裁判所の薬局設置制限違憲判決（BVefGE 7, 377）を参照したものとする見方もある[21]。

(b) アメリカでは、先に触れたロックナー判決などへの反省から、とくに経済的自由の規制については立法府の裁量判断を尊重してその合憲性を推定するという姿勢が裁判所に現れるとともに、言論の自由などについても立法府の判断を尊重し、言論の自由と国家の安全の利益との比較考量を説く見解が出てくる。これに対して、1950年代後半頃から、言論の自由の制限や人種差別については厳格な審査が必要だとする見解が現れ、合理性の基準と厳格な審査の基準という二つの基準からなる「二重の基準」が最高裁の基本姿勢となった[22]。

---

[18] たとえば、最大判昭和35年7月20日刑集14巻9号1243頁において、藤田裁判官は反対意見の中で「合衆国連邦裁判所判決などにおいても自由権に優位を与えるよう注意しなければならないとされている」ことを指摘しており、また最大判昭和36年2月15日刑集15巻2号347頁において、垂水裁判官は「アメリカでは憲法上思想表現の自由、精神的活動の自由と解しこれを強く保障するが、経済的活動の自由はこの保障の外にあるものとされ、これと同じには考えられていないようである」として、「二重の基準」論に触れた補足意見を述べている。

[19] 「職業の自由は、それ以外の憲法の保障する自由、殊にいわゆる精神的自由に比較して、公権力による規制の要請が強く、憲法22条1項が『公共の福祉に反しない限り』という留保のもとに職業選択の自由を認めたのも、とくにこの点を強調する趣旨に出たものと考えられる」としている。

[20] たとえば、松本和彦『基本権保障の憲法理論』（大阪大学出版会、2001年）参照。

[21] たとえば、『憲法判例百選［第6版］』（有斐閣2013年）207頁（石川健二執筆）参照。なお、「二重の基準」論の主導的な紹介者である芦部信喜も当初は比例性原則の影響を指摘している。芦部信喜「薬局距離制限の違憲判決と憲法訴訟」『ジュリスト』N.592、1975年、14頁以下参照。

[22] 1950年代から60年代にかけてのいわゆる「ウォーレン・コート」の時期である。なお、「二重の基準」（Double Standards）という名称は、自己の都合によって二つの基準を恣意的に使い分けるといった不適切な意味に用いられうることから、「二層化審査」（two tiered review）といった言い方も用いられている。

「二重の基準」論は、大まかにいえば、精神的自由と経済的自由を区別して、前者に対する規制には厳格な審査を行うものとされるが、それぞれの自由の規制に対する審査はさらに細かに分けられている。わが国の学説では[23]、たとえば、表現の自由については、表現の事前抑制（検閲）や「過度に広汎な」規制にはとくに厳格な審査が、表現内容の規制には厳格な審査（明白かつ現在の危険、定義づけ衡量など）が求められ、内容中立な規制には合理性基準による審査（「より制限的でない代替手段」（LRA）など）で足りるとされる。他方、経済的自由については、市民や消費者の安全を守るといった消極目的の規制には厳格な合理性審査が求められ、過当競争による弊害を防止して経済活動者の生活を保護するといった積極目的の規制には明白性（規制の不合理が明白であるかどうか）の基準による審査で足りるとされる。

わが国では、「二重の基準」論に対して、精神的自由を経済的自由よりも価値が高いものとみなす偏見があるのではないか、また精神的自由の保障にとっても経済的自由の保障は基盤的な意味をもつことが軽視されている、経済的自由への規制も厳格な審査をなすべきだといった批判が提起されて[24]、活発な議論の対象となった。この批判に対しては、「二重の基準」論は、どちらの自由についてもその規制立法は民主的政治プロセスを通じて行われることから、政治プロセスに関わる必須の自由（とくに言論の自由や、集会・結社の自由など）はとくに厳格に審査する必要がある一方、それ以外の自由や権利の規制については、政治プロセスに関わる自由が保障されているならば、立法府の判断を尊重すべきだということによるのであって、価値の優劣評価などに基づくものではないとする反論がある[25]。しかし、この反論についてはさらに、「二重の基準」論を支持する立場からも、政治プロセスに関わる自由や権利以外の自由や権利の保護または規制を過度に立法府の裁量に委ねることになりうるという批判が向けられている[26]。

また、「二重の基準」論はとくに精神的自由と経済的自由に着目するが、その後、アメリカでも、手続的デュープロセスの見直し（実体的基準を読み込むのでは

23　芦部信喜『人権と憲法訴訟』437-441頁参照。
24　井上達夫『法という企て』（東京大学出版会、2003年）184-187頁。
25　松井茂記『二重の基準論』（有斐閣、1994年）参照。松井の主張は、カロリーヌ・プロダクツ判決におけるH.ストーン判事のいわゆる「脚注4」に着目した、J.H.イリィの手続的な「二重の基準」論に依拠している。
26　長谷部恭男『憲法［第5版］』（新曜社、2011年）112-115頁参照。

なく、文字通り手続的に捉えるなど）や、プライバシー権、性差別、子どもの権利などをめぐる新しい問題が現れ、とくに平等保護については「中間的審査」と呼ばれる審査段階も加えられてきている。のみならず、憲法の様々な分野で「バランシング」の手法が多用されるようになっていることも指摘されており[27]、審査基準と比較考量が混在している。さらに、最近では次に述べる比例性原則の導入を推奨する見解も現れている[28]。

　(c) 比例性（Verhältnismäßigkeit, proportionality）**原則**は、19世紀末頃からドイツの警察作用に関する原則（採りうる複数の規制手段のうち関係者の権利に介入することの最も少ないものを選択しなければならないという原則）としてあったものを、戦後に連邦憲法裁判所が基本権規定の解釈方法として展開したものとされる[29]。今日では、ドイツの他、欧州連合やカナダやイスラエルなどの裁判所でも同様の原則が用いられるようになっている。先に触れたように、わが国でもドイツ憲法研究者によって紹介され、その有用性が主張されている。

　比例性原則の理解には細かな違いもあるが、基本的にまず大きく三つの審査段階をとる（そのために「三段階審査」とも呼ばれる）[30]。第一に、基本権の保護範囲が画定される。問題となる市民の行為や請求が基本権の保護範囲に属するかどうかが検討される。第二に、それらが保護範囲に属するとされれば、それに対する規制が基本権の制限に当たるかどうか、またその規制目的は正当または合理的であるかどうかが判断される。そして、第三に、その規制が基本権の制限に当たり、目的が正当または合理的とみなされるときは、その規制の手段が規制目的に適合

27　A. Alleinikoff, Constitutional Law in the Age of Balancing, Yale Law Journal, 96, 1987. アレイニコフは、比較考量には明確な基準がないこと、裁判所が立法機能を二重化すること、利益の質の違いを考慮しない費用便益分析に陥ることなどを批判的に指摘している。

28　V. Jackson, Constitutional Law in an Age of Proportionality, Yale Law Review, 124, 2015. ジャクソンは、構造化された比例性分析は、個別的な比較考量とは異なり、権利をいわば「シールド（盾）」として保護しうること、準則的な基準よりも憲法上の正義についての一般的な感覚により近い判断が可能となることなどを比例性原則の利点として挙げるとともに、アメリカの憲法の特徴のゆえに全面的な導入は困難だが、構造化された比例性分析は憲法上の権利に関する多くの分野で有用であると主張している。

29　cf. D. Grimm, Proportionality in Canadian and German Constitutional Jurisprudence, University of Toronto Law Journal, 57, 2007.

30　三段階審査の説明については、松本和彦『基本権保障の憲法理論』18頁、59-63頁参照。「比例性原則」という場合はとくに第三段階を指すことが多い。また、規制目的の正当性を審査する第二段階と第三段階の二つを「比例性原則」とみるものもある。cf. G. Huscroft, B.W. Miller, G. Webber（eds.）, Proportionality and the Rule of Law, 2014, 2.

し(あるいは合理的であり)、必要で、かつ比例的であるかどうかが審査される。したがって、この第三段階はさらに三つの段階に区別される。まず、規制の手段が規制目的に適合するかどうか、あるいは規制目的と合理的な関連をもつかどうか(手段の適合性または合理性)、次に、規制手段が規制目的にとって必要最小限のものであるかどうか、あるいは目的実現のために同様に有効でより制限的でない手段がないかどうか(必要性)、そして最後に、規制によって得られる利益が規制によって失われる利益に対して比例的であるかどうか(狭義の比例性)が、それぞれ順に審査される。この三段階審査の第三段階は比較考量の手法を用いるものであるが、三つの審査が順に行われることから**「構造化された比例性」**審査と呼ばれることもある。

比例性原則による審査の特徴は、まず、基本権の区分に応じて審査基準を設けるのではなく、すべての基本権に同じ審査方法を用いるという点にある。これは、原則としての審査基準に様々な例外を加えていくといった方法に比べると、審査の統一性または一貫性を保持しうるという点で長所だといえる。他方、どんな基本権も他の基本権や公共の利益と比較考量されることになるため[31]、基本権の保護として弱くなりうるという懸念が指摘される。しかし、比例性原則においても規制は基本権の「核心」に介入するものであってはならないとされるとともに、とくに狭義の比例性審査は、規制が合理的で必要であると認められるとしても、さらに規制によって生じる権利側の不利益を規制による利益と比較して具体的に考慮することになることから、むしろ強い基本権保護となりうるとする指摘もある[32]。

また、比例性原則は比較考量を含むため、比較考量に対する批判が比例性原則にも向けられうる。しかし、構造化された比例性原則では、比較考量は三段階審査の最後、しかも規制手段の合理性および必要性の審査の後にはじめて行われるということに注意する必要がある。つまり、構造化された比例性原則における比

---

[31] わが国やドイツの憲法には基本権も無制限ではないとする一般的な制限規定が置かれていることから、このことがとくに問題となることはないが、アメリカ憲法にはそうした規定がないために、憲法上の権利は「絶対的」だとする見解もある。しかし、この見解が一般的だというわけではない。基本権を(貫かれることもありうる)「シールド」とする見解(前記の Jackson など)や、他の利益と衡量して可能な限り最大限度に保障されることを求める「最適化要請」だとする見解(アレクシー)もある。

[32] cf.D. Grimm, Proportionality in Canadian and German Constitutional Jurisprudence, 395-397, Jackson, Constitutional Law in an Age of Proportionality, 3130-3136.

較考量は「すべての事情を考慮して総合的に判断する」という手法とは区別されうる。また、質の異なる利益や価値の比較可能性についての疑念もありうる。たしかに、すべてを経済的な費用便益分析に委ねるならば、利益の質の違いを無視することになりうる。とはいえ、この点についても、質の異なる利益について優先順位をつけることは一般に行われているように、二つの価値の優先性の判断は合理的でありうるという指摘もある[33]。

その他、比例性原則については、司法審査と立法権の関係など、なお多様な議論がある。それでも、比例性原則は司法審査の「グローバルモデル」になりつつあるという指摘もあり[34]、今後も注目されるものといえる。

3　わが国の憲法訴訟における審査の方法と基準

わが国の憲法訴訟における最高裁判所の審査は「二重の基準」論や「三段階審査」論の影響を受けているとみなしうる部分もあるが、もともと基本権に対する「公共の福祉」による規制をその目的と手段の合理的関連性に照らして審査するという特徴を持っていたといえる。そこで、以下では、三段階審査の大枠に依拠しつつ、その審査の方法と基準を整理しておこう。

(a) 基本権保護の範囲、態様、程度

まず、三段階審査の第一段階に対応するものとして、基本権の保護または保障の範囲、態様、程度の確定が挙げられる。ここでは比較考量がなされるわけではなく、解釈方法としては主に基礎的解釈方法が用いられる。

基本権保護の範囲の確定は基本権規定の抽象性のためいずれにせよ不可欠である。最高裁は、たいていの場合、権利の内容を定義的に説明するとともに、憲法上保障される権利であっても無制限ではないことを付言して、権利の範囲を拡張したり限定したりしている。権利の拡張には基礎的解釈方法を用いる場合や、包括的基本権規定（13条、14条）に含まれるとする場合がある。前者の例としては、表現の自由に知る権利や報道の自由などを含めるもの[35]、職業選択の自由に

33　V. Jackson, Constitutional Law in an Age of Proportionality, 3156-3157.
34　cf. G. Huscroft, B.W. Miller, G. Webber (eds.), Proportionality adn the Rule of Law, 1. また、村山健太郎「第7章　憲法訴訟」（大沢秀介・大林啓吾編著『アメリカの憲法問題と司法審査』（成文堂、2016年）所収）、193-227頁参照。
35　知る権利について最大決44年11月16日刑集23巻11号1490頁、報道の自由について最大判昭和33年2月17日刑集12巻2号253頁。

第 3 節　違憲審査　459

経済活動の自由を含めるもの[36]、法定手続保障に行政手続保障を含めるもの[37]など、少なくない。後者の例としては、肖像権やプライバシー権を 13 条の保護する人格権に含めるもの[38]などが挙げられる。権利の限定についても基礎的解釈方法が用いられる。たとえば、刑法や公務員法において禁止されているわいせつ表現やあおり行為、また法廷内での筆記行為は表現の自由の保護範囲には属さないとするものなど[39]である。

　基本権保護の態様は、憲法の規定や基本権の性質などによって確定される。憲法に規定されている自由権や平等権の規定は基本的に直接に適用され、保障される。したがって、法令や処分がこれらの権利を侵害していると考えるときは、直接にこれらの規定に基づいてその違憲性を争うことができる。また、包括的基本権規定も同様である。これに対して、生存権や教育を受ける権利などの社会権は、その具体的な保障が法律の規定に委ねられているものとみなされ、それらの法律の規定に基づいてはじめて訴えることができるものとされる（いわゆる「プログラム規定」）[40]。さらに、政教分離原則の規定は信教の自由の保障に関わるが、個人の権利を直接に保障するものではなく、制度として国家や自治体が宗教的行為をなすことを禁じることによって、間接的に保障するものとされる（いわゆる「制度的保障」）[41]。ただし、宗教的な組織または団体に対する公金の支出や公有財産の供与などを行政訴訟で訴えることができる（89 条）。

　基本権保障の程度は、憲法の規定から推定されることもあるが、「二重の基準」論におけるような審査基準を考慮することによって決定される場合もある。憲法の規定から推定されるものとしては、個別の基本権規定に「公共の福祉」による

---

[36] 最大判昭和 47 年 11 月 22 日刑集 26 巻 9 号 554 頁。職業選択の自由には「営業の自由」が含まれるとする。
[37] 最大判昭和 47 年 11 月 22 日刑集 26 巻 9 号 554 頁。
[38] 肖像権について最大判昭和 44 年刑集 23 巻 12 号 1625 頁、プライバシー権について、プライバシー権という語は用いていないが、前科等をみだりに公開されないという法律上の保護に値する利益としたものとして、最判昭和 56 年 4 月 14 日民集 35 巻 3 号 620 頁、最判平成 6 年 2 月 8 日民集 48 巻 2 号 149 頁、また、個人情報をプライバシーとして法的保護の対象となるとした最判平成 15 年 9 月 12 日民集 57 巻 8 号 973 頁。
[39] わいせつ文書について最大判昭和 32 年 3 月 13 日刑集 11 巻 3 号 997 頁、あおり行為について最大判昭和 44 年 4 月 2 日刑集 23 巻 5 号 685 頁、法廷内でのメモについて最大判平成 1 年 3 月 8 日民集 43 巻 2 号 89 頁。
[40] 最大判昭和 23 年 9 月 29 日刑集 2 巻 10 号 1235 頁。後の朝日訴訟や堀木訴訟においても確認されている。
[41] 最大判昭和 52 年 7 月 13 日民集 31 巻 4 号 533 頁（津地鎮祭事件）。

制限が明示的に含まれている場合（22条1項、29条2項など）には、制限の許容の程度が比較的強く、したがって保障の程度が比較的弱いとみなされること、他方、検閲の禁止（21条2項1文）には文言上何も制限がないことから、これによる表現の自由の保障はその程度が強いとみなされることなどが挙げられる。「二重の基準」論については、判例でもこれに言及するものがあることは先に触れた。他方、三段階審査は原則として基本権の区分に応じた審査基準を設定しない。これは長所であるとともに、批判の対象となっていることも先に触れた。「二重の基準」論の審査基準などを各段階における審査の指針として用いることは、この問題についての一つの対応方法と考えられるだろう。

(b) 規制目的の正当性

次に、三段階審査の第二段階と同様に、法令や処分による規制の目的が正当または合理的であるかどうか、また規制が基本権を制限するものであるかどうかが問われる。**規制の目的または根拠**はわが国の憲法の文言上は「公共の福祉」であるが、個々の基本権規制において何が「公共の福祉」であるかは具体的に検討されなければならない。しかし、ほとんどの場合、規制目的の合理性や正当性は推定され、立法府や行政庁の裁量的判断がまずは尊重される。もちろん、規制目的の具体的な合理性や正当性が立ち入って検討されなければならない場合があることはいうまでもない。この点では、たとえば、公務員の政治的行為を禁止することの目的が検討された例[42]や、経済活動の自由の制限が消極目的か積極目的かが問われた例[43]がある。

法令や処分が基本権を制限するものであるかどうかは、主張されている利益が基本権によって保護される範囲に入るかどうかの問題と重なる部分もある。たとえば、わいせつ表現やあおり行為は、定義上は（刑法や公務員法の規定によれば）保護範囲に入らず、それを規制しても基本権制限とはならない。もちろん、具体的な表現や行為がこれらに該当するかどうかは事実の認定と基礎的解釈による判断の対象である。国家の行為が基本権制限に該当するかどうかについても同様である。たとえば、税関検査によるわいせつ文書等の輸入禁止措置や、仮処分によるプライバシー侵害文書の頒布禁止命令は、「検閲」に当たらないとされた例がある[44]。

---

[42] 最大判昭和49年11月6日刑集28巻9号393頁（猿払事件）。
[43] 最大判昭和50年4月30日民集29巻4号572頁（薬局距離制限違憲判決）。

(c) 規制手段の合理性

三段階審査の第三段階は、規制手段の合理性（適合性）、必要性、そして狭義の比例性を検討する。この構造化された比例性審査ではこの三つの審査は厳格に順序づけて行われるが、わが国の最高裁の判決例では比較考量を用いているとみなしうる場合でも、明確に構造化されている例は少ない。

手段の合理性または適合性の審査は、規制手段が規制目的の達成に適合するかどうか、あるいは同じことだが、規制目的と合理的な関連をもつかどうかを判断する。合理性審査は「二重の基準」論でいう「合理性」基準による審査にほぼ相当し、規制目的の合理性または正当性が認められれば、その目的を達成するための手段の選択についてもたいていは立法府や行政庁の裁量の余地が認められ、裁判所はそこに裁量権の逸脱や濫用がないかどうかを審査するにとどめるとされることが少なくない。その際、裁量権の広狭や強弱の区別をつけることはありうる。アメリカの中間的審査における「より厳格な合理性」の基準が裁量権を限定的に捉えるものであるとすれば、わが国の「著しく不合理であることが明白」の基準は裁量権を広く捉えるものといえる。

最高裁判例にはこの合理性基準によるものが多い。経済活動の自由に対する積極目的規制の場合、弱い合理性基準で合憲とする判断がなされている[45]。生存権に関する判決も立法府や行政庁の裁量判断を尊重する合理性審査によって違憲の主張は退けられている[46]。

これに対して、平等保護の分野では最高裁はより厳格な合理性の基準によって

44　最大判昭和59年12月12日民集38巻12号1308頁は、検閲とは「行政権が主体となって、思想内容等の表現物を対象とし、その全部又は一部の発表の禁止を目的として、対象とされる一定の表現物につき網羅的一般的に、発表前にその内容を審査した上、不適当と認めるものの発表を禁止することを、その特質として備えるもの」と定義し、税関検査の場合は当該文書がすでに外国において発表されたものであることなどから、検閲には当たらないとした。また、最大判昭和61年6月11日民集40巻4号872頁は、プライバシー侵害文書の頒布を仮処分によって禁止することは、裁判所によるものであることなどから、検閲には当たらないとしている。

45　最大判昭和47年11月22日刑集26巻9号586頁（小売商業調整特措法違反被告事件）、最判平成1年1月20日刑集43巻1号1頁（公衆浴場法違反被告事件）など。なお、公衆浴場法違反被告事件に関する判決は最大判昭和30年1月26日が最初のものであるが、今日でも積極目的による公衆浴場の距離規制は著しく不合理であることが明白とはいえないとされている。

46　最大判昭和42年5月24日民集21巻5号1043頁（朝日訴訟）、最大判昭和57年7月7日民集36頁7号1235頁（堀木訴訟）。これらの場合、判決の後に時期を隔てず、生活保護費の増額や障害福祉年金と児童扶養手当の併給が厚生大臣の判断や立法によって行われている。裁判所において立法裁量や行政裁量の合理性に疑義を呈していてもおかしくはなかった可能性がある。

判断しているといえるだろう。国政選挙におけるいわゆる「一票の格差」に関する裁判では、一票の格差の程度と立法府による改善の姿勢を考慮要因として判断し、たとえば最大判昭和60年7月17日（民集39巻5号1100頁）は、昭和58年12月18日施行の衆議院選挙時の定数配分規定につき、憲法の選挙権の平等の要求に反し、違憲と断定するほかないとした（ただし、行政事件訴訟法31条のいわゆる事情判決規定をいわば準用して、無効とはしていない）[47]。

また、近年、嫡出子と嫡出でない子の処遇の区別についても、より厳格な合理性の基準によって判断しているとみなしうる違憲判決が下されている。最大判平成20年6月4日（集民228号101頁）は、日本人の父と外国人の母の間に生まれた非嫡出子の出生による国籍取得の要件として父母が婚姻していることを要求する「準正」の規定を違憲とし、また最大決平成25年9月4日（民集67巻6号1320頁）は、嫡出でない子の法定相続分を嫡出子の2分の1とする民法900条4号の規定部分を違憲とした。これらの規定はいずれも制定当時は合理性をもっていたが、その後、家族関係の多様化などの社会状況の変化によって合理性を欠くにいたったものとされた[48]。

以上の他、政教分離原則に関する最高裁のいわゆる**目的－効果基準**も合理性基準として捉えることができる。それによれば、国家や地方公共団体と宗教との関わりを完全に分離することは不可能であるから、その関わる行為の目的が世俗的なものであり、その行為の態様が特定宗教を援助、支援、促進し、他の宗教への圧迫、干渉を加えるものではなく、またそうした印象を一般人に対して与える効果をもたないと認められるかどうかによって、政教分離原則に反しないかどうかが判断される。この判断基準によって、庁舎の起工式に安全祈願の地鎮祭を公費によって挙行することは政教分離原則に反しないが、靖国神社の例大祭や県の護国神社の例祭に知事が公金によって玉串料を支出することは原則に反するとされている[49]。しかし、この目的－効果基準については、たいていの行為を政教分離

---

[47] その後も、国政選挙のたびに違憲訴訟が提起されているが、最高裁は昭和60年判決の判断基準をほぼ維持しつつも、違憲判断を下してはいない。高裁レベルでは「違憲」判決やいわゆる「違憲状態」判決も出ているが、最高裁はこれらを覆している。

[48] ただし、より原理的には、嫡出でないことが子の責任に帰しえない事情であることが重要な判断要素となっている。

[49] 前者は昭和52年7月13日民集31巻4号533頁（津地鎮祭違憲訴訟）、後者は平成9年4月2日民集51巻4号1673頁（愛媛玉串料訴訟）である。

原則に反しないと推定する点で、原則と例外を不当に転倒させるものとする批判的意見も強い。

(d) 規制手段の必要性

規制手段の適合性または合理性が認められたとしても、三段階審査では次に**手段の必要性**が審査される。これはドイツでは「**より制限の少ない手段**」であるかどうかについての審査とされる。二重の基準論にいう「**より制限的でない代替手段**」の基準に相当する。まず、法令の規制の範囲が「過度に広汎」であるとか「曖昧」であるとかといった場合に、当該法令を「文面上違憲」とする判断はこの段階に位置づけられうる[50]。次に、規制手段が必要不可欠かどうかを具体的に判断することになる。こうした判断には幅がありうるから、この段階でも立法府や行政庁の裁量の余地が認められる。

明示的にではないが、この意味での必要性を判断しているとみなしうるものとして、昭和41年10月26日（刑集20巻8号901頁、東京中郵事件）を挙げることができる。同判決は、勤労者の団結権・団体交渉権・争議権等の労働基本権の制限は、労働基本権を尊重確保する必要と国民生活全体の利益を維持増進する必要（公共の福祉）を比較考量して、両者が適正な均衡を保つことを目途として決定すべきであるが、労働基本権は勤労者の生存権に直結するものであることから、その制限は「合理性の認められる必要最少限度のもの」にとどめられなければならず、とくに刑事制裁を科すことは必要やむを得ない場合に限られるべきであるという判断基準を示す。そして、公務員については争議権が認められていないものの、右の解釈基準が可能な限り適用されるとして、郵便職員の争議行為を禁止する公共企業体等労働関係法17条1項が罰則を含んでいないことを確認するとともに、郵便職員の怠業を処罰する郵便法79条1項も争議行為が暴力行為等の違法性を伴わないときは適用されないとみなすべきだとして、処罰を退けている[51]。

---

[50] ただし、法令や条例の規定が「広汎」あるいは「曖昧」として争われた事例では、最高裁はほとんど合憲限定解釈をしている。「交通秩序を維持する」の文言は蛇行行進や渦巻行進を制限するものと解するかぎり、曖昧ではなく憲法31条に反しないとした最大判昭和50年9月10日集刑197号199頁（徳島市公安条例事件）、「淫行」の規定は限定的に解釈可能であるとした最大判昭和60年10月23日刑集39巻6号413頁（福岡県青少年保護育成条例違反被告事件）など。

[51] この判決は、公務員の争議行為におけるそそのかしやあおり等につき罰則を設けることは必要最少限度のものといえるとした最大判昭和48年4月25日刑集27巻4号547頁（全農林警職法闘争事件）等を経て、最大判52年5月4日刑集31巻3号182頁（名古屋中郵事件）において覆

もう一つ、刑法の尊属殺規定を違憲とした最大判昭和48年4月4日（刑集27巻3号265頁）が挙げられる。同判決は、「尊属に対する尊重報恩という自然的感情ないし普遍的倫理の維持」のために、普通殺とは区別して尊属殺の規定を設けることもただちに合理的な根拠を欠くものと断ずることはできないが、それが死刑または無期懲役刑のみを定めていることは、刑の加重の程度が極端であって、「立法目的達成の手段として甚だしく均衡を失し、これを正当化しうべき根拠を見出し得ないときは、その差別は著しく不合理なものといわなければならない」とした。これは、合理性の判断とみることもできるが、刑の規定が均衡を失して必要最少限度を超えていると判断しているものとみることができる。

　また、合理性と必要性を明示的に区別している例として、最大判昭和62年4月22日（民集41巻3号408頁）がある。共有森林の持分価格が2分の1以下の共有者からの分割請求を認めない森林法の規定につき29条違反が争われた事案で、最高裁は、森林法の同規定の目的を森林経営の安定という積極目的とみなし、この目的と共有者間の権利義務関係の規定との間に合理的な関連があるわけではなく、また同法は森林分割を絶対的に禁止しているわけでもないから、持分価格2分の1以下の共有者からの分割請求だけを排除することに合理的な理由はないとし、しかも、持分の分割方法は他にもありうる（森林そのものを分割するのではなく、たとえば一人が所有を取得して、各共有者にその持分にあたる価額を支払うなど）から、持分価格2分の1以下の共有者からの分割請求を一律に否定しているのは、立法目的を達成するについて必要な限度を超えた不必要な規制というべきであるとして、合理性と必要性を区別した上で、そのいずれも否定している。

　最後に、最大判平成22年1月20日（民集64巻1号1頁、砂川政教分離（空地太神社）訴訟）は、政教分離原則に違反している状態を是正するための手段としてより制限的でない方法を求めている。戦前に神社を建立した私有地が寄付されて公有地となっていた土地を戦後においても神社の氏子集団に無償で貸与していたことが政教分離原則に反するとして争われた事案で、最高裁は、本件無償貸与行為は原審の認定した通り政教分離原則に違反しているものの、これを直ちに無効として神社等を廃棄するのではなく、土地を氏子集団に譲与するなどの方法がありうるところ、これを審理しなかった原審の判断には釈明権を行使しなかった誤り

されている。

があるとして差し戻した。これは、政教分離原則の問題であるが、氏子集団の権利にも関わるものであり、本件貸与行為を違憲無効として神社を廃棄させることはその権利に対する制限となることを考慮して、その制限の手段につきより制限的でない手段を検討したものといえる[52]。

(e) 狭義の比例性

比例性審査の最後の段階は**狭義の比例性審査**である。わが国の最高裁判例においてこの狭義の比例性審査がなされている例はほとんどなく、多くは合理性や必要性の段階で比較考量がなされている。しかし、厳密な意味で構造的な比例性審査とはいえないものの、目的と手段の間の合理性や必要性を越えて、規制によって得られる利益と失われる利益とを比較考量しているとみなしうるものもないわけではない。

たとえば、反対意見においてそうした比較考量をなしているとみなしうるものとして、最大判昭和38年6月26日（刑集17巻5号521頁）が挙げられる。この事例では、ため池の決壊等の防止のために堤塘に樹木等を植え工作物を設置することを禁じた条例の憲法29条2項違反が争われており、多数意見はこのような制限は科学的に合理的でかつやむを得ないものであり、従来堤塘に茶木等を栽培してきた住民も当然受忍しなければならないとしたのに対し、横田（正）裁判官は、付近住民が伝統的に竹木若しくは農作物を植え、建物その他の工作物を設置してきた行為を全面的に禁止することは、財産権に内在する制限の範囲にとどまるものとはいえず、目的実現のための他の方法もありうるという反対意見を述べている。たとえば、堤塘の利用を許可制にして、届出のあった行為がため池の破損、決壊の原因となると認められるときは、知事において差し止めうるとするとともに、不服申立の途を開くなどの立法措置を講じ、「国民のささやかな営みを不当に妨げることのないよう細心の配慮がなされるべきであった」とする。これは必要性の判断ともいえるが、付近住民の財産権に加えられる損害をより具体的に考慮すべきだとしたものとみることができる。

また、ほぼ同時期のもので、最高裁裁判官の構成もほぼ同じだが、学説上異なる評価を与えられている二つの判決がある。一つは、最大判昭和49年11月6日

---

[52] なお、もう一つの砂川政教分離（富平神社）訴訟では、同様の事案で無償譲与したことは政教分離原則に反しないと判示している。これも当該土地はもともと私人のものであったものが戦前に寄付されたものであった経緯を考慮している。

（刑集 28 巻 9 号 393 頁）、いわゆる「**猿払判決**」である。この判決では、公務員に対する政治的行為の禁止がその目的（公務員の政治的中立性と行政の中立的運営、そしてそれによる国民の行政への信頼保持）との関連において「合理的で必要やむをえない限度にとどまるか否か」が判断されている。多数意見は、目的と手段の間には合理的関連性があり、それは「職種・職務権限、勤務時間の内外、国の施設の利用の有無等を区別することなく、あるいは行政の中立的運営を直接、具体的に損なう行為のみに限定されていないとしても」変わらないとする。そして、公務員の政治的行為を禁止することによって得られる利益と失われる利益とを比較考量すると、禁止によって「意見表明の自由が制約されることにはなるが、それは、単に行動の禁止に伴う限度での間接的、付随的な制約にすぎず、かつ、国公法 102 条 1 項及び規則の定める行動類型以外の行為により意見を表明する自由までをも制約するものではなく、他面、禁止により得られる利益は、公務員の政治的中立性を維持し、行政の中立的運営とこれに対する国民の信頼を確保するという国民全体の共同利益なのであるから、得られる利益は、失われる利益に比してさらに重要なものというべきであり、その禁止は利益の均衡を失するものではない」とした。また、原審が「より制限的でない他の選びうる手段」を考慮して、罰則まで法定することは必要最少限度を超え、違憲となるとしたのに対して、罰則規定の要否及び法定刑についての立法機関の決定がその裁量の範囲を著しく逸脱しているものであるとは認められず、とくに特定政党を支持する文書の掲示又は配布は公務員の政治的中立性を損なうおそれが大きく、違法性が強い行為であるから、懲戒処分のほか罰則を法定することが不合理な措置であるとはいえないとした。

　この判決は、規制によって得られる利益と失われる利益を比較考量している点、「より制限的でない他の手段」を考慮している点など、順序は異なるものの形式的にみると三段階審査を行っているようにみえる[53]。しかし、比較考量は政治的行為の全面禁止による利益と政治的行為に結びついた意見表明の自由が損なわれる不利益との間でなされているにとどまり、罰則を法定して処罰することによる利益と不利益が比較考量されているわけではない。また、前者の比較考量も

---

[53] 本判決を三段階審査の枠組みで分析したものとして、渡辺康行「憲法訴訟の現状――「ピアノ判決」と「暴走族判決」を素材として――」『法政研究』76 巻 1・2 合併号（2009 年）42-50 頁参照。ただし、三段階審査に適合しているとか、結論は妥当だとかとしているわけではない。

合理性と必要性の判断の中に含まれているとみることができ、具体的な事案への適用ではその判断が繰り返されているにすぎない[54]。この判決の決定的な問題は、公務員の政治的行為を罰則をも加えて無条件に全面禁止することの合理性、必要性、狭義の比例性が精密に審査されているとはいえない点にあるといえるだろう[55]。

　もう一つは昭和 50 年 4 月 30 日のいわゆる「薬局距離制限違憲判決」である。全員一致の本判決は、まず、薬局開設許可要件の「適正配置」（距離制限）の目的を消極目的とみなし、「規制の目的、必要性、内容、これによって制限される職業の自由の性質、内容及び制限の程度を検討し、これらを比較考量した上で慎重に決定されなければならない」とする。そして、規制が回避しようとする不利益（薬局等の偏在、競争激化、一部薬局の経営不安定化、不良医薬品の供給の危険または医薬品濫用の助長など）は規制の必要性と合理性を肯定するには足りず、これらの点について他のより制限的でない方法がありうることを指摘して、「設置場所の地域的制限のような強力な職業の自由の制限措置をとることは、目的と手段の均衡を著しく失する」もので、合理性を認めることはできないとし、「不良医薬品の供給防止等の目的のために必要かつ合理的な規制を定めたものということはできないから、憲法 22 条 1 項に違反し、無効である」とした。

　この判決では、職業選択の自由の保護の程度は、「二重の基準」論に言及しつつ、精神的自由の保護の程度と経済活動の自由の保護の程度の中間に位置づけられるとともに、その規制目的は消極目的とみなされ、規制手段の合理性と必要性が詳細に検討されている。比較考量は目的と手段の関係について、とくに手段の合理性と必要性の判断の中でなされているにとどまり、構造化された比例性審査の第三段階である狭義の比例性審査はとくに行われているわけではない。もっと

54　このような点の指摘については、高橋和之「審査基準論の理論的基礎（上）」『ジュリスト』No.1363（2008 年）70-76 頁参照。
55　なお、最判平成 24 年 12 月 7 日刑集 66 巻 12 号 1337 頁の多数意見は、国家公務員の政治的行為に関する事案で、猿払判決の基準を基本的に維持しつつも、公務員の職務遂行の政治的中立性を損なうおそれが実質的に認められるかどうかは、「当該公務員の地位、その職務の内容や権限等、当該公務員がした行為の性質、態様、目的、内容等の諸般の事情を総合して考慮するのが相当である」として、本件公務員の文書配布行為は、「管理職的地位になく、その職務の内容や権限に裁量の余地のない公務員によって、職務と全く無関係に、公務員により組織される団体の活動としての性格もなく行われたものあり、公務員による行為と認識し得る態様で行われたものでもない」ことから、当該行為は禁止される公務員の政治的行為には当たらないとしている。

も、合理性と必要性の判断の段階で違憲性が認定されるならば、狭義の比例性審査は不要となるともいえるだろう。

この二つの判決は、三段階審査の枠組で分析できるとしても、構造化された比例性審査の例とまではいえない。しかし、三段階審査または構造化された比例性審査がグローバルモデルになりうるとすれば、こうした観点からの分析は比較法的視点も含めて、今後さらになされていくものと考えられる。また、わが国の最高裁は固定的な基準を設定することに消極的で、関連する諸事情を考慮した比較考量で判断することが少なくないが、諸事情の考慮を構造化された比例性分析にすることによって、判断の一貫性や透明性を高めることができると考えられる。

4　違憲審査の効果、司法権の限界

最後に違憲審査の効果と司法権の限界について簡単に触れておこう。

違憲審査では、裁判所は争われた法令や処分を合憲または違憲とする判断を下すことになる。しかし、その具体的な態様には違いもある。まず、合憲判断は通常は端的に合憲とする判断である。しかし、この場合でも、最高裁裁判官の全員一致による判断だけでなく、補足意見や反対意見が付けられるものもある。こうした意見は裁判官の間での議論の様子を窺わせる。多数意見が反対意見をまったく受け入れていない場合もあれば、反対意見を考慮している場合もある。そして、反対意見が後に多数意見となることもある。また、わが国の裁判所の判決では、合憲判断でも合憲性に程度の違いを含ませることも少なくない。程度が低い場合には「直ちに違憲とまではいえない」といった表現が用いられることに、それは窺える。合憲判断でも、法令の文言の意味を基礎的解釈方法によって限定することによって、合憲とする場合もある（いわゆる合憲限定解釈）。しかし、その文言の意味の限定が一般に十分に理解可能なものでなければ、基本権を制限する公権力の発動についての人々の予測可能性を損なうことになりうる。

違憲判断は**文面違憲**（法令違憲）と**適用違憲**（処分違憲）に区別される。文面違憲の場合、文面をどのように訂正するかについて違いが生じる。違憲とされる文言を単純に削除する場合（国籍法3条1項の「準正」の要件を削除して解釈した例、民法900条4号の嫡出でない子の法定相続分を嫡出子の2分の1とする文言を削除して解釈した例など）、文言を付加する場合（刑法の尊属殺規定に有期懲役刑を付加して解釈した例、郵便法68条、73条の記録付き書留郵便物の遅配等の場合の免責規定に「故意又は重過

失の場合を除く」という文言を付加して解釈した例など)、文言を書き換える場合 (民法733条の女性の再婚禁止期間を6か月とする規定を100日と書き換えて解釈した事例など) がありうる[56]。また、公選法の定数配分規定が争われた事例のように、違憲と宣言しつつも無効とはしない場合がある。これには批判もあるが、イギリスの違憲審査制のように憲法上の一つの選択として不可能というわけではない。ただし、少なくとも重要な基本権が著しく侵害されている場合には、立法による改善を待つのでは侵害からの回復として遅すぎることになりうる。最後に、適用違憲の場合はもちろん違憲違法な処分は無効としなければならない。

　司法権の限界を示す議論として、**統治行為論**や**部分社会論**が挙げられることがある。問題が、議会や政府の高度に政治的な判断によるべきものであったり、宗教団体や政党や大学や学術団体などの内部規律に関する問題で法的争訟とはいえないものであったりする場合、司法権による判断にはなじまないとするものである。しかし、統治行為とされるものであっても、議会や政府の裁量判断の不合理が憲法上一見してきわめて明らかである場合にも、司法権はつねにそれらの判断に敬譲を示さなければならないというわけではない。いわゆる砂川事件判決でも最高裁は一応、議会や政府の判断の合理性を検討しているのである[57]。また、部分社会の問題であっても、たとえば宗教団体における教義に関する争いや学術団体の学術的見解に関する争いに関する限り司法権は介入し得ないといえるが、個人の法的地位に関わるものであるかぎり、司法判断の対象となることはいうまでもない。

---

[56] わが国の最高裁が文面違憲判決を下しているのは、このように文言のわずかな訂正によって基本権保護が可能であり、かつ他の法令等に大きな影響を及ぼさないと考えられる場合であるといえる。なお、違憲無効判決の遡及については、「法的安定性」を考慮して慎重に配慮がなされていることは、すでに触れた通りである。

[57] これに対し、最大判昭和35年6月8日民集14巻7号1206頁は、内閣総理大臣が憲法69条該当事由がないにもかかわらず、憲法7条のみによって衆議院を解散したのは違憲だと主張した事案で、多数意見は、統治行為論により端的に司法判断の権限の外にあるとして、内閣総理大臣の裁量権の逸脱の可能性には触れていない。これに対して、4名の裁判官は、解散権の行使が適法に行われたか否かについて裁判所は違憲審査権をもつと解すべきだとした上で、本件解散の違憲性は否定している。

事項索引

あ

アイデンティティ（自同性）　279-282, 294, 296-298, 300, 315
アナーキスト　83, 251
アナーキズム（無政府主義）　212, 242, 303
アメリカン・リアリズム（法学）　25-27, 45, 79, 163
「ある法」と「あるべき法」　31

い

違憲審査（権、制）　62, 366, 371, 438, 440, 442, 450, 451, 452, 468
意思説（権利の）　55-56, 58, 368
一次的理由（行為の）　54-55, 75, 104, 105
一般意思　160, 304, 309
一般条項　44, 53, 104, 352, 413, 416-419, 420, 425, 426, 434
一般法・特別法（一般規定・特別規定）　421-423
一般法学　2, 5
イデオロギー（批判、機能）　31, 144, 163, 165
移民　295, 297-298
インターネット　316
インテグリティとしての法　46, 375

う

ヴィトゲンシュタインのパラドクス　344
運の平等　269

え

永久平和（論）　324-325, 335
エゴイズム　220
エスニック文化権　295, 297-298

お

黄金律　189
重荷に苦しむ社会　328, 330, 332

か

外延、内包　392, 393, 427
階級支配　153, 162-163
解釈学（ヘルメノイティク）　16, 371
解釈カノン　364, 366, 370
解釈的思考　341, 347
解釈的（公共的）対話（議論）　193, 202-204, 235, 302
外的視点（外的側面）　27, 32, 46, 47, 88
概念法学　56, 363, 367-370, 373, 381, 383, 384, 388
快楽主義　208
帰謬法　406, 411, 424
格差原理　222-223, 227-228, 230, 237 239, 241, 248 250, 272, 283, 328, 330-331, 333
拡張解釈（拡大解釈）　365, 393, 405, 427, 441, 443
拡大国家　246, 248
家族　136, 137, 140, 143, 147, 177, 280, 287, 290-291, 292-293, 462
価値相対主義　7, 8, 31, 84, 118, 176, 193, 195-198, 201, 202, 319, 329
価値のヒエラルヒア　384
価値判断　348, 369-370, 382, 383-384, 386-388, 414, 417, 420-421, 428
価値理念　168, 446
家父長制　287, 289
貨幣メディア　140, 147, 148
慣習法（法源としての慣習）　9, 23, 26, 27, 64, 66, 67, 323, 352
間接的機能（法の）　143-144
間接的功利主義　210
完全な手続的正義　190
慣例主義（コンヴェンショナリズム）　45, 375

き

機会の平等　258
帰結主義　207-208, 214, 242, 281, 360, 446
記述的実証主義　106
記述的相対主義　195
規制手段の合理性　457, 461-463, 467
規制手段の必要性　457, 463-465, 467
規制目的の正当性　456, 460
帰責　52, 53
規則功利主義　207-208
基礎所得（ベーシック・インカム）　275-227
基礎的法解釈（基礎的解釈方法）　390, 458-459, 468
基礎法学　1
規範衝突　419-421, 423, 442
規範的概念　413, 414-415
規範的思考　341-342
規範的実証主義　106-107, 450
規範的相対主義　195, 196, 201, 202
規範倫理学　193
基本権（基本的権利）　143,

472　事項索引

304-305, 307, 313, 315, 317, 318, 319, 320, 441, 450, 452, 453, 456-460, 469
基本財(社会的基本財)　219, 239, 248-249, 257, 264, 265, 280, 282, 292
義務賦課的ルール　33, 49, 55
義務論　207, 214, 281
共感　239-240, 256
狭義の比例性　457, 461, 465-468
強制規範(強制秩序)　53-54
行政国家化　143, 144
行政裁量　416
行政システム　140, 147
共同善(共同の善益、共同の事柄)　160, 168, 173, 177, 180, 303-304
共同体論(者)　197-198, 202, 205, 232, 278, 279-284, 291, 294, 300, 301, 334
匡正的正義　36, 42, 172, 188-189, 210-211, 246, 274-275, 331, 332
共有の資産　228, 249
切札(としての権利)　258, 263
近代自然法論　11, 37, 38-41, 91, 139, 175, 181
近代法　144, 145

く

具体的(な)秩序　167-168

け

ケア(の倫理)　288, 293
経験則　355
経済合理性(経済的効率)　149-150
経済的自由(経済活動の自由)　455, 459, 467
経済システム　138-140, 147, 148
形式主義　28, 372-375, 377, 416
形式的合理性　175

形式的(な)自由　243, 270
形式的正義　191
形式的(な)平等　257-258, 259, 260, 270
形而上学(メタフィジクス)　3, 13
ケースメソッド　380
ゲゼルシャフト　136-137
結果の平等　258
決断主義　195, 196-197, 200-201
ゲマインシャフト　136-137
権威　17, 54-55, 72, 75, 104-105, 116-117
原意主義　377, 403
限界効用逓減則　213, 221
権限付与的ルール　33, 49, 55
言語ゲーム　15
言語行為(論)、語用論　15, 70-72, 78, 116-117
言語論的転回　15
原初状態　199, 217-219, 221-224, 236, 233, 236-237, 264, 273, 280, 285, 291, 310, 327, 328
源泉テーゼ　104
現代法　144, 146
原理(規範、一般原則)　44, 49, 84, 100, 101, 103-104, 106, 320, 352-353, 365, 375-376, 416, 421, 426, 434, 435-437
権利テーゼ　375
権力分立　438-439
権力メディア　140, 147, 159
原理的相対主義　195, 196, 198, 202

こ

行為規範　49, 53, 122
行為功利主義　207-208
行為の理由　54, 91, 99, 105
公共事(公共の事柄)　160-161, 304-311, 313, 318, 322, 325-326, 333
公共的理由(理性)　285-286, 310-311, 313

公共の福祉　84, 305, 407, 453, 458-460, 463
厚生経済学　211, 214
厚生主義　207, 208-209, 214
公正としての正義　205, 206, 223, 233, 251, 264, 284, 285
公正な機会均等　223, 227-228, 241, 328
厚生の平等(厚生平等論)　256, 260-261, 269
構造化された比例性審査　457, 465, 467, 468
行動経済学　158
衡平(エピエイケイア、アエクイタース、エクイティ)　173, 176, 178, 180, 364, 416, 418
公平な観察者　183, 235
合法性　74-75, 107, 108, 112, 115, 116, 127, 175, 176, 178
合目的性　42, 175, 177, 370
功利原理　23, 174, 180, 210-211, 212
功利主義(者)　22, 56, 205-208, 210, 214-215, 222, 232, 237, 241, 245, 258, 263, 281, 284, 368
合理的自然法論　40
合理的選択理論　209
コースの定理　154
コード(システムの)　138, 148, 159, 160
国際人権(規約、論、思想)　68, 323, 326
国際正義(論)　61, 279, 322, 326-328, 329, 331, 332
国際法　66-69, 145-146, 322, 323, 327, 332-333, 335
国際立憲主義　322, 333-337
国際連合(憲章)　68, 325-326
国民(国民国家、国民論)　279, 296, 306-307, 321, 329, 331, 332
互恵性　239-240, 251, 256, 275
個人道徳　109, 110

事項索引　473

国家の連合　324-325, 333
古典的功利主義（古典的効用原理）　211, 220-221
古典的自然法論　35, 37-38, 91
古典的自由主義　242, 250
コミュニケーション　138-141, 159
コミュニケーション的行為（論）　72-73
コモン・ロー　22, 44, 46, 63, 65, 156-157, 371-373, 378
根元的規約主義　345, 347
根本規範　30-31, 62, 67, 84, 87-89

さ

裁決規範　49, 53, 117, 122
財産所有の民主主義　229
財産保有（所有）の権原理論　246, 291
最小限福祉給付　275-277
最小国家（論）　242, 244-246, 250-251, 273
最小福祉国家論　242
差異の政治（承認の政治）　300-302
裁判員裁判　415
再分配　210, 213, 214, 223, 227, 246, 248-249, 251, 270, 274, 283
裁量概念　413, 415, 416
裁量権の逸脱　416, 461
指図　50, 51, 85
猿払判決　466-467

し

ジェンダー（体制）　287, 290-293, 302
資源の平等（資源平等論）　256-257, 259-260, 263-264, 268, 269, 318
思考しながらの服従　370
自己決定（権、原理）　129-132
自己所有（権）　247-248, 272-273

事実懐疑主義　26, 79
事実認定　75, 79, 353-356
市場の効率性　157-158
市場の失敗　150-151, 229, 252-254, 256
システム（社会システム）　137-141, 147, 148, 159
システム統合　140, 141
システム理論（社会システム理論）　138-141, 147
自生的（な）秩序　253
慈善（人道主義）　189, 251-252, 253-254, 256, 277
自然権（論）　22, 39, 60, 173, 212, 217, 242, 244-245, 248
自然主義的ファラシー（誤謬）　194, 381
自然状態（論）　38, 40, 217-218, 244, 246, 251, 254, 323
自然的貴族制　228
自然的義務　225
自然的自由の体系　174, 228, 252
自然的正義　190, 227
視線の往復　347, 356
自然法（論）　2-3, 4, 35, 37-41, 43, 45-46, 47, 91, 93-94, 95, 97, 99, 161, 181, 189, 190, 195, 245, 247, 248, 322-323, 352, 366, 373, 448
自然法論と実証主義の彼方　94
思想の自由市場　80
自治権　299-301
実効性　30, 47-48, 67-68, 81-84, 88, 90, 108, 121, 124-126
実質的（な）自由　243, 270
実質的推論　346-347
実質的正義　191
実質的（な）平等　257-260, 270, 313
実体的関係（権利の）　57, 59
実定法　1-4, 9, 12, 22, 28, 31, 34-36, 38-39, 41-43, 48, 62, 82, 161, 336
実定法学　1, 12-13
実用法学　380

実力説（妥当根拠の）　48, 81
私的自治　353
支配権能説（権利の）　58
事物の本性　448
司法権の限界　468-469
司法裁量（論）　44, 375
司法消極主義　320
司法審査（制）　104, 319-320
司法積極主義　320, 451
司法の法形成　370, 376
市民社会　137, 139-140, 147, 311, 336
市民的不服従　231, 319
社会化（法化としての）　146-147
社会学的法学　26, 81, 374
社会契約説（論、契約説）　39, 173, 217-218, 234, 242, 244, 267, 273
社会厚生関数　214
社会構造　137-138, 140
社会国家（化）　143, 146, 147
社会集団　136, 160
社会通念　414, 415
社会的関係（権利の）　57, 60
社会的機能（権利の）　135, 141
社会的協働（の体系）　228, 234, 239, 249, 264, 272, 275, 283, 331, 333
社会的正義　174, 190, 275
社会的選択理論　209, 237
社会的費用　157, 158
社会的文化　278-280
社会統合　140
社会道徳（実定道徳）　109-110, 124, 129
自由化（法化としての）　145-147
集計主義　207, 209-210, 214-215
集合的（な）権利　296-297
重合的合意　285
自由尊重主義（リバタリアニズム）　10, 64, 205, 232, 241, 243, 251-252, 256, 270, 272-275, 284, 291, 301, 306

集団帰属性　301-302
自由の法則　111, 114
自由の優先性　235-236
自由法運動（自由法学）　26, 363, 367-369
熟議（熟議民主主義）　310-312, 316, 318, 319
縮小解釈（限定解釈）　365, 393, 411
主権化（法化としての）　145-146
主権国家　145, 321, 323, 326
主権者命令説　22-23, 27, 77
受忍限度論　385
純粋なインテグリティ　46
純粋な手続的正義　191, 224, 229, 247
純粋法学　31, 116, 165
準用　427-428, 433, 444
消極的黄金律　39, 189-190, 225, 274
消極的功利主義　209
消極的自由　161, 242-243, 271
消極的（な）義務　111, 190, 274-275
消極目的（規制）　408, 455, 460, 467
条件プログラム　52, 139
情緒説　195-196, 198
承認説（妥当根拠の）　48, 81, 82
上部構造　64, 151-153, 162
条理　352
女性解放運動　286
自律（自由）　40, 114, 179
自立的な（法）規範　53, 122
新カント学派　8, 28, 197, 200
真偽不明（ノンリケット）　356
人権　44, 59-61, 104, 143, 330, 450, 452
人道的介入　334
人道的（な）義務（人道の原理）　190, 256, 274-275, 331-332, 335, 336

人道に対する罪　94-95
親密圏　140, 147

す

スカンジナビア・リアリズム（法学）　23-24, 27, 77, 78
スティグマ化　276

せ

生活世界　140-141, 147
正義　6-8, 12, 26, 32, 36, 42-43, 47-48, 84, 93, 107, 110, 115, 117-118, 154, 164-165, 168, 171-172, 175, 178, 180, 303, 376, 403, 415, 421, 441, 442
正義の概念と構想　192
正義の主張（妥当要求）　76, 181-182, 184, 191, 305, 314
正義の判断、基準　182, 184-185, 186, 187, 191
正義の二原理　220, 222-224, 226, 232, 285
正義への企て　302, 337
政教分離原則　462, 464-465
制限超過利息返還請求事件　443-450
制裁（サンクション）　23, 53, 58, 112-113, 122-124, 125-126
政策主義　267-268
政策的思考　342
政治（的）共同体　303, 304, 312, 317
政治的自律　309, 330
政治的（な）統合　161, 279, 304, 306-308, 313, 314-315, 319
政治的リベラリズム　232, 284-285
生殖権（リプロダクティブ・ライツ）　289
精神的自由　455, 467
正戦論　323, 334-335
正当化の図式　357-359, 387
正当化のプロセス　360, 387
正当性（の妥当要求）　45-46, 47-48, 65, 73-75, 84, 102, 107, 108, 120, 127
正統性　55, 175, 279, 319-320
正答テーゼ　45
制度主義　267-268
制度的事実　78-79
制度的（な）権利　60
制度的保障　459
政府の失敗　150, 252, 254, 256
性別役割分業　287-288, 290-292
生命倫理　132, 134
世界化（法化としての）　146
世界共和国　69, 324-325, 333
世界国家（世界政府）　324-325, 327, 333, 335
世界市民、世界市民論（コスモポリタニズム）　308-329, 331, 336
世界市民法　337
世界正義（論）　61, 279, 308, 326, 329
セクシュアリティ　289, 292, 293
セクシュアル・ハラスメント　289, 294
積極的黄金律　189-190, 274
積極的（格差）是正（アファーマティブ・アクション）　283, 297
積極的（な）義務　111, 190, 274-275, 332
積極的功利主義　209
積極的自由　161, 242-243, 271
積極目的（規制）　408, 455-460, 464
折衷説（権利の）　56
選挙資金（の規制）　318
選言（の接続詞）　395
前件肯定式　343
戦後の正義　335
潜在能力（ケイパビリティ）　257, 264-267, 269, 278

事項索引　　475

先住民　　295, 296
戦争違法観　　334
戦争犯罪　　94
全体性　　13-14
選択説（権利の）　　58
善に対する正義の優先性　　218
善の構想　　218, 222, 259, 285, 314
先例拘束の原則（厳格な先例拘束の原則）　　372, 353, 439

そ

相場（量刑の）　　415
ソーシャル・ミニマム　　229-230, 239, 254, 272
ソフトな（法）実証主義　　101

た

体系的解釈　　390-391, 398, 423-424
体系的（な）連関　　390, 400
第三の視点　　85-86
対話的構造（法の）　　70, 72, 74, 76, 89, 119-120, 124, 362
対話的合理性　　8, 17, 124, 389
対話的思考　　341, 356-357
卓越主義　　299
卓越性（の原理）　　220, 281
他者危害原理　　129-130, 212
多数の（多数による）専制　　128-129, 213, 226, 309, 320, 440
正しい戦争　　334
立場の反転可能性　　182, 184, 226
脱構築　　164-165
脱法化　　147
妥当性（効力）　　24, 30-31, 34, 47-48, 62-63, 67-68, 75, 81-84, 88, 93, 108, 124
妥当性の主張（妥当要求）　　72, 75, 90, 116, 119-121, 134
多文化主義　　205, 279, 284, 295, 298, 301-302
堕落する権利　　130

ち

他律　　11, 115
段階構造（論）　　49, 61, 65, 67-68, 74

ち

秩序ある社会　　326-329, 331, 333
中間的審査　　456, 461
超法律的（法律を超える）法　　92-93
直覚主義（直観主義）　　194, 220, 233
直観的な道徳　　110

て

定言命法　　40-41, 111, 183-184
訂正的（法）解釈　　390, 438, 440-441, 443
適応的選好　　215
適正配分定式　　187, 188, 191
適法性　　172, 176, 178, 180, 181
適用違憲（処分違憲）　　468
テクスト主義　　377
テシス　　63-64
手続的（な）正義　　190, 355
伝統主義　　196-198, 201, 202

と

ドイツ観念論　　11
当為　　28-30, 32, 36-37, 50, 52, 78, 85, 116-117, 152
闘技（アゴーン）　　160, 312
統制的（な）原理　　165, 192
統治行為論　　469
同等処遇（原則、原理、定式）　　191, 214, 426
道徳の内面性と法の外面性　　111-113, 114
道徳的ジレンマ　　96, 214
道徳的直観　　224, 235, 270, 272-273, 275
投票のパラドクス　　216
道徳的（リーズナブル）　　224, 234, 236, 285
徳（としての正義）　　185, 281

特殊的正義　　172
独立運動　　299
取引費用　　154-156

な

名宛人（規範や法の）　　120-121
内的視点（内的側面）　　27, 32, 47, 86-89, 101-102, 116
ナショナリズム　　308
ナショナリティ　　279, 329

に

二次的理由（行為の）　　54-55
二重の基準（論）　　371, 386, 453-455, 458-461, 463, 467
人間の（人としての）尊厳　　43, 84, 93, 98, 175, 179, 258-259, 271
認定のルール　　33-34, 44-45, 67-68, 86-88, 90, 98, 100-101, 103, 105-106, 115, 116

の

ノモス　　63-64, 180

は

ハート定式（悪法に関する）　　97-100
排除的実証主義　　103-104, 106
パターナリズム　　130-132, 242
パターン付原理　　248-249
発見のプロセス　　360, 387
発展的法解釈　　390, 413
発話行為、発話内行為、発話媒介行為　　71-73, 99
パノプティコン　　212
バランシング　　374, 378, 386, 456
パレート原理（パレート最適）　　158, 216-217, 227, 253, 255, 273
判決理由（レイシオ・デシデンダイ）　　372
反射説（権利の）　　58

476　事項索引

反射的な利益　407
反照的均衡　224, 235
反制定法的(な)解釈　366, 438, 443
反省的(な)道徳、批判的(な)道徳　110, 133, 134
反対解釈(論理的な)　395-398
反対解釈(類推に対する)　424, 426, 432-433, 435, 436
パンデクテン法学　56, 363, 367
反法化　147
反法実証主義　363
万民法　322
判例法　353, 371
反論可能性　387, 388

ひ

比較考(衡)量　44, 371, 374, 453-454, 456-457, 461, 463, 465-468
ピグー税　156
非公共的価値　203
非公共的理性(理由)　285
評価法学　370
平等処遇定式　187-189
平等尊重主義　205, 232, 234, 241, 243, 256, 263, 271-275, 301, 302
平等な尊重と配慮(を受ける権利)　46, 259, 264, 376
費用便益分析　458
比例性原則(審査)　371, 454, 456-458, 465

ふ

フェミニズム(フェミニスト)　163, 205, 234, 279, 286-287, 290, 292-294, 301-302, 311
負荷なき自己　280
不完全な手続的正義　190
福祉国家(化)　132, 143, 144, 146
不正な戦争　334
附帯決議　404
普通法　145

不特定概念　413, 416
負の所得税　254, 275-277
部分社会論　469
普遍化可能性　120, 184, 203, 218, 330, 360, 406
普遍主義(的な道徳、正義原理)　120, 128, 202, 288, 300-301, 312, 329
プラグマティズム(法学)　15, 45, 80, 374-375, 377-378, 406
武力への正義　335
プログラム規定　459
文化集団帰属性　296, 298
分析的法理学　4, 32
分析哲学　7, 15-16, 85, 196, 198
分配的正義　42, 172, 188-189, 219, 273-275, 317, 326, 330
文面違憲(法令違憲)　468
文理解釈　390-391, 398, 411, 423, 432, 444

へ

平均効用原理　210, 220-223, 237-240
ヘイトスピーチ　316
平和に対する罪　94
弁論術(レトリク)　357

ほ

法化(論)　8, 144, 146-147
法解釈論争　380
法解釈方法論　6, 9, 363, 364, 371, 376, 438
法の概念　6, 7, 8, 9, 10, 12, 49, 77, 86, 100, 106, 108, 121, 127
法学的ヘルメノイティク　371
包括的教説　284-285
包含的実証主義　103-106
法源　352
法現実主義(リアリズム)　21-23, 25-28, 30, 47, 77, 86
法-国家同一説　165-166

法システム(論)　64-65, 139, 140
法実証主義(ポジティヴィズム)　21, 28, 34-35, 41, 43, 45, 55, 84, 86, 87, 91, 92-93, 95, 99, 100, 101, 102, 363, 368
法(的)実践　16, 17, 69-76
法人　165, 166
法制度(サヴィニー)　364
法治国家　126-128, 145, 165, 440, 441
法治主義　163
法の安定性　42, 93, 96, 107, 175-178, 180, 403, 421, 438, 439
法の強制　121, 124-126
法の議論　357, 359-362, 380
法的思考(推論)　6-8, 12, 32, 48, 63, 341-342, 356-357, 361, 363-364, 370, 372-374, 377-380, 382, 387, 389, 392, 450
法的人格　152
法的三段論法　50, 342-344, 357, 359-360, 362
法哲学　1-2, 4-8, 10, 12-14, 91, 95, 103, 106, 108, 110, 135
法道徳分離論　67, 115
法と強制　108, 121, 128
法と経済　135, 148-149, 151, 159
法と経済学　2, 10, 81, 148, 154, 212, 376, 378, 384
法と政治　8, 135, 159
法と道徳　8, 108-109, 111, 114, 128, 135
法と道徳の必然的関連　117-118
法による道徳の強制　108, 128, 132
法の一般理論　2, 5-6, 8
法の概念　6-9, 12, 86, 100, 106, 121
法の欠缺(規範欠缺)　166, 352, 356, 361, 366-367, 369, 370, 374-376, 383, 385, 419,

事項索引　477

420, 425, 426, 434, 436, 441, 443, 444
法（法律）の根拠　364-366, 390
法の最小限の道徳性　111, 119-121, 134
法の支配　77, 97, 119, 126-127, 145, 159, 163, 174, 178, 180, 227, 335, 378, 440, 441
法の社会的機能　141, 143-144, 146
法の自立性　135, 146, 148
法の内面道徳　96, 117-118, 178, 180
法の三類型モデル　8
法（律）の目的・価値　7, 9-10, 12, 47, 83, 84, 114, 143, 171-180, 304, 405-411
法（の）理念　8-9, 42, 83, 84, 115, 175
方法二元論　168, 197, 200
法命題　85
法理学　2-5, 8, 10
法理想主義（イデアリズム）　21, 37, 42-44, 46-47
法律意思（説）　364, 370, 403, 405
法律への忠実　92, 93
法理論　1-3, 4, 5
傍論（オービタ・ディクタ）　372
保護法益　408
ポストモダン、ポスト構造主義　16, 164
ポリアーキー　317
ポルノグラフィ　289-290, 292
本質主義　289

ま

マクシミン原理　223, 237-239
マクロの正当化　387-388
マルクス主義　148, 159, 162-163, 384
マルクス主義法学（法理論）　152, 153, 381

み

ミーンズ・テスト　276
見えざる手　212
ミクロの正当化　387, 388
三段階審査（論）　453, 454, 456, 458, 460-461, 463, 466, 468
ミュンヒハウゼンのトリレンマ　200
民主化（法化としての）　146
民主主義　23, 31-32, 127, 163, 174, 204, 213, 229, 242, 268, 403, 438, 440
民主的平等　228-229
民族自決　335

む

無過失責任　157
無差別戦争観　323, 334
無知のヴェール　218, 222, 224, 226, 228, 233-235, 280, 292, 285, 310, 327
無法国家　328

め

メタ倫理学　7, 181, 193, 195
メルクマール　392-393, 415, 427
免除（権利としての）　57, 59

も

目的－効果基準　462
目的プログラム　52, 54, 123
目的法学　56, 363, 368
目的論　207, 214, 281
目的論的解釈　365, 370, 390-391, 405-406, 409-412, 423-424, 446
物神崇拝　25, 152, 162, 265
モラル・ハザード　276

や

夜警国家　246
薬局距離制限違憲判決　454, 467-468

ゆ

有権性　63, 74-75
優先主義　271
ユートピア　250

よ

要件－効果図式　52
要件事実　354-355
善き生の観念（構想）　110, 203, 278, 281, 283, 298-299, 301
予測可能性　126, 377, 439, 468

ら

ラートブルフ・テーゼ　92-93
ラートブルフ定式　43, 92, 99, 178
ラディカル・デモクラシー　312, 318

り

リーガル・プロセス　379
リーガル・モラリズム　132, 284
利益衡量（論）　366, 369, 374, 380, 382-386, 406, 416-417, 420, 453
利益考量　383, 387-388
利益説（権利の）　56, 59, 368
利益法学　363, 367, 369, 384
理性法論　41
立憲契約　255, 273
立証責任　356
立法裁量　416
立法者意思（説）　65, 364, 368, 369, 370, 388, 401-402, 403, 404-405, 424, 443, 445
律令制度　142, 143
理念　120-121, 192, 325, 333, 335, 337
リベラリズム　9, 111, 129, 196, 203, 278, 280-283, 295, 298-302, 309, 310
リベラルな社会主義　229

リベラルな平等(主義)　228, 262, 264, 296, 297
良識ある位階制社会　327-328
良心的(服従)拒否　231, 319
倫理的(な)価値(観)　203, 278, 279, 281
倫理的(な)善(の構想)　280, 282, 296

る

類推(類推適用)　75, 354, 366-367, 395, 425-427, 428-433, 444, 445
ルール懐疑主義　26-28, 79, 374

れ

例外状況　124, 167

歴史的解釈　390-391, 398, 403, 405, 421, 445, 446
連言(の接続詞)　395
連鎖三段論法　347-351, 360

ろ

ロックナー判決　80, 373, 454
論理解釈　390-391, 394-395, 398
論理実証主義　15

人名索引

あ行

アーネソン　268
アーペル　201
青井秀夫　9
碧海純一　6-7, 381, 382
アナン　336
アリストテレス　12-14, 35, 37-38, 42, 110, 136, 160, 172-173, 175, 180-181, 185, 187-189, 193, 207, 274-275, 278, 281, 284, 304, 306
アルバート　200
アレクシー　120, 360-361, 387, 394
アレント　160, 306, 312
アロー　216
アンガー　163
アンダーソン　269
イェーリング　56-57, 366-369
イエス　189
家永三郎　381
イェリネック　56
井上達夫　9, 12, 182, 298
ヴァインベルガー　78
ヴィーコ　324
ヴィトゲンシュタイン　15, 344
ウィルソン　325
ヴィレイ　6
ヴィントシャイト　41, 56-57, 367
ウェーバー　175, 197
ウォルツァー　202, 291, 334-337
ヴォルフ　40, 324
ウォルフェンデン　132
宇佐美誠　10
ウルピアヌス　185, 187
エイヤー　196, 198
エーアリヒ　367-369
エッサー　416
エンギッシュ　83-84, 347-349, 351, 370, 414, 419, 420
オーキン　290-293
オースティン, J　4, 22-23, 27, 77, 81, 119, 125
オースティン, J.L.　17, 70-72

大屋雄裕　10
尾高朝雄　2, 11
オリヴェクローナ　23

か行

カードーゾ　374, 377
ガイガー　24
カウフマン　94
ガダマー　16, 371
加藤一郎　380, 382-385
加藤新平　7-8, 13-14
亀本洋　10
カラブレイジ　154, 384
ガリレイ　38
川島武宜　381-382, 386
カント　40-41, 56, 69, 110-111, 113-115, 120-121, 179, 183-184, 193, 195, 205, 207, 232, 281, 284-285, 308, 324-325, 333, 337
カントロヴィッツ　368
キケロ　304
キムリッカ　295-298
キャロル　345
ギリガン　288-289
キング　286
クリプキ　345
来栖三郎　380-382, 386
グロチウス　323-324
クワイン　15
ケインズ　150
ケネディ　163
ケルゼン　28-32, 34-35, 47-50, 52-53, 55, 58, 61-63, 66-70, 75, 81, 84-85, 87-91, 100, 106, 115-118, 122, 125-126, 142, 159, 165-166, 168, 319, 344
孔子　189
コーイング　123
コーエン　268
コース　154, 156-157
コールバーグ　288
コンスタン　242
コンドルセ　216

さ行

サール　72, 78
サヴィニー　55-57, 363-368, 370, 390, 399, 413, 419, 428
笹倉秀夫　8, 12
サンスティン　316
サンデル　280-284, 286, 300
ジェイムズ　79
シジウィック　213, 214
シャピロ　312
シュミット　124, 159, 165-168, 306, 313, 323
シュムペーター　312
末弘厳太郎　380, 382, 385
スカリア　377-378
スティーブンソン　196
ストーン　374
スミス　64, 150, 174, 183, 212, 252, 267
セラーズ　17, 357
セルズニック　146
セン　216-217, 257, 264-268

た行

ダール　317
ダイシー　452
瀧川裕英　10, 12
田中成明　8, 124, 147, 382, 385-386, 389
恒藤恭　2
デイヴィッドソン　16
テイラー　281, 300, 302
ディルタイ　16
デヴリン　132-133
デカルト　13
デリダ　16, 163-164
テンニース　136
トイブナー　147
トゥールミン　358-359, 387
ドゥオーキン　44-47, 49, 52, 65, 84, 87, 91, 100-103, 105-107, 111, 126-127, 203, 232, 241, 256-264, 266-269, 273-275, 281, 296, 300, 320, 353, 375-376, 378-379, 416, 419-421
トックビル　128, 440
トマジウス　111
トマス・アクィナス　14, 35, 37-38, 322

な行

ネーゲル　331, 332

ノージック　205, 232, 242, 244-252, 253, 256, 258, 273, 283, 291
ノネ　146

は行

ハーサニ　235, 237-239
パース　79
パーソンズ　138, 140
ハート　5-6, 27-28, 32-35, 43-44, 47-48, 49, 52, 55, 58-59, 66-67, 69-71, 75, 77, 81-82, 84-88, 90-91, 94-103, 106, 115-118, 122-123, 132-134, 180, 235-237, 319, 374-375, 413
ハーバーマス　72-73, 111, 126-128, 140-141, 147, 199, 203, 297, 310-311, 334-337
バーリン　242-243, 271
ハイエク　63-64, 151, 252-254
ハイデガー　16
パウンド　26, 81, 374
パシュカーニス　152-153, 162
パスカル　180, 181
服部高宏　10
パリース　275
ピアジェ　288
ビーアリング　82-83
ピグー　156, 214
ビトリア　322
ヒューム　13, 35, 64
平井宜雄　382, 385-388
平野仁彦　10
広中俊雄　385
ファインバーグ　130-131
フーコー　16, 163-164
フーゴー　2, 3
プーフェンドルフ　40, 324
ブキャナン　252, 254-255, 273
フッサール　16, 140
フット　214
ブフタ　366
フラー　95-97, 118-119, 180
プラトン　13, 159, 181, 185, 250, 308
フランク　26, 374
フランクファーター　374
フランケナ　195, 199
ブランダイス　374
フリードマン　252-254, 275
フレーゲ　15
ヘア　199, 215, 233-235

ベイツ　330-331, 333
ヘーゲル　2-3, 14, 137-140, 300, 308
ヘック　367, 369-370, 384, 420
ペティット　331, 332
ベルクボーム　41
ベンサム　22-23, 27, 34, 58, 77, 110, 157, 174, 179, 180, 193, 206, 208-214, 221, 267
ホーフェルド　57-59, 395
ホームズ　25, 79-80, 372-374, 377
星野英一　380, 382-384, 386-388
ポズナー　377-379
ポッゲ　331-333
ホッブズ　35, 38-39, 41, 111, 159, 173, 179, 184, 189, 190, 323, 324
穂積陳重　3

ま行

マーシャル　213
マコーミック　78, 85-86, 360, 387, 394
マッキノン　290
マッキンタイア　197, 201-202, 281, 283, 291, 300, 302
マルクス　150-153, 162, 174
水本浩　385
宮澤俊義　89
ミラー　331, 332
ミル　128-130, 132-133, 206, 208, 210-213, 232, 267, 284
ムーア　194-196
ムフ　312
森村進　10

や行

矢崎光圀　7

ユーイング　199

ら行

ラートブルフ　3, 11, 41-44, 84, 87, 91-94, 96-97, 107, 113-115, 172, 175-180, 197, 319, 368, 441
ライカー　309, 320
ラズ　54-55, 72, 75, 85-86, 103-105, 117, 125, 298
ラッサール　246
ラッセル　15
ラレンツ　370
ラングデル　372, 379
リクール　16
ルウェリン　25-26, 374
ルーマン　52, 64-65, 138-141, 148, 159, 162
ルソー　120, 159-161, 174, 179, 205, 271, 300, 304, 309, 324
ローティ　16, 232, 284, 329
ロールズ　69, 110, 181, 190-192, 199, 205-206, 217-220, 222-239, 241, 243, 247, 249-252, 256, 259, 263-267, 272-275, 278, 280-286, 290-292, 296, 300, 310-311, 315, 317-319, 322, 326-331, 332, 333
ロス　24, 180-182
ロック　128, 159-161, 173, 205, 244, 246-247, 271, 304, 308

わ行

渡辺洋三　381, 385
ワッサーストローム　360, 387

著者紹介

酒匂 一郎（さこう いちろう）

- 1978年　九州大学法学部卒業
- 1984年　九州大学大学院法学研究科博士課程単位取得退学
- 同　年　九州大学法学部助手
- 1987年　法学博士（九州大学）
- 1989年　九州大学法学部助教授
- 1995年　同教授
- 2020年　同退職
- 現　在　九州大学名誉教授

法哲学講義

2019年7月1日　初版第1刷発行
2022年4月20日　初版第2刷発行

著　者　酒　匂　一　郎
発行者　阿　部　成　一

162-0041　東京都新宿区早稲田鶴巻町514
発行所　株式会社　成　文　堂
電話 03(3203)9201(代)　FAX 03(3203)9206
http://www.seibundoh.co.jp

製版・印刷　藤原印刷　　製本　弘伸製本
©2019 I. Sako　Printed in Japan
☆乱丁本・落丁本はお取り替えいたします☆
ISBN978-4-7923-0648-9　C3032　　検印省略

定価（本体5000円＋税）